포토샵&
일러스트레이터
CC 2025

지은이 빨간고래(박정아)

따뜻한 색감과 이야기가 있는 그림을 그리는 일러스트레이터입니다. 홍익대학교 광고멀티미디어디자인과, 이화여자대학교 일반대학원 시각정보디자인과를 졸업했습니다. UI 디자이너, 광고 디자이너로 실무를 경험하고 현재는 프리랜서 그림작가로 활동하고 있습니다. 다수의 기업 콜라보레이션을 진행했습니다. 홍익대학교에서 방학특강으로 일러스트레이터를 강의하고 있으며, 저서로는 《혼자 해도 프로처럼 잘 만드는 굿즈 제작 비법》, 《혼자 해도 프로 작가처럼 잘 그리는 아이패드 드로잉 with 프로크리에이트》, 《맛있는 디자인 일러스트레이터 CC 2024》, 《나도 그래요》, 《컬러링 앤 더 푸드》 외 13종이 있습니다.

유튜브 www.youtube.com/@redwhale24
인스타그램 www.instagram.com/redwhale
링크트리 linktr.ee/redwhale24

지은이 윤이사라(포완카)

네이버 상위 0.1% 카페인 '포완카(포토샵 완전정복 카페)'를 23년째 운영하고 있습니다. 아모레퍼시픽 라네즈, 한국콘텐츠진흥원, 전쟁기념관 스마트 전시, 신한은행 글로벌, KTB자산운용, 한빛소프트 등과 디자인 프로젝트를 진행했고, 《맛있는 디자인 포토샵 CC 2024》, 《포토샵 완전정복》, 《디자이너's 포토샵 무작정 따라하기》를 집필했습니다.

포완카 cafe.naver.com/pstutorial
이메일 yisara.yun@gmail.com

누구나 쉽게 배워 제대로 써먹는 그래픽 입문서
맛있는 디자인 포토샵&일러스트레이터 CC 2025

초판 1쇄 발행 2025년 02월 11일
초판 3쇄 발행 2025년 09월 22일

지은이 빨간고래, 윤이사라 / **펴낸이** 전태호
펴낸곳 한빛미디어(주) / **주소** 서울시 서대문구 연희로2길 62 한빛미디어(주) IT출판1부
전화 02-325-5544 / **팩스** 02-336-7124
등록 1999년 6월 24일 제25100-2017-000058호 / **ISBN** 979-11-6921-334-9 13000

총괄 배윤미 / **책임편집** 장용희 / **기획·편집** 박지수 / **교정** 박서연
디자인 이아란 / **전산편집** 김희정
영업마케팅 송경석, 김형진, 장경환, 조유미, 한종진, 이행은, 김선아, 고광일, 성화정, 김한솔 / **제작** 박성우, 김정우

이 책에 대한 의견이나 오탈자 및 잘못된 내용은 출판사 홈페이지나 아래 이메일로 알려주십시오.
파본은 구매처에서 교환하실 수 있습니다. 책값은 뒤표지에 표시되어 있습니다.
한빛미디어 홈페이지 www.hanbit.co.kr / 이메일 ask@hanbit.co.kr

Published by HANBIT Media, Inc. Printed in Korea
Copyright © 2025 빨간고래, 윤이사라 & HANBIT Media, Inc.
이 책의 저작권은 빨간고래, 윤이사라와 한빛미디어(주)에 있습니다.
저작권법에 의해 보호를 받는 저작물이므로 무단 복제 및 무단 전재를 금합니다.

지금 하지 않으면 할 수 없는 일이 있습니다.
책으로 펴내고 싶은 아이디어나 원고를 이메일(writer@hanbit.co.kr)로 보내주세요.
한빛미디어(주)는 여러분의 소중한 경험과 지식을 기다리고 있습니다.

맛있는 디자인

포토샵&
일러스트레이터
CC 2025

빨간고래, 윤이사라 지음

머리말

모든 포토샵 입문자에게
힘이 되고 싶습니다!

디자인 커뮤니티 회원 수 1위 카페인 '포완카(포토샵 완전정복 카페)'를 운영한 지 올해로 23년이 되었습니다. 애인도 없고 그렇다고 약속도 없었던 2003년 크리스마스, 뭐 재미난 거 없을까 싶어 만들었던 작은 카페가 어느새 많은 사람이 북적이는 거대 커뮤니티로 바뀌었습니다. 전혀 예상하지 못했지만 너무나 고맙고 신나고 즐거운 시간이었습니다.

포완카에는 포토샵을 처음 접하는 분들이 많다 보니 포토샵과 관련하여 적게는 수십, 많게는 수만 개의 피드백을 하고 질문에도 답을 하게 됩니다. 이렇게 긴 시간을 지내면서 포토샵 입문서만큼은 꼭 출간하고 싶었고, 〈맛있는 디자인〉 시리즈로 그 소망을 이루었습니다.

포토샵은 '사진을 수정한다'라는 의미로 웹디자이너, 사진 전문가, 그래픽 디자이너 등 비주얼 업무를 하는 사람들에게 없어서는 안 될 필수품입니다. 포토샵은 CS6 버전까지 소프트웨어를 단품으로 판매하는 방식이었으나, CC 버전부터는 매달 사용료를 지불하는 온라인 구독 방식으로 바뀌었고 현재 CC 2025까지 발매되었습니다. 가격에 대한 진입 장벽이 많이 낮아져서 현재는 페이스북과 인스타그램 등 SNS를 운영하는 일반인 수요도 꾸준히 증가하고 있습니다.

포토샵은 디자인을 하기 위한 하나의 도구입니다. 이 책은 포토샵이라는 도구를 능숙하게 다룰 수 있도록 돕는 간단 실습과 도구를 자유자재로 활용하고 응용해서 다양한 디자인 결과물을 만들어낼 수 있는 실무 실습 예제로 구성했습니다. 제가 처음 포토샵을 접했을 때를 떠올리며 더 쉽고 친절하게 설명하려고 노력했습니다. 예제를 차근차근 따라 하다 보면 어느새 디자인 실력도 쑥쑥 올라갈 것입니다. 디자인은 실전 연습이 가장 중요합니다. 책을 그대로 따라 하는 것을 넘어 나만의 응용 작품을 꼭 만들어보길 바랍니다.

SPECIAL THANKS TO

회사 업무를 병행하면서 책을 집필하기란 쉬운 일이 아니었습니다. 그때마다 힘을 더해주고 이런저런 것들을 꼼꼼히 챙겨준 한빛미디어 장용희 팀장님, 박지수 책임님과 항상 옆에서 격려해주고 응원해주는 내 사랑하는 신랑과 가족, 친구들에게 고마움을 전합니다. 마지막으로 이 책을 쓸 수 있도록 마음을 먹게 하고 끝까지 힘을 내게 도와준 포완카 회원님께 감사의 마음을 전합니다.

윤이사라(포완카)

탄탄한 기본기와
실무 예제를 배울 수 있습니다!

전쟁에 나가는 병사에게 창과 칼이 필요하듯이 디자인을 하려면 포토샵과 일러스트레이터는 반드시 배워야 할 필수 도구입니다. 다양한 앱이 개발되고 있지만 아직까지 이 두 프로그램은 그래픽 프로그램계의 쌍두마차라고 할 만큼 독보적으로 많이 사용되고 있습니다. 또한 전문 디자이너가 아니어도 다양한 분야에서 많은 사람이 사용할 정도로 보편화되어 있습니다.

제가 이 프로그램을 처음 접했던 것은 오래 전 학생이었을 때입니다. 처음에는 메뉴도 너무 많고 복잡하게만 보였습니다. 그때는 일러스트레이터가 넘어야 할 거대한 산처럼 보였습니다. 이 프로그램을 처음 접하는 분들도 어쩌면 저처럼 어렵게 느껴질지도 모르겠습니다.

그러나 일러스트레이터는 기초 기능만 다져두면 무척 쉬운 프로그램이라는 점을 말씀드리고 싶습니다. 일러스트레이터에는 굉장히 많은 기능이 있지만, 모든 기능을 다 외울 필요는 없습니다. 온갖 잡다한 기능을 백과사전식으로 다 외우는 지루한 방식은 굉장히 비효율적이며 절대 추천해 드리지 않습니다. 기초 기능만 제대로 익혀도 웬만한 작업은 충분히 할 수 있습니다.

이 책은 제가 수년간 디자인 실무에서 익히고 다져온 노하우와 다년간 학생들을 가르쳐온 배경을 바탕으로 최대한 빠르고, 정확하고, 쉽게 마스터할 수 있도록 다각도로 고심해서 구성한 책입니다.

첫째, 컴맹도 따라 할 수 있도록 쉬워야 한다.
둘째, 필수 기능을 콕콕 찍어서 빠르게 익힐 수 있어야 한다.
셋째, 혼자서 따라 하더라도 지치지 않도록 재미있어야 한다.
넷째, 실무에 바로 써먹을 수 있도록 실전 노하우가 담겨 있어야 한다.
다섯째, 책을 다 보더라도 항상 옆에 두고 찾아볼 수 있도록 친절한 설명이 있어야 한다.

처음 입문하는 왕초보님들도 이 책의 예제를 하나씩 따라 하다 보면 어느새 프로가 되어 있을 것임을 확신합니다. 이 책이 독자님의 중요한 작업에 날개가 되기를 간절히 바랍니다.

SPECIAL THANKS TO

저의 원고를 책으로 만들어주신 장용희 팀장님을 비롯하여 한빛미디어의 모든 관계자분께 감사의 인사를 드립니다. 또한 이 책을 믿고 선택해주신 독자님에게도 진심으로 감사합니다. 당신의 열정을 응원합니다.

빨간고래(박정아)

맛있게 학습하기

맛있는 디자인 6단계 레시피

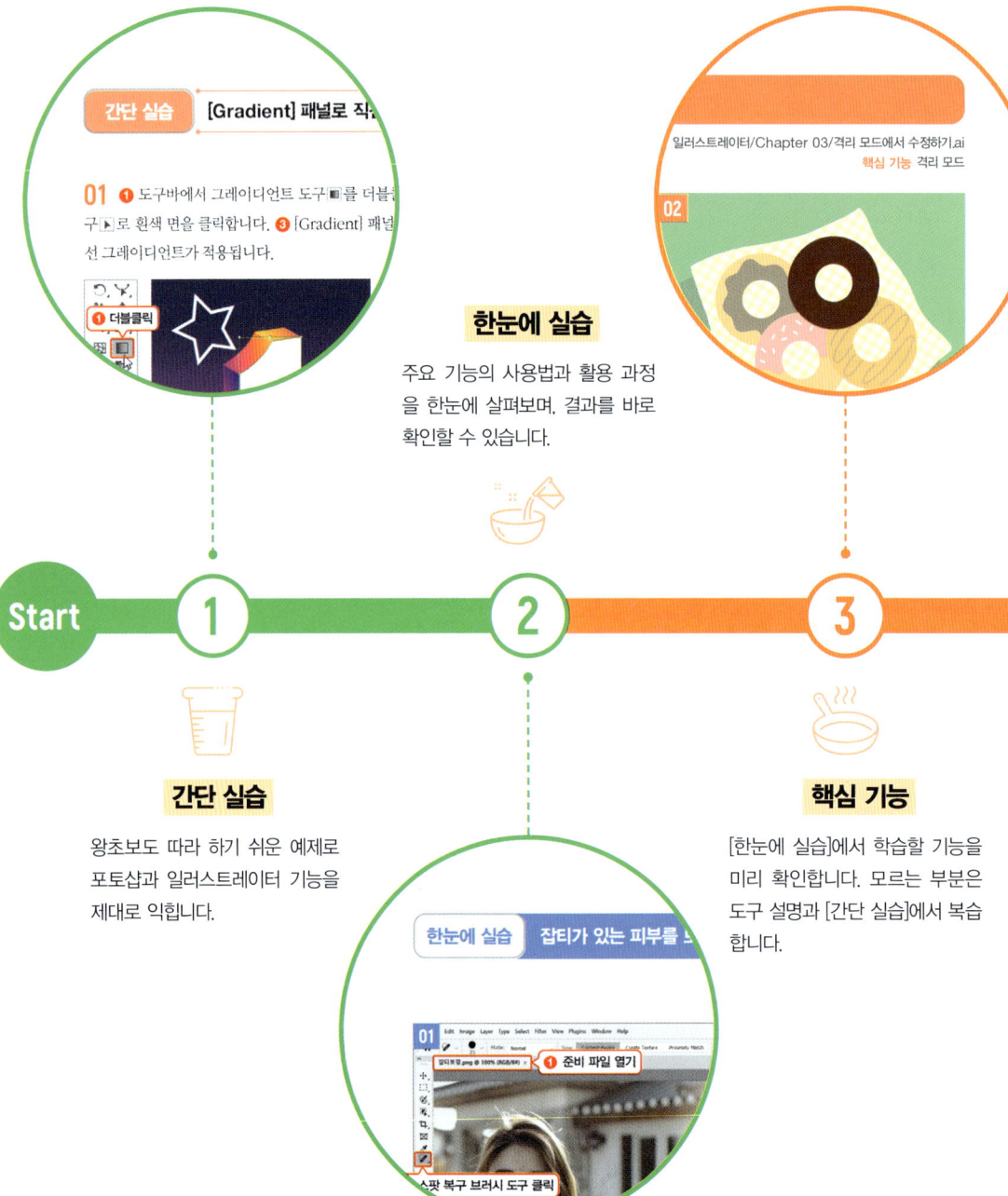

한눈에 실습
주요 기능의 사용법과 활용 과정을 한눈에 살펴보며, 결과를 바로 확인할 수 있습니다.

간단 실습
왕초보도 따라 하기 쉬운 예제로 포토샵과 일러스트레이터 기능을 제대로 익힙니다.

핵심 기능
[한눈에 실습]에서 학습할 기능을 미리 확인합니다. 모르는 부분은 도구 설명과 [간단 실습]에서 복습합니다.

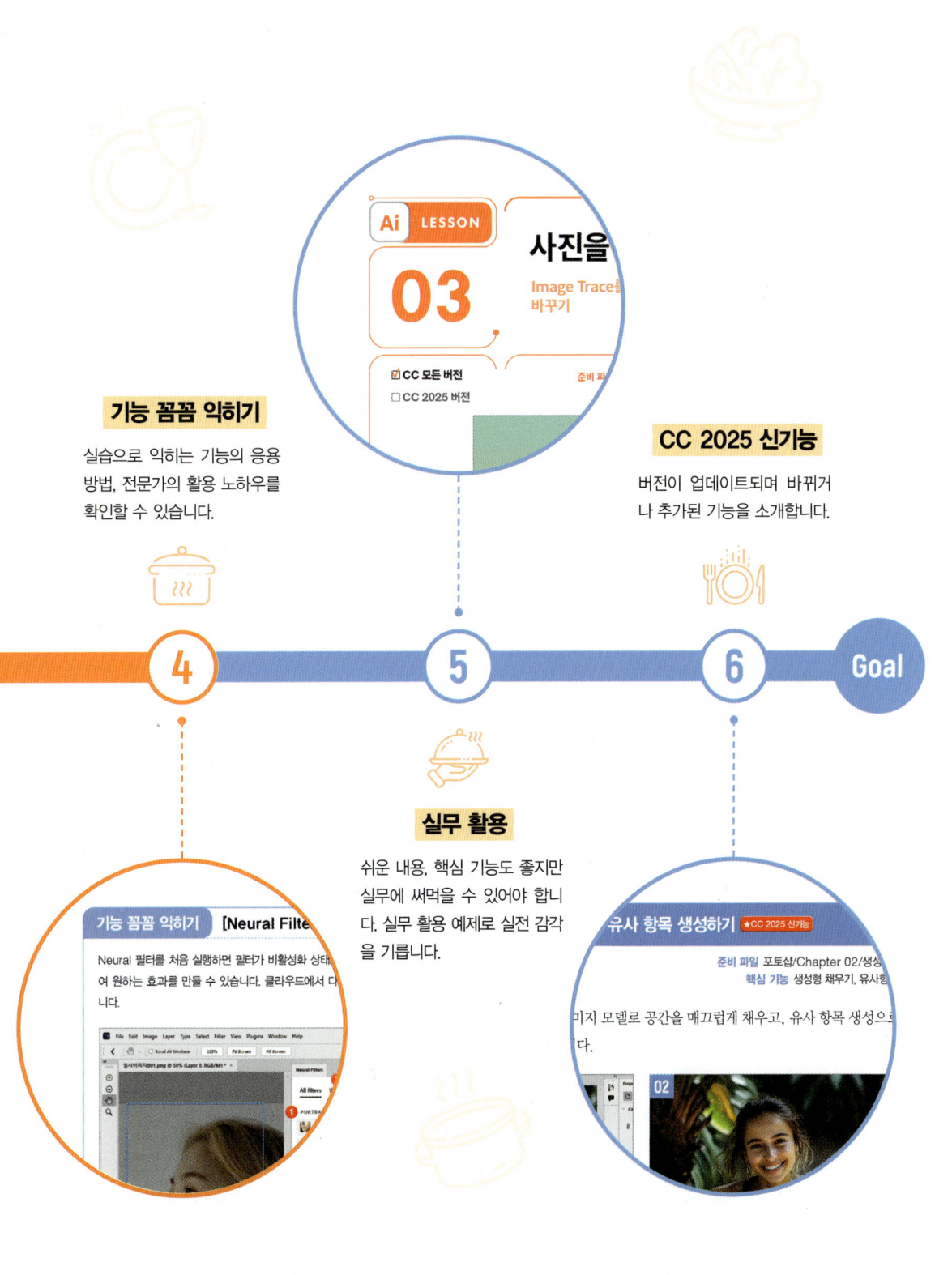

3단계 학습 구성&예제 완성 갤러리

맛있는 디자인의
수준별 3단계 학습 구성

맛있는 디자인은 포토샵과 일러스트레이터를 처음 다뤄보는 왕초보부터 이전 버전을 어느 정도 다뤄본 사람까지 누구나 쉽게 학습할 수 있도록 구성되어 있습니다. 핵심 기능과 응용 기능을 빠르게 학습하고 실무 예제를 활용해 실력을 쌓아보세요.

1단계 | 포토샵&일러스트레이터는 처음이에요!

포토샵과 일러스트레이터에 프로그램을 다뤄본 경험이 전혀 없다면 무료 체험판을 먼저 설치한 후 기본적인 프로그램 환경과 조작 방법을 배워보세요! 간단한 기능 학습만으로도 포토샵&일러스트레이터와 친해질 수 있습니다.

▶ 맛있는 디자인 헬프 페이지 활용 방법 p.010

2단계 | 포토샵&일러스트레이터 실행은 해봤어요!

포토샵과 일러스트레이터를 실행해본 적이 있어 기본적인 조작에 익숙하다면 [간단 실습]으로 본격적인 기능 학습을 시작해보세요! 포토샵과 일러스트레이터의 기능별 예제를 실습하다 보면 어느새 실력이 쑥쑥 향상됩니다.

▶ 포토샵 편 p.040
▶ 일러스트레이터 편 p.278

3단계 | 체계적인 학습을 통해 기능 활용법을 모두 배우고 싶어요!

포토샵과 일러스트레이터의 기본 기능을 알고 있다면 [한눈에 실습]과 [실무 활용]을 통해 모르는 부분만 집중적으로 다시 학습해보세요! 다양한 실무 활용 예제로 주요 기능의 응용법까지 알아보면 포토샵과 일러스트레이터의 거의 모든 기능을 쉽고 빠르게 학습할 수 있습니다.

▶ 포토샵, 일러스트레이터의 핵심 기능 키워드를 확인하며 학습!
▶ 모르는 부분은 집중 복습!

학습 예제 완성 갤러리

포토샵과 일러스트레이터 CC 2025 실습을 진행하며 예제 파일의 완성 이미지를 확인해보세요! 맛있는 디자인을 통해 어떤 기능을 학습할 수 있을지, 어떤 작업물을 완성할 수 있을지 생생한 화면으로 확인할 수 있습니다.

스마트폰 카메라로 오른쪽 QR 코드를 비추면 이동 가능한 페이지가 나타납니다.
접속 주소 : https://m.site.naver.com/1B7oe

예제&완성 파일 다운로드

예제&완성 파일
다운로드

이 책에서 나오는 모든 예제 소스(준비 파일, 완성 파일)는 홈페이지에서 다운로드할 수 있습니다. 한빛출판네트워크 홈페이지는 검색 사이트에서 **한빛출판네트워크**로 검색하거나 **www.hanbit.co.kr**로 접속합니다.

01 한빛출판네트워크 홈페이지에 접속하고 [자료실]을 클릭합니다.

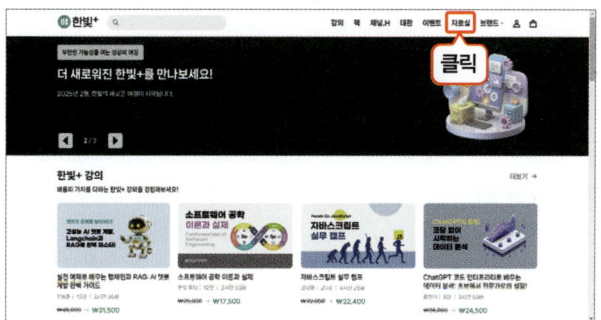

02 ❶ 검색란에 **포토샵 일러스트레이터 2025**를 입력하고 ❷ 검색 버튼을 클릭합니다. ❸ 《맛있는 디자인 포토샵&일러스트레이터 CC 2025》가 나타나면 [예제 소스]를 클릭합니다. 바로 다운로드됩니다. 파일의 압축을 해제해 사용합니다.

▶ **빠르게 다운로드하기**
단축 주소 www.hanbit.co.kr/src/11334로 접속하면 바로 예제 파일 다운로드 페이지로 이동합니다.

맛있는 디자인 헬프 페이지

실습하기 전 꼭 확인하고 읽어보세요!

맛있는 디자인으로 학습할 때 미리 알아야 할 내용은 '맛있는 디자인 헬프 페이지'에서 확인할 수 있습니다. 어도비 무료 체험판 구독 방법부터 각 프로그램의 영문판 설치, 도서 실습 활용에 유용한 정보 등 실습하며 만날 수 있는 다양한 문제에 대한 해결책도 확인해보세요!

▶ 어도비 크리에이티브 클라우드 무료 체험판 설치하기
▶ 포토샵, 일러스트레이터 영문판 설치하기
▶ 한글판을 영문판으로 쉽게 변경하는 방법
▶ 예제 파일 활용과 압축 해제 방법
▶ 도서 오탈자 확인 및 제보하기

접속 주소 : https://m.site.naver.com/1AcBQ

맛있는 디자인 CC 2025 헬프 페이지

아래 주소에서 [복사]를 클릭하여 카카오톡 혹은 PC에 연결 가능한 메신저에서 '나에게 메시지 보내기'로 보내 PC 웹 브라우저에서 확인하실 수도 있습니다.

https://m.site.naver.com/1AcBQ

- 맛있는 디자인 CC 2025 예제 갤러리
- 맛있는 디자인 CC 2025 준비 파일(예제) 서체 파일 안내
- 어도비 크리에이티브 클라우드 무료 체험판 설치하기
  - 어도비 회원가입하고 구독 신청하기(7일 무료 체험판)
  - 크리에이티브 클라우드 데스크톱 앱 영문판 설치하기
- 프리미어 프로&애프터 이펙트 예제 파일 에러 발생 해결하기
  - 프리미어 프로 예제 파일 에러 해결
  - 애프터 이펙트 예제 파일 에러 해결
- 프리미어 프로와 애프터 이펙트 연동하기
  - [Adobe Dynamic Link] 기능 활용해 연동하기
  - 드래그하여 컴포지션 불러오기
  - [Import] 메뉴로 컴포지션 불러오기
  - 디자인 템플릿 만들어서 연동하기

맛있는 디자인으로 학습하기 위해 꼭 필요한 내용, 알아두면 좋은 내용을 친절하고 자세하게 구성했습니다.

실습에 활용한 서체(폰트) 파일에 대한 정보도 확인해보세요!

따라 해보며 포토샵, 일러스트레이터 무료 체험판을 설치해보세요!

맛있는 디자인 포토샵&일러스트레이터 CC 2025
- 예제 파일 다운로드
- 오탈자 확인/제보
- 도서 판매 링크
  예스24 | 교보문고 | 알라딘

도서 오탈자, 예제 파일도 확인할 수 있습니다!

맛있는 디자인 스터디 공식 카페 활용하기

오늘부터 잇(IT)생! 스터디 그룹과 함께 학습해요!

포토샵, 일러스트레이터, 프리미어 프로, 애프터 이펙트를 쉽고 빠르게 학습할 수 있는 '스터디 그룹'이 있습니다. 혼자 학습하기 막막한 분이나 제대로 학습하기를 원하는 분은 6주 커리큘럼에 맞추어 학습을 시작해보세요.

제대로 학습하며, 막히는 부분은 질문하기

그래픽 프로그램의 핵심 기능만 골라 담아 알차게 익힐 수 있도록 6주 커리큘럼을 제공합니다. 학습 분량과 일정에 맞춰 스터디를 진행하고 과제를 수행해보세요. 학습하다가 막히는 부분이 있다면 [학습 질문] 게시판을 이용할 수 있답니다! 모르는 부분이나 실습이 제대로 되지 않는 부분을 질문하면 학습 멘토가 빠르고 친절하게 답변해드립니다.

먼저 스터디한 분들의 강력 추천

- 혼자였다면 작심삼일에서 끝났을 텐데 스터디 덕분에 책 한 권과 왕초보 딱지를 뗄 수 있었어요! _이로미 님
- 처음 공부하는 분들께 맛디 스터디 카페를 강력 추천합니다! 기초부터 실무에 적용할 수 있는 내용까지 뭐 한 가지 부족한 것이 없습니다. _박해인 님
- 혼자인듯 혼자 아닌 스터디 모임에 참여할 수 있어서 좋았습니다. 혼자서 공부 못 하는 분들이라면 부담 갖지 말고 꼭 참여하길 추천합니다! _ 김은솔 님
- 클릭하라는 대로 따라 하면 되니 처음으로 디자인이 쉽고 재밌었어요. 디자인 스터디 꼭 해보고 싶었는데 한빛미디어 덕분에 버킷리스트 하나 이뤘어요! _ 한유진 님

스터디그룹은 어떻게 참여하나요?

맛있는 디자인 스터디 카페를 통해 스터디 그룹에 참여할 수 있습니다. 100% 온라인으로 진행되는 스터디입니다. 학습 일정표에 따라 공부하면서 그래픽 프로그램의 핵심만 콕 짚어 완전 정복해보세요! 한빛미디어 홈페이지에서 '메일 수신'에 동의하면 스터디 모집 일정을 메일로 안내해드립니다. 또는 맛있는 디자인 스터디 공식 카페(https://cafe.naver.com/matdistudy)에 가입하고 [카페 공지] 게시판을 확인하세요.

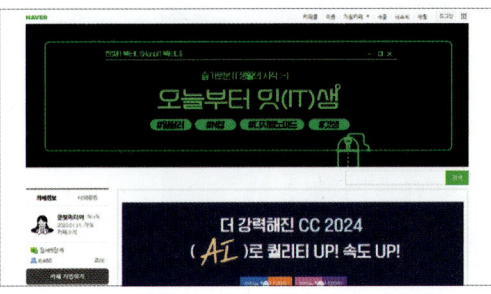 

포토샵 CC 2025 신기능

포토샵 CC 2025에서는 어도비 파이어 플라이(Adobe Firefly)를 기반으로 한 AI 기능을 대폭 강화해 기존의 합성, 이미지 개선 작업의 효율을 높였습니다. 제거 도구, 생성형 채우기, 배경 생성 기능 등 2024년에 업데이트된 기능이 개선되고 새로운 기능이 추가되어, 작업 시간을 단축하고 창의적인 작업을 간편하게 완성할 수 있습니다.

이미지에서 전선 및 사람 제거하기 ★AI 신기능

한 번의 클릭으로 사진에서 방해 요소를 제거해보세요. AI 기반의 제거 도구를 활용하면 사진 속 배경의 전선이나 사람처럼 원하지 않는 부분을 자동으로 인식하고 깔끔하게 삭제해줍니다. 복잡한 장면도 순식간에 정리되어 보다 깔끔한 결과물을 얻을 때 매우 유용합니다.

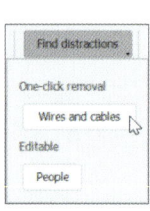 

개선된 생성형 채우기(Generative Fill)

어도비 파이어 플라이 이미지 모델을 사용해 빈 공간이나 배경을 매끄럽게 채우는 것은 물론, 피사체도 보다 간편하게 변경할 수 있습니다. 복잡하게 합성해야 했던 작업이 클릭 몇 번으로 생동감 넘치는 결과물을 손쉽고 정확하게 완성할 수 있습니다.

개선된 생성형 확장(Generative Expand)

생성형 확장 기능이 더욱 개선되었습니다. 피사체를 포함한 이미지의 경계를 자연스럽게 확장하고, 장면에 완벽히 어우러지는 새로운 콘텐츠를 추가할 수 있게 되었습니다. 이를 통해 세로로 긴 이미지를 가로로 긴 이미지로 순식간에 변경하고 확장할 수 있습니다.

유사 항목 생성(Generate Similar)

유사 항목 생성 기능을 사용하면 별도의 프롬프트 입력 작업 없이도 이미지 변형을 간단하고 빠르게 생성할 수 있습니다. 이미지 내 피사체가 마음에 들지 않더라도 간단한 클릭 작업으로 보다 간편하게 변경할 수 있습니다.

▲ 출처 : 어도비 공식 홈페이지

배경 생성(Generate Background)

이미지의 배경을 없앨 때 배경 삭제(Remove background) 기능을 활용해 제거한 후 배경 생성 기능을 활용하면 피사체에 적합한 조명과 그림자, 추가 요소가 있는 자연스러운 배경으로 바꿀 수 있습니다. 새로운 배경은 사용자가 프롬프트를 활용해 원하는 스타일로 생성할 수 있습니다.

일러스트레이터 CC 2025 신기능

패스 위에 정확하게 오브젝트 배치하기(경로상의 개체 도구)

경로상의 개체 도구를 이용하면 여러 개의 오브젝트를 곡선, 또는 직선에 부착하여 빠르게 정렬할 수 있습니다. 원하는 경로에 오브젝트를 붙인 후 한번에 재정렬하거나 이동할 수도 있어 매우 편리합니다.

자연스러운 목업 제작하기

일러스트레이터에서 만든 로고나 아트워크를 제품 사진에 합성해야 할 때가 있습니다. 또는 제품 홍보를 위해 합성 이미지를 사용해야 하거나 굿즈 제작 전에 모형을 만들어야 할 때도 있습니다. 이때 목업(Mockup) 기능을 활용하여 빈 제품 이미지에 아트워크를 배치하면 자연스럽고 사실적인 목업이 제작됩니다.

온라인에서 그래픽 만들고 편집하기(웹용 일러스트레이터-Beta)

일러스트레이터 프로그램 설치되지 않은 PC를 사용할 때 활용할 수 있는 효과적인 방법입니다. 인터넷이 연결된 PC의 웹브라우저에서 웹용 일러스트레이터(Beta)를 사용하여 벡터 그래픽을 만들고 텍스트 디자인을 할 수 있습니다. 공동 작업자를 초대해 함께 편집할 수도 있습니다.

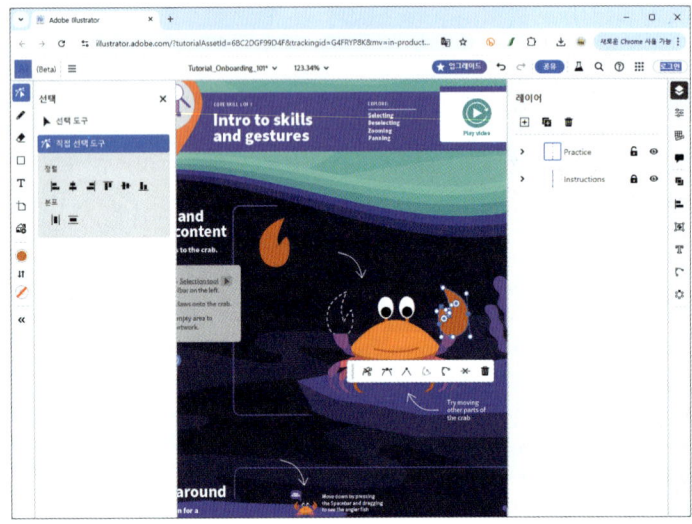

이미지를 선명하게 벡터로 변환하기(Image Trace)

이미지 추적 기능(Image Trace)이 매우 향상되었습니다. 기존의 이미지 추적 기능보다 쉽고 빠르게, 그리고 더 정확하게 벡터로 변환됩니다. 모든 래스터 이미지(JPEG, PNG, PSD 등)를 더욱 정교하게 벡터화할 수 있어 작업이 훨씬 쉬워졌습니다.

더욱 향상된 기능들

앞서 소개한 주요 기능에 더해, 3D 디자인을 벡터로 변환하는 기능(Project Neo-Beta), 벡터 윤곽선 안을 생성형 모양으로 빠르게 채우는 기능도 일러스트레이터 CC 2025 버전에서 사용할 수 있습니다. 어도비(Adobe)에서 제공하는 신기능 소식을 확인한 후, 다양한 옵션과 신기능을 활용하여 디자인의 완성도를 높여보세요.

다만 사용자 환경이 다르므로 시스템 요구 사항(GPU 성능)을 꼭 확인하길 권장합니다.

맛있는 디자인, 미리 맛보기

포토샵 CC 2025

▲ 명도 조절하기

▲ Screen 모드 적용하기

▲ 기본 기능 맛보기

▲ 그레이디언트 활용

▲ 1초 만에 자동으로 색상 보정하기

▲ 생성형 확장 적용하기

▲ 흑백 사진을 컬러 사진으로 바꾸기

▲ 배경 생성하기

▲ 불필요한 전선, 사람 지우기

▲ 잡티 제거하기

일러스트레이터 CC 2025

▲ 원하는 부분만 보이게 하기

▲ 3D 입체 상자 그리기

▲ 사진을 그림으로 바꾸기

▲ 면이 겹쳐 보이는 효과 주기

▲ 글자 입력하여 이벤트 페이지 만들기

▲ 자연스러운 선 드로잉하기

▲ 붓으로 그린 듯한 선 느낌 내기

목차

머리말 004
3단계 학습 구성&예제 완성 갤러리 008
맛있는 디자인 헬프 페이지 010
포토샵 CC 2025 신기능 012
맛있는 디자인, 미리 맛보기 017

맛있게 학습하기 006
예제&완성 파일 다운로드 009
맛있는 디자인 스터디 공식 카페 활용하기 011
일러스트레이터 CC 2025 신기능 015

PART 01
쉽고 빠른 포토샵 레시피

CHAPTER 01
포토샵 CC 2025 파헤치기

LESSON 01 반갑다, 포토샵 040
포토샵은 무엇이고 어디에 쓰이는가

포토샵은 어디에 쓰이나요 040

LESSON 02 포토샵, 어떻게 생겼지 043
포토샵 실행 화면 살펴보기

포토샵 CC 2025 홈 화면 043
[간단 실습] 어두운 작업 화면 밝게 설정하기 045
도구바 넓히기/좁히기 054
패널 자세히 알아보기 057

포토샵 CC 2025 기본 화면 044
도구 이름과 기능 살펴보기 047
[간단 실습] 나만의 도구바 설정하기 055
패널 조작하기 062

LESSON 03 꼭 알아야 할 그래픽 기초 지식 063
벡터, 비트맵, RGB, CMYK, 해상도, 파일 형식

벡터와 비트맵의 차이는? 063
해상도 065   이미지 파일 형식, 어떤 포맷으로 저장해야 할까 066

RGB와 CMYK 컬러 모드 064
색의 3속성 067

목차

CHAPTER 02
이것만 알면 포토샵 완전 정복

LESSON 01 먼저 맛보는 포토샵 기본 기능 20가지
이것만 따라 해도 포토샵 완전 정복 070

① 새 문서를 만드는 New 071
② 이미지를 불러오는 Open 072
③ 이미지 크기를 조절하는 Image Size 072
④ 이미지 복사해서 붙여넣기 073
⑤ 오브젝트를 옮기는 이동 도구 073
⑥ 작업 화면 비율을 조절하는 돋보기 도구 074
⑦ 드래그하여 빠르게 선택하는 개체 선택 도구 074
⑧ 오브젝트 크기를 조절하는 Transform 075
⑨ 자연스럽게 제거하는 스팟 복구 브러시 도구 076
⑩ 필요한 부분만 오려내는 올가미 도구 076
⑪ 이미지를 합성하는 Place Embedded 077
⑫ 원본 손상 없이 숨겨주는 레이어 마스크 078
⑬ 캔버스 크기를 조절하는 Canvas Size 078
⑭ 도형을 그리는 셰이프 도구 079
⑮ 문자를 입력하는 문자 도구 079
⑯ 레이어를 합성하는 블렌딩 모드 080
⑰ 색상을 추출하는 스포이트 도구 081
⑱ 불필요한 부분을 제거하는 자르기 도구 082
⑲ 화면을 옮기는 손바닥 도구 082
⑳ 이미지로 저장하는 Export As 083

LESSON 02 파일 관리하기
새 작업 문서를 만들고 파일 불러오기, 저장하고 창 닫기 084

간단 실습 새 작업 문서 만들기 084
간단 실습 이미지 불러오기 086
간단 실습 이미지 저장하기 089
이미지와 캔버스 크기 조절하기 090
간단 실습 이미지 크기 줄이기 090
한눈에 실습 확대해도 깨지지 않는 이미지 만들기 092
한눈에 실습 캔버스 크기 조절하기 093
한눈에 실습 작업 화면 닫고 포토샵 종료하기 094

LESSON 03 선택하기
다양한 방법으로 원하는 영역 선택하기 095

사각형, 원형으로 선택하는 선택 도구 095
한눈에 실습 Feather로 가장자리 부드럽게 만들기 098
자유롭게 선택하는 올가미 도구 099

클릭 또는 드래그 한 번으로 선택하는 개체 선택 도구 100
클릭 한 번으로 섬세하게 선택하는 Refine Hair 103
브러시로 섬세하게 선택하는 퀵 마스크 모드 105
`한눈에 실습` 퀵 마스크 모드로 흑백 배경 만들기 106
`한눈에 실습` Focus Area로 피사체와 배경 분리하기 108
정교하게 선택하는 펜 도구 110

`한눈에 실습` 개체 선택 도구로 선택하기 102
`간단 실습` 머리카락 한 올까지 정교하게 선택하기 103
`한눈에 실습` Color Range로 한번에 색상 바꾸기 107
선택 영역을 수정하는 Modify 109

LESSON 04 이동하기 111
선택 영역을 자유롭게 옮기기

`간단 실습` 선택 영역만 잘라 옮기기 111
`간단 실습` 복제하여 옮기기 112
`간단 실습` 서로 다른 작업 화면에 있는 이미지를 한곳으로 합치기 112

LESSON 05 변형하기, 회전하기 114
이미지를 변형, 회전, 왜곡하기

`간단 실습` 이미지 크기 조절하고 회전하기 114
`한눈에 실습` 다양하게 이미지 왜곡하기 117

LESSON 06 자르기, 분할하기 118
이미지의 일부를 자르고 분할하기

`간단 실습` 이미지를 잘라내는 자르기 도구 118
`간단 실습` 이미지 확장하기 119
`한눈에 실습` 자르기 도구로 비뚤어진 사진 바로잡기 121
`한눈에 실습` 원근 자르기 도구로 정확하게 자르기 122
`한눈에 실습` 분할 도구로 이미지를 한번에 자르기 123
`한눈에 실습` 프레임 도구로 원하는 모양의 이미지 마스크 만들기 124

목차

LESSON 07 그리기, 채색하기
자유롭게 그리고 색 채우기 — 125

손 가는 대로 그리는 브러시 도구, 연필 도구 125
`간단 실습` 브러시 설치하기 127
`간단 실습` 태블릿 필압을 적용하여 브러시 사용하기 128
`간단 실습` 점선 모양의 브러시 만들기 129
이미지를 지우고 삭제하는 지우개 도구 131
`간단 실습` 이미지와 배경 지우기 131
두 색상을 자연스럽게 채우는 그레이디언트 도구 132
`간단 실습` 그레이디언트로 채우기 132
`간단 실습` 새로운 그레이디언트 만들고 등록하기 133
`한눈에 실습` 그레이디언트로 몽환적인 느낌 표현하기 134
한번에 채우는 페인트 도구 135
`간단 실습` 색상으로 채우기 135
`간단 실습` 패턴으로 채우기 136
색상을 선택하는 전경색/배경색 136
`간단 실습` 전경색/배경색 설정하기 137
다른 방법으로 전경색/배경색 지정하기 138

LESSON 08 리터칭, 보정하기
원하는 대로 이미지 보정하기 — 139

뿌옇게 하거나 선명하게, 매끈하게 보정하는 블러 도구, 샤픈 도구, 스머지 도구 139
블러/샤픈/스머지 도구 옵션바 완전 정복 140
어둡거나 밝게, 명도와 채도를 조절하는 닷지 도구, 번 도구, 스펀지 도구 141
닷지/번/스펀지 도구 옵션바 완전 정복 142
잡티를 없애고 깨끗하게 만드는 복구 브러시 도구 143
스팟 복구 브러시/복구 브러시 도구 옵션바 완전 정복 144
부드럽게 복제하는 패치 도구, 내용 인식 이동 도구, 적목 현상 도구 144
`한눈에 실습` 조정 브러시로 이미지 보정하기 146
`한눈에 실습` 잡티가 있는 피부를 뽀얗게 보정하기 147
`한눈에 실습` 클릭 한 번으로 쉽게 없애기 148
특정 영역의 이미지를 복제하는 복제 도장 도구 149

LESSON 09 문자 입력하기
원하는 대로 문자 입력하고 속성 바꾸기 — 150

문자를 입력하는 문자 도구 150

문자 도구 옵션바와 패널 완전 정복 152

[Paragraph] 패널 완전 정복 155

문자 속성을 자유자재로 변형하는 가변 글꼴 157

자주 사용하는 Warp Text Style 159

`간단 실습` 문자 입력하기 151

`간단 실습` 단락 입력하기 154

문자 속성을 바꾸는 세 가지 방법 156

`한눈에 실습` Warp Text로 문자 모양 변형하기 158

`간단 실습` 패스를 따라 흐르는 곡선 문자 만들기 160

LESSON 10 벡터 방식의 패스, 셰이프 그리기
섬세한 작업에 필요한 다양한 도형 그리기
162

벡터 방식 162

`간단 실습` 다양한 방법으로 패스 그리기 163

`간단 실습` 패스를 활용하여 이미지 소스 추출하기 167

`간단 실습` 실시간으로 모양을 확인하며 삼각형 그리기 171

패스로 정교하게 추출하는 펜 도구 163

`간단 실습` 펜 도구로 셰이프 만들기 166

벡터 도형을 그리는 셰이프 도구 169

LESSON 11 원하는 대로 화면 보기
화면 확대, 이동, 넓게 보기
173

`간단 실습` 돋보기 도구로 화면 확대/축소하기 173

손바닥 도구 옵션바와 패널 완전 정복 177

작업 공간을 넓게 보는 화면 편집 모드 178

`간단 실습` 손바닥 도구로 화면 이동하기 176

`간단 실습` 회전 보기 도구로 화면 회전하기 178

LESSON 12 편하게 작업하기
새로운 기능 활용하고 작업 환경 설정하기
180

더 빠르게 작업하고 더 쉽게 실습하기 180

`간단 실습` 전선 및 사람 등 산만한 요소 제거 182

`한눈에 실습` 개선된 생성형 채우기, 유사 항목 생성하기 184

`한눈에 실습` AI 활용해 이미지 배경 생성하기 185

`간단 실습` 나만의 작업 화면 설정하기 186

`간단 실습` 도움말 활용해 빠르게 작업하기 180

작업 화면 설정하기 186

`한눈에 실습` 포토샵 환경 설정하기 189

목차

CHAPTER 03
합성의 기본 레이어와 채널

LESSON 01 **레이어의 모든 것** 192
레이어 기초 이해하기

레이어 이해하기 192
[간단 실습] 레이어 개념 이해하기 193
레이어를 자유자재로 사용하고 관리하기 196
[간단 실습] 레이어 선택하고 이름 바꾸기 196   [간단 실습] 새 레이어 만들고 레이어 그룹 만들기 196
[간단 실습] 레이어 복사하고 삭제하기 197   [간단 실습] 레이어 순서 바꾸기 197
[간단 실습] [Background] 레이어를 일반 레이어로 전환하기 198
[간단 실습] 레이어 합치기 199   [간단 실습] 레이어 숨기기 199
[Layers] 패널 200
[Layers] 패널 팝업 메뉴 201
[간단 실습] 레이어 크기에 맞춰 이미지 확대하기 202   레이어 블렌딩 모드 202
[간단 실습] 흰색을 투명하게 하는 Multiply 모드 206
[간단 실습] 검은색을 투명하게 하는 Screen 모드 207
[간단 실습] 이미지 선명도를 높이는 Overlay 모드 208
[한눈에 실습] 빛을 더 강하게 표현하는 Color Dodge 모드 209
레이어 스타일 210   [간단 실습] 레이어 스타일 자유자재로 활용하기 210
레이어 마스크 213   [간단 실습] 레이어 마스크 적용하기 213
[간단 실습] 클리핑 마스크 적용하기 214
조정 레이어 216   [간단 실습] 조정 레이어 활용하기 216
[간단 실습] 조정 레이어 다루기 217
스마트 오브젝트 218   [간단 실습] 스마트 오브젝트 활용하기 218
[간단 실습] 스마트 오브젝트 레이어로 편집하기 219

LESSON 02 **채널의 모든 것** 220
채널 기초 이해하기

채널의 중요한 역할 220
[Channels] 패널 살펴보기 220

[간단 실습] 색상 채널을 이용하여 채널별 보정하기 221

[간단 실습] 컬러 모드 변경하고 채널 확인하기 223

[간단 실습] 알파 채널을 이용하여 사진 일부만 흑백으로 만들기 224

CHAPTER 04
전문가처럼 보정하는 이미지 보정법과 필터

LESSON 01 전문가처럼 보정하기
[Adjustments] 메뉴를 활용하는 다양한 방법 228

Adjustments 종류 228

조정 레이어 사용하기 228

[한눈에 실습] 1초 만에 자동으로 색상 보정하기 229

[간단 실습] 흑백 이미지 만들기 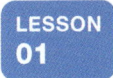 230

[간단 실습] 흑백 이미지를 원하는 톤으로 보정하기 230

이미지를 선명하게 만들기 231

[간단 실습] Brightness/Contrast로 밝기와 대비를 빠르게 조절하기 231

[간단 실습] Levels로 명도 조절하기 *중요 232

[간단 실습] Curves로 선명하게 보정하기 *중요 233

[간단 실습] Shadows/Highlights로 역광 보정하기 234

[간단 실습] Exposure로 카메라 노출 보정하기 235

[간단 실습] Hue/Saturation으로 색상, 채도, 명도를 한번에 조절하기 *중요 236

[간단 실습] Color Balance로 색상 조절하기 *중요 237

[간단 실습] Photo Filter로 다양한 필터 효과 내기 238

[간단 실습] Selective Color로 특정 색상만 보정하기 239

[간단 실습] Replace Color로 옷감 색상 바꾸기 240

[간단 실습] Posterize로 포스터 느낌 표현하기 241

[간단 실습] Threshold로 이미지 단순화하기 242

[간단 실습] Invert로 이미지 반전하기 242

[간단 실습] Gradient Map으로 이미지에 그레이디언트 색상 입히기 243

목차

LESSON 02 | 프로 사진가처럼 이미지 보정하기
Camera Raw 활용하기 — 244

Camera Raw 기본 화면 살펴보기 244
간단 실습 Camera Raw로 노출과 색상 보정하기 245

LESSON 03 | 인물 사진 필수 보정법 다섯 가지
꼭 알아두어야 할 SNS 사진 보정법 — 247

간단 실습 인물 사진 필수 보정법 ① 다리를 더 길게 만들기 247
간단 실습 인물 사진 필수 보정법 ② 화이트 밸런스를 맞춰 색감 보정하기 248
간단 실습 인물 사진 필수 보정법 ③ 피부 보정하기 249
간단 실습 인물 사진 필수 보정법 ④ 얼굴형, 눈 크기 보정하기 250
간단 실습 인물 사진 필수 보정법 ⑤ 인물의 경계선을 살려 선명하게 보정하기 251

LESSON 04 | 풍경 사진 필수 보정법 네 가지
2% 부족한 사진을 멋지게 완성하기 — 252

간단 실습 사진 필수 보정법 ① 하늘 바꾸기 252
간단 실습 사진 필수 보정법 ② 명암 조절하기 254
간단 실습 사진 필수 보정법 ③ 선명도 조절하기 255
간단 실습 사진 필수 보정법 ④ 원하는 색상 강조하기 255

LESSON 05 | 필터가 만드는 환상의 세계
[Filter] 메뉴 알아보기 — 258

한눈에 보는 필터의 모든 효과 258
Neural 필터 259
간단 실습 클릭 한 번으로 청년을 노인으로 바꾸기 261
간단 실습 흑백 사진을 컬러 사진으로 바꾸기 262
간단 실습 사계절 풍경 바꾸기 263
다양한 필터 효과 갤러리 264

포토샵 실속 단축키 272

Ai PART 02
쉽고 빠른 일러스트레이터 레시피

CHAPTER 01
일러스트레이터 CC 2025 파헤치기

LESSON 01　반갑다, 일러스트레이터　278
일러스트레이터는 무엇이고 어디에 쓰이는가

일러스트레이터는 어디에 쓰이나요 278

LESSON 02　일러스트레이터, 어떻게 생겼지　280
일러스트레이터 실행 화면 꼼꼼히 살펴보기

일러스트레이터 CC 2025 홈 화면 280　　일러스트레이터 CC 2025 기본 화면 281
간단 실습　작업 화면의 색상 변경하기 *중요 283
간단 실습　패널 조작하기 284　　간단 실습　작업 화면 만들어 등록하기 288

LESSON 03　뚝딱뚝딱, 그림을 그릴 도구 정복하기　290
일러스트레이터 CC 2025의 다양한 도구 알아두기

간단 실습　도구바 다루기 290
도구 이름과 기능 살펴보기 294
간단 실습　나만의 도구바 만들어 활용하기 299

LESSON 04　1분 1초를 아끼는 일러스트레이터 특급 활용법　302
일러스트레이터 단축키 설정하기

간단 실습　나만의 단축키 설정하기 302

목차　027

CHAPTER 02
일러스트레이터 맛보기

LESSON 01 일러스트레이터, 이것만은 알고 넘어가자! 306
일러스트레이터 시작 전 필수 지식 이해하기

RGB 모드와 CMYK 모드 306
- 간단 실습 일러스트레이터에서 RGB, CMYK 모드 설정하기 306

비트맵과 벡터의 차이 308

레이어의 개념 309

LESSON 02 일러스트레이터 첫걸음 떼기 311
파일 열고, 닫고, 저장하기

- 간단 실습 새 아트보드 만들기 311
- 간단 실습 일러스트레이터 파일로 저장하기 314
- 간단 실습 파일 열고 닫기 317
- 간단 실습 다양한 파일 형식으로 저장하기 318
- 간단 실습 클라우드 문서 공유하기 323
- 간단 실습 아트보드 확대, 축소하고 이동 및 회전하기 326

LESSON 03 아트보드, 내 손안에 있소이다! 330
아트보드 자유자재로 다루기

- 간단 실습 한 파일에 아트보드 여러 개 만들기 330

LESSON 04 일러스트레이터 기초, 패스 파헤치기 336
패스로 선, 면 그리기

패스란 무엇인가요? 336

[간단 실습] 직선 그리기 337
[간단 실습] 곡선 그리기 340
[간단 실습] 면 그리기 343
[간단 실습] 오브젝트 선택하고 옮기기 345
[간단 실습] 고정점 추가, 삭제하기 348
[간단 실습] 직선을 곡선으로 만들기 349
[간단 실습] 패스의 굵기 수정하고 점선으로 만들기 351

CHAPTER 03
이것만 알아도 디자인이 된다

LESSON 01 패스 선택하기
선택 도구의 기본 조작 방법 알아보기 356

오브젝트를 선택하는 도구 알아보기 356
[한눈에 실습] 선택 도구로 이동, 복제하기 359
[한눈에 실습] 선택 도구로 수평/수직 이동, 복제하기 360
[한눈에 실습] 선택 도구로 여러 오브젝트를 함께 선택하기 361
[한눈에 실습] 바운딩 박스로 크기 수정하기 362
[한눈에 실습] 각도 수정하고 바운딩 박스 재정렬하기 363
[한눈에 실습] 직접 선택 도구로 오브젝트의 일부만 선택, 수정하기 364
[한눈에 실습] 자동 선택 도구로 선택하기 365
[한눈에 실습] 올가미 도구로 선택하기 365

LESSON 02 선과 면으로 캐릭터 그리기
펜 도구로 패스를 자유자재로 다루기 366

펜 도구와 관련 도구 알아보기 366
[간단 실습] 새 파일 만들고 스케치 파일 불러오기 367
[한눈에 실습] 펜 도구로 선 그리기 ① 370
[한눈에 실습] 펜 도구로 선 그리기 ② 371
[한눈에 실습] 펜 도구로 선 그리기 ③ 373

목차

- 한눈에 실습 펜 도구로 면 그리기 374
- 한눈에 실습 고정점 추가, 삭제하기 376
- 한눈에 실습 펜 도구로 선 다시 그리기 377
- 선 도구와 관련 도구 알아보기 378
- 한눈에 실습 선 도구로 선 쉽게 그리기 379

LESSON 03 패스 지우기
지우개 도구, 가위 도구, 칼 도구로 패스 자르고 편집하기 — 380

- 패스를 지우는 도구 알아보기 380
- 패스를 지우고 잇는 [Anchors] 패널 알아보기 382
- 한눈에 실습 지우개 도구로 패스 지우기 383
- 한눈에 실습 가위 도구로 패스 끊기 384
- 한눈에 실습 칼 도구로 패스 자르기 385
- 한눈에 실습 [Anchors] 패널로 패스 끊고 잇기 386

LESSON 04 도형 그리기
도형 도구로 다양한 동물 캐릭터 얼굴 그리기 — 387

- 도형을 그리는 도형 도구 알아보기 387
- 정확한 수치로 도형 그리기 389
- 그려놓은 도형을 정확한 수치로 수정하기 390
- 도형을 그리는 Shaper 도구 알아보기 391
- 한눈에 실습 사각형, 원형 도구로 토끼 캐릭터 그리기 392
- 한눈에 실습 다각형, 원형 도구로 병아리 캐릭터 그리기 394
- 한눈에 실습 Shaper 도구로 고양이 캐릭터 그리기 396

LESSON 05 그룹으로 패스 관리하기
여러 패스를 하나로 묶어 효율적으로 편집하기 — 398

간단 실습 여러 패스를 그룹으로 묶고 해제하기 398	간단 실습 그룹 선택 도구 알아보기 400
한눈에 실습 그룹으로 묶어 옮기고 복사하기 401

LESSON 06　여러 개의 패스를 정렬하기　402
[Align] 패널로 패스를 정확하게 정렬하기

[Align] 패널에 대해 알아보기 402	간단 실습 오브젝트의 간격 조절하기 404
한눈에 실습 가로, 세로 정렬하기 405	한눈에 실습 간격 동일하게 정렬하기 406
한눈에 실습 아트보드를 기준으로 정렬하기 407

LESSON 07　패스를 합치고 나누기　408
도형 구성 도구와 [Pathfinder] 패널로 아이콘 만들기

도형 구성 도구 알아보기 408	[Pathfinder] 패널 알아보기 409
한눈에 실습 도형 구성 도구로 합치고 나누기 412
한눈에 실습 [Pathfinder] 패널로 패스 합치고 나누기 413
한눈에 실습 선을 기준으로 면 나누기 414
한눈에 실습 Outline Stroke로 선을 면으로 바꾸어 합치기 414

LESSON 08　패스를 회전, 반전하기　416
회전 도구와 반사 도구로 활용도 높은 문양 만들기

회전 도구와 반사 도구 알아보기 416
정확한 수치로 회전, 반전하기 417
한눈에 실습 회전 도구로 꽃잎과 풀잎 수정하기 418
한눈에 실습 반사 도구로 하트 만들기 419

LESSON 09　패스를 반복하여 그리기　420
반복 기능으로 대칭과 반복된 형태 표현하기

목차

반복 유형 알아보기 **420**

[Repeat Options] 패널 살펴보기 **421**

`한눈에 실습` 방사형 반복으로 시계 만들기 **424**

`한눈에 실습` 뒤집기 반복으로 꽃병 만들기 **425**

LESSON 10 패스의 크기, 기울기 수정하기 — **426**
크기 조절 도구와 기울이기 도구로 패스의 형태 수정하기

크기 조절 도구, 기울이기 도구, 모양 변경 도구에 대해 알아보기 **426**

정확한 수치로 패스의 형태 수정하기 **427**

`한눈에 실습` 크기 조절 도구로 정확하게 크기 수정하기 **429**

`한눈에 실습` 기울이기 도구로 정확하게 기울기 조절하기 **430**

`한눈에 실습` 모양 변경 도구로 곡선 만들기 **431**

LESSON 11 일러스트레이터에서 색을 적용하는 모든 방법 — **432**
컬러 믹서 패널, 스와치 패널과 [Color Picker], [Recolor Artwork]로 색 적용하기

컬러 믹서 패널로 색 적용하기 **432**

스와치 패널로 색 적용하기 **434**

스와치 패널로 패턴 적용하기 **435**

[Color Picker] 알아보기 **436**

[Recolor] 알아보기 **437**

`간단 실습` 컬러 믹서 패널로 색 적용하기 **441**

`간단 실습` 스와치 패널로 색 적용하고 등록하기 **443**

`한눈에 실습` [Color Picker] 대화상자로 색 적용하기 **446**

`한눈에 실습` [Recolor]로 색 수정하기 **447**

AI를 이용하여 색상 변경하기 **448**

`한눈에 실습` 스와치 패널로 패턴 적용하기 **450**

LESSON 12	그레이디언트를 적용하여 화려한 색 만들기	451
	[Gradient] 패널, 그레이디언트 도구로 여러 가지 색 섞기	

[Gradient] 패널 알아보기 451
그레이디언트 도구 알아보기 453
자유형 그레이디언트 알아보기 454
간단 실습 [Gradient] 패널로 직선 그레이디언트 적용하기 456
간단 실습 [Gradient] 패널로 원형 그레이디언트 적용하기 458
간단 실습 그레이디언트 도구로 그레이디언트 수정하기 459
간단 실습 자유형 그레이디언트로 섬세한 그레이디언트 적용하기 461

LESSON 13	패스를 격리하여 쉽게 수정하기	464
	격리 모드를 이용하여 패스를 개별적으로 관리하기	

격리 모드 알아보기 464
한눈에 실습 격리 모드에서 패스 수정하기 465

LESSON 14	정확한 작업을 도와주는 안내선	466
	룰러, 가이드, 그리드를 설정하여 정확하게 작업하기	

룰러 알아보기 466
가이드 알아보기 467
그리드 알아보기 468
간단 실습 룰러, 가이드, 그리드 설정하여 정확하게 작업하기 470

CHAPTER 04
중급 테크닉으로 실력 업그레이드하기

LESSON 01	원하는 부분만 보이게 하기	474
	클리핑 마스크로 불필요한 부분 숨기고 특정 부분만 나타내기	

클리핑 마스크 적용하기 475
클리핑 마스크 수정하기 477

| 목차 |

LESSON 02 — **3D 입체 상자 그리기** 478
원근감 격자 도구로 입체 일러스트 쉽게 그리기

원근감 격자 도구를 이용하여 상자 그리기 479

LESSON 03 — **사진을 그림으로 바꾸기** 487
Image Trace를 이용하여 비트맵 이미지를 벡터 이미지로 바꾸기

비트맵 이미지를 벡터 이미지로 바꾸기 488 Arrange 단축키로 레이어 순서 바꾸기 492

LESSON 04 — **면이 겹쳐 보이는 효과 주기** 495
[Transparency] 패널로 블렌딩하거나 투명도 조절하기

혼합 모드로 합성하기 496 투명도 조절하여 면을 투명하게 만들기 497

LESSON 05 — **자연스러운 선 드로잉하기** 499
연필 도구로 드래그하여 낙서화 그리기

연필 도구로 선 그리고 수정하기 500 연필 도구로 글씨 쓰기 504

LESSON 06 — **붓으로 그린 듯한 선 느낌 내기** 508
브러시 도구로 드래그하여 수작업 느낌 내기

브러시 도구로 선 그리기 509
일반 패스에 브러시 적용하기 511
물방울 브러시 도구로 면 그리기 515
복잡한 패스 단순하게 만들기 518

LESSON 07   글자 입력하여 이벤트 페이지 만들기   520
다양한 방식으로 글자 입력하고 수정하기

글자 입력하기 **521**

글자 크기와 색 수정하기 **522**

글자를 세로로 입력하기 **526**

패스에 흘러가는 글자 입력하기 **527**

문자 손질 도구로 글자 수정하기 **528**

Create Outlines로 글자를 패스로 만들어 디자인하기 **531**

LESSON 08   생성형 AI 기능으로 작업하기   534
어도비 생성형 AI를 이용하여 그림, 글자, 목업, 색상 생성하기

`간단 실습` 텍스트로 그림 생성하기(Generate Vectors) **534**

`간단 실습` 이미지로 된 글자 다시 쓰기(Retype) **536**

`간단 실습` 자연스러운 목업 만들기(Mockup) **539**

`간단 실습` 벡터 그래픽으로 모양 채우기(Gen Shape Fill) **541**

일러스트레이터 실속 단축키 **543**

찾아보기 **545**

Ps
PART 01

쉽고 빠른
포토샵 레시피

**포토샵을 시작하기 전에
꼭 알아두어야 할 완벽한 레시피**

포토샵은 디자인을 하기 위한 하나의 도구로,
더 이상 디자이너만 사용해야 하는
어려운 프로그램이 아닙니다.
입문자라도 쉽고 재미있게,
요리를 만들 듯 맛있는 디자인 레시피로
포토샵과 친해질 수 있습니다.
차근차근 따라 해보면
어느새 포토샵과 친해진 모습을
확인할 수 있을 것입니다.

Ps

CHAPTER 01

포토샵 CC 2025 파헤치기

포토샵(Photoshop)은 어도비(Adobe)에서 만든 그래픽 프로그램으로
대중적이고 친근하여 많은 분야에서 사용되고 있습니다.
포토샵은 무엇이며 어디에 사용할 수 있는지 알아보고,
화면 구성과 디자인 작업에 필요한 기초 지식을 알아보겠습니다.

반갑다, 포토샵

01

포토샵은 무엇이고 어디에 쓰이는가

포토샵은 어도비(Adobe)에서 1990년에 발표한 프로그램으로 눈에 보이는 모든 이미지를 자신이 원하는 대로 만들고 자유롭게 편집할 수 있도록 돕습니다. 디자인 분야의 많은 전문가가 포토샵을 사용하고 있으며, 일반인도 SNS를 이용하면서 포토샵을 자주 사용합니다. 이제 포토샵은 모두의 필수 프로그램이 되었습니다.

포토샵은 어디에 쓰이나요

가깝게는 디지털카메라로 찍은 사진을 편집할 수 있고 멀게는 현실 세계에서 볼 수 없는 새로운 세계를 이미지로 만들어내기도 합니다. 포토샵을 이용하여 제작할 수 있는 것들을 살펴보겠습니다.

사진 리터칭과 합성

포토샵을 이용하면 디지털카메라로 찍은 사진을 수정하거나 카메라만으로는 표현할 수 없는 특별한 효과를 만들 수 있습니다. 또한 여러 개의 이미지를 합성하여 새로운 느낌의 이미지를 재탄생시킬 수도 있습니다.

▲ PS Mind

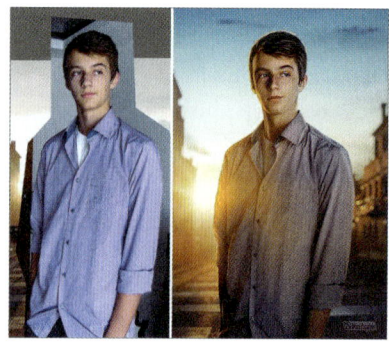

▲ Hidrèlèy

그래픽 작업

컴퓨터 그래픽은 컴퓨터를 이용하여 그림을 그리는 분야로 실존하지 않는 이미지를 시각화하여 보여줍니다. 포토샵은 그래픽 분야 디자이너들에게 필수 프로그램입니다.

▲ stock reels

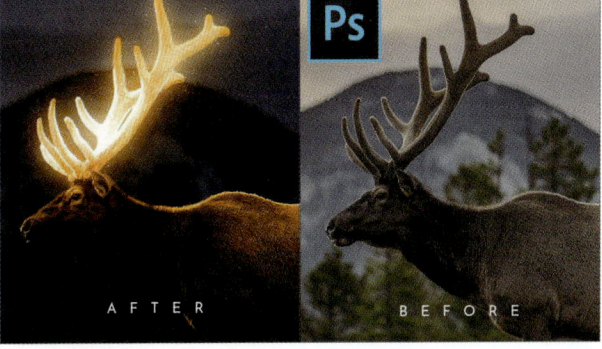
▲ Webflippy

타이포그래피와 캘리그래피

메시지를 직관적이고 간결하게 전달하기 위한 수단으로 다양한 디자인 분야에서 활용되고 있습니다. 포토샵을 활용하여 문자의 질감과 그림자를 만들 수 있으며, 손글씨 느낌을 좀 더 효과적으로 표현할 수 있습니다.

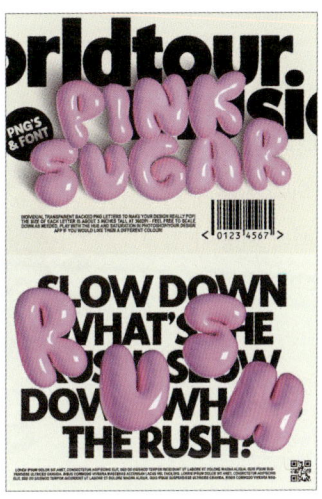
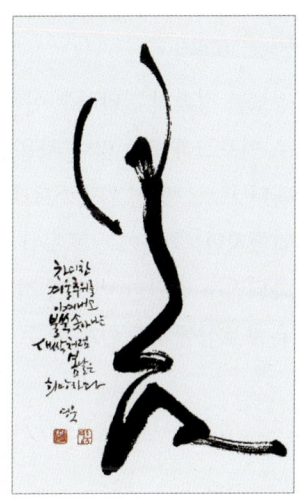

▲ Creative Fabrica   ▲ 강병인

매트 페인팅

유명 영화나 온라인 게임을 보면 장대한 스케일의 배경이 매우 자연스럽게 표현된 것을 볼 수 있습니다. 이것은 대부분 컴퓨터 그래픽을 이용한 합성 작업으로 포토샵을 이용해 작업한 것입니다.

▲ Klaus Wittman   ▲ swissgo4design

웹/앱 콘텐츠 디자인

웹사이트를 만들거나 모바일 화면의 앱 디자인을 할 때도 포토샵을 이용합니다. 웹디자이너는 웹 요소와 이미지를 비트맵 방식으로 작업하기 때문에 다른 프로그램보다 포토샵을 사용하는 비중이 매우 높습니다.

▲ toss

▲ gongdangi

인포그래픽

정보를 정확히 전달하고 이해시키려는 방법으로 인포그래픽을 많이 사용합니다. 예전에는 벡터 프로그램인 일러스트레이터를 이용해 작업했지만, 최근에는 포토샵의 벡터 기능이 강화되면서 간단한 이미지 작업이나 패스 작업은 포토샵에서도 쉽게 할 수 있습니다.

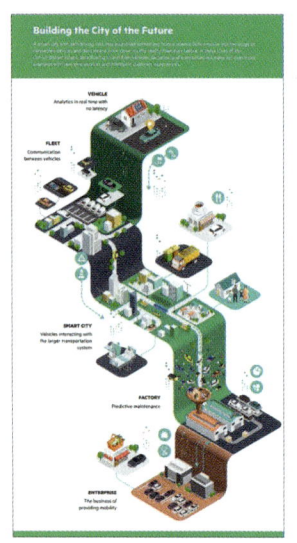
▲ Marc Jordan

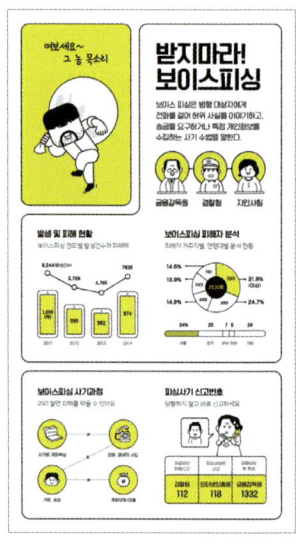
▲ mangoboard

광고 디자인

광고 디자인은 전달해야 하는 목적을 사람들에게 직관적으로 보여줘야 하고 눈에 잘 띄는 것은 물론, 내용도 빠르게 전달해야 합니다. 포토샵의 다양한 기능을 활용하면 아이디어를 시각적으로 아름답게 표현할 수 있습니다.

▲ Pradyut Alemyan

▲ Jonathan

 LESSON 02

포토샵, 어떻게 생겼지

포토샵 실행 화면 살펴보기

포토샵 CC 2025를 실행했을 때 처음 보이는 홈 화면과 기본 화면부터 살펴보겠습니다. 포토샵 화면을 구성하는 요소의 이름, 위치, 기능을 파악하고 화면을 사용자에게 맞게 구성하는 방법까지 알아보겠습니다.

포토샵 CC 2025 홈 화면

포토샵 CC 2025를 시작하면 가장 먼저 보이는 화면입니다. [New file]이나 [Open]을 클릭해 새 작업 문서를 만들거나 이미지를 불러올 수 있습니다.

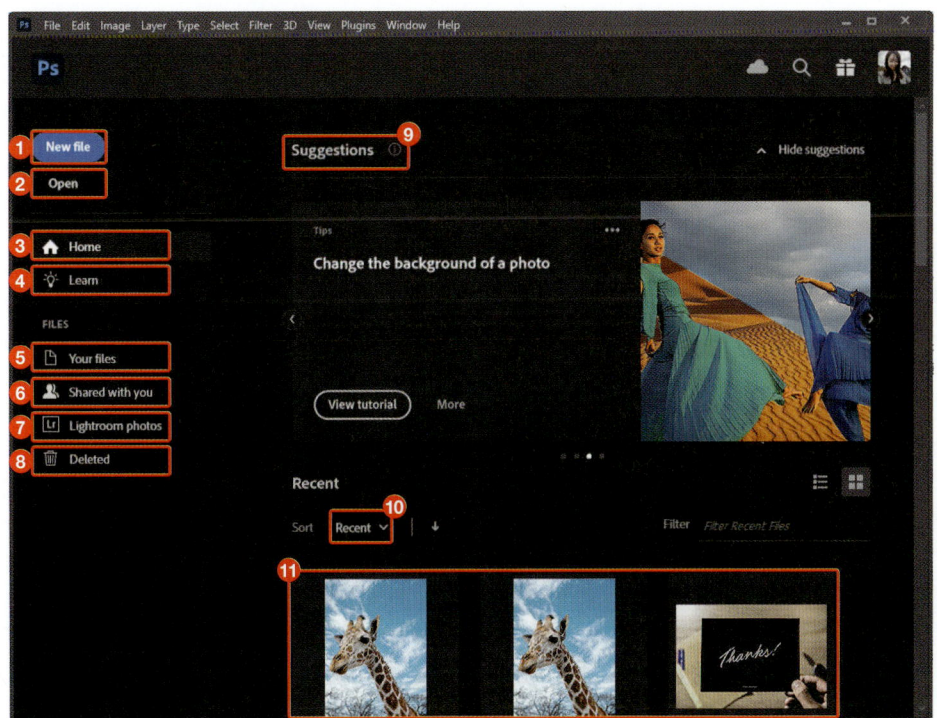

① **새로 만들기(New file)** | 원하는 크기로 새 작업 문서를 만듭니다.
② **열기(Open)** | 기존 파일을 불러옵니다.
③ **홈(Home)** | 포토샵이 시작되는 홈 화면으로 접속합니다.

④ **학습(Learn)** | 포토샵 프로그램 학습을 위한 기초 매뉴얼과 튜토리얼을 제공합니다.

⑤ **내 파일(Your files)** | 어도비 클라우드 문서에 저장된 내 파일 목록을 볼 수 있습니다. 클라우드 문서에 저장하면 자동으로 동기화되어 데스크톱, 노트북, 스마트폰, 태블릿 PC에서 언제든지 작업을 이어갈 수 있습니다.

⑥ **나와 공유됨(Shared with you)** | 어도비 클라우드 문서에 나와 공유된 파일 목록을 볼 수 있습니다.

⑦ **라이트룸 사진(Lightroom photos)** | 라이트룸에서 작업한 이미지를 포토샵에서 편집할 수 있습니다.

⑧ **삭제 파일(Deleted)** | 클라우드 문서에서 삭제한 파일을 보관합니다. 복원하거나 영구 삭제할 수 있습니다.

⑨ **Suggestions** | 숙련도에 따라 초보자라고 체크한 사용자의 경우 어도비의 학습 콘텐츠를 제안합니다. [Hide suggestions]를 클릭하여 항목을 숨길 수도 있습니다.

⑩ **최근 파일 열기(Recent)** | 가장 최근에 불러온 파일을 표시합니다.

⑪ **작업 내역** | 이미지 파일을 폴더에서 이 영역으로 드래그하여 파일을 열 수 있습니다. 최근 작업 내역이 있을 때 파일이 표시됩니다.

> **홈 화면 없이 바로 기본 화면이 보이도록 설정하는 방법**
> [Edit]-[Preferences]-[General] 메뉴를 선택하고 [Auto show the Home Screen]의 체크를 해제하면 다음에 실행할 때부터 기본 화면이 바로 보입니다.

포토샵 CC 2025 기본 화면

기본 화면은 크게 메뉴바, 도구바, 작업 화면 영역, 패널 영역으로 구성되어 있습니다. 각 요소의 이름과 기능을 살펴보겠습니다.

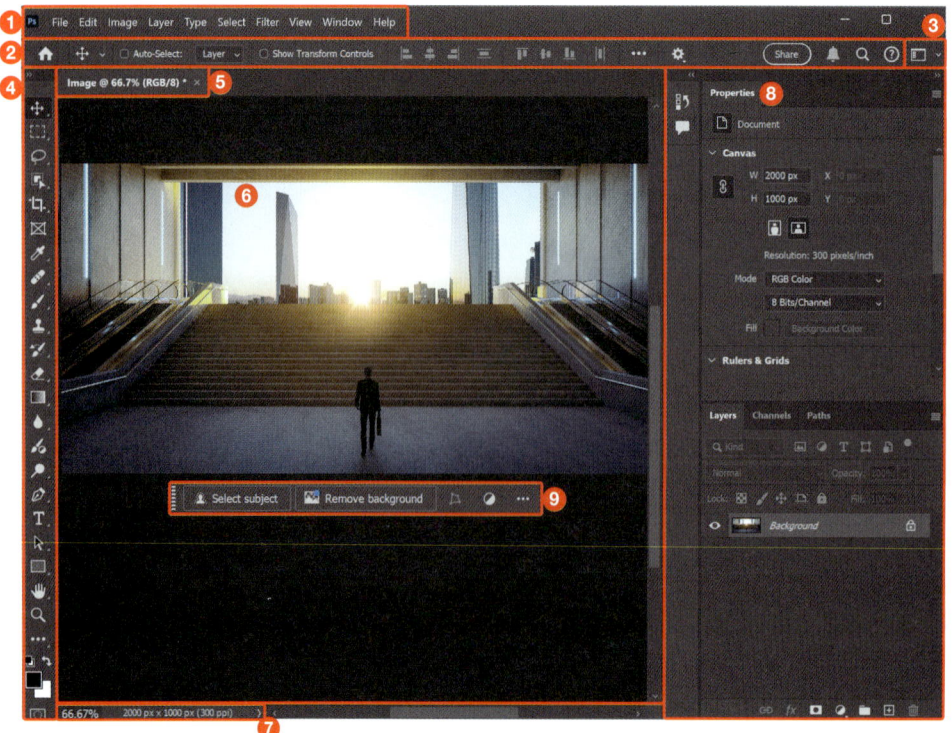

① **메뉴바** | 포토샵의 모든 기능을 특정 기능별로 모아둔 메뉴입니다.
② **옵션바** | 도구바에서 선택한 도구의 옵션을 표시합니다.
③ **작업 화면 선택** | 작업 목적에 따라 화면을 원하는 형태로 설정하거나 선택할 수 있습니다.
④ **도구바** | 가장 많이 사용하는 기능(도구)을 모아둔 패널입니다.
⑤ **파일 탭** | 파일 이름, 이미지 확대/축소 비율, 컬러 모드 등 파일의 기본 정보를 탭 형태로 표시합니다.
⑥ **작업 화면, 캔버스** | 실제 작업 영역입니다. Ctrl + N 을 누르면 새 작업 화면을 만들 수 있습니다.
⑦ **상태 표시줄** | 현재 작업 중인 이미지의 정보가 표시되며 화면 확대/축소 비율을 설정할 수 있습니다.
⑧ **패널** | 작업할 때 필요한 기능과 옵션을 바로 설정할 수 있도록 특정 기능별로 모아둔 곳입니다. 모든 패널은 [Window] 메뉴에서 보이게 하거나 숨길 수 있습니다.
⑨ **상황별 작업 표시줄** | 사용자 행동에 따라 다음 작업들을 예상해서 제안합니다. 패널이나 메뉴를 일일이 찾아다닐 필요가 없어 편리하지만, 작업 영역을 가려 불편하다면 [Window]-[Contextual Task Bar] 메뉴의 체크를 해제하여 숨길 수 있습니다.

간단 실습 어두운 작업 화면 밝게 설정하기

포토샵 CC 2025를 처음 실행하면 짙은 회색의 어두운 화면이 나타납니다. 어두운 화면은 사용자 눈에 더 안정적이고 작업에 집중할 수 있도록 돕지만, 익숙하지 않다면 사용자의 기호에 따라 밝기를 선택할 수 있습니다.

01 메뉴바에서 [Edit]-[Preferences]-[Interface] 메뉴를 선택합니다.

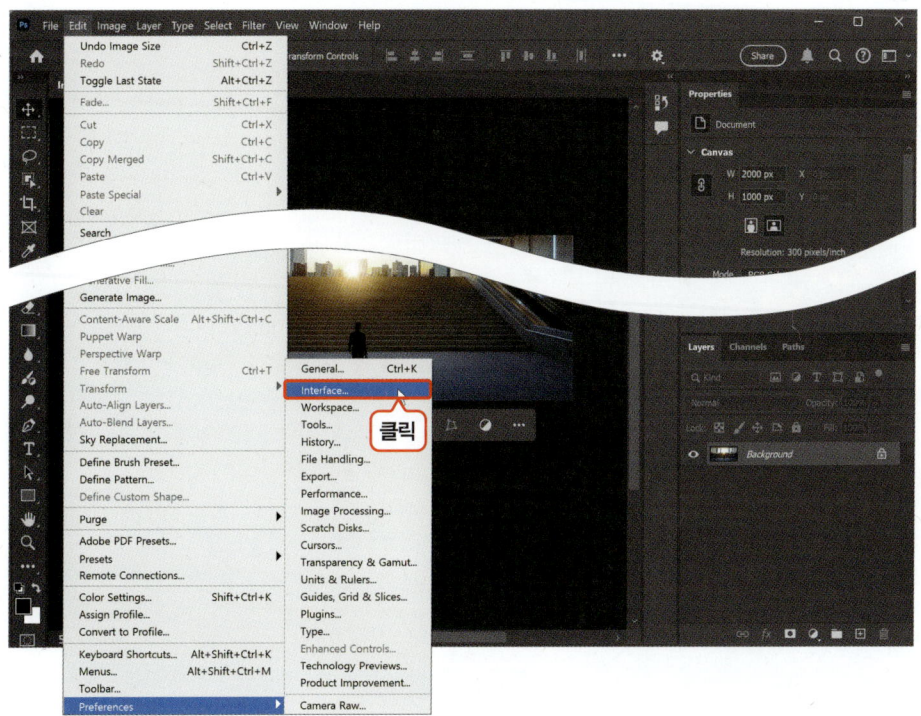

02 ① [Preferences] 대화상자가 나타나면 [Color Theme]에서 가장 밝은 테마를 선택하고 ② [OK]를 클릭합니다.

포토샵의 기본 작업 화면은 짙은 회색입니다. 짙은 화면으로 인쇄하면 가독성이 떨어지므로, 이 책에서는 가장 밝은 테마를 선택하였습니다.

기능 꼼꼼 익히기 | **자연스러운 컬러 적용하기**

[Preferences] 대화상자에서 [Interface]–[Appearance]의 [Neutral Color Mode] 항목에 체크합니다. 작업 화면 상단 오른쪽의 파란색 [Share] 버튼을 라인 모양으로 변경할 수 있습니다.

---

03 작업 화면이 전체적으로 밝아졌습니다.

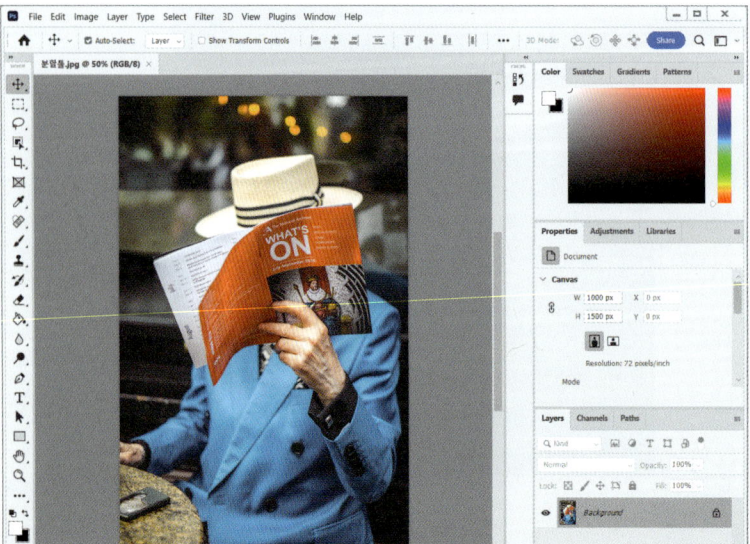

도구 이름과 기능 살펴보기

포토샵에서 작업할 때 가장 많이 사용하는 기능이나 유용한 기능을 모아둔 곳이 도구바입니다. 모양만 봐도 기능을 짐작할 수 있는 아이콘으로 만들어져 있어 사용이 어렵지 않습니다. 각 도구의 이름과 기능을 살펴보겠습니다.

도구바 한눈에 살펴보기

도구바는 비슷한 기능끼리 다섯 개 그룹으로 나누어 살펴볼 수 있습니다. 도구를 자유자재로 다루기까지는 많은 시간과 노력이 필요하므로 여기서는 어떤 도구들이 있는지 간단히 훑어보고, 필요할 때마다 다시 찾아보는 것이 좋습니다.

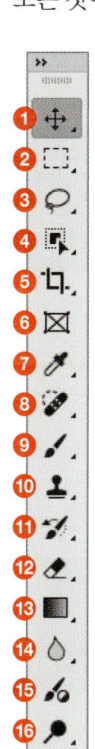

이동, 선택, 자르기

① 이동 도구 V ⊕ | 선택 영역이나 레이어를 이동하기 ★중요
② 선택 도구 M ▣ | 원하는 영역을 선택하기 ★중요
③ 올가미 도구 L ◯ | 드래그한 모양대로 선택하기
④ 개체 선택 도구 W | 드래그 한 번으로 개체 선택하기
⑤ 자르기 도구 C | 필요 없는 부분은 자르기 ★중요
⑥ 프레임 도구 K ⊠ | 간단하게 마스크 만들기
⑦ 스포이트 도구 I | 색상값 추출하기

그리기, 지우기, 칠하기, 보정 리터칭

⑧ 스팟 복구 브러시 도구 J | 잘못된 곳을 자연스럽게 복구하기
⑨ 브러시 도구 B | 붓, 연필처럼 원하는 색상으로 그리기 ★중요
⑩ 복제 도장 도구 S | 도장처럼 특정 이미지를 다른 위치에 복제하기
⑪ 작업 내역 브러시 도구 Y | 작업이 잘못된 경우 전 단계로 돌아가기
⑫ 지우개 도구 E | 잘못된 곳을 드래그하여 지우기 ★중요
⑬ 그레이디언트 도구 G | 두 가지 이상의 색을 자연스럽게 혼합하기 ★중요
⑭ 블러 도구 | 이미지를 뿌옇게 하거나 선명하게 보정하기
⑮ 조정 브러시 | 원본 훼손 없이 특정 부분을 드래그하여 밝게 또는 어둡게 보정하기
⑯ 닷지 도구 O | 이미지를 밝게 하거나 어둡게 보정하기

벡터, 드로잉, 문자, 도형

⑰ 펜 도구 P | 패스를 그려 세밀하게 선택 영역 만들기
⑱ 문자 도구 T | 문자 입력하기 ★중요
⑲ 패스 선택 도구 A | 패스를 선택하여 이동하거나 변형하기
⑳ 셰이프 도구 U | 사각형, 원형, 다각형 등 벡터 도형 만들기

	화면 이동, 확대/축소	㉑ 손바닥 도구 H , SpaceBar 🖐	드래그하여 화면 이동하기
		㉒ 돋보기 도구 Z 🔍	원하는 크기로 확대하거나 축소하기 ★중요

	색상 선택, 보기 모드	㉓ 더 보기 도구 ⋯	나만의 도구바 설정하기
		㉔ 전경색/배경색 ▬	색상 선택하기 ★중요
		㉕ 퀵 마스크 모드 Q ⬜	브러시 도구, 선택 도구로 편리하게 선택하기
		㉖ 화면 모드 변경 F ⬜	작업 화면 보기 방식 변경하기

이동 선택, 자르기 도구

① **이동 도구** V ✥ | 선택된 영역이나 레이어를 원하는 위치로 이동합니다. ★중요

- **아트보드 도구** | 스마트폰, 태블릿, 데스크톱의 해상도에 맞는 작업 화면을 만듭니다.

② **선택 도구** M ⬚ | 가장 많이 사용하는 도구로 이미지에서 원하는 영역을 선택합니다. ★중요

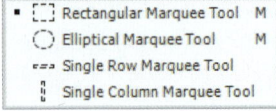

- **사각형 선택 도구** | 원하는 영역을 사각형으로 선택합니다.
- **원형 선택 도구** | 원하는 영역을 원형으로 선택합니다.
- **가로선 선택 도구** | 원하는 영역을 1Pixels 크기의 가로줄로 선택합니다.
- **세로선 선택 도구** | 원하는 영역을 1Pixels 크기의 세로줄로 선택합니다.

③ **올가미 도구** L ⌔ | 드래그한 모양대로 선택 영역을 만듭니다. 불규칙한 모양의 이미지를 빠르게 선택할 때 유용하지만, 선택 영역을 세밀하게 지정하기는 어렵습니다.

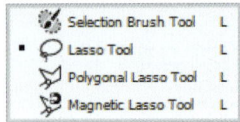

- **선택 영역 브러시 도구** | 브러시로 영역을 직접 드래그하여 선택합니다.
- **올가미 도구** | 자유롭게 드래그하여 원하는 모양으로 선택합니다.
- **다각형 올가미 도구** | 원하는 영역을 다각형으로 선택합니다.
- **자석 올가미 도구** | 색상 차이가 분명한 경계선을 따라 자동으로 선택합니다.

④ **개체 선택 도구** W 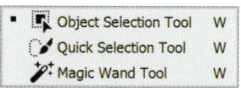 | 클릭하거나 드래그 한 번으로 원하는 영역을 정확하게 선택합니다. 복잡한 선택 프로세스를 가장 빠르게 수행합니다.

- **개체 선택 도구** | 사각형 영역이나 올가미로 드래그하여 가장 빠르게 선택합니다.
- **빠른 선택 도구** | 클릭하거나 드래그하여 쉽고 빠르게 선택합니다.
- **마술봉 도구** | 클릭한 지점을 기준으로 인접한 색상을 선택합니다.

---

⑤ **자르기 도구** C ⏚ | 이미지에서 필요한 부분만 자르고 나머지 부분은 버립니다. ★중요

- **자르기 도구** | 이미지에서 필요한 부분만 자르고 나머지 부분은 버립니다.
- **원근 자르기 도구** | 자르기 영역에 원근감을 적용하여 자릅니다.
- **분할 도구** | 이미지를 분할하여 각각의 이미지로 저장할 수 있습니다.
- **분할 선택 도구** | 분할 영역을 선택하고 이동, 복사, 삭제할 수 있습니다.

⑥ **프레임 도구** K ⊠ | 간단하고 빠르게 마스크를 만들 수 있습니다.

⑦ **스포이트 도구** I 🖋 | 특정 부분의 색상값을 추출하여 전경색이나 배경색으로 설정합니다.

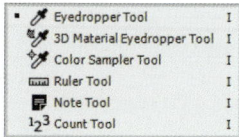

- **스포이트 도구** | 색상을 추출합니다.
- **3D 재질 스포이트 도구** | 3D 오브젝트에서 색상을 추출합니다.
- **색상 샘플러 도구** | 사용자가 선택한 색상을 [Info] 패널에서 분석하고 비교합니다.
- **눈금자 도구** | 드래그하여 길이를 확인합니다.
- **노트 도구** | 작업 화면에 영향을 주지 않고 간단히 메모할 수 있습니다.
- **카운트 도구** | 이미지의 오브젝트 개수를 셉니다.

그리기, 지우기, 칠하기, 보정 리터칭 도구

⑧ **스팟 복구 브러시 도구** J | 이미지의 질감을 복제하여 자연스럽게 합성합니다.

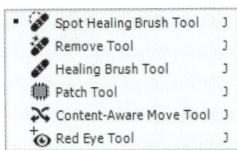

- **스팟 복구 브러시 도구** | 클릭 한 번으로 이미지를 수정합니다. 사진의 잡티를 제거할 때 유용합니다.
- **제거 도구** | 브러시를 사용해 이미지에서 불필요한 피사체를 제거합니다.
- **복구 브러시 도구** | 브러시 형태대로 주변의 색상과 혼합시키면서 복제합니다.
- **패치 도구** | 복구 브러시 도구와 비슷합니다. 이미지 영역을 선택 영역으로 지정해 옮기면 주변의 색상과 혼합시키면서 복제합니다.
- **내용 인식 이동 도구** | 선택 영역으로 지정한 이미지를 원하는 위치로 최대한 자연스럽게 옮깁니다.
- **적목 현상 도구** | 빨갛게 나온 눈동자를 까맣게 바꿉니다.

⑨ **브러시 도구** B | 붓과 같은 기능으로 드래그하여 원하는 색상을 칠할 수 있습니다. ★중요

- **브러시 도구** | 브러시 크기와 속성을 설정하고 자유롭게 드로잉합니다.
- **연필 도구** | 사용법은 브러시 도구와 같지만 브러시 가장자리가 딱딱합니다.
- **색상 대체 도구** | 브러시가 지나가는 영역을 추출하여 다른 색상으로 교체합니다.
- **혼합 브러시 도구** | 브러시 색상을 섞어줍니다.

⑩ **복제 도장 도구** S | 특정 영역의 이미지를 복제할 수 있습니다.

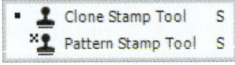

- **복제 도장 도구** | 원하는 곳을 지정해 자연스럽게 복제합니다.
- **패턴 도장 도구** | 드래그한 부분에 설정한 패턴을 채웁니다.

⑪ **작업 내역 브러시 도구** Y 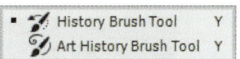 | 원본이 훼손되었을 경우 브러시로 문질러 이미지를 복구합니다.

- **작업 내역 브러시 도구** | 효과가 적용된 이미지를 원래 이미지로 복구합니다.
- **미술 작업 내역 브러시 도구** | 회화적인 기법으로 이미지를 재구성해 원래 이미지로 복구합니다.

⑫ **지우개 도구** E 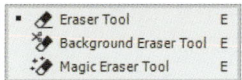 | 이미지의 일부분을 지웁니다. ★중요

- **지우개 도구** | 드래그한 영역의 이미지를 지웁니다.
- **배경 지우개 도구** | 드래그하면 이미지의 제거된 부분이 투명해집니다.
- **자동 지우개 도구** | 자동 선택 도구와 지우개 도구가 합쳐진 기능입니다.

⑬ **그레이디언트 도구** G 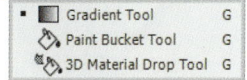 | 두 가지 이상의 색을 자연스럽게 혼합합니다. ★중요

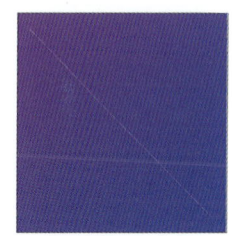

- **그레이디언트 도구** | 두 가지 이상의 색을 혼합합니다.
- **페인트 도구** | 전경색이나 패턴으로 특정 영역을 채웁니다.
- **3D 재질 놓기 도구** | 3D 오브젝트에서 특정 영역을 전경색이나 패턴으로 채웁니다.

⑭ **블러 도구** 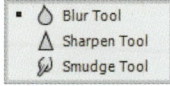 | 이미지를 뿌옇게 하여 번진 느낌을 냅니다.

- **블러 도구** | 클릭하거나 드래그한 부분을 뿌옇게 만듭니다. 흐림 효과 도구라고도 합니다.
- **샤픈 도구** | 클릭하거나 드래그한 부분을 선명하게 만듭니다.
- **스머지 도구** | 드래그한 방향으로 이미지를 뭉갭니다.

⑮ **조정 브러시** | 원본 훼손 없이 특정 부분을 드래그하여 밝게 하거나 어둡게 보정합니다.

⑯ **닷지 도구 O** | 이미지를 밝게 하거나 어둡게 합니다.

- **닷지 도구** | 클릭하거나 드래그한 부분을 밝게 합니다.
- **번 도구** | 클릭하거나 드래그한 부분을 어둡게 합니다.
- **스펀지 도구** | 클릭하거나 드래그한 부분의 채도를 높이거나 낮춥니다.

벡터, 드로잉, 문자, 도형 도구

⑰ **펜 도구 P** | 원하는 영역을 세밀하게 지정할 때 사용하며 지정한 영역은 패스로 만들어집니다.

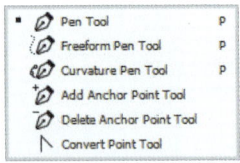

- **펜 도구** | 패스를 그립니다.
- **자유 형태 펜 도구** | 브러시 도구처럼 자유롭게 드래그한 형태대로 패스가 만들어집니다.
- **곡률 펜 도구** | 부드러운 곡선과 직선 패스를 빠르고 쉽게 만듭니다.
- **기준점 추가 도구** | 기존 패스에 기준점을 추가합니다.
- **기준점 삭제 도구** | 기존 패스의 기준점을 삭제합니다.
- **기준점 변환 도구** | 패스 기준점의 속성을 바꿉니다.

⑱ **문자 도구 T** | 원하는 문자를 입력할 수 있습니다. ★중요

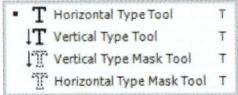

- **수평 문자 도구** | 문자를 가로 방향으로 입력합니다.
- **세로 문자 도구** | 문자를 세로 방향으로 입력합니다.
- **세로 문자 마스크 도구** | 입력한 세로 문자 형태대로 선택 영역을 지정합니다.
- **수평 문자 마스크 도구** | 입력한 가로 문자 형태대로 선택 영역을 지정합니다.

⑲ **패스 선택 도구** 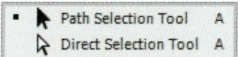 | 패스를 선택하여 옮기거나 변형할 수 있습니다.

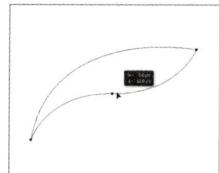

- **패스 선택 도구** | 패스의 전체 기준점이 선택됩니다.
- **직접 선택 도구** | 패스의 베지어 곡선과 기준점을 선택할 수 있습니다.

⑳ **셰이프 도구** U □ | 다양한 벡터 방식의 모양 또는 패스를 만들 수 있습니다.

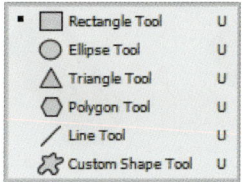

- **사각형 셰이프 도구** | 사각형으로 모양 또는 패스를 만듭니다.
- **타원 셰이프 도구** | 원형으로 모양 또는 패스를 만듭니다.
- **삼각형 셰이프 도구** | 모서리가 뾰족하거나 둥근 삼각형 모양 또는 패스를 만듭니다.
- **다각형 셰이프 도구** | 입력한 수치의 꼭짓점 개수에 맞게 다각형 모양 또는 패스를 만듭니다.
- **선 셰이프 도구** | 옵션바에서 설정한 굵기대로 선을 만듭니다.
- **사용자 정의 셰이프 도구** | 옵션바에서 [Shape] 항목을 클릭하면 나타나는 라이브러리 중 하나를 선택하거나 사용자가 직접 등록한 모양대로 모양 또는 패스를 만듭니다.

화면 이동, 확대/축소 도구

㉑ **손바닥 도구** H , SpaceBar | 작업 화면보다 이미지가 클 때 화면을 이동할 수 있습니다.

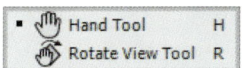

- **손바닥 도구** | 이미지가 작업 화면보다 클 때 화면을 이동합니다. 손 도구라고도 합니다.
- **회전 보기 도구** | 작업 화면을 클릭하면 자연스럽게 회전합니다.

㉒ **돋보기 도구** Z | 화면의 특정 부분을 확대하거나 축소할 수 있습니다. ★중요

색상 선택, 보기 모드 도구

㉓ **더 보기 도구** ⋯ | 나만의 도구바를 설정합니다.

㉔ **전경색/배경색** | 전경색은 문자를 입력하거나 도형을 그릴 때 사용되는 색상이고, 배경색은 지우개 도구로 지웠을 때 나타나는 색상입니다. 색을 클릭하여 원하는 색상을 설정할 수 있습니다. ★중요

㉕ **퀵 마스크 모드** Q | 브러시 도구와 선택 도구를 이용하여 선택 영역을 좀 더 편리하게 추출할 수 있도록 만듭니다. 표준 모드와 퀵 마스크 모드를 전환할 수 있습니다.

㉖ **화면 모드 변경** F | 표준 화면 모드, 메뉴바와 패널이 있는 전체 화면 모드, 전체 화면 모드 중 선택하여 볼 수 있습니다.

도구바 넓히기/좁히기

도구바 상단의 도구바 넓히기 » 를 클릭하면 세로로 한 줄이던 도구바가 두 줄로 바뀝니다. 다시 한 줄로 바꾸려면 도구바 좁히기 « 를 클릭합니다. 작업 영역을 넓게 사용하려면 도구바를 한 줄로 선택하는 것이 좋습니다.

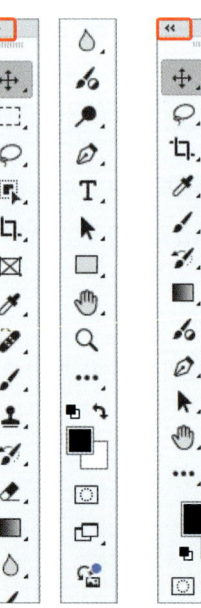

▲ 도구바 축소형 　▲ 도구바 확장형

기능 꼼꼼 익히기 | 숨은 도구 선택하기

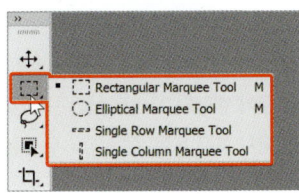

도구 오른쪽 아래에 삼각형이 보이면 숨은 도구가 있다는 것을 의미합니다. 도구를 클릭한 채로 2초가량 있거나 마우스 오른쪽 버튼으로 클릭하면 숨은 도구들이 나타납니다.

간단 실습 | 나만의 도구바 설정하기

① 도구바의 더 보기 도구 ···에서 마우스 오른쪽 버튼을 클릭하고 **②** [Edit Toolbar]를 선택합니다. **③** [Customize Toolbar] 대화상자가 나타나면 [Toolbar] 영역에 있는 이동 도구(Move Tool)를 드래그하여 [Extra Tools] 영역으로 옮깁니다. **④** [Toolbar] 영역에서 이동 도구가 사라집니다. 같은 방식으로 도구를 옮기며 나만의 도구바를 설정할 수 있습니다.

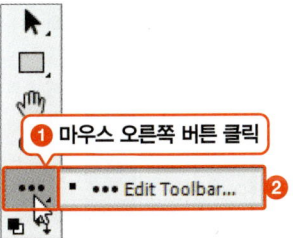

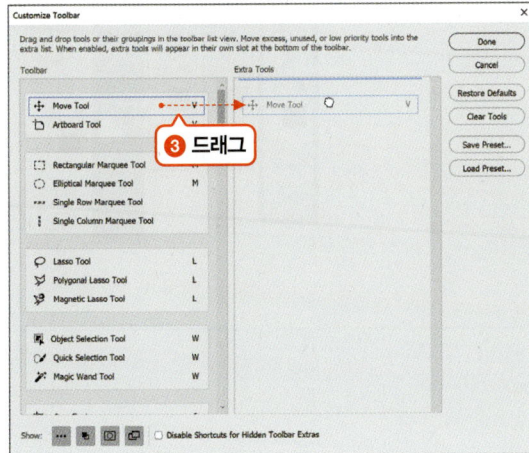
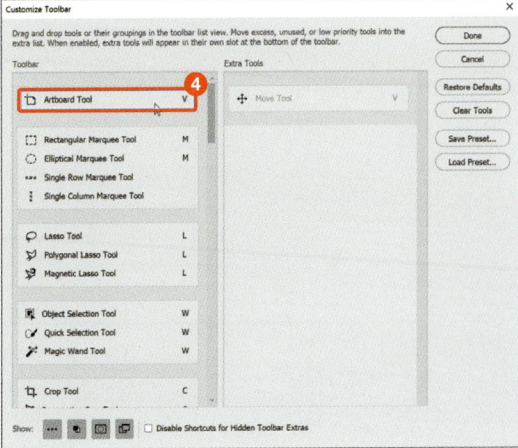

기능 꼼꼼 익히기 — 버전별 도구바의 변천사

포토샵은 1990년 포토샵 1.0 버전이 매킨토시용으로 발표된 후 2025년 현재까지 여러 차례의 버전 업그레이드가 이루어졌습니다. 업그레이드에 맞춰 도구바 역시 버전별로 여러 차례 바뀌었습니다. 포토샵의 첫 번째 도구바부터 가장 최신 버전인 CC 2025 버전의 도구바를 비교해보면서 어떤 도구가 유지되었고 사라졌으며, 어떤 도구가 변형되고 새로 생겼는지 알아보는 것도 재미있습니다. 선택 도구, 지우개 도구, 손바닥 도구, 스포이트 도구, 블러 도구, 닷지 도구 등은 처음부터 꾸준히 자리를 지켰습니다. CC 버전에서는 프레임 도구와 개체 선택 도구, 삼각형 셰이프 도구가 추가되었습니다.

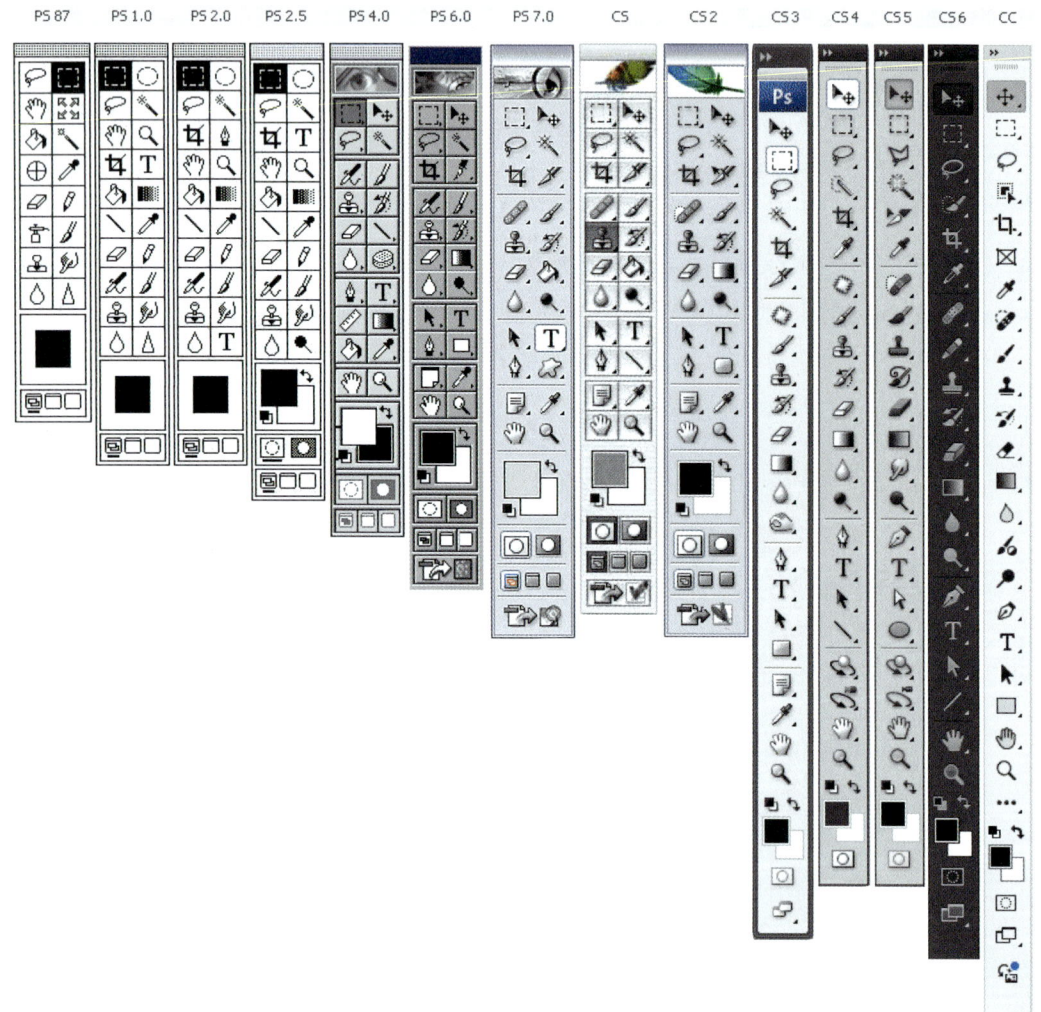

패널 자세히 알아보기

메뉴바에서 [Window] 메뉴를 선택하면 포토샵의 모든 패널을 확인할 수 있습니다. 각 메뉴는 같은 이름을 가진 패널을 불러올 수 있으며, 기능 또한 관련되어 있어 작업의 효율을 높입니다. 패널의 종류와 기능을 살펴보겠습니다.

패널 종류와 기능 살펴보기

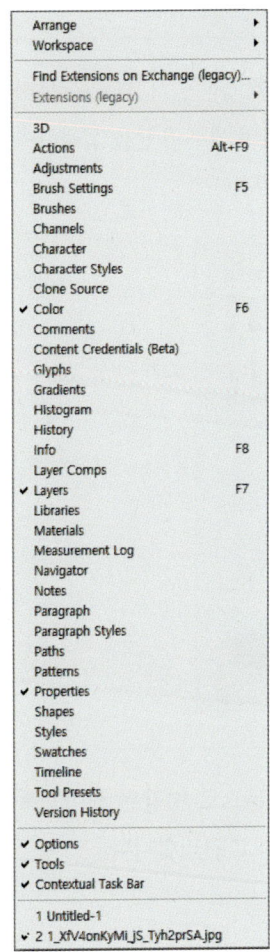

> 패널 보기와 숨기기는 [Window] 메뉴에서 제어할 수 있습니다. 아래에서는 자주 사용하는 패널* 먼저 설명하며, 해당 패널을 작업 화면 오른쪽에 열어두면 작업하기에 편리합니다.

① [Layers] 패널 F7 ★중요 | 레이어를 추가하거나 삭제하고 블렌딩 모드나 레이어 스타일과 같은 다양한 레이어의 기능을 관리합니다.

② [Channels] 패널 ★중요 | 이미지의 색상값을 채널별로 분리하여 볼 수 있고 필요에 따라 알파 채널을 만들 수도 있습니다.

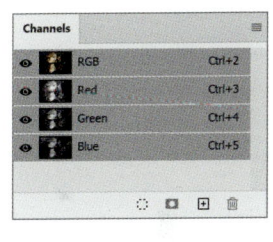

③ [Adjustments] 패널 ★중요 | 각 아이콘을 클릭하면 해당 옵션이 [Properties] 패널에 나타나고 [Layers] 패널에는 조정 레이어가 더해집니다. 색상, 채도, 명도 등 세부 옵션을 조절할 수 있습니다.

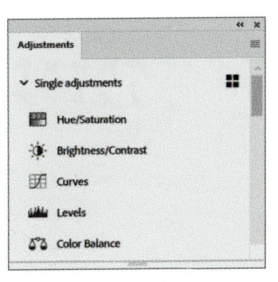

④ [Character] 패널 ★중요 | 글꼴, 글자 크기, 글자색 등 문자 도구의 세부 옵션을 설정합니다.

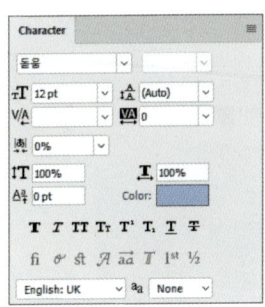

⑤ [Character Styles] 패널 ▣ | 자주 사용하는 문자 스타일을 등록하고 관리합니다.

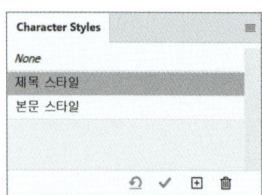

⑥ [Actions] 패널 Alt + F9 ▶ ★중요 | 반복되는 작업을 기록하여 다음 작업에 쉽게 적용합니다.

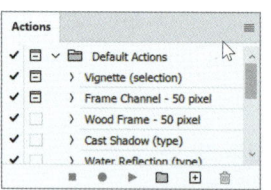

⑦ [Brushes] 패널 ▣ ★중요 | 자주 사용하는 브러시를 등록하고 관리합니다. 드래그하여 브러시 순서를 변경하고, 폴더 및 하위 폴더를 만들어 브러시를 관리할 수 있습니다.

하단의 확대/축소 슬라이더를 조절하여 미리 보기의 브러시 크기를 조정할 수 있습니다.

⑧ [Brush Settings] 패널 F5 ▣ ★중요 | 새로운 브러시를 등록하거나 브러시의 세부 옵션을 설정하여 나만의 브러시를 만듭니다.

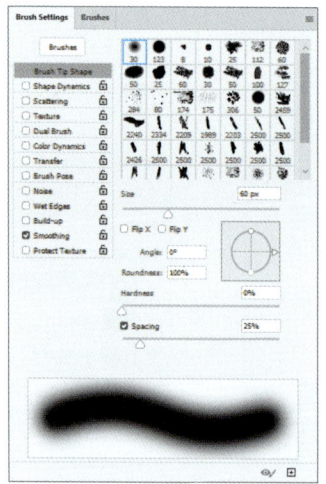

⑨ [Gradients] 패널 ▣ | 기본으로 저장된 그레이디언트를 적용하거나 새로 등록하고 관리합니다.

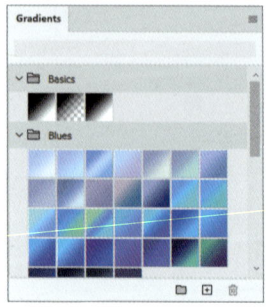

⑩ [Shapes] 패널 ▣ | 기본으로 저장된 셰이프를 적용하거나 새로 등록하고 관리합니다.

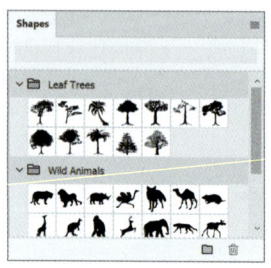

⑪ **[History] 패널** ★중요 | 작업 과정을 단계별로 기록하여 이전 단계로 쉽게 되돌릴 수 있습니다.

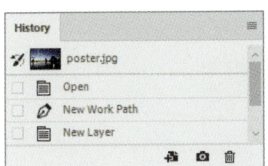

⑫ **[Paths] 패널** ★중요 | 패스로 작업한 내용을 저장하고 관리합니다.

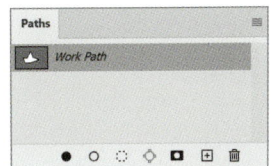

⑬ **[Properties] 패널** ★중요 | 선택한 레이어에 대한 세부 속성을 설정할 수 있습니다.

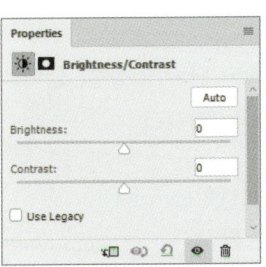

⑭ **[Patterns] 패널** | 기본으로 저장된 패턴을 적용하거나 새로 등록하고 관리합니다.

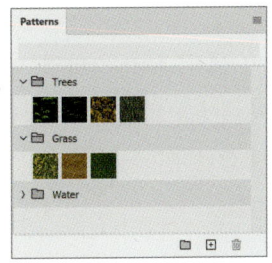

⑮ **[Color] 패널** F6 ★중요 | 슬라이더 조절점을 이용하거나 수치를 직접 입력하여 전경색과 배경색을 변경할 수 있습니다.

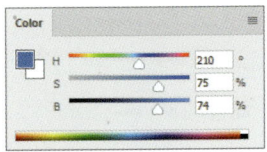

⑯ **[Navigator] 패널** ★중요 | 작업 중인 이미지를 확대하거나 축소하여 볼 수 있습니다.

⑰ **[Info] 패널** F8 ★중요 | 색상 정보, 크기, 각도, 좌표 등의 기본 정보를 수치로 표시합니다.

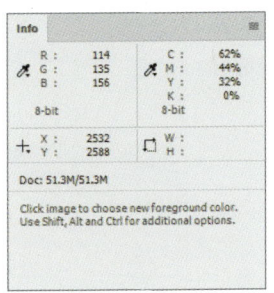

⑱ **[Layers Comps] 패널** | 레이어에 적용된 작업 과정을 스냅샷으로 기록하여 필요할 때마다 불러와 사용할 수 있습니다.

⑲ [Styles] 패널 ![] | 기본으로 저장된 스타일을 선택하여 적용하거나 새로운 스타일을 등록할 수 있습니다.

⑳ [Swatches] 패널 ![] | 자주 사용하는 기본 색상을 팔레트 형태로 모아두었습니다. 색상을 추가, 삭제할 수 있습니다.

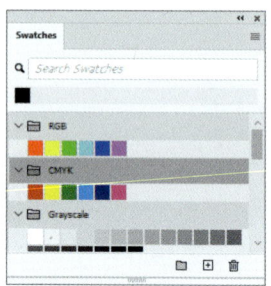

㉑ [Libraries] 패널 ![] | 색상, 문자 스타일, 그래픽, 단락 스타일 등의 에셋을 체계적으로 정리하고 다른 사용자와 공유합니다.

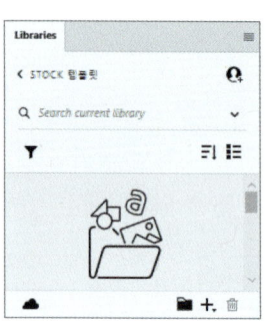

㉒ [Paragraph] 패널 ![] | 단락의 정렬, 들여쓰기, 내어쓰기 등 단락을 편집합니다.

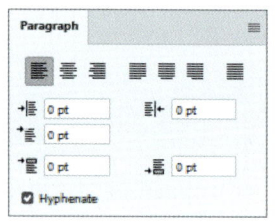

㉓ [Paragraph Styles] 패널 ![] | 자주 사용하는 단락 스타일을 등록하고 관리합니다.

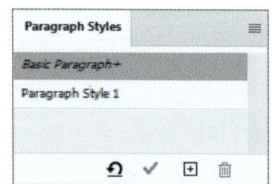

㉕ [Version History] 패널 ![] | 작업한 파일을 버전별로 저장하고 이전 버전으로 쉽게 되돌려 사용할 수 있습니다. 이 기능을 사용하려면 파일을 클라우드 문서에 저장해야 합니다.

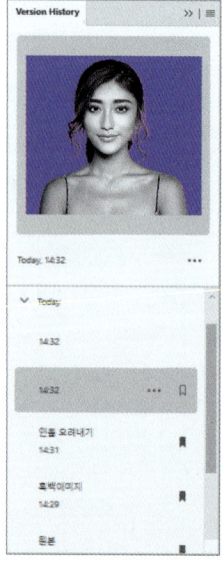

㉔ [Modifier Keys] 패널 | 패널을 실행하면 작업 화면 왼쪽에 보조키(Shift, Ctrl, Alt)가 실행되고, 해당 키를 설정한 후 작업할 수 있습니다.

㉖ **[3D] 패널** | 3D 오브젝트의 각 속성을 설정합니다.

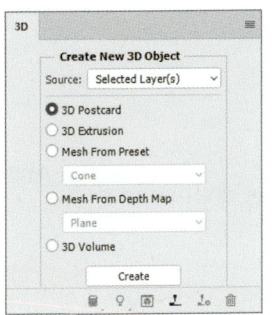

㉗ **[Clone Source] 패널** | 복제 작업을 할 때 이미지 정보를 담을 수 있습니다.

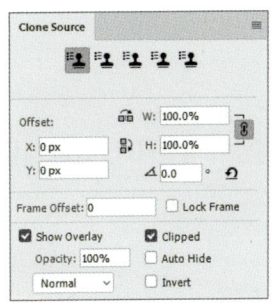

㉘ **[Comments] 패널** | 클라우드 기반으로 구성되며 공동 작업자가 코멘트를 남길 수 있습니다.

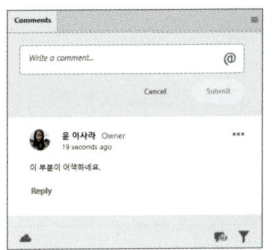

㉙ **[Histogram] 패널** | 이미지 전체의 색상 분포를 그래프로 보여줍니다.

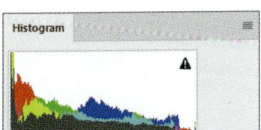

㉚ **[Measurement Log] 패널** | 눈금자 도구로 측정한 내용을 추가하고 정보를 저장할 수 있습니다.

㉛ **[Notes] 패널** | 노트 도구로 작업 화면에 간단하게 메모할 수 있습니다.

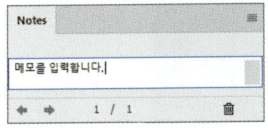

㉜ **[Timeline] 패널** | 애니메이션 작업을 할 때 필요한 기능을 모아두었습니다.

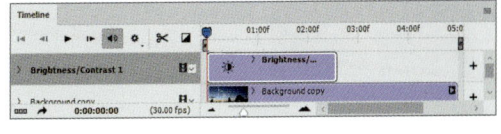

㉝ **[Tool Presets] 패널** | 자주 사용하는 도구의 옵션값을 저장하여 모아두었습니다. 다음 작업 시 해당 옵션값을 빠르게 적용할 수 있습니다.

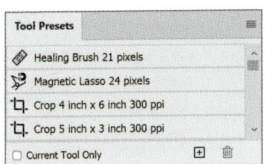

㉞ **[Glyphs] 패널** | 하나의 글꼴에서 이용 가능한 특수문자를 삽입할 수 있습니다.

패널 조작하기

패널을 여러 개 열어두면 더 빠르게 작업할 수 있어 편할 것 같지만 그만큼 공간이 줄어들어 작업하는 데 방해가 됩니다. 작업에 따라 꼭 필요한 패널만 적절하게 펼쳐놓고 사용하는 것이 더 효율적입니다. 패널을 다루는 방법을 알아보겠습니다.

패널 펼치고 접기

[Color] 패널 이름 부분을 더블클릭하면 패널이 접힙니다. 접힌 패널을 클릭하면 패널이 펼쳐집니다.

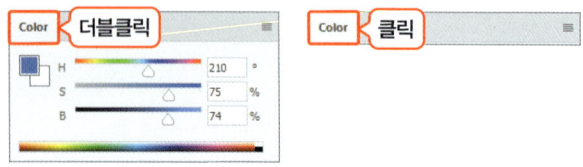

패널 분리하기/합치기

패널의 이름 부분을 클릭하고 캔버스 영역으로 드래그하면 패널이 분리됩니다. 반대로 분리되어 있는 패널을 다시 패널 영역으로 드래그하면 패널이 합쳐집니다.

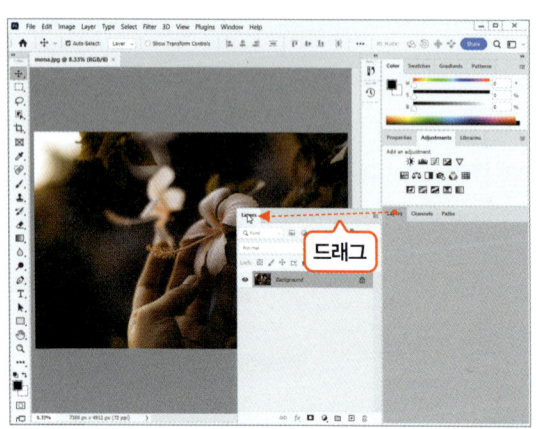 

패널 숨기기

패널의 이름 부분에서 마우스 오른쪽 버튼을 클릭합니다. 메뉴의 [Close]를 선택하면 패널을 숨길 수 있습니다.

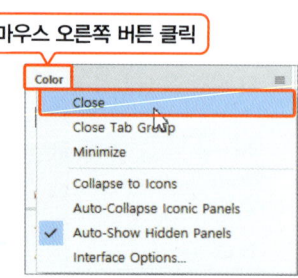

해당 패널 탭에 있는 다른 패널까지 모두 숨기고 싶다면 [Close Tab Group] 메뉴를 선택합니다.

꼭 알아야 할 그래픽 기초 지식

벡터, 비트맵, RGB, CMYK, 해상도, 파일 형식

벡터와 비트맵의 차이는?

컴퓨터에서 사용하는 이미지의 형식은 크게 두 가지로 나눌 수 있습니다. 바로 벡터와 비트맵입니다. 포토샵은 주로 비트맵 형식을 사용합니다. 물론 펜 도구와 셰이프 도구, 스마트 오브젝트는 비교적 간단한 벡터 기능을 포함하고 있습니다.

수식 기반의 벡터

벡터(Vector) 파일이란 수학석인 오브젝드에 의해 정의된 선과 곡선으로 구성되는 이미지를 이야기합니다. 벡터 이미지는 비트맵 이미지와 달리 어떤 해상도에서도 자동으로 크기를 조절하므로 해상도와 관계없이 깨끗한 이미지를 얻을 수 있습니다.

픽셀 기반의 비트맵

비트맵(Bitmap) 파일이란 픽셀이라고 불리는 조그만 사각형이 각각의 색상을 가지고 모여서 이미지를 만들어내는 방식입니다. 그 때문에 확대해서 보면 픽셀의 형태가 보이는 계단 현상이 일어납니다. 자연스럽고 사실적인 표현이 가능하나 고품질의 이미지를 만들기 위해서는 고해상도를 사용해야 합니다.

▲ 100% 크기의 파일

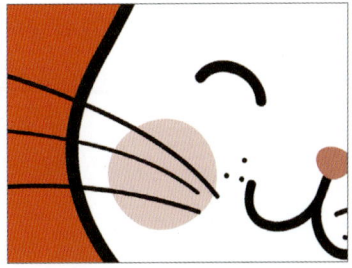
▲ 확대한 벡터 파일

▲ 확대한 비트맵 파일

기능 꼼꼼 익히기 — 한눈에 보는 벡터와 비트맵

	벡터 방식	비트맵 방식
장점	크기를 확대하거나 축소해도 이미지가 선명하고, 비트맵보다 용량이 적음	많은 픽셀로 정교하고 다양한 색상을 가진 이미지를 만듦
단점	사실적이고 정교한 이미지 표현에는 한계가 있음	확대하거나 축소하면 이미지 깨짐 현상이 있음
저장 방식	수학 기반의 선과 곡선의 모임	픽셀이라는 작은 사각형의 모임
파일 용량	이미지 해상도에 영향을 받지 않음	이미지 해상도가 클수록 용량이 커짐
저장 파일	AI, EPS, SVG	JPG, GIF, PNG, TIFF
프로그램	일러스트레이터, 코렐드로우, 플래시	포토샵, 페인터
이미지	로고, 포장 디자인 등 간단한 이미지 제작에 사용됨	사진, 그래픽, 자연스러운 이미지 표현이 가능함

RGB와 CMYK 컬러 모드

모니터로 볼 때는 RGB 모드

디지털카메라로 촬영하거나 웹에서 보는 대부분의 이미지는 RGB 모드입니다. 빛의 3원색인 빨강, 청록, 파랑 세 가지 색의 혼합으로 이루어집니다. 이 색상은 빛에 의한 표현 방법이기 때문에 많은 색이 혼합될수록 밝아집니다. 색이 전혀 들어가 있지 않으면 검은색(무색)이 되고 모든 색을 혼합하면 가장 밝은색인 흰색이 됩니다. 이러한 방식을 가산 혼합이라고 합니다.

인쇄할 때는 CMYK 모드

책, 광고물, 신문 등 우리가 보는 모든 인쇄물은 CMYK 모드입니다. 색의 3원색 하면 흔히 빨강, 노랑, 파랑으로 알고 있지만 정확히는 Cyan(하늘색 계열), Magenta(다홍색 계열), Yellow(노랑) 세 가지 색입니다. 여기에 Black(K)을 더하여 CMYK라고 부르고 있습니다. Black을 더하는 이유는 세 가지 색을 모두 섞어도 불순물에 의하여 순수한 검은색이 나오기 힘들 뿐 아니라, 잉크의 낭비를 막기 위해서라고 합니다. CMYK는 RGB 색상보다 표현할 수 있는 색이 적으나 인쇄할 때는 RGB 색상을 사용할 수 없으므로 인쇄 목적의 이미지 제작에서 쓰입니다.

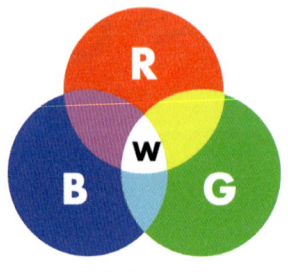
▲ RGB 가산 컬러

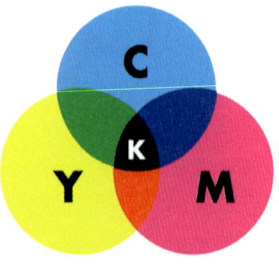
▲ CMYK 감산 컬러

RGB, CMYK 모드 설정하기

[File]-[New] 메뉴를 선택하거나 Ctrl + N 을 누르면 [New Document] 대화상자가 나타납니다. 이때 [Color Mode] 항목에서 [RGB Color] 혹은 [CMYK Color] 모드를 설정할 수 있습니다.

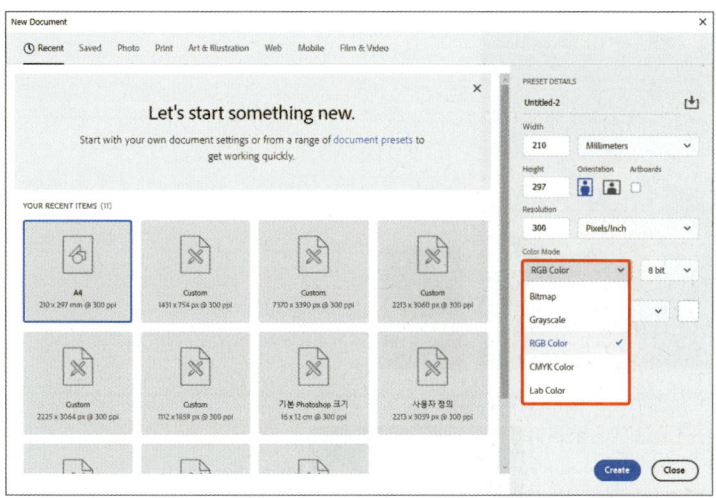

[Color] 패널에서 옵션≡을 클릭합니다. 팝업 메뉴에서 원하는 모드(RGB, CMYK 모드)의 컬러로 설정할 수도 있습니다.

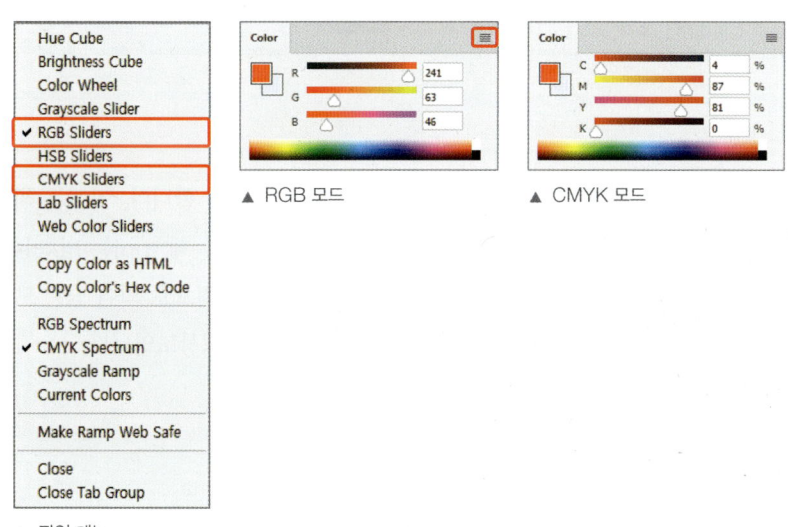

▲ 팝업 메뉴

해상도

해상도는 1Inch 안에 몇 개의 픽셀 또는 점으로 이루어졌는지의 정도를 나타냅니다. 웹 이미지를 제작할 때 해상도는 72ppi나 96ppi 등을 사용합니다. 하지만 인쇄용 이미지를 작업할 때는 이 해상도를 설정하여 작업하면 이미지의 질이 떨어집니다. 일반적으로 신문 등의 인쇄물은 150~300ppi, 잡지 등의 고품질을 요구하는 이미지는 400ppi 이상의 해상도로 작업합니다.

이미지 해상도 조절하기

비트맵 방식에서는 해상도가 클수록 이미지가 선명하게 보입니다. 그리고 문서 크기만큼 픽셀 정보를 모두 저장하므로 용량도 증가합니다. 다음의 ⓐ, ⓑ의 이미지를 비교하여 해상도의 차이를 확인해봅니다.

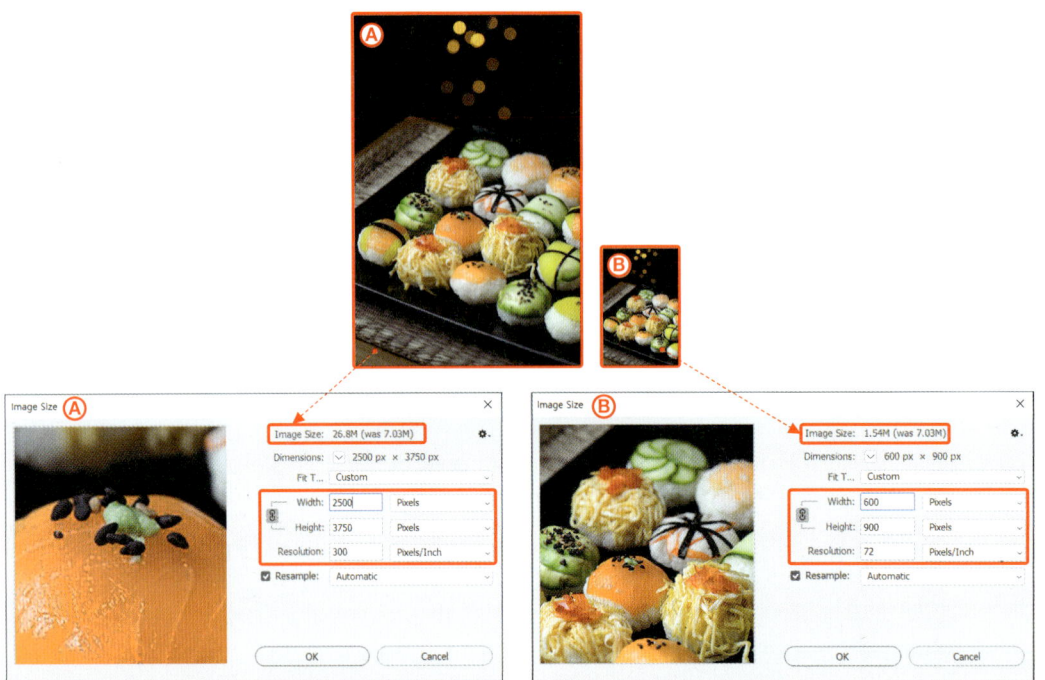

ppi와 dpi의 차이점

출력을 원하는 이미지를 제작한다면 당연히 단위를 cm와 같은 물리적 단위로 지정해야 합니다. 이때는 해상도가 중요한 의미를 가집니다. 해상도는 일반적으로 ppi나 dpi라는 단위를 사용하는데, ppi는 Pixels per inch의 줄임말이고, Dpi는 Dots per inch의 줄임말입니다. Pixel은 조그만 사각형으로 되어 있는 모니터에서 사용하는 해상도이고, Dot는 둥근 모양으로 되어 있는 프린터에서 사용하는 해상도입니다.

이미지 파일 형식, 어떤 포맷으로 저장해야 할까

포토샵에서 작업한 파일을 웹에서 사용하려면 JPEG, GIF, PNG와 같은 저용량 파일 형식으로 압축된 이미지를 사용해야 합니다. [File]-[Export]-[Save for Web] 메뉴를 선택한 후 파일 형식을 지정할 수 있습니다.

PSD

포토샵에서 사용하는 파일 형식은 PSD라는 확장자를 가집니다. PSD 포맷은 포토샵에서 작업한 정보, 예를 들면 레이어, 채널, 패스 등의 모든 정보를 저장하고 있습니다. 작업이 완료되지 않았거나 혹은 나중에 수정이 필요한 작업물은 반드시 PSD 포맷으로 저장해야 저장 전의 상태를 다시 불러올 수 있습니다.

JPEG(JPG)

JPG 파일로 많이 쓰는 JPEG는 넓은 범위의 색을 지원하고 압축률이 매우 높아 사진을 온라인에 게시할 때 유용하게 사용합니다.

GIF

움직이는 이미지로 알고 있는 GIF 파일입니다. 색을 최대 256개까지만 사용할 수 있습니다.

PNG

JPEG와 GIF의 장점을 합한 포맷으로 투명도가 꼭 필요한 경우라면 PNG 파일로 저장해야 합니다.

색의 3속성

색의 3속성이란 색상(Hue), 채도(Chroma), 명도(Value) 세 가지를 이야기합니다. 이 세 속성이 모여 색(Color)을 이루며, 세 속성 모두 수치로 표현합니다. 이 세 속성은 별도로 독립되어 있지 않고 밀접한 관계를 이루며, 서로 간에 영향을 끼칩니다. 포토샵에서도 이 세 속성에 의해 색을 표현하지만, Chroma(채도)라는 표현 대신 Saturation이라는 표현을, Value(명도)라는 표현 대신 Lightness라는 표현을 사용합니다.

색상(H)

색상은 빨강, 노랑, 파랑 등과 같이 색을 구별하는 특성을 말합니다. 주로 색상환에 의해 표현되며 기준 색은 빨강, 주황, 노랑, 연두, 녹색, 청록, 파랑, 남색, 보라, 자주색입니다.

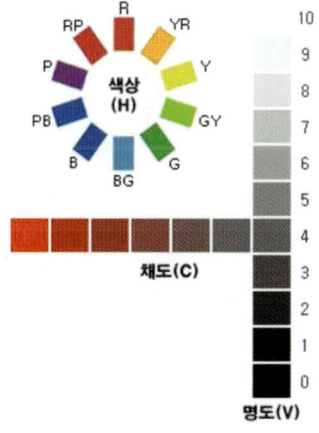

채도(C)

채도는 색이 맑고 탁함의 정도를 말합니다. 채도가 높을수록 순색에 가까워지고 채도가 낮을수록 무채색에 가까워집니다.

명도(V)

명도는 색의 밝고 어두움을 말합니다. 명도가 높을수록 흰색에 가깝고 명도가 낮을수록 검은색에 가까워집니다.

CHAPTER
02

이것만 알면
포토샵 완전 정복

디자인 작업에 필요한 기본 기능과
꼭 알아두어야 할 핵심 기능을 살펴보겠습니다.
포토샵 입문자가 꼭 알아야 하는
필수 기능 19가지를 맛보기 실습한 후에,
기본&핵심 기능을 차근차근 실습하며 익히도록 합니다.

Ps LESSON 01

먼저 맛보는 포토샵 기본 기능 20가지

이것만 따라 해도 포토샵 완전 정복

☐ CC 모든 버전
☑ CC 2025 버전

준비 파일 포토샵/Chapter 02/경복궁.jpg, 밤하늘.jpg
완성 파일 포토샵/Chapter 02/맛보기_완성.psd

AFTER

이 예제를 따라 하면

초보자가 꼭 알았으면 하는 기본 기능 20가지를 소개하겠습니다. 포토샵의 대표 기능을 간단히 실습해보며 포토샵과 친해지기를 바랍니다. 기본 기능만 알고 있어도 많은 작업을 할 수 있으므로 직접 실습하면서 하나씩 익혀봅니다.

BEFORE

① 새 문서를 만드는 New

01 ① 포토샵을 실행한 후 시작 화면에서 [New file]을 클릭합니다. ② [New Document] 대화상자가 나타나면 작업할 이미지 크기를 [Width]와 [Height]에 입력합니다. 여기서는 각각 **1080**을 입력하고 ③ [Pixels]을 선택합니다. ④ [Resolution]은 **72**를 입력하고 ⑤ [Create]를 클릭합니다.

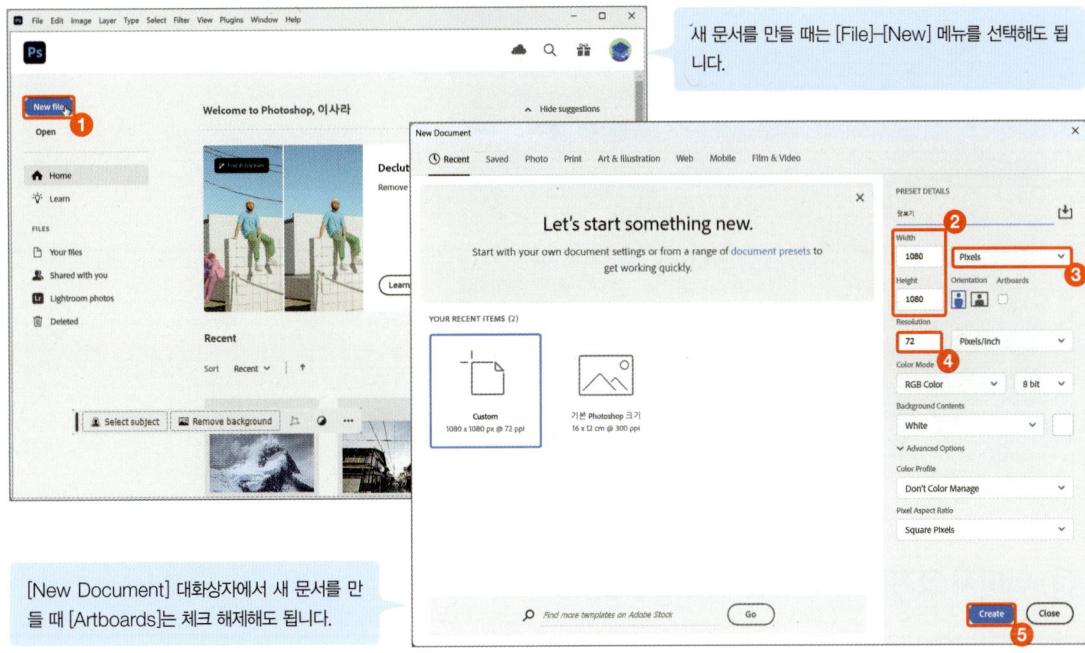

새 문서를 만들 때는 [File]-[New] 메뉴를 선택해도 됩니다.

[New Document] 대화상자에서 새 문서를 만들 때 [Artboards]는 체크 해제해도 됩니다.

02 새 문서가 열립니다.

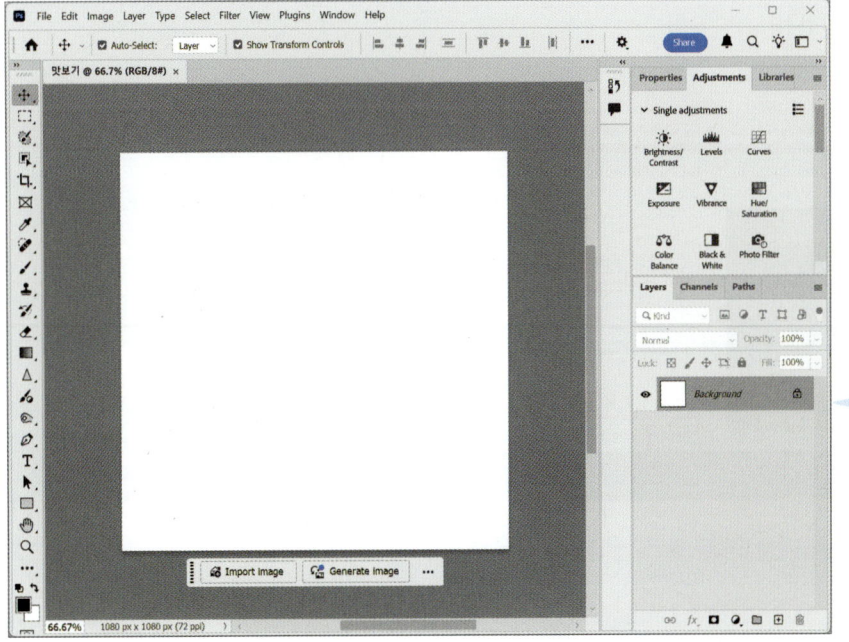

포토샵 CC 2025 버전은 이미지를 열거나 새 작업 문서를 만들면 하단에 [Contextual Task Bar(상황별 작업 표시줄)]가 나타납니다. 해당 표시줄은 작업에 방해될 경우 [Window]-[Contextual Task Bar]에 체크를 해제하여 숨길 수 있습니다.

② 이미지를 불러오는 Open

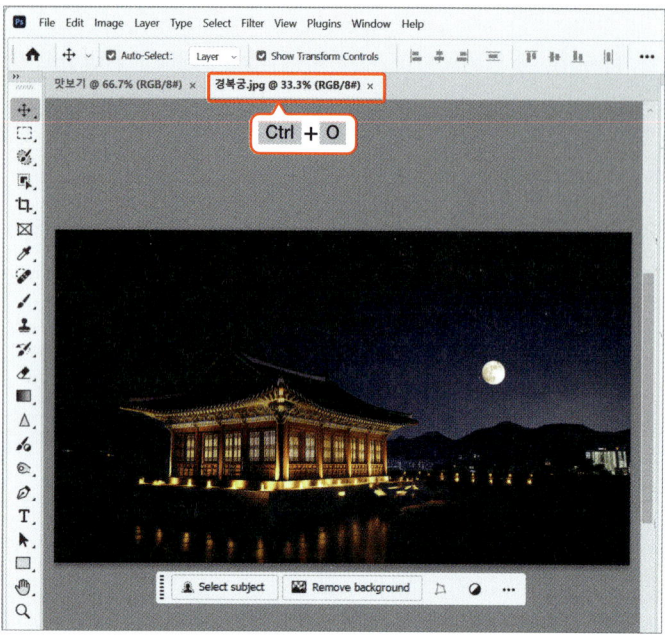

03 [File]-[Open] 메뉴를 선택해 **경복궁.jpg** 파일을 불러옵니다. Ctrl + O 를 눌러 불러와도 됩니다.

③ 이미지 크기를 조절하는 Image Size

04 파일 이름 탭을 보면 작업 화면의 크기가 33.3%로 축소되어 있습니다. 실제 이미지가 매우 크다는 것을 알 수 있습니다. 크기를 줄여보겠습니다. ❶ [Image]-[Image Size] 메뉴를 선택해 [Image Size] 대화상자를 불러옵니다. ❷ 단위를 [Pixels]로 선택하고 ❸ [Width]에 **2000**을 입력한 다음 ❹ [OK]를 클릭합니다. 이미지 크기가 줄어듭니다.

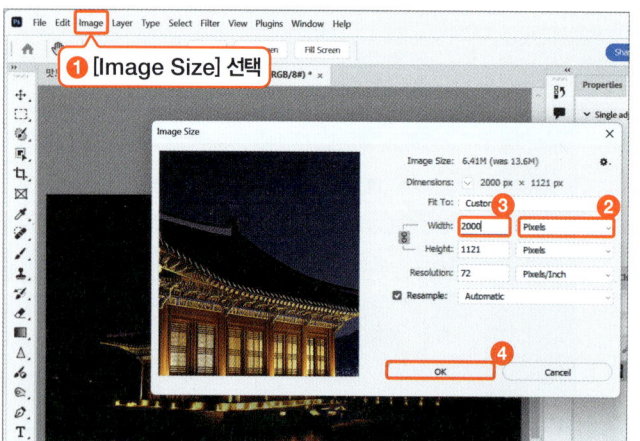

현재 사용 중인 컴퓨터(PC, Mac)의 해상도에 따라 확대/축소 비율이 다르게 나타날 수 있습니다.

④ 이미지 복사해서 붙여넣기

05 ❶ Ctrl + A 를 눌러 이미지를 전체 선택한 후 ❷ Ctrl + C 를 눌러 복사합니다. ❸ [맛보기] 탭을 클릭하고 ❹ Ctrl + V 를 눌러 복사한 이미지를 붙여 넣습니다.

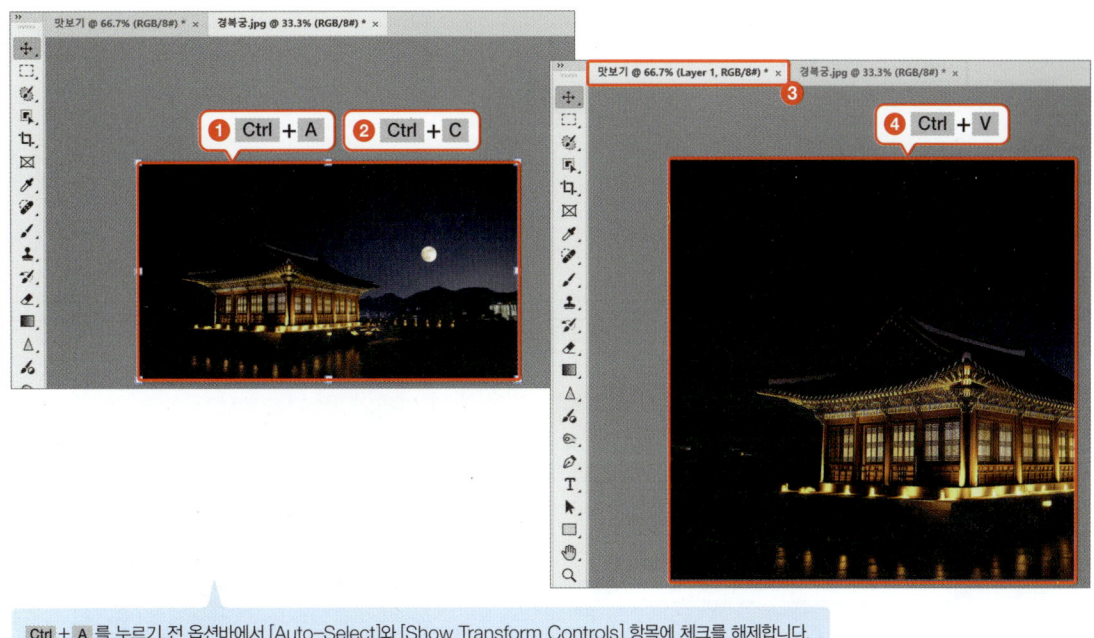

Ctrl + A 를 누르기 전 옵션바에서 [Auto-Select]와 [Show Transform Controls] 항목에 체크를 해제합니다.

⑤ 오브젝트를 옮기는 이동 도구

06 사진 위치를 왼쪽으로 옮겨보겠습니다. ❶ [Layer1] 레이어가 선택된 상태에서 ❷ 이동 도구 를 클릭합니다. ❸ 왼쪽으로 드래그하여 사진을 이동합니다.

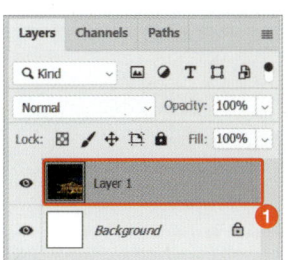

⑥ 작업 화면 비율을 조절하는 돋보기 도구

07 작업 화면의 보기 비율을 조절해보겠습니다. ❶ 도구바에서 돋보기 도구 🔍를 클릭하고 ❷ 작업 화면을 여러 번 클릭하여 확대합니다. ❸ Alt 를 누르고 클릭하면 화면을 축소할 수도 있습니다. 적절한 작업 크기로 조절합니다.

돋보기 도구를 더블클릭하면 작업 화면의 보기 비율이 100%로 설정됩니다.

⑦ 드래그하여 빠르게 선택하는 개체 선택 도구

08 달 위치를 옮겨보겠습니다. ❶ 개체 선택 도구 를 클릭합니다. ❷ 달을 사각형으로 드래그하면 개체를 인식해 ❸ 보름달만 정확하게 선택할 수 있습니다.

개체 선택 도구 를 클릭하고 작업 화면에 마우스 포인터를 올려놓으면 선택될 개체가 분홍색 영역으로 미리 표시됩니다.

개체 선택 도구는 마우스 포인터를 올리는 것만으로도 개체가 인식되고 드래그나 클릭으로 선택할 수 있습니다.

⑧ 오브젝트 크기를 조절하는 Transform

09 ❶ Ctrl + J 를 눌러 선택 영역을 복사합니다. [Layers] 패널에 [Layer 2]가 생성됩니다. ❷ 이동 도구를 클릭하고 ❸ 드래그하여 이동합니다. 오브젝트 크기를 조절해보겠습니다. ❹ [Edit]-[Free Transform] 메뉴를 선택합니다. 단축키 Ctrl + T 를 눌러도 됩니다. 조절점이 나타나면 ❺ 바깥쪽으로 드래그합니다. ❻ 조절점 안쪽을 더블클릭합니다.

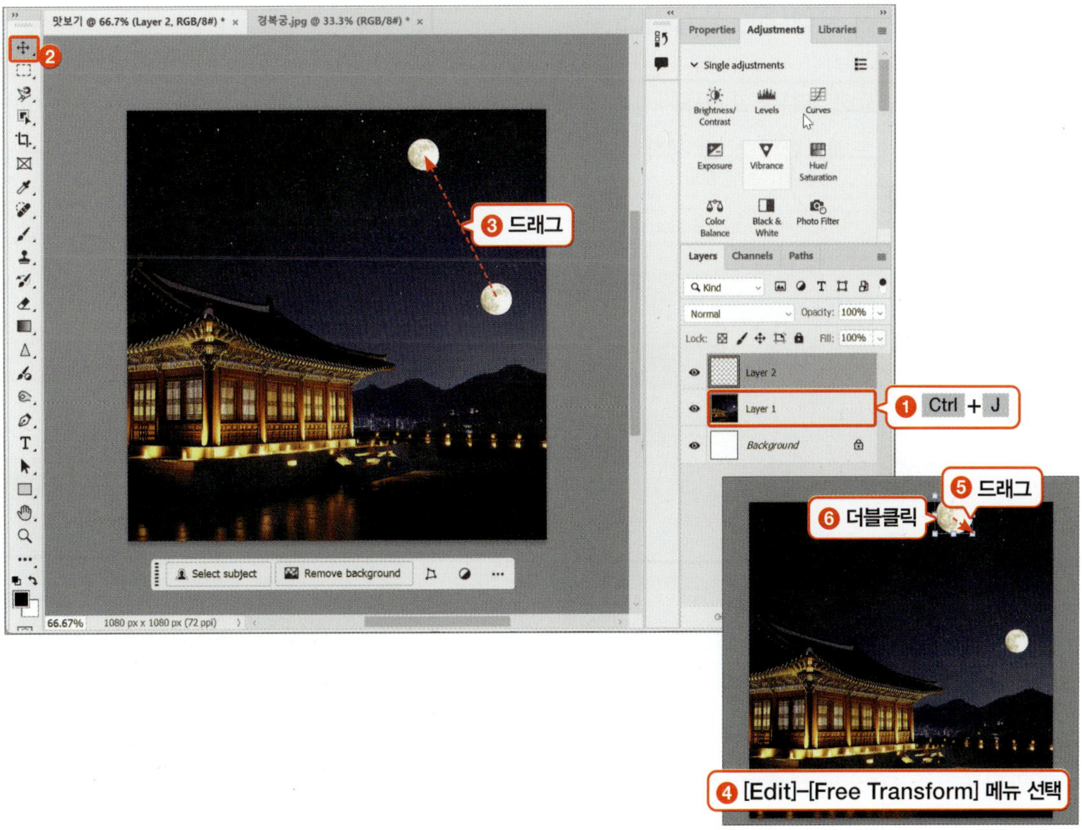

⑨ 자연스럽게 제거하는 스팟 복구 브러시 도구

10 기존에 있던 달은 지워보겠습니다. ❶ [Layers] 패널에서 [Layer 1]을 선택합니다. ❷ 스팟 복구 브러시 도구를 클릭합니다. ❸] 를 눌러 브러시 크기를 적당히 조절하고 ❹ 달을 문질러 제거합니다.

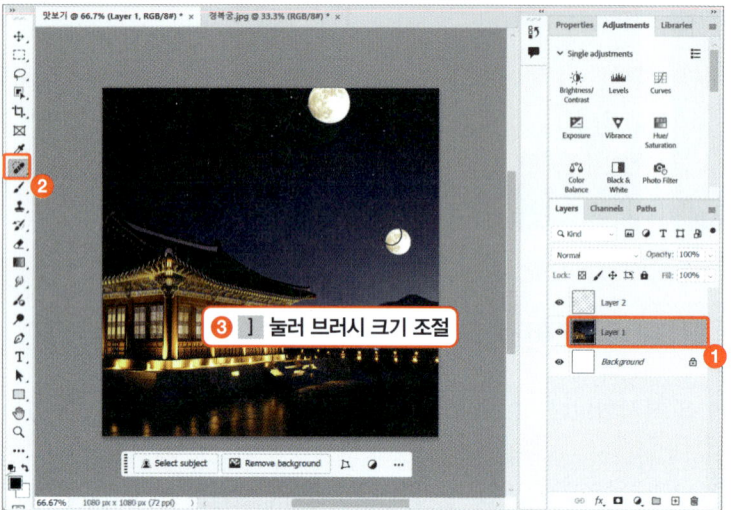

⑩ 필요한 부분만 오려내는 올가미 도구

11 이미지에서 필요한 부분만 오려내기 위해 ❶ 자석 올가미 도구를 클릭합니다. ❷ 시작점을 클릭하고 색상 경계를 따라 드래그합니다. ❸ 시작점을 다시 클릭하여 선택 영역을 만듭니다. ❹ Ctrl + J 를 눌러 복제합니다.

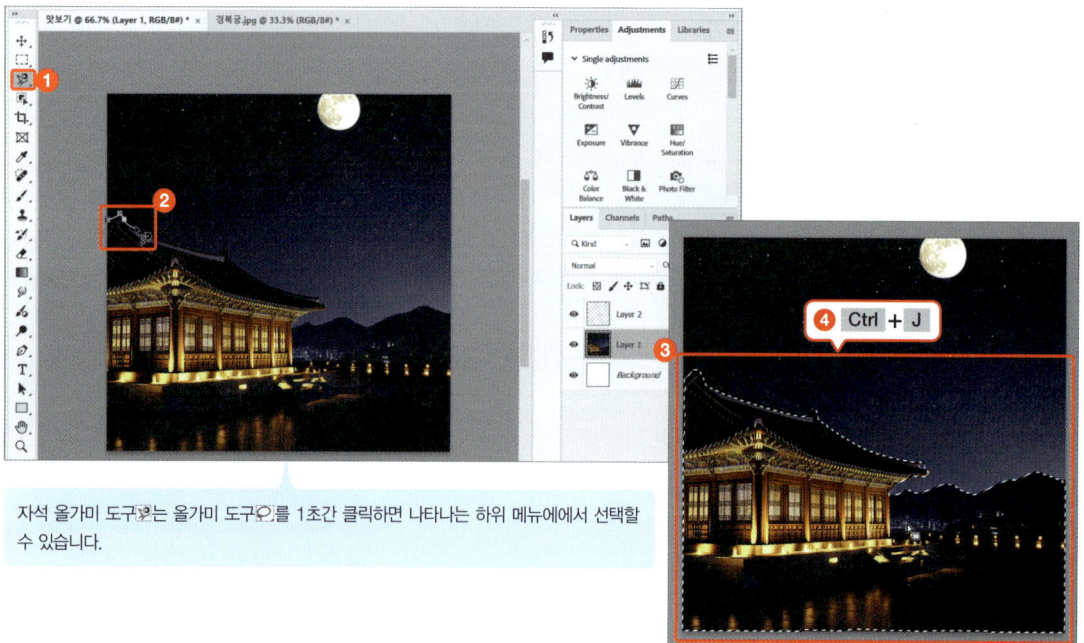

자석 올가미 도구는 올가미 도구를 1초간 클릭하면 나타나는 하위 메뉴에서 선택할 수 있습니다.

⑪ 이미지를 합성하는 Place Embedded

12 ❶ [Layer 1] 레이어를 선택합니다. ❷ [File]-[Place Embedded] 메뉴를 선택해 **밤하늘.jpg** 파일을 불러옵니다. ❸ 조절점을 드래그하여 크기를 키우고 ❹ Enter 를 눌러 적용합니다.

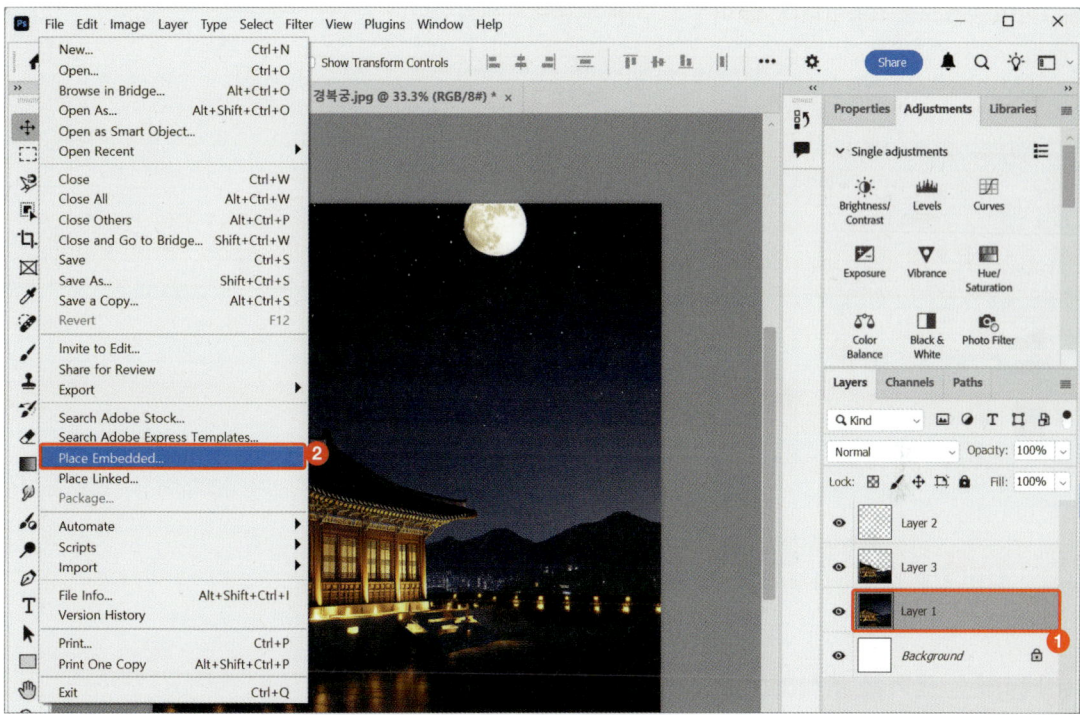

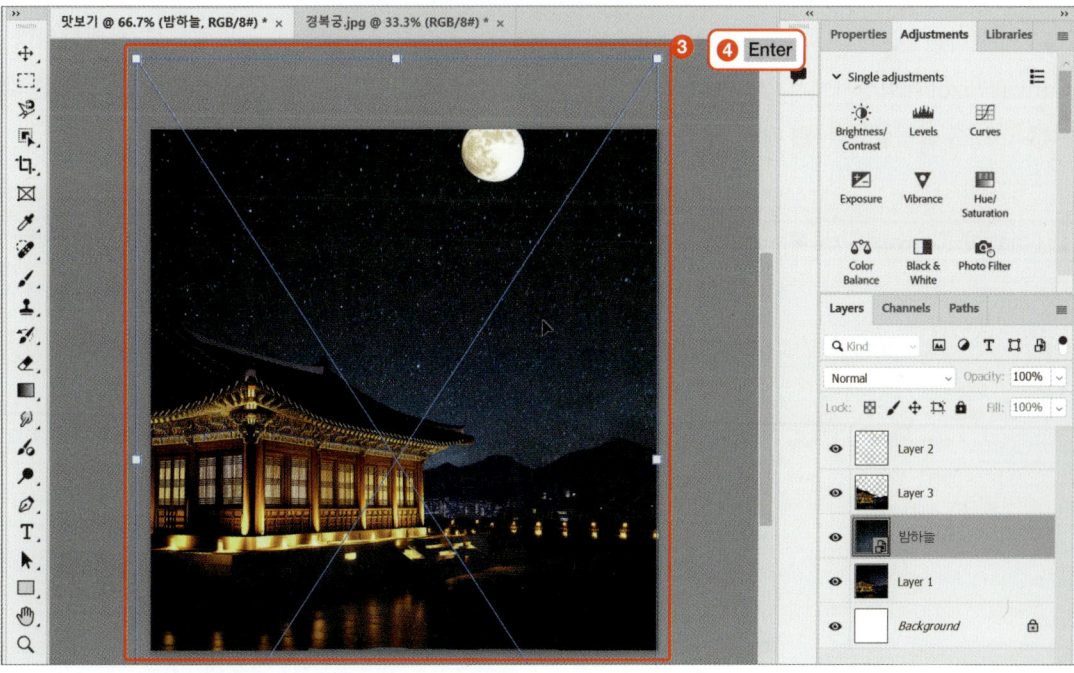

⑫ 원본 손상 없이 숨겨주는 레이어 마스크

13 ❶ [밤하늘] 레이어가 선택된 상태에서 ❷ 레이어 마스크 ▢를 클릭합니다. ❸ 그레이디언트 도구 ▢를 클릭합니다. ❹ 옵션바에서 전경색에서 배경색으로 그레이디언트를 선택합니다. ❺ 화살표 방향으로 드래그하여 마스크를 적용합니다. ❻ 이동 도구 ✥를 클릭해 완료합니다.

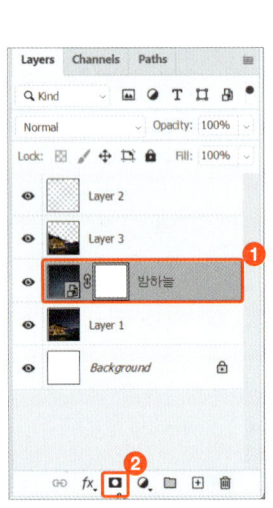

⑬ 캔버스 크기를 조절하는 Canvas Size

14 이번에는 캔버스 크기를 조절해보겠습니다. ❶ [Image]-[Canvas Size] 메뉴를 선택합니다. [Canvas Size] 대화상자에서 ❷ [Anchor]를 왼쪽 중앙으로 선택합니다. ❸ [Width]에 1300을 입력한 다음 ❹ [OK]를 클릭합니다. ❺ 캔버스의 오른쪽 부분이 넓어집니다.

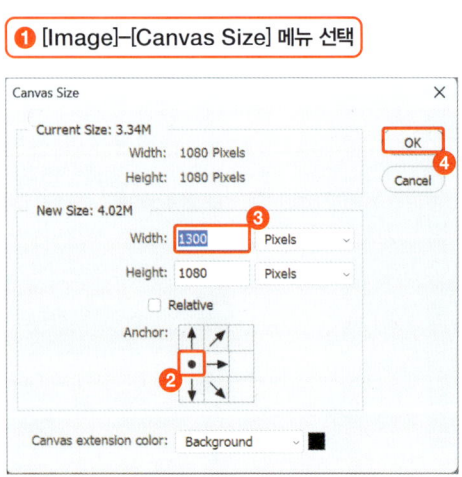

⑭ 도형을 그리는 셰이프 도구

15 ❶ 사각형 셰이프 도구 ▭를 클릭합니다. ❷ 오른쪽 영역을 위아래로 길게 드래그하여 사각형을 만듭니다.

⑮ 문자를 입력하는 문자 도구

16 ❶ 문자 도구 T를 클릭합니다. ❷ 작업 화면을 클릭하여 문자를 입력합니다. 여기서는 Seoul을 입력했습니다. ❸ Ctrl + Enter 를 눌러 입력을 완료합니다.

> 이번 실습에서는 Cherolina 폰트와 예스 명조 폰트를 사용했습니다. 각 폰트의 다운로드와 설치 방법은 도서 앞부분에 안내된 '맛있는 디자인 CC 2025 헬프 페이지'를 참고해서 진행합니다. 원하는 임의의 폰트를 사용해도 좋습니다.

17 ❶ 옵션바에서 문자 스타일을 Cherolina, 620pt로 설정합니다. ❷ Ctrl + T 를 누르고 ❸ 살짝만 회전한 후 위치를 이동합니다. ❹ 조절점 안쪽을 더블클릭하여 완료합니다.

⑯ 레이어를 합성하는 블렌딩 모드

18 ❶ [Seoul] 문자 레이어의 블렌딩 모드를 [Soft Light], ❷ [Opacity]를 50%로 설정하여 글자를 배경에 자연스럽게 합성합니다.

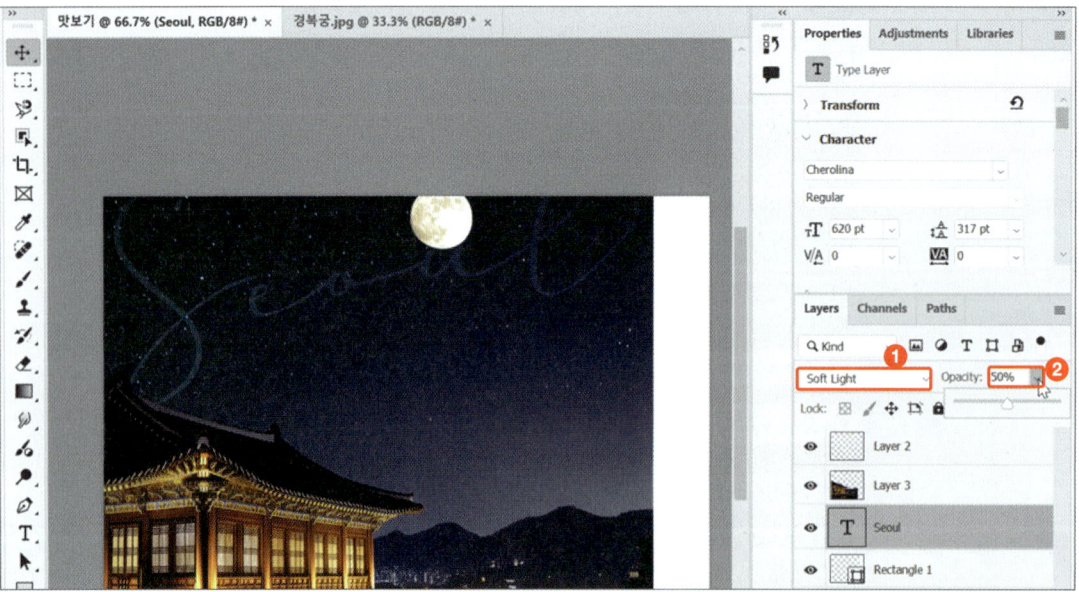

⑰ 색상을 추출하는 스포이트 도구

19 문자 도구 T 를 이용해 타이틀, 날짜, 문구를 각각 입력하고 설정합니다. 이동 도구 ✥ 를 클릭하고 그림과 같이 텍스트를 배치합니다.

실습에서 입력한 문자 폰트와 크기는 다음과 같습니다. 분위기에 잘 어울리는 임의의 폰트와 적절한 크기를 적용해도 좋습니다.
별빛야행 | 예스 명조, 164pt
날짜 | 예스 명조, 32pt
서울 여행 필수 코스 | 예스 명조, 38pt
별빛에 물든… | 예스 명조, 32pt

20 맨 아래 문구의 색을 바꿔보겠습니다. 해당 텍스트 레이어가 선택된 상태에서 ❶ 도구바에서 스포이트 도구 ✎ 를 클릭하고 ❷ 땅에서 반사되는 조명빛을 클릭하여 색상을 전경색으로 추출합니다. ❸ Alt + Delete 를 눌러 글자에 전경색을 채웁니다.

⑱ 불필요한 부분을 제거하는 자르기 도구

21 이미지에서 불필요한 부분을 잘라내기 위해 ❶ 자르기 도구 를 클릭합니다. ❷ 조절점을 드래그하여 남기고 싶은 부분을 지정한 후 ❸ Enter 를 누릅니다. 선택되지 않은 영역이 제거됩니다.

⑲ 화면을 옮기는 손바닥 도구

22 정렬이 잘 맞춰졌는지, 이미지가 깨진 부분은 없는지 저장하기 전에 이미지를 확대해서 꼼꼼히 살펴보겠습니다. ❶ Ctrl + + 를 두 번 눌러 작업 화면을 확대합니다. ❷ 도구바에서 손바닥 도구 를 클릭하고 ❸ 드래그하여 화면을 옮기며 확인합니다.

⑳ 이미지로 저장하는 Export As

23 완성한 이미지를 블로그에 올릴 수 있도록 웹용 포맷으로 저장해보겠습니다. ❶ [File]-[Export]-[Export As] 메뉴를 선택하면 [Export As] 대화상자가 나타납니다. ❷ 파일 포맷을 [JPG], 이미지 품질을 6으로 설정하고 ❸ [Export]를 클릭합니다.

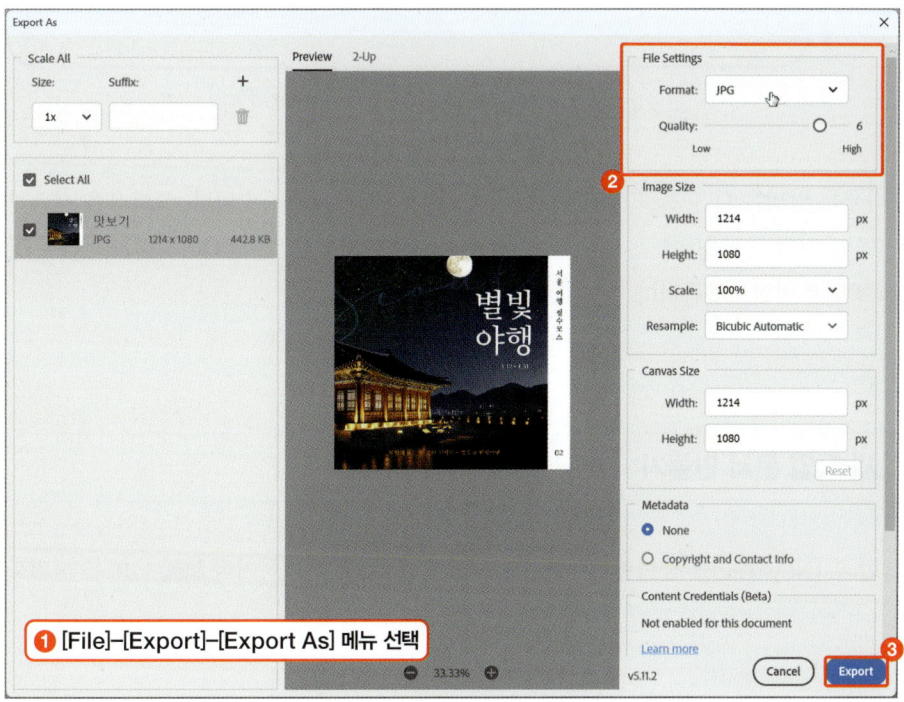

24 ❶ [다른 이름으로 저장] 대화상자가 나타나면 내 컴퓨터의 저장 위치를 지정하고 ❷ 임의의 파일 이름을 입력한 후 ❸ [저장]을 클릭합니다. ❹ 완성된 이미지를 확인합니다.

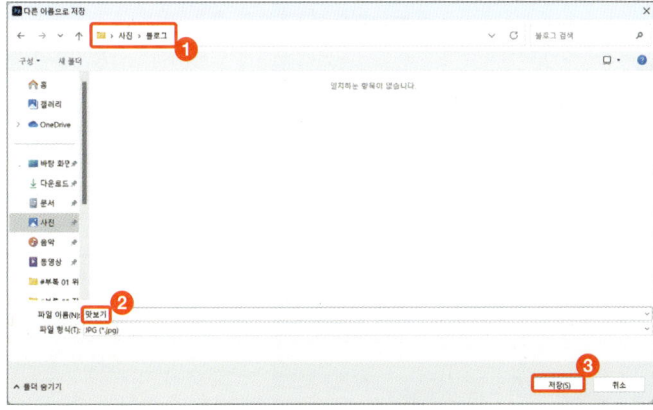

파일 관리하기

새 작업 문서를 만들고 파일 불러오기, 저장하고 창 닫기

포토샵에서 파일을 다루는 방법은 다른 프로그램에서 파일을 다루는 방법과 유사합니다. 포토샵을 실행하고 가장 먼저 하는 일인 새 작업 문서를 만드는 방법, 이미지를 불러오는 방법, 작업한 이미지를 저장하는 방법, 작업 화면을 닫는 방법을 알아보겠습니다.

간단 실습 | 새 작업 문서 만들기

01 포토샵을 실행한 후 [New file]을 클릭합니다. [File]-[New] 메뉴를 선택하거나 Ctrl + N 을 눌러도 됩니다.

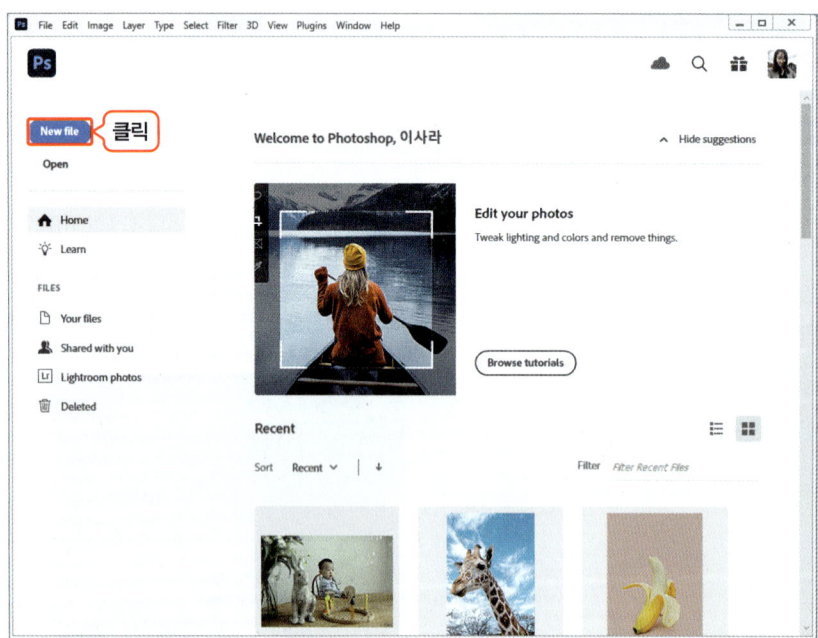

02 ❶ [New Document] 대화상자가 나타나면 원하는 이미지 크기를 [Width]와 [Height]에 입력합니다. 여기서는 1024, 768을 입력했습니다. ❷ [Resolution]은 72를 입력하고 ❸ [Create]를 클릭합니다.

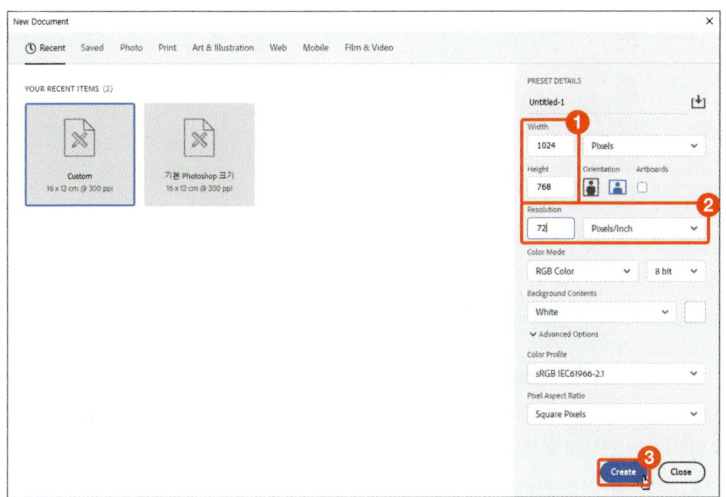

03 새 문서가 열립니다.

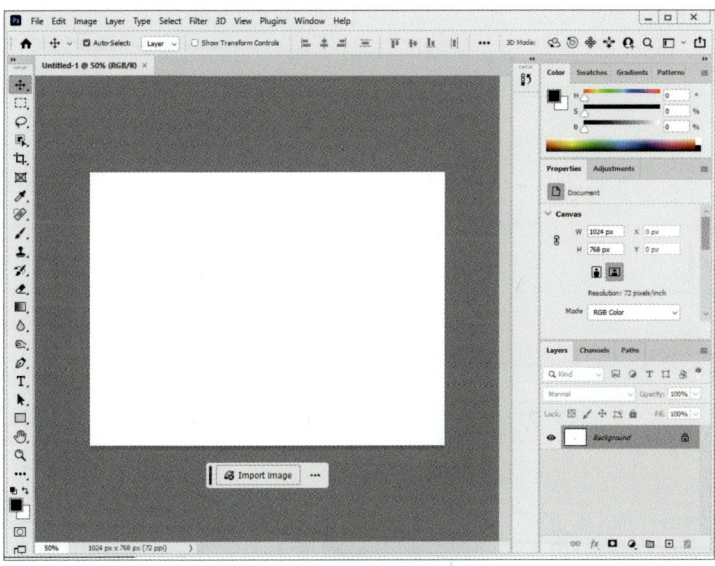

파일 이름 탭에는 파일 이름이 표시됩니다. 앞서 파일 이름을 설정하지 않았기 때문에 'Untitled'로 표시됩니다.

포토샵 CC 2025 버전은 이미지를 열거나 새 작업 문서를 만들면 하단에 [Contextual Task Bar(상황별 작업 표시줄)]가 나타납니다. 해당 표시줄은 작업에 방해될 경우 [Window]-[Contextual Task Bar]에 체크를 해제하여 숨길 수 있습니다.

기능 꼼꼼 익히기 — [New Document] 대화상자 살펴보기

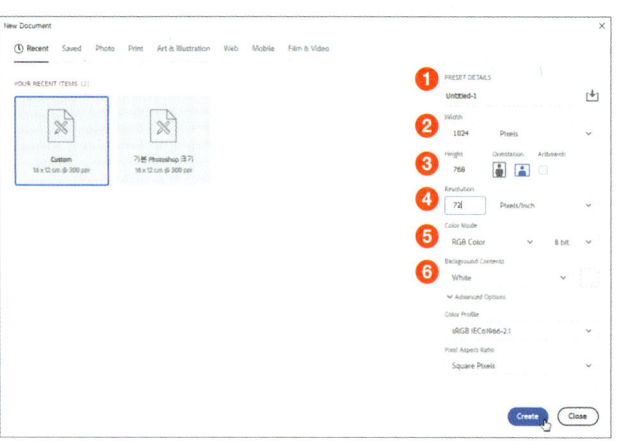

❶ **PRESET DETAILS(사전 설정 세부 정보)** | 새 문서의 이름을 설정합니다. 파일 이름이 됩니다.
❷ **Width(폭)** | 새 작업 문서의 가로 길이를 지정하며, 픽셀/인치/센티미터/밀리미터 등의 단위를 선택할 수 있습니다.
❸ **Height(높이)** | 세로 길이를 설정합니다.
❹ **Resolution(해상도)** | 웹용 이미지는 72ppi, 인쇄용 이미지는 150~300dpi가 적당합니다.
❺ **Color Mode(컬러 모드)** | 웹용 이미지는 [RGB Color], 인쇄용 이미지는 [CMYK Color]로 설정합니다.
❻ **Background Contents(배경)** | 작업 문서의 배경색을 설정합니다. 보통 흰색인 [White]로 설정하지만 투명한 배경을 원하면 [Transparent]로 선택합니다.

간단 실습 — 이미지 불러오기

01 작업 화면이 열린 상태에서 [File]-[Open] 메뉴를 선택합니다. 단축키 Ctrl + O 를 눌러도 됩니다.

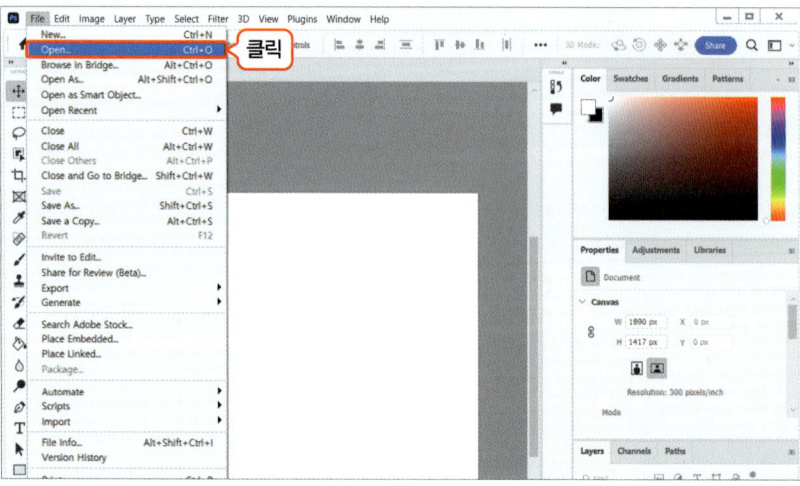

02 ❶ [열기] 대화상자가 나타나면 원하는 이미지를 선택하고 ❷ [열기]를 클릭합니다.

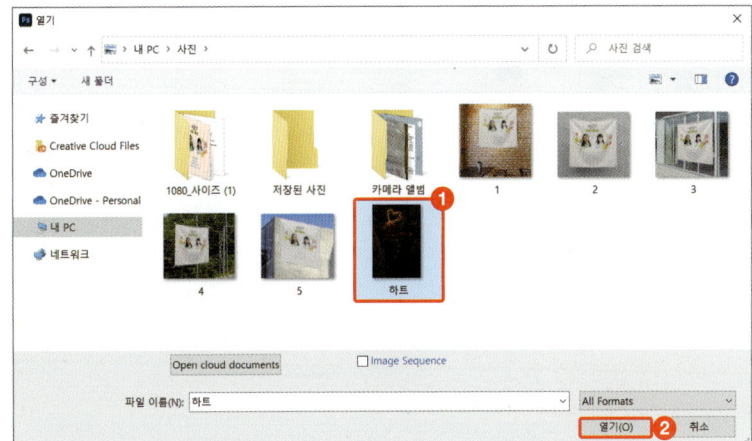

이미지를 불러오는 이번 실습에서는 특정한 이미지를 제공하지 않습니다. 컴퓨터에 저장해둔 임의의 이미지나 이 책의 준비 파일 중 원하는 이미지를 사용합니다.

포토샵을 처음 실행하면 파일을 불러오기 전에 파일 열기 설정을 해야 합니다. 불러오기 위치를 어도비 클라우드 문서(Cloud documents)와 내 컴퓨터 중 선택할 수 있습니다. 여기에서는 창 왼쪽 아래에 있는 [On your computer]를 클릭해 불러오기 위치를 내 컴퓨터로 지정합니다.

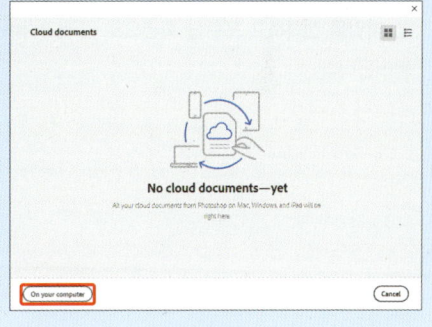

03 선택한 이미지가 작업 화면에 나타납니다.

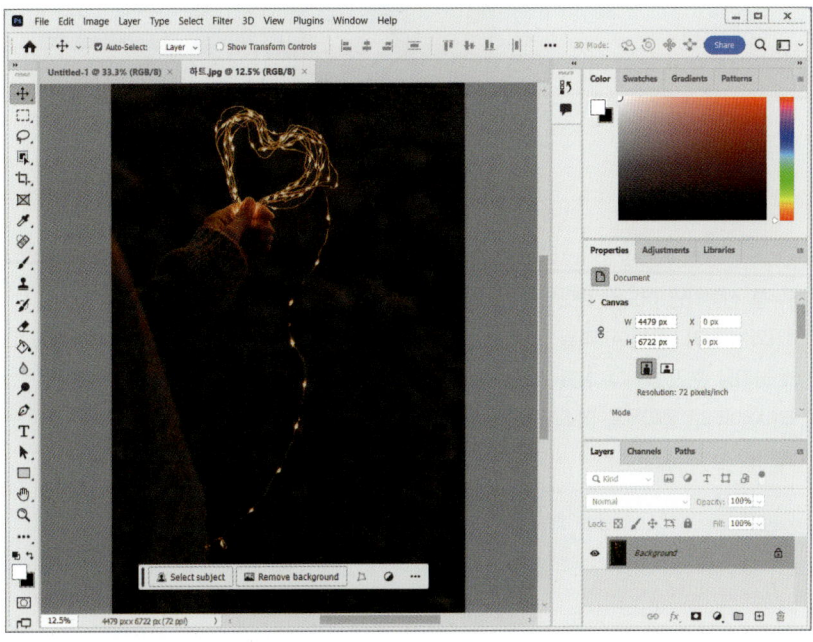

기능 꼼꼼 익히기 — 이미지를 불러오는 다양한 방법

❶ 단축키 이용하기

포토샵을 실행한 후 [Open]을 클릭하거나 단축키 Ctrl + O 를 누릅니다. [열기] 대화상자가 나타나면 원하는 이미지를 불러옵니다.

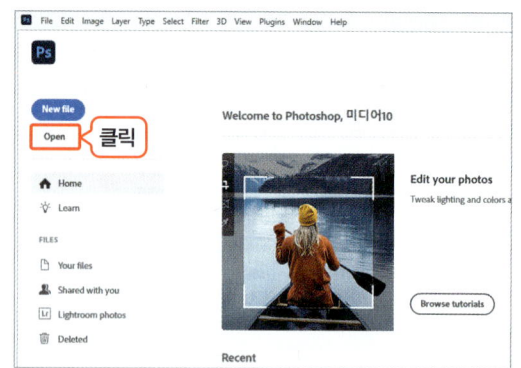

❷ 파일 폴더에서 바로 옮기기

가장 많이 쓰이는 방법입니다. 원하는 이미지가 있는 폴더에서 파일을 선택하고 포토샵 화면으로 드래그하여 이미지를 불러옵니다.

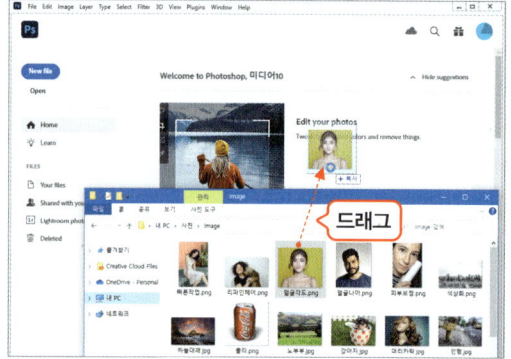

❸ 새 탭으로 불러오기

이미 작업 중인 이미지가 있더라도 새 탭으로 다른 이미지를 불러올 수도 있습니다. 새 이미지를 파일 이름이 있는 탭으로 드래그하여 불러옵니다.

❹ 어도비 브릿지 이용하기

[File]-[Browse in Bridge] 메뉴를 선택하면 어도비 브릿지 프로그램이 실행됩니다. 탐색기와는 달리 PSD, AI 파일 등을 미리 보기로 보면서 편하게 불러올 수 있습니다. 참고로 어도비 브릿지 프로그램은 크리에이티브 클라우드 데스크톱 앱에서 다운로드하여 설치해야만 쓸 수 있습니다.

간단 실습 이미지 저장하기

01 [File]-[Save] 또는 [File]-[Save As] 메뉴를 선택합니다. 단축키 Ctrl + S 를 눌러도 됩니다.

이미지를 불러온 후 [File] 메뉴를 선택하면 [Save As] 메뉴만 활성화되어 있고 [Save] 메뉴는 비활성화된 것을 확인할 수 있습니다. 이는 이미지를 불러온 후 다른 작업 단계를 거치지 않았기 때문입니다. 이미지에 문자를 입력하는 등의 작업을 거치면 [File]-[Save] 메뉴가 활성화됩니다.

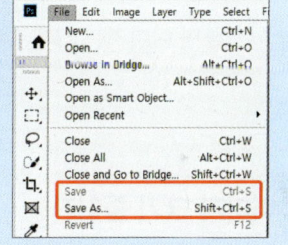

02 클라우드 문서에 저장할 것인지, 내 컴퓨터에 저장할 것인지 묻는 창이 나타납니다. 원하는 저장 위치를 선택합니다. 여기서는 [Save on your computer]를 클릭하여 컴퓨터에 저장했습니다.

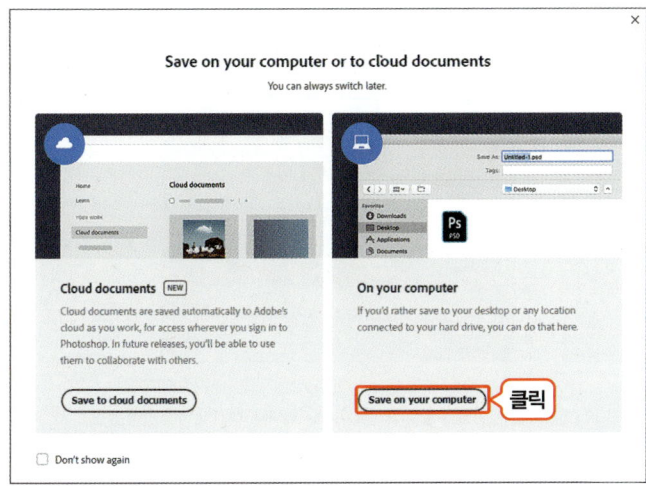

작업 파일을 어도비 클라우드 문서에 저장하면 자동으로 동기화되어 언제, 어디서든 자유롭게 작업할 수 있습니다. [Don't show again]에 체크하면 설정한 위치에 자동으로 저장됩니다.

03
① [다른 이름으로 저장] 대화상자가 나타나면 이미지를 저장할 폴더를 선택하고 ② [파일 이름]과 [파일 형식]을 지정한 후 ③ [저장]을 클릭합니다.

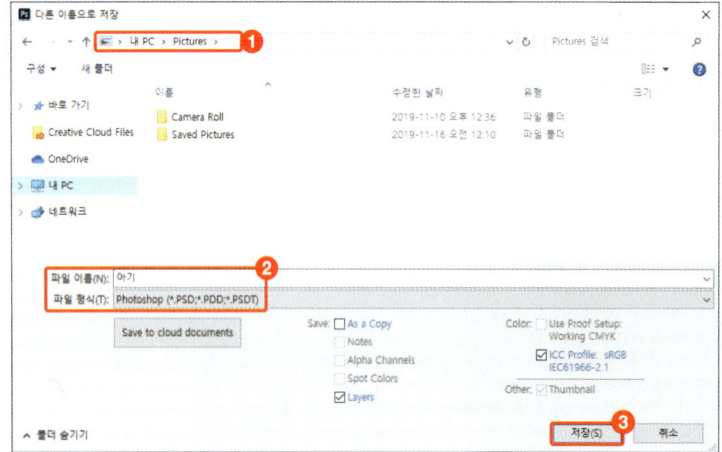

원본을 저장하려면 파일 형식을 [Photoshop (PSD)]으로 선택하고, 웹용 이미지로 저장하려면 [JPEG]로 선택합니다.

어도비 클라우드에 저장하려면 [파일 형식] 아래의 [Save to cloud documents]를 클릭합니다.

이미지와 캔버스 크기 조절하기

포토샵으로 불러온 이미지는 Image Size 기능을 이용하여 이미지 크기와 해상도를 줄일 수 있습니다. Canvas Size 기능을 이용하면 이미지는 그대로 유지하고 캔버스 크기만 조절할 수 있습니다.

간단 실습 이미지 크기 줄이기

준비 파일 포토샵/Chapter 02/이미지 사이즈.jpg

01
① Ctrl + O 를 눌러 준비 파일을 엽니다. ② [Image]-[Image Size] 메뉴를 선택합니다.

포토샵 CC 2024 버전부터 파일을 새로 열거나, 선택 도구로 이미지를 선택할 경우 [상황별 작업 표시줄]이 표시됩니다. 작업 영역을 가려 불편하다면 메뉴바의 [Window]-[Contextual Task Bar]에 체크를 해제하여 숨길 수 있습니다.

02 ❶ [Image Size] 대화상자가 나타나면 [Width]를 600, Pixels로 설정하고 ❷ [OK]를 클릭합니다.
❸ 이미지 크기가 줄어든 것을 확인할 수 있습니다.

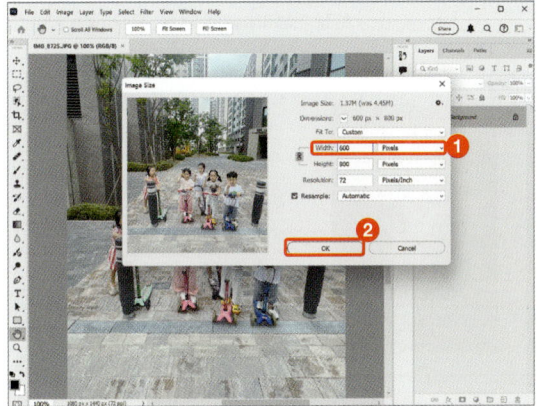 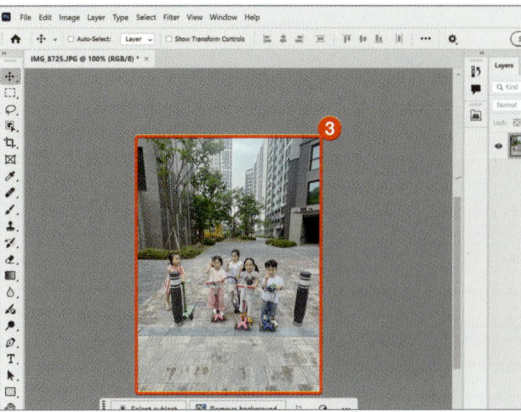

기능 꼼꼼 익히기 | [Image Size] 대화상자 살펴보기 Alt + Ctrl + I

❶ **Dimensions(이미지 치수)** | 현재 이미지의 가로세로 크기(길이)를 보여줍니다.

❷ **Fit To(다음에 맞추기)** | 가장 많이 사용되는 모니터 해상도와 인쇄 해상도 크기의 템플릿을 제공합니다.

❸ **Width(폭), Height(높이)** | 이미지 크기를 입력합니다. 가로세로 비율을 따로 입력하고 싶으면 🔗를 클릭하여 해제합니다.

❹ **Resolution(해상도)** | 모니터에서 보는 웹용 이미지는 72Pixels/Inch, 인쇄용 이미지는 150~300Pixels/Inch로 설정하는 것이 좋습니다.

❺ **Resample(리샘플링)** | 이 옵션에 체크하면 저해상도 이미지를 고해상도 이미지로 확대할 때 이미지가 깨지는 현상을 줄일 수 있습니다.

한눈에 실습 | 확대해도 깨지지 않는 이미지 만들기

준비 파일 포토샵/Chapter 02/이미지 확대.jpg
핵심 기능 Image Size, Reduce Noise

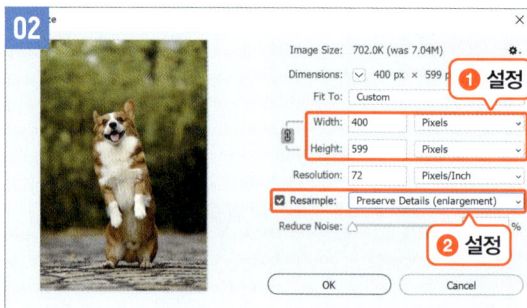

한눈에 실습 | 캔버스 크기 조절하기

준비 파일 포토샵/Chapter 02/캔버스크기.jpg
핵심 기능 Canvas Size, Anchor

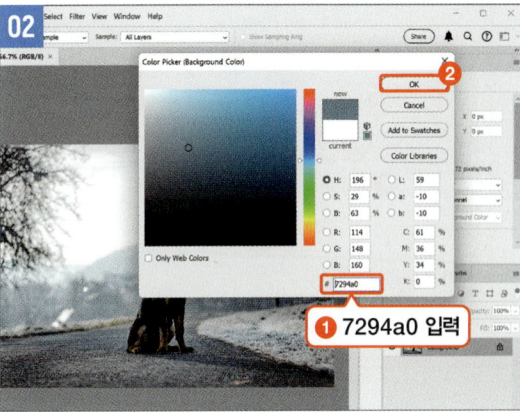

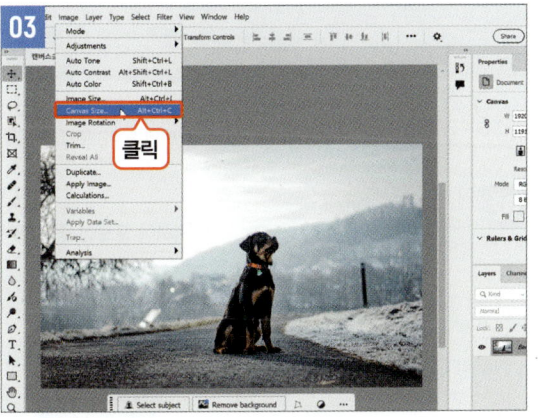

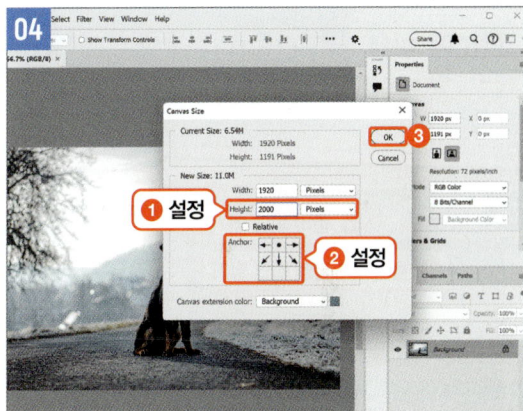

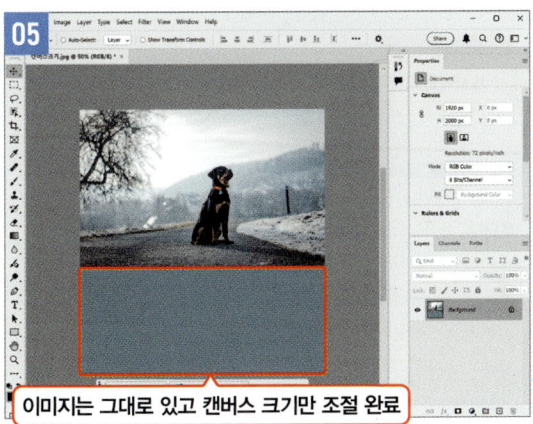

캔버스 크기를 기존 이미지보다 크게 조절하면 추가된 캔버스 영역에는 배경색이 채워집니다.

기능 꼼꼼 익히기 — [Canvas Size] 대화상자 살펴보기 Alt + Ctrl + C

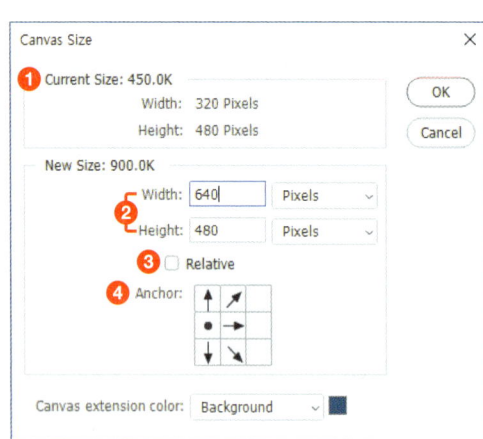

① **Current Size(현재 크기)** | 현재 캔버스 크기가 표시됩니다.

② **Width(폭), Height(높이)** | 새 캔버스 크기를 설정합니다.

③ **Relative(상대치)** | 체크하면 [Width]와 [Height]에 입력한 값만큼 캔버스가 커집니다.

④ **Anchor(기준)** | 캔버스가 확장되는 방향을 선택합니다.

한눈에 실습 — 작업 화면 닫고 포토샵 종료하기

준비 파일 포토샵/Chapter 02/테이블.jpg
핵심 기능 작업 화면 닫기, 포토샵 종료

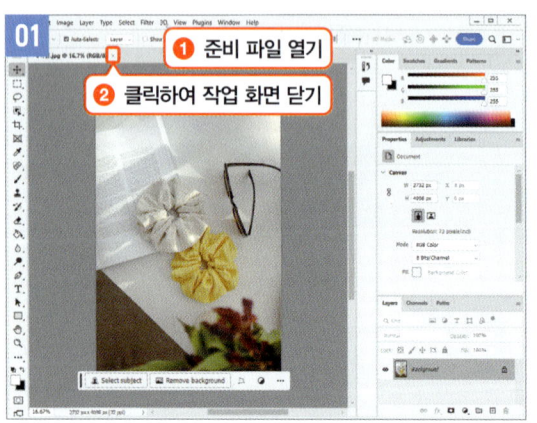

01 ① 준비 파일 열기
② 클릭하여 작업 화면 닫기

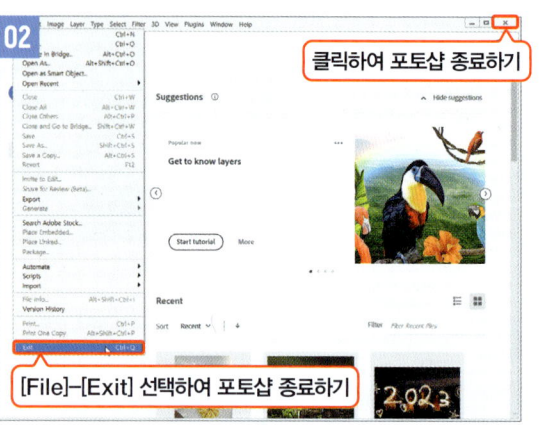

02 클릭하여 포토샵 종료하기
[File]–[Exit] 선택하여 포토샵 종료하기

작업 화면을 닫거나 포토샵 프로그램을 종료하기 전에는 반드시 저장 여부를 확인해주세요. 어렵게 작업한 이미지를 순식간에 날릴 수도 있습니다.

현재 작업 화면(문서) 이외의 모든 화면(문서)을 닫으려면 작업 화면 탭에서 마우스 오른쪽 버튼을 클릭하고 [Close Others] 메뉴를 선택합니다.

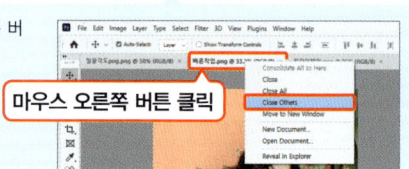

마우스 오른쪽 버튼 클릭

선택하기

03 다양한 방법으로 원하는 영역 선택하기

포토샵에서 이루어지는 모든 작업의 기본은 선택입니다. 이미지를 수정하거나 합성할 때 등 거의 모든 작업은 선택 도구 없이 진행할 수 없습니다. 가장 효과적으로 원하는 영역을 선택할 수 있는 방법을 알아보겠습니다.

사각형, 원형으로 선택하는 선택 도구 M

가장 많이 사용하는 도구로 이미지에서 원하는 영역을 선택할 때 사용합니다.

- **사각형 선택 도구** | 사각형으로 선택합니다.
- **원형 선택 도구** | 원형으로 선택합니다.

- **가로선 선택 도구** | 굵기가 1Pixels인 가로줄로 선택합니다.
- **세로선 선택 도구** | 굵기가 1Pixels인 세로줄로 선택합니다.

선택 도구로 이미지를 선택할 경우 나타나는 상황별 작업 표시줄은 메뉴바의 [Window]-[Contextual Task Bar]의 체크를 해제하여 숨긴 상태입니다.

기능 꼼꼼 익히기 | 선택 영역 단축키 완전 정복

선택 영역을 지정할 때
- `Shift` + 드래그 | 정사각형이나 정원을 만듭니다.
- `Alt` + 드래그 | 클릭한 지점이 선택 영역의 중심이 되도록 지정합니다.
- `Alt` + `Shift` + 드래그 | 클릭한 지점이 선택 영역의 중심이 되는 정사각형이나 정원을 만듭니다.

선택 영역을 지정한 후
- `Ctrl` + `D` | 선택 영역을 해제합니다.
- `Shift` + 드래그 | 선택 영역을 더합니다.
- `Alt` + 드래그 | 선택 영역을 뺍니다.
- `Alt` + `Shift` + 드래그 | 선택 영역이 교차된 부분만 남깁니다.

선택 도구 옵션바

① **영역 선택하기** | 어떤 방식으로 선택할지 지정합니다. 옵션은 총 네 가지가 있습니다.

② **Feather** | 이미지의 가장자리를 부드럽게 표현합니다. 값을 0~1000으로 입력할 수 있고 값이 클수록 가장자리가 부드러워집니다.

③ **Anti-alias** | 이미지 가장자리에 나타나는 계단 현상을 부드럽게 보이도록 표현합니다. 체크해두고 사용하길 권장합니다.

④ **Style** | 원하는 비율, 크기를 미리 설정해놓고 클릭 한 번으로 선택 영역을 만듭니다.

⑤ **Select and Mask** | 가장자리와 모서리의 모양, 부드러운 정도 등을 세밀하게 설정할 수 있습니다.

선택 영역 더하기, 빼기, 겹치는 부분만 남기기

기존 선택 영역에 다른 선택 영역을 더하거나 뺄 때 어떤 방식으로 지정하는지 알아보겠습니다.

- **새 선택 영역** ▫ | 새로운 선택 영역을 지정합니다.
- **선택 영역 추가하기** 🗗 | 기존에 선택해둔 영역에 새로운 영역을 더합니다(Shift +드래그).

> 선택 도구로 이미지를 선택할 경우 나타나는 [Contextual Task Bar(상황별 작업 표시줄)]는 메뉴바의 [Window]-[Contextual Task Bar]에 체크를 해제하여 숨긴 상태입니다.

- **선택 영역 빼기** 🗗 | 기존에 선택해둔 영역에서 원하는 부분을 뺍니다(Alt +드래그).
- **선택 영역과 교차** 🗗 | 기존 선택 영역과 새로운 선택 영역이 겹치는 부분만 남깁니다(Alt + Shift +드래그).

한눈에 실습 | Feather로 가장자리 부드럽게 만들기

준비 파일 포토샵/Chapter 02/페더.jpg
핵심 기능 Feather, Fill

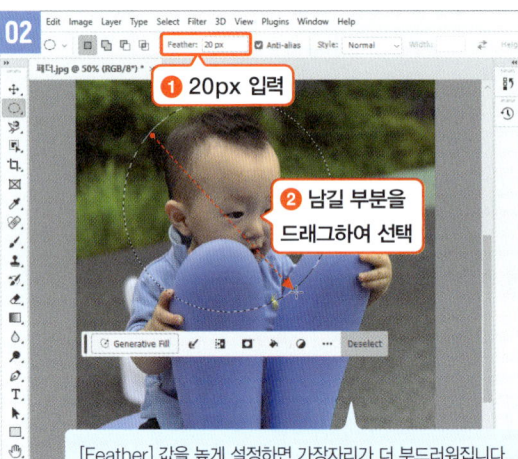
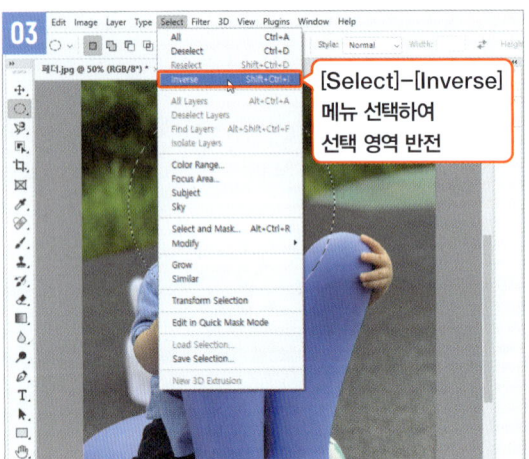

자유롭게 선택하는 올가미 도구 L

마우스를 자유롭게 움직여 원하는 모양대로 선택 영역을 만듭니다. 불규칙한 모양의 이미지를 빠르게 선택할 때 유용하게 쓰이지만 선택 영역을 세밀하게 지정하기는 어렵습니다.

- **올가미 도구** | 자유롭게 드래그하여 원하는 모양으로 선택합니다.
- **다각형 올가미 도구** | 다각형 모양으로 선택합니다.

- **자석 올가미 도구** | 색상 구분이 분명한 경계선을 따라 자동으로 선택합니다.

기능 꼼꼼 익히기 — 올가미 도구 단축키 완전 정복

- `Backspace` 또는 `Delete` | 클릭 이전 단계로 되돌아갑니다.
- 더블클릭 또는 `Enter` | 그 상태에서 끝점과 시작점을 자동으로 연결하여 선택 영역을 지정합니다.
- `Esc` | 지정한 선택 영역을 취소합니다.
- `Shift`+드래그 | 15° 단위로 움직여 수평, 45°, 90° 방향으로 선택 영역을 지정할 수 있습니다.
- 올가미 도구 사용 중 `Alt`+클릭 | `Alt`를 누르면 다각형 올가미 도구로 전환합니다.
- 다각형 올가미 도구 사용 중 `Alt`+클릭 | `Alt`를 누르면 올가미 도구로 전환합니다.
- 자석 올가미 도구 사용 중 `Alt`+클릭 | `Alt`를 누르고 지점을 클릭하면 다각형 올가미 도구로 전환하고, 드래그하면 올가미 도구로 전환합니다.

클릭 또는 드래그 한 번으로 선택하는 개체 선택 도구 W

클릭하거나 드래그 한 번으로 원하는 영역을 정확하게 선택합니다. 복잡한 선택 프로세스를 가장 빠르게 수행합니다.

- **개체 선택 도구** | 마우스 포인터를 이미지 위에 올리는 것만으로도 개체가 인식되고 클릭 한 번으로 선택할 수 있습니다.

- **빠른 선택 도구** | 클릭하거나 드래그하면 비슷한 색상이 빠르게 선택됩니다.

- **마술봉 도구** | 클릭하면 비슷한 색상이 선택됩니다. 색상 경계가 명확할 때 유용합니다.

개체 선택 도구 옵션바

① **영역 선택하기** | 어떤 방식으로 선택할지 지정합니다. 선택 영역을 추가하거나 뺄 수 있습니다.
② **Object Finder** | 체크되어 있으면 마우스 포인터를 이미지 위에 올리는 것만으로도 개체를 인식합니다.
③ **새로 고침** | 클릭하면 수동으로 새로 고침합니다.
④ **개체 표시** | 모든 개체를 표시합니다. 클릭하면 미리 보기 모드로 전환합니다.
⑤ **설정** | 개체 선택 도구 사용 시 새로 고침 방식, 개체 인식 컬러, 투명도 등을 설정합니다.

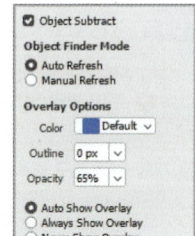

⑥ **Mode** | 사각형 또는 올가미 모드로 개체를 선택합니다.
⑦ **Sample All Layers** | 레이어가 여러 개인 경우 모든 레이어까지 더해 선택 영역을 만듭니다.
⑧ **Hard Edge** | 선택 영역의 가장자리를 뭉개지 않고 깔끔하게 선택합니다.
⑨ **선택 피드백** | 클릭하면 [Selection Feedback] 대화상자가 나타나고 선택 영역에 대한 세부 사항을 공유할 수 있습니다.
⑩ **Select Subject** | 클릭하면 사진 속의 배경과 피사체를 자동으로 구분합니다. 일명 '누끼 따는' 작업을 할 때 매우 유용하게 사용할 수 있습니다.
⑪ **Select and Mask** | 가장자리와 모서리의 모양, 부드러운 정도 등을 세밀하게 설정할 수 있습니다.

빠른 선택 도구 옵션바

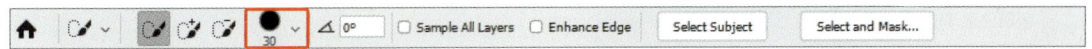

기본 항목은 개체 선택 도구와 동일합니다.
• **Brush** | 브러시 크기를 조절합니다.

마술봉 도구 옵션바

① **Sample Size** | 선택 범위를 설정합니다.
② **Tolerance** | 선택한 픽셀과 인접한 색상 범위를 지정합니다. 값을 0~225로 입력할 수 있고 값이 작을수록 클릭한 픽셀과 유사한 색상을 선택합니다.
③ **Anti-alias** | 이미지 가장자리에 나타나는 계단 현상을 부드럽게 보이도록 표현합니다.
④ **Contiguous** | 체크하지 않으면 이미지 전체에서 유사한 색상을 사용하는 모든 픽셀이 선택됩니다.
⑤ **Sample All Layers** | 레이어가 여러 개인 경우 모든 레이어까지 더해 선택 영역을 만듭니다.

한눈에 실습 — 개체 선택 도구로 선택하기

준비 파일 포토샵/Chapter 02/개체선택도구.jpg
핵심 기능 개체 선택 도구

포토샵 CC 2023 버전부터 피사체뿐 아니라 하늘, 땅, 물 등 다양한 배경 요소도 자동 인식됩니다. 마우스 포인터를 이미지 위에 올리는 것만으로도 개체를 인식할 수 있고 클릭 한 번으로 해당 영역을 쉽게 선택할 수 있습니다.

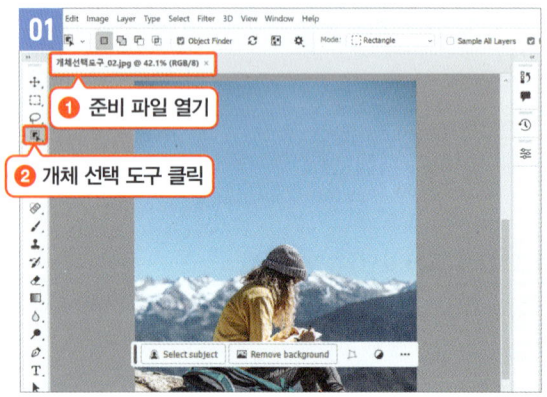

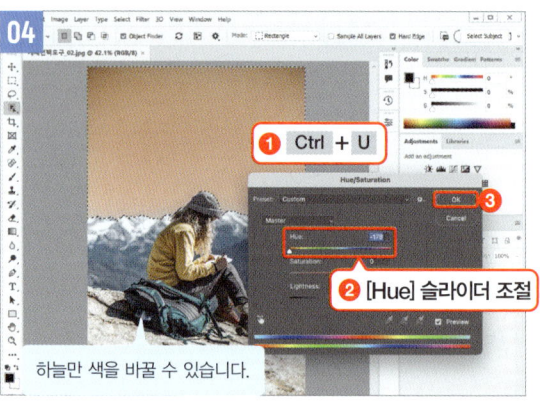

기능 꼼꼼 익히기 — 하늘만 선택하는 더 쉬운 방법

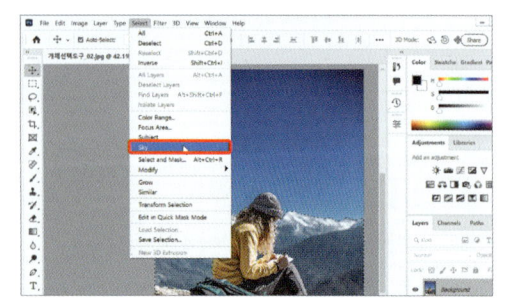

하늘만 선택하는 더 쉬운 방법도 있습니다. [Select]-[Sky] 메뉴를 선택하면 하늘을 자동으로 인식해 선택 영역으로 지정할 수 있습니다.

클릭 한 번으로 섬세하게 선택하는 Refine Hair

머리카락처럼 가늘거나 디테일이 많은 부분을 선택할 때는 Select and Mask 기능을 활용했습니다. 포토샵 버전이 업데이트되면서 Select and Mask 기능이 더욱 발전하여 Select Subject(피사체 선택)와 Refine Hair 기능이 추가되었습니다. 머리카락이나 동물의 털 등 세밀한 가장자리를 자연스럽게 분리하여 합성할 수 있습니다.

간단 실습 | 머리카락 한 올까지 정교하게 선택하기

준비 파일 포토샵/Chapter 02/리파인헤어.jpg

01 ① Ctrl + O 를 눌러 준비 파일을 불러옵니다. ② 사각형 선택 도구를 클릭하고 ③ [Select and Mask]를 클릭합니다.

02 ① [Properties] 패널이 나타나며 Select and Mask 모드가 실행됩니다. [View]의 섬네일을 클릭하여 ② [Overlay (V)]를 더블클릭해 선택합니다.

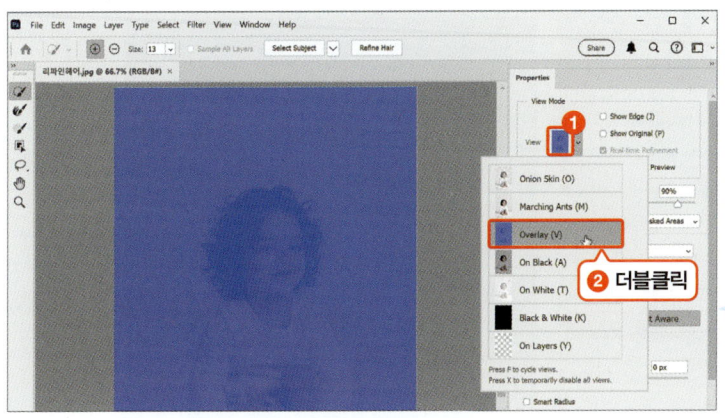

[Overlay (V)]를 선택하면 선택되지 않은 영역이 붉은색으로 표시됩니다. 실습 화면이 파란색으로 나타난 것은 [Color]를 파란색(0054ff)으로 설정했기 때문입니다. 선택 영역을 나타내는 색은 작업자가 원하는 색으로 설정할 수 있습니다.

03 ❶ [Opacity]는 **90%**, ❷ [Color]는 **0054ff**로 설정합니다. ❸ [Select Subject]를 클릭하고 ❹ [Refine Hair]를 클릭합니다. 머리카락이 정교하게 선택되었습니다. ❺ 미리 보기를 확인한 후 [OK]를 클릭합니다.

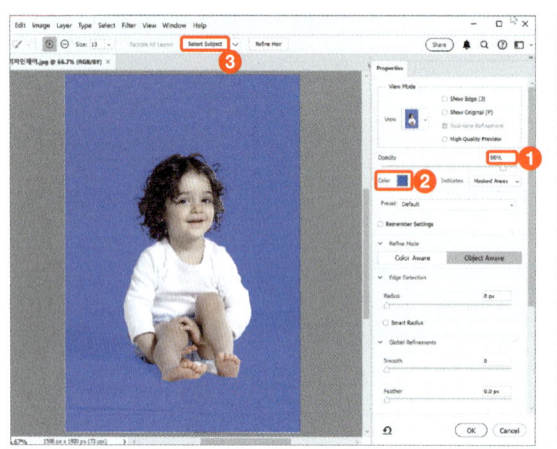

04 머리카락이 배경과 정교하게 분리되고 배경은 투명하게 제거되었습니다.

05 새 레이어를 만들어 이미지 아래에 배치하고 페인트 도구를 이용해 다양한 색을 적용해봅니다.

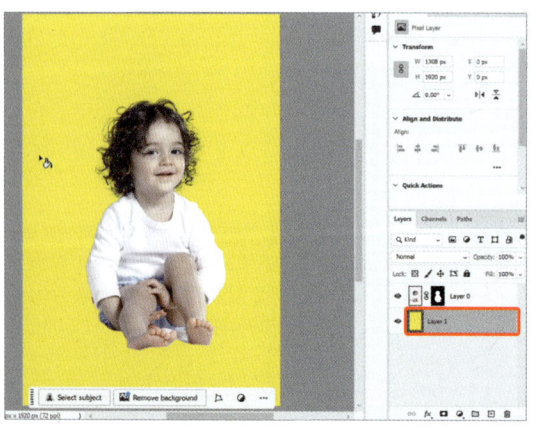

브러시로 섬세하게 선택하는 퀵 마스크 모드 Q

브러시 도구와 지우개 도구를 이용하여 원하는 영역을 좀 더 편하게 선택할 수 있습니다. 클릭할 때마다 퀵 마스크 모드 ◎와 표준 모드 ◎로 전환됩니다.

- **퀵 마스크 모드** ◎ | 드래그하면 비슷한 색상이 빠르게 선택됩니다.

- **표준 모드** ◎ | 퀵 마스크 모드에서 다시 표준 모드로 돌아오면 선택 영역이 표시됩니다.

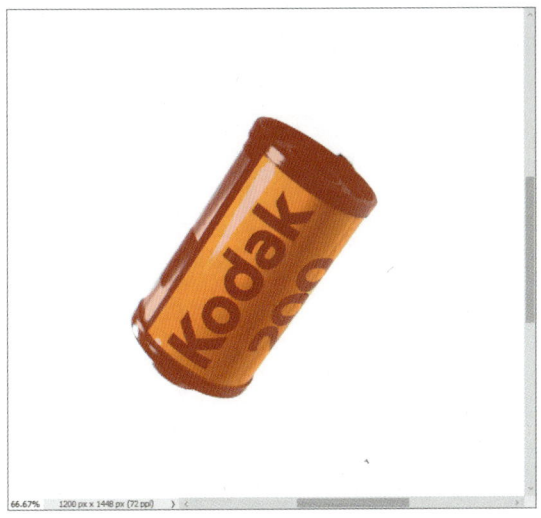

기능 꼼꼼 익히기 — [Quick Mask Options] 대화상자 살펴보기

퀵 마스크 모드를 더블클릭하면 [Quick Mask Options] 대화상자가 나타납니다. 각 옵션을 통해 마스크 영역과 선택 영역을 지정할 수 있습니다.

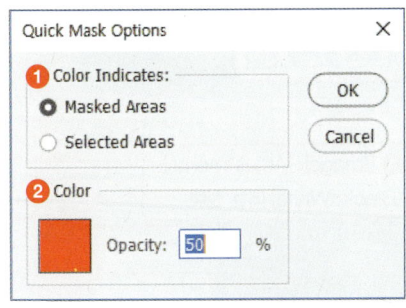

❶ **Color Indicates** | [Masked Areas]를 선택하면 채색한 부분을 제외한 영역이 선택 영역으로 지정되고, [Selected Areas]를 선택하면 채색한 부분이 선택 영역으로 활성화됩니다. 활용도가 높은 [Selected Areas]를 기본값으로 설정하는 것이 좋습니다.

❷ **Color** | 기본값은 빨간색이지만 이미지와 잘 구분되는 색상으로 바꿀 수 있습니다. [Opacity]를 조정해 불투명도를 조절할 수도 있습니다.

| 한눈에 실습 | **퀵 마스크 모드로 흑백 배경 만들기** |

준비 파일 포토샵/Chapter 02/퀵마스크.jpg
핵심 기능 퀵 마스크 모드, 브러시 도구, Black&White

퀵 마스크 모드에서 브러시 도구와 지우개 도구를 이용하여 인물을 섬세하게 선택하고, 배경을 흑백으로 만들어보겠습니다.

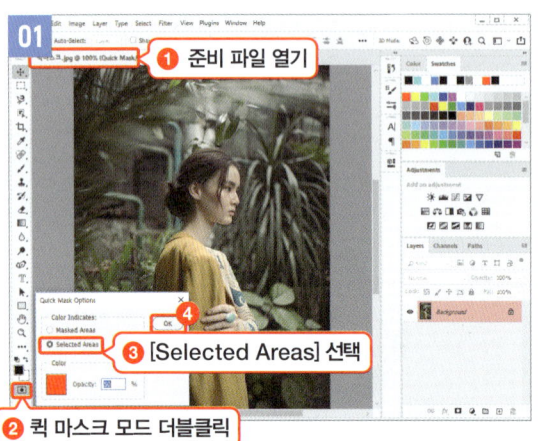
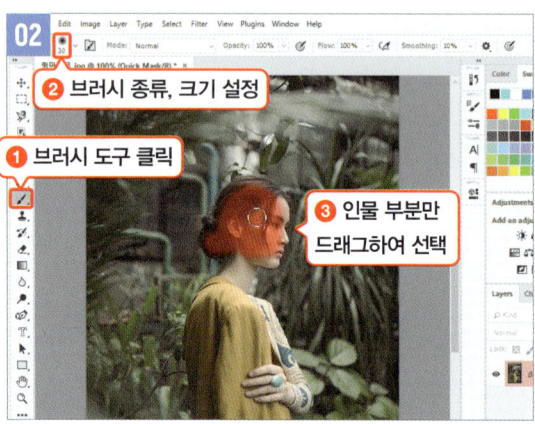

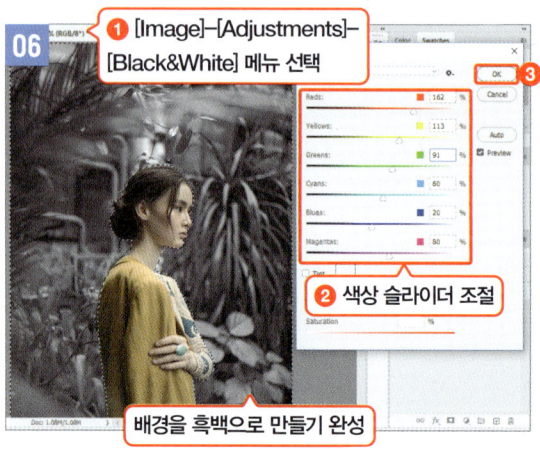

한눈에 실습 | Color Range로 한번에 색상 바꾸기

준비 파일 포토샵/Chapter 02/색상영역.png
핵심 기능 Color Range, Hue/Saturation

선택하려는 색상이 이미지 전체에 넓게 퍼져 있는 경우에는 [Select]-[Color Range] 메뉴를 선택해 색상 영역을 한번에 선택하고 바꿀 수 있습니다.

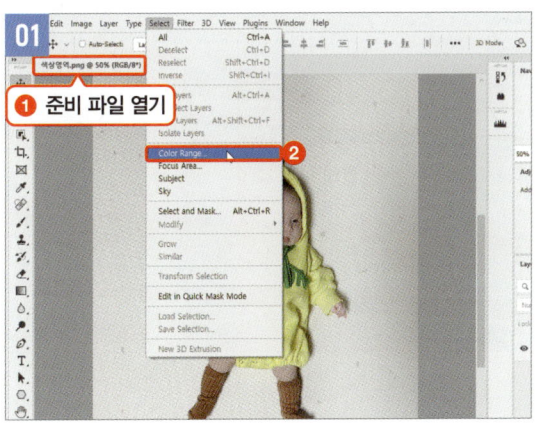

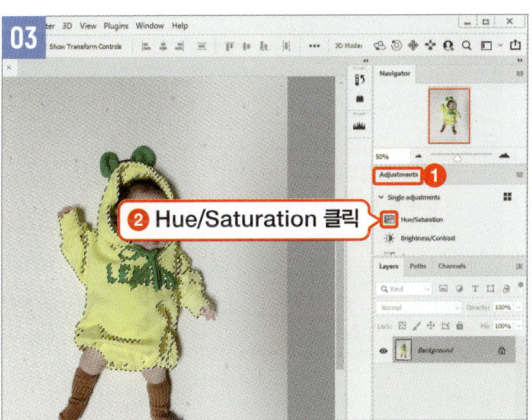

[Color Range] 대화상자

1. **Fuzziness** | 선택한 색상을 기준으로 선택 영역을 좁히거나 넓힐 수 있는 기능입니다. 값이 클수록 범위가 넓어집니다.

2. 추가 스포이트 도구를 클릭하고 다른 영역을 클릭하면 영역이 추가됩니다.

한눈에 실습   Focus Area로 피사체와 배경 분리하기

준비 파일 포토샵/Chapter 02/포커스영역.jpg
핵심 기능 Focus Area, Matting(매트)

초점이 맞는 영역(선명한 피사체)과 그렇지 않은 영역(아웃포커스된 배경)으로 표현된 사진이라면 Focus Area 기능을 이용하여 피사체와 배경을 쉽게 분리할 수 있습니다.

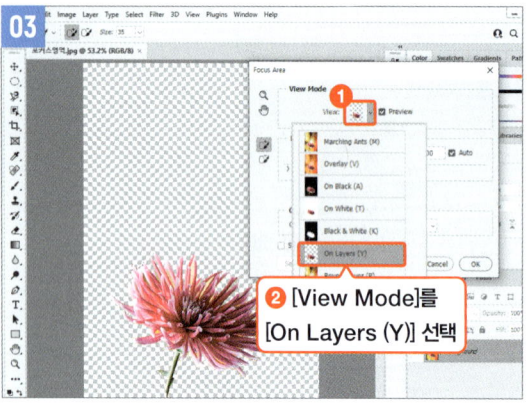
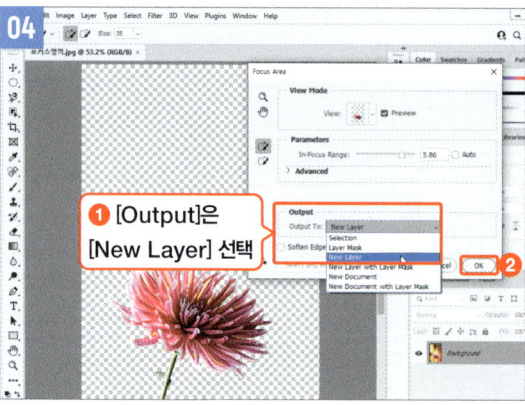
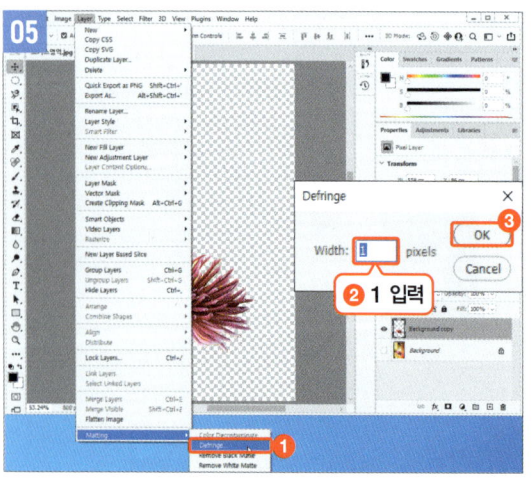
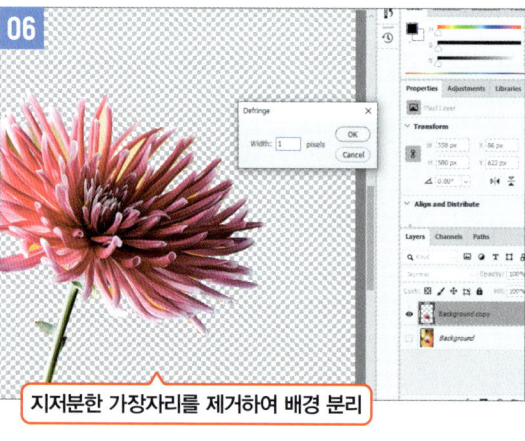

선택 영역을 수정하는 Modify

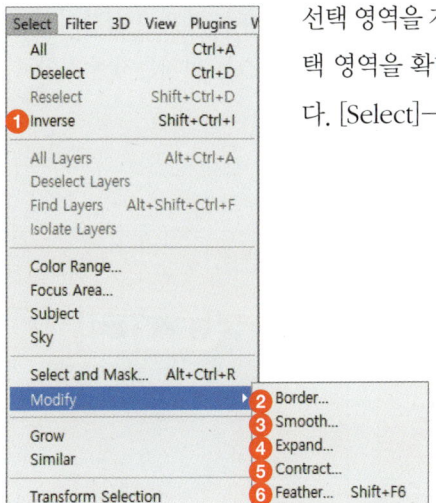

선택 영역을 지정한 후 테두리를 만들거나 모서리를 둥글게 할 수 있습니다. 선택 영역을 확대하거나 축소할 수도 있고 [Feather] 값을 수정할 수도 있습니다. [Select]-[Modify] 메뉴에서 자세히 알아보겠습니다.

▲ 기본 선택 영역

① **Inverse** | 선택 영역을 반전합니다.

② **Border** | 선택 영역의 테두리를 만듭니다.

③ **Smooth** | 선택 영역의 모서리를 둥글게 만듭니다.

④ **Expand** | 선택 영역을 확대합니다.

⑤ **Contract** | 선택 영역을 축소합니다.

⑥ **Feather** | 가장자리를 부드럽게 표현합니다.

▲ Expand=35pixels
▲ Contract=35pixels
▲ Feather=35pixels

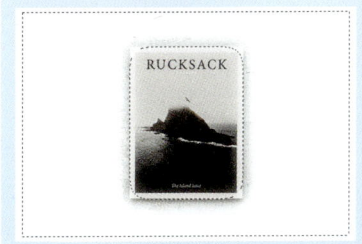

`Shift` + `Ctrl` + `I` 를 눌러 선택 영역을 반전한 후 `Ctrl` + `Delete` 를 눌러 색상을 채우면 가장자리가 깃털처럼 부드럽게 보입니다.

정교하게 선택하는 펜 도구 P

모양을 정교하게 패스로 추출하여 선택 영역으로 만들 때 사용합니다. 익숙하게 다루는 데까지 시간이 오래 걸리지만 영역을 정밀하게 지정하거나 섬세한 모양을 그릴 수 있고, 한 번 만든 패스는 언제든지 수정할 수 있기 때문에 실무에서 자주 쓰입니다.

- **펜 도구** | 패스를 만듭니다.

  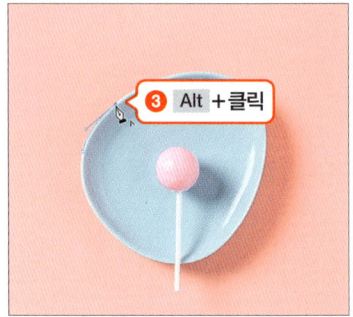

- **자유 형태 펜 도구** | 드래그한 형태대로 패스가 만들어집니다.
- **곡률 펜 도구** | 부드러운 곡선과 직선 패스를 쉽고 빠르게 만듭니다.
- **기준점 추가 도구** | 기존 패스에 기준점을 추가합니다.
- **기준점 삭제 도구** | 기존 패스의 기준점을 삭제합니다.
- **기준점 변환 도구** | 패스 기준점의 속성을 바꿉니다.

펜 도구에 대한 자세한 내용과 활용 방법은 163쪽을 확인하세요.

이동하기

04 선택 영역을 자유롭게 옮기기

이동 도구는 포토샵에서 선택 도구와 함께 가장 많이 쓰는 도구입니다. 선택 영역으로 지정한 이미지를 옮길 때도 사용하지만, 여러 이미지 중 선택된 레이어에 담긴 이미지만 옮길 때도 씁니다.

간단 실습 | 선택 영역만 잘라 옮기기

준비 파일 포토샵/Chapter 02/cup.jpg

❶ Ctrl + O 를 눌러 준비 파일을 불러옵니다. ❷ 올가미 도구 를 클릭하고 ❸ 컵 영역을 드래그하여 선택합니다. ❹ 이동 도구 를 클릭하고 ❺ 컵을 오른쪽으로 드래그합니다. 잘린 선택 영역만 옮겨집니다.

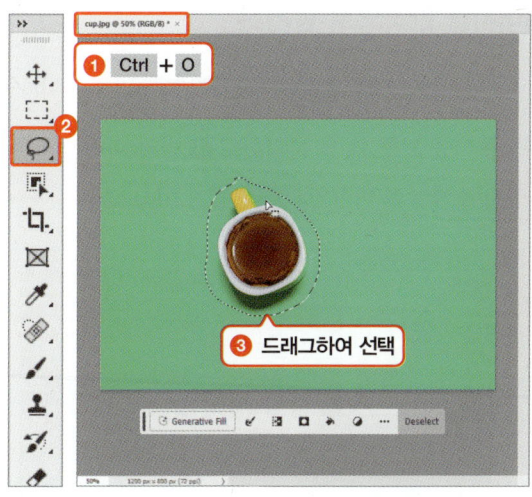
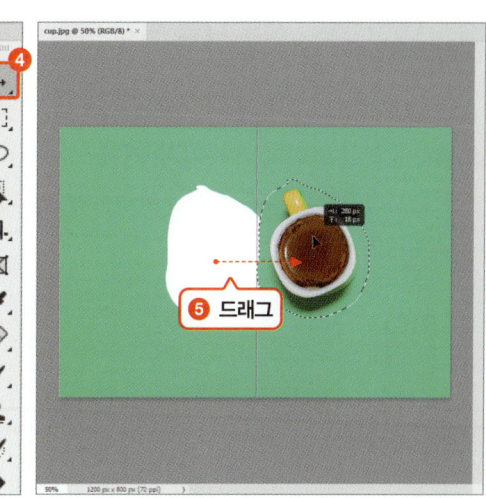

간단 실습 　복제하여 옮기기

cup.jpg 준비 파일을 다시 사용해보겠습니다. ❶ 올가미 도구 를 클릭하고 ❷ 컵 영역을 드래그하여 선택합니다. ❸ 이동 도구 를 클릭하고 ❹ Alt 를 누른 채 오른쪽으로 드래그합니다. 선택 영역이 복제된 채 옮겨집니다.

간단 실습 　서로 다른 작업 화면에 있는 이미지를 한곳으로 합치기

준비 파일 　포토샵/Chapter 02/북극곰.jpg, 콜라.png

❶ Ctrl + O 를 눌러 준비 파일 두 개를 모두 불러옵니다. ❷ 이동 도구 를 클릭하고 ❸ 콜라 이미지를 클릭한 후 북극곰이 있는 작업 화면으로 드래그합니다. ❹ 콜라와 북극곰이 자연스럽게 합쳐집니다.

기능 꼼꼼 익히기   탭으로 분리된 이미지를 한곳으로 합치기

작업 이미지가 분리된 창이 아닌 탭 방식으로 보일 때가 있습니다. ❶ 이때는 이동 도구를 클릭한 후 ❷❸ 이미지를 옮기고자 하는 작업 화면의 이름 탭 영역으로 드래그합니다. ❹ 해당 탭에 옮기고자 하는 이미지가 이동됩니다.

이동 도구 옵션바

① **Auto-Select** | [Layers] 패널에서 레이어를 일일이 클릭하지 않고도 원하는 이미지를 빠르게 선택할 수 있습니다. Shift 나 Ctrl 을 누르지 않고도 여러 레이어에 담긴 이미지를 한꺼번에 선택하고 옮길 수 있습니다.

> 이동 도구를 사용할 때 옵션이 해제되어 있는 상태에서 Ctrl 을 누르면 자동 선택 옵션이 선택됩니다.

② **Show Transform Controls** | 선택한 영역이나 이미지의 테두리에 조절점을 생성하여 크기 조절이나 회전과 같이 모양을 변형할 수 있도록 돕습니다. [Edit]-[Free Transform] 메뉴와 같은 기능입니다.

③ **Distribute Linked** | 활성화된 레이어를 중심으로 링크된 레이어를 정렬합니다. 가로 정렬, 세로 정렬, 간격 맞춤, 자동 정렬을 할 수 있습니다.

LESSON 05

변형하기, 회전하기

이미지를 변형, 회전, 왜곡하기

포토샵에서는 Free Transform(자유 변형) 기능을 이용해 이미지의 모양을 자유롭게 변형하거나 회전할 수 있습니다. 이미지, 패스, 셰이프 등 오브젝트가 선택된 상태에서 Ctrl + T 를 누르거나 [Edit]-[Free Transform] 메뉴를 선택하여 자유롭게 이미지를 변형해보겠습니다.

간단 실습 : 이미지 크기 조절하고 회전하기

준비 파일 포토샵/Chapter 02/변형하기.psd

01 ① Ctrl + O 를 눌러 준비 파일을 불러옵니다. ② [Layers] 패널을 확인하면 [Background(배경)] 레이어와 [Moleskine(오브젝트)] 레이어를 확인할 수 있습니다. ③ Ctrl + T 를 누르면 자유 변형 기능이 적용되고 Free Transform 조절점이 나타납니다.

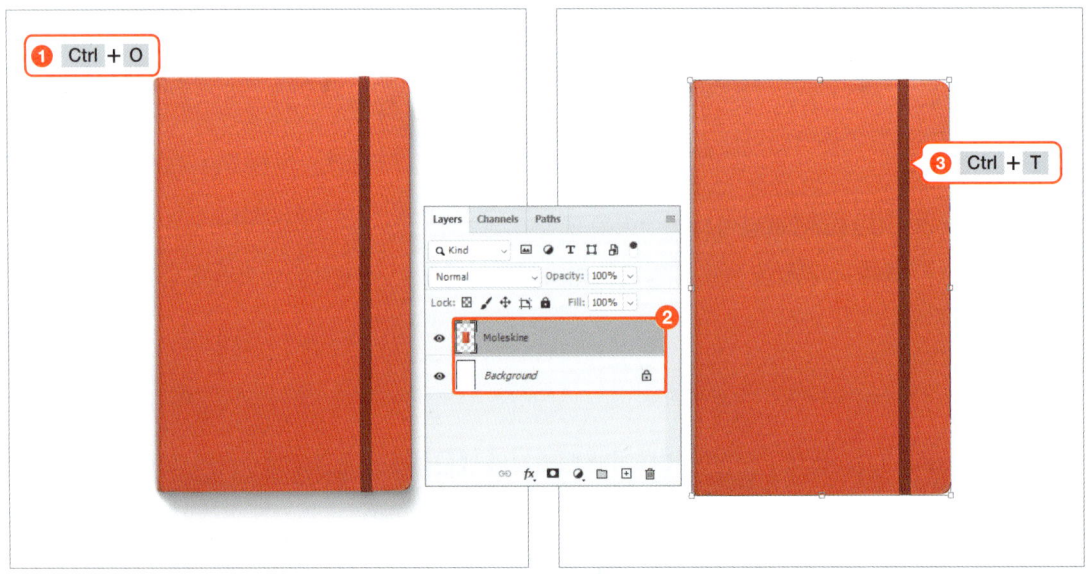

자유 변형 모드에서 표시되는 상황별 작업 표시줄이 레이어를 가려 메뉴 바의 [Window]-[Contextual Task Bar]의 체크를 해제하여 숨긴 상태입니다.

02
① 모서리 조절점을 안쪽으로 드래그합니다. ② 크기가 정비례로 작아집니다. ③ Shift 를 누른 채 가운데 조절점을 좌우 또는 상하로 드래그하면 가로 또는 세로 크기만 바뀝니다.

Free Transform 기능이 활성화된 상태에서 최근 적용한 변형 효과를 취소하고 싶다면 Ctrl + Z 를 누릅니다. Free Transform 기능을 취소하고 싶다면 Esc 를 누릅니다.

03
① 조절점 바깥쪽으로 마우스 포인터를 옮기면 마우스 포인터가 ↻모양으로 바뀝니다. ② 드래그하여 오브젝트를 회전합니다. ③ 마우스 오른쪽 버튼을 클릭하고 ④ [Flip Horizontal] 또는 [Flip Vertical] 메뉴를 선택하면 ⑤ 이미지가 수평 또는 수직으로 반전합니다.

04 ❶ 마우스 오른쪽 버튼을 클릭하고 ❷ [Rotate 180°] 또는 [Rotate 90° Clockwise] 메뉴를 선택하면 ❸ 오브젝트가 180° 또는 90°로 회전합니다. ❹ 조절점 안쪽을 더블클릭하면 변형 작업이 완료됩니다.

포토샵에서는 선택 영역의 비율을 유지한 채 크기를 조절할 수 있습니다. 이미지 변형하기의 기본 설정은 정비례이며 링크 아이콘이 켜진 상태로 표시합니다. Shift 를 누른 채 드래그하면 비율을 유지하지 않고 자유롭게 변형할 수 있습니다.

> **기능 꼼꼼 익히기**   Free Transform(자유 변형) 기능 단축키 완전 정복
>
> - Ctrl + T | 자유 변형(Free Transform) 기능을 실행합니다.
> - Shift + Ctrl + T | 최근 적용한 변형 효과를 다시 적용합니다.
> - 드래그 | 비율을 유지하며 변형할 수 있습니다.
> - Shift + 드래그 | 비율을 유지하지 않고 자유롭게 변형할 수 있습니다.
> - Ctrl + 드래그 | 이미지를 자유롭게 왜곡할 수 있습니다(Distort).
> - Alt + 드래그 | 맞은편 조절점을 함께 움직이며 이미지를 변형할 수 있습니다.
> - Shift + Ctrl + 드래그 | 이미지를 자유롭게 기울일 수 있습니다(Skew).
> - Alt + Shift + Ctrl + 드래그 | 이미지에 원근감을 줄 수 있습니다(Perspective).
> - 조절점 안쪽을 더블클릭 또는 Enter | 변형 작업을 완료합니다.

한눈에 실습 — 다양하게 이미지 왜곡하기

준비 파일 포토샵/Chapter 02/왜곡하기.psd
핵심 기능 Skew, Distort, Perspective, Warp

01. Skew(기울이기)

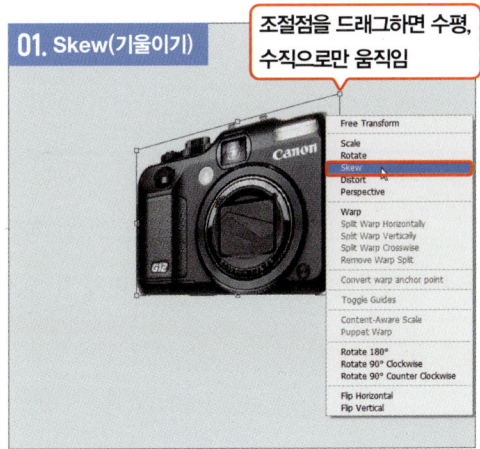

조절점을 드래그하면 수평, 수직으로만 움직임

02. Distort(뒤틀기)

조절점을 드래그하면 드래그한 대로 조절점이 움직임

03. Perspective(원근)

조절점을 드래그하면 맞은편 조절점까지 대칭으로 움직여서 원근감을 적용할 수 있음

04. Warp(뒤틀기)

12개의 기준선과 조절점 핸들이 생기고 드래그하면 이미지를 휘게 만들 수 있음

Warp 변형은 옵션바에서 십자형, 수직, 수평 분할 및 격자 크기 등을 설정하여 더 자유롭게 적용할 수 있습니다.

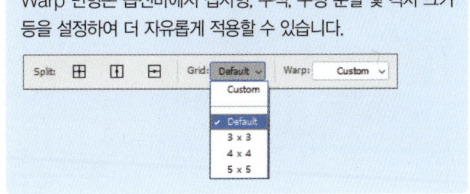

05

조절점 안쪽을 더블클릭하거나 Enter 를 눌러 완성

LESSON 06 자르기, 분할하기

이미지의 일부를 자르고 분할하기

이미지에서 필요한 부분만 잘라낼 때는 자르기 도구를 사용합니다. 밋밋한 이미지라도 구도에 맞게 잘라내면 필요한 부분만 강조할 수 있습니다.

간단 실습 | 이미지를 잘라내는 자르기 도구 C

준비 파일 포토샵/Chapter 02/자르기.jpg

① Ctrl + O 를 눌러 준비 파일을 불러오고 **②** 자르기 도구 를 클릭합니다. **③** 조절점을 드래그하여 불필요한 부분을 잘라냅니다. **④** Enter 를 누르거나 조절점 안쪽을 더블클릭하여 완료합니다.

자르기 도구 대신 사각형 선택 도구 로 이미지를 자를 수 있습니다. 사각형 선택 도구 로 자를 영역을 지정한 후 Alt + I + P 를 누릅니다.

상황별 작업 표시줄은 메뉴바의 [Window]-[Contextual Task Bar]의 체크를 해제하여 숨긴 상태입니다. 이후 일부 예제는 원활한 실습 진행을 위해 작업 표시줄을 숨겼습니다.

간단 실습 | 이미지 확장하기

준비 파일 포토샵/Chapter 02/이미지확장.jpg

❶ `Ctrl` + `O`를 눌러 준비 파일을 불러오고 ❷ 자르기 도구 를 클릭합니다. ❸ 조절점을 드래그하여 원하는 영역까지 확장합니다. ❹ 옵션바의 [Fill] 항목을 [Generative Expand]로 선택합니다. ❺ `Enter`를 누르거나 조절점 안쪽을 더블클릭하여 완료합니다.

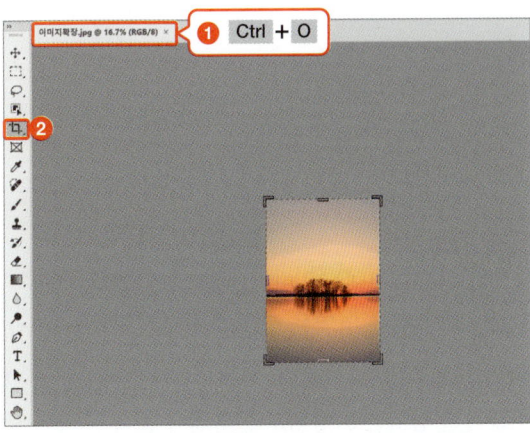
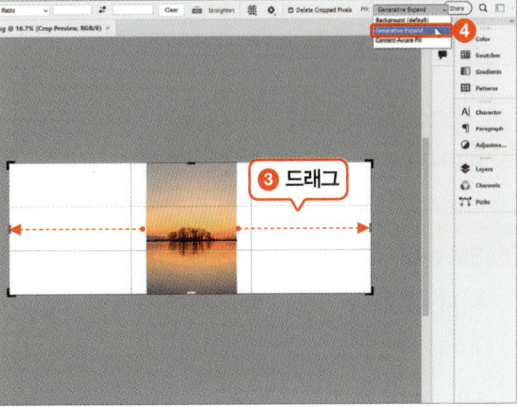
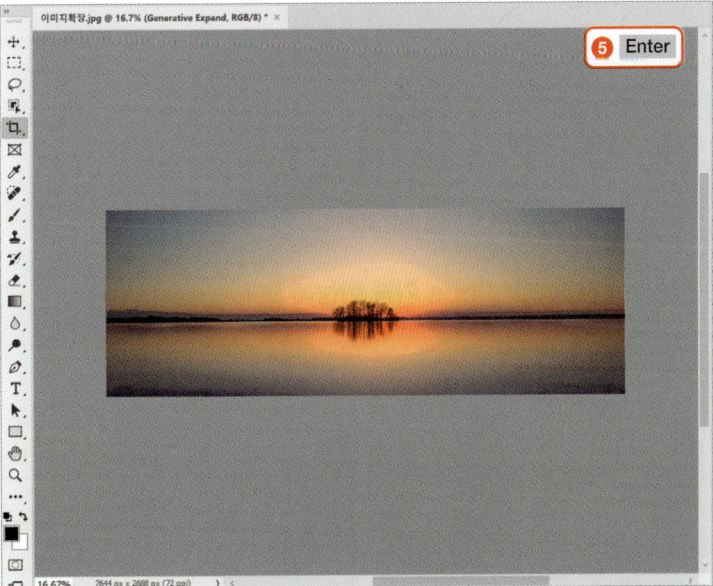

[Generative Expand]는 생성형 확장이라는 의미로 늘어난 캔버스의 빈 공간에 기존 이미지를 분석해 AI가 자동으로 이미지를 채우는 기술입니다. 해당 기능을 활용하려면 Adobe CC에 로그인된 온라인 상태여야 합니다.

자르기 도구 옵션바

① **Preset** | 자주 사용하는 비율이나 크기로 자릅니다.
② **Width, Height** | 가로세로 값을 직접 입력하여 자릅니다.

숫자를 입력할 때 간단한 연산을 수행할 수 있습니다. [Width]에 '150/5'를 입력하면 자동 계산되어 '30'으로 설정됩니다.

③ **Clear** | 입력된 값을 초기화합니다.
④ **Straighten** | 비뚤어진 이미지를 똑바로 세울 때 기준을 설정합니다.
⑤ **Overlay Options** | 자르기 전에 원하는 구도를 설정합니다.
⑥ **Set additional Crop options** | [Use Classic Mode]와 [Enable Crop Shield] 항목 중 선택할 수 있습니다. [Use Classic Mode]에 체크하면 예전 버전처럼 자르고 싶은 영역을 드래그하여 선택할 수 있습니다. 체크하지 않은 상태라면 자르기 영역(조절점)이 나타난 상태로 자를 수 있습니다. [Enable Crop Shield]에 체크한 후 자르고 싶은 영역을 드래그하면 잘라낼 영역은 고정되고 잘라낼 부분과 나머지 영역이 색상과 투명도로 구분됩니다. 자르기 보호 모드라고 이해하면 쉽습니다.
⑦ **Delete Cropped Pixels** | 체크하면 잘릴 부분이 완전히 삭제됩니다. 체크를 해제한 다음 자르기 도구를 사용하면 잘려나간 부분이 작업 화면에서 보이지는 않지만 숨겨져 있기 때문에 캔버스 크기를 늘리거나 이동 도구로 옮기면 다시 보입니다.

기능 꼼꼼 익히기 — 자르기 도구의 Overlay Options 기능 한눈에 보기

이미지를 자르기 전, Overlay Options 기능을 통해 구도를 미리 확인하며 작업할 수 있습니다.

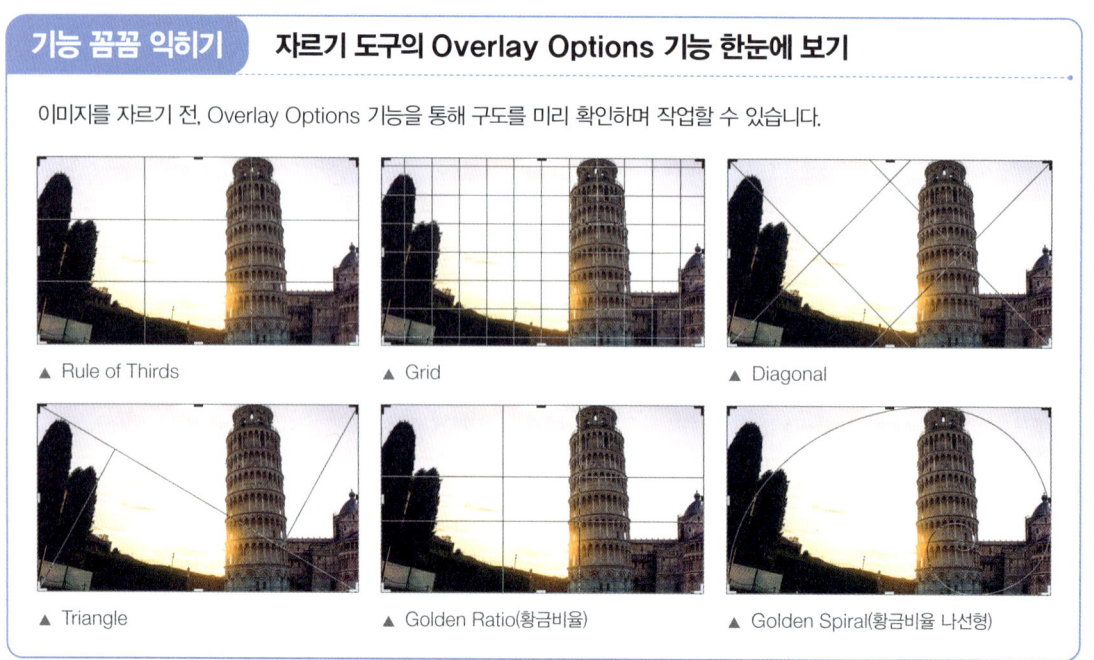

▲ Rule of Thirds ▲ Grid ▲ Diagonal
▲ Triangle ▲ Golden Ratio(황금비율) ▲ Golden Spiral(황금비율 나선형)

한눈에 실습   자르기 도구로 비뚤어진 사진 바로잡기

준비 파일 포토샵/Chapter 02/피사의사탑.jpg
핵심 기능 자르기 도구, Straighten(수평 조절)

한눈에 실습 | 원근 자르기 도구로 정확하게 자르기

준비 파일 포토샵/Chapter 02/원근자르기.jpg
핵심 기능 원근 자르기 도구

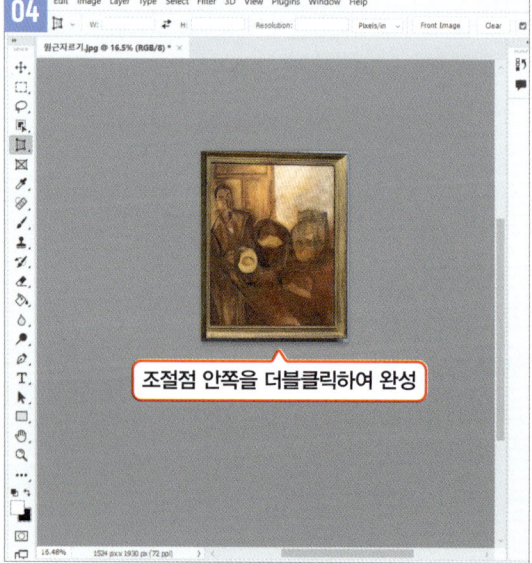

| 한눈에 실습 | 분할 도구로 이미지를 한번에 자르기 |

준비 파일 포토샵/Chapter 02/분할툴.jpg
핵심 기능 분할 도구, 분할 선택 도구, Slice Options

- **분할 도구** | 이미지 한 장을 여러 개로 나누어 분할한 후 저장합니다.

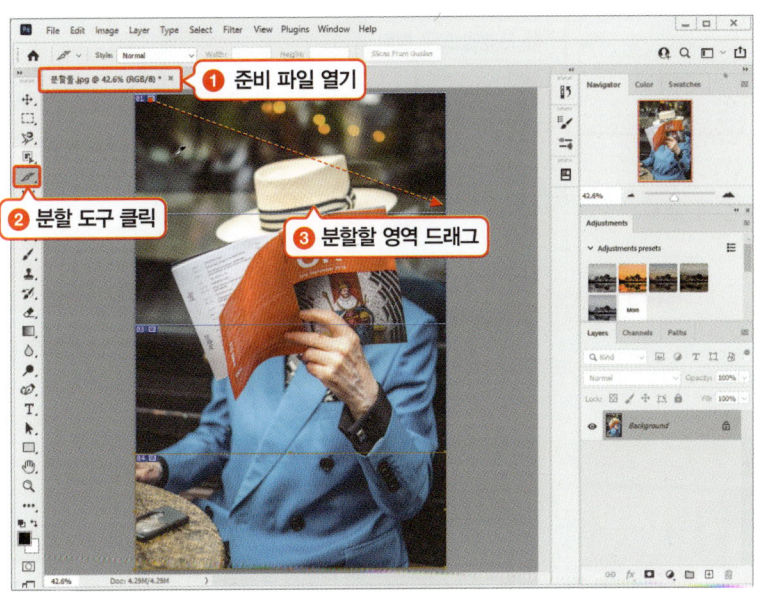

- **분할 선택 도구** | 선택한 분할 영역을 크기 조절, 이동, 복사, 삭제할 수 있습니다.

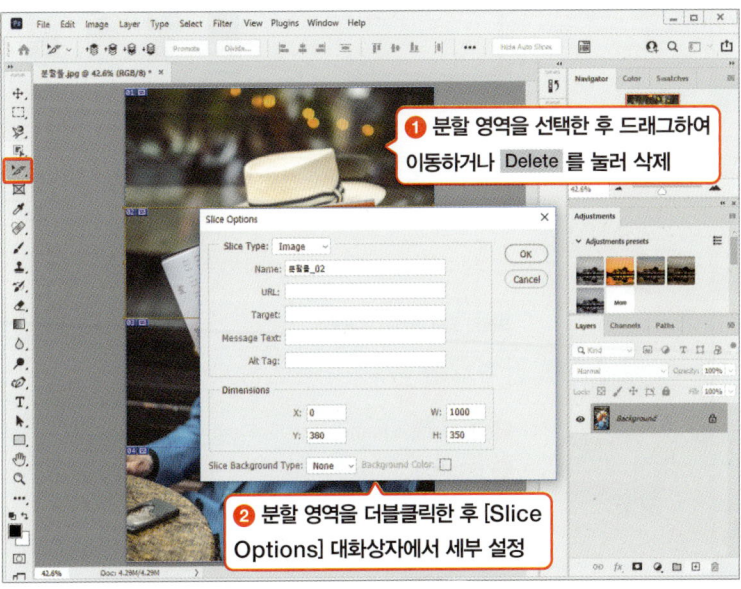

한눈에 실습 | 프레임 도구로 원하는 모양의 이미지 마스크 만들기

준비 파일 없음
핵심 기능 프레임 도구, 마스크

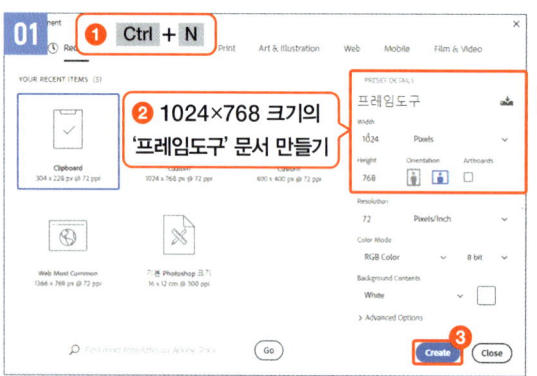

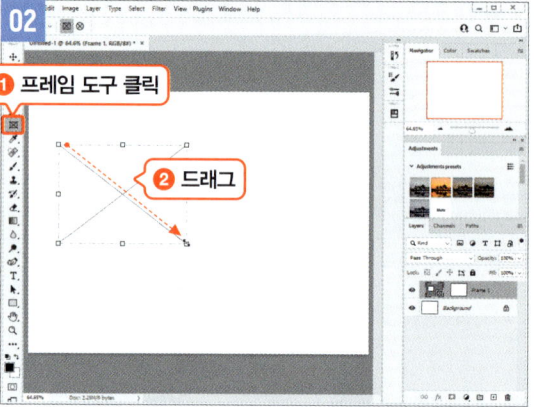

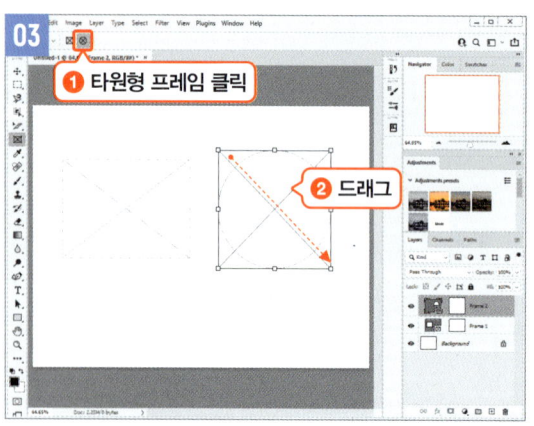

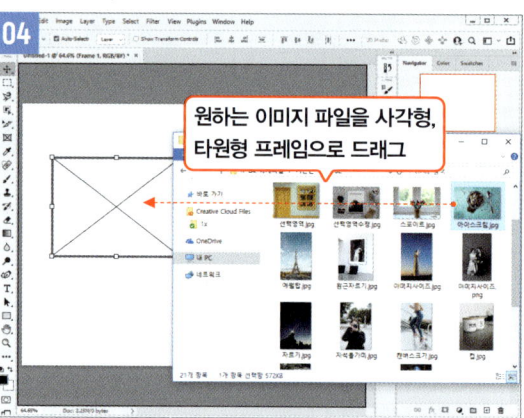

열기(Ctrl + O)가 아닌 폴더에서 캔버스로 바로 드래그하는 작업입니다.

프레임 도구 옵션바 살펴보기

① **Rectangle frame** | 사각형 모양의 프레임을 설정합니다.
② **Elliptical frame** | 타원형 모양의 프레임을 설정합니다.

Shift 를 누른 채 드래그하면 정사각형이나 정원 프레임을 설정할 수 있습니다.

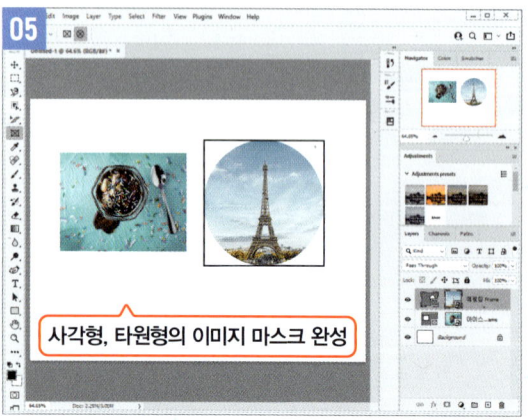

프레임 도구를 활용하면 간단하고 빠르게 마스크를 만들 수 있습니다.

그리기, 채색하기
자유롭게 그리고 색 채우기

색을 칠하는 도구에는 브러시 도구, 연필 도구, 그레이디언트 도구, 페인트 도구 등이 있습니다. 또한 적용한 색을 수정하거나 삭제하는 도구에는 지우개 도구가 있습니다. 용도에 맞게 알맞은 도구를 사용하여 그림을 그리고 채색하는 방법을 알아보겠습니다.

손 가는 대로 그리는 브러시 도구, 연필 도구 B

그림을 그리는 데 가장 기본이 되는 도구는 브러시 도구와 연필 도구입니다. 브러시 도구는 붓으로 그린 느낌을 주고, 연필 도구는 연필로 그린 느낌을 줍니다. 이밖에도 브러시 도구의 숨은 도구에는 색상 대체 도구와 혼합 브러시 도구가 있습니다. 색상 대체 도구는 브러시가 지나가는 영역을 추출하여 다른 색상으로 교체하고, 혼합 브러시 도구는 브러시 색을 섞어줍니다.

- **브러시 도구** ✐ | 브러시 크기와 속성을 설정하고 자유롭게 드래그할 수 있습니다. ❶ 브러시 도구 ✐ 를 클릭하고 ❷ 브러시 크기를 설정한 후 ❸ 작업 화면을 클릭합니다. ❹ 브러시 크기는 옵션바에서 더 보기 를 클릭하여 설정합니다.

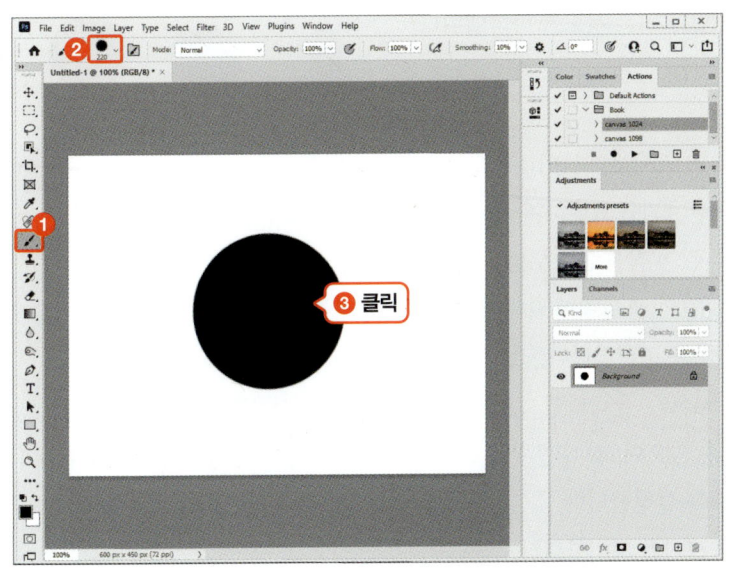

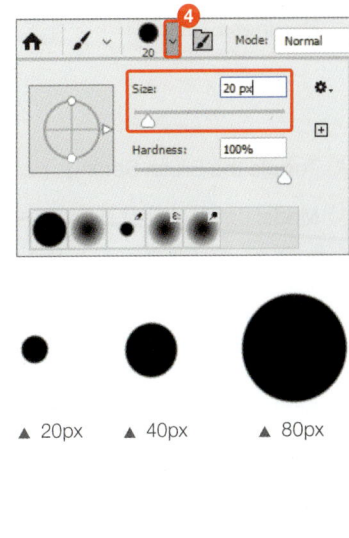

▲ 20px ▲ 40px ▲ 80px

- **연필 도구** | 사용법은 브러시 도구와 같지만 브러시 가장자리가 딱딱합니다. ❶ 연필 도구를 클릭하고 ❷ 연필 크기를 설정한 후 ❸ 작업 화면을 클릭합니다. ❹ 연필 크기는 옵션바에서 더 보기를 클릭하여 설정합니다.

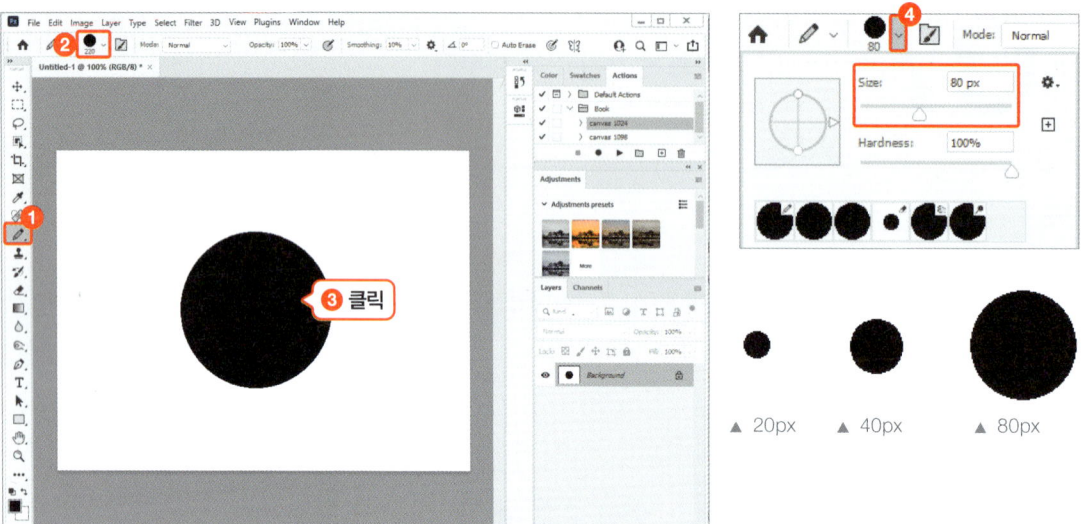

- **색상 대체 도구** | 브러시가 지나가는 영역을 추출하여 다른 색상으로 교체합니다.

- **혼합 브러시 도구** | 브러시 색상을 섞어줍니다.

브러시 도구 옵션바

① **Size** | 브러시 크기와 모양을 조절합니다.

    Hardness | 브러시의 경계를 부드럽게 하는 정도를 나타냅니다.

▲ 0% ▲ 50% ▲ 100%

② **Toggle the Brush Settings panel** | [Brushes Settings] 패널을 불러옵니다.

③ **Mode** | 브러시 색상과 혼합하여 특수 효과를 표현하며, 총 29개의 페인팅 모드가 있습니다.

④ **Opacity** | 불투명도를 조절합니다. 값이 작을수록 투명하게 칠해집니다.

⑤ **Tablet Pressure for Opacity** | 태블릿의 펜 압력에 따라 불투명도를 조절합니다.

⑥ **Flow** | 브러시 색상이 스며드는 정도를 조절합니다. 값이 작을수록 적용되는 색상이 연해집니다.

⑦ **Enable Airbrush style build-up effects** | 클릭하면 브러시를 에어브러시로 사용할 수 있습니다.

⑧ **Smoothing** | 0~100까지 설정할 수 있으며, 값이 클수록 브러시 획에 보정 정도가 늘어납니다.

⑨ **Set the brush angle** | 브러시 각도를 설정합니다.

⑩ **Pressure for size** | 브러시의 압력 크기를 제어합니다.

| 간단 실습 | **브러시 설치하기** |

준비 파일 포토샵/Chapter 02/물감브러시.abr

01 ① `Ctrl` + `N` 을 눌러 새 문서를 만들고 ② 브러시 도구를 클릭합니다. ③ 옵션바에서 더 보기를 클릭하고 ④ 브러시 옵션 창에서 설정을 클릭합니다. ⑤ [Import Brushes]를 선택합니다.

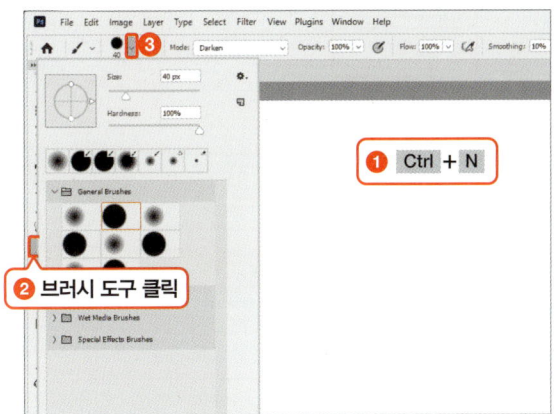 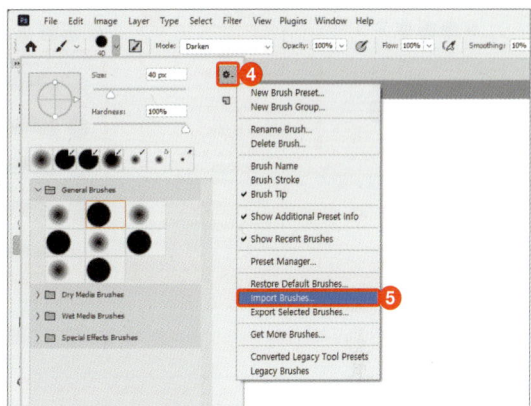

브러시 목록에서 옵션을 클릭하면 미리 보기 옵션을 변경할 수 있습니다. [Brush Stroke]를 활성화하면 선 형태로, [Brush Tip]을 활성화하면 점 형태로 확인 가능합니다.

02 ① [Load] 대화상자가 나타나면 불러올 브러시 파일(.abr)을 선택합니다. 여기에서는 **물감브러시.abr** 파일을 선택하고 ② [Load]를 클릭합니다. ③ 브러시 목록의 스크롤바를 내리면 앞서 불러온 다양한 물감 브러시가 추가된 것을 확인할 수 있습니다. ④ 추가된 브러시 중 하나를 선택한 후 ⑤ 작업 화면을 클릭하여 자유롭게 드래그합니다.

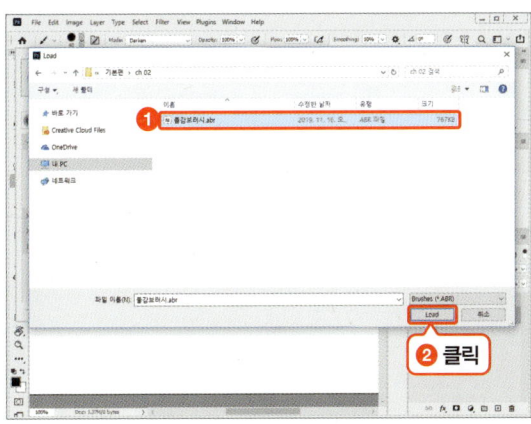 

기능 꼼꼼 익히기 : 브러시 미리 보기 설정하기

브러시 미리 보기가 획으로 보여서 불편하다면 다음 과정을 통해 미리 보기를 설정할 수 있습니다. ① 브러시 옵션 창에서 설정을 클릭한 후 ② [Brush Tip] 메뉴에 체크하고 [Brush Name]과 [Brush Stroke] 메뉴는 체크를 해제합니다.

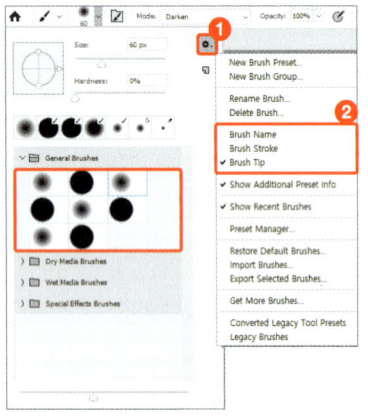
▲ 브러시 모양만 미리 보기됨

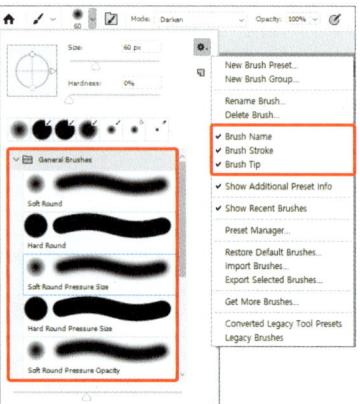
▲ 브러시 이름, 획, 모양이 미리 보기됨

간단 실습 : 태블릿 필압을 적용하여 브러시 사용하기

태블릿을 사용한다면 필압을 이용해 다양하게 선을 표현할 수 있습니다. 여기서 필압이란 펜에 힘을 주고 그릴 때는 굵고 진하게, 힘을 약하게 주고 그릴 때는 가늘고 연하게 그려지는 것을 말합니다.

01 ① [Brush Settings] 패널에서 [Shape Dynamics]에 체크하고 ② [Control]을 [Pen Pressure]로 선택합니다. ③ 필압에 따른 농도 조절을 위해 [Transfer]에 체크하고 ④ [Control]을 [Pen Pressure]로 선택합니다.

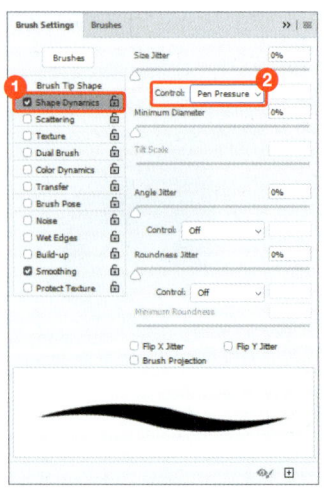

[Brush Settings] 패널이 보이지 않는다면 F5 를 눌러 불러옵니다.

02 필압을 다르게 적용하여 작업 화면에 드래그해봅니다.

간단 실습 — 점선 모양의 브러시 만들기

01 ❶ [Brush Settings] 패널에서 브러시 종류를 선택하고 ❷ [Size]와 [Spacing] 값을 변경합니다. 여기서는 **3px**, **200%**로 입력했습니다. ❸ 미리 보기로 브러시 모양을 확인할 수 있습니다.

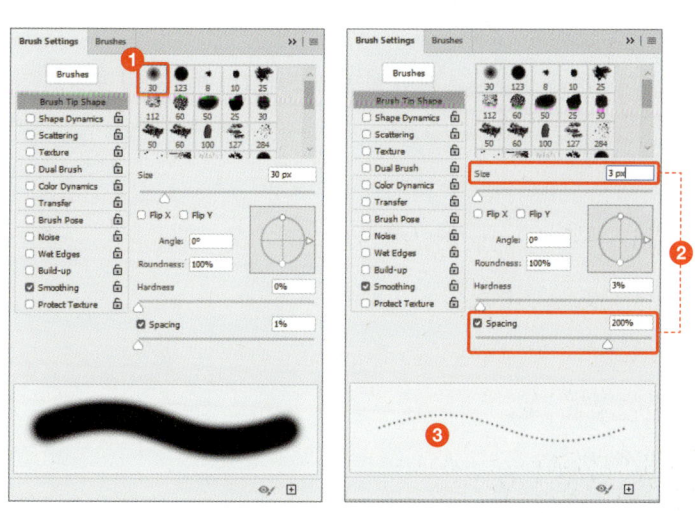

02 브러시 종류와 [Size], [Spacing] 값을 다양하게 설정하고 작업 화면에 드래그하면 점선 모양이 그려집니다.

```
·········································· 1px
•••••••••••••••••••••••••••••••••••••••••• 3px
• • • • • • • • • • • • • • • • • • • • •  10px
```

03 이번에는 스티치 모양의 브러시를 만들어보겠습니다. ❶ [Size]를 **2px**로 입력하고 ❷ [Spacing]은 1을 입력합니다. ❸ [Dual Brush]에 체크하고 ❹ [Size], [Spacing], [Scatter], [Count]의 슬라이더 조절점을 오른쪽으로 옮기면서 ❺ 미리 보기 화면을 통해 점선 모양을 확인합니다. 여기에서는 [Size]를 7px, [Spacing]을 210%, [Scatter]를 0%, [Count]를 14로 설정했습니다.

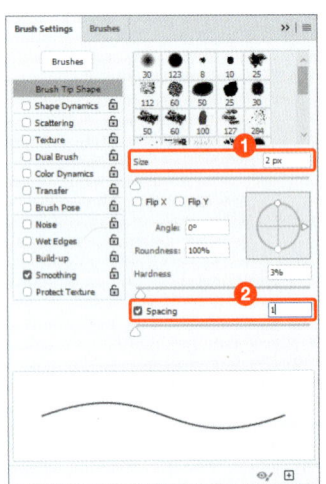 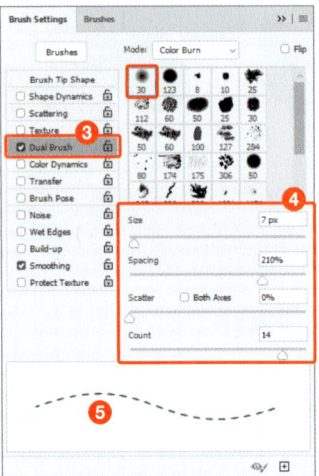

04 브러시 종류와 [Size], [Spacing] 값을 다양하게 설정하고 작업 화면에 드래그하면 스티치 모양의 점선이 그려집니다.

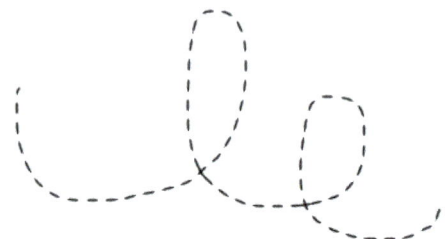

기능 꼼꼼 익히기 — 브러시 도구 단축키 완전 정복

- **[,]** | 브러시 크기를 점점 작게 하거나 점점 크게 할 수 있습니다.
- **Alt +마우스 오른쪽 버튼 클릭 후 좌우 드래그** | 브러시 크기를 점점 작게 하거나 점점 크게 할 수 있습니다.
- **Shift + [,]** | [Hardness] 설정값을 점점 작게 하거나 크게 할 수 있습니다.
- **CapsLock** | 브러시 포인터의 모양을 십자 모양(+)으로 보이게 하거나 미리 보기 선으로 보이게 합니다.
- **Shift +드래그** | 브러시 선을 직선으로 그릴 수 있습니다.
- **Alt** | 스포이트 도구로 전환합니다.
- **숫자 키** | [Opacity] 설정값을 조절할 수 있습니다(50%= 5 , 23%= 2 , 3 . 두 자리를 설정할 때는 숫자 키를 빠르게 누름).
- **~** | 브러시 도구에서 지우개 도구로 전환합니다.

이미지를 지우고 삭제하는 지우개 도구 E

지우개 도구는 브러시 모양에 따라 드래그한 곳의 이미지를 지웁니다. 브러시 도구나 연필 도구를 사용할 때 함께 사용하며, 배경까지 투명하게 지울 수 있습니다.

> **간단 실습** **이미지와 배경 지우기**
>
> 준비 파일 포토샵/Chapter 02/지우개도구.jpg

지우개 도구, 배경 지우개 도구, 자동 지우개 도구는 각각 다른 지우기 기능으로 활용할 수 있습니다. 세 가지 도구의 기능을 알아볼 수 있도록 실습해보겠습니다.

01 지우개 도구는 브러시 모양에 따라 드래그한 영역 그대로 지웁니다. ❶ 지우개 도구를 클릭하고 ❷ 지울 부분을 드래그합니다. 드래그한 영역이 지워집니다.

02 배경 지우개 도구를 클릭한 후 드래그하면 제거된 부분이 투명해집니다. ❶ 배경 지우개 도구를 클릭하고 ❷ 지울 부분을 드래그합니다. 배경까지 모두 지워집니다.

03 자동 지우개 도구는 유사한 색상 영역을 모두 삭제합니다. ❶ 자동 지우개 도구를 클릭하고 ❷ 지울 색 부분을 클릭합니다. 배경이 모두 지워집니다.

> [Background] 레이어에서 지우개 도구를 사용하면 지운 영역이 배경색으로 채워지고, 일반 레이어일 경우 삭제됩니다.

지운 부분을 다시 되돌리기

지우개 도구로 이미지를 지운 후 옵션바의 [Erase to History]에 체크하고 드래그하면 드래그한 부분이 원래 이미지로 복원됩니다. 작업 내역 브러시 도구와 같은 기능입니다.

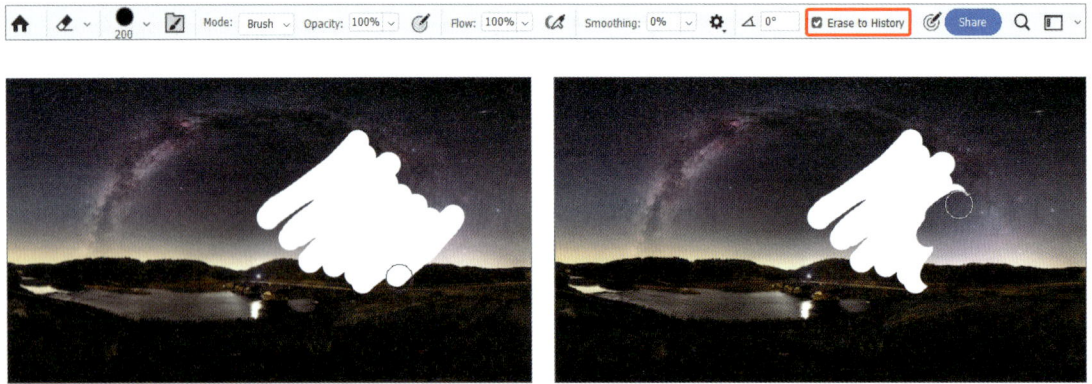

두 색상을 자연스럽게 채우는 그레이디언트 도구 G

그레이디언트 도구는 단계적으로 부드럽게 색의 변화를 주면서 채색하는 도구로 두 가지 이상의 색을 자연스럽게 혼합합니다. 작업 화면에 드래그하면 설정한 색상으로 해당 영역이 채워집니다.

간단 실습 | 그레이디언트로 채우기

❶ Ctrl + N 을 눌러 새 문서를 만듭니다. ❷ 원하는 색으로 전경색과 배경색을 설정하고 ❸ 그레이디언트 도구를 클릭합니다. ❹ 옵션바에서 더보기를 클릭하고 [Basics]-[Foreground to Background]를 선택합니다. ❺ 원하는 방향으로 드래그합니다.

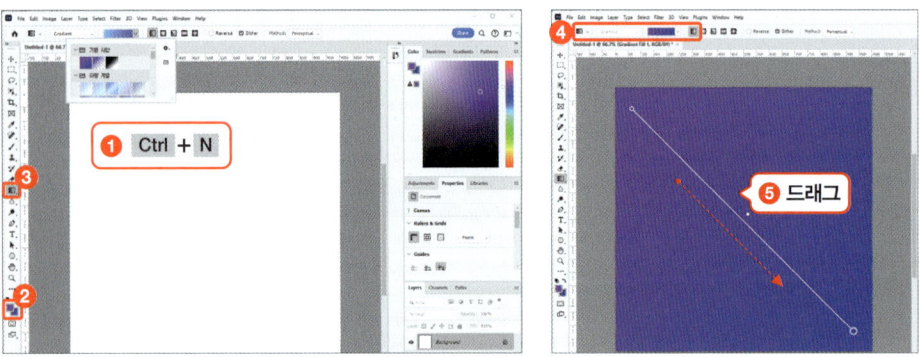

포토샵 환경 설정에 따라 언어가 다르게 나타나기도 합니다. 그레이디언트는 [기본 사항]-[전경색에서 배경색으로(Foreground to Background)]를 선택합니다.

그레이디언트 도구 옵션바

① **그레이디언트 형식 선택** | [Gradient] 또는 [Classic gradient] 중 하나를 선택해 작업할 수 있습니다. [Classic gradient]를 선택하면 CC 2023 이하 버전 옵션을 사용할 수 있습니다.

② **그레이디언트 프리셋** | 원하는 영역에 채울 그레이디언트의 프리셋을 선택하거나 편집할 수 있습니다.

③ **그레이디언트 스타일** | 원하는 영역에 채울 그레이디언트 스타일을 선택할 수 있습니다.

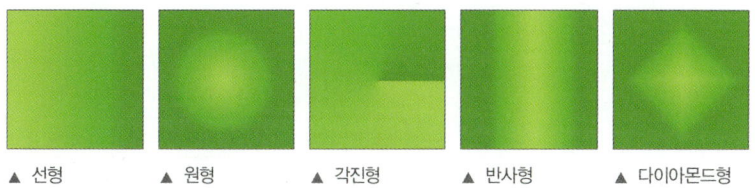

▲ 선형 ▲ 원형 ▲ 각진형 ▲ 반사형 ▲ 다이아몬드형

④ **Reverse** | 그레이디언트의 색 방향을 반전합니다.

⑤ **Dither** | 그레이디언트의 색 경계를 부드럽게 만듭니다.

⑥ **Method** | 그레이디언트 적용 방법을 설정합니다.

> Mode(블렌딩 모드), Opacity(투명도) 등을 새 그레이디언트 기능에서 활용하려면 레이어 자체의 블렌딩 모드나 투명도를 수정합니다. CC 2023 이하 버전처럼 그레이디언트 자체에 적용하려면 그레이디언트 형식을 [Classic gradient]로 설정합니다.

간단 실습 | 새로운 그레이디언트 만들고 등록하기

원하는 그레이디언트를 만든 후 원할 때 언제든지 사용할 수 있도록 새 그레이디언트로 등록하는 방법을 알아보겠습니다.

전경색과 배경색을 임의로 설정한 상태에서 진행합니다. 옵션바에서 그레이디언트 프리셋의 ① 더보기를 클릭하고 ② ➕를 클릭합니다. ③ [Gradient Name] 대화상자가 나타나면 원하는 이름을 입력한 후 ④ [OK]를 클릭합니다. ⑤ 그레이디언트 프리셋에 새 그레이디언트가 추가되었습니다.

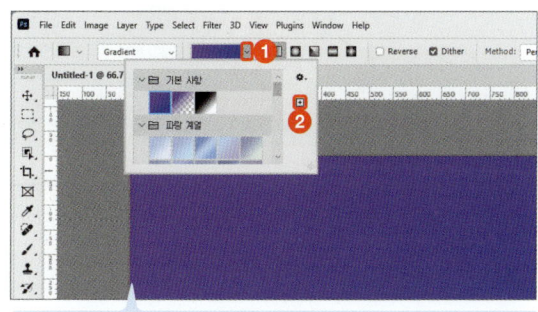

그레이디언트의 색상, 불투명도 등 자세한 설정은 [Properties] 패널에서 할 수 있습니다.

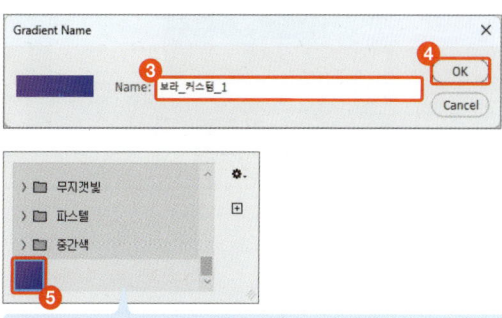

추가된 그레이디언트에서 마우스 오른쪽 버튼을 클릭하고 [Delete Gradient]를 선택하면 삭제할 수 있습니다.

한눈에 실습 | 그레이디언트로 몽환적인 느낌 표현하기

준비 파일 포토샵/Chapter 02/그레이디언트.jpg
핵심 기능 Gradient, Overlay, Opacity

그레이디언트에 블렌딩 모드와 불투명도를 설정하여 이미지에 적용하면 몽환적인 느낌을 줄 수 있습니다.

한글 버전으로 설치 후 영문 버전을 설치했다면 'Iridescent'가 '무지갯빛'으로 표시될 수 있습니다.

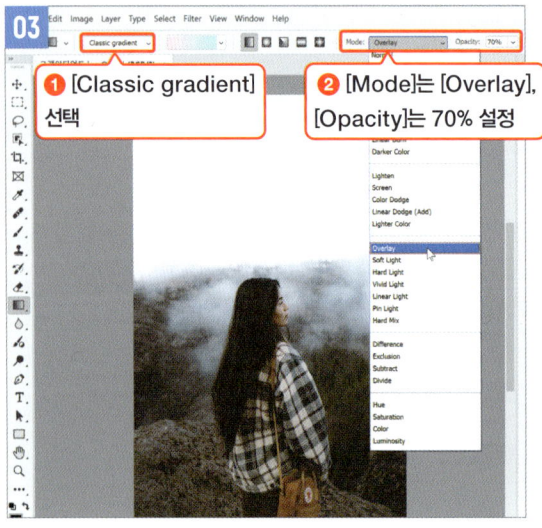

한번에 채우는 페인트 도구 G

클릭한 픽셀의 색상과 색상값이 유사한 색상을 전경색이나 패턴으로 채웁니다.

간단 실습 — 색상으로 채우기

준비 파일 포토샵/Chapter 02/페인트도구.jpg

❶ Ctrl + O 를 눌러 준비 파일을 불러옵니다. ❷ 페인트 도구를 클릭하고 ❸ 전경색을 설정합니다. 여기에서는 fc447c로 설정했습니다. ❹ 이미지 영역을 클릭하면 전경색으로 설정한 색이 채워집니다.

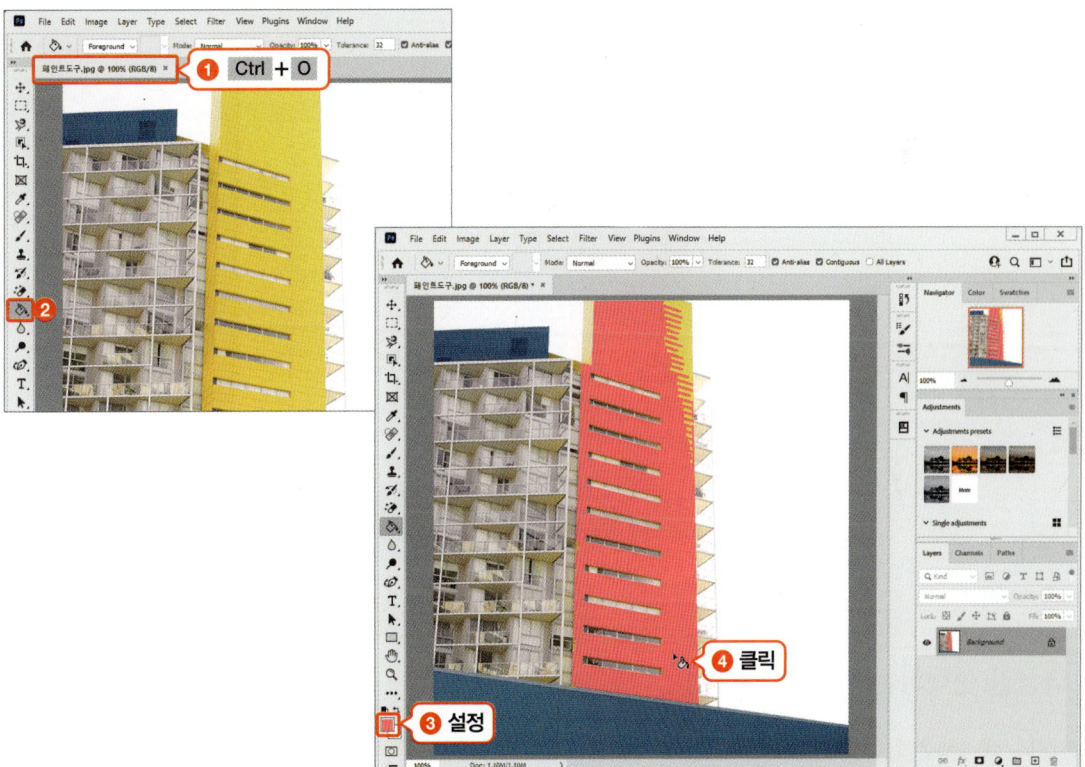

페인트 도구는 클릭한 픽셀과 유사한 색상의 영역까지만 칠해지므로 다양한 색상이 있는 곳에서는 사용하기가 어렵습니다. 유사 색상 영역을 넓히려면 옵션바의 [Tolerance] 값을 높게 적용(0~255로 설정)하면 됩니다.

간단 실습 | 패턴으로 채우기

준비 파일 포토샵/Chapter 02/페인트도구.jpg

페인트도구.jpg 파일을 다시 사용하겠습니다. ❶ 페인트 도구를 클릭한 상태로 ❷ 옵션바에서 [Pattern]을 선택하고 ❸ 더 보기를 클릭합니다. ❹ 패턴 목록 중 원하는 패턴을 선택하고 ❺ 이미지 영역을 클릭하면 노란색 영역이 패턴으로 채워집니다.

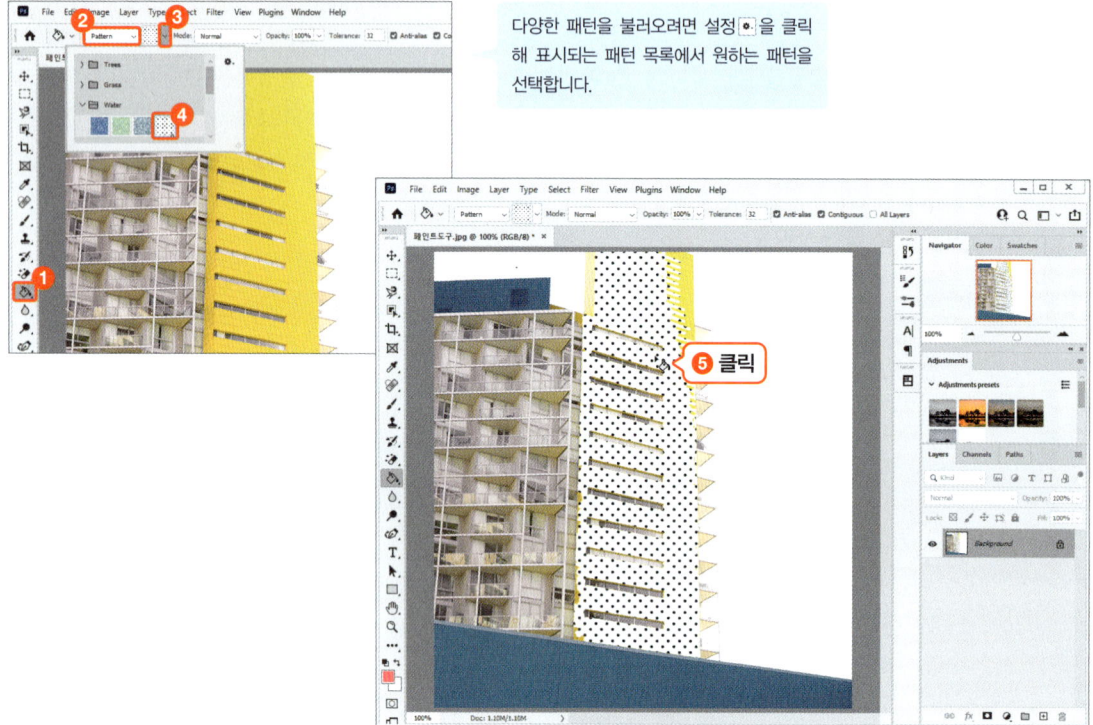

색상을 선택하는 전경색/배경색

전경색/배경색은 원하는 색상을 선택할 때 사용합니다. 전경색은 브러시 도구를 이용해 채색할 때나 색상을 채울 때 사용하고, 배경색은 이미지를 지운 후 채우는 용도로 사용합니다. 클릭하여 각 색상을 설정할 수 있습니다.

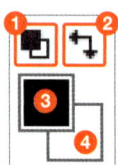

① **기본 색상(Default Color)** D | 전경색을 검은색, 배경색을 흰색으로 변경합니다. 포토샵을 처음 열면 기본 색상으로 설정되어 있습니다.

② **전경색/배경색 위치 변경(Switch Color)** X | 전경색과 배경색을 맞바꿉니다.

③ **전경색(Foreground Color)** | 브러시 도구 등을 이용해 직접 채색할 때 사용합니다.

④ **배경색(Background Color)** | 지우개 도구 등을 이용해 지운 영역에 색상을 채울 때 사용합니다.

기능 꼼꼼 익히기 | [Color Picker] 대화상자 살펴보기

원하는 색상을 설정할 때 사용합니다. 도구바의 전경색/배경색을 클릭하면 그림과 같이 [Color Picker] 대화상자가 나타납니다.

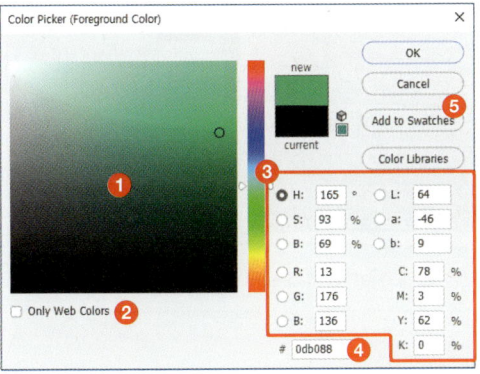

❶ **Sample Color(색상 샘플)** | 클릭하여 색상을 설정합니다.

❷ **Only Web Colors(웹 색상 전용)** | 체크하면 웹에서만 사용할 수 있는 색상이 표시됩니다.

❸ **HSB, RGB, Lab, CMYK(색상값)** | 컬러 모드별 색상값이 표시됩니다.

❹ **웹 색상 코드** | 1부터 F까지 16진수 여섯 자리로 웹의 색상 코드를 입력하여 색상을 표시할 수 있습니다.

❺ **Add to Swatches(색상 추가)** | [Swatches] 패널에 선택한 색상을 추가합니다.

간단 실습 | 전경색/배경색 설정하기

원하는 색상으로 전경색과 배경색을 지정합니다.

01 ❶ Ctrl + N 을 눌러 새 문서를 만들고 ❷ 전경색을 클릭합니다. ❸ [Color Picker] 대화상자가 나타나면 원하는 색으로 전경색을 설정한 후 ❹ [OK]를 클릭합니다.

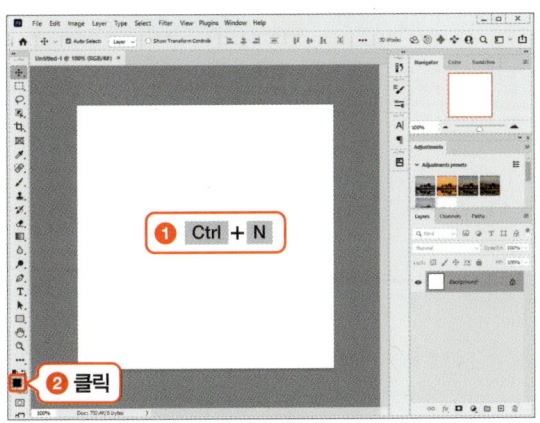
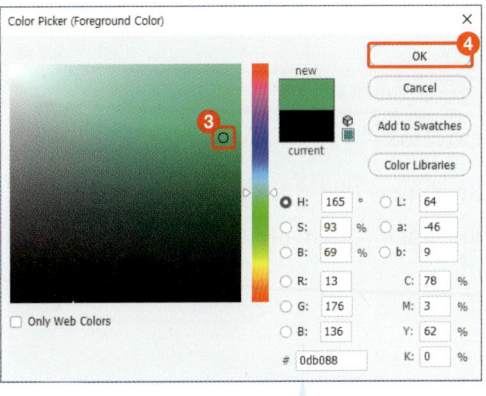

웹 색상 코드에 원하는 색상값을 입력해도 됩니다.

02 ❶ 배경색을 클릭합니다. ❷ [Color Picker] 대화상자가 나타나면 원하는 색으로 배경색을 지정한 후 ❸ [OK]를 클릭합니다.

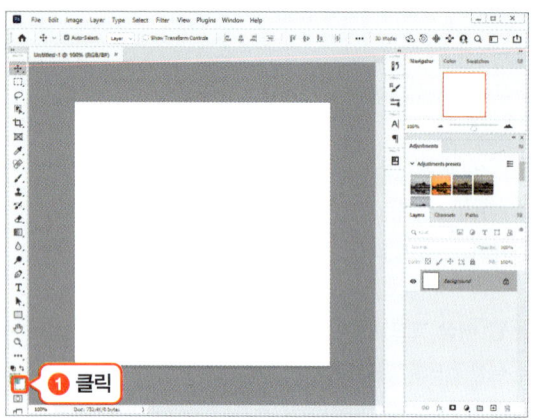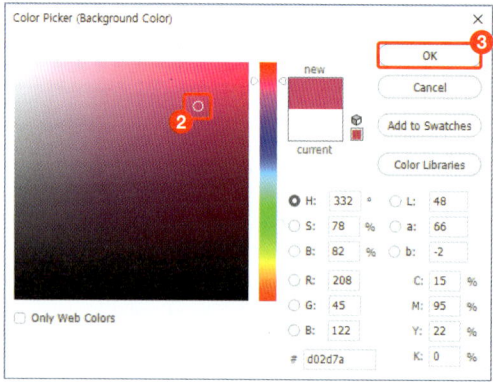

다른 방법으로 전경색/배경색 지정하기

[Color] 패널과 [Swatches] 패널을 이용하여 색상을 지정할 수 있습니다. 패널이 보이지 않으면 [Window] 메뉴에서 해당 메뉴를 클릭하여 표시합니다.

[Color] 패널에서 설정하기 F6

❶ 전경색을 클릭한 후 [Color] 패널에서 슬라이더 조절점을 드래그해 전경색을 지정합니다. ❷ 마찬가지로 배경색을 클릭한 후 슬라이더 조절점을 드래그해 배경색을 설정합니다.

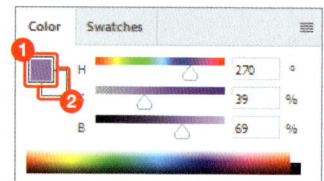

[Swatches] 패널에서 설정하기

❶ [Swatches] 패널에서 색상 영역을 클릭하면 전경색으로 설정됩니다.
❷ 캔버스의 빈 곳을 클릭하면 ❸ 색상이 추가됩니다.

Ps LESSON 08

리터칭, 보정하기
원하는 대로 이미지 보정하기

사진을 찍으면 의도와 다르게 뿌옇게 나오거나 어둡게 나오곤 합니다. 혹은 너무 밝게 나오기도 합니다. 사진의 필요 없는 부분을 지우거나 피부의 잡티를 보정하고 싶을 때도 있습니다. 이번에는 포토샵의 강력한 리터칭 도구를 활용하여 간단하게 사진을 보정하는 방법을 알아보겠습니다.

뿌옇게 하거나 선명하게, 매끈하게 보정하는 블러 도구, 샤픈 도구, 스머지 도구

블러 도구, 샤픈 도구, 스머지 도구는 리터칭 도구 중 질감 변화와 관련된 도구입니다. 원하는 부분을 드래그하여 뿌옇게 하거나 선명하게, 매끈하게 보정할 수 있습니다.

▲ 원본

- **블러 도구** ◊ | 이미지를 뿌옇게 합니다. 블러 도구 ◊를 클릭한 후 흐리게 만들고 싶은 부분을 드래그합니다.

- **샤픈 도구** | 이미지를 또렷하고 선명하게 합니다. 샤픈 도구를 클릭한 후 선명하게 만들고 싶은 부분을 드래그합니다.

- **스머지 도구** | 이미지를 뭉갭니다. 스머지 도구를 클릭한 후 드래그합니다. 픽셀을 조정하여 이미지를 뭉갭니다.

이 도구들은 이미지를 직접적으로 변형하는 데 사용하는 대표적인 도구이지만, Bitmap 모드이거나 Indexed Color 모드에서는 사용할 수 없습니다.

블러/샤픈/스머지 도구 옵션바 완전 정복

블러 도구 옵션바

① **Size** | 브러시 크기와 모양을 조절합니다.

② **Toggle the Brush Settings panel** | [Brushes Settings] 패널을 불러옵니다. 세부 옵션을 설정하여 나만의 브러시를 만들 수 있습니다.

③ **Mode** | 브러시 색상과 혼합하여 특수 효과를 표현할 때 사용합니다.

④ **Strength** | 블러의 적용 정도를 설정합니다. 값이 작을수록 투명하게 칠해집니다.

⑤ **Set the brush angle** | 브러시의 각도를 조절합니다.

⑥ **Sample All Layers** | 보이는 모든 레이어의 이미지를 대상으로 적용합니다. 체크를 해제하면 선택된 레이어의 이미지에만 적용됩니다.

⑦ **Airbrush-style build-up** | 클릭하면 브러시를 에어브러시로 사용할 수 있습니다.

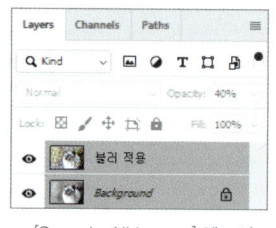

▲ [Sample All Layers] 체크 시 보이는 모든 레이어에 적용

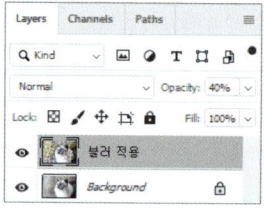

▲ [Sample All Layers] 체크 해제 시 선택된 레이어에만 적용

샤픈 도구 옵션바

기본 항목은 블러 도구와 동일합니다.

- **Protect Detail** | 선명한 효과를 향상시키고 픽셀 손상을 최소화하려면 체크한 후 사용합니다. 더 선명한 효과를 원할 때는 체크를 해제하면 되지만 이미지가 많이 손상됩니다.

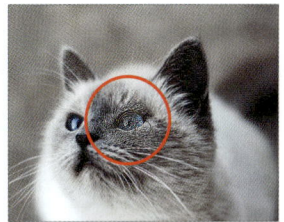

스머지 도구 옵션바

기본 항목은 블러 도구와 동일합니다.

- **Finger Painting** | 체크한 후 문지르면 전경색을 이용하여 픽셀의 밀림 효과가 적용됩니다. 체크를 해제하면 포인터 아래에 있는 색상이 사용됩니다. [Strength]가 100%일 때는 전경색으로만 칠해집니다.

어둡거나 밝게, 명도와 채도를 조절하는 닷지 도구, 번 도구, 스펀지 도구 O

명암과 채도를 조절하여 이미지에 입체감을 주는 도구에는 세 가지가 있습니다. 닷지 도구는 드래그한 영역을 밝게 만들고, 번 도구는 어둡게 만듭니다. 스펀지 도구는 채도를 조절합니다.

▲ 원본

- **닷지 도구** | 특정 영역을 밝게 합니다. 닷지 도구를 클릭한 후 밝게 만들고 싶은 부분을 드래그합니다.
- **번 도구** | 특정 영역을 어둡게 합니다. 번 도구를 클릭한 후 어둡게 만들고 싶은 부분을 드래그합니다.
- **스펀지 도구** | 특정 영역의 채도를 높이거나 낮춥니다. 스펀지 도구를 클릭한 후 채도를 조절할 부분을 드래그합니다.

> 닷지/번/스펀지 도구를 사용하면 원본 이미지가 영구적으로 변하기 때문에 실행 취소 등의 수정이 어렵습니다. Ctrl + J 를 눌러 레이어를 복사한 후 적용하는 것이 좋습니다.

닷지/번/스펀지 도구 옵션바 완전 정복

닷지/번 도구 옵션바

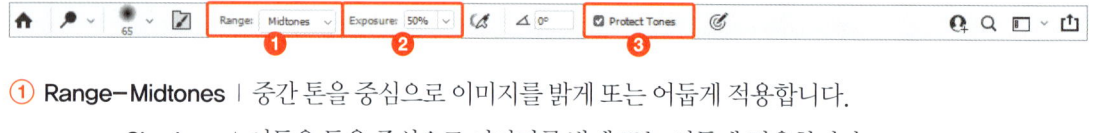

① **Range-Midtones** | 중간 톤을 중심으로 이미지를 밝게 또는 어둡게 적용합니다.
　　　　　Shadows | 어두운 톤을 중심으로 이미지를 밝게 또는 어둡게 적용합니다.
　　　　　Highlights | 밝은 톤을 중심으로 이미지를 밝게 또는 어둡게 적용합니다.
② **Exposure** | 밝기의 강도를 조절합니다. 값이 클수록 진하게 적용합니다.
③ **Protect Tones** | 밝은 영역과 어두운 영역의 색상 톤을 보호하면서 효과를 적용합니다.

스펀지 도구 옵션바

기본 항목은 닷지/번 도구와 동일합니다.

- **Vibrance** | 채도 변화가 심한 부분은 계조 손실을 최소화하여 이미지를 보호합니다.

> 계조란 농도가 짙은 부분에서 옅은 부분까지의 농도 단계를 말하며, 그레이디언트와 비슷합니다.

잡티를 없애고 깨끗하게 만드는 복구 브러시 도구 J

복구 브러시 도구는 잡티를 제거하고 해당 영역을 깨끗하게 복원하는 용도로 사용합니다. 주로 디지털카메라로 찍은 사진이나 스캔한 이미지를 편집할 때 사용합니다. 인물 사진의 피부를 보정하는 데 자주 사용하기 때문에 일명 '뽀샵 사진'을 만들기 위한 필수 도구입니다.

- **스팟 복구 브러시 도구** | 클릭 한 번으로 이미지를 수정하거나 사진의 잡티를 제거할 때 사용합니다. 스팟 복구 브러시 도구를 클릭한 후 보정할 부분을 클릭하거나 드래그합니다.

- **복구 브러시 도구** | 브러시 모양대로 주변의 색상과 혼합하며 복제합니다. 복구 브러시 도구를 클릭한 후 보정해야 할 부분의 근처를 Alt 를 누른 채 클릭합니다. 그런 다음 보정할 부분을 클릭하거나 드래그합니다.

스팟 복구 브러시/복구 브러시 도구 옵션바 완전 정복

스팟 복구 브러시 도구 옵션바

① **Type-Content-Aware** | 인접한 이미지의 명암과 질감을 비교해 선택 영역을 매끄럽게 칠하는 방식으로 세부 묘사를 실감나게 유지합니다.

　Create Texture | 선택 영역 주위의 픽셀을 텍스처로 사용합니다.

　Proximity Match | 선택 영역 주위의 픽셀을 사용합니다.

② **Sample All Layers** | 보이는 모든 레이어의 이미지를 대상으로 적용합니다. 체크를 해제하면 선택된 레이어의 이미지에만 적용됩니다.

복구 브러시 도구 옵션바

① **Source-Sampled** | 선택 영역 주위의 픽셀을 사용합니다.

　Pattern | 패턴의 픽셀을 사용합니다.

② **Aligned** | 소스 포인트 지점과 브러시 적용 위치를 일정한 간격으로 유지합니다.

부드럽게 복제하는 패치 도구, 내용 인식 이동 도구, 적목 현상 도구

- **패치 도구** ⬢ | 복구 브러시 도구와 비슷한 성격으로, 이미지 영역을 드래그하면 주변의 색상과 혼합하며 복제합니다. 패치 도구 ⬢를 클릭하고 삭제할 부분을 드래그합니다. 그런 다음 복제할 이미지 부분으로 드래그하면 앞서 선택한 영역이 삭제됩니다. Ctrl + D 를 눌러 선택 영역을 해제합니다.

- **내용 인식 이동 도구** | 지정한 이미지를 질감, 명암에 맞게 재구성하여 이동합니다. 내용 인식 이동 도구를 클릭한 후 이미지에서 이동할 부분을 선택하고 원하는 방향으로 드래그하여 옮깁니다. 콘텐츠 인식 이동 도구라고도 합니다.

내용 인식 이동 도구만으로는 깔끔하게 이동되지 않습니다. 다른 복구 도구와 함께 사용하세요.

- **적목 현상 도구** | 눈동자가 빨갛게 나온 사진을 보정합니다. 적목 현상 도구를 클릭한 후 눈 부분을 클릭합니다. 빨간 눈동자가 검은 눈동자로 변합니다.

패치 도구 옵션바

① **Source** | 선택 영역으로 지정한 부분을 다른 영역으로 이동하면 이동한 부분의 이미지가 복제됩니다.
② **Destination** | 선택 영역으로 지정한 부분을 다른 영역으로 이동하면 선택한 부분의 이미지가 복제됩니다.

한눈에 실습 | 조정 브러시로 이미지 보정하기 ★CC 2025 신기능

준비 파일 포토샵/Chapter 02/조정브러시.jpg
핵심 기능 조정 브러시

① 준비 파일 열기
② 조정 브러시 도구 클릭
③ 브러시 크기 조절

인물 부분 드래그

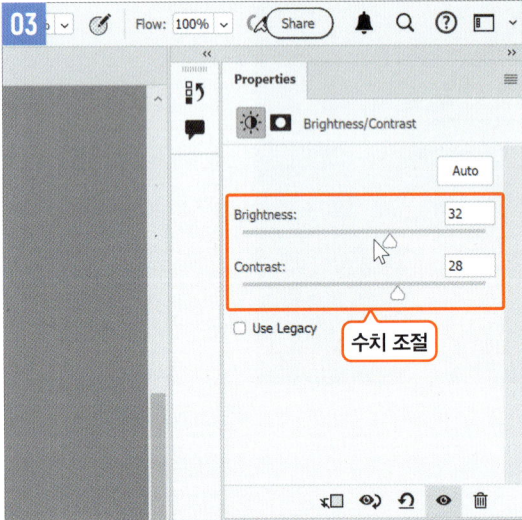

수치 조절

영역 추가/제외 기능

- Brightness/Contrast
- Levels
- Curves
- Exposure
- Vibrance
- Hue/Saturation
- Color Balance
- Black & White
- Photo Filter
- Channel Mixer
- Color Lookup
- Invert
- Posterize
- Threshold
- Gradient Map
- Selective Color

[상황별 작업 표시줄]의 [Brightness/Contrast]를 클릭하면 포토샵에서 지원하는 다양한 색 보정 기능을 선택해 적용할 수 있습니다.

한눈에 실습 | 잡티가 있는 피부를 뽀얗게 보정하기

준비 파일 포토샵/Chapter 02/피부보정.jpg
핵심 기능 스팟 복구 브러시, 스머지 도구, 샤픈 도구

한눈에 실습   클릭 한 번으로 쉽게 없애기

준비 파일 포토샵/Chapter 02/해변산책.jpg
핵심 기능 생성형 채우기

사진에서 필요 없는 영역을 클릭 한 번으로 쉽게 없앨 수 있습니다. 어도비 파이어 플라이(Firefly) AI 기능을 활용한 생성형 채우기 기능을 이용하면 간단하게 삭제하거나 다른 이미지로 대체할 수 있습니다.

상황별 작업 표시줄이 안 보인다면 [Window]–[Contextual Task Bar] 메뉴에 체크합니다.

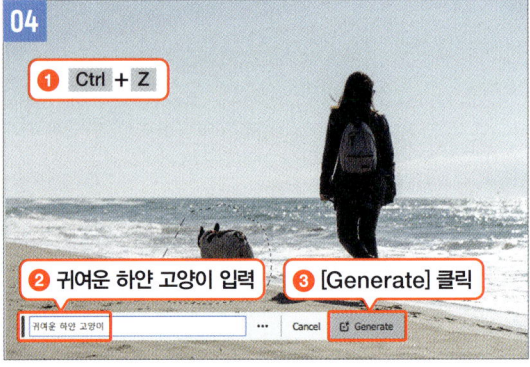

생성형 채우기는 AI 활용 기술로, 이때 변경된 이미지는 매번 작업할 때마다 다른 결과가 나옵니다.

특정 영역의 이미지를 복제하는 복제 도장 도구 S

복제 도장 도구는 이미지를 복제할 때 사용합니다. 영역을 선택하기 까다로울 때 기준점을 정하여 복사하거나 필요 없는 부분을 지울 수 있으며 손상된 이미지를 복원하는 데 활용합니다.

- **복제 도장 도구** | 원하는 곳을 지정해 자연스럽게 복제합니다. 복제 도장 도구 를 클릭한 후 Alt 를 누른 채 추출할 영역을 클릭합니다. 그런 다음 마우스 포인터를 옮기면 복제될 소스가 미리 보이며, 드래그하면 복제할 수 있습니다.

- **패턴 도장 도구** | 패턴을 사용하여 드로잉할 수 있습니다. 패턴 도장 도구 를 클릭하고 옵션바에서 [Pattern]을 선택한 후 원하는 패턴을 선택합니다. 그런 다음 브러시로 채색하듯 작업 화면에 드래그하면 패턴이 나타납니다.

 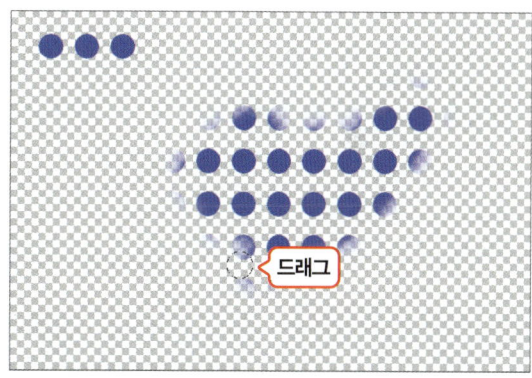

패턴을 등록하려면 패턴으로 지정할 이미지를 만들거나 영역을 지정하고 [Edit]-[Define Pattern] 메뉴를 선택합니다. [Pattern Name] 대화상자가 나타나면 알맞은 이름을 입력하고 [OK]를 클릭하여 저장합니다. 패턴 도장 도구의 실습 준비 파일은 **포토샵/Chapter 02/패턴 도장.psd**를 이용합니다.

Ps LESSON 09

문자 입력하기
원하는 대로 문자 입력하고 속성 바꾸기

문자는 메시지를 전달하는 시각적 기호로 타이포그래피의 중요한 요소입니다. 따라서 문자 스타일은 이미지를 고르는 것만큼 디자인에 있어 매우 중요한 부분을 차지합니다. 문자는 글꼴, 크기, 간격, 줄 간격, 장평 조절을 통해 좀 더 쉽게 읽힐 수 있도록 항상 고민해야 합니다.

문자를 입력하는 문자 도구 T

문자 도구는 이미지에 바로 문자를 입력하거나 다양한 문자 형태를 연출하는 데 사용하는 중요한 도구입니다. 기본적으로 수평 문자 도구를 가장 많이 사용합니다. 문자 도구를 클릭한 후 작업 화면을 클릭하여 문자를 입력합니다.

- **수평 문자 도구** T. | 문자 입력의 기본이 되는 도구입니다. 가로 방향으로 문자를 입력합니다.
- **세로 문자 도구** IT. | 세로 방향으로 문자를 입력합니다.
- **세로 문자 마스크 도구** | 세로 방향으로 입력된 문자 형태대로 선택 영역을 지정합니다.
- **수평 문자 마스크 도구** | 가로 방향으로 입력된 문자 형태대로 선택 영역을 지정합니다.

▲ 수평 문자/세로 문자 도구 　　　　　　　　　▲ 수평 문자 마스크/세로 문자 마스크 도구

간단 실습   문자 입력하기

01 ❶ Ctrl + N 을 눌러 새 문서를 만듭니다. ❷ 문자 도구 T.를 클릭하고 ❸ 원하는 글꼴, 크기, 색 등을 설정합니다. ❹ 작업 화면을 클릭하면 자동 완성 텍스트(더미 텍스트)가 입력됩니다.

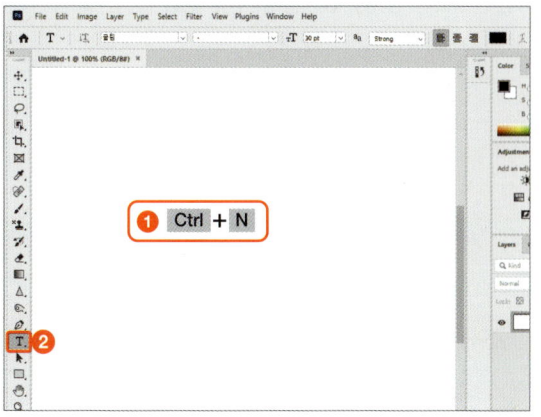
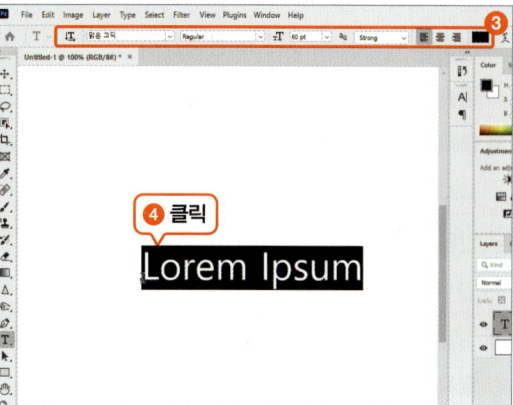

02 ❶ 원하는 문구를 입력합니다. ❷ Ctrl + Enter 를 눌러 문자 입력을 완료합니다.

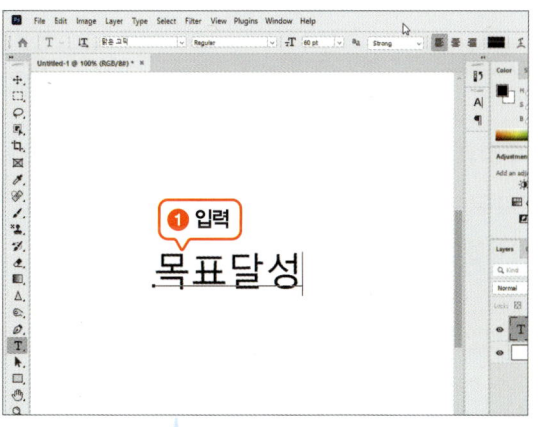

글꼴 목록에 나타나는 이름을 한글로 설정하려면 [Edit]–[Preferences] 메뉴를 선택한 후 [Type] 항목에서 [Show Font Names in English]의 체크를 해제합니다.

여러 가지의 글꼴을 적용해보려면 글꼴 목록을 클릭한 후 방향키를 누르거나 마우스 휠을 돌려가며 확인합니다.

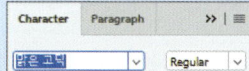

문자 도구 옵션바와 패널 완전 정복

문자 도구 옵션바

① **문자 입력 방향** | 문자의 입력 방향을 설정합니다. 기본은 가로 방향으로 설정되어 있습니다. 클릭하여 원하는 방향을 설정할 수 있습니다.

② **글꼴** | 글꼴(글자 종류)을 선택할 수 있습니다.

③ **글자 스타일** | 기울기나 굵기 등의 스타일을 선택합니다.

④ **글자 크기** | 크기를 설정합니다.

⑤ **안티 앨리어스** | 문자의 외곽선 처리 방법을 설정합니다. 거칠게 할 것인지 부드럽게 할 것인지 등을 선택합니다.

⑥ **정렬** | 문자의 정렬 방식을 왼쪽, 가운데, 오른쪽 정렬 중 선택합니다.

⑦ **글자색** | 문자 색을 설정합니다.

⑧ **문자 왜곡** | 문자에 특정 모양을 적용해 형태를 왜곡하거나 변형합니다.

⑨ **패널 열기** | [Character] 패널과 [Paragraph] 패널을 열어 문자와 문단의 세부 옵션을 설정합니다.

[Character] 패널 살펴보기

글꼴, 크기, 색 등 문자 도구의 세부 옵션을 설정합니다.

① **글꼴** | 글꼴(글자 종류)을 선택할 수 있습니다.

② **스타일** | 기울기나 굵기 등의 스타일을 선택합니다.

③ **크기** | 크기를 지정합니다.

간격 조절하기

④ **리딩, 줄 간격** | 줄 간격, 위/아래 문장 사이의 간격을 설정합니다.

⑤ **커닝, 문자 간격** | 문자 사이의 간격을 조절합니다. 문자 사이에서 커서가 깜박일 때 수치를 입력합니다.

⑥ **트래킹, 문자 간격** | 문자 사이의 간격을 조절합니다. 여러 개의 문자를 드래그하여 블록으로 지정되었을 때 수치를 입력합니다.

비율 조절하기

⑦ **높이** | 문자의 세로 비율을 설정합니다.

⑧ **장평** | 문자의 가로 비율을 설정합니다.

기준선 조절하기

⑨ **기준선 위로 올리기** | + 값을 입력하면 문자 기준선이 위로 올라갑니다. 위 첨자를 만들 수 있습니다.

기준선 아래로 내리기 | − 값을 입력하면 문자 기준선이 아래로 내려옵니다. 아래 첨자를 만들 수 있습니다.

⑩ **색** | 문자 색을 설정합니다.
⑪ **속성** | 진하게, 기울기, 대문자, 작은 대문자, 위 첨자, 아래 첨자, 밑줄, 취소줄(가운데줄)을 적용합니다.
⑫ **오픈 타입** | 글꼴에 따라 합자, 작은 대문자, 분수 같은 특수문자나 기호 등의 기능이 활성화됩니다.
⑬ **언어 설정** | 입력하는 문자의 언어를 선택할 수 있습니다.
⑭ **안티 앨리어스** | 문자의 외곽선 처리 방법을 설정합니다. 거칠게 할 것인지 부드럽게 할 것인지 등을 선택합니다.

▲ None   ▲ Strong

간단 실습 | 단락 입력하기

준비 파일 포토샵/Chapter 02/단락입력.jpg, 시.txt

01 ① Ctrl + O 를 눌러 **단락입력.jpg** 파일을 불러옵니다. ② 문자 도구 T.를 클릭하고 ③ 작업 화면에 드래그하여 텍스트 상자를 생성합니다.

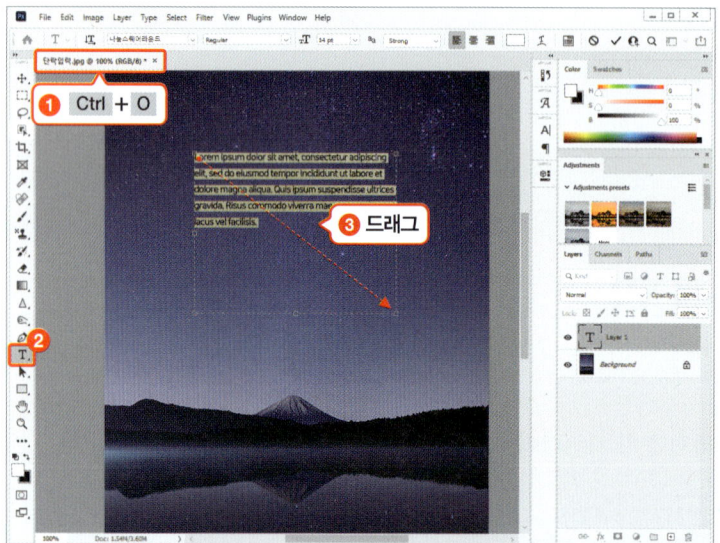

텍스트 상자에는 자동 완성 텍스트가 입력됩니다.

02 ① 준비 파일인 **시.txt** 파일을 따로 열고 ② Ctrl + A , Ctrl + C 를 눌러 전체 복사합니다. ③ 다시 포토샵으로 돌아와 작업 화면에서 Ctrl + V 를 눌러 붙여 넣습니다.

03

❶ 제목 부분을 드래그하여 선택합니다. ❷ [Character] 패널에서 문자의 크기를 변경합니다. ❸ 문자 도구 [T]로 텍스트를 전체 선택한 후 ❹ [Paragraph] 패널에서 가운데 정렬 을 클릭하여 문자를 가운데 정렬합니다. ❺ Ctrl + Enter 를 눌러 문단 입력을 완료합니다.

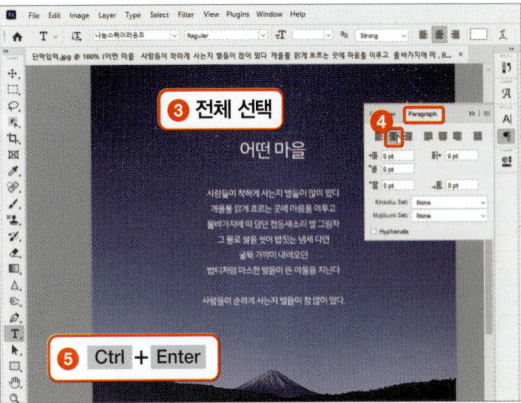

> [Character] 패널이 보이지 않는다면 [Window]–[Character] 메뉴를, [Paragraph] 패널이 보이지 않는다면 [Window]–[Paragraph] 메뉴를 선택합니다. 옵션바에서 글꼴, 스타일, 크기, 줄 간격, 색상 등을 설정할 수 있습니다.

[Paragraph] 패널 완전 정복

[Paragraph] 패널 살펴보기

문자와 단락을 정렬하고 들여쓰기 여백을 설정합니다.

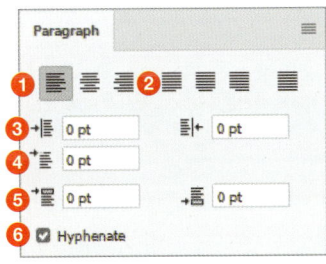

① **문자 정렬** | 문자의 정렬 방식을 정합니다. 왼쪽, 가운데, 오른쪽 정렬 중 선택합니다.
② **단락 정렬** | 단락의 정렬 방식을 정합니다.
③ **단락 왼쪽/오른쪽 여백** | 입력한 수치만큼 단락을 왼쪽과 오른쪽으로 들여쓰기합니다.
④ **첫 줄 들여쓰기 여백** | 입력한 수치만큼 단락의 첫 줄을 왼쪽 들여쓰기합니다.
⑤ **단락 위/아래 여백** | 단락의 위와 아래 여백을 입력한 수치만큼 조정합니다.
⑥ **Hyphenate** | 체크하면 긴 단어의 경우 다음 줄로 넘어갈 때 하이픈으로 연결합니다.

[Paragraph Styles] 패널 살펴보기

자주 사용하는 단락 스타일을 등록하고 관리합니다.

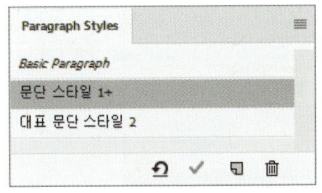

문자 속성을 바꾸는 세 가지 방법

이미지로 바꾸기

❶ [문자] 레이어를 선택하고 ❷ 마우스 오른쪽 버튼을 클릭하여 ❸ [Rasterize Type] 메뉴를 선택합니다. ❹ [문자] 레이어가 [이미지] 레이어로 바뀌고 문자 속성이 사라집니다.

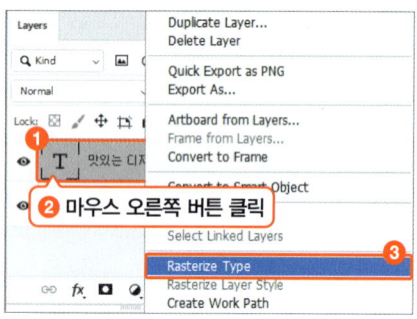 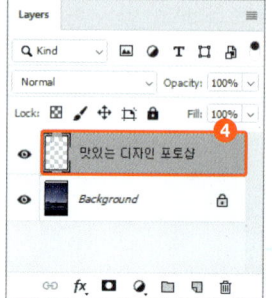

문자 속성은 디자인 효과나 필터 효과를 적용할 수 없으므로 이미지 속성으로 바꾼 후 작업해야 합니다.

셰이프로 바꾸기

❶ [문자] 레이어를 선택하고 ❷ 마우스 오른쪽 버튼을 클릭하여 ❸ [Convert to Shape] 메뉴를 선택합니다. ❹ [문자] 레이어가 [셰이프] 레이어로 바뀌고 문자 속성이 사라집니다.

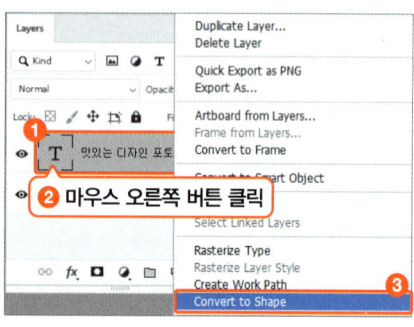 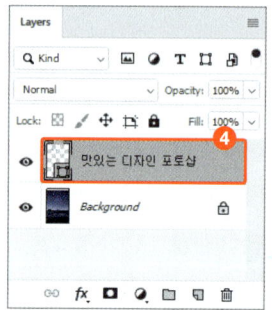

문자 속성을 셰이프로 바꾸면 문자를 비틀거나 확대, 축소해도 깨지지 않으므로 작업이 수월해집니다.

패스로 바꾸기

❶ [문자] 레이어를 선택하고 ❷ 마우스 오른쪽 버튼을 클릭하여 ❸ [Create Work Path] 메뉴를 선택합니다. ❹ [Paths] 패널에 새로운 [Work Path]가 생성됩니다.

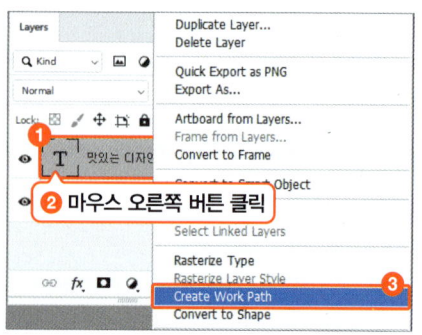 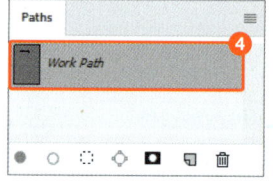

문자 속성을 패스로 바꾸면 패스를 수정할 수 있습니다.

> **기능 꼼꼼 익히기** ┃ **문자 단축키 완전 정복**
>
> - **블록 지정 후** `Alt`+`→`, `←` ┃ 문자 간격 조절하기
> - **블록 지정 후** `Alt`+`↑`, `↓` ┃ 문자 줄 간격 조절하기
> - `Alt`+`→`, `←` ┃ 문자 사이에 위치한 커서의 앞뒤 간격만 조절하기
> - **블록 지정 후** `Shift`+`Ctrl`+`B` ┃ 문자를 진하게 만들기
> - **블록 지정 후** `Shift`+`Ctrl`+`U` ┃ 문자에 밑줄 긋기

문자 속성을 자유자재로 변형하는 가변 글꼴

가변 글꼴을 사용하면 문자의 굵기와 폭, 기울임 정도를 자유자재로 변형할 수 있습니다. ❶ 문자 도구 T 로 임의의 문자를 입력하고 ❷ 글꼴을 선택합니다. ❸ [Properties] 패널에서 문자를 자유롭게 변형합니다. 단, 글꼴 목록에서 VAR로 표시되어 있는 Variable fonts인 가변 글꼴에만 사용할 수 있습니다.

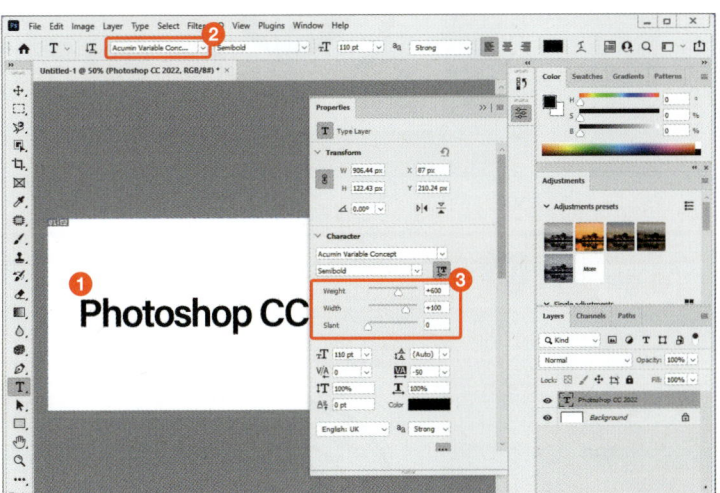
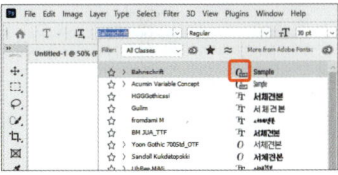

> **기능 꼼꼼 익히기** ┃ **[Properties] 패널 알아보기**
>
> [Properties] 패널에서 여러 단계의 탐색을 거치지 않고도 문서, 픽셀, 문자 레이어의 속성을 빠르게 적용할 수 있습니다.
>
> - **Background(Document) 속성** ┃ 캔버스, 눈금자, 안내선
> - **Pixel 속성** ┃ 변형, 모양, 정렬 및 분산(패스파인더)
> - **Type 속성** ┃ 변형, 문자, 단락 옵션
>
>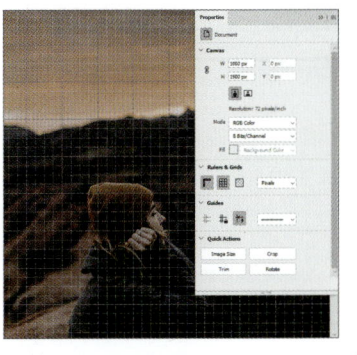

한눈에 실습 | Warp Text로 문자 모양 변형하기

준비 파일 포토샵/Chapter 02/Warp Text.psd
핵심 기능 문자 왜곡, Warp Text

Warp Text는 문자를 독특한 모양으로 변형할 수 있는 기능입니다. 이 기능을 이용하여 몇 번 클릭한 후 값만 넣어주면 문자가 구부러지기도 하고 물결무늬로 바뀌기도 합니다. 간단한 실습을 통해 어떤 기능인지 알아보겠습니다.

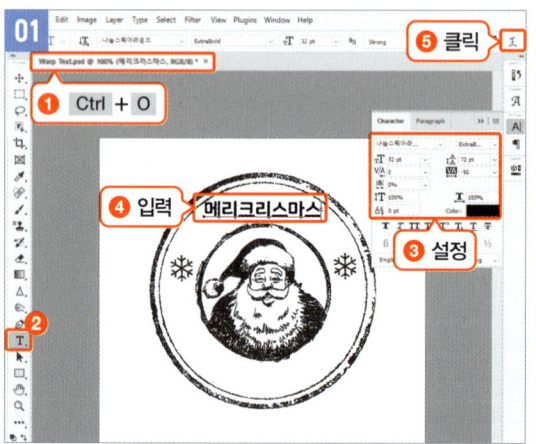
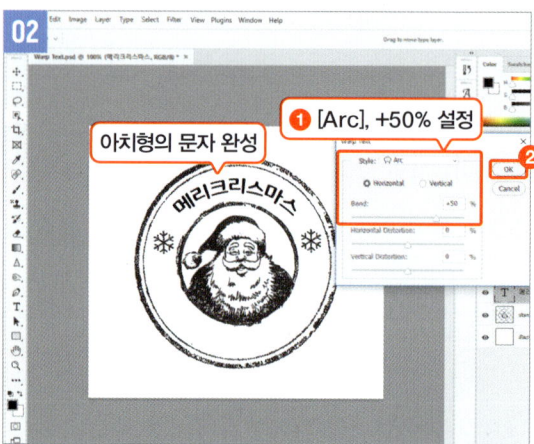
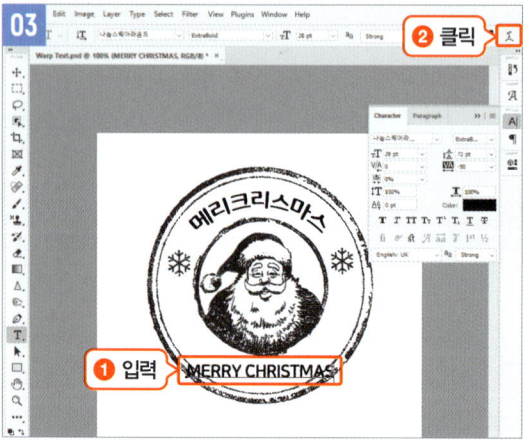
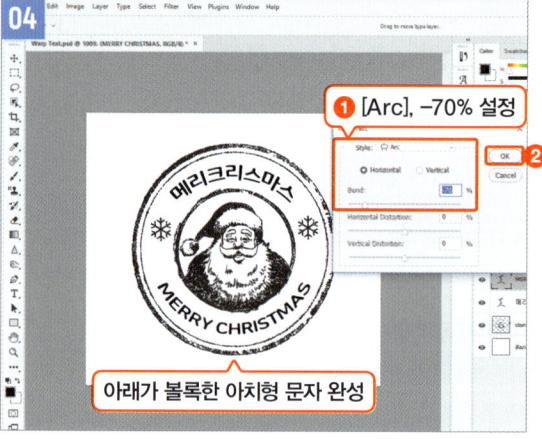

기능 꼼꼼 익히기 | Warp Text 수정하기

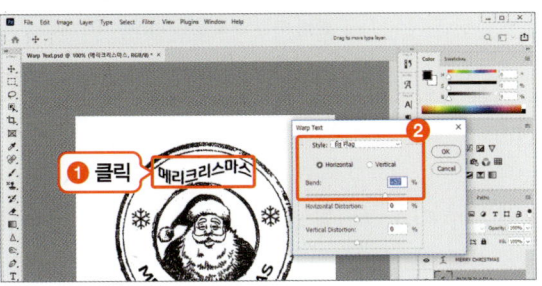

문자 변형을 완료한 후 Warp Text 설정값을 변경할 수 있습니다. ❶ 문자 도구로 수정하고 싶은 문자 영역을 클릭합니다. ❷ 옵션바의 문자 왜곡 아이콘을 클릭하여 [Warp Text] 대화상자가 나타나면 설정값을 변경합니다.

자주 사용하는 Warp Text Style

Warp Text는 문자를 독특한 형태로 변형할 수 있는 여러 가지 옵션이 있습니다. 총 15가지 스타일이 있으며 자주 사용하는 여섯 가지는 알아두는 것이 좋습니다.

▲ Arc

▲ Arc Lower

▲ Arc Upper

▲ Bulge

▲ Flag

▲ Fish

간단 실습 | 패스를 따라 흐르는 곡선 문자 만들기

준비 파일 포토샵/Chapter 02/패스문자.jpg

가로 방향 또는 세로 방향 외에도 다양한 방향으로 문자를 입력할 수 있습니다. 펜 도구를 이용하여 만든 패스의 테두리를 따라 문자가 흐르도록 만들어보겠습니다.

01 ① Ctrl + O 를 눌러 준비 파일을 불러오고 ② 펜 도구 를 클릭합니다. ③ 신발 부분에 시작점을 클릭하고 ④ 다음 지점을 클릭한 채 드래그하여 ⑤ 신발을 따라 패스를 만듭니다.

펜 도구를 자유롭게 사용하는 방법은 163쪽을 참고하세요.

02 ① 문자 도구 를 클릭합니다. ② [Character] 패널에서 원하는 글꼴과 글자 크기 등을 설정합니다.

03 ❶ 마우스 포인터를 운동화 아래쪽 중간 지점으로 옮기면 마우스 포인터가 모양으로 변경됩니다. ❷ 그 지점을 클릭합니다.

04 문자를 입력할 수 있습니다. 원하는 문구를 입력합니다.

05 ❶ 패스를 수정하려면 패스 선택 도구 를 클릭합니다. ❷ 마우스 포인터를 패스로 옮기면 마우스 포인터가 모양으로 변경됩니다. ❸ 클릭한 채 아래로 드래그하면 텍스트 방향이 바깥쪽으로 변경됩니다.

벡터 방식의 패스, 셰이프 그리기

섬세한 작업에 필요한 다양한 도형 그리기

이번에는 세밀한 작업에 꼭 필요한 펜 도구 사용법과 벡터 도형을 그리는 셰이프 도구 사용법을 알아보겠습니다. 벡터 방식은 일러스트레이터에서 그림을 그리는 방식이지만, 포토샵에서도 펜 도구, 셰이프 도구, 문자 도구는 벡터 방식으로 작업할 수 있습니다. 벡터 방식을 사용하는 도구는 수정이 쉽고 깨끗한 이미지를 얻을 수 있어 포토샵에서 자주 활용합니다.

벡터 방식

벡터(Vector) 방식은 점과 점을 연결해서 선이나 곡선으로 도형을 만들고 내부에 색상이나 패턴을 적용한 도형을 모아 이미지를 만듭니다. 벡터 이미지는 크기를 늘려도 화질이 저하되지 않고 출력물의 크기와 상관없이 인쇄 품질이 유지됩니다. 그래서 인쇄, 편집 용도로 많이 사용되며 CI, BI, 캐릭터 디자인에도 자주 쓰입니다. 포토샵은 비트맵 이미지를 다루지만, 펜 도구를 사용해서 그린 패스와 문자 도구, 셰이프 도구를 사용해서 그린 오브젝트는 벡터 방식 이미지이므로 이미지를 아무리 키워도 화질이 저하되지 않습니다. 비트맵과 벡터 방식에 대해 자세히 알고 싶다면 063쪽을 참고합니다.

▲ 벡터 방식

▲ 비트맵 방식

패스로 정교하게 추출하는 펜 도구 P

펜 도구는 직선과 곡선을 정교하게 패스로 추출하여 선택 영역을 만들 때 사용합니다. 다른 도구에 비해 익숙해지기까지 시간이 오래 걸리지만, 정밀한 드로잉이 가능하고 언제든지 수정할 수 있어 실무에서 많이 쓰입니다. 그만큼 활용도가 높은 도구이므로 꼭 익혀두는 것이 좋습니다.

간단 실습 | 다양한 방법으로 패스 그리기

펜 도구는 원하는 영역을 세밀하게 지정할 때 사용합니다. 펜 도구의 기본 사용법을 알아보겠습니다.

직선 패스 그리기

❶ 펜 도구를 이용하여 시작점을 클릭합니다. ❷ 끝점을 클릭하면 직선 패스가 만들어집니다.

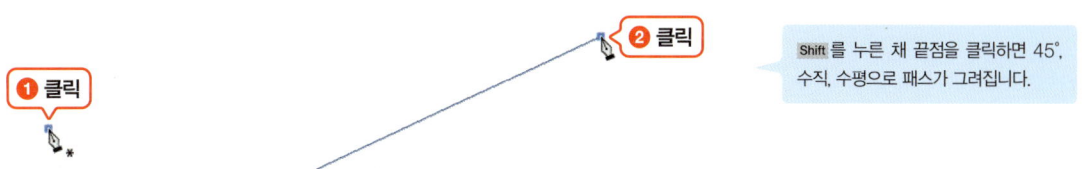

Shift 를 누른 채 끝점을 클릭하면 45°, 수직, 수평으로 패스가 그려집니다.

곡선 패스 그리기

방향선을 이용하여 자연스러운 곡선을 만듭니다. ❶ 펜 도구를 이용하여 첫 번째 시작점을 클릭합니다. ❷ 두 번째 지점을 클릭하고 마우스 버튼에서 손을 떼지 않은 채 화살표 방향으로 드래그합니다. 마우스 버튼에서 손을 떼면 곡선 패스가 만들어집니다. ❸ 끝점을 클릭하면 방향선의 영향을 받아 자연스러운 곡선이 만들어집니다.

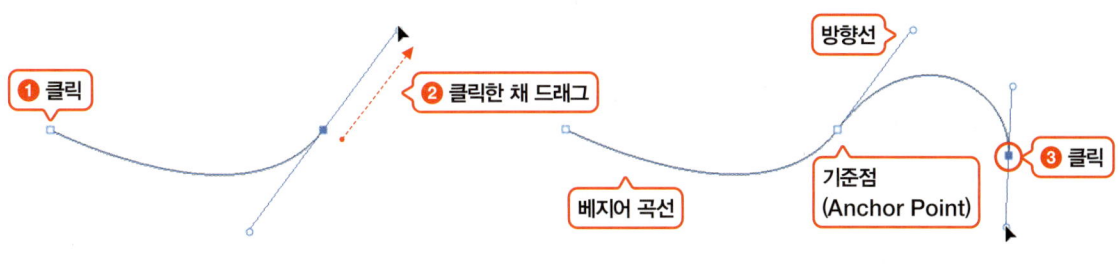

기준점 삭제하기 패스를 그리는 중 Delete 를 누르면 이전 기준점이 삭제됩니다.

방향선 없는 곡선 패스 그리기

임의로 만들어진 방향선을 제거하여 자유롭게 곡선 패스를 그립니다. ❶ 펜 도구를 이용하여 시작점을 클릭합니다. ❷ 두 번째 지점을 클릭한 채 드래그하여 곡선 패스를 만듭니다. ❸ Alt 를 누른 채 기준점을 클릭하면 ❹ 방향선이 제거됩니다. ❺ 원하는 지점을 클릭하면 아래로 이어지는 곡선 패스를 만들거나 ❻ 직선 패스를 만들 수 있습니다.

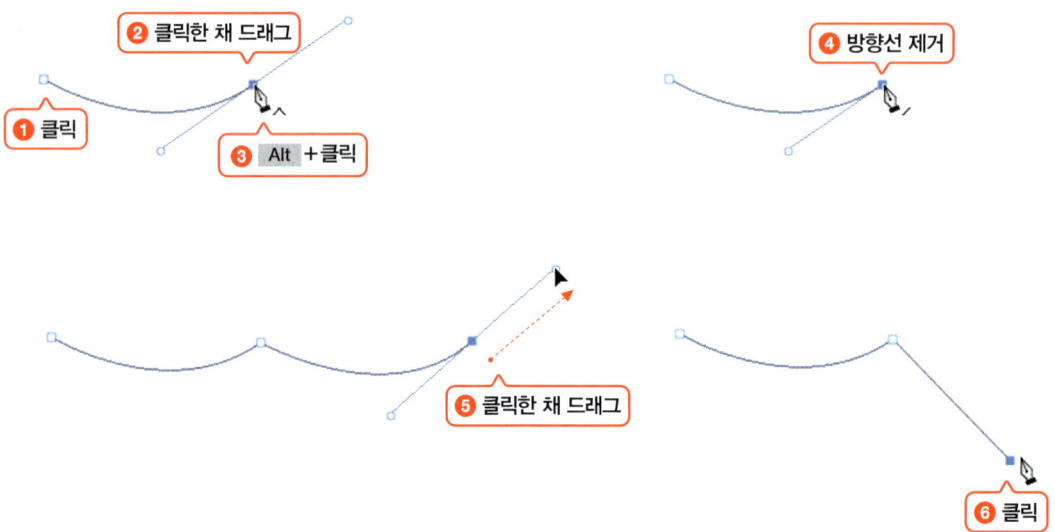

열린 패스와 닫힌 패스

시작점과 끝점이 끊어진 패스를 열린 패스, 시작점과 끝점이 맞닿은 패스를 닫힌 패스라고 합니다. 대부분의 패스는 닫힌 패스이며 열린 패스는 선을 그릴 때 사용합니다.

❶ ❷ 펜 도구를 이용하여 시작점과 중간점을 클릭합니다. ❸ 다음 지점도 클릭한 채로 드래그하면 열린 패스가 됩니다. ❹ 시작점을 다시 클릭하면 닫힌 패스가 됩니다.

▲ 열린 패스와 닫힌 패스

패스 수정하기

펜 도구 를 이용해 만들어진 패스는 기준점을 추가 또는 삭제할 수 있으며, 곡선 패스를 직선 패스로 수정할 수도 있습니다. 패스 선택 도구와 직접 선택 도구를 이용하면 패스를 이동하거나 수정할 수 있습니다.

- **기준점 추가 도구** | 기존 패스에 기준점을 추가합니다.

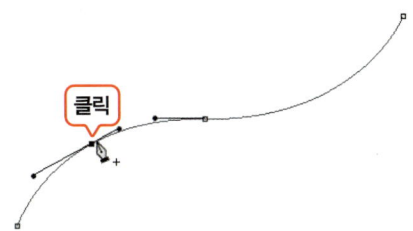

- **기준점 삭제 도구** | 기존 패스의 기준점을 삭제합니다.

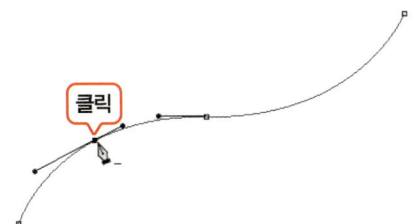

- **기준점 변환 도구** | 패스 기준점의 속성을 바꿉니다. 곡선 패스는 직선으로, 직선 패스는 곡선으로 바꿉니다.

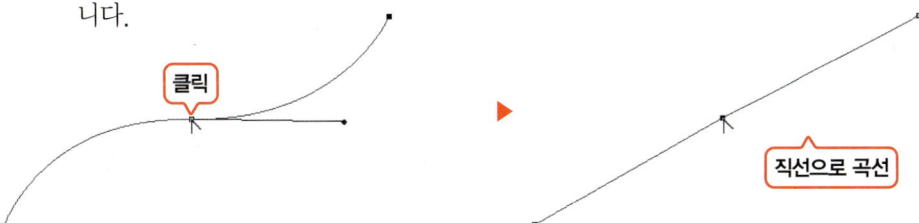

- **패스 선택 도구** | 패스의 전체 기준점을 선택합니다.

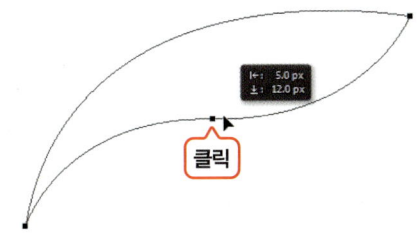

- **직접 선택 도구** | 패스의 베지어 곡선과 기준점을 각각 선택할 수 있습니다.

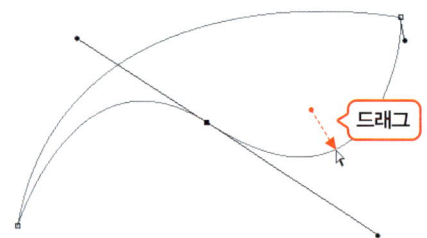

패스를 자유롭게 그리기

- **자유 형태 펜 도구** | 브리시처럼 드래그한 형태대로 패스를 생성할 수 있습니다. ❶ 자유 형태 펜 도구를 이용하여 시작점을 클릭합니다. ❷ 마우스 버튼에서 손을 떼지 않고 자유롭게 드래그합니다.

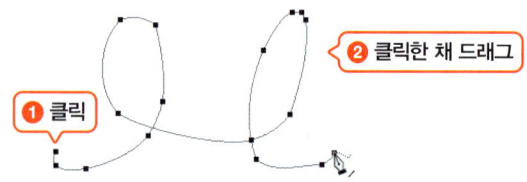

> **간단 실습** 펜 도구로 셰이프 만들기

펜 도구를 클릭하고 옵션바에서 [Shape]를 선택한 후 패스 안쪽을 채울 색상을 [Fill]에서 설정합니다. [Stroke]에서 테두리의 색상, 굵기, 형태를 설정하여 셰이프를 그려보겠습니다.

❶ Ctrl + N 을 눌러 새 문서를 만들고 ❷ 펜 도구를 클릭합니다. ❸ 옵션바에서 [Shape], [Fill], [Stroke] 값을 설정합니다. ❹ ❺ ❻ 시작점, 두 번째 점, 끝점을 클릭하고 ❼ 시작점을 다시 클릭해 셰이프를 완성합니다.

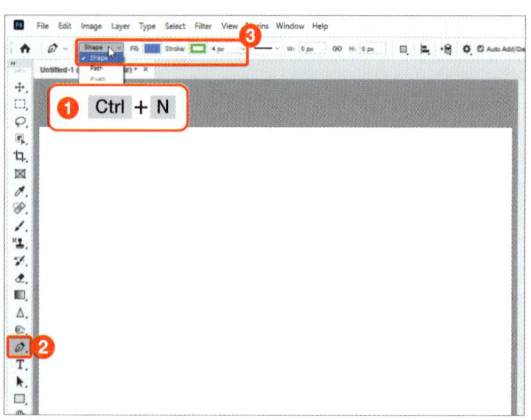
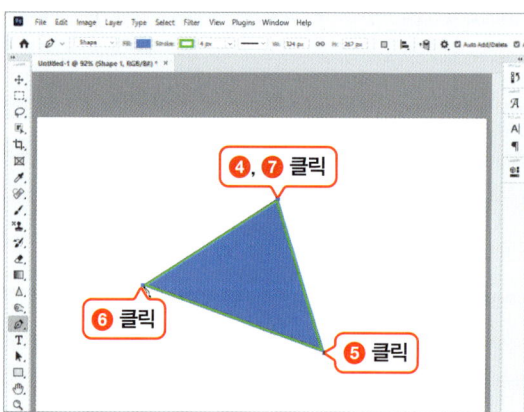

| 간단 실습 | 패스를 활용하여 이미지 소스 추출하기 |

준비 파일 포토샵/Chapter 02/패스추출하기.jpg

펜 도구를 이용하면 피사체와 배경을 쉽게 분리하여 패스로 추출할 수 있습니다. 일명 '누끼 딴다'고 하는 작업으로 실무에서 자주 사용합니다.

01 ① Ctrl + O 를 눌러 준비 파일을 불러오고 ② 펜 도구 를 클릭합니다. ③ 옵션바에서 [Path]를 선택하고 ④ 패스 작업 을 클릭하여 ⑤ [Combine Shapes]를 선택합니다.

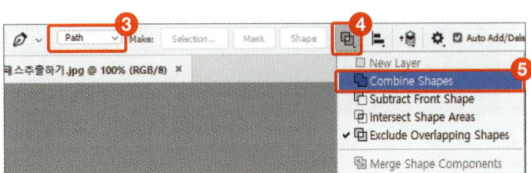

02 ① Ctrl + + 를 여러 번 눌러 화면을 확대합니다. ② 시작점을 클릭하고 ③ 다음 지점을 클릭한 채 화살표 방향으로 드래그합니다.

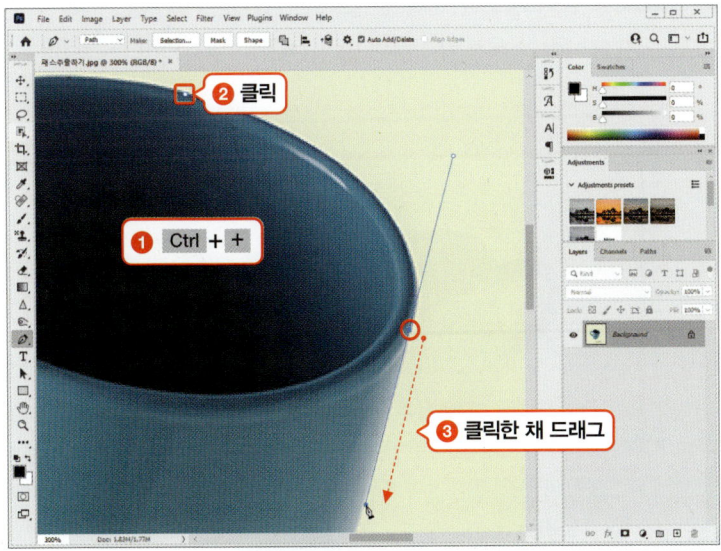

03 ❶ 방향선을 제거하기 위해 Alt 를 누른 채 두 번째 지점을 클릭합니다. ❷ 다음 지점을 클릭하여 직선 패스를 그립니다. ❸ 같은 방법으로 컵을 따라 패스를 만듭니다.

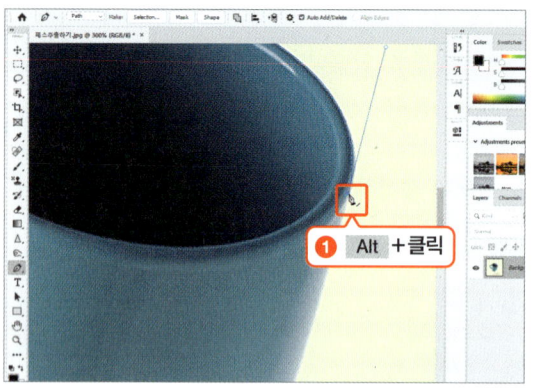 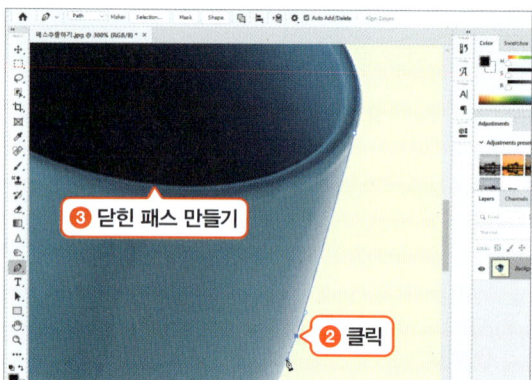

04 ❶ 옵션바에서 패스 작업 을 클릭하고 ❷ [Exclude Overlapping Shapes]를 선택합니다. ❸ 컵 손잡이 안쪽 영역을 닫힌 패스로 만듭니다. 해당 부분이 선택 영역에서 제거됩니다.

05 ❶ 패스 작업이 마무리되면 Ctrl + Enter 를 눌러 패스를 선택 영역으로 만듭니다. ❷ Ctrl + J 를 눌러 새 레이어로 복제합니다. ❸ [Background] 레이어의 👁 를 클릭하면 ❹ 컵 패스만 추출되어 남습니다.

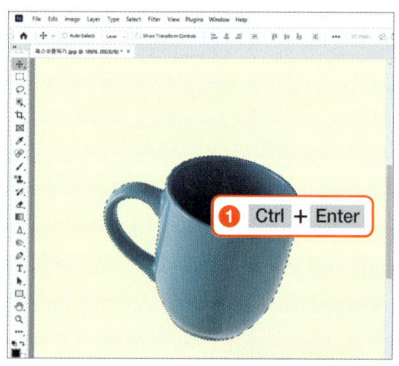 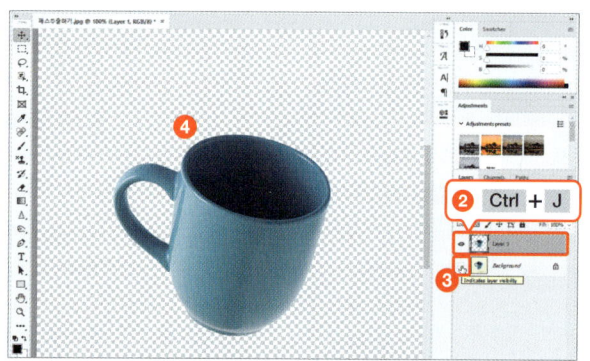

[Work Path]는 임시로 저장해놓은 패스로 새 패스를 작업하면 삭제됩니다. 삭제하지 않으려면 [Paths] 패널에서 새 패스 만들기 를 클릭한 후 패스 등록 작업을 진행합니다. 이렇게 해두면 저장된 패스를 언제든지 다시 선택하여 사용할 수 있습니다.

기능 꼼꼼 익히기 — 패스 단축키 완전 정복

- Alt +기준점 클릭 | 방향선을 제거합니다.
- Shift +클릭 | 45°, 수평, 수직 형태로 그려집니다.
- Ctrl +기준점 클릭한 채 드래그 | 패스 선택 시 직접 선택 도구로 전환되어 방향선 및 위치를 변경할 수 있습니다.
- 펜 도구 사용 중 Alt | 기준점 변환 도구로 전환합니다.
- 기준점 추가 도구 사용 중 Alt | 기준점 삭제 도구로 전환합니다(반대로도 적용 가능).
- Shift + Ctrl + H | 패스 선을 보이거나 감춥니다.
- Delete | 패스를 삭제합니다.
- Alt + Ctrl + Z | 이전 작업을 한 단계씩 취소합니다(되돌리기).
- Ctrl + Enter | 패스를 선택 영역으로 활성화합니다.

[Paths] 패널 살펴보기

패스로 작업한 내용을 저장하고 관리합니다. [Paths] 패널이 보이지 않는다면 [Window]-[Paths] 메뉴를 선택합니다.

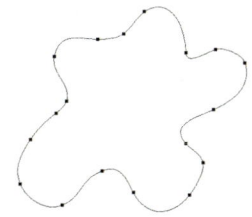

① **채움 패스 선택** | 패스에 전경색을 채웁니다.
② **외곽선 패스** | 브러시 도구 옵션바에서 선택한 브러시 설정대로 패스에 외곽선을 그립니다.
③ **선택 영역 만들기** | 패스대로 선택 영역을 만듭니다.
④ **패스 만들기** | 선택 영역을 패스로 만듭니다.
⑤ **마스크 추가하기** | 마스크를 추가합니다.
⑥ **새 패스 만들기** | 새로운 패스를 추가합니다.
⑦ **패스 삭제하기** | 선택된 패스를 삭제합니다.

벡터 도형을 그리는 셰이프 도구 U

셰이프 도구는 벡터 방식의 도구로 펜 도구와 같은 속성을 갖고 있기 때문에 정밀하게 드로잉할 수 있고 언제든지 수정할 수도 있습니다. 사각형, 원형, 다각형 외에도 다양한 벡터 도형을 만들 수 있습니다.

셰이프 레이어는 [Layers] 패널의 섬네일 영역 오른쪽 아래에 ▣모양이 표시됩니다.

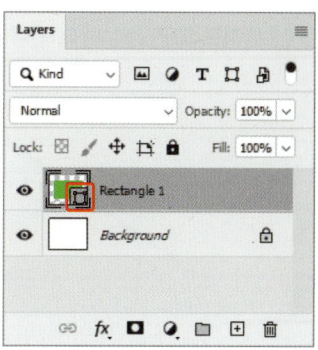

- **사각형 셰이프 도구** ▢ | 사각형 벡터 도형을 만듭니다.

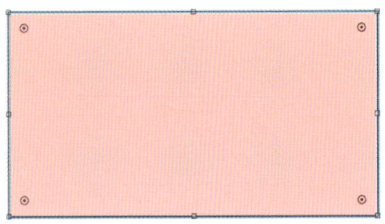

포토샵 CC 2022 버전부터 모서리가 둥근 직사각형 셰이프 도구가 사라졌습니다. 그러나 사각형을 그린 후 조절점을 도형 안쪽으로 드래그하면 모서리가 둥글어집니다.

- **타원 셰이프 도구** ○ | 원형 벡터 도형을 만듭니다.

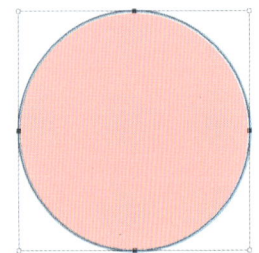

- **다각형 셰이프 도구** ⬠ | 입력한 꼭짓점 개수에 맞는 다각형 벡터 도형을 만듭니다.

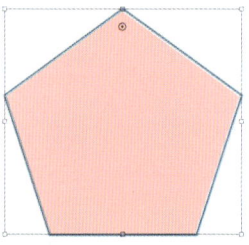

별 모양을 만들거나 삼각형, 육각형 등 꼭짓점 개수를 설정하려면 옵션바의 [Sides]에 원하는 수치를 입력합니다.

- **삼각형 셰이프 도구** △ | 모서리가 뾰족하거나 둥근 삼각형 모양 또는 패스를 만듭니다.

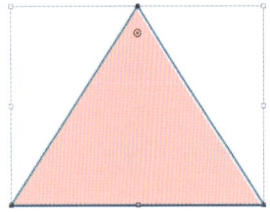

- **사용자 정의 셰이프 도구** ✿ | 여러 가지 모양의 벡터 도형을 만듭니다.

옵션바에서 [Shape]를 클릭하여 포토샵에서 제공하는 여러 가지 도형을 선택할 수 있습니다.

- **선 셰이프 도구** ╱ | 벡터 선을 만듭니다.

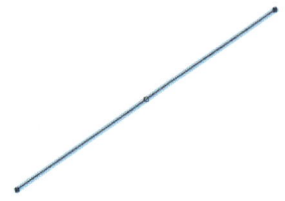

| 간단 실습 | **실시간으로 모양을 확인하며 삼각형 그리기** |

셰이프 속성을 편집하며 실시간으로 미리 보기를 확인할 수 있습니다.

01 ❶ Ctrl + N 을 눌러 새 문서를 만들고 ❷ 삼각형 셰이프 도구 △를 클릭합니다. ❸ 작업 화면에 드래그하여 삼각형을 만듭니다.

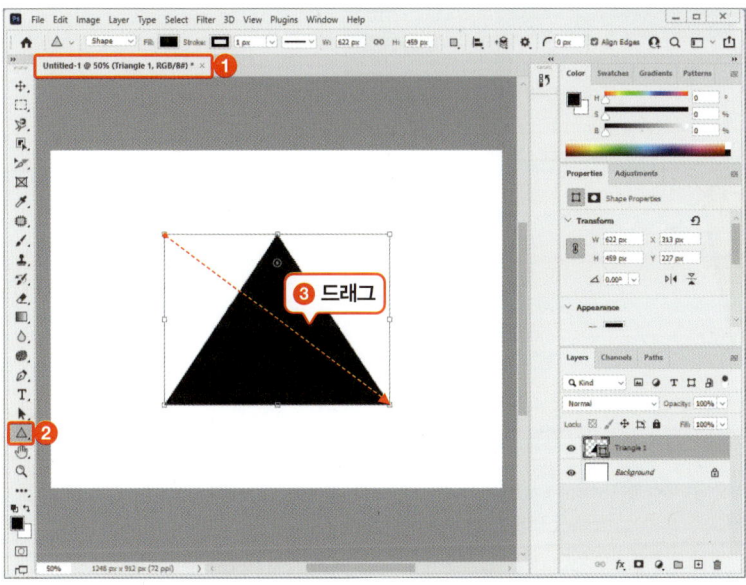

02 ❶ [Properties] 패널의 [Appearance]에서 [Fill]은 **fcff00**으로 설정하고 ❷ [Stroke]는 000000, 10px, 점선 모양으로 설정합니다.

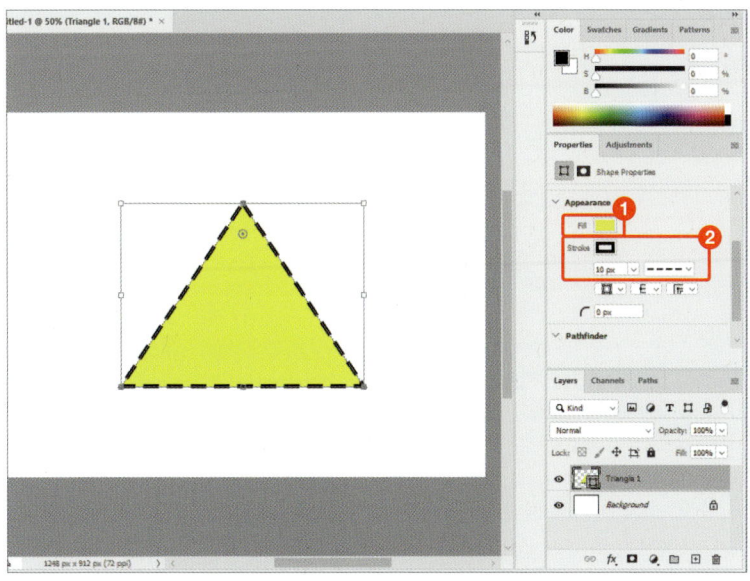

03 ❶ 마우스 포인터를 조절점 바깥쪽으로 옮기면 마우스 포인터가 모양으로 바뀝니다. 드래그하여 삼각형을 회전합니다. ❷ 삼각형 안에 조절점 을 안쪽으로 드래그하면 둥근 모서리로 변경되며, 실시간으로 바뀌는 모양을 확인하며 수정할 수 있습니다.

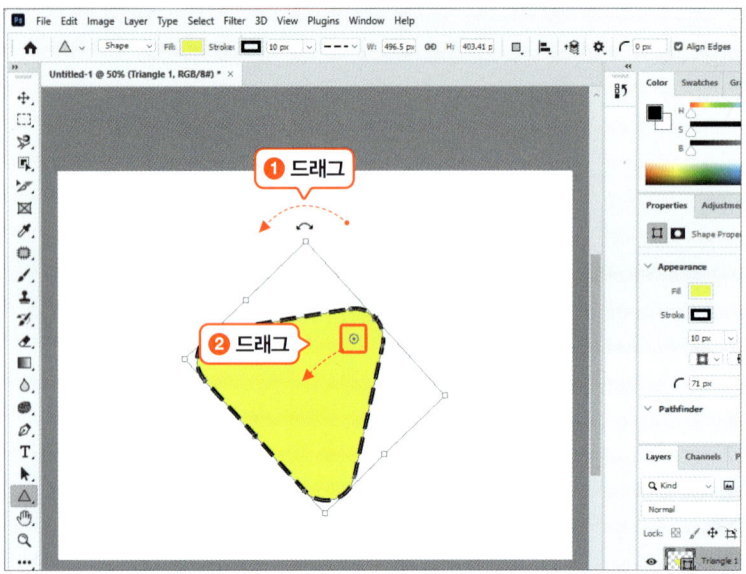

삼각형 셰이프 도구와 실시간 모양 미리 보기 기능은 실무에서 매우 유용하게 사용할 수 있습니다. 다른 작업 중 셰이프 모양을 변경하고 싶다면 셰이프 레이어가 선택된 상태에서 셰이프 도구를 클릭합니다.

원하는 대로 화면 보기

화면 확대, 이동, 넓게 보기

포토샵에서는 화면의 확대/축소/이동을 쉽게 할 수 있도록 돋보기 도구와 손바닥 도구를 제공합니다. 또한 작업 공간을 효율적으로 사용할 수 있도록 세 가지 화면 모드를 제공합니다.

간단 실습 | 돋보기 도구로 화면 확대/축소하기 Z

준비 파일 포토샵/Chapter 02/확대축소하기.jpg

01 ① Ctrl + O 를 눌러 준비 파일을 불러옵니다. ② 돋보기 도구 🔍 를 클릭하고 ③ 이미지의 특정 영역을 클릭합니다.

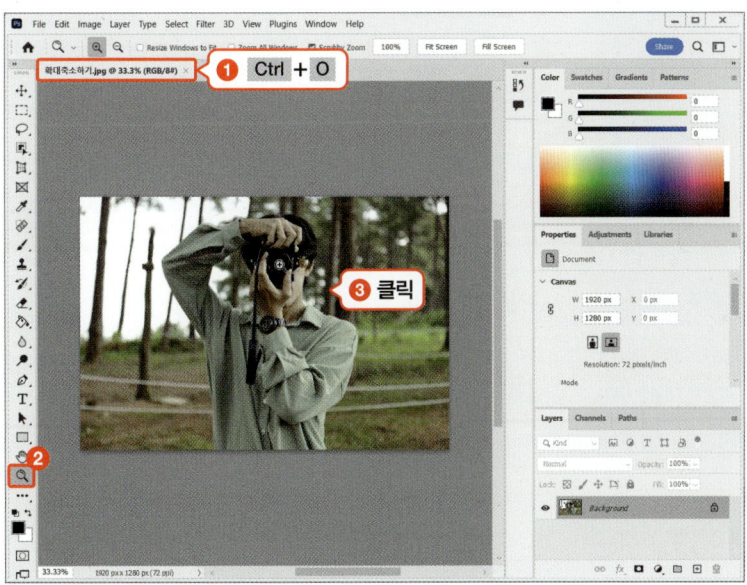

02 클릭한 상태로 마우스 버튼에서 손을 떼지 않고 가만히 있으면 화면이 점점 확대됩니다.

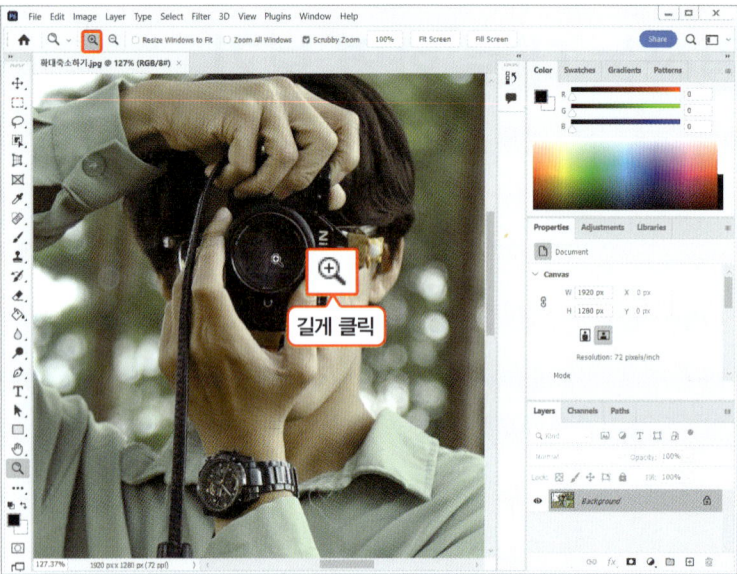

03 `Alt`를 누른 채 이미지를 길게 클릭하면 축소됩니다.

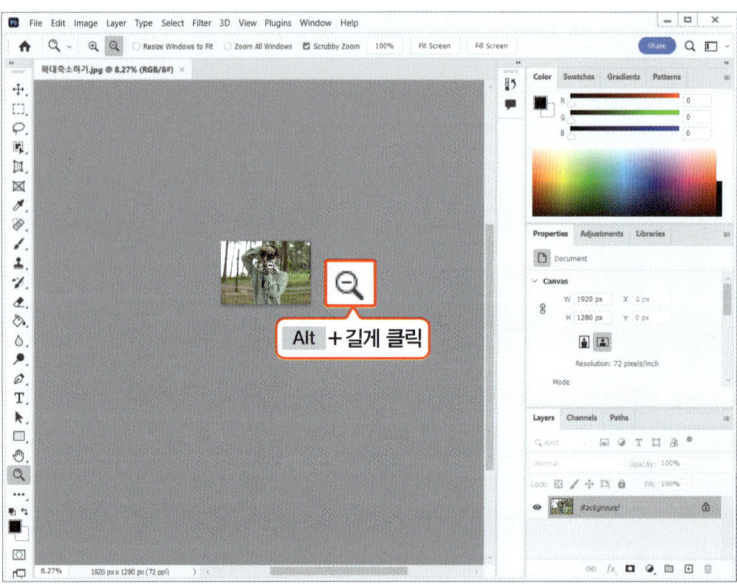

04　❶ 특정 영역을 드래그하면 ❷ 선택된 부분만 확대(축소)됩니다.

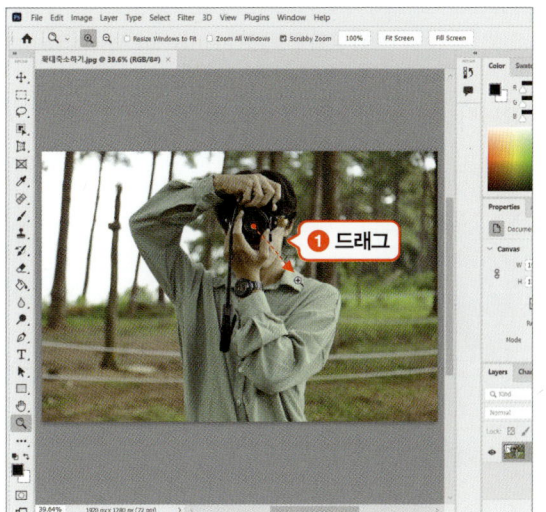

> **기능 꼼꼼 익히기** 　　화면 보기 단축키 완전 정복

- `Ctrl` + `+` | 화면을 확대합니다.
- `Ctrl` + `-` | 화면을 축소합니다.
- `Ctrl` + `0` | 이미지에 맞게 작업 화면을 조절합니다.
- `Alt` + `Ctrl` + `+` | 100% 단위로 확대되며 이미지에 맞게 작업 화면을 조절합니다.
- `Alt` + `Ctrl` + `-` | 100% 단위로 축소되며 이미지에 맞게 작업 화면을 조절합니다.
- `Alt` + `Ctrl` + `0` | 100% 단위가 적용됩니다. 이미지에 맞게 작업 화면을 조절합니다.
- **돋보기 도구** 🔍 **더블클릭** | 화면을 100%로 봅니다.
- `SpaceBar` | 손바닥 도구로 전환되어 화면을 이동합니다.
- `Home` / `End` | 상단 왼쪽 보기/하단 오른쪽 보기를 할 수 있습니다.
- `Page Up` / `Page Down` | 화면을 한 페이지씩 위/아래로 스크롤할 수 있습니다.
- `Ctrl` + `Page Up` / `Page Down` | 화면을 한 페이지씩 왼쪽/오른쪽으로 스크롤할 수 있습니다.

| 간단 실습 | 손바닥 도구로 화면 이동하기 H |

준비 파일 포토샵/Chapter 02/아이스크림.jpg

01 이미지가 작업 영역보다 커서 한눈에 다 보이지 않습니다. ❶ 돋보기 도구로 특정을 영역을 드래그하여 확대한 상태에서 ❷ 손바닥 도구를 클릭합니다.

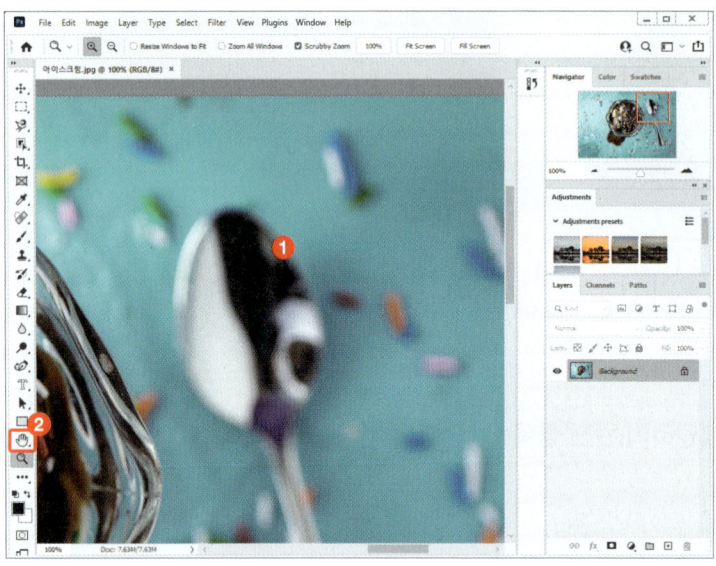

02 마우스 포인터가 손바닥 모양으로 변하면 보고 싶은 방향으로 드래그합니다. 드래그하여 화면을 움직이면 이미지의 다른 영역이 보입니다.

다른 도구 사용 중에 손바닥 도구를 이용하는 방법 다른 도구를 사용하는 중에 SpaceBar 를 누르면 손바닥 도구를 사용할 수 있습니다. 손바닥 도구가 선택된 상태에서 Ctrl 을 누른 채 클릭하면 확대 기능이, Alt 를 누른 채 클릭하거나 마우스 휠을 돌리면 축소 기능을 사용할 수 있습니다. 자유롭게 사용해봅니다.

손바닥 도구 옵션바와 패널 완전 정복

손바닥 도구 옵션바

① **Scroll All Windows** | 체크하고 손바닥 도구를 사용하면 열려 있는 모든 작업 화면이 함께 이동됩니다.

② **100%** | 이미지를 100% 실제 픽셀 크기로 보여줍니다. 돋보기 도구의 더블클릭과 같은 기능입니다.

③ **Fit Screen** | 이미지를 현재 작업 화면에 맞게 보여줍니다.

④ **Fill Screen** | 이미지를 작업 화면에 가득 차게 보여줍니다.

[Navigator] 패널과 함께 보기

이미지가 작업 화면보다 클 때 [Navigator] 패널의 미리 보기를 통해 이미지의 상태를 확인할 수 있습니다. [Navigator] 패널이 보이지 않는다면 [Window]-[Navigator] 메뉴를 선택합니다.

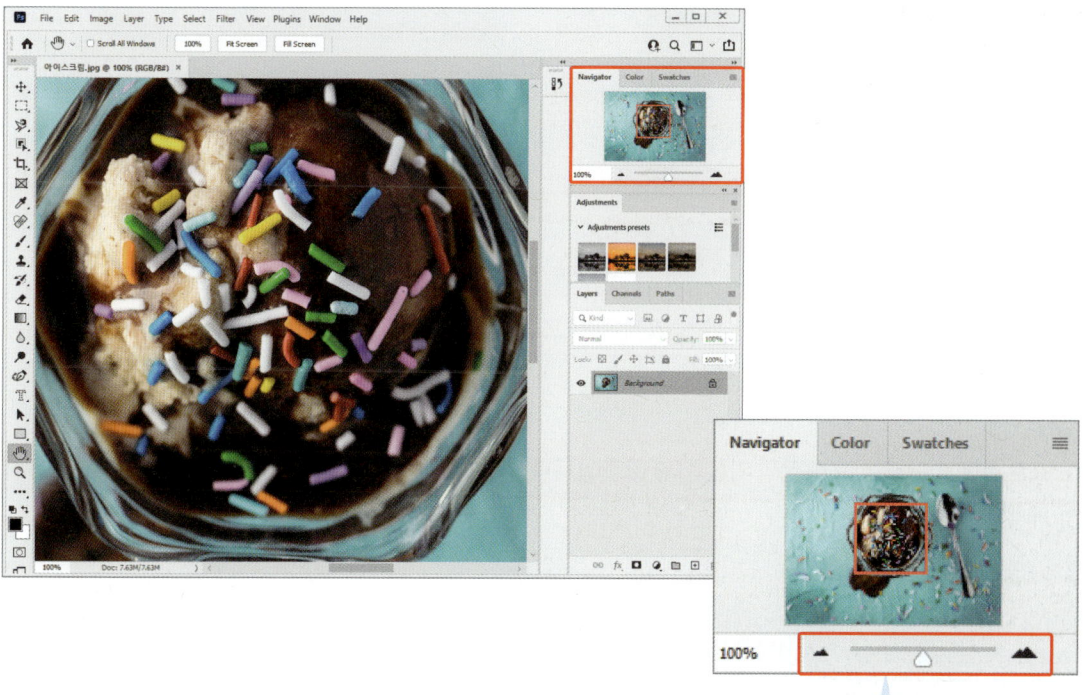

[Navigator] 패널 아래에 있는 슬라이더를 조절하여 보여지는 이미지 크기를 조절할 수 있습니다.

간단 실습 | 회전 보기 도구로 화면 회전하기 R

준비 파일 포토샵/Chapter 02/선글라스.jpg

① Ctrl + O 를 눌러 준비 파일을 불러옵니다. ② 손바닥 도구 를 길게 눌러 회전 보기 도구 를 클릭합니다. ③ 화면을 클릭하면 나침반 모양이 나타납니다. 좌우로 드래그하여 화면을 회전해봅니다.

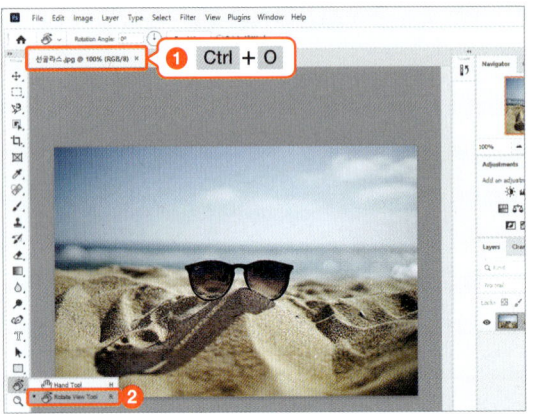 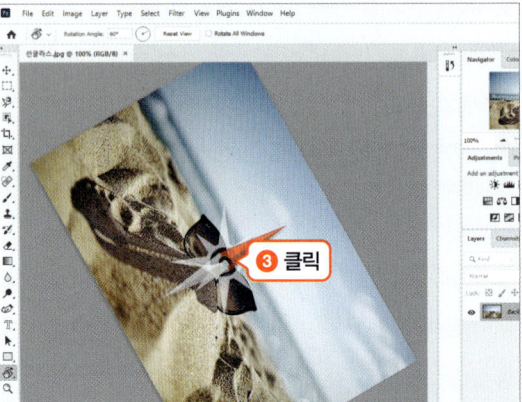

회전 보기 도구 를 사용한 회전 기능은 그래픽 사양이 낮은 PC에서는 사용할 수 없습니다. [Edit]-[Preferences]-[Performance] 메뉴에서 [Graphics Processor Settings] 항목이 활성화되어야 사용할 수 있습니다.

작업 공간을 넓게 보는 화면 편집 모드 F

작업 공간을 더 넓게 사용할 수 있도록 세 가지 화면 모드를 제공합니다. 모드 전환을 통해 메뉴바, 파일 이름 탭, 스크롤바를 보이게 하거나 감출 수 있습니다.

- **표준 화면 모드** ㅣ 포토샵의 기본 화면 모드입니다. 모니터 해상도가 높아 여러 창을 열어둔 채 사용할 때 유용합니다.

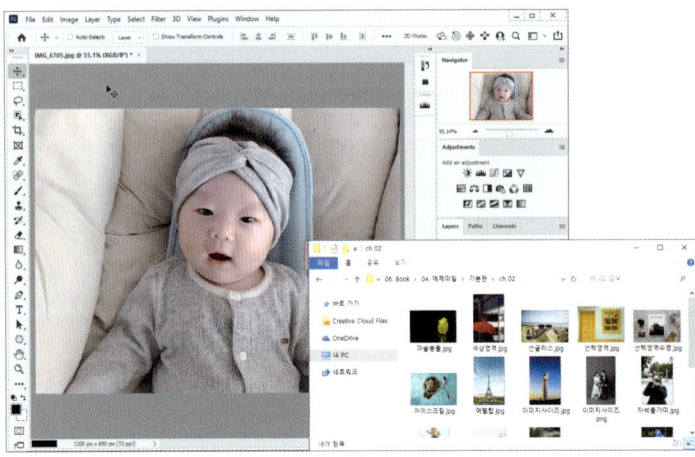

- **메뉴바와 패널이 있는 전체 화면 모드** ▭ | 포토샵 프로그램의 주요 요소만 꽉 차게 볼 수 있습니다. 파일 이름 탭과 상태 표시줄이 사라져 넓은 공간을 확보할 수 있습니다.

- **전체 화면 모드** ▭ | 작업 이미지만 보입니다. 모든 패널이 숨겨지고 배경이 검은색으로 바뀝니다. F 나 Esc 를 누르면 표준 화면 모드로 돌아갈 수 있습니다.

Ps LESSON 12

편하게 작업하기

새로운 기능 활용하고 작업 환경 설정하기

더 빠르게 작업하고 더 쉽게 실습하기

어도비 포토샵에서 제공하는 도움말이 한층 업그레이드되었습니다. 더 빠르게 작업할 수 있도록 클릭 한 번으로 이미지에 맞는 효과를 적용하거나 실습형 튜토리얼을 통해 포토샵 기능을 쉽게 실습할 수도 있습니다. 도움말에서는 실시간으로 업데이트되는 새로운 기능을 살펴볼 수 있습니다.

간단 실습 도움말 활용해 빠르게 작업하기

준비 파일 포토샵/Chapter 02/빠른작업.png

01 ❶ Ctrl + O 를 눌러 준비 파일을 불러오고 ❷ [Help]-[Photoshop Help] 메뉴를 선택합니다.

[Help]-[Photoshop Help] 메뉴를 선택하지 않고 오른쪽 상단에 있는 도움말 🔍 을 클릭하거나 Ctrl + F 를 눌러도 도움말을 확인할 수 있습니다.

02 ❶ [Discover] 대화상자가 나타나면 [BROWSE] 항목의 [Quick actions]를 클릭하고 ❷ 배경을 지우는 [Remove background]를 클릭합니다.

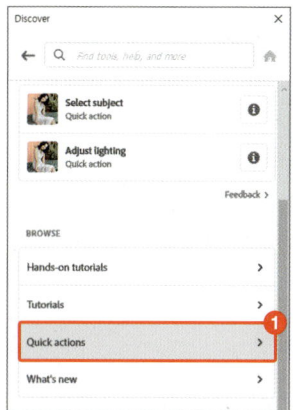
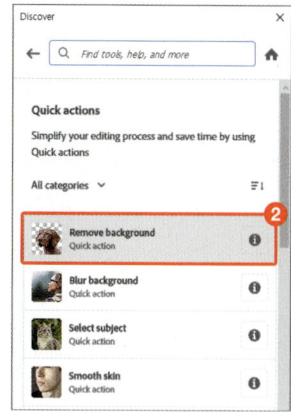

03 ❶ 캔버스 미리 보기에서 배경이 지워진 것을 확인합니다. ❷ [Revert]를 클릭해 이미지를 원래 상태로 되돌립니다. ❸ 뒤로 가기 ←를 클릭해 다른 작업을 선택해보겠습니다.

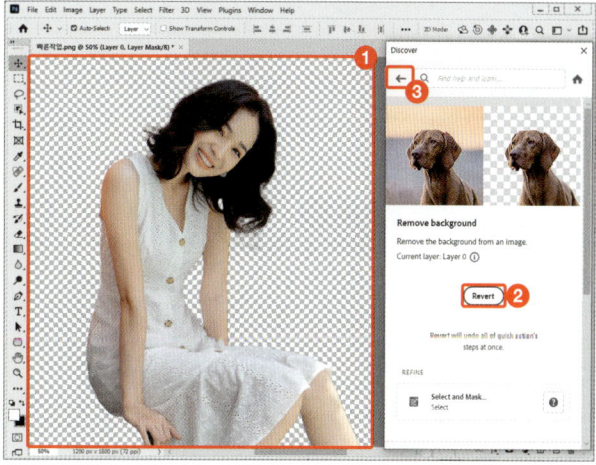

04 ❶ [Discover] 대화상자에서 배경을 흑백으로 바꾸는 기능인 [Make B/W background]를 클릭합니다. ❷ 03 단계처럼 캔버스 미리 보기에서 배경이 흑백으로 바뀐 것을 확인합니다.

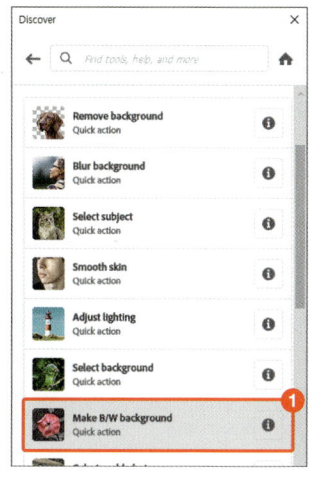

[Discover] 대화상자를 닫으면 흑백으로 바꾼 배경 이미지가 그대로 적용됩니다.

간단 실습 | 전선 및 사람 등 산만한 요소 제거 ★CC 2025 신기능

준비 파일 포토샵/Chapter 02/산만한요소제거.jpg

01 ① Ctrl + O 를 눌러 준비 파일을 불러옵니다. ② 제거 도구를 클릭하고 ③ 옵션바의 [Find distractions]를 클릭합니다. ④ [Wires and cables]을 클릭합니다.

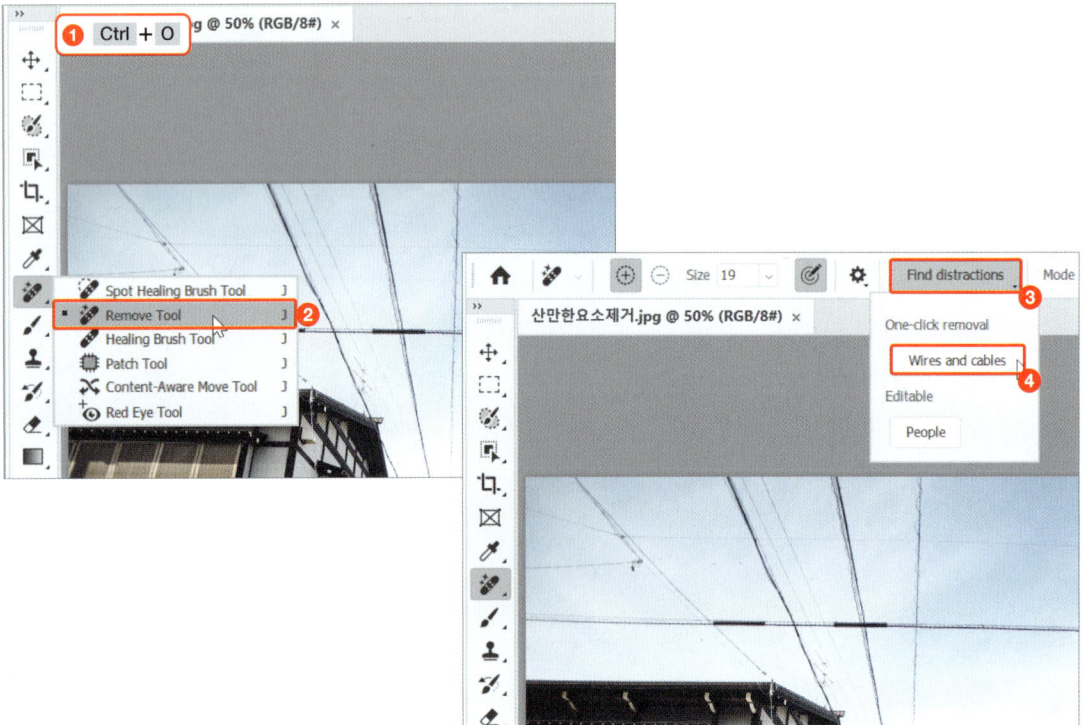

02 작업 진행이 완료되면 이미지에서 전선과 케이블이 말끔히 제거됩니다.

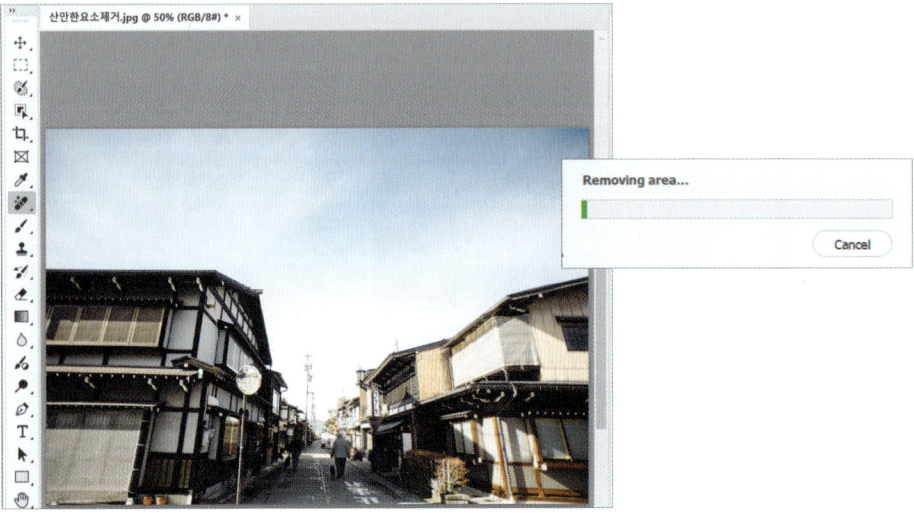

03 옵션바의 ❶ [Find distractions]을 클릭하고 ❷ [People]을 클릭합니다.

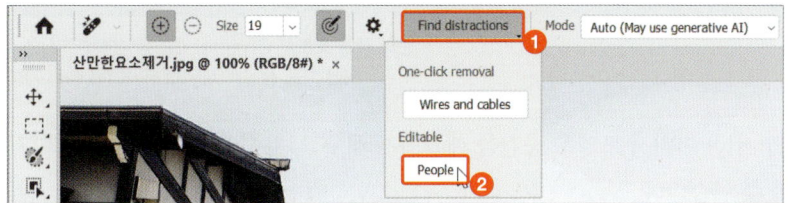

04 ❶ 피사체가 아닌 사람은 분홍색 오버레이로 표시됩니다. ❷ `Enter` 를 누릅니다. 작업 진행이 완료되면 이미지에서 불필요한 인물이 제거됩니다.

기능 꼼꼼 익히기   생성형 AI 크레딧과 모드 옵션 알아보기

크레딧은 어도비 제품에서 AI 기능을 사용할 때 필요한 일종의 가상 화폐입니다. 생성형 AI 기능을 사용할 때마다 일정량이 차감되므로, 작업 목적에 따라 모드를 적절히 선택합니다. 현재 크레딧은 어도비 크리에이티브 클라우드에서 확인할 수 있습니다.

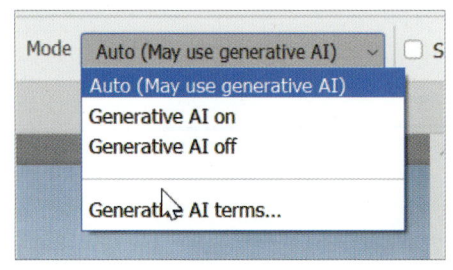
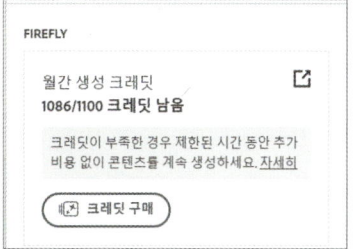

❶ **Generative AI on** | 크레딧이 차감됩니다. 파이어플라이 이미지 모델이 적용되어 더 높은 퀄리티의 결과물을 제공합니다.

❷ **Generative AI off** | 크레딧이 차감되지 않습니다. 기본적인 이미지 생성 기능만 사용합니다.

한눈에 실습 | 개선된 생성형 채우기, 유사 항목 생성하기 ★CC 2025 신기능

준비 파일 포토샵/Chapter 02/생성형채우기.png
핵심 기능 생성형 채우기, 유사항목 생성 기능

어도비 파이어플라이(Adobe Firefly) 이미지 모델로 공간을 매끄럽게 채우고, 유사 항목 생성으로 이미지의 다양한 변형을 빠르게 완성할 수 있습니다.

프롬프트 입력란에 **풍성한 열대 과일, 사실적인 사진**을 입력했습니다.

생성된 이미지에서 별도의 작업 없이 바로 유사 항목(이미지)을 생성할 수 있습니다.

한눈에 실습   AI 활용해 이미지 배경 생성하기 ★CC 2025 신기능

준비 파일 포토샵/Chapter 02/배경생성.jpg
핵심 기능 배경 제거, 배경 생성

배경 생성 기능을 활용하면 작업 표시줄에서 피사체에 적합한 조명과 그림자가 있는 자연스러운 배경을 간편히 추가할 수 있습니다.

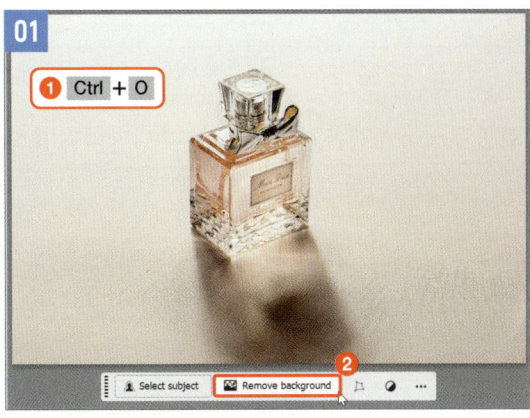

프롬프트 입력란에 **분홍 모란, 로맨틱한 배경**을 입력했습니다.

작업 화면 설정하기

포토샵은 작업 환경에 맞게 나만의 화면 구성을 만들 수 있습니다. 사용자의 작업 스타일에 맞게 환경 설정하는 방법을 알아보겠습니다.

> **간단 실습** 　**나만의 작업 화면 설정하기**
>
> 준비 파일 없음

포토샵에서 이미지를 편집하거나 수정하다 보면 어느새 화면 구성이 바뀌곤 합니다. 이럴 때 나만의 작업 화면을 저장해두면 작업 중에 흐트러진 화면을 깔끔하게 되돌릴 수 있습니다.

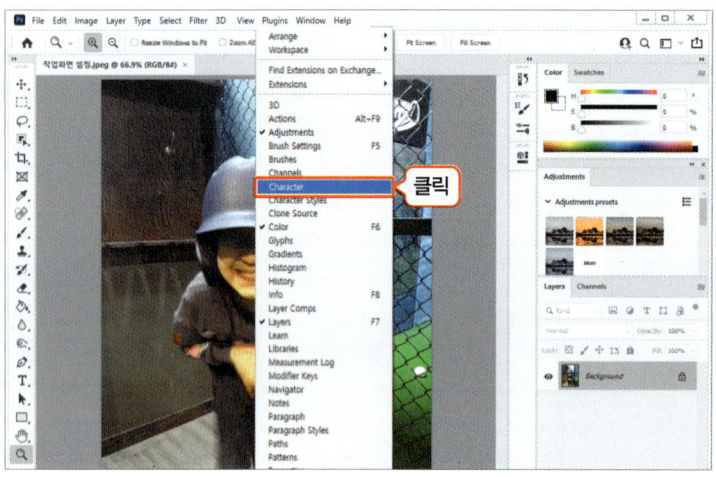

01 평소 자주 쓰는 패널을 배치해보겠습니다. 보이지 않는 패널을 불러오기 위해 [Window] 메뉴의 각 항목을 클릭하여 체크합니다. 필요 없는 패널은 다시 클릭하여 체크 표시를 없앱니다.

02 ❶ 앞에서 배운 '패널 조작하기(062쪽)'를 참고하여 패널을 원하는 위치로 옮깁니다. ❷ 설정이 완료되었으면 [Window]-[Workspace]-[New Workspace] 메뉴를 선택합니다.

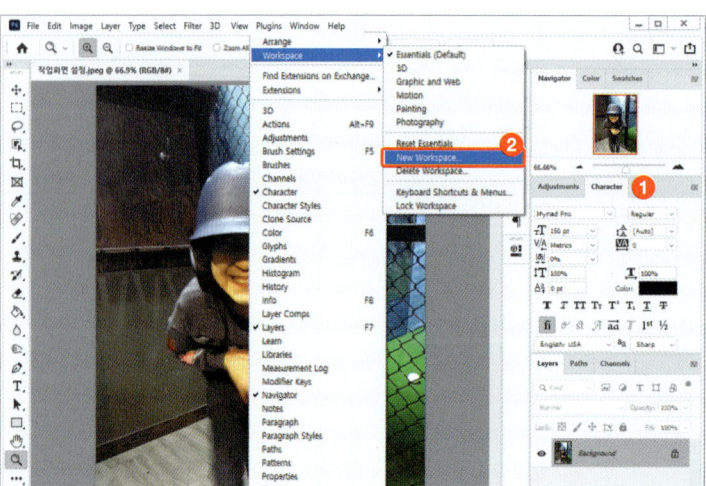

03 ❶ [New Workspace] 대화상자가 나타나면 [Name]에 알맞은 이름을 입력하고 ❷ [Save]를 클릭합니다.

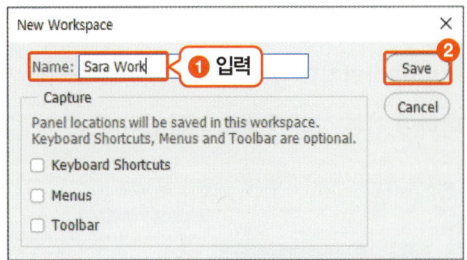

04 여러 패널을 그림과 같이 아무렇게나 정리되지 않은 상태로 만듭니다.

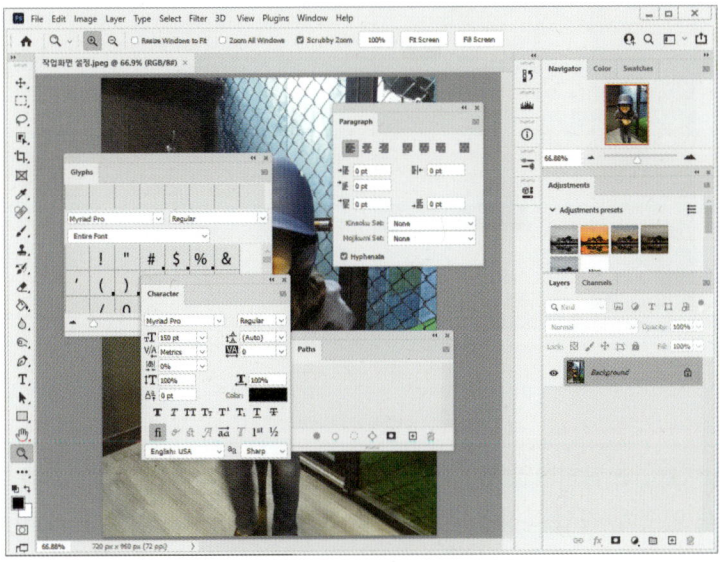

05 ❶ 옵션바의 오른쪽에 있는 작업 영역 선택 을 클릭하고 ❷ [Reset Sara Work]를 선택합니다. ❸ 저장해두었던 나만의 작업 화면으로 깔끔하게 되돌아간 것을 확인할 수 있습니다.

[Reset Sara Work]는 **03** 단계에서 입력한 항목(Sara Work)입니다. 다른 이름을 입력했다면 [Reset 입력한 이름]으로 나타납니다.

작업 화면 기본 설정으로 되돌리기

화면이 이리저리 흩어진 패널들로 복잡해보이면 [Window]-[Workspace]-[Reset Essentials] 메뉴를 선택하여 기본 설정 상태로 되돌립니다.

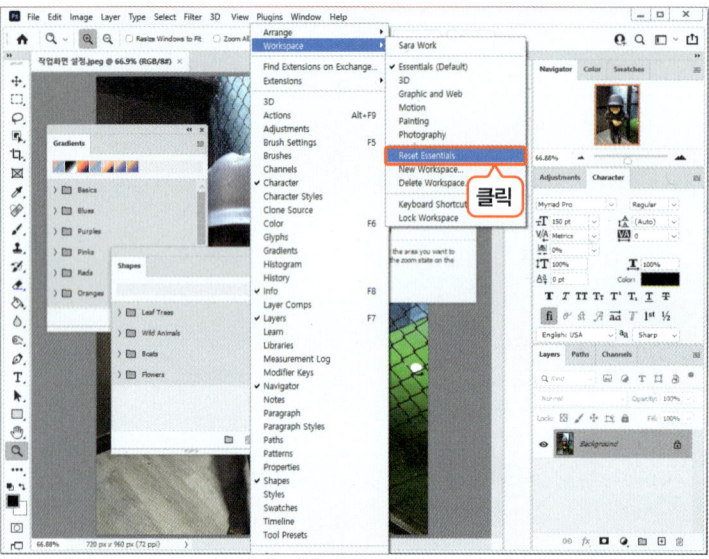

작업 화면 선택하기

옵션바의 오른쪽에 있는 작업 영역 선택 을 클릭하면 여섯 가지 작업 화면 중 하나를 선택할 수 있습니다. [Essentials]가 기본으로 설정되어 있으며, 작업 특성에 맞게 [3D], [Graphic and Web], [Motion], [Painting], [Photography] 중 하나로 설정할 수 있습니다.

한눈에 실습 | 포토샵 환경 설정하기

포토샵 프로그램의 성능을 최적화하여 속도를 빠르게 만들고 사용자가 편리하게 사용할 수 있도록 기본 환경을 설정해보겠습니다. [Edit]-[Preferences] 메뉴를 선택하거나 Ctrl + K 를 눌러 [Preferences] 대화상자를 불러온 후 다음과 같이 설정합니다.

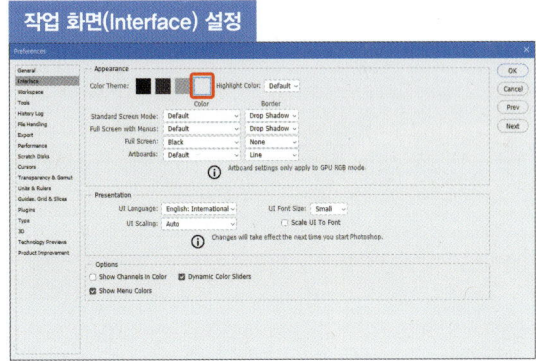

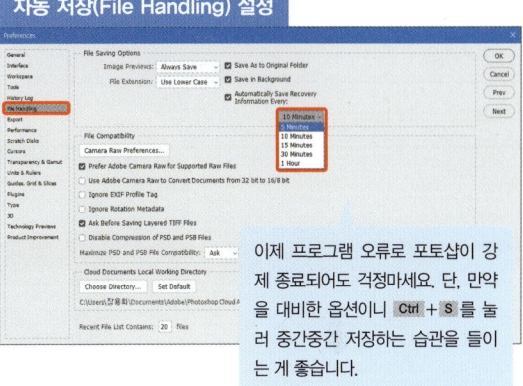

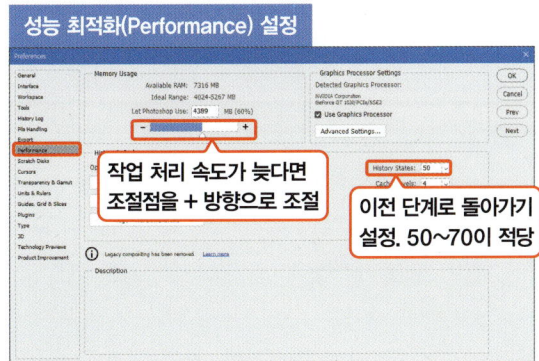

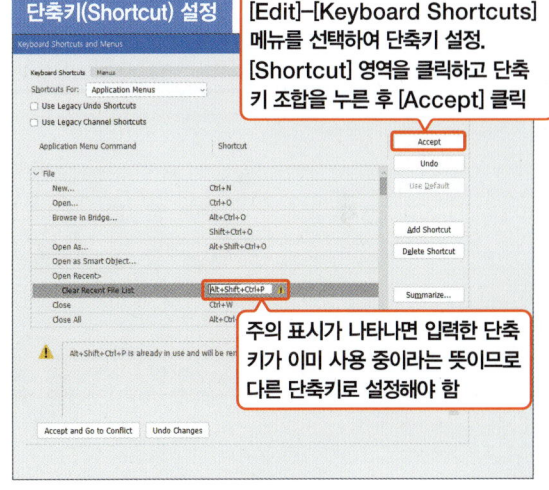

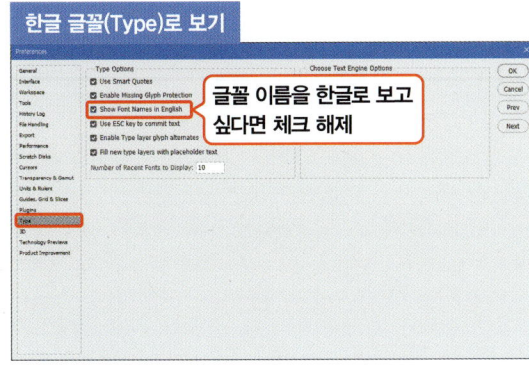

CHAPTER 03

합성의 기본
레이어와 채널

포토샵의 핵심은 레이어(Layer)라고 해도 무방합니다.
레이어의 개념을 제대로 이해한 후
간단한 실습을 통해 자유자재로 레이어를 다뤄봅니다.
그런 다음 채널(Channels)의 개념을 이해하고 익혀봅니다.

레이어의 모든 것

레이어 기초 이해하기

레이어 이해하기

레이어(Layer)는 합성을 할 때 핵심이 되는 개념으로 매우 중요한 요소입니다. '레이어'를 사전에서 찾아보면 '층, 계층, 쌓은'이란 의미를 가지고 있습니다. 포토샵에서는 이미지의 층을 말합니다. 예를 들어 사진 파일 위에 가상의 투명 비닐을 한 겹 씌워 원본 이미지를 보호하면서 작업하도록 돕는 것입니다. 층 개념이므로 여러 겹으로 쌓는 것도 가능합니다.

레이어의 개념

아래 이미지는 한 장의 사진으로 보이지만 실제로는 곰 이미지와 음료 캔 이미지를 겹쳐놓은 것입니다. [Layers] 패널을 보면 곰 이미지가 담긴 레이어가 있고, 그 위에 음료 캔 이미지가 담긴 레이어가 보입니다. 레이어는 아래 이미지와 같은 이미지의 층을 말합니다.

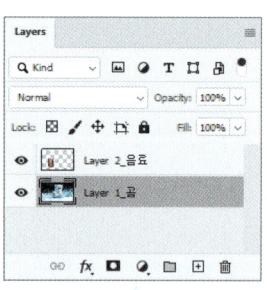

[Layers] 패널이 화면에서 보이지 않는다면 [Window]-[Layers] 메뉴를 선택합니다.

간단 실습 | 레이어 개념 이해하기

준비 파일 포토샵/Chapter 03/레이어의 이해.psd

포토샵에서 레이어가 왜 필요하고 얼마나 유용한지 간단 실습을 통해 알아보겠습니다.

01 ① Ctrl + O 를 눌러 준비 파일을 불러옵니다. ② [Layer 2_음료] 레이어를 선택하고 ③ 이동 도구 ⊕ 를 클릭합니다. ④ 음료 캔 이미지를 드래그하여 원하는 위치로 옮깁니다.

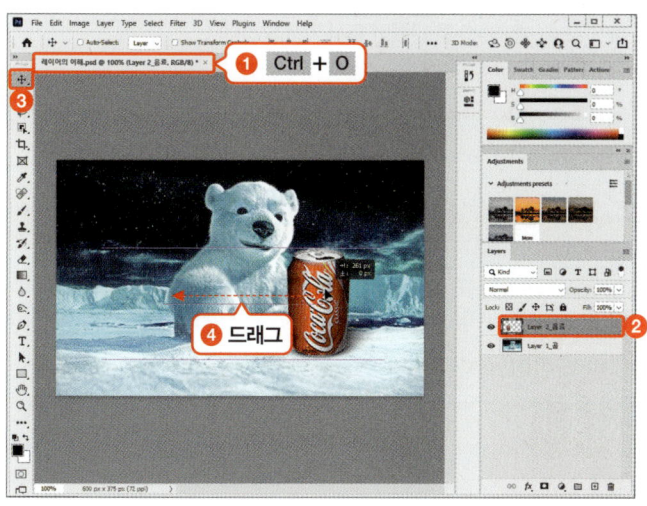

02 ① [Layer 1_곰] 레이어를 선택하고 ② 새 레이어 ⊞ 를 클릭하여 새 레이어를 추가합니다. ③ 전경색을 클릭하여 원하는 색으로 설정하고 ④ Alt + Delete 를 눌러 색상을 채웁니다. ⑤ 레이어 이름 부분을 더블클릭하여 원하는 이름으로 변경합니다. 여기서는 **배경색상**을 입력했습니다.

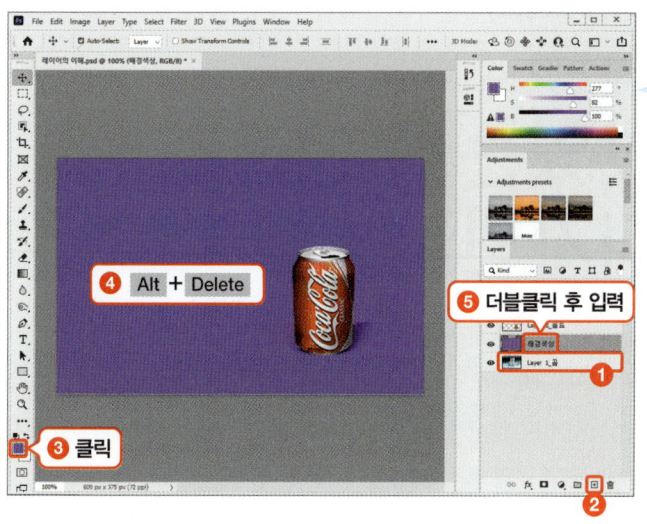

곰 이미지가 보이지 않습니다. 곰 레이어 위에 색상이 채워진 레이어가 추가되었기 때문입니다. [Layers] 패널을 참고하면 쉽게 이해할 수 있습니다.

레이어를 사용하는 이유

우리가 레이어를 사용하는 이유는 원본 이미지를 보호한 상태에서 수정이 가능하기 때문입니다.

레이어를 이용하지 않으면 원본이 훼손되어 수정 불가	레이어를 이용하면 언제든지 수정 가능
① 사진 위에 낙서를 합니다. = [Background] 레이어에 연필 도구를 이용하여 낙서를 합니다.	① 사진 위에 투명한 비닐을 올려두고 낙서를 합니다. = 새 레이어를 만들고 연필 도구로 낙서를 합니다.
② 낙서를 지울 수 없습니다. = 지우개 도구로 지우면 낙서와 함께 사진 이미지도 지워집니다.	② 투명한 비닐을 걷어내고 새 투명한 비닐을 이용하여 다른 낙서를 또 할 수 있습니다. = 낙서가 된 레이어를 삭제하고, 새 레이어를 만들어 다시 낙서를 합니다.

레이어의 종류

[Layers] 패널에는 이미지 레이어, 문자 레이어, 조정 레이어 등 여러 종류의 레이어가 존재합니다. 각 레이어의 종류와 역할을 알아보겠습니다.

① **일반 레이어(Layer)** ┃ 투명 레이어에 이미지가 포함되면 일반 레이어가 됩니다. 일반 레이어는 자유롭게 수정하고 이동할 수 있습니다.

② **문자 레이어(Text Layer)** ┃ 문자 도구로 글자를 입력하면 만들어집니다.

③ **조정 레이어(Adjustment Layer)** ┃ 조정 레이어 아래에 있는 이미지 레이어를 손상시키지 않고 이미지 보정이 가능한 레이어입니다. 이미지 색상, 밝기, 명도 등의 보정 작업을 할 수 있습니다.

④ **스마트 오브젝트 레이어(Smart Object Layer)** | 원본 이미지를 수정해도 다시 되돌릴 수 있도록 벡터화하여 사용하는 레이어를 말합니다. 여기에 담긴 이미지는 레이어를 변형하거나 크기를 조절하고 왜곡시켰더라도 언제든 처음 상태로 복구할 수 있습니다.

⑤ **링크 스마트 오브젝트 레이어(Link Smart Object Layer)** | 외부 파일을 연결하여 스마트 오브젝트 기능을 사용할 수 있습니다.

⑥ **셰이프 레이어(Shape Layer)** | 펜 도구나 셰이프 도구로 벡터 도형을 그렸을 때 만들어집니다.

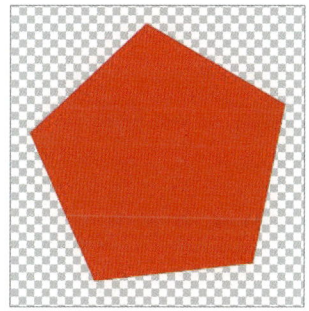

⑦ **그룹 레이어(Group Layer)** | 관련된 레이어를 그룹으로 묶어 레이어를 쉽게 관리할 수 있습니다.

⑧ **레이어 스타일(Layer Style)** | 레이어 스타일이 적용되었을 때 표시됩니다. 옆에 있는 를 클릭하면 적용한 스타일 목록을 감출 수 있습니다.

⑨, ⑩ **비디오 레이어(Video Layer), 3D 레이어(3D Layer)** | 동영상이나 3D 오브젝트를 사용할 때 나타납니다.

⑪ **Background 레이어(Background Layer)** | [Layers] 패널에서 맨 아래에 있는 레이어입니다. 레이어 이름을 바꾸거나 위치를 옮길 수 없습니다.

레이어를 자유자재로 사용하고 관리하기

레이어를 사용하는 가장 기본적인 방법을 알아보겠습니다. 레이어 선택, 이름 수정, 복사, 삭제, 순서 이동 등을 익히면 좀 더 효율적으로 작업할 수 있습니다.

준비 파일 포토샵/Chapter 03/레이어 다루기.psd

간단 실습 | 레이어 선택하고 이름 바꾸기

① [Layers] 패널에서 [image] 레이어를 클릭하면 레이어가 선택됩니다. ② [image] 레이어의 이름을 더블 클릭하면 이름을 수정할 수 있는 상태가 됩니다. 원하는 이름을 입력하여 ③ 레이어 이름을 수정합니다.

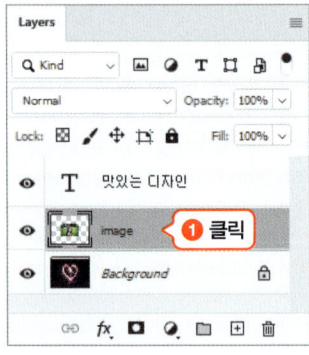 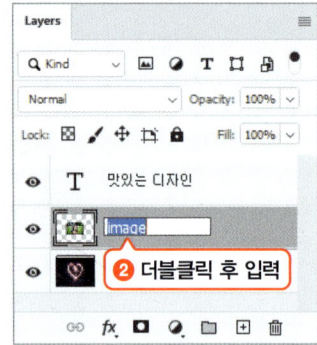 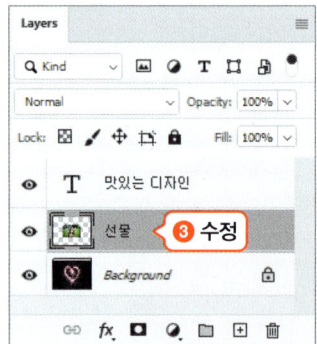

간단 실습 | 새 레이어 만들고 레이어 그룹 만들기

① [Layers] 패널에서 새 레이어 ⊞를 클릭합니다. ② [Layer 1] 이름을 가진 새 레이어가 추가됩니다. ③ 새 그룹 ▭을 클릭하면 ④ [Group 1] 이름을 가진 새 그룹이 추가됩니다.

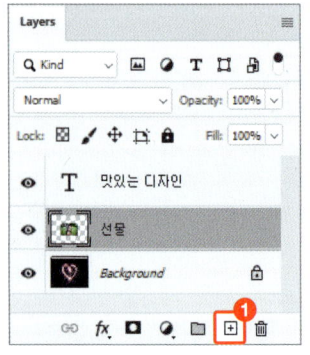 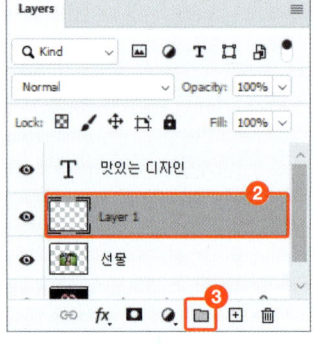 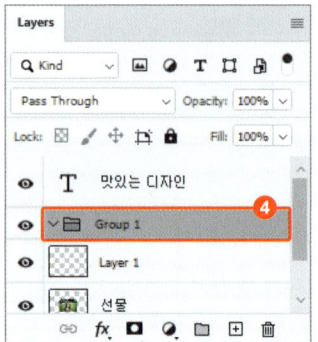

여러 개의 레이어를 그룹으로 만들려면 각 레이어를 선택하고 Ctrl + G 를 누릅니다.

> **간단 실습** 레이어 복사하고 삭제하기

❶ [Background] 레이어를 선택하고 ❷ 새 레이어 로 드래그합니다. ❸ 복사된 [Background copy] 레이어가 추가됩니다. ❹ [Background copy] 레이어를 삭제 로 드래그하면 ❺ 레이어가 삭제됩니다.

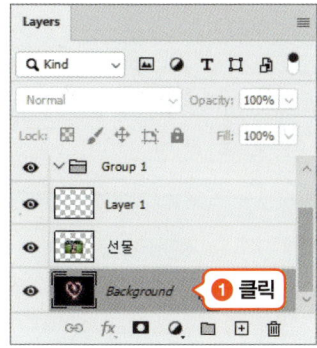
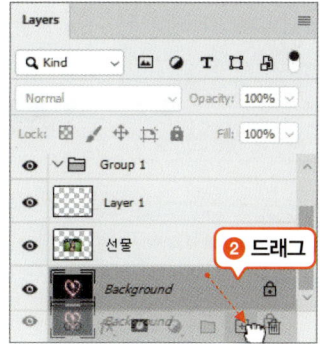
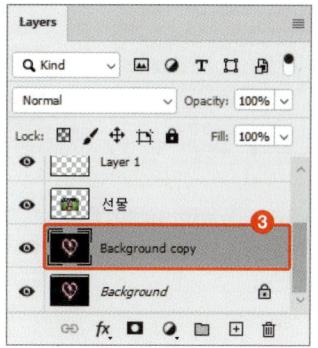

레이어를 선택하고 Ctrl + J 를 눌러도 레이어가 복사됩니다.

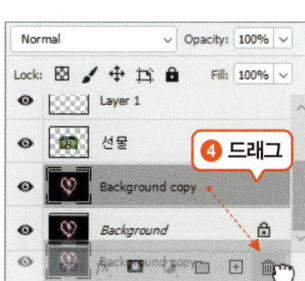
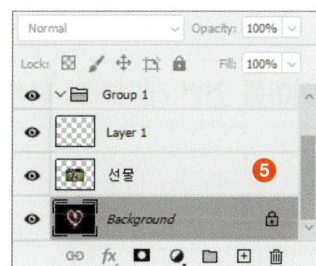

레이어를 선택하고 Delete 를 누르거나 삭제 를 클릭해도 레이어가 삭제됩니다.

> **간단 실습** 레이어 순서 바꾸기

❶ [선물] 레이어를 선택하고 ❷ 원하는 위치로 드래그합니다. ❸ [선물] 레이어의 위치가 바뀌었습니다. ❹ Ctrl 을 누른 채 옮기고 싶은 여러 레이어를 선택하고 ❺ 원하는 위치로 드래그합니다. ❻ 두 레이어의 위치가 바뀌었습니다.

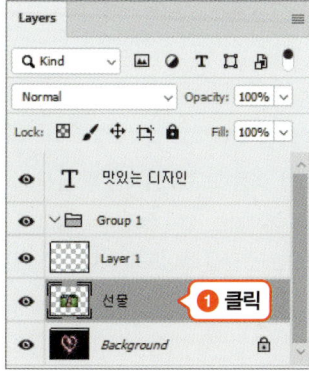

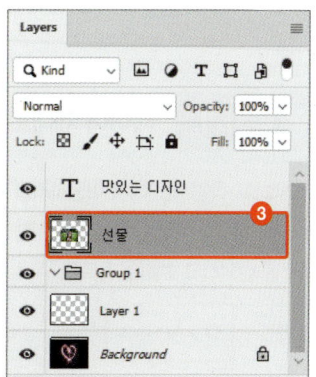

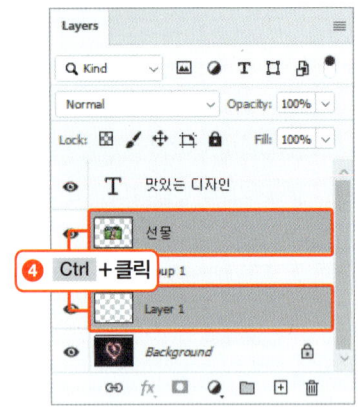 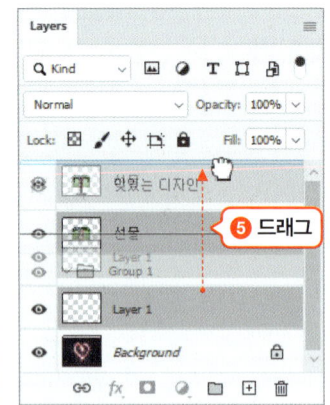 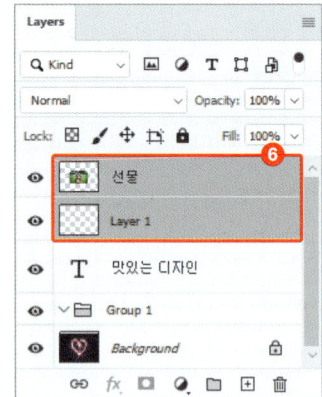

[Background] 레이어의 위치가 이동하지 않아요!
[Background] 레이어는 위치를 바꿀 수 없습니다. [Background] 레이어의 순서를 바꾸려면 [Background] 레이어를 일반 레이어로 바꾼 후 작업합니다.

간단 실습 [Background] 레이어를 일반 레이어로 전환하기

❶ [Background] 레이어의 잠금 🔒 을 클릭합니다. ❷ [Background] 이름이 [Layer 0]으로 바뀌며 일반 레이어로 변경됩니다.

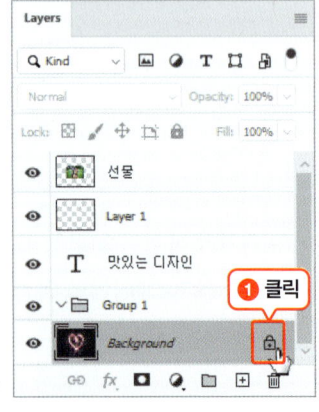 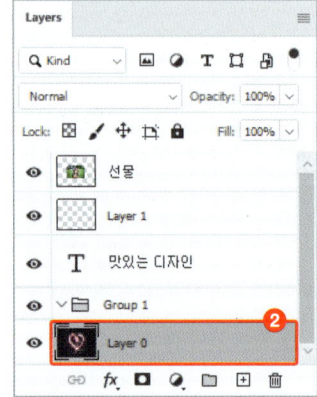

기능 꼼꼼 익히기 ┃ 레이어 제대로 선택하기

레이어를 선택하고 작업 화면에서 이동하려고 하면 자꾸 다른 레이어가 움직일 때가 있습니다. 이동 도구를 클릭한 후 옵션바의 [Auto-Select]의 체크를 해제하고 실행합니다. 필요할 때만 체크하고 평소에는 체크를 해제하는 것이 좋습니다. 참고로 이동 도구를 선택하고 Ctrl 를 누르면 [Auto-Select] 상태로 전환되므로 단축키를 사용하는 습관을 들이도록 합니다.

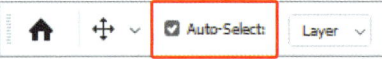

간단 실습 | 레이어 합치기

① Ctrl 을 누른 채 합치고 싶은 레이어를 선택합니다. ② [Layers] 패널의 옵션 ≡ 을 클릭하여 ③ [Merge Layers]를 선택합니다. ④ 상위에 위치한 레이어 이름으로 레이어가 합쳐집니다.

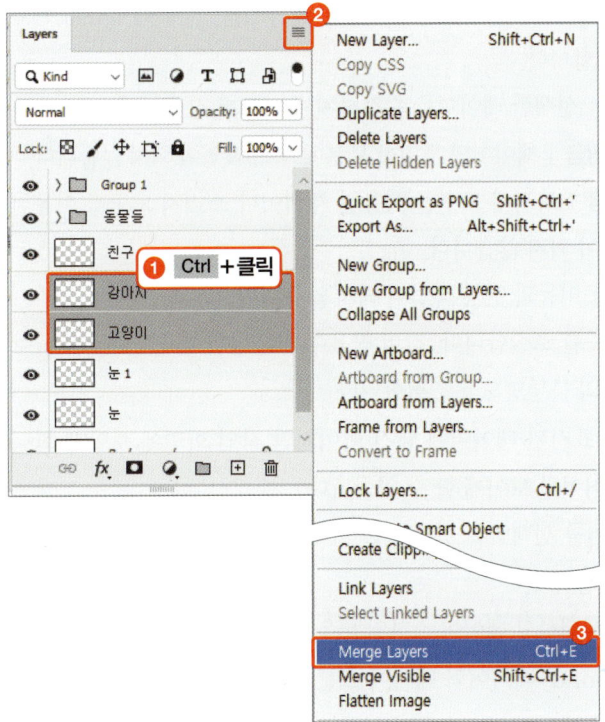

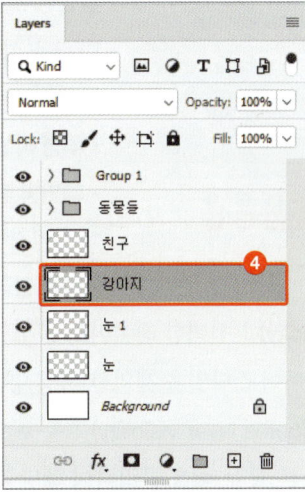

레이어를 선택한 후 마우스 오른쪽 버튼을 클릭해도 단축 메뉴가 나타납니다. 단축키 Ctrl + E 를 누르면 메뉴를 선택하지 않고도 레이어를 합칠 수 있습니다.

간단 실습 | 레이어 숨기기

숨기고 싶은 레이어의 눈 👁 을 클릭하면 레이어를 숨길 수 있습니다.

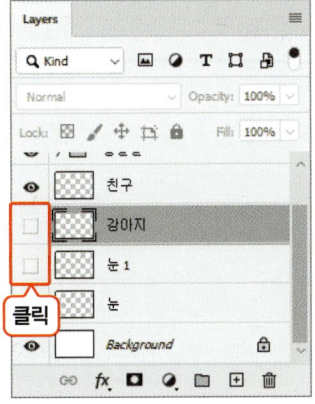

CHAPTER 03 합성의 기본 레이어와 채널   **199**

[Layers] 패널

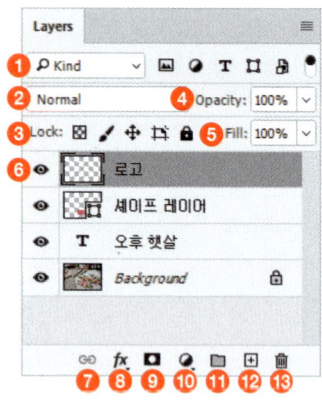

① **레이어 검색(Pick a filter type)** | 수많은 레이어가 복잡하게 나열되어 있을 때 원하는 레이어를 쉽고 빠르게 찾을 수 있도록 도와줍니다. 레이어 검색 기능은 포토샵 CS6 버전부터 사용할 수 있습니다.

② **블렌딩 모드(Blending mode)** | 선택한 레이어와 아래 레이어의 혼합 방식을 설정합니다.

③ **잠금(Lock)** | 선택한 레이어를 수정하지 못하도록 잠급니다.
- **투명 픽셀 잠금** | 레이어의 투명한 부분에 채색 작업이 되지 않습니다.
- **페인팅 잠금** | 브러시 도구를 이용한 채색이나 스머지 도구를 이용한 수정 작업이 되지 않습니다.
- **이동 잠금** | 이동과 변형 작업이 되지 않습니다.

④ **불투명도(Opacity)** | 선택한 레이어의 불투명도를 조절합니다. 값이 작을수록 투명합니다.

⑤ **채움(Fill)** | 레이어 스타일을 제외한 색상 영역의 불투명도를 조절합니다.

⑥ **눈 아이콘(Indicates layer visibility)** | 눈이 표시된 레이어에 담긴 이미지만 작업 화면에 보이게 합니다. Alt 를 누른 채 눈을 클릭하여 해당 레이어만 보이게 할 수 있습니다.

⑦ **레이어 링크(Link layers)** | 두 개 이상의 레이어를 선택하고 링크를 클릭하면 레이어가 연결되어 묶입니다. 연결된 레이어는 한꺼번에 이동 및 변형됩니다.

⑧ **레이어 스타일(Add a layer style)** | 레이어를 선택하고 레이어 스타일을 클릭하면 그림자, 엠보싱 효과 등 다양한 스타일을 적용합니다. 단, [Background] 레이어와 레이어 그룹에는 적용할 수 없습니다.

⑨ **레이어 마스크(Add a mask)** | 선택한 레이어에 레이어 마스크를 생성합니다. 단, [Background] 레이어에는 적용할 수 없습니다.

⑩ **조정 레이어(Create adjustment layer)** | 이미지 조정 레이어를 만듭니다.

⑪ **새 그룹 만들기(Create a new group)** | 새로운 레이어 그룹을 만듭니다.

⑫ **새 레이어 만들기(Create a layer)** | 새로운 투명한 레이어를 만듭니다. 단축키는 Shift + Ctrl + N 입니다.

⑬ **레이어 삭제하기(Delete layer)** | 선택된 레이어를 삭제합니다.

[Layers] 패널 팝업 메뉴

[Layers] 패널의 옵션 ≡을 클릭하면 팝업 메뉴가 나타납니다. 주요한 메뉴를 알아보겠습니다.

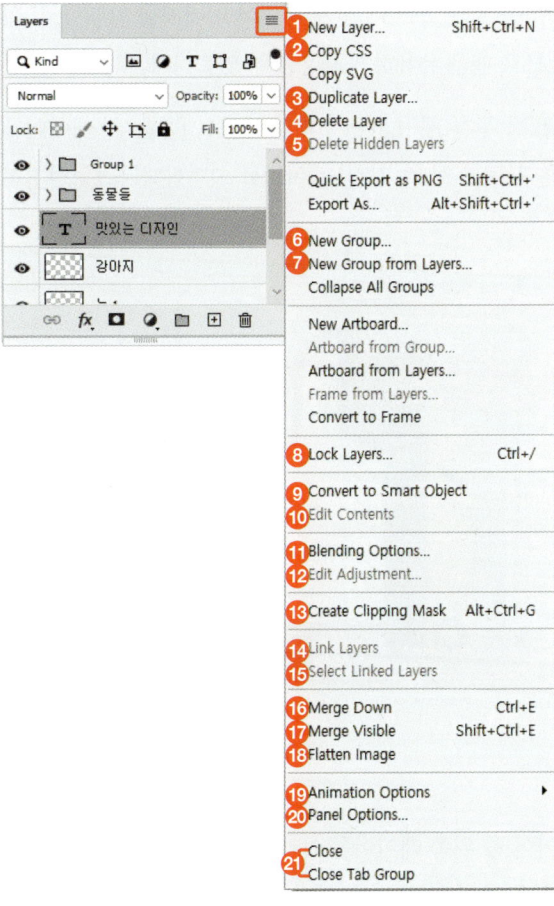

① **New Layer** | 새로운 투명한 레이어를 만듭니다. 단축키는 Shift + Ctrl + N 입니다.

② **Copy CSS** | 버튼이나 HTML 요소로 만든 이미지를 스타일시트(.css)로 만듭니다.

③ **Duplicate Layer** | 선택된 레이어를 복사합니다.

④ **Delete Layer** | 선택된 레이어를 삭제합니다.

⑤ **Delete Hidden Layers** | 눈 👁이 꺼진 레이어를 모두 삭제합니다.

⑥ **New Group** | 새 레이어 그룹을 만듭니다.

⑦ **New Group from Layers** | 선택된 레이어를 새 그룹으로 만듭니다.

⑧ **Lock Layers** | 레이어 그룹에 속한 모든 레이어를 잠급니다.

⑨ **Convert to Smart Object** | 선택된 레이어 또는 그룹을 스마트 오브젝트로 변환합니다.

⑩ **Edit Contents** | 스마트 오브젝트를 편집합니다.

⑪ **Blending Options** | 레이어의 블렌딩 모드와 스타일의 관련 옵션을 설정합니다.

⑫ **Edit Adjustment** | 조정 레이어를 편집합니다.

⑬ **Create Clipping Mask** | 상위 레이어에 있는 이미지가 하위 레이어에 있는 이미지만큼 나타납니다. 단축키는 Alt + Ctrl + G 입니다.

⑭ **Link Layers** | 두 개 이상의 레이어를 연결하여 묶습니다. 연결된 레이어는 한꺼번에 이동 및 변형됩니다.

⑮ **Select Linked Layers** | 링크된 레이어를 모두 선택합니다.

⑯ **Merge Down** | 선택된 레이어와 바로 아래 레이어를 합칩니다. 단축키는 Ctrl + E 입니다.

⑰ **Merge Visible** | 눈 👁이 표시된 레이어를 하나의 레이어로 합칩니다. 단축키는 Shift + Ctrl + E 입니다.

⑱ **Flatten Image** | 모든 레이어를 [Background] 레이어와 합칩니다.

⑲ **Animation Options** | [Layers] 패널에 애니메이션 관련 옵션을 표시합니다.

⑳ **Panel Options** | [Layers] 패널의 축소 이미지인 섬네일 옵션을 설정합니다.

㉑ **Close/Close Tab Group** | [Layers] 패널을 닫거나 [Layers] 패널이 포함된 패널을 모두 닫습니다.

간단 실습 | 레이어 크기에 맞춰 이미지 확대하기

준비 파일 포토샵/Chapter 03/레이어확대.psd

[Layers] 패널에서 Alt 를 누르고 해당 레이어를 선택하면 화면 크기에 맞게 레이어 이미지를 확대할 수 있습니다. 연속하여 선택한 레이어가 확대(Zoom In)되므로 매우 유용하게 사용할 수 있습니다.

❶ Ctrl + O 를 눌러 준비 파일을 불러옵니다. ❷ Alt 를 누른 채 [Layers] 패널에 있는 [좋은날] 레이어를 선택합니다. ❸ 좋은날 이미지가 확대됩니다. ❹ Alt 를 누른 채 [엄지척] 레이어를 선택합니다. ❺ 엄지척 이미지가 확대됩니다.

레이어 블렌딩 모드

블렌딩 모드(Blending Mode)는 연속된 두 개의 레이어 중 위쪽 레이어를 아래쪽 레이어와 어떤 방식으로 혼합할 것인지 선택하는 것입니다. 원본 이미지에 손상을 주지 않고 색상, 채도, 명도 등을 조절하여 색다른 느낌을 표현할 수 있어 실무에서 자주 사용하는 기능입니다.

블렌딩 모드

27가지 중 한 가지를 선택할 수 있으며, 기능이 유사한 모드끼리 모아 선으로 구분해두었습니다.

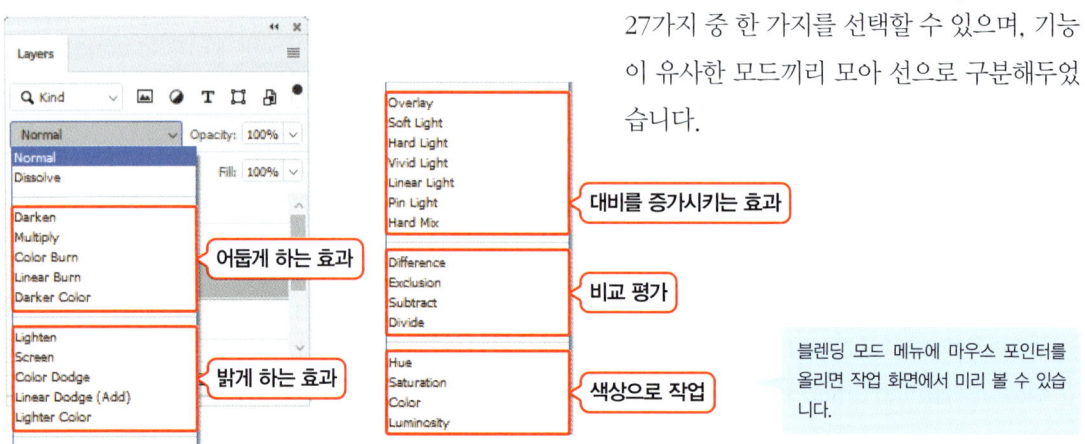

블렌딩 모드 메뉴에 마우스 포인터를 올리면 작업 화면에서 미리 볼 수 있습니다.

꼭 알아두어야 할 블렌딩 모드 여섯 가지

블렌딩 모드에 따라 레이어에 있는 이미지가 어떻게 표현되는지 하나씩 살펴보겠습니다. 합성할 원본(아래에 있는) 레이어와 합성 이미지(위에 있는) 레이어의 순서가 바뀌면 아래 설명과 다른 결과가 나타납니다.

▲ [Background] 레이어

▲ [합성 이미지] 레이어

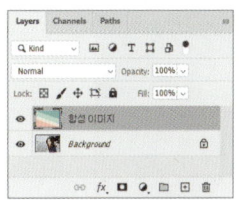

- **Multiply(곱하기)** | 100% 흰색은 투명하게, 아래 레이어와 색상이 겹치는 부분은 어둡게 표현합니다. 자세한 내용은 206쪽을 참고하세요.

- **Screen(스크린)** | 100% 검은색은 투명하게 표현하고 색상이 겹치는 부분은 더 밝게 표현합니다. 자세한 내용은 207쪽을 참고하세요.

- **Overlay(오버레이)** | Multiply와 Screen을 합쳐 놓은 모드로 밝은 부분은 더 밝게, 어두운 부분은 더 어둡게 표현하여 이미지의 대비를 증가시켜 표현합니다. 자세한 내용은 208쪽을 참고하세요.

- **Soft Light(소프트 라이트)** | Overlay와 같은 방법으로 합성되며, 50% 회색이었던 부분은 다시 투명해집니다. Overlay보다 부드럽게 표현됩니다.

- **Color Dodge(색상 닷지)** | 검은색보다 밝을 경우 이미지의 색상과 채도를 변화시켜 강한 빛에 노출된 효과를 냅니다. 자세한 내용은 209쪽을 참고하세요.

- **Luminosity(광도)** | 아래 레이어의 색상과 채도를 위 레이어의 명도에 반영하여 표현합니다.

> 이 여섯 가지 블렌딩 모드는 자주 사용하므로 정확하게 이해하고 사용해야 합니다. 그중에서도 꼭 알아야 하는 네 가지는 다음 간단 실습에서 따라 해보겠습니다.

한눈에 보는 블렌딩 모드 갤러리

- **Dissolve(디졸브)** | 불투명도값을 줄일수록 모래알을 흩뿌린 것처럼 표현됩니다.

- **Darken(어둡게 하기)** | 어두운 색상이 겹치는 부분은 더 어둡게 합성합니다.

- **Color Burn(색상 번)** | 아래 레이어와 비교하여 채도는 높이고 명도는 낮춰 전체적으로 어둡게 표현합니다.

- **Linear Burn(선형 번)** | Color Burn보다 어둡게 표현합니다. 아래 레이어와 비교하여 어두운 색은 혼합하고 밝은 부분은 감소시킵니다.

- **Darker Color(어두운 색상)** | 전체 채널 색상을 비교하여 어두운 색을 혼합하여 표현합니다.

- **Lighten(밝게 하기)** | 밝은 색상이 겹치는 부분은 더 밝게 표현합니다.

- **Linear Dodge(Add)(선형 닷지)** | 명도 50%를 기준으로 50%보다 밝은 부분은 더 밝게 표현합니다.

- **Lighter Color(밝은 색상)** | 전체적인 채널 색상을 비교하여 밝은 색을 혼합하여 표현합니다.

- **Hard Light(하드 라이트)** | Soft Light와 유사하지만 Soft Light보다 강한 효과를 표현합니다.

- **Vivid Light(비비드 라이트)** | Hard Light보다 강한 효과를 표현합니다.

- **Linear Light(선형 라이트)** | 혼합 색상이 50% 회색보다 밝으면 명도를 증가시켜 밝게 하고, 어두우면 명도를 감소시켜 어둡게 표현합니다.

- **Pin Light(핀 라이트)** | 혼합 색상이 50% 회색보다 밝으면 채도를 높이고, 어두우면 채도를 낮춰 표현합니다.

- **Hard Mix(하드 혼합)** | Vivid Light와 유사하지만 색상의 대비가 높아 원색에 가깝게 표현됩니다.

- **Difference(차이)** | 아래 레이어의 명도를 기준으로 겹친 부분을 반전시켜 보색으로 표현합니다.

- **Exclusion(제외)** | Difference와 같은 방법으로 합성되지만 Difference보다 부드럽습니다.

- **Subtract(빼기)** | 각 채널의 색상 정보를 보고 기본 색상에서 혼합 색상을 뺍니다.

- **Divide(나누기)** | 각 채널의 색상 정보를 보고 기본 색상에서 혼합 색상을 나눕니다.

- **Hue(색조)** | 아래 레이어의 명도와 채도를 위 레이어의 색상에 반영하여 표현합니다.

- **Saturation(채도)** | 아래 레이어의 색상과 명도를 위 레이어의 채도에 반영하여 표현합니다.

- **Color(색상)** | 아래 레이어의 명도를 위 레이어의 색상과 채도에 반영하여 표현합니다.

간단 실습 | 흰색을 투명하게 하는 Multiply 모드

준비 파일 포토샵/Chapter 03/Thanks.psd

블렌딩 모드 중 가장 많이 사용하는 Multiply 모드는 흰색 부분을 투명하게 만듭니다. Multiply 모드를 이용하여 자연스럽게 합성하는 방법을 알아보겠습니다.

01 ① Ctrl + O 를 눌러 준비 파일을 불러옵니다. ② [Thanks!] 레이어에 흰색 배경이 있는 것을 확인할 수 있습니다.

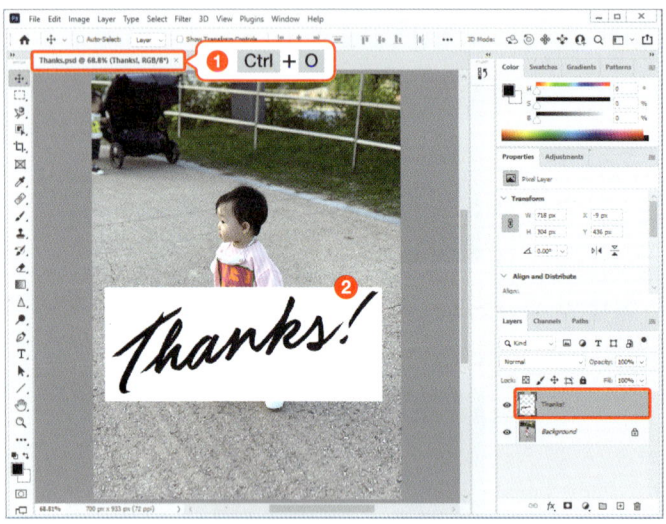

02 ① [Layers] 패널에서 [Thanks!] 레이어를 선택하고 ② 블렌딩 모드를 [Multiply]로 선택합니다. ③ 흰색 배경이 투명해지며 [Background] 레이어와 잘 어울립니다.

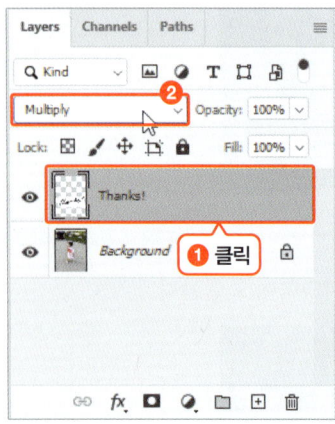

Multiply 모드를 적용하면 흰색 부분이 투명해지면서 로고 이미지만 남습니다. 이처럼 배경이 흰색인 이미지는 따로 세밀하게 선택하여 오려내는 번거로움 없이 자연스럽게 합성할 수 있습니다.

간단 실습 | 검은색을 투명하게 하는 Screen 모드

준비 파일 포토샵/Chapter 03/Fire.psd

Screen 모드는 검은색을 투명하게 만듭니다. 주로 검은색 배경 위에 밝은 빛 이미지를 합성할 때 사용합니다.

01 ① Ctrl + O 를 눌러 준비 파일을 불러옵니다. ② ③ [Fire] 레이어와 [Background] 레이어의 이미지를 확인합니다.

02 ① [Layers] 패널에서 [Fire] 레이어를 선택하고 ② 블렌딩 모드를 [Screen]으로 선택합니다. ③ 검은 배경과 빛이 자연스럽게 어우러집니다.

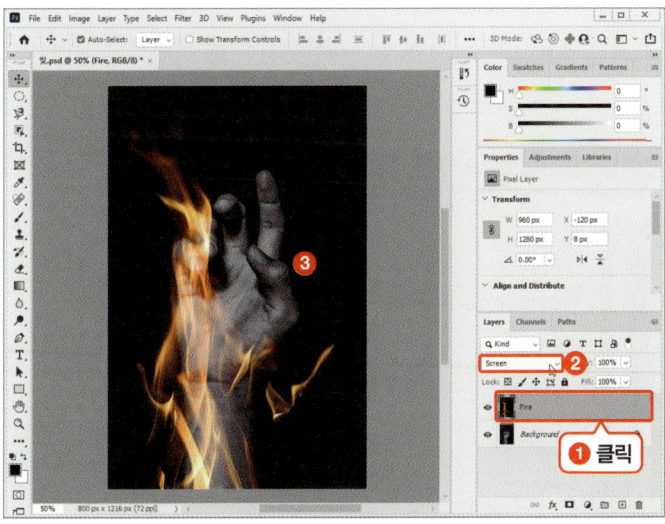

간단 실습 | 이미지 선명도를 높이는 Overlay 모드

준비 파일 포토샵/Chapter 03/오버레이.jpg

Overlay 모드는 대비를 높여 색을 강조하는 효과가 있어 이미지를 선명하게 만들 때 사용합니다. Multiply 와 Screen을 합쳐놓은 모드로 밝은 부분은 더 밝게, 어두운 부분은 더 어둡게 표현합니다.

01 ❶ Ctrl + O 를 눌러 준비 파일을 불러옵니다. ❷ Ctrl + J 를 눌러 [Background] 레이어를 복제합니다.

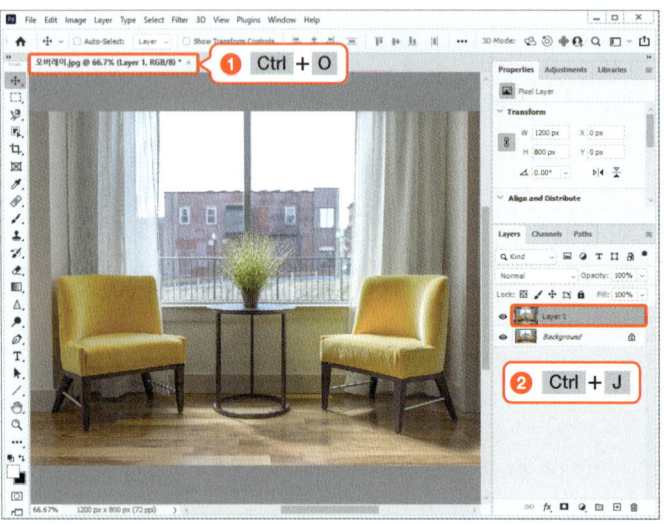

02 ❶ [Layer 1] 레이어를 선택하고 ❷ 블렌딩 모드를 [Overlay]로 선택합니다. ❸ 이미지가 선명해집니다.

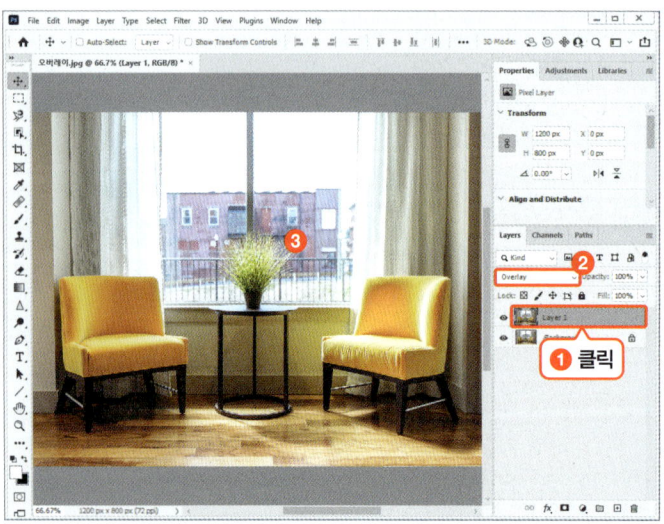

한눈에 실습 빛을 더 강하게 표현하는 Color Dodge 모드

준비 파일 포토샵/Chapter 03/등불.jpg
핵심 기능 Color Dodge

Color Dodge 모드는 검은색보다 밝은 이미지의 색상과 채도를 변화시켜 강한 빛에 노출된 효과를 냅니다. 블렌딩 모드와 불투명도를 조절하여 이미지를 보정해보겠습니다.

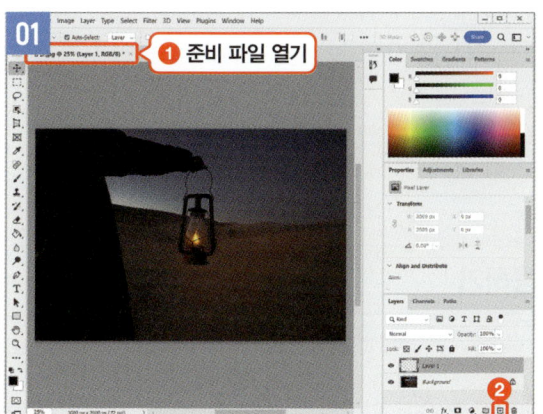

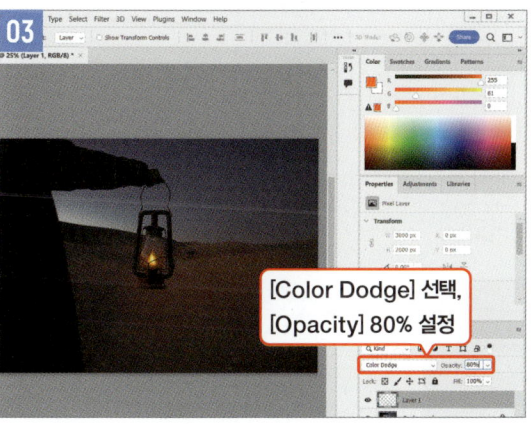
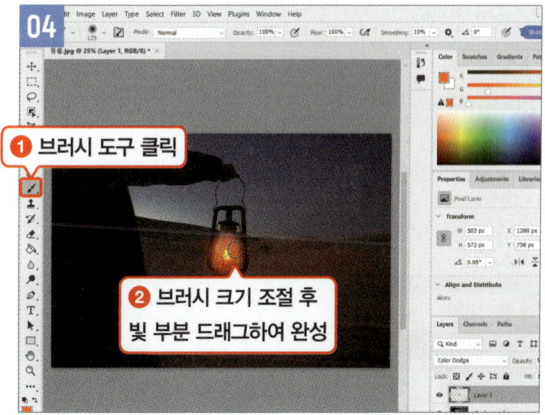

CHAPTER 03 합성의 기본 레이어와 채널

레이어 스타일

포토샵에서는 레이어에 적용할 그림자, 테두리, 입체 효과 등의 다양한 효과를 레이어 스타일로 제공합니다. 레이어 스타일은 원본 이미지를 손상시키지 않고 효과를 적용할 수 있어 실무에서 자주 사용합니다.

레이어 스타일을 사용하는 이유

① 레이어 스타일은 원본 이미지를 손상시키지 않습니다. ② 레이어 스타일은 언제든지 수정이 가능합니다. ③ 벡터, 문자 레이어에도 레이어 스타일을 적용할 수 있습니다. ④ 사용자가 만든 레이어 스타일을 직접 추가하여 관리할 수 있습니다.

간단 실습 레이어 스타일 자유자재로 활용하기

준비 파일 포토샵/Chapter 03/레이어 스타일.psd

레이어 스타일은 [Layer]-[Layer Style] 메뉴를 선택해 적용할 수도 있지만, 대개는 [Layers] 패널에서 적용합니다. [Layers] 패널에서 스타일을 적용하는 방법과 적용된 레이어 스타일을 수정하고 복사하는 방법을 알아보겠습니다.

레이어 스타일 적용하기

❶ Ctrl + O 를 눌러 준비 파일을 불러옵니다. ❷ 문자 레이어가 선택된 상태에서 [Layers] 패널의 레이어 스타일 fx 을 클릭하고 ❸ [Blending Options]를 선택합니다.

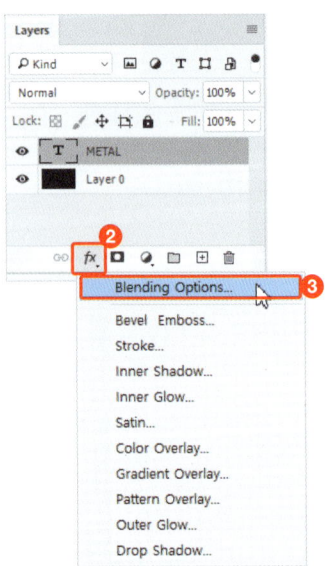

④ [Layer Style] 대화상자가 나타나면 각 항목을 클릭하여 옵션을 설정하고 ⑤ [OK]를 클릭합니다. ⑥ [Layers] 패널에서 레이어 스타일 아이콘 fx 과 레이어 스타일 항목이 표시된 것을 확인할 수 있습니다.

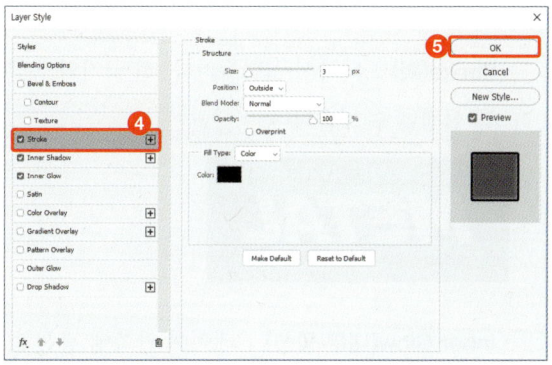
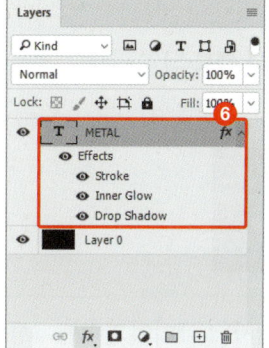

레이어 스타일 복사하기

① [Layers] 패널에서 레이어 스타일 항목을 클릭하고
② Alt 를 누른 채 복사할 레이어로 드래그합니다.

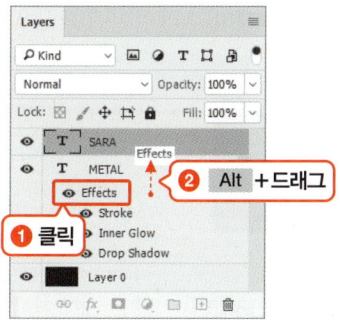

레이어 스타일 삭제하기

[Layers] 패널에서 삭제하고 싶은 레이어 스타일 항목을 삭제 🗑 로 드래그합니다.

레이어 스타일 수정하기

① [Layers] 패널에서 수정하고 싶은 레이어 스타일 항목을 더블클릭합니다. ② [Layer Style] 대화상자가 나타나면 레이어 스타일 항목을 수정할 수 있습니다.

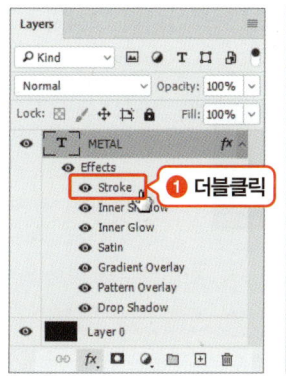
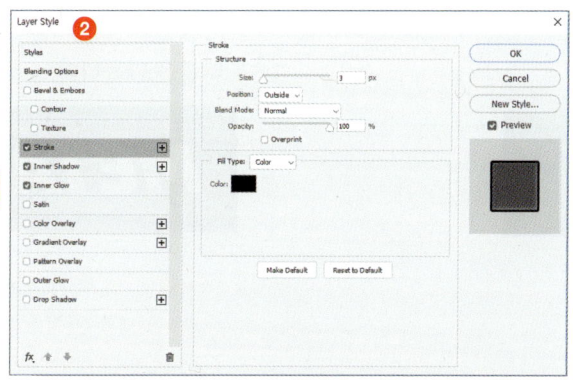

한눈에 보는 레이어 스타일의 종류

포토샵에서 제공하는 레이어 스타일에는 10가지가 있습니다. 각 스타일의 특징을 알고 필요할 때 알맞게 사용하도록 합니다. 레이어 스타일만으로도 멋지게 문자를 디자인할 수 있습니다.

- **Bevel & Emboss(경사와 엠보스)** | 입체감 있는 버튼과 문자를 만들 때 주로 사용합니다.

- **Stroke(획)** | 외곽선을 만듭니다. 선 굵기와 종류를 설정할 수 있습니다.

- **Inner Shadow(내부 그림자)** | 레이어 안쪽에 그림자를 만듭니다. 오려낸 효과를 낼 때 유용합니다.

- **Inner Glow(내부 광선)** | 레이어 안쪽에 광선 효과를 만듭니다.

- **Satin(새틴)** | 유리에서 볼 수 있는 광택 효과를 만듭니다.

- **Color Overlay(색상 오버레이)** | 레이어에 색상을 적용합니다.

- **Gradient Overlay(그레이디언트 오버레이)** | 작업 레이어에 손상을 주지 않고 그레이디언트 효과를 적용합니다.

- **Pattern Overlay(패턴 오버레이)** | 작업 레이어에 손상을 주지 않고 패턴을 적용합니다.

- **Outer Glow(외부 광선)** | 레이어 바깥쪽에 광선 효과를 만듭니다.

- **Drop Shadow(드롭 섀도)** | 레이어의 그림자 스타일을 만듭니다.

레이어 마스크

레이어 마스크는 학교 미술 시간에 한 번쯤은 해보았던 종이에 구멍을 뚫어 물감을 칠하는 스텐실 기법과 유사합니다. 이미지를 합성할 때 원본 이미지에 손상을 주지 않고 효과적으로 합성할 수 있도록 도와줍니다.

간단 실습 | 레이어 마스크 적용하기

준비 파일 포토샵/Chapter 03/발레리나.jpg

01 ① Ctrl + O 를 눌러 준비 파일을 불러오고 ② 사각형 셰이프 도구 □를 클릭합니다. ③ 인물 영역을 드래그해 사각형 셰이프를 만듭니다. ④ 옵션바에서 [Fill]은 [No Color], [Stroke]는 f13f2e, 15px로 설정합니다.

02 ① [Layers] 패널에서 레이어 마스크 □를 클릭하고 ② 전경색을 검은색으로 설정합니다. ③ 다시 [Layers] 패널에서 [Opacity]를 40%로 설정합니다.

> 마스크를 적용할 레이어를 선택하고 레이어 마스크 □를 클릭합니다. [Layers] 패널에서 마스크 섬네일 이미지의 검은색은 가릴 부분이고 흰색은 보일 부분입니다. 정교한 합성 작업을 할 때 주로 사용합니다.

03 ❶ 브러시 도구를 클릭하고 ❷ 인물과 겹쳐진 선을 드래그하여 검은색으로 칠합니다. ❸ 그런 다음 [Opacity]를 100%로 설정합니다. 캔버스 크기를 키우고 작업하면 더 쉽습니다.

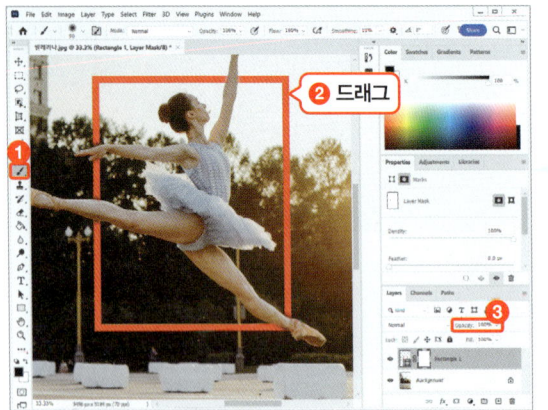

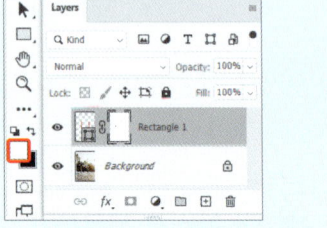

마스크를 다시 지우고 싶다면 전경색을 흰색으로 바꾼 후 되돌리고 싶은 부분을 드래그합니다.

간단 실습 | 클리핑 마스크 적용하기

준비 파일 포토샵/Chapter 03/오렌지.jpg

클리핑 마스크는 레이어끼리 마스크 효과를 내는 것으로, 다양한 모양이나 문자 안에 이미지를 채우는 디자인을 떠올리면 좋습니다. 똑같은 모양 안에 다른 이미지를 넣고 싶다면 레이어 마스크보다 클리핑 마스크를 적용하는 것이 좋습니다. 사용법이 쉽고 간단하기 때문에 실무에서 자주 사용합니다.

01 ❶ Ctrl + N 을 눌러 새 문서를 만들고 ❷ 문자 도구를 클릭합니다. ❸ orange를 입력하고 ❹ Ctrl + Enter 를 눌러 문자 입력을 마칩니다.

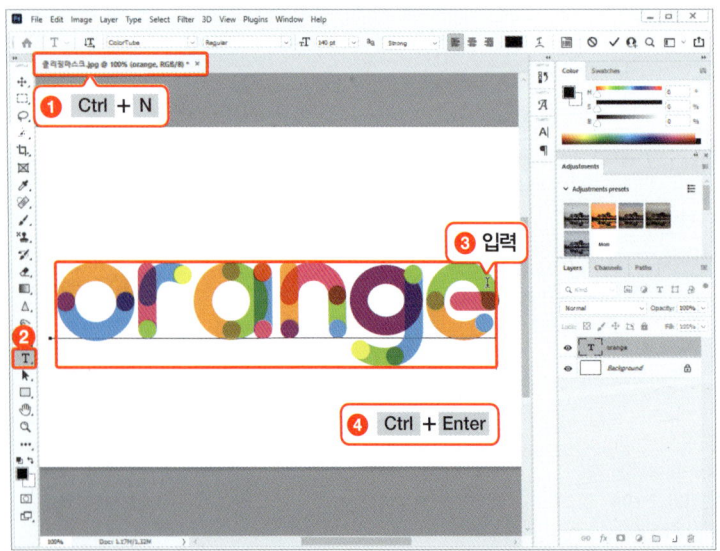

여기서는 ColorTube 글꼴을 사용하여 입력했습니다. 원하는 글꼴을 이용해 입력해보세요.

02   ❶ [File]-[Place Embedded] 메뉴를 선택해 준비 파일을 불러옵니다. ❷ 작업 화면을 더블클릭하여 불러오기를 완료합니다.

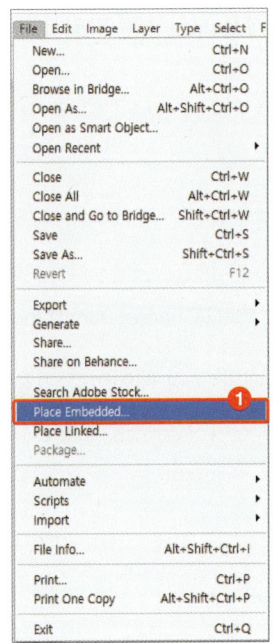
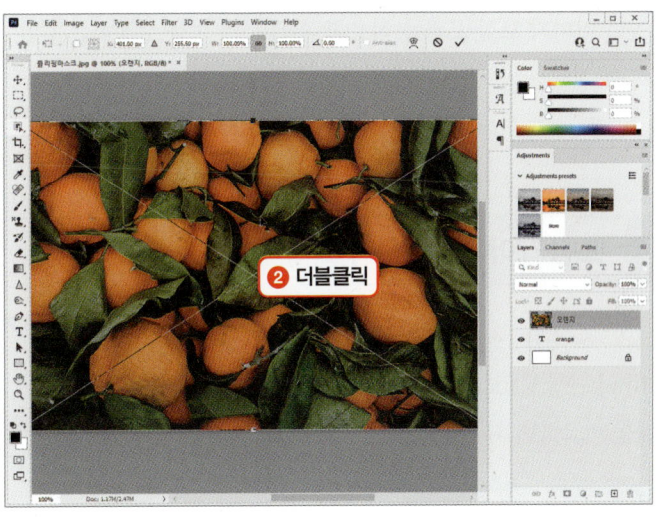

03   ❶ [Layer]-[Create Clipping Mask] 메뉴를 선택합니다. ❷ 클리핑 마스크가 적용되어 문자 뒤로만 준비 파일 이미지가 보입니다. ❸ [Layers] 패널에서 [Background] 레이어를 선택합니다. ❹ 임의의 전경색을 설정하고 ❺ Alt + Delete 를 눌러 색을 채웁니다.

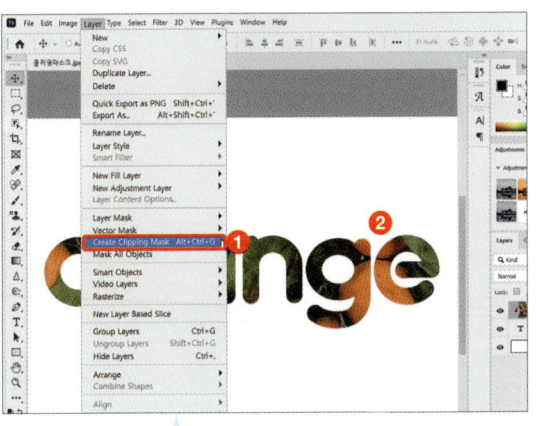

클리핑 마스크를 해제하려면 Alt + Ctrl + G 를 누르거나 Alt 를 누른 채 레이어 사이를 클릭합니다.

조정 레이어

조정 레이어의 최대 강점은 원본 레이어의 이미지 손실 없이 색상, 채도, 명도 등의 보정 작업을 할 수 있다는 것입니다. 다양한 이미지 보정 효과를 적용한 후에도 몇 번을 수정하든 같은 품질을 유지한 채 작업할 수 있습니다.

간단 실습 ─ 조정 레이어 활용하기

준비 파일 포토샵/Chapter 03/등대.jpg

원본 이미지를 [Image]-[Adjustments]에 있는 메뉴를 이용하여 바로 보정했을 때와 조정 레이어를 이용하여 보정했을 때를 비교하면 최종 결과는 같습니다. 하지만 조정 레이어로 작업한 이미지는 수정과 복구가 가능합니다.

원본 이미지에 직접 적용했을 때

① Ctrl + O 를 눌러 준비 파일을 불러옵니다. ② Ctrl + M 을 눌러 [Curves] 대화상자가 나타나면 ③ 옵션을 설정합니다. 원본 이미지를 수정하거나 복구(되돌리기)할 수 없습니다.

> 원본 이미지에 바로 적용했기 때문에 다시 수정하거나 복구하기가 어렵습니다.

조정 레이어를 이용해 적용했을 때

① Ctrl + O 를 눌러 준비 파일을 불러옵니다. ② 조정 레이어 를 클릭하고 [Curves]를 선택합니다. ③ 옵션을 설정합니다. 레이어가 추가되어 이미지를 수정하거나 복구(되돌리기)할 수 있습니다.

> 조정 레이어 를 클릭하면 새로운 조정 레이어가 생성됩니다. 레이어가 나눠져 있으므로 다시 수정하거나 복구할 수 있습니다.

간단 실습 | 조정 레이어 다루기

이미지에 조정 레이어를 적용하는 방법과 적용된 조정 레이어의 설정값을 변경하거나 삭제하는 방법을 알아보겠습니다.

조정 레이어 적용하기

❶ [Layers] 패널에서 조정 레이어를 클릭합니다. ❷ 원하는 스타일을 선택합니다.

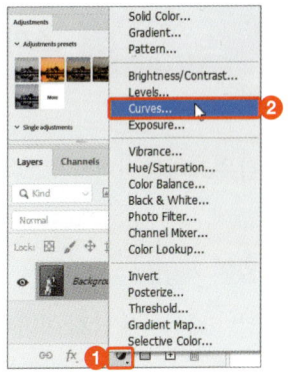

조정 레이어 수정하기

❶ [Layers] 패널에서 조정 레이어의 섬네일 이미지를 더블클릭합니다. ❷ 해당 조정 항목이 [Properties] 패널에 나타나고 값을 수정할 수 있습니다.

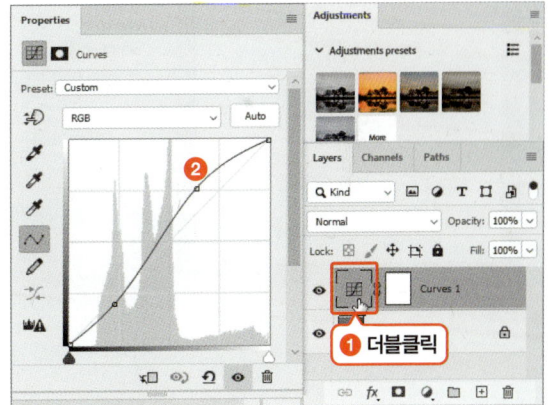

조정 레이어 삭제하기

[Layers] 패널에서 삭제하고 싶은 조정 레이어를 삭제로 드래그합니다.

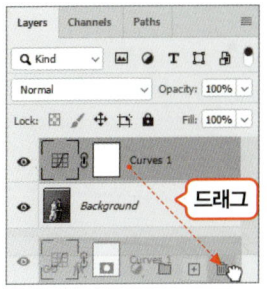

스마트 오브젝트

스마트 오브젝트 레이어는 벡터 속성의 이미지 레이어를 말합니다. 벡터 속성을 가지고 있어 이미지 손실 없이 변형할 수 있습니다. 이미지를 줄였다가 늘여도 이미지 품질이 저하되지 않고, 필터를 적용하더라도 이미지에 직접적인 영향을 주지 않아 언제든지 수정할 수 있습니다.

간단 실습 | 스마트 오브젝트 활용하기

준비 파일 포토샵/Chapter 03/스마트오브젝트.psd

같은 크기의 이미지가 스마트 오브젝트일 경우 크기를 줄이거나 늘여도 이미지 손실 없이 변형할 수 있습니다.

일반 레이어

일반 레이어에 담긴 이미지는 확대하면 뿌옇게 뭉개집니다.

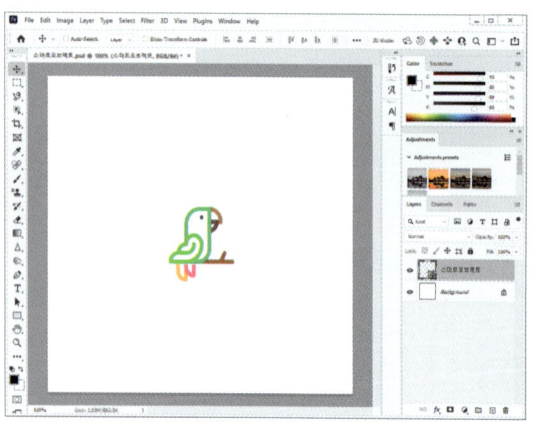
▲ 원본

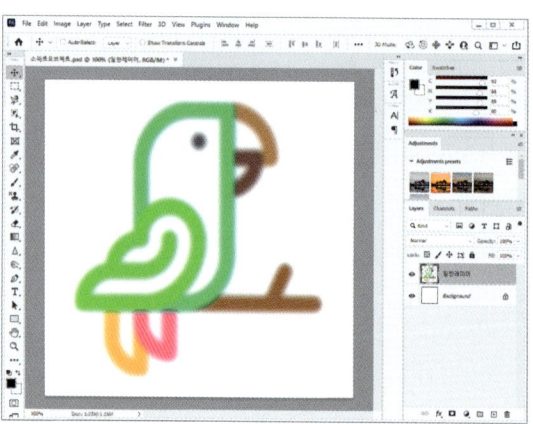
▲ 일반 레이어

스마트 오브젝트

스마트 오브젝트 레이어에 담긴 이미지는 확대해도 선명합니다.

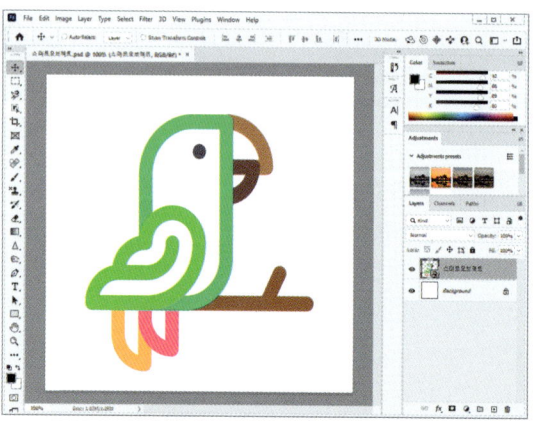
▲ 스마트 오브젝트 레이어

간단 실습 스마트 오브젝트 레이어로 편집하기

준비 파일 포토샵/Chapter 03/스마트오브젝트편집.psd

01 ❶ Ctrl + O 를 눌러 준비 파일을 불러옵니다. ❷ [Layers] 패널의 [질감] 레이어에서 마우스 오른쪽 버튼을 클릭하고 ❸ [Convert to Layers] 메뉴를 선택합니다. ❹ 팝업 창이 나타나면 [OK]를 클릭합니다. ❺ [질감] 레이어가 레이어 그룹으로 변환됩니다.

02 [레드 페인트] 레이어의 눈을 클릭하여 숨기는 등 작업 화면에서 편집할 수 있습니다.

Ps LESSON 02

채널의 모든 것

채널 기초 이해하기

초보자가 포토샵을 공부할 때 가장 어려운 부분이 채널일 것입니다. 채널은 개념도 어렵고 사용법도 쉽지 않지만 꼭 알아두어야 하는 기능입니다. 채널의 중요한 역할과 [Channels] 패널에 대해서 알아보겠습니다.

채널의 중요한 역할

색상 정보 저장하기 : 색상 채널

여러 색상이 섞여져 이미지 전체를 구성하게 됩니다. 채널은 이미지를 구성하는 각각의 색상 정보를 기억하는 역할을 하고 이미지 모드에 따라 자동으로 [Channels] 패널에 표시됩니다.

선택 영역 저장하기 : 알파 채널

알파 채널은 선택 영역을 저장할 때 사용됩니다. 256단계의 음영으로 선택 영역을 결정해 저장할 수 있으며 언제든지 저장된 선택 영역을 불러와 사용할 수 있습니다.

[Channels] 패널 살펴보기

우선 채널을 알아보기 전에 RGB와 CMYK의 차이를 알아두어야 합니다(064쪽). RGB 이미지는 Red 채널, Green 채널, Blue 채널과 세 가지 채널의 색상 정보가 합쳐진 RGB 채널로 구성되어 있습니다.

① 빨간색 정보를 가지고 있는 Red 채널
② 초록색 정보를 가지고 있는 Green 채널
③ 파란색 정보를 가지고 있는 Blue 채널
④ 세 가지 채널이 혼합된 RGB 채널

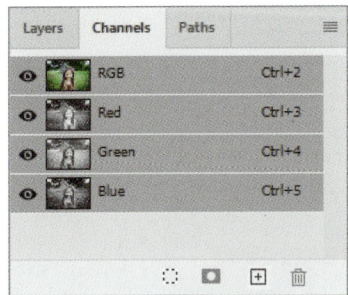
▲ RGB 모드일 때 [Channels] 패널

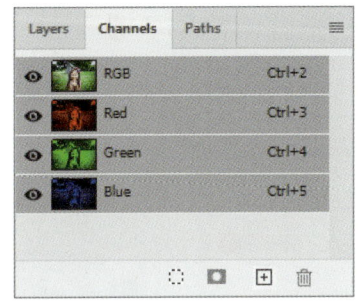
▲ [Edit]–[Preferences]–[Interface] 메뉴에서 [Show Channels in Color]에 체크하면 해당 컬러로 볼 수 있습니다.

간단 실습   색상 채널을 이용하여 채널별 보정하기

준비 파일 포토샵/Chapter 03/채널.jpg

색상 채널이 무엇인지 알았다면 Red 채널, Green 채널, Blue 채널별로 커브를 적용해보겠습니다.

01 ❶ Ctrl + O 를 눌러 준비 파일을 불러옵니다. ❷ [Adjustments] 패널의 [Curves]를 클릭합니다.

02 ❶ [Properties] 패널에서 [Red] 채널을 선택합니다. ❷ 그런 다음 커브 그래프를 위로 드래그합니다.
❸ Red 채널에만 적용됩니다.

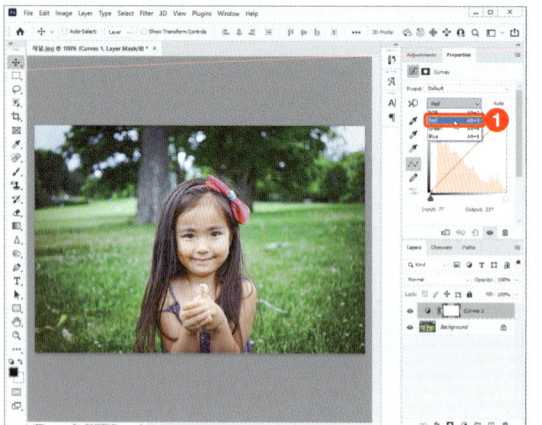 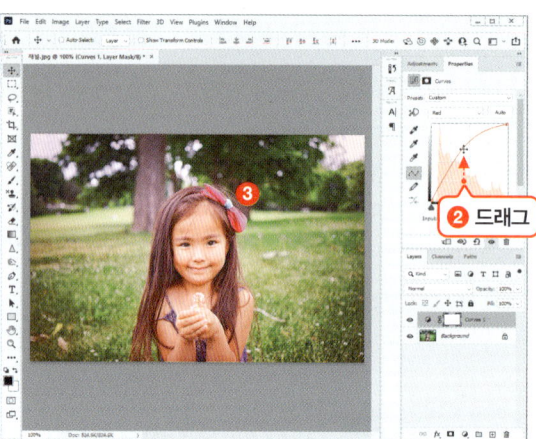

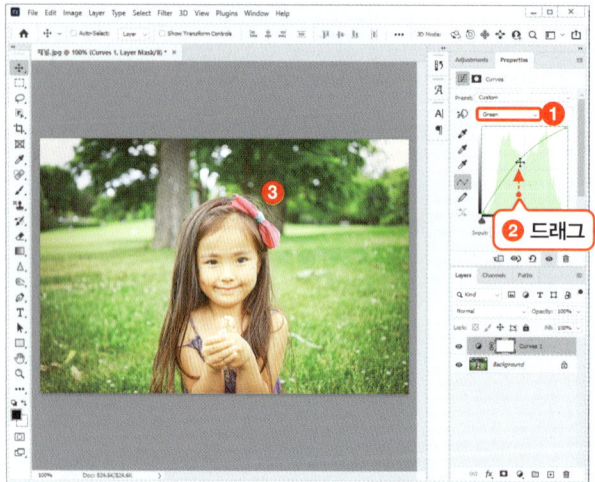

03 ❶ [Properties] 패널에서 [Green] 채널을 선택합니다. ❷ 그런 다음 커브 그래프를 위로 드래그합니다. ❸ Green 채널에만 적용됩니다.

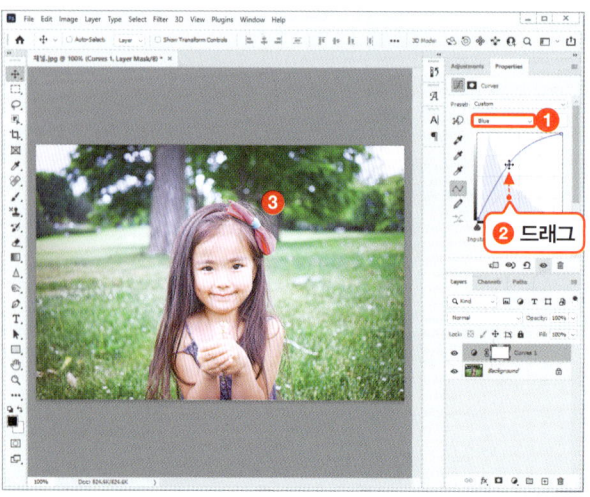

04 ❶ [Properties] 패널에서 [Blue] 채널을 선택합니다. ❷ 그런 다음 커브 그래프를 위로 드래그합니다. ❸ Blue 채널에만 적용됩니다.

05

① [Properties] 패널에서 [RGB] 채널을 선택합니다. ② 그런 다음 커브 그래프를 아래로 드래그합니다. ③ 전체 채널에 적용됩니다.

간단 실습 | 컬러 모드 변경하고 채널 확인하기

준비 파일 포토샵/Chapter 03/컬러모드.jpg

컬러 모드란 이미지가 가진 색상 정보를 말합니다. 모니터로 보는 용도인 RGB 모드에서 인쇄할 때 사용하는 CMYK 모드로 바꾸는 방법을 알아보겠습니다.

① Ctrl + O 를 눌러 준비 파일을 불러옵니다. ② [Image]-[Mode]-[CMYK Color] 메뉴를 선택합니다. ③ 이미지가 탁해지면서 [Channels] 패널의 색상 정보가 CMYK로 바뀝니다.

[Image]-[Mode]-[CMYK Color] 메뉴를 선택하면 경고 창이 나타날 수 있습니다. CMYK 모드로 변경하는 것을 동의하냐는 질문이므로 [OK]를 클릭하여 진행합니다.

CHAPTER 03 합성의 기본 레이어와 채널 **223**

이미지 모드별 채널 구성 확인하기

이미지 모드를 변경하면 이미지 모드에 따라 이미지와 [Channels] 패널이 다르게 표시됩니다.

▲ Grayscale 모드

▲ Bitmap 모드

▲ Index 모드

▲ Duotone 모드

간단 실습 — 알파 채널을 이용하여 사진 일부만 흑백으로 만들기

준비 파일 포토샵/Chapter 03/Bird.jpg

[Channels] 패널에 표시된 알파 채널은 언제든지 선택 영역으로 불러와 다시 사용할 수 있습니다. 저장된 알파 채널은 파일을 종료해도 같이 저장되기 때문에 유용하게 사용할 수 있습니다.

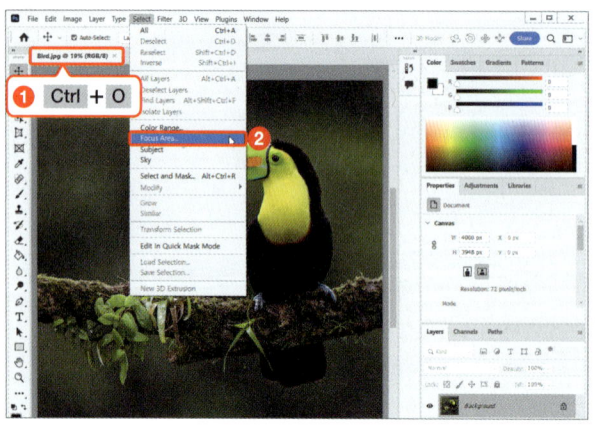

01 ❶ Ctrl + O 를 눌러 준비 파일을 불러옵니다. ❷ [Select]-[Focus Area] 메뉴를 선택합니다.

02 ❶ [Focus Area] 대화상자의 [Output To]를 [Selection]으로 선택하고 ❷ [OK]를 클릭합니다. ❸ 새와 나무 영역만 선택 영역으로 활성화됩니다.

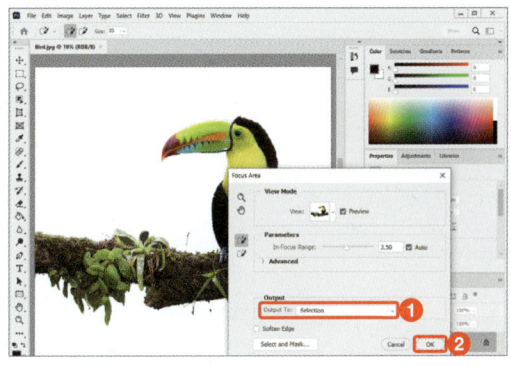 

03 ❶ [Channels] 패널에서 채널 □을 클릭하고 ❷ Ctrl + D 를 눌러 선택 영역을 해제합니다. ❸ 그런 다음 [Alpha 1] 채널을 선택합니다.

 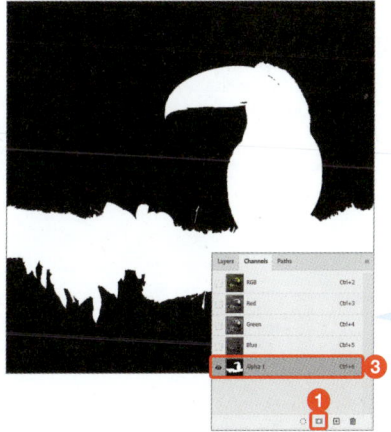

[Channels] 패널에서 [Alpha 1] 채널의 눈만 켜진 상태여야 실습 화면과 같습니다. 새와 나무 영역과 배경 영역이 반대로 표시된다면 [Channels] 패널에서 [Alpha 1] 채널의 눈만 켜고 다른 채널의 눈은 모두 끕니다.

04 ❶ Ctrl 을 누른 채 [Alpha 1] 채널의 섬네일을 클릭하고 ❷ Shift + Ctrl + I 를 눌러 선택 영역을 반전합니다. ❸ [RGB] 채널을 클릭하고 ❹ Ctrl + U 를 눌러 [Hue/Saturation] 대화상자를 불러옵니다. ❺ [Saturation]을 –100으로 설정하고 ❻ [OK]를 클릭합니다. ❼ 뒷배경이 흑백으로 변합니다.

 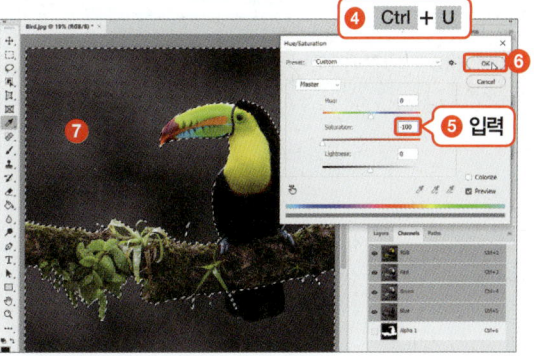

CHAPTER 04

전문가처럼 보정하는 이미지 보정법과 필터

다양한 이미지 보정법을 알아봅니다.
클릭 한 번으로 보정하는 방법은 물론,
블로그나 SNS에 올릴 수 있는 인물 보정법,
풍경 보정법을 실습합니다.
포토샵에서 제공하는 기능과
다양한 필터를 활용한다면
전문가 못지않은 결과물을 만들 수 있습니다.

전문가처럼 보정하기

[Adjustments] 메뉴를 활용하는 다양한 방법

디지털카메라를 이용해서 찍은 사진이 너무 어둡거나 밝게 나왔을 때 또는 사진의 색상을 바꾸고 싶을 때, [Adjustments] 메뉴를 이용하면 쉽고 간단하게 이미지를 보정할 수 있습니다. 선명도 조정하기, 흑백 사진 만들기, 특정 색상만 변경하기 등 이미지를 보정하는 방법에 대해 자세히 알아보겠습니다.

Adjustments 종류

[Image]-[Adjustments] 메뉴에는 이미지를 보정하는 기능이 모여 있습니다. 이미지의 색상, 명도, 채도를 보정할 수 있는 기본 메뉴는 물론, 세부 옵션을 통해 세밀하게 보정할 수 있는 메뉴가 포함되어 원하는 대로 이미지를 보정할 수 있습니다.

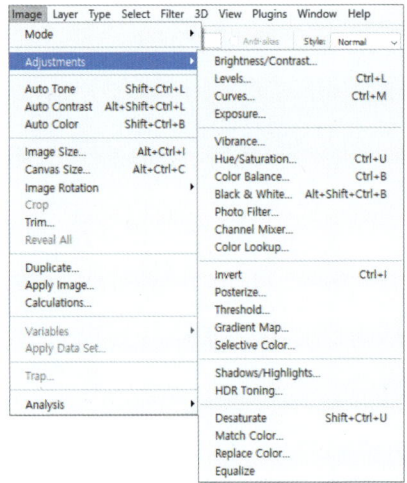

조정 레이어 사용하기

이미지를 보정할 때 [Adjustments] 패널의 조정 항목을 클릭하거나 [Layers] 패널의 조정 레이어 아이콘을 클릭하면 [Layers] 패널에 조정 레이어가 만들어집니다. [Image]-[Adjustments] 메뉴를 이용한 것과 보정 결과는 같지만 보정 효과가 이미지에 바로 적용되지 않기 때문에 원본이 보존되고 이후에도 이미지를 손쉽게 수정할 수 있습니다.

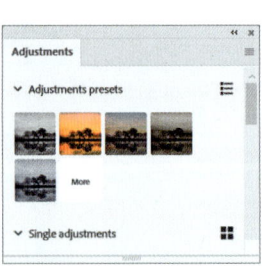

▲ [Adjustments] 패널의 다양한 조정 프리셋

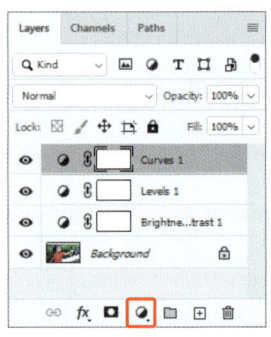

▲ [Layers] 패널의 조정 레이어 아이콘

| 한눈에 실습 | **1초 만에 자동으로 색상 보정하기** |

준비 파일 포토샵/Chapter 04/자동보정.jpg
핵심 기능 Auto Tone, Auto Contrast, Auto Color

[Image] 메뉴의 [Auto Tone], [Auto Contrast], [Auto Color] 메뉴는 클릭 한 번으로 이미지의 명도, 대비, 색상을 보정할 수 있습니다.

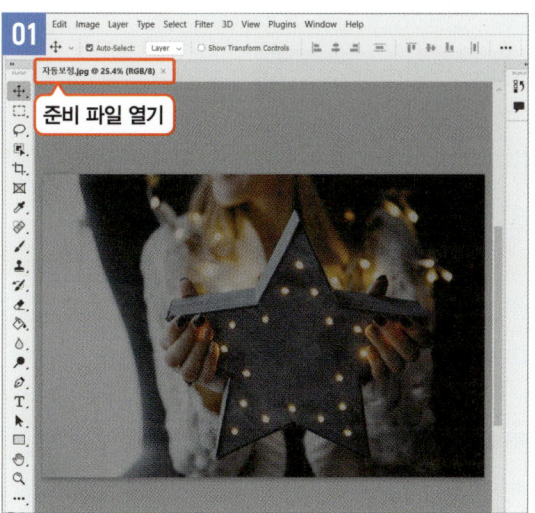

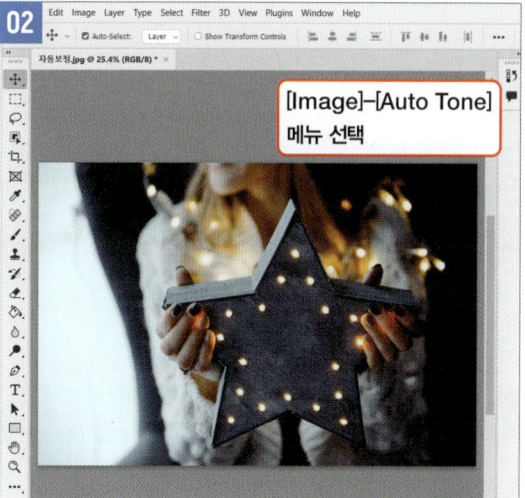

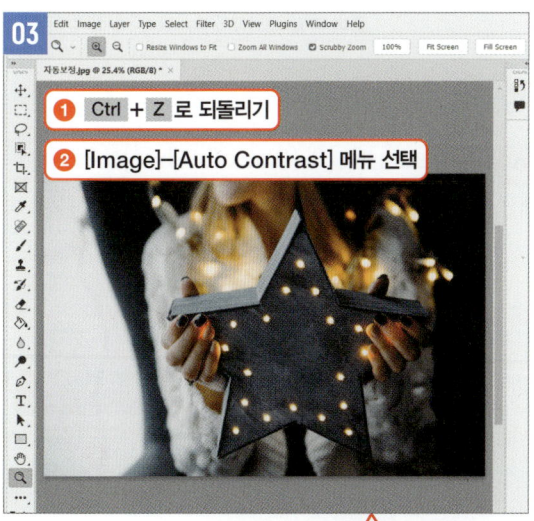

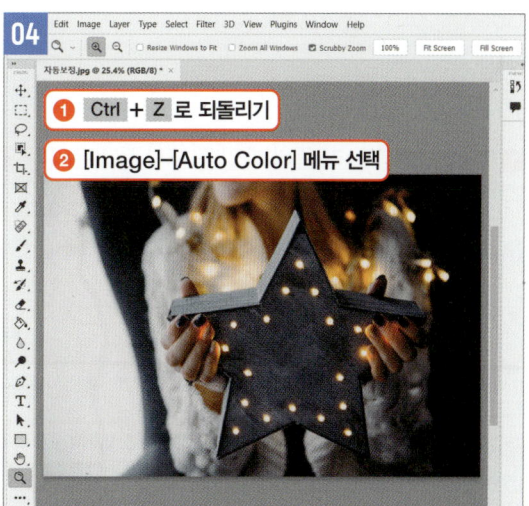

CHAPTER 04 전문가처럼 보정하는 이미지 보정법과 필터

간단 실습 | 흑백 이미지 만들기 ★중요

준비 파일 포토샵/Chapter 04/흑백사진.jpg

Desaturate는 이미지의 채도를 '-100'으로 낮춰 흑백으로 변경합니다.

❶ Ctrl + O 를 눌러 준비 파일을 불러옵니다. ❷ [Image]-[Adjustments]-[Desaturate] 메뉴를 선택합니다. ❸ 흑백 이미지가 완성됩니다.

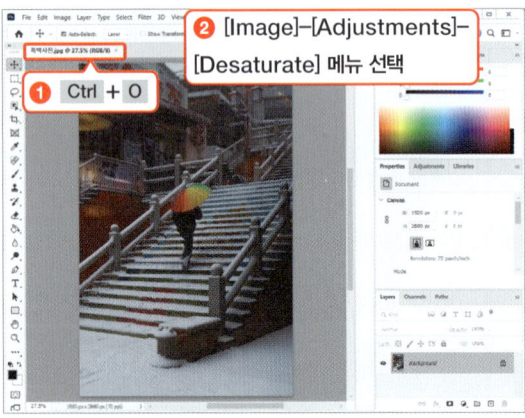

Desaturate 기능의 단축키는 Shift + Ctrl + U 입니다.

간단 실습 | 흑백 이미지를 원하는 톤으로 보정하기

준비 파일 포토샵/Chapter 04/흑백사진.jpg

흑백 이미지에 색조를 추가하여 원하는 톤으로 사진을 보정해보겠습니다.

❶ Ctrl + O 를 눌러 준비 파일을 다시 불러옵니다. ❷ [Adjustments] 패널의 [Black & White]를 클릭합니다. ❸ 이미지가 흑백으로 변합니다. ❹ [Properties] 패널에서 [Tint]에 체크하고 ❺ 색상 슬라이더를 조절하여 원하는 톤으로 보정합니다.

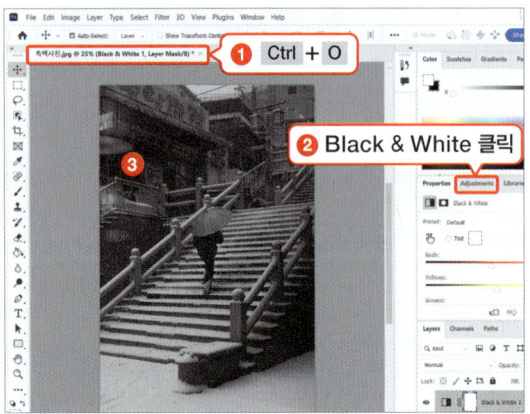

[Properties] 패널의 [Black & White] 살펴보기

① **Preset(사전 설정)** | 기본으로 제공하는 사전 설정 목록에서 다양한 느낌의 흑백 스타일을 적용할 수 있습니다.
② **Tint(색조)** | 흑백 이미지에 색조를 추가하여 특정 톤으로 변경합니다.
③ **슬라이더** | 채널별로 슬라이더를 조절하여 흑백 상태를 조절합니다.

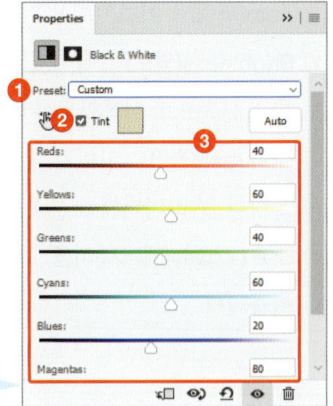

> Black & White 기능의 단축키는 Alt + Shift + Ctrl + B 입니다.

이미지를 선명하게 만들기

포토샵에서 가장 많이 사용하는 이미지 보정 방법은 색상 대비와 밝기를 조절하는 것입니다. 이미지를 선명하게 만드는 [Adjustments] 메뉴의 사용 방법을 알아보겠습니다.

간단 실습 | Brightness/Contrast로 밝기와 대비를 빠르게 조절하기

준비 파일 포토샵/Chapter 04/아이.jpg

이미지를 전체적으로 밝게 또는 선명하게 조절할 때 사용합니다. 사용 방법이 간단해 초보자도 쉽게 사용할 수 있지만 세밀하게 조절하기는 어렵습니다. 세밀하게 조정하려면 Levels나 Curves를 사용합니다.

① Ctrl + O 를 눌러 준비 파일을 불러와 ② [Adjustments] 패널의 [Brightness/Contrast]를 클릭합니다. ③ [Properties] 패널에서 [Brightness] 슬라이더를 오른쪽으로 옮깁니다. ④ 이미지가 밝게 보정됩니다.

[Properties] 패널의 [Brightness/Contrast] 살펴보기

① **Auto(자동)** | 이미지의 밝기와 대비를 자동으로 조절합니다.
② **Brightness(명도)** | 이미지의 전체적인 밝기를 조절하며, 슬라이더를 오른쪽으로 이동할수록 밝아집니다.
③ **Contrast(대비)** | 이미지의 전체적인 대비를 조절하여 선명하게 만듭니다. 슬라이더를 오른쪽으로 이동할수록 대비가 강해집니다.
④ **Use Legacy(레거시 사용)** | 체크하면 이미지 전체의 명암 차이가 줄어듭니다.

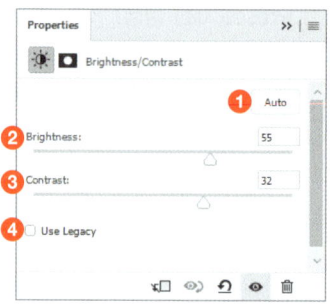

간단 실습 — Levels로 명도 조절하기 ★중요

준비 파일 포토샵/Chapter 04/레벨.jpg

Levels는 가장 많이 사용하는 명도 대비 기능입니다. 어두운 톤(Shadow), 중간 톤(Midtone), 밝은 톤(Highlight)의 슬라이더를 조절하여 이미지의 명도를 변경할 수 있습니다.

01 ① Ctrl + O 를 눌러 준비 파일을 불러오고 ② [Adjustments] 패널의 [Levels]를 클릭합니다. ③ [Properties] 패널에서 어두운 톤의 슬라이더를 오른쪽으로 드래그하여 옮깁니다.

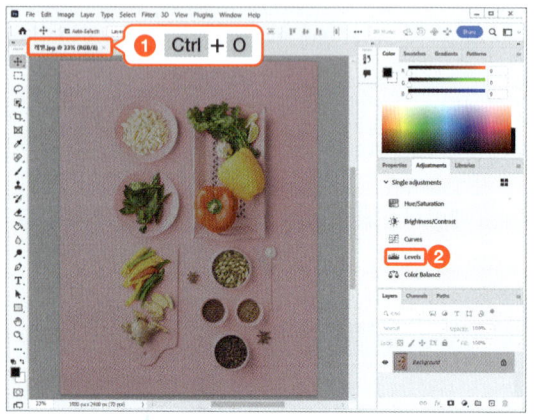
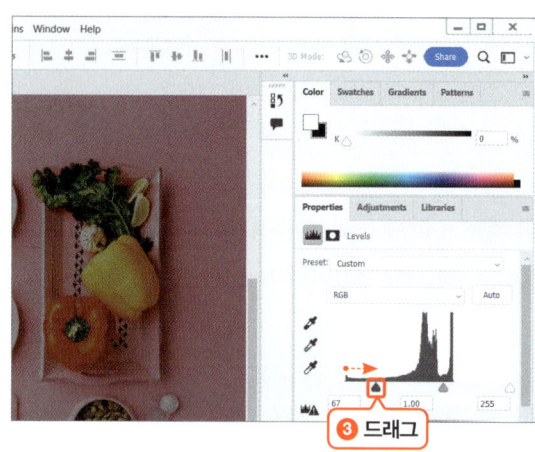

Levels 기능의 단축키는 Ctrl + L 입니다.

02 ❶ 중간 톤 슬라이더는 왼쪽으로 ❷ 밝은 톤 슬라이더도 왼쪽으로 드래그해 보정을 마무리합니다.

[Properties] 패널의 [Levels] 살펴보기

① **Preset(사전 설정)** | 사전 설정 목록의 레벨값을 적용합니다.
② **Channel(채널)** | 레벨을 적용할 채널을 선택합니다.
③ **Auto(자동)** | 이미지의 명도 대비를 자동으로 조정합니다.
④ **Input Levels(입력 레벨)** | 슬라이더 조절점을 드래그하여 이미지의 어두운 톤, 중간 톤, 밝은 톤을 조절합니다.
⑤ **Output Levels(출력 레벨)** | 전체적인 밝기를 조절합니다.

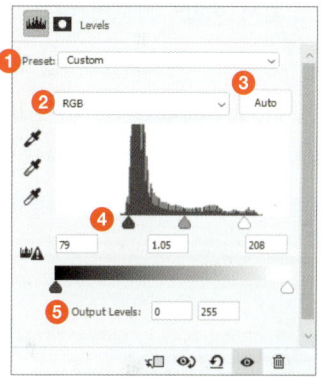

간단 실습 — Curves로 선명하게 보정하기 ★중요

준비 파일 포토샵/Chapter 04/커브.jpg

01 ❶ Ctrl + O 를 눌러 준비 파일을 불러오고 ❷ [Adjustments] 패널의 [Curves]를 클릭합니다. ❸ [Properties] 패널에서 오른쪽의 그래프를 위로 살짝 드래그하여 이미지를 밝게 만듭니다.

02 ❶ 왼쪽의 그래프를 아래로 살짝 드래그합니다. ❷ 이미지가 어두워지고 선명해집니다.

Curves 기능은 곡선 그래프를 이용하여 명도와 채도를 변경합니다. Curves 기능의 단축키는 Ctrl + M 입니다.

[Properties] 패널의 [Curves] 살펴보기

① **Preset(사전 설정)** | 사전 설정 목록의 커브값을 적용합니다.
② **Channel(채널)** | 색상 채널을 선택할 수 있으며, 일반적으로 [RGB]로 작업합니다.
③ **곡선, 연필** | 기본적으로는 곡선으로 커브를 조절합니다. 연필을 이용해서 그래프 위를 직접 드래그하면 곡선이 만들어집니다.
④ **Input/Output** | 커브값이 표시되며 기준점을 만든 후 보정값을 설정합니다.

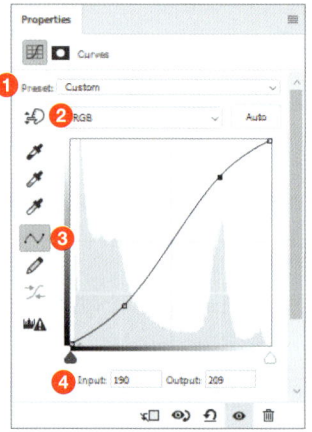

간단 실습 — Shadows/Highlights로 역광 보정하기

준비 파일 포토샵/Chapter 04/역광사진.jpg

노출이 부족한 부분은 밝게, 너무 밝은 부분은 어둡게 조절하여 역광 이미지를 보정합니다.

❶ Ctrl + O 를 눌러 준비 파일을 불러옵니다. ❷ [Image]-[Adjustments]-[Shadows/Highlights] 메뉴를 선택합니다. ❸ [Shadows/Highlights] 대화상자의 [Shadows] 슬라이더를 오른쪽으로 드래그해 옮기고 ❹ [OK]를 클릭합니다. ❺ 역광이 보정됩니다.

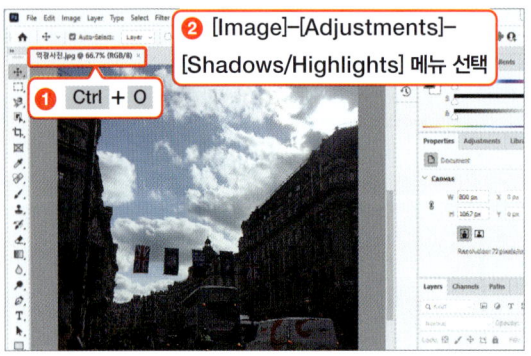
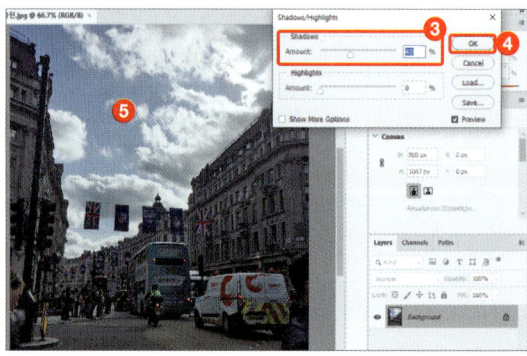

[Shadows/Highlights] 대화상자 살펴보기

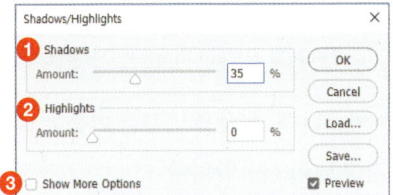

① **Shadows(어두운 영역)** | 어두운 영역을 조절합니다.
② **Highlights(밝은 영역)** | 밝은 영역을 조절합니다.
③ **Show More Options(옵션 확장 표시)** | 체크하면 세부 옵션을 조절할 수 있는 대화상자로 바뀝니다.

간단 실습   Exposure로 카메라 노출 보정하기

준비 파일 포토샵/Chapter 04/카메라노출.jpg

노출이 부족하거나 과한 이미지를 보정합니다. Exposure 조절만으로도 충분히 보정할 수 있습니다.

① `Ctrl` + `O` 를 눌러 준비 파일을 불러오고 ② [Image]-[Adjustments]-[Exposure] 메뉴를 선택합니다.
③ [Exposure] 대화상자의 [Exposure] 슬라이더를 오른쪽으로 드래그해 옮기고 ④ [OK]를 클릭합니다.
⑤ 노출이 보정됩니다.

간단 실습 | Hue/Saturation으로 색상, 채도, 명도를 한번에 조절하기 ★중요

준비 파일 포토샵/Chapter 04/색조.jpg

포토샵을 이용하면 이미지의 특정 부분을 원하는 색상으로 쉽게 바꿀 수 있습니다. 색상을 바꾸는 기능은 많지만 색상, 채도, 명도를 한번에 바꿀 수 있는 Hue/Saturation 기능을 가장 많이 사용합니다.

01 ① `Ctrl` + `O` 를 눌러 준비 파일을 불러오고 ② [Adjustments] 패널의 [Hue/Saturation]을 클릭합니다. ③ [Properties] 패널에서 [Hue] 슬라이더를 오른쪽으로 드래그해 옮기면 ④ 이미지 색상이 전체적으로 보정됩니다. ⑤ 재설정 ↺ 을 클릭하여 초기화합니다.

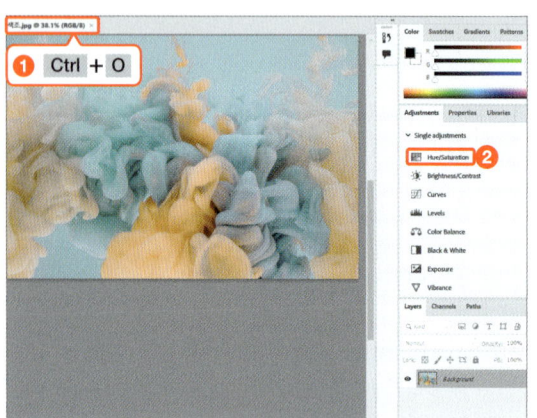 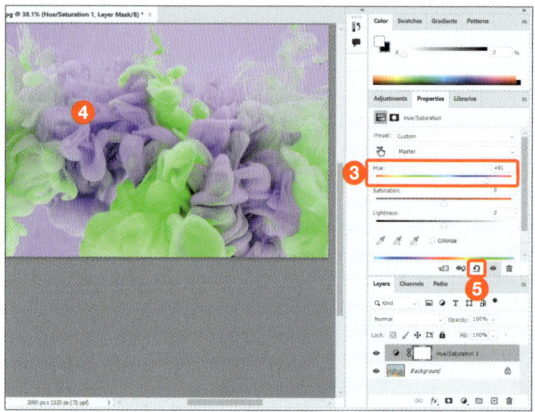

Hue/Saturation 기능의 단축키는 `Ctrl` + `U` 입니다.

02 ① [Reds]를 선택하고 ② [Hue] 슬라이더를 왼쪽으로 드래그해 옮깁니다. ③ 주황색 연기 부분의 색상만 변경됩니다. ④ 이번에는 [Saturation], [Lightness] 슬라이더를 모두 조절하여 ⑤ 이미지를 보정합니다.

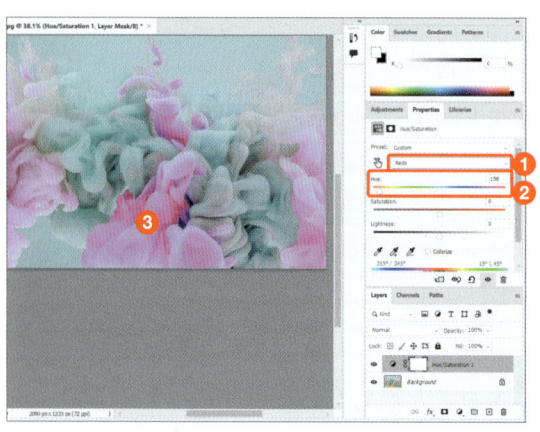 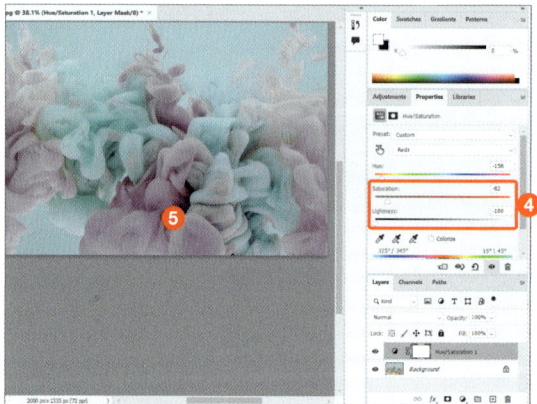

[Hue] 슬라이더를 조절하면 빨간색과 파란색의 혼합색 계열이던 보라색은 빨간색이 빠져 상대적으로 파란색 기운이 도드라져 보이는 청록색(녹색과 파란색의 혼합색)이 되고, 녹색은 반대로 보라색이 됩니다.

[Properties] 패널의 [Hue/Saturation] 살펴보기

① **Preset(사전 설정)** | 사전 설정 목록의 Hue/Saturation 값을 적용합니다.
② **Master(채널 선택)** | 색상을 보정할 채널을 선택합니다.
③ **Hue(색조)** | 슬라이더 조절점을 이동하면 색상이 변경됩니다.
④ **Saturation(채도)** | 채도값을 조절합니다. -100일 경우 흑백 이미지로 보정됩니다.
⑤ **Lightness(명도)** | 전체 이미지의 밝기만 조절합니다.
⑥ **스포이트** | [Master] 외의 채널을 선택했을 때 활성화됩니다. 이미지를 클릭하면 선택된 픽셀의 색상만 변경됩니다.
⑦ **Colorize(색상화)** | 체크하면 단색 계열의 이미지가 만들어집니다.

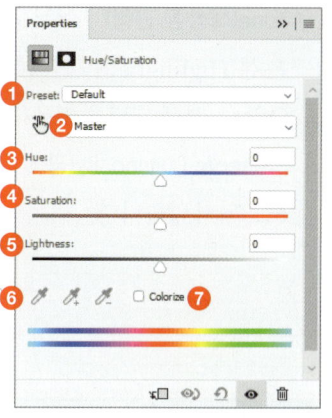

간단 실습 Color Balance로 색상 조절하기 ★중요

준비 파일 포토샵/Chapter 04/색상밸런스.jpg

Color Balance는 보색이 표시되는 부분의 슬라이더를 조절하여 이미지의 색상을 어두운 톤, 중간 톤, 밝은 톤으로 분리해 보정합니다.

① Ctrl + O 를 눌러 준비 파일을 불러오고 ② [Adjustments] 패널의 [Color Balance]를 클릭합니다. ③ [Properties] 패널에서 [Yellow]의 보색인 [Blue]로 슬라이더를 드래그해 옮깁니다. ④ 전체 색감에 맞춰 [Cyan] 슬라이더를 알맞게 조절하여 ⑤ 완성합니다.

Color Balance 기능의 단축키는 Ctrl + B 입니다.

[Properties] 패널의 [Color Balance] 살펴보기

① **Tone(색상 톤 균형)** | 어두운 톤(Shadows), 중간 톤(Midtones), 밝은 톤(Highlights)을 선택하여 색상을 조절할 수 있습니다.

② **Color** | 보색 개념을 이용하여 색상을 보정합니다.

③ **Preserve Luminosity(광도 유지)** | 체크를 해제하면 명도와 대비가 보호되지 않습니다.

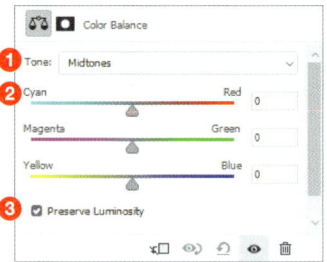

간단 실습 — Photo Filter로 다양한 필터 효과 내기

준비 파일 포토샵/Chapter 04/포토필터.jpg

Photo Filter는 색 온도를 조절하여 화이트 밸런스를 맞출 수 있습니다. 카메라 렌즈 필터와 비슷한 기능을 합니다.

① Ctrl + O 를 눌러 준비 파일을 불러옵니다. ② [Adjustments] 패널의 [Photo Filter]를 클릭합니다. ③ [Properties] 패널에서 [Filter]를 [Cooling Filter (80)]으로 선택합니다. ④ 노랗던 이미지에 차가운 색을 적용하여 색 온도가 낮아졌습니다.

색 온도가 높아 이미지가 전체적으로 노랗게 보입니다.

간단 실습 | Selective Color로 특정 색상만 보정하기

준비 파일 포토샵/Chapter 04/선택색상.jpg

Selective Color는 특정한 색상만 선택하여 원하는 색상으로 바꾸거나 선택한 색상을 더 진하게 만들 때 사용합니다.

01 ❶ Ctrl + O 를 눌러 준비 파일을 불러오고 ❷ [Adjustments] 패널의 [Selective Color]를 클릭합니다. ❸ [Properties] 패널에서 [Colors]를 [Greens]로 선택합니다. ❹ 슬라이더를 드래그하여 선택한 채널에 색상을 추가하거나 제거합니다. ❺ 초록색만 보정됩니다.

02 [Absolute]를 클릭하여 색상 보정을 완성합니다.

[Absolute]를 클릭하면 변화된 색상에 절대적인 채널값을 적용합니다.

[Properties] 패널의 [Selective Color] 살펴보기

① **Colors(색상)** | 아홉 개의 색상 채널로 구성되어 있습니다. 채널별로 선택하여 색상을 조절할 수 있습니다.
② **Cyan/Magenta/Yellow/Black** | Colors에서 선택한 채널에 색상을 추가하거나 제거할 수 있습니다.
③ **Relative(상대치)** | 원본 이미지의 색상을 기준으로 변경합니다.
④ **Absolute(절대치)** | 변화된 색상에 절대적인 채널값을 적용합니다.

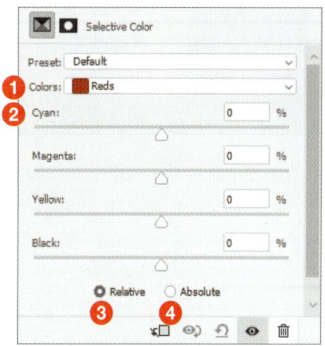

간단 실습 | Replace Color로 옷감 색상 바꾸기

준비 파일 포토샵/Chapter 04/컬러변경.jpg

Replace Color는 스포이트로 클릭한 부분의 색상 범위를 지정하여 색상, 채도, 명도를 변경합니다.

01 ① Ctrl + O 를 눌러 준비 파일을 불러오고 ② [Image]-[Adjustments]-[Replace Color] 메뉴를 선택합니다. ③ [Replace Color] 대화상자가 나타나고 마우스 포인터가 스포이트 모양으로 변하면 빨간색 천 부분을 클릭합니다.

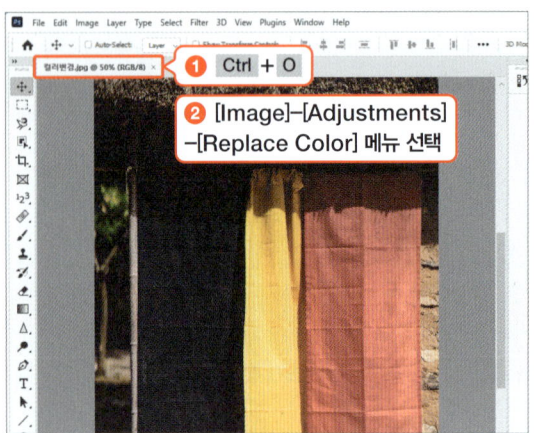

02 ① [Replace Color] 대화상자의 [Hue] 슬라이더를 조절합니다. ② 원하는 색으로 설정한 후 ③ [OK]를 클릭합니다.

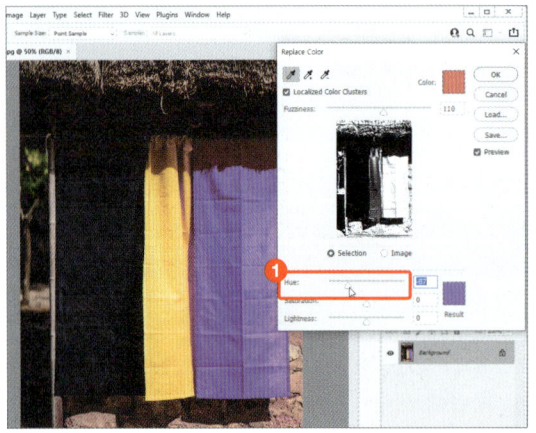
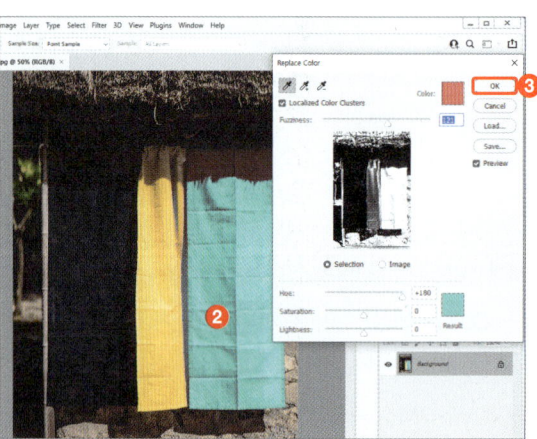

[Replace Color] 대화상자 살펴보기

① **스포이트 도구** | 샘플 색상을 선택합니다. 샘플 색상 추가 도구를 선택한 후 클릭하면 샘플 영역에 추가되고, 샘플 색상 빼기 도구를 선택한 후 클릭하면 샘플 영역에서 제거됩니다.

② **Localized Color Clusters(지역화된 색상 집합)** | 체크하면 지역화된 색상 집합을 지정합니다.

③ **Fuzziness(허용량)** | 샘플 색상의 범위를 지정합니다.

④ **Selection/Image(선택/이미지)** | 선택 영역을 흰색으로 볼지, 원본 이미지로 볼지 정합니다.

⑤ **Hue/Saturation/Lightness(색상/채도/명도)** | 각 슬라이더를 드래그하여 색상/채도/명도를 변경할 수 있습니다.

간단 실습 | Posterize로 포스터 느낌 표현하기

준비 파일 포토샵/Chapter 04/포스터.jpg

❶ Ctrl + O 를 눌러 준비 파일을 불러옵니다. ❷ [Image]-[Adjustments]-[Posterize] 메뉴를 선택합니다. ❸ [Posterize] 대화상자의 [Levels]에 채널당 사용할 색상 수를 입력한 후 ❹ [OK]를 클릭합니다. 여기서는 4를 입력했습니다. ❺ 이미지가 포스터 느낌으로 바뀝니다.

Posterize는 채널당 사용할 색상 수를 설정하여 이미지를 단순화합니다.

간단 실습 | Threshold로 이미지 단순화하기

준비 파일 포토샵/Chapter 04/단순화.jpg

Threshold는 이미지의 색상 대비를 높여 흰색과 검은색으로 만듭니다. 판화 효과나 만화 효과를 표현합니다.

① Ctrl + O 를 눌러 준비 파일을 불러오고 ② [Image]-[Adjustments]-[Threshold] 메뉴를 선택합니다. ③ [Threshold] 대화상자에서 [Threshold Level]을 조정한 후 ④ [OK]를 클릭합니다. ⑤ 이미지가 흑백으로 단순해집니다.

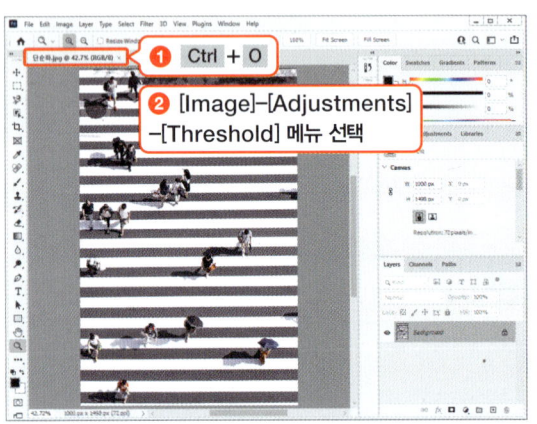
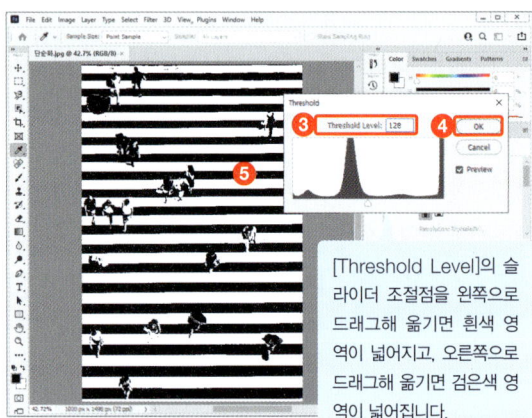

[Threshold Level]의 슬라이더 조절점을 왼쪽으로 드래그해 옮기면 흰색 영역이 넓어지고, 오른쪽으로 드래그해 옮기면 검은색 영역이 넓어집니다.

간단 실습 | Invert로 이미지 반전하기

준비 파일 포토샵/Chapter 04/반전.jpg

'반대로'라는 뜻인 Invert는 이미지의 색상을 보색으로 반전합니다. 필름 효과를 표현할 때 유용합니다.

① Ctrl + O 를 눌러 준비 파일을 불러오고 ② [Image]-[Adjustments]-[Invert] 메뉴를 선택합니다. ③ 이미지에 반전 기능이 적용됩니다.

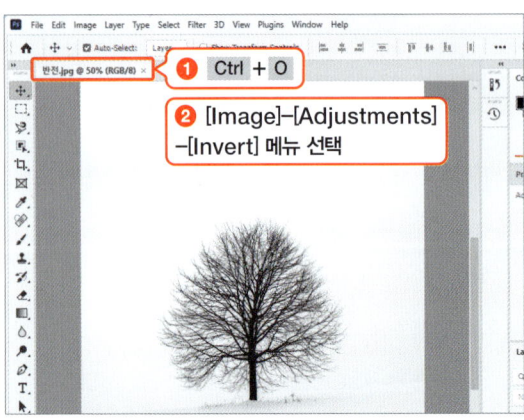

Invert 기능의 단축키는 Ctrl + I 입니다.

간단 실습 | Gradient Map으로 이미지에 그레이디언트 색상 입히기

준비 파일 포토샵/Chapter 04/그레이디언트맵.jpg

이미지를 그레이디언트 색상으로 채웁니다. 어두운 부분은 왼쪽 색이 적용되고, 밝은 부분은 오른쪽 색이 적용됩니다.

① Ctrl + O 를 눌러 준비 파일을 불러오고 ② [Adjustments] 패널의 [Gradient Map]을 클릭합니다. ③ [Properties] 패널에서 그레이디언트 색상을 클릭하여 [Gradient Editor] 대화상자를 불러옵니다. ④ [Blue_27]을 선택하고 ⑤ [OK]를 클릭합니다. ⑥ 이미지에 그레이디언트 색상이 적용됩니다.

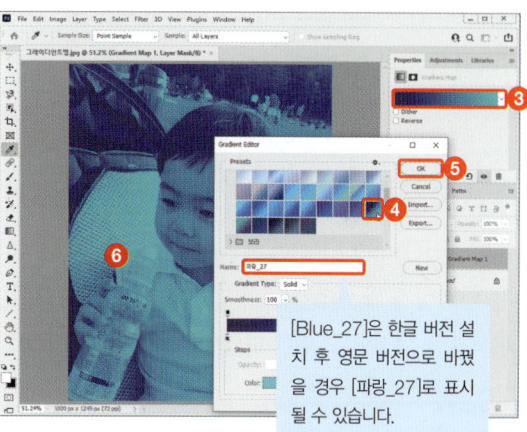

[Blue_27]은 한글 버전 설치 후 영문 버전으로 바꿨을 경우 [파랑_27]로 표시될 수 있습니다.

[Properties] 패널의 [Gradient Map] 살펴보기

① **Gradient Mapping(그레이디언트 색상)** | 적용할 그레이디언트를 설정합니다. 그레이디언트 목록에서 색상을 선택하거나 직접 설정할 수 있습니다. 클릭하면 [Gradient Editor] 대화상자가 나타납니다.

② **Dither(디더)** | 색상을 부드럽게 표현합니다.

③ **Reverse(반전)** | 그레이디언트 색상을 반대로 적용합니다.

④ **Method(방법)** | 그레이디언트 적용 방법을 설정합니다.

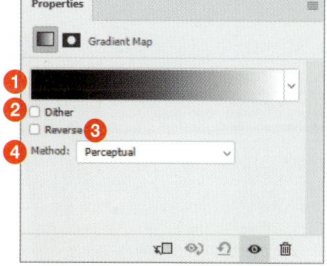

Perceptual(가시 범위) | 그레이디언트의 기본 설정이며 Classic보다 자연스럽게 표현됩니다.

Linear(선형) | 자연광이 표시되는 방식에 더 가깝게 그레이디언트를 표시합니다.

Classic(클래식) | 기존 방식으로 4등분하고 경계선마다 밝기를 25%로 설정합니다.

프로 사진가처럼 이미지 보정하기

Camera Raw 활용하기

'날 것의, 가공되지 않은'이라는 사전적 의미를 가진 Raw 파일은 카메라의 이미지 센서가 받아들인 정보를 가공하지 않은 파일을 말합니다.

Camera Raw 기본 화면 살펴보기

[Filter]-[Camera Raw] 메뉴를 선택하면 [Camera Raw]라는 이름을 가진 별도의 대화상자가 나타납니다. 대화상자 가운데에는 이미지 미리 보기 영역이 있고 오른쪽에는 도구 모음이 있습니다. 오른쪽은 색상과 노출을 보정할 수 있는 다양한 보정 메뉴로 구성되어 있습니다.

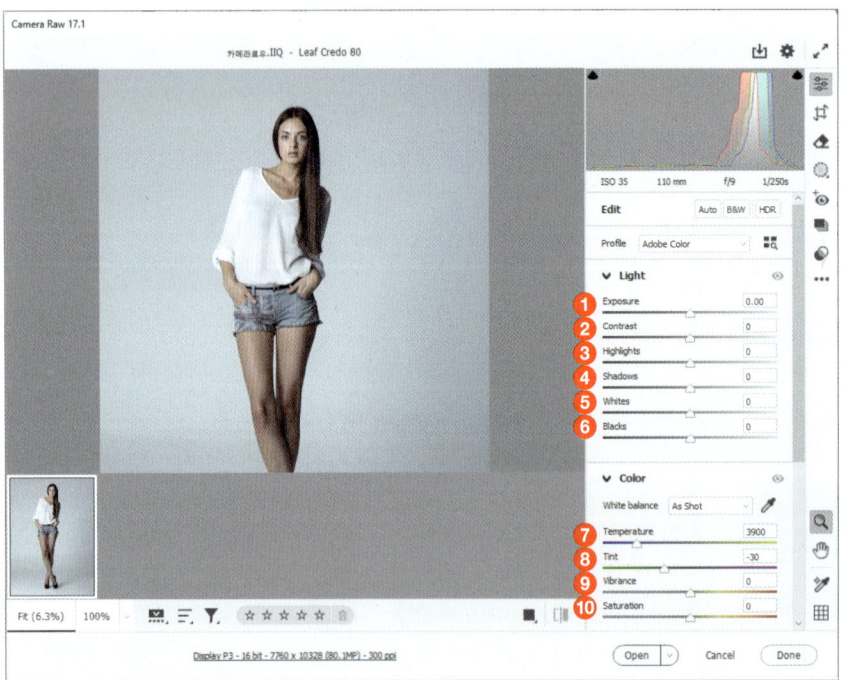

① **Exposure(노출)** 빛의 노출을 조절합니다. 값이 클수록 노출이 강합니다.

② **Contrast(대비)** | 이미지의 대비를 조절합니다. 값이 클수록 대비가 강합니다.

③ **Highlights(밝은 영역)** | 밝은 영역의 밝기를 조절합니다.

④ **Shadows(어두운 영역)** | 어두운 영역의 밝기를 조절합니다.
⑤ **Whites(흰색 계열)** | 흰색 계열의 밝기를 조절합니다.
⑥ **Blacks(검은색 계열)** | 검은색 계열의 밝기를 조절합니다.
⑦ **Temperature(온도)** | 차가운 느낌 또는 따뜻한 느낌으로 사진의 색 온도를 조절합니다.
⑧ **Tint(색조)** | Green과 Magenta를 조절합니다.
⑨ **Vibrance(활기)** | 색의 농도를 조절합니다. 값이 클수록 짙은 농도로 표현됩니다.
⑩ **Saturation(채도)** | 채도를 조절합니다.

> 스크롤바를 아래로 내리면 추가 보정 메뉴를 확인할 수 있습니다.
> • **Effects(효과)** | Texture, Clarity 등 사진 효과와 관련된 보정 옵션 모음입니다.
> • **Color Mixer(컬러 믹서)** | 각 색상 별로 강조 효과를 줄 수 있는 보정 옵션 모음입니다.
> • **Color Grading(컬러 그레이딩)** | 이미지의 색상을 보다 세부적으로 조정할 수 있습니다.
> 이외에도 다양한 옵션 메뉴가 있습니다.

간단 실습 Camera Raw로 노출과 색상 보정하기

준비 파일 포토샵/Chapter 04/카메라로우.IIQ

이미지 손실이 전혀 없는 Raw 파일을 불러오고 보정한 후 보정 상태 그대로 저장해보겠습니다.

01 ❶ 윈도우 탐색기를 실행합니다. ❷ 준비 파일을 더블클릭하면 ❸ [Camera Raw] 대화상자가 실행되고 차가운 느낌의 사진이 열립니다. 노출과 색상을 보정하여 잡지 사진 느낌으로 만들어보겠습니다.

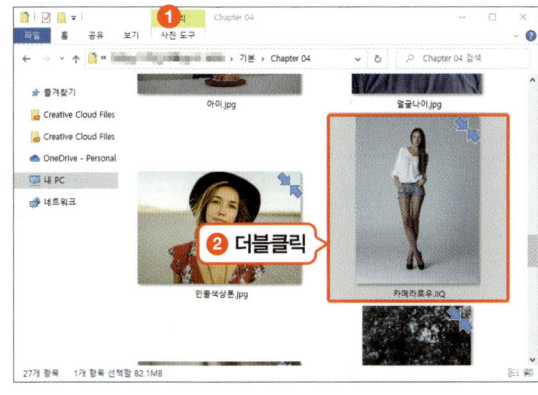
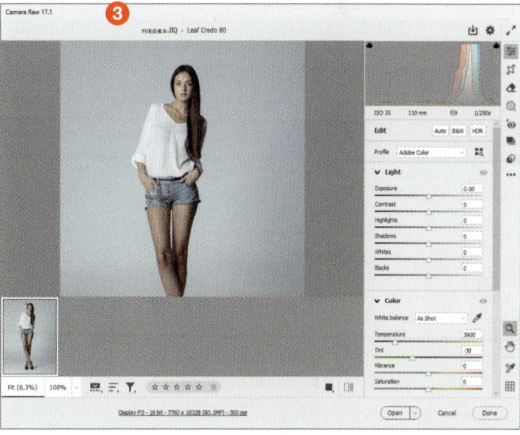

> IIQ 파일을 여는 대신 JPEG나 PNG와 같은 이미지를 직접 포토샵에서 불러오고 [Filter]-[Camera Raw Filter] 메뉴를 클릭하면 직접 Camera Raw 기능을 사용할 수 있습니다. 작업 완료 후 [OK]를 클릭하면 보정 내용이 반영되고, 다시 작업 화면으로 돌아옵니다.

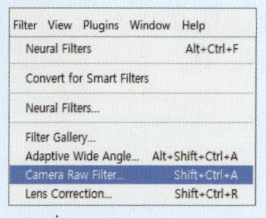

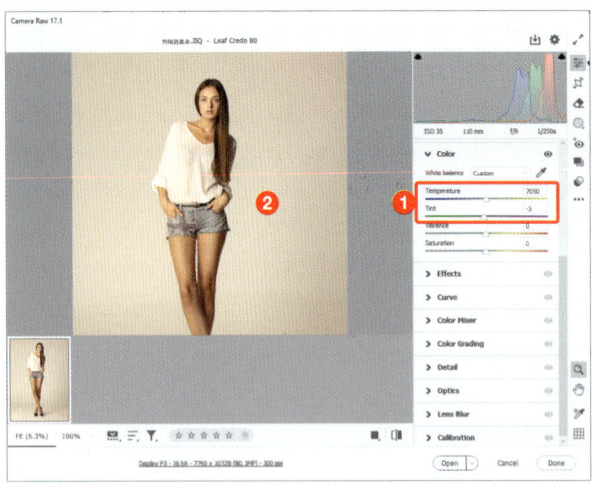

02 ❶ [Temperature]와 [Tint] 슬라이더를 조절하여 색 온도를 설정합니다. ❷ 따뜻한 느낌이 나는 색으로 설정합니다.

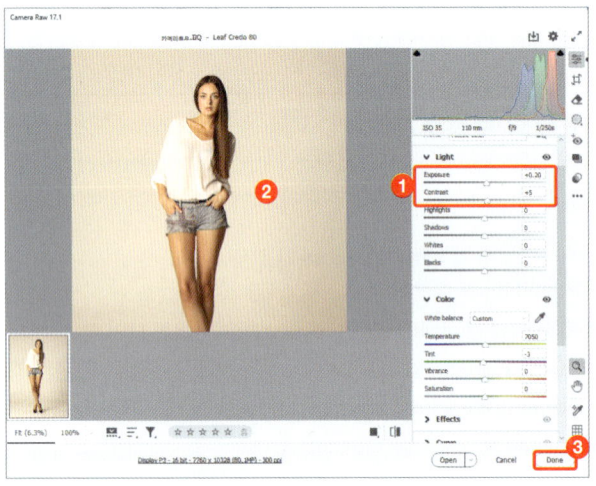

03 ❶ [Exposure], [Contrast] 등의 슬라이더를 조절하여 노출을 조절합니다. ❷ 원하는 상태로 이미지가 완성되면 보정 상태 그대로 저장하기 위해 ❸ [Done]을 클릭합니다.

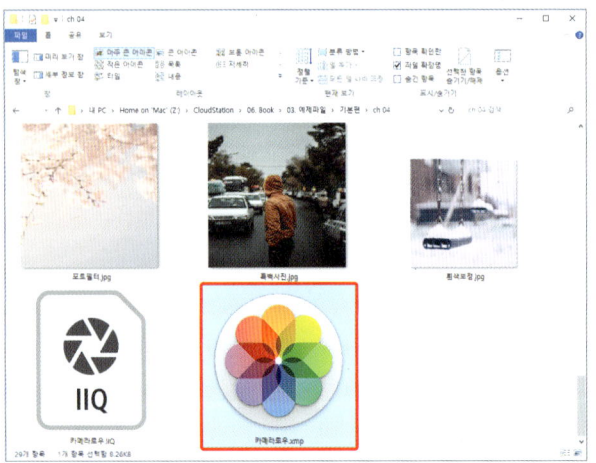

04 동일한 폴더에 보정 상태 그대로 저장된 **카메라로우.xmp** 파일이 생성된 것을 확인할 수 있습니다.

인물 사진 필수 보정법 다섯 가지

꼭 알아두어야 할 SNS 사진 보정법

사진 공유 SNS가 인기를 끌면서 인물 사진 보정법에 대한 관심이 많아졌습니다. 쉽고 빠르게 배울 수 있는 인물 사진 필수 보정법 다섯 가지를 알아보겠습니다.

간단 실습 인물 사진 필수 보정법 ① 다리를 더 길게 만들기

준비 파일 포토샵/Chapter 04/다리길이.jpg

전신 사진을 찍으면 유독 다리가 짧게 나와 마음 상하는 일이 자주 생깁니다. 자유 변형(Free Transform) 기능을 이용하여 다리를 길게 늘이면 육등신에서 팔등신으로 변신할 수 있습니다.

① `Ctrl` + `O` 를 눌러 준비 파일을 불러와 ② 사각형 선택 도구를 클릭합니다. ③ 무릎부터 발까지 아래 영역을 드래그하고 ④ `Ctrl` + `T` 를 눌러 자유 변형 기능을 적용합니다. ⑤ `Shift` 를 누른 채 조절점을 아래로 드래그하여 다리 길이를 늘입니다. ⑥ 조절점 안을 더블클릭하여 완료합니다.

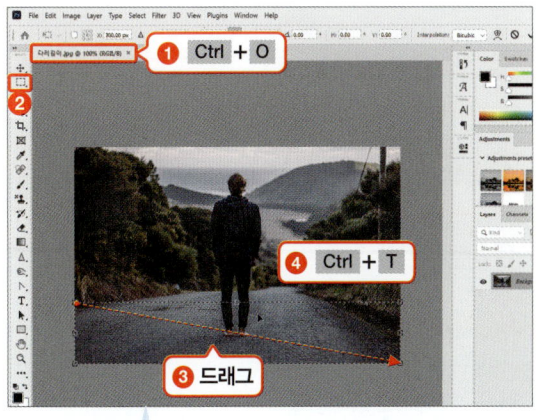

선택 도구로 이미지를 선택할 경우 나타나는 상황별 작업 표시줄은 메뉴 바의 [Window]-[Contextual Task Bar]의 체크를 해제하여 숨긴 상태입니다.

▲ Before

▲ After

간단 실습 | 인물 사진 필수 보정법 ② 화이트 밸런스를 맞춰 색감 보정하기

준비 파일 포토샵/Chapter 04/인물색상톤.jpg

사진을 찍으면 빛이나 배경에 따라 색상이 다르게 나오는 경우가 있습니다. 사진을 촬영할 때 화이트 밸런스를 맞추고 찍는 것이 가장 좋지만, 맞추지 못하고 찍은 경우라면 포토샵에서 색감을 보정할 수 있습니다.

❶ Ctrl + O 를 눌러 준비 파일을 불러오고 ❷ [Adjustments] 패널의 [Color Balance]를 클릭합니다. ❸ [Properties] 패널에서 [Blue] 슬라이더를 오른쪽으로 드래그해 옮겨 색감을 보정합니다.

▲ Before

▲ After

간단 실습 — 인물 사진 필수 보정법 ③ 피부 보정하기

준비 파일 포토샵/Chapter 04/잡티 보정.png

인물 사진을 찍으면 유독 보이지 않던 점과 잡티가 눈에 띕니다. 이때 Neural 필터를 활용하면 피부를 매끄럽게 표현할 수 있습니다. 클릭 몇 번으로 잡티 있는 피부를 깨끗하고 매끄럽게 보정해보겠습니다.

❶ Ctrl + O 를 눌러 준비 파일을 불러오고 ❷ [Filter]-[Neural Filters] 메뉴를 선택합니다. ❸ [Skin Smoothing]을 클릭해 활성화한 후 ❹ [Blur]와 [Smoothness] 옵션을 설정합니다. ❺ [OK]를 클릭하면 잡티 있는 피부가 매끄러운 피부로 변경됩니다.

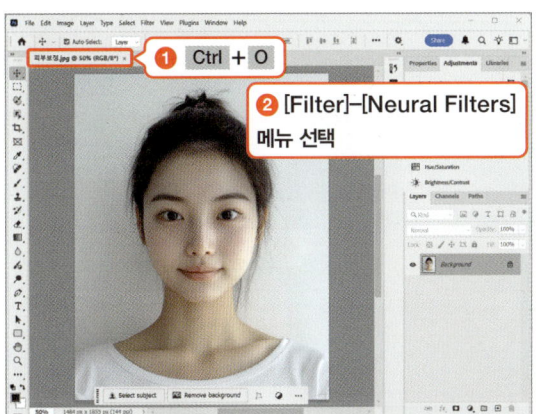

▲ Before

▲ After

Skin Smoothing 필터는 Neural 필터에서 확인할 수 있습니다. 필터를 처음 시작하면 활성화되지 않은 상태로 표시됩니다. 클라우드에서 다운로드 ☁를 클릭해 필터를 다운로드한 후 활성화합니다.

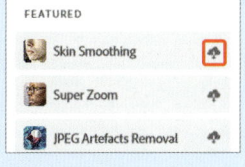

복구 브러시 도구를 사용하면 보정하고 싶은 부분만 클릭하여 정교하게 보정할 수 있습니다. 복구 브러시 도구를 자유롭게 사용하는 방법은 143쪽을 참고하세요.

간단 실습 | 인물 사진 필수 보정법 ④ 얼굴형, 눈 크기 보정하기

준비 파일 포토샵/Chapter 04/얼굴형보정.jpg

인물 사진에 Liquify 필터의 효과를 적용하면 얼굴형을 갸름하게 만들거나 눈을 크게 만들어 가상 성형의 결과를 미리 확인할 수 있습니다. 팔과 다리를 얇게 만들어 다이어트 전후 사진을 가상으로 만들어볼 수도 있습니다.

① Ctrl + O 를 눌러 준비 파일을 불러오고 ② [Filter]-[Liquify] 메뉴를 선택합니다. ③ [Liquify] 대화상자가 나타나면 얼굴 도구를 클릭합니다. ④ 얼굴, 눈, 입술 영역에 마우스 포인터를 올리면 수정 선이 보입니다. ⑤ 원하는 대로 드래그한 후 ⑥ [OK]를 클릭하여 얼굴형을 보정합니다.

▲ Before

▲ After

간단 실습 | 인물 사진 필수 보정법 ⑤ 인물의 경계선을 살려 선명하게 보정하기

준비 파일 포토샵/Chapter 04/샤프닝.jpg

인물 경계선의 디테일을 살려 사진을 선명하게 만들어보겠습니다. High Pass 필터와 Overlay 모드를 이용하여 선명함을 살립니다.

❶ Ctrl + O 를 눌러 준비 파일을 불러옵니다. ❷ Ctrl + J 를 눌러 레이어를 복제합니다. ❸ 복제한 [Layer 1] 레이어의 블렌딩 모드를 [Overlay]로 선택하고 ❹ [Filter]-[Other]-[High Pass] 메뉴를 선택합니다. ❺ [High Pass] 대화상자에서 [Radius]를 6.5로 입력하고 ❻ [OK]를 클릭하여 선명하게 보정합니다.

▲ Before

▲ After

풍경 사진 필수 보정법 네 가지

2% 부족한 사진을 멋지게 완성하기

디지털카메라와 스마트폰 카메라의 사용 빈도가 높아지면서 사진을 찍는 일은 자연스러운 일상이 되었습니다. 사진과 어울리는 하늘을 만들고 명암 조절, 색상 강조, 선명도 조절 등을 통해 풍경 사진을 멋지게 보정하는 방법을 배워보겠습니다.

간단 실습 | 사진 필수 보정법 ① 하늘 바꾸기

준비 파일 포토샵/Chapter 04/하늘대체.jpg

어도비의 인공지능 기능인 어도비 파이어플라이(Adobe firefly) 생성형 AI를 이용하여 하늘을 합성합니다. 이전에는 하늘을 합성하기 위해 여러 단계를 거쳤다면 이제는 자동 기능을 통해 클릭 한 번으로 자연과 어울리는 하늘을 쉽게 만들 수 있습니다.

01 ❶ Ctrl + O 를 눌러 준비 파일을 불러오고 ❷ [Edit]-[Sky Replacement] 메뉴를 선택합니다. ❸ [Sky Replacement] 대화상자가 나타나면서 자동으로 인지한 하늘 부분이 변경됩니다.

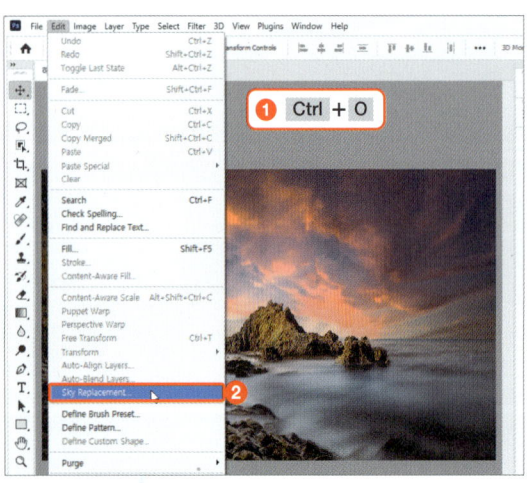
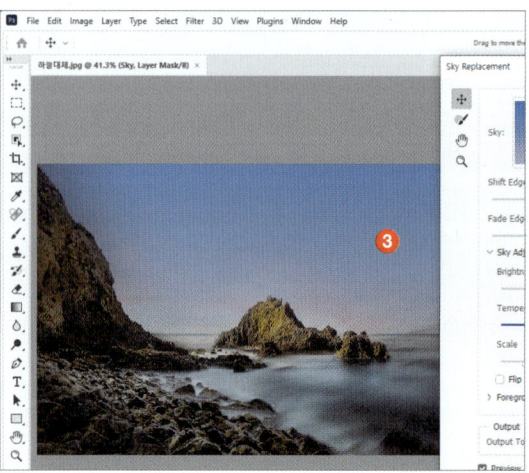

[Sky Replacement] 메뉴는 이미지 레이어가 선택된 상태에서 활성화됩니다.

02

❶ [Sky] 항목을 클릭하고 ❷ 어도비에서 제공하는 하늘 템플릿 이미지 중 마음에 드는 것을 선택합니다. ❸ [Sky Replacement] 대화상자의 [OK]를 클릭합니다. ❹ 하늘 이미지가 변경됩니다.

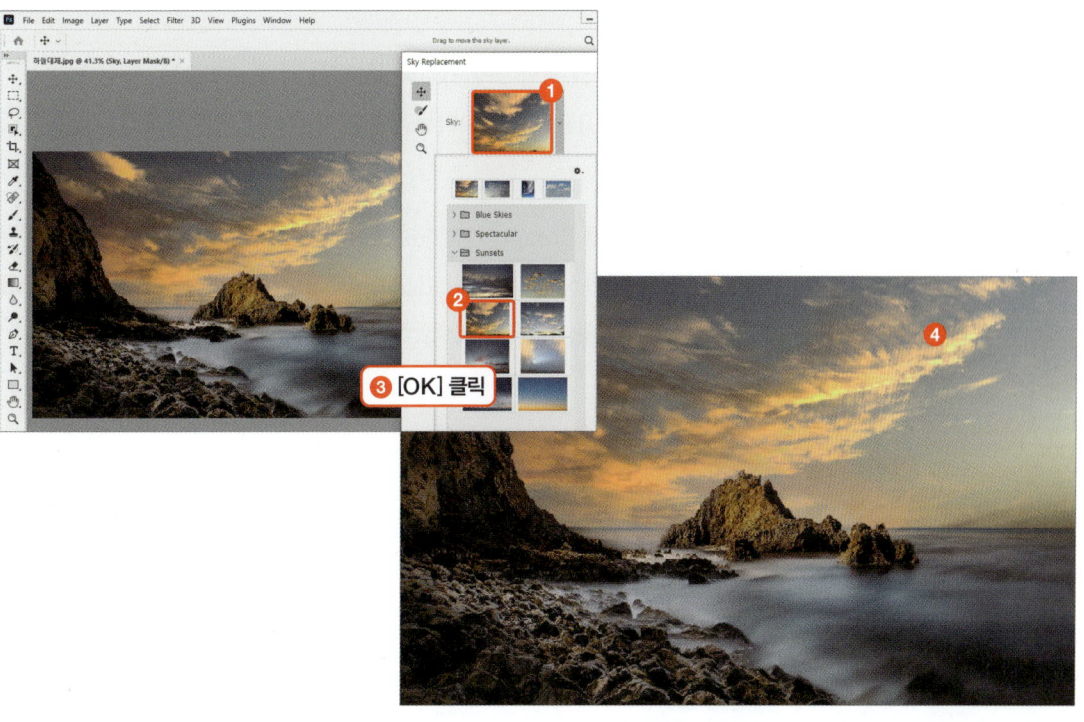

기능 꼼꼼 익히기 | [Sky Replacement] 대화상자 살펴보기

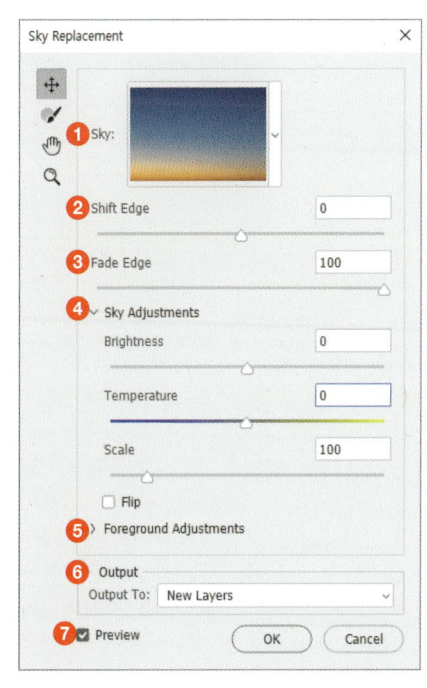

❶ **Sky(하늘)** | 어도비에서 제공하는 하늘 프리셋 중 하나를 선택합니다.

❷ **Shift Edge(가장자리 이동)** | 하늘과 경계가 맞닿은 부분을 지정합니다.

❸ **Fade Edge(가장자리 페이드)** | 경계 부분을 흐리게 합니다.

❹ **Sky Adjustments(하늘 조정)**
 Brightness(명도) | 하늘을 밝게 또는 어둡게 조정합니다.
 Temperature(온도) | 슬라이더 조절점을 이동하여 색 온도를 조절합니다. 오른쪽으로 이동할수록 따뜻한 이미지가 만들어집니다.
 Scale(비율) | 하늘의 비율을 조절합니다.
 Flip(뒤집기) | 하늘을 수직으로 반전합니다.

❺ **Foreground Adjustments(전경 조정)** | 조명과 색상을 조정합니다.

❻ **Output(출력)** | 합성한 하늘을 새 레이어로 구분하거나 복제한 레이어로 출력할 수 있습니다.

❼ **Preview(미리 보기)** | 체크하면 결과물을 미리 볼 수 있습니다.

간단 실습 | 사진 필수 보정법 ② 명암 조절하기

준비 파일 포토샵/Chapter 04/명암보정.jpg

이미지 보정에 있어 가장 기본이 되는 것은 사진의 명암 조절입니다. 사진을 찍다 보면 어둡게 나오거나 지나치게 밝게 나오는 경우가 있습니다. Shadows/Highlights 기능을 활용하면 자동으로 적정값을 설정해주므로 크게 조절하지 않아도 됩니다.

❶ Ctrl + O 를 눌러 준비 파일을 불러옵니다. ❷ [Image]-[Adjustments]-[Shadows/Highlights] 메뉴를 선택합니다. ❸ [Shadows/Highlights] 대화상자에서 [Shadows]-[Amount]를 **70%**로 설정하고 ❹ [OK]를 클릭합니다. ❺ 자연스럽게 이미지의 명암이 조절됩니다.

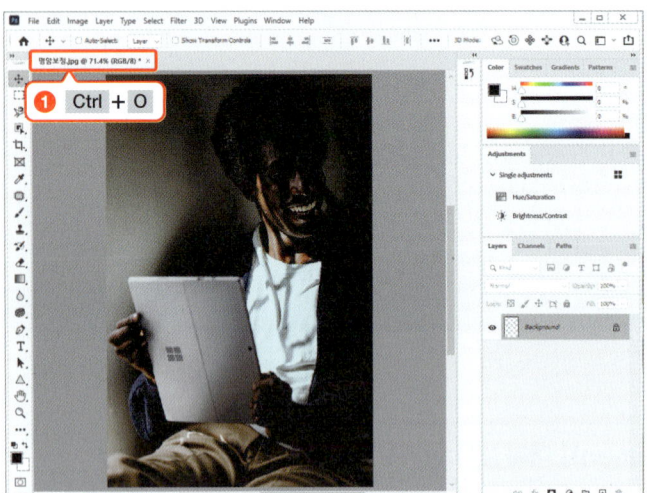
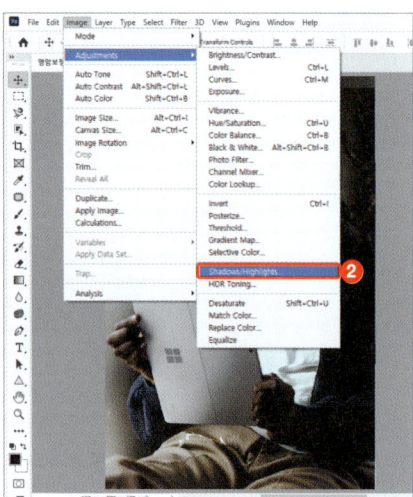
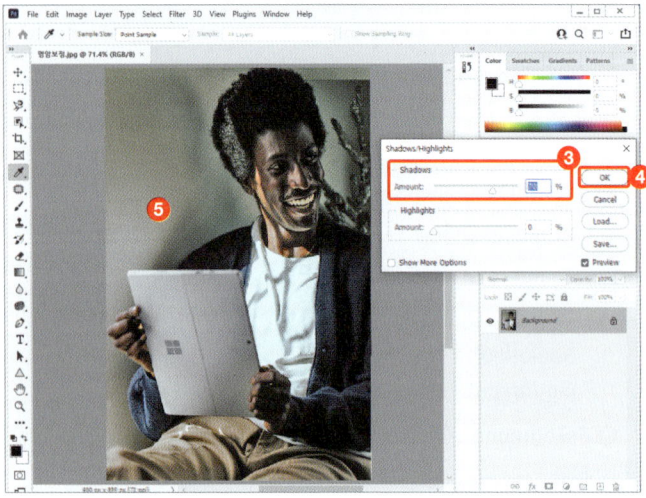

간단 실습 | 사진 필수 보정법 ③ 선명도 조절하기

준비 파일 포토샵/Chapter 04/선명도보정.jpg

이미지의 명암 조절을 마쳤다면 이번에는 색상 대비를 높여 선명도를 높이는 작업을 해야 합니다. Overlay 모드는 Multiply와 Screen 모드를 합쳐놓은 모드로 밝은 부분은 더 밝게, 어두운 부분은 더 어둡게 표현하여 이미지의 대비를 증가시킵니다.

❶ Ctrl + O 를 눌러 준비 파일을 불러옵니다. ❷ Ctrl + J 를 눌러 레이어를 복제합니다. ❸ 복사한 레이어의 블렌딩 모드를 [Overlay]로 설정합니다. ❹ [Opacity]를 60%로 입력하여 ❺ 선명도를 조절합니다.

레이어 블렌딩 모드를 [Soft Light]로 설정해도 됩니다.

간단 실습 | 사진 필수 보정법 ④ 원하는 색상 강조하기

사진 속에서 특정 부분의 색상만 조절하고 싶을 때 Selective Color 기능을 주로 사용합니다. 사진에서 강조하고 싶은 색상이 있다면 보색에 대한 이해가 필요합니다. 색상환에서 마주 보는 위치에 있는 색상을 보색이라고 합니다. 예를 들어 파란색을 강조하고 싶다면 파란색의 보색인 노란색이나 주황색의 색상 값을 낮춰 파란색을 더 파랗게 만들 수 있습니다.

눈, 흰색 보정하기

준비 파일 포토샵/Chapter 04/흰색보정.jpg

❶ Ctrl + O 를 눌러 준비 파일을 불러오고 [Image]-[Adjustments]-[Selective Color] 메뉴를 선택합니다. ❷ [Selective Color] 대화상자의 [Colors]를 [Whites]로 설정하고 ❸ [Black]을 -100으로 입력한 후 ❹ [OK]를 클릭합니다. ❺ 흰색이 강조됩니다.

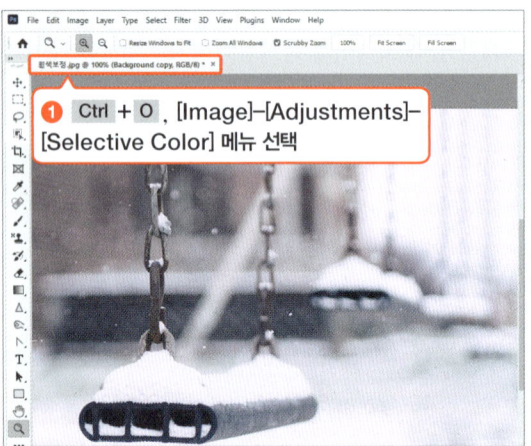
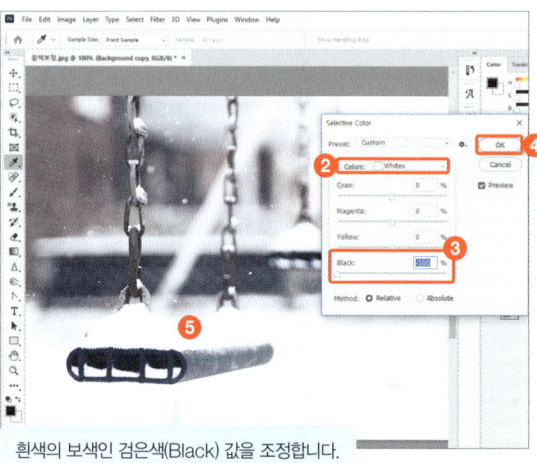

흰색의 보색인 검은색(Black) 값을 조정합니다.

자연, 녹색 보정하기

준비 파일 포토샵/Chapter 04/녹색보정.jpg

❶ Ctrl + O 를 눌러 준비 파일을 불러오고 [Image]-[Adjustments]-[Selective Color] 메뉴를 선택합니다. ❷ [Selective Color] 대화상자의 [Colors]를 [Yellows]로 설정하고 ❸ [Magenta]를 -80으로 입력한 후 ❹ [OK]를 클릭합니다. ❺ 녹색이 강조됩니다.

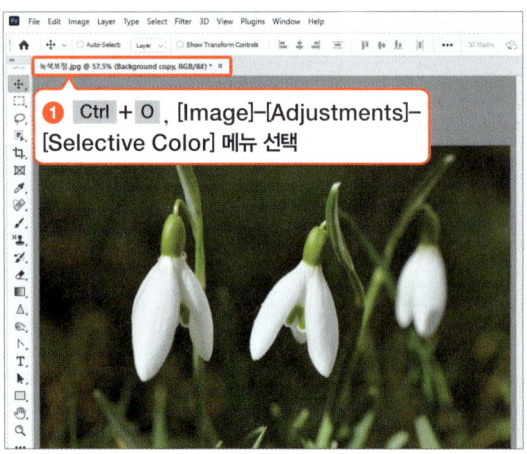
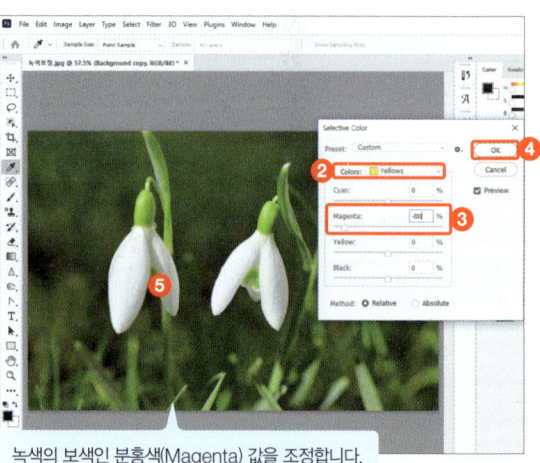

녹색의 보색인 분홍색(Magenta) 값을 조정합니다.

하늘, 파란색 보정하기

준비 파일 포토샵/Chapter 04/파란색보정.jpg

❶ Ctrl + O 를 눌러 준비 파일을 불러오고 [Image]-[Adjustments]-[Selective Color] 메뉴를 선택합니다. ❷ [Selective Color] 대화상자의 [Colors]를 [Blues]로 설정하고 ❸ [Yellow]를 -100으로 입력한 후 ❹ [OK]를 클릭합니다. ❺ 파란색이 강조됩니다.

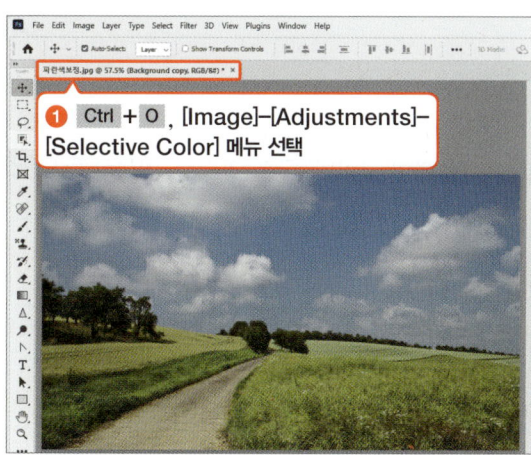
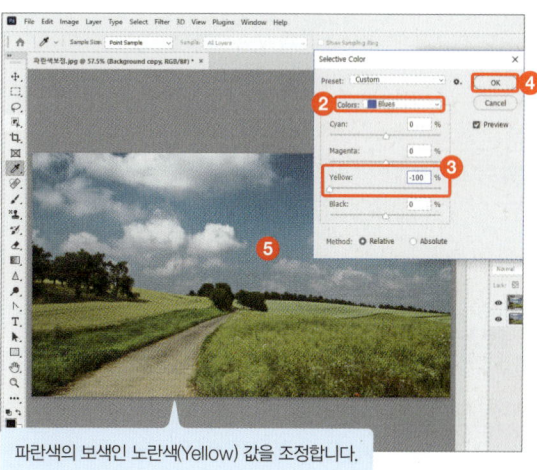

가을의 색, 노란색과 빨간색 보정하기

준비 파일 포토샵/Chapter 04/노랑빨강보정.jpg

❶ Ctrl + O 를 눌러 준비 파일을 불러오고 [Image]-[Adjustments]-[Selective Color] 메뉴를 선택합니다. ❷ [Selective Color] 대화상자의 [Colors]를 [Reds]로 설정하고 ❸ [Cyan]을 -100, [Magenta]를 77, [Yellow]를 72로 입력한 후 ❹ [OK]를 클릭합니다. ❺ 노란색과 빨간색이 강조됩니다.

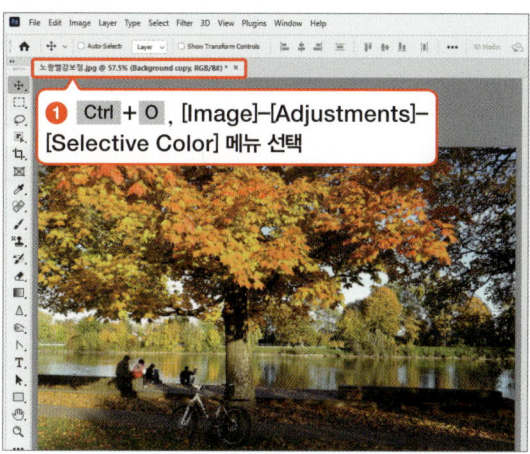
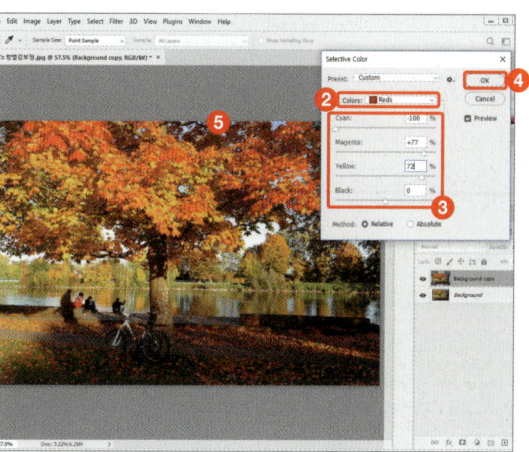

필터가 만드는 환상의 세계

[Filter] 메뉴 알아보기

필터(Filter)란 이미지를 구성하는 픽셀을 재배치하여 새로운 형태의 이미지로 만드는 기능입니다. 이미지를 흐리게 하거나 선명하게 하는 기본 필터부터 노이즈, 회화, 조명 효과를 내는 필터까지 매우 다양합니다.

한눈에 보는 필터의 모든 효과

필터의 종류

[Filter] 메뉴를 선택하면 포토샵에서 제공하는 기본 필터가 그룹으로 묶여 있습니다. [Filter] 메뉴의 첫 번째 메뉴를 선택하거나 Alt + Ctrl + F 를 누르면 가장 최근에 사용한 필터(Last Filter) 효과가 이미지에 적용됩니다. CMYK Color나 Lab Color 모드에서는 일부 필터를 적용할 수 없으므로 이미지의 컬러 모드를 RGB Color로 바꾼 후 사용해야 합니다.

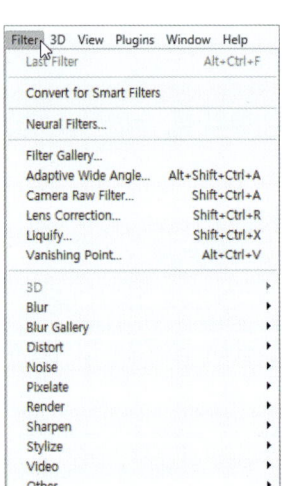

스마트 필터

[Filter]-[Convert for Smart Filters] 메뉴를 선택하면 이미지 레이어가 스마트 오브젝트 레이어로 전환됩니다. 스마트 오브젝트 레이어에 필터 효과를 적용하면 [Layers] 패널에서 해당 필터 이름을 더블클릭하여 값을 조절할 수 있습니다. 스마트 필터(Smart Filter)는 필터가 적용된 원본 이미지를 손상시키지 않고 옵션을 여러 번 수정할 수 있어 실무에서 매우 유용하게 쓰입니다.

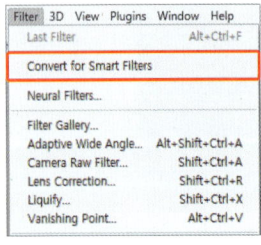
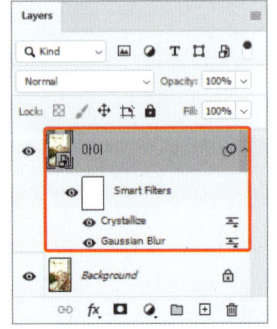

Neural 필터

Neural 필터는 어도비의 인공지능 기능인 어도비 파이어플라이(Adobe firefly) 생성형 AI를 이용합니다. 여러 단계의 작업 과정을 거치지 않아도 몇 번의 클릭만으로 놀라운 결과를 만들어냅니다. 인물 사진에서 사람의 나이와 표정, 시선, 머리카락 색을 변경하거나 흑백 사진을 컬러 사진으로 바꾸고 피부를 매끄럽게 만들 수 있습니다.

Neural 필터 미리 보기   출처 : 어도비 공식 홈페이지

▲ Harmonization(일치)

▲ Landscape Mixer(풍경 사진 믹서)

▲ Color Transfer(색상 변환)

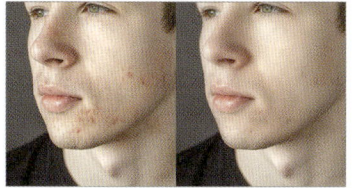
▲ Skin Smoothing(피부를 매끄럽게)

▲ Style Transfer(스타일 변환)

▲ Smart Portrait(스마트 인물 사진)

▲ Makeup Transfer(메이크업 변환)

▲ Depth-Aware Haze(깊이 인식 안개)

▲ Colorize(색상화)

▲ Super Zoom(강력한 확대/축소)

▲ JPEG Artefacts Removal (JPEG 아티팩트 제거)

▲ Photo Restoration(사진 복구)

▲ Dust & Scratches(먼지 및 스크래치)

▲ Noise Reduction(노이즈 감소)

▲ Face Cleanup(얼굴 정돈)

▲ Photo to Sketch(사진에서 스케치로)

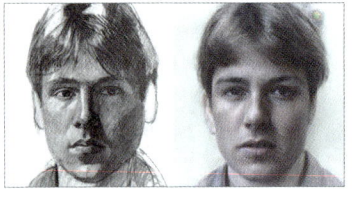
▲ Sketch to Portrait
(스케치에서 인물 사진으로)

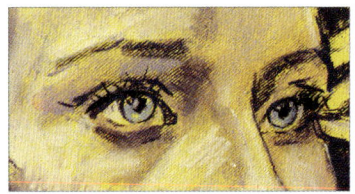
▲ Pencil Artwork(연필 아트워크)

기능 꼼꼼 익히기 　[Neural Filters] 패널 살펴보기

Neural 필터를 처음 실행하면 필터가 비활성화 상태로 표시됩니다. 필터 항목을 활성화하고 오른쪽에 있는 옵션을 설정하여 원하는 효과를 만들 수 있습니다. 클라우드에서 다운로드 ☁로 표시된 필터는 다운로드 Download 를 클릭한 후 사용합니다.

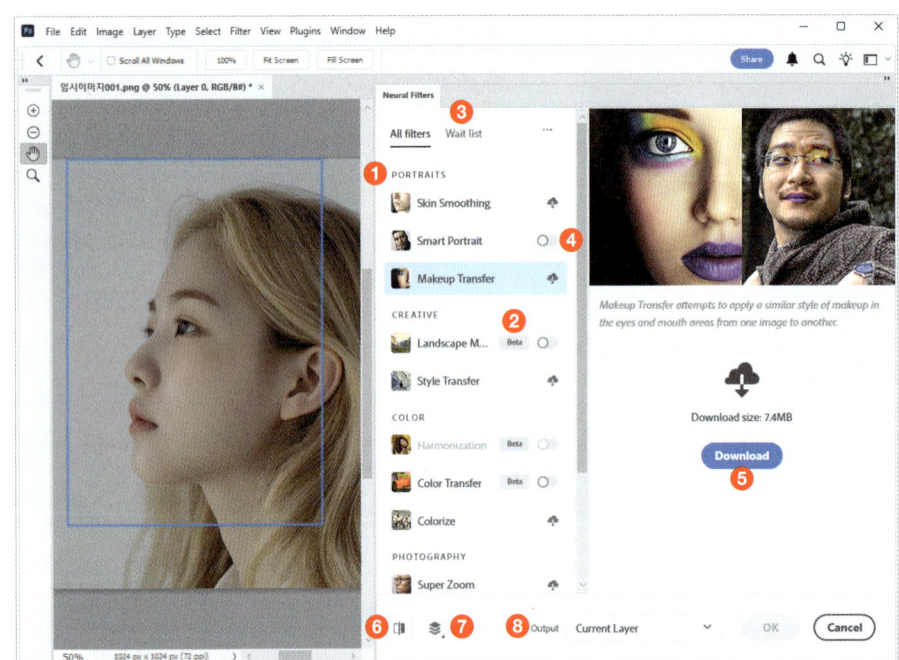

❶ **FEATURED** | 기능적으로 테스트가 완료된 정식 버전의 필터입니다.
❷ **BETA** | 테스트 단계인 베타 버전의 필터입니다.
❸ **Wait list** | 출시 예정인 필터로, 클릭하면 기능을 미리 확인할 수 있습니다.
❹ **활성화** | 처음 실행하면 모든 항목이 비활성화되어 있습니다. 클릭하여 활성화하면 필터가 적용됩니다.
❺ **클라우드에서 다운로드** | 클라우드에서 원하는 필터를 다운로드한 후 사용할 수 있습니다.
❻ **미리 보기 모드** | 필터 적용 전과 후를 비교하며 볼 수 있습니다.
❼ **레이어 미리 보기** | CC 2022 버전에 추가된 기능으로, 모든 레이어 혹은 선택한 레이어로 미리 보기할 것인지 선택할 수 있습니다.
❽ **Output(출력 위치)** | 적용된 필터를 어떤 방법으로 출력할지 선택합니다. 새로운 레이어 또는 현재 레이어, 마스크 레이어, 스마트 필터 등의 방법으로 내보낼 수 있습니다.

| 간단 실습 | **클릭 한 번으로 청년을 노인으로 바꾸기**

준비 파일 포토샵/Chapter 04/얼굴나이.jpg

Neural 필터의 Smart Portrait 기능을 활용하면 클릭 한 번으로 인물을 변화시킬 수 있습니다. 획기적인 기능이므로 필요할 때 유용하게 활용합니다.

01 ❶ Ctrl + O 를 눌러 준비 파일을 불러오고 ❷ [Filter]-[Neural Filters] 메뉴를 선택합니다. ❸ [Neural Filters] 패널에서 [PORTRAITS] 항목의 [Smart Portrait]를 클릭해 활성화합니다.

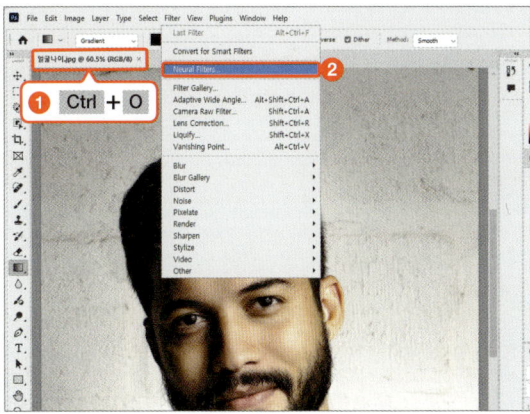 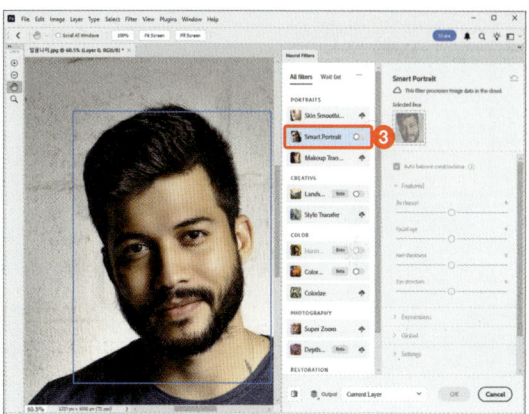

최초 실행 시 먼저 [Smart Portrait] 필터를 클라우드에서 다운로드한 후 활성화합니다.

02 ❶ [Auto balance combinations]의 체크를 해제하고 ❷ [Featured] 항목의 [Facial age] 슬라이더를 오른쪽으로 드래그해 얼굴 나이를 조절합니다. ❸ [Hair thickness] 슬라이더를 왼쪽으로 드래그해 머리 방향을 조절합니다. ❹ [OK]를 클릭합니다. 청년이 노인으로 변신합니다.

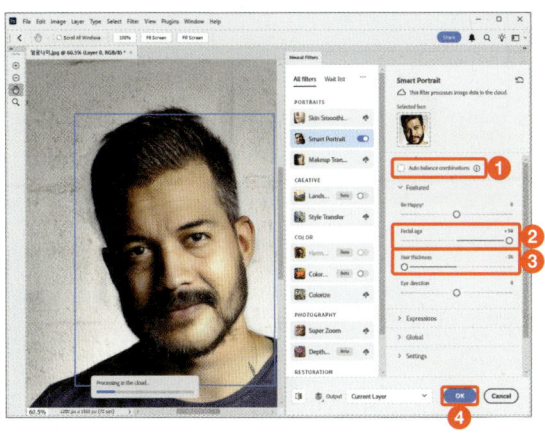 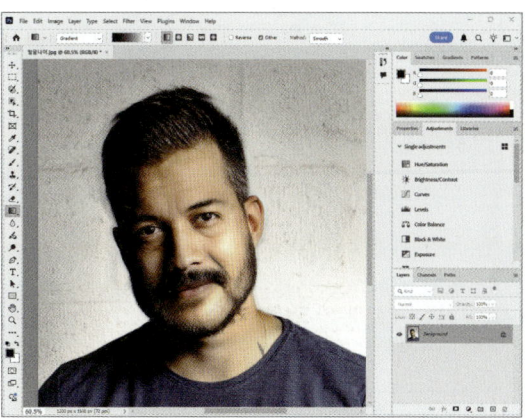

간단 실습 | 흑백 사진을 컬러 사진으로 바꾸기

준비 파일 포토샵/Chapter 04/색상화.jpg

01 ① Ctrl + O 를 눌러 준비 파일을 불러옵니다. ② [Filter]-[Neural Filters] 메뉴를 선택합니다.

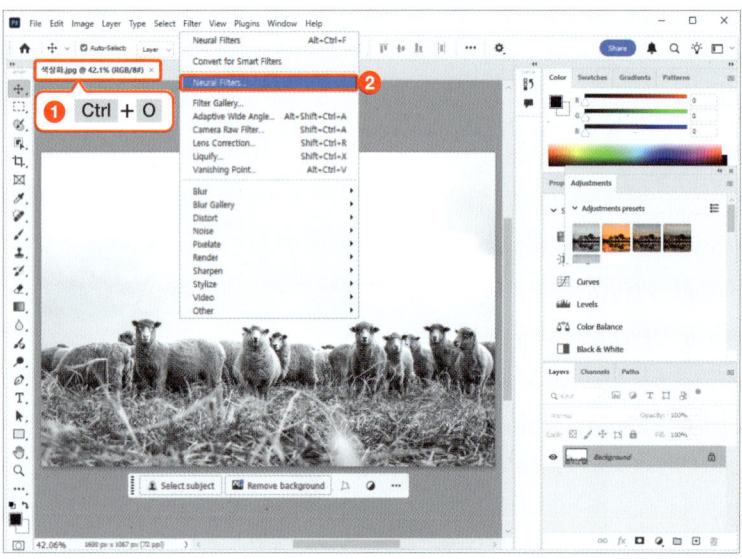

02 ① [Neural Filters] 패널에서 [COLOR] 항목의 [Colorize]를 클릭해 활성화합니다. ② [Auto color Images]에 체크합니다. ③ 사진에 필터가 적용되면 [OK]를 클릭합니다. ④ 흑백 사진이 컬러 사진으로 변경됩니다.

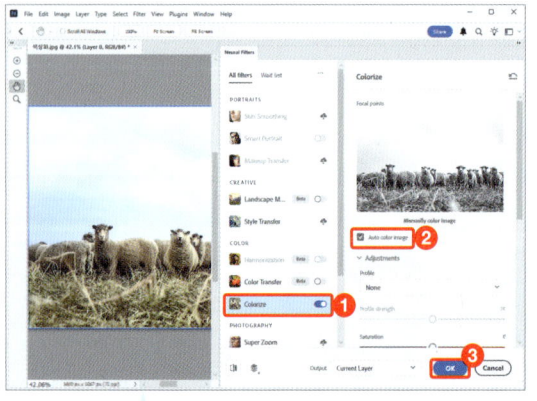 

필터를 사용하기 전 필터가 활성화되지 않았다면 [Download]를 클릭해 다운로드합니다.

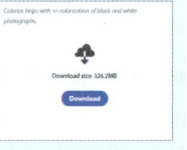

미리 보기에서 필요한 부분을 선택하여 원하는 색상으로 변경할 수 있습니다.

| 간단 실습 | **사계절 풍경 바꾸기** |

준비 파일 포토샵/Chapter 04/풍경사진.jpg

01 ❶ Ctrl + O 를 눌러 준비 파일을 불러옵니다. ❷ [Filter]-[Neural Filters] 메뉴를 선택합니다.

02 ❶ [Neural Filters] 패널에서 [CREATIVE] 항목의 [Landscape Mixer]를 클릭해 활성화합니다. ❷ 겨울 풍경으로 만들기 위해 [Presets] 탭에서 첫 번째 겨울 풍경 섬네일을 클릭합니다. ❸ 사진에 필터가 적용되면 [OK]를 클릭합니다. ❹ 가을 풍경 사진이 겨울 풍경으로 변경됩니다.

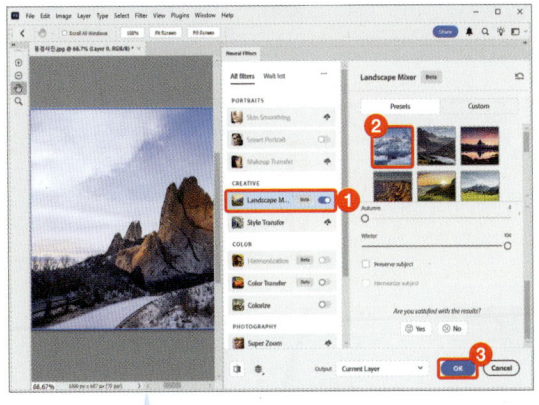

이미지에 변경 내용이 바로 적용되지 않으면 [Winter] 항목의 슬라이더를 100으로 설정합니다.

[Custom] 탭에서 원하는 풍경 사진을 직접 업로드하여 적용할 수도 있습니다.

필터 갤러리

필터 갤러리(Filter Gallery)는 미리 보기 창에서 적용 효과를 바로 확인할 수 있어 필터를 선택하고 옵션값을 조절하는 것이 쉽습니다. 오른쪽 하단의 새 필터 레이어 만들기 를 클릭하면 하나의 이미지에 여러 개의 필터 효과를 동시에 적용할 수 있습니다.

① 미리 보기 창
② 필터 효과 카테고리
③ 필터 효과 섬네일
④ 필터 섬네일 아이콘 감추기
⑤ 전체 필터 목록
⑥ 선택된 필터의 세부 옵션
⑦ 필터 효과 감추기/보이기
⑧ 필터 레이어
⑨ 새 필터 레이어 만들기
⑩ 선택한 필터 레이어 삭제하기

다양한 필터 효과 갤러리

다양한 필터 효과를 눈으로 확인하고 이미지에 알맞게 적용해봅니다.

별도 필터

[Filter] 메뉴 아래에 있는 다섯 가지 필터입니다. 단순히 이미지에 효과를 주는 것에서 벗어나 수치를 조정하여 이미지를 수정할 수 있습니다.

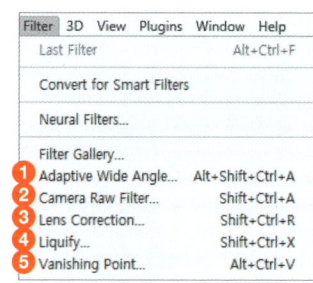

① **Adaptive Wide Angle(응용 광각)** | 어안 렌즈나 광각 렌즈로 촬영하여 이미지가 구부러져 보이는 왜곡 현상을 손쉽게 교정할 수 있습니다. 구부러진 부분의 시작점과 끝점을 클릭하면 곡선 라인이 생기며 왜곡 현상이 교정됩니다.

▲ Before

▲ After

② **Camera Raw Filter(카메라 로우 필터)** | Camera Raw Filter는 DSLR 카메라로 촬영한 RAW 파일을 작업하기 위해서 만들어졌지만 JPEG, PNG, TIFF 등 다른 포맷의 이미지 파일도 작업할 수 있습니다. 사진 보정에 특화된 다양한 기능을 포함하고 있으며 레이아웃이 직관적이라 조작 방법이 쉽고 간단합니다. 포토샵의 미니 애플리케이션이라고 생각하면 됩니다.

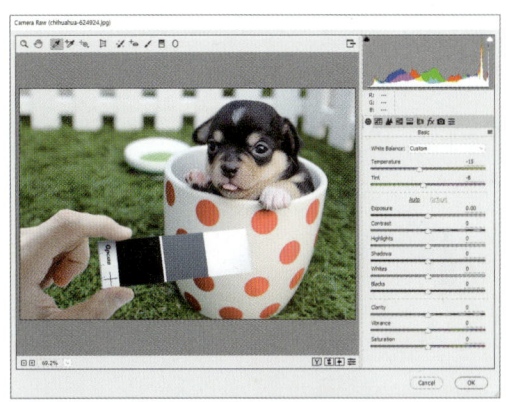

③ **Lens Correction(렌즈 교정)** | 렌즈의 왜곡 현상을 간단히 교정할 수 있습니다. 오목 렌즈나 볼록 렌즈로 촬영한 이미지나 비네팅 효과를 보정할 때 사용합니다.

> 카메라로 촬영한 사진은 렌즈 특유의 곡률로 인한 왜곡 현상 또는 빛을 받아들이는 여러 이유로 주변부에 검은색 혹은 하얀색의 테두리가 생기는 비네팅 현상이 나타날 수 있습니다. Lens Correction 기능을 사용하면 이러한 현상을 일정 부분 해결할 수 있습니다.

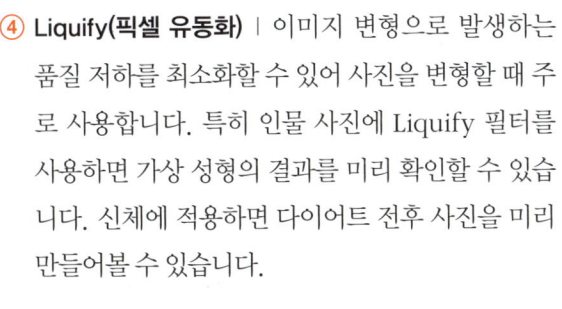

④ **Liquify(픽셀 유동화)** | 이미지 변형으로 발생하는 품질 저하를 최소화할 수 있어 사진을 변형할 때 주로 사용합니다. 특히 인물 사진에 Liquify 필터를 사용하면 가상 성형의 결과를 미리 확인할 수 있습니다. 신체에 적용하면 다이어트 전후 사진을 미리 만들어볼 수 있습니다.

⑤ **Vanishing Point(소실점)** | 입체적인 건물이나 계단 등에 이미지를 손쉽게 맵핑할 수 있습니다. 현재 적용된 필터 정보가 남아 있기 때문에 템플릿을 사용하는 것처럼 다른 이미지로 편하게 교체할 수 있습니다.

회화적인 느낌을 표현하는 Artistic(예술 효과) 필터

Artistic 필터는 여러 가지 미술 도구로 그린 듯한 회화적인 느낌을 표현할 때 사용합니다. [Filter]-[Filter Gallery]-[Artistic] 메뉴를 선택하여 사용합니다.

▲ 원본

▲ Color Pencil(색연필)*

▲ Cutout(오려내기)

▲ Dry Brush(드라이 브러시)*

▲ Poster Edges(포스터 가장자리)*

▲ Rough Pastels(거친 파스텔 효과)

브러시와 잉크가 번진 듯한 선 효과를 주는 Brush Stroke(브러시 획) 필터

Brush Stroke 필터는 다양한 브러시와 잉크 선 효과를 내며, Artistic 필터와 마찬가지로 회화나 순수 미술 느낌을 줍니다. [Filter]-[Filter Gallery]-[Brush Stroke] 메뉴를 선택하여 사용합니다.

▲ 원본

▲ Accented Edges(강조된 가장자리)*

▲ Angled Strokes(각진 획)

▲ Ink Outlines(잉크 윤곽선)

▲ Spatter(뿌리기)

▲ Sumi-e(수묵화)*

이미지를 왜곡시키는 Distort(왜곡) 필터

Distort 필터는 이미지를 여러 가지 방식으로 구부러뜨리거나 볼록하게, 또는 오목하게 변경합니다. [Filter]-[Filter Gallery]-[Distort] 메뉴와 [Filter]-[Distort] 메뉴를 선택하여 사용합니다.

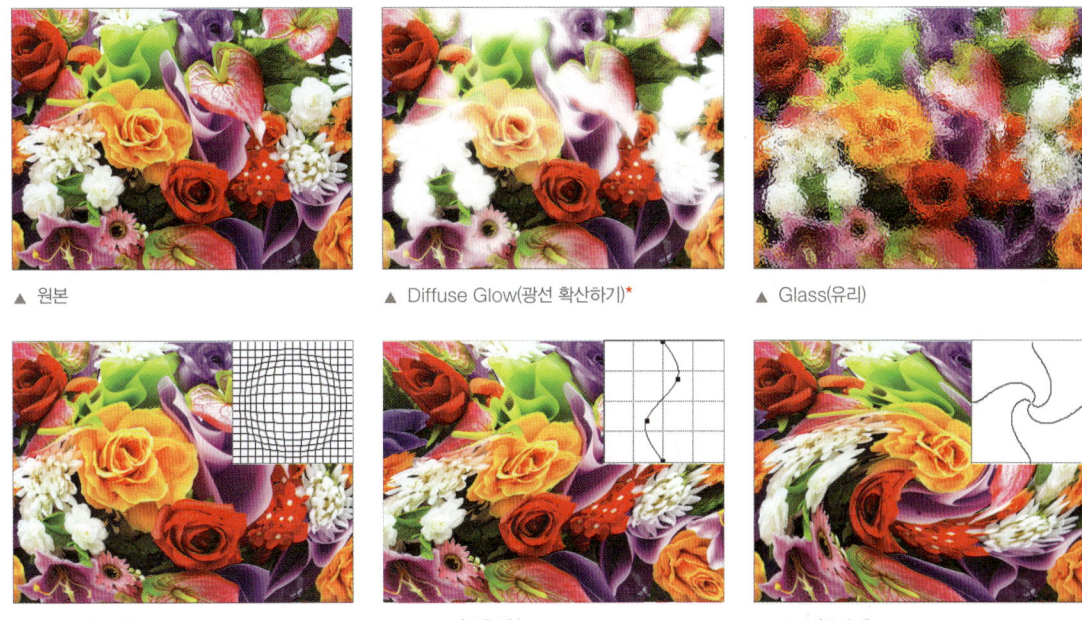

▲ 원본 ▲ Diffuse Glow(광선 확산하기)* ▲ Glass(유리)

▲ Pinch(핀치)* ▲ Shear(기울임)* ▲ Twirl(돌리기)

스케치 느낌을 내는 Sketch(스케치) 필터

Sketch 필터는 전경색과 배경색을 기준으로 손으로 그린 스케치 느낌을 낼 수 있습니다. [Filter]-[Filter Gallery]-[Sketch] 메뉴를 선택하여 사용합니다.

▲ 원본 ▲ Chalk & Charcoal(분필과 목탄)* ▲ Conté Crayon(크레용)

▲ Graphic Pen(그래픽 펜)* ▲ Note Paper(메모지) ▲ Photocopy(복사)*

스타일을 강하게 변화시키는 Stylize(스타일화) 필터

Stylize 필터는 이미지의 픽셀 모양이나 배열에 변형을 주어 윤곽선, 엠보싱, 돌출 작업 등을 하는 데 유용합니다. [Filter]-[Filter Gallery]-[Stylize] 메뉴와 [Filter]-[Stylize] 메뉴를 선택하여 사용합니다.

▲ 원본   ▲ Glowing Edges(가장자리 광선 효과)*   ▲ Emboss(엠보스)*

▲ Extrude(돌출)   ▲ Find Edges(가장자리 찾기)*   ▲ Wind(바람)*

다양한 질감을 입히는 Texture(텍스처) 필터

Texture 필터는 이미지에 여러 가지 형태의 질감을 적용할 수 있는 필터를 모아놓았습니다. [Filter]-[Filter Gallery]-[Texture] 메뉴를 선택하여 사용합니다.

▲ 원본   ▲ Grain(그레인)*   ▲ Mosaic Tiles(모자이크 타일)

▲ Patchwork(이어 붙이기)*   ▲ Stained Glass(채색 유리)   ▲ Texturizer(텍스처화)

이미지 초점을 흐리게 만드는 Blur(흐림 효과) 필터

Blur와 Blur Gallery 필터는 이미지의 초점을 흐리게 만들어 전체 이미지를 부드럽게 처리하거나 속도감을 더하여 표현합니다. [Filter]-[Blur] 메뉴와 [Filter]-[Blur Gallery] 메뉴를 선택하여 사용합니다.

▲ 원본

▲ Blur/Blur More(흐리게/더 흐리게)*

▲ Gaussian Blur(가우시안 블러, 흐림)*

▲ Radial Blur(방사형 흐림)

▲ Surface Blur(표면 흐림)

▲ Tilt-Shift(기울기-이동)*

잡티를 추가하는 Noise(노이즈) 필터

Noise 필터는 사진의 주변 픽셀을 혼합해 잡티를 추가하거나 제거합니다. [Filter]-[Noise] 메뉴를 선택하여 사용합니다.

▲ 원본

▲ Add Noise(노이즈 추가)*

▲ Despeckle(노이즈 제거)*

▲ Dust & Scratches(먼지와 스크래치)

▲ Median(중간값)

▲ Reduce Noise(노이즈 감소)*

모자이크, 도트 패턴 등 픽셀아트를 만드는 Pixelate(픽셀화) 필터

Pixelate 필터는 인접한 픽셀을 묶어 배열 방식을 조절하여 이미지를 다양한 형태로 변환합니다. [Filter]-[Pixelate] 메뉴를 선택하여 사용합니다.

▲ 원본

▲ Color Halftone(색상 하프톤)*

▲ Crystallize(수정화)

▲ Mezzotint(메조틴트)

▲ Mosaic(모자이크)*

▲ Pointillize(점묘화)

구름, 섬유 패턴과 빛의 반사 효과를 내는 Render(렌더) 필터

Render 필터는 구름 무늬, 섬유 패턴 무늬, 빛의 반사 무늬, 굴절 무늬 등 특수한 효과를 만듭니다. [Filter]-[Render] 메뉴를 선택하여 사용합니다.

▲ 원본

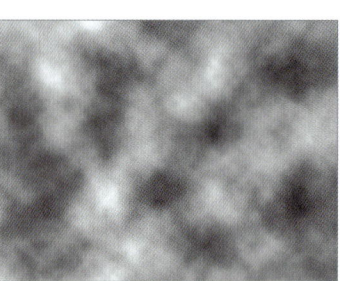
▲ Clouds(구름 효과 1)*

▲ Difference Clouds(구름 효과 2)

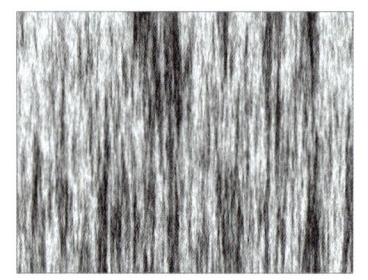
▲ Fibers(섬유)

▲ Lens Flare(렌즈 플레어)*

▲ Lighting Effects(조명 효과)*

이미지의 선명도를 조절하는 Sharpen(선명 효과) 필터

Sharpen 필터는 인접한 픽셀의 대비를 증가시켜 흐릿한 이미지를 선명하게 만듭니다. [Filter]-[Sharpen] 메뉴를 선택하여 사용합니다.

▲ Shake Reduction(흔들림 감소)

▲ Sharpen/Sharpen More(선명하게/더 선명하게)*

▲ Unsharp Mask(언샵 마스크)*

그 밖의 특수 효과 Video(비디오)/Other 필터

Video 필터는 TV에 쓰일 이미지를 제작할 때 유용합니다. Other 필터를 이용하여 사용자가 직접 필터를 제작할 수 있습니다. [Filter]-[Video] 메뉴와 [Filter]-[Other] 메뉴를 선택하여 사용합니다.

▲ High Pass(하이 패스)*

▲ Maximum(최댓값)

▲ Offset(오프셋)*

포토샵 실속 단축키

단축키를 사용하면 작업 시간을 효과적으로 줄일 수 있습니다. 모두 외울 수는 없지만 중요한 단축키를 알아둔다면 매우 유용하게 활용할 수 있습니다.

선택 영역

Ctrl + 드래그 이동하기

Alt + 드래그 가운데부터 선택 영역 지정하기

Shift + 드래그 정비례로 선택 영역 지정하기

영역 지정 후 Shift + 드래그 선택 영역 추가하기

Ctrl + D 선택 영역 해제하기

Ctrl + Shift + I 선택 영역 반전하기

Ctrl + A 전체 영역 선택하기

Ctrl + C 선택 영역 복사하기

Ctrl + Shift + C 눈에 보이는 이미지의 선택 영역 복사하기

Ctrl + V 선택 영역 붙여넣기

Ctrl + Shift + V 원하는 위치에 선택 영역 붙여넣기

Ctrl + X 선택 영역 잘라내기

Ctrl + J 선택 영역 새 레이어로 복사하기

Ctrl + Shift + J 선택 영역 새 레이어로 잘라내기

이동 관련

Ctrl 이동 도구로 전환	Ctrl + Shift + 방향키 10px씩 이동
Ctrl + Alt + 드래그 복사하여 이동	Alt + 드래그 새 레이어로 복사하여 이동
Ctrl + 방향키 1px씩 이동	Shift + 드래그 45°/수직/수평으로 이동

파일 변형

Ctrl + N 새 작업 문서 만들기	Ctrl + Shift + S 다른 이름으로 저장하기
Ctrl + O 파일 열기	Ctrl + P 인쇄하기
Ctrl + W 작업창 닫기	Ctrl + Q 포토샵 종료하기
Ctrl + Alt + W 열린 작업창 모두 닫기	Ctrl + K 포토샵 환경 설정
Ctrl + S 저장하기	

레이어

| `Ctrl` + `Alt` + `Shift` + `N` 대화상자 없이 새 레이어 만들기 |
| `Ctrl` + **새 레이어 만들기 아이콘** 선택 레이어 아래 새 레이어 만들기 |
| `Alt` + **눈 아이콘** 선택한 레이어만 보기 |
| `Alt` + **배경 레이어 더블클릭** 일반 레이어로 전환하기 |
| `Alt` + **레이어 마스크** 검은색 마스크 생성하기 |
| **레이어 이름 더블클릭** 레이어 이름 수정하기 |
| `Ctrl` + `G` 레이어 그룹 만들기 |
| `Ctrl` + `Shift` + `G` 레이어 그룹 해제하기 |
| `Ctrl` + `Alt` + `G` 클리핑 마스크 적용/해제하기 |
| `Shift` + **연결된 레이어 클릭** 연결되어 있는 레이어 여러 개 선택하기 |
| `Ctrl` + **떨어진 레이어 클릭** 떨어져 있는 레이어 여러 개 선택하기 |
| `Ctrl` + `E` 선택된 레이어와 하단 레이어 병합하기 |
| `Ctrl` + `Shift` + `E` 눈에 보이는 모든 레이어 병합하기 |
| `Ctrl` + `Alt` + `Shift` + `E` 병합하여 새 레이어 생성하기 |
| **(블렌딩 모드)** + **방향키/마우스 휠** 블렌딩 모드 순서 빠르게 변경하기 |
| **숫자키** 불투명도값 조절 |

이미지 보정

| `Ctrl` + `L` [Levels] 대화상자 열기 |
| `Ctrl` + `Shift` + `L` Auto Tone 적용하기 |
| `Ctrl` + `Alt` + `Shift` + `L` Auto Contrast 적용하기 |
| `Ctrl` + `M` [Curves] 대화상자 열기 |
| `Ctrl` + `B` [Color Balance] 대화상자 열기 |
| `Ctrl` + `Shift` + `B` Auto Color 적용 |
| `Ctrl` + `Alt` + `Shift` + `B` [Black&White] 대화상자 열기 |
| `Ctrl` + `U` [Hue/Saturation] 대화상자 열기 |
| `Ctrl` + `Shift` + `U` Desaturate 적용하기(흑백 이미지) |
| `Ctrl` + `I` 이미지 색상 반전하기 |
| **대화상자에서** + `Alt` [Cancel] 버튼이 [Reset]으로 변경되어 초기화 가능 |

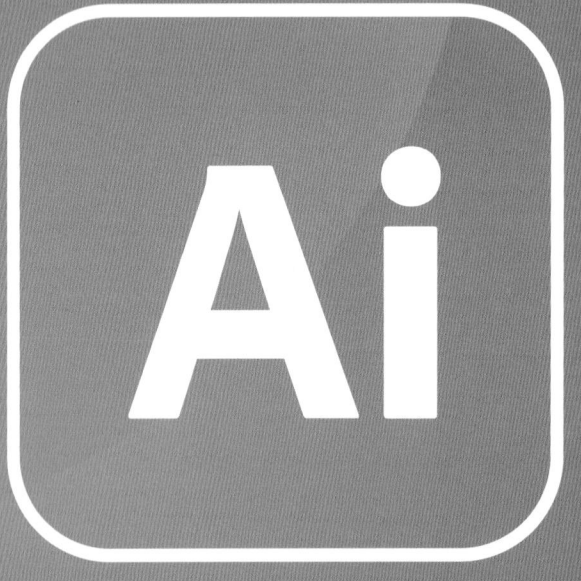

PART 02

쉽고 빠른 일러스트레이터 레시피

**일러스트레이터를 시작하기 전에
꼭 알아두어야 할 완벽한 레시피**

일러스트레이터(Illustrator)는 어도비(Adobe)에서 만든 그래픽 프로그램으로,
벡터 방식을 기반으로 한 프로그램 중
가장 대중적이므로 많은 분야에서 사용되고 있습니다.
일러스트레이터 프로그램이 무엇인지 알아보고
기초 기능을 익히는 것부터 실전 활용 예제를 따라 해보는 것까지
일러스트레이터 정복을 위한 첫걸음을 시작해보겠습니다.

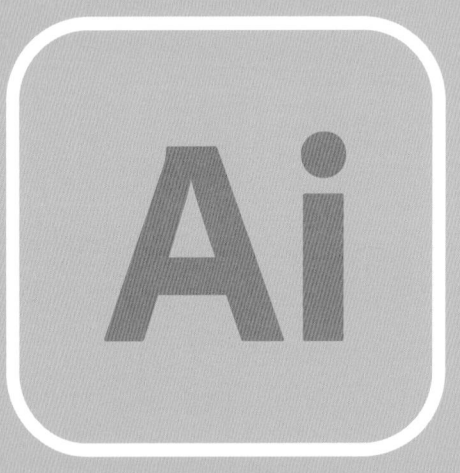

CHAPTER 01

일러스트레이터 CC 2025 파헤치기

일러스트레이터 프로그램은 무엇이며
어디에 사용할 수 있는지 알아봅니다.
홈 화면과 작업 화면 등의 화면 구성을 살펴보고
디자인 작업에 필요한 일러스트레이터 조작 방법에 대해 알아보겠습니다.

반갑다, 일러스트레이터

일러스트레이터는 무엇이고 어디에 쓰이는가

일러스트레이터(Illustrator)는 미국 어도비사에서 개발한 그래픽 프로그램입니다. 일러스트레이터에서 그린 이미지는 벡터 방식으로 만들어지기 때문에 이미지 크기를 확대해도 깨지지 않고 선명하게 보입니다. 따라서 외곽선이 매끄러운 디자인을 할 때 주로 사용합니다. 벡터 방식이란 일러스트레이터에서 선을 그리면 점과 점 사이를 잇는 좌푯값을 계산하여 화면에 보여주는 방식을 말합니다.

일러스트레이터는 어디에 쓰이나요

일러스트레이터는 정교하게 작업할 수 있고 이미지 크기를 바꾸어도 손상이 없어서 모든 디자인 분야에 사용하고 있다 해도 과언이 아닙니다. CI/BI, 픽토그램, 패턴, 편집, 패키지, 팬시 등 여러 분야에서 일러스트레이터를 사용하고 있습니다.

CI/BI 디자인

▲ 유튜브(youtube.com)

인스타그램 로고
▲ 인스타그램(instagram.com)

▲ 스타벅스(istarbucks.co.kr)

▲ 네이버(naver.com)

카카오 로고
▲ 카카오(kakaocorp.com)

▲ 코카콜라(coca-cola.com)

캐릭터/팬시 디자인

패키지 디자인

편집 디자인

아이콘 디자인

일러스트레이터, 어떻게 생겼지

02

일러스트레이터 실행 화면 꼼꼼히 살펴보기

일러스트레이터는 그래픽 작업하기에 효율적인 화면으로 구성되어 있습니다. 일러스트레이터 화면을 구성하고 있는 요소의 명칭과 기능에 대해 간략히 살펴본 후 작업 화면을 사용자 편의에 맞게 구성하는 방법까지 알아보겠습니다.

일러스트레이터 CC 2025 홈 화면

일러스트레이터 CC 2025를 설치하고 처음 실행하면 다음과 같은 화면이 나타납니다. [새 파일] 또는 [열기]와 같이 작업의 시작을 도와주는 **홈** 화면입니다.

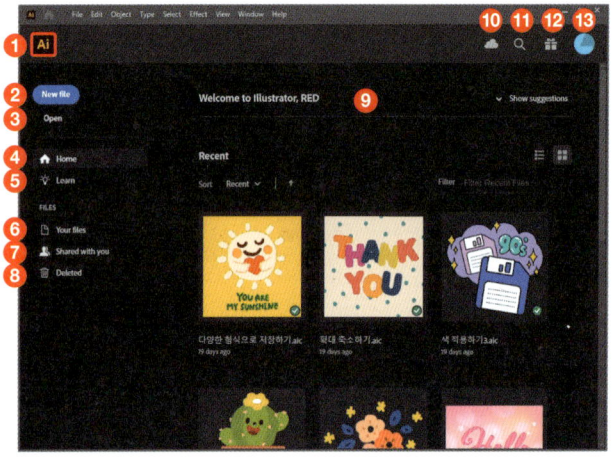

① **작업 화면(Workspace)** | 클릭하면 홈 화면은 사라지고 작업 화면이 나타납니다.

② **새 파일(New file)** | 새 파일을 만들 수 있습니다.

③ **열기(Open)** | 저장된 파일을 불러올 수 있습니다.

④ **홈(Home)** | 홈 화면이 나타납니다.

⑤ **학습(Learn)** | 일러스트레이터의 기능을 배울 수 있습니다.

⑥ **내 파일(Your files)** | 어도비 클라우드에 저장한 파일이 나타나며 파일을 삭제하거나 관리할 수 있습니다.

⑦ **나와 공유됨(Shared with you)** | 다른 사용자가 공유한 파일이 나타납니다.

⑧ **삭제된 항목(Deleted)** | 삭제한 클라우드 파일을 확인할 수 있습니다.

⑨ 왼쪽 메뉴를 클릭하면 클릭한 메뉴와 관련된 내용이 이곳에 나타납니다.

⑩ **클라우드 정보(Cloud storage)** | 어도비 클라우드에 저장한 파일의 총 용량을 확인할 수 있습니다.

⑪ **검색(Search)** | 어도비 프로그램 관련 궁금한 사항을 검색해볼 수 있습니다.

⑫ **새 소식(What's new)** | 어도비의 새로운 소식을 확인할 수 있습니다.

⑬ **계정 관리(My account)** | 내 계정의 정보를 확인 및 수정할 수 있습니다.

일러스트레이터 CC 2025 기본 화면

[File]-[New] 메뉴를 선택하거나 홈 화면에서 [New file]을 클릭하여 새 파일을 만들면 다음과 같은 작업 화면이 나타납니다. 각 요소의 명칭과 기능을 살펴보겠습니다.

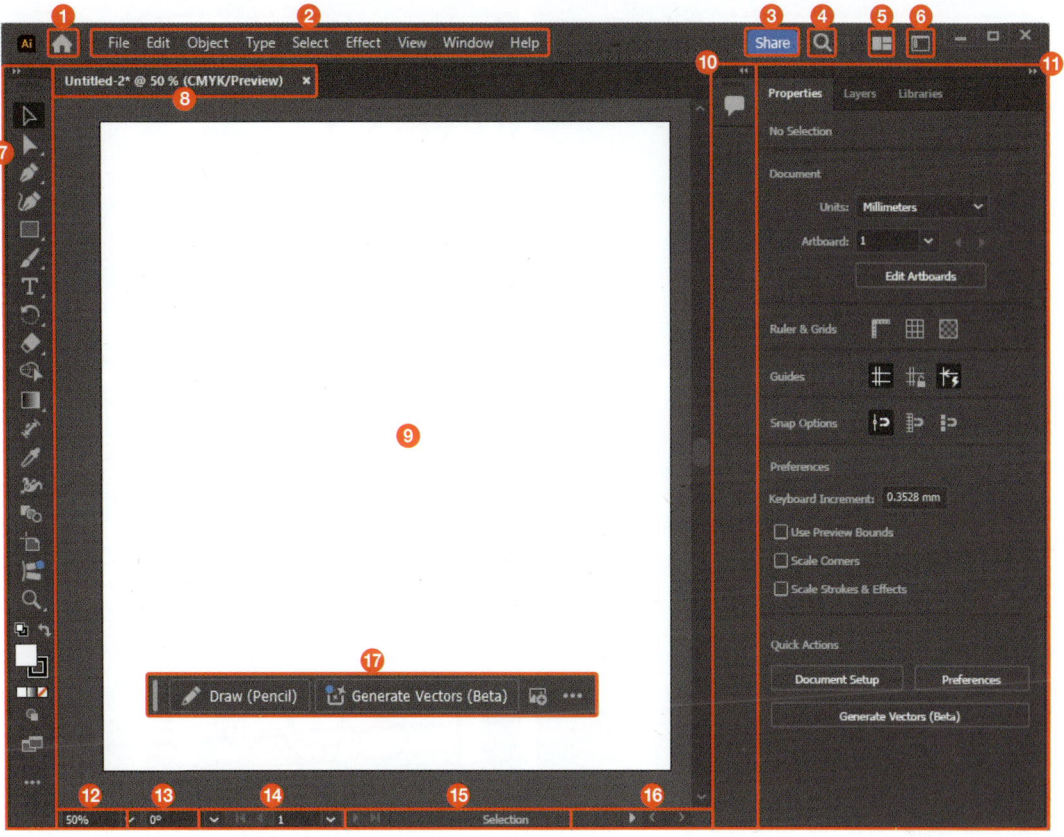

① **홈** | 홈 화면이 나타납니다.

② **메뉴바** | 자주 사용되는 명령을 메뉴로 정리해 모아두었습니다. 실행할 수 있는 메뉴는 검은색, 실행할 수 없는 메뉴는 회색으로 나타납니다.

- **File** | 파일을 만들거나 저장하고 인쇄하는 등 파일에 관련된 기능을 제공합니다.
- **Edit** | 자르고 복사하기와 같은 편집 기능입니다. 환경 설정에 관한 기능도 제공합니다.
- **Object** | 오브젝트를 변형하고 정렬하는 등 오브젝트에 관련된 기능을 제공합니다.
- **Type** | 글자의 스타일, 크기와 같이 글자에 관련된 기능을 제공합니다.
- **Select** | 패스를 선택하는 것과 관련해 다양한 기능을 제공합니다.
- **Effect** | 오브젝트에 특수한 효과를 주는 기능을 제공합니다. 포토샵의 필터 기능과 같습니다.
- **View** | 화면을 보는 것과 관련해 다양한 기능을 제공합니다.
- **Window** | 일러스트레이터의 모든 패널이 모여 있습니다. • **Help** | 도움말을 찾아볼 수 있습니다.

③ **공유** | 어도비 계정을 보유한 다른 사용자를 초대하여 파일을 공유합니다.

④ **도움말** | 작업 중 궁금한 내용을 검색하면 어도비 커뮤니티 도움말로 이동하여 정보를 얻을 수 있습니다.

⑤ **도큐먼트 재배열** | 작업 창이 여러 개일 때 배열 방식을 정할 수 있습니다.

⑥ **작업 화면 선택** | 인쇄, 웹, 타이포그래피 등 작업 목적에 따른 화면 구성을 선택할 수 있습니다.

⑦ **도구바** | 일러스트레이터 작업을 위해 가장 기본적이며 많이 사용되는 도구를 표시합니다.

⑧ **파일 탭** | 파일 이름, 이미지의 크기 비율, 컬러 모드 등의 파일 정보를 탭 형태로 표시합니다.

⑨ **아트보드** | 실제 작업 영역입니다. Ctrl + N 을 누르면 새 아트보드를 만들 수 있습니다.

⑩ **주석** | 현재 열려 있는 파일에 주석을 달아서 다른 사람들과 의견을 주고받을 수 있습니다.

⑪ **패널** | 작업을 위해 필요한 기능과 옵션을 모아둔 영역입니다.

⑫ **화면 비율** | 현재 작업 화면의 보기 비율을 표시하며 확대/축소 비율을 설정할 수 있습니다.

⑬ **화면 각도** | 아트보드를 회전하면 각도가 표시되며 각도를 설정할 수 있습니다.

⑭ **아트보드 이동** | 여러 개의 아트보드로 작업할 경우 아트보드 순서에 따라 이동할 수 있습니다.

⑮ **현재 선택 도구** | 현재 선택한 도구의 이름을 표시합니다.

⑯ **화면 이동** | 아트보드의 보이는 영역을 조정할 수 있는 스크롤바입니다.

⑰ **상황별 작업 표시줄** | 자주 쓰는 기능을 모아놓은 바입니다.

> 간단 실습 **작업 화면의 색상 변경하기** ★중요

일러스트레이터 CC 2025를 설치한 후 처음 실행하면 어두운 진회색의 화면이 나타납니다. CS6 버전부터는 작업 화면의 색상을 사용자가 변경할 수 있으므로 직접 설정해보겠습니다.

① 메뉴바에서 [Edit]-[Preferences]-[User Interface] 메뉴를 선택합니다. ② [Preferences] 대화상자가 나타나면 [Brightness]를 가장 밝은 색상인 [Light]로 설정합니다. ③ [OK]를 클릭합니다.

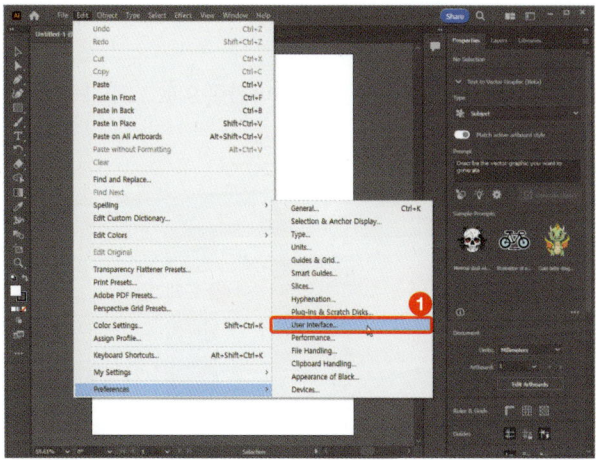

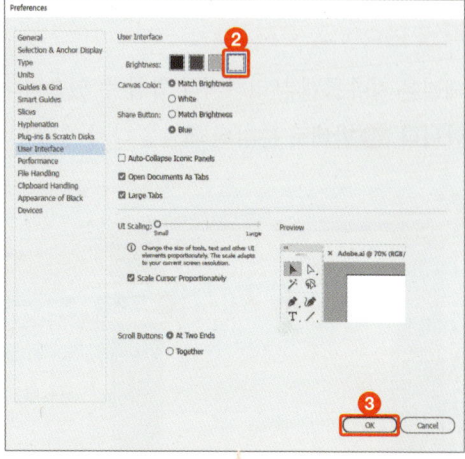

macOS는 [Edit] 메뉴에 [Preferences] 메뉴가 없습니다. macOS 사용자라면 [Illustrator CC]-[Preferences]-[User Interface] 메뉴를 선택합니다.

이 책에서는 작업 화면의 색상을 [Light]로 설정했습니다. 어두운 색상의 화면을 캡처하여 인쇄하면 가독성이 떨어지고 실습에 집중하기 어려우므로 밝은 색상의 화면으로 진행하겠습니다.

간단 실습 | 패널 조작하기

[File]-[New] 메뉴를 선택하여 새 파일을 만들면 다음과 같은 작업 화면이 나타납니다. 작업 화면에는 여러 패널이 있습니다. 패널(Panel)이란 본래 '판자'라는 뜻으로, 사각형의 판을 의미합니다. 일러스트레이터에서 패널은 여러 가지 기능을 모아둔 판이라 할 수 있습니다. 지금부터 다양한 패널 조작 방법에 대해 알아보겠습니다.

패널 분리하고 합치기

패널은 자유롭게 분리하거나 합칠 수 있습니다. ❶ [Properties] 패널 탭을 패널 바깥쪽으로 드래그해 분리합니다. ❷ 반대로 분리된 패널을 다시 패널 안쪽으로 드래그하면 합칠 수 있습니다.

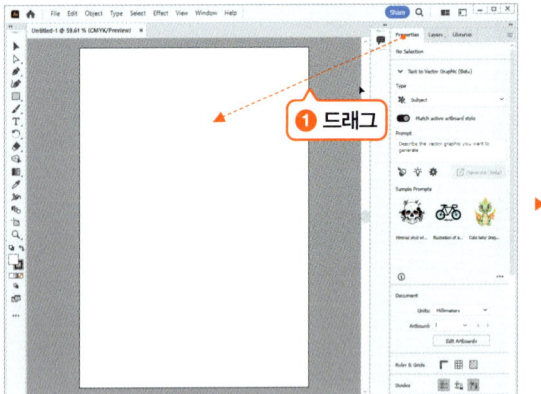
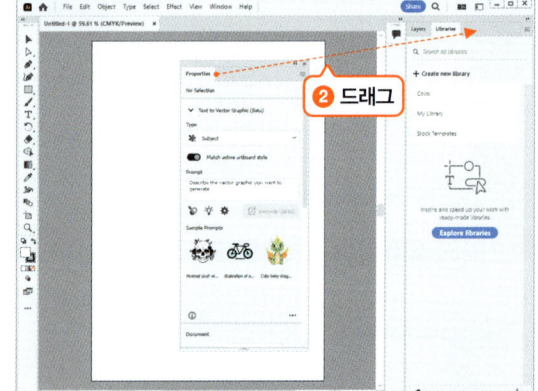

패널 옮기기

패널을 바깥쪽으로 분리할 수도 있지만 패널 안쪽에서 다른 위치로 옮길 수도 있습니다. ❶ [Properties] 패널 탭을 패널 아래쪽으로 드래그하면 파란색 선이 나타납니다. ❷ 그 자리에 패널을 넣으면 패널이 이동합니다.

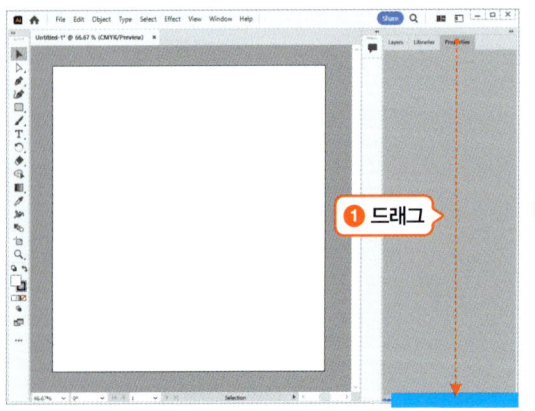
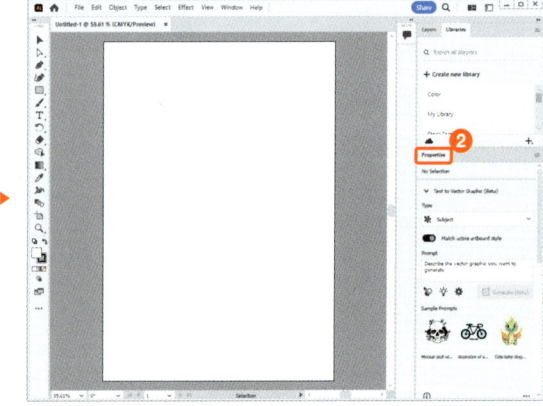

패널 최소/최대화하기

일러스트레이터는 패널을 최소/최대화하는 기능을 제공합니다. ❶ 왼쪽 패널 상단의 ▸▸를 클릭하면 한 줄이던 패널이 두 줄로 바뀝니다. ❷ 오른쪽 패널 상단의 ▸▸를 클릭하면 패널이 최소화됩니다. 반대로 패널들이 최소화된 상태에서 ◂◂를 다시 클릭하면 최대화됩니다.

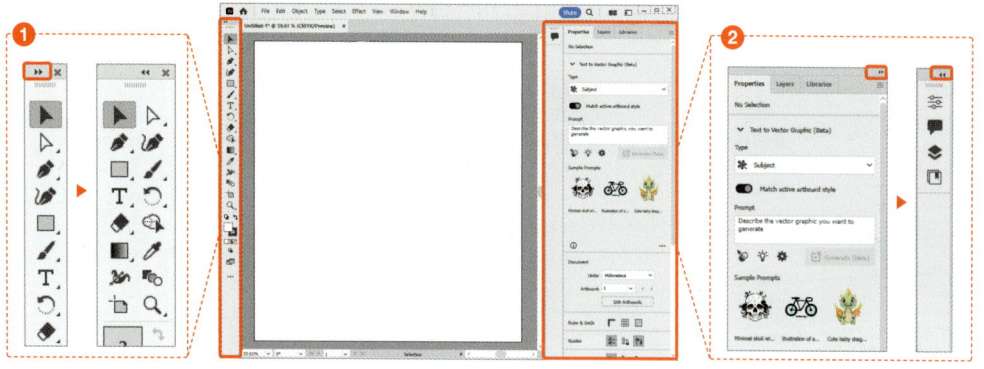

패널 나타나게 하기

[Layers] 패널을 나타나게 해보겠습니다. ❶ 오른쪽에 있는 [Layers] 패널 탭을 클릭합니다. ❷ [Window]를 클릭합니다. 이 메뉴에 있는 항목은 모두 패널입니다. 메뉴 이름 앞에 체크되어 있는 항목은 현재 화면에 나타나 있는 패널입니다. ❸ [Layers] 패널 탭이 보이지 않는다면 메뉴바에서 [Window]-[Layers] 메뉴를 선택합니다.

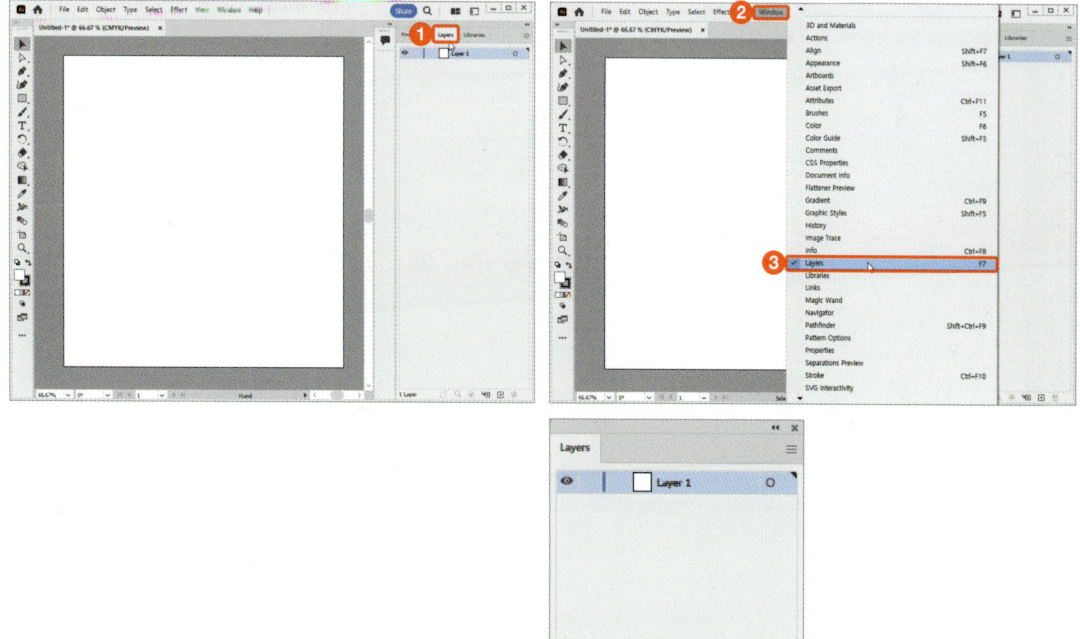

패널 숨기기

일러스트레이터에서 제공하는 모든 패널을 다 꺼내놓을 수는 없습니다. 필요 없는 패널을 숨기는 방법은 두 가지입니다. 하나씩 따라 해보겠습니다. ❶ [Layers] 패널을 바깥쪽으로 드래그해 분리한 후 ❷ 오른쪽 상단의 닫기 ▨를 클릭합니다. [Layers] 패널이 사라집니다. ❸ [Layers] 패널 탭을 마우스 오른쪽 버튼으로 클릭하고 ❹ [Close]를 선택해도 [Layers] 패널을 숨길 수 있습니다.

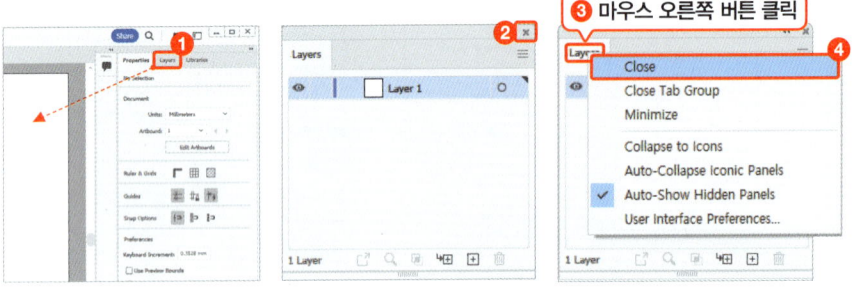

자주 쓰지 않는 패널 숨기기 ★중요

❶ ◀◀을 클릭하면 [Comments] 패널이 나타납니다. [Comments] 패널은 자주 사용하지 않으므로 패널을 닫아 작업 영역을 더 넓게 사용하겠습니다. ❷ [Comments] 패널 탭을 마우스 오른쪽 버튼으로 클릭하고 ❸ [Close]를 선택합니다. 패널이 사라집니다. 닫은 패널을 다시 불러오려면 [Window]-[Comments] 메뉴를 선택합니다.

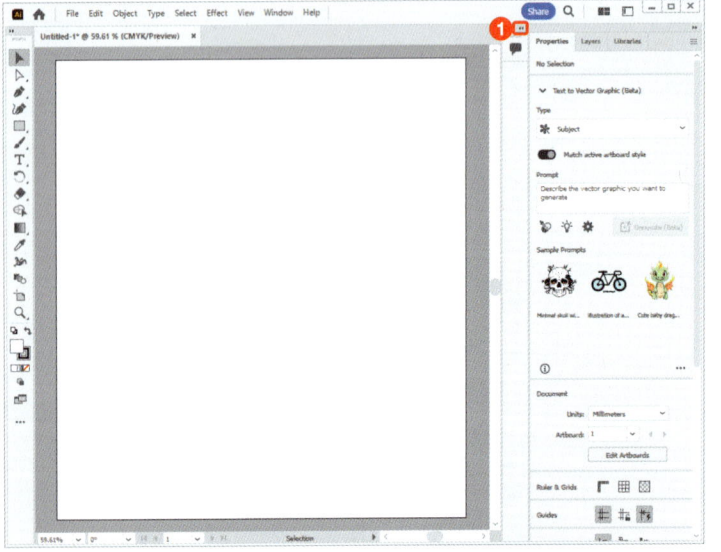
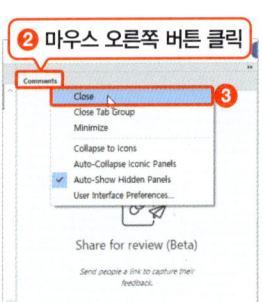

상황별 작업 표시줄 숨기기 ★중요

[상황별 작업 표시줄] 패널은 자주 사용하지 않습니다. 패널을 닫아 작업 화면을 넓게 사용하겠습니다.

❶ 더 보기 ⋯를 클릭하고 ❷ [Hide bar]를 선택합니다. [상황별 작업 표시줄] 패널이 숨겨집니다. 다시 나타나게 하려면 ❸ [Window]-[Contextual Task Bar] 메뉴를 선택합니다.

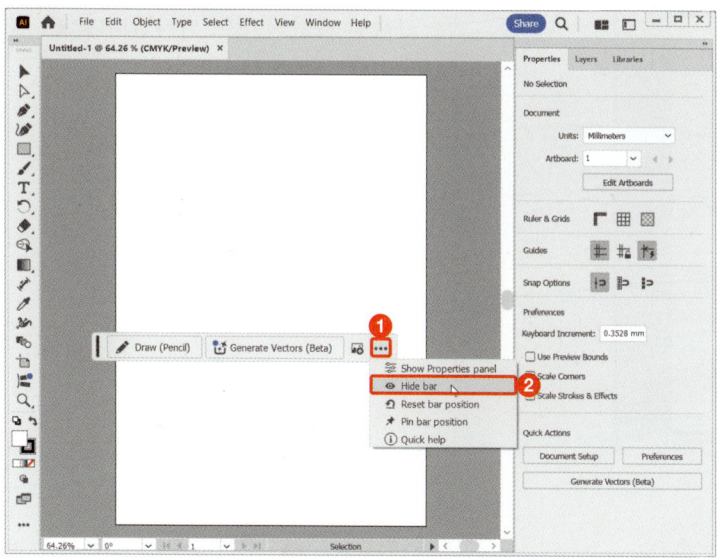
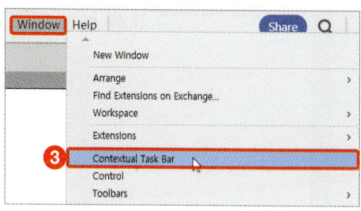

작업 화면 선택하기

오른쪽 상단의 ▣을 클릭하면 미리 설정된 아홉 개의 작업 화면 중 하나를 선택할 수 있습니다. 기본 설정은 [Essentials]이고 다른 메뉴를 선택하면 패널 구성이 변경됩니다.

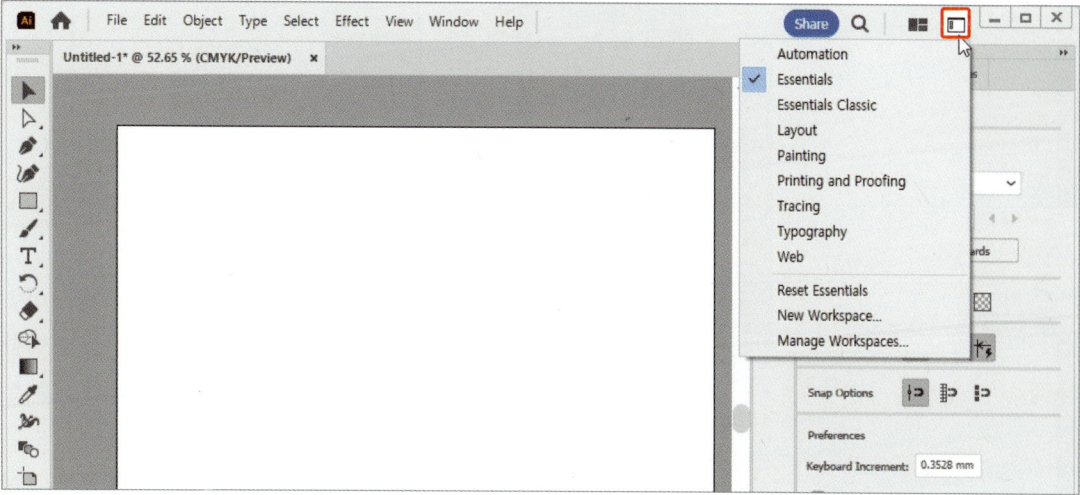

간단 실습 작업 화면 만들어 등록하기

사용자가 직접 작업 화면을 구성한 후 등록해 사용할 수 있습니다.

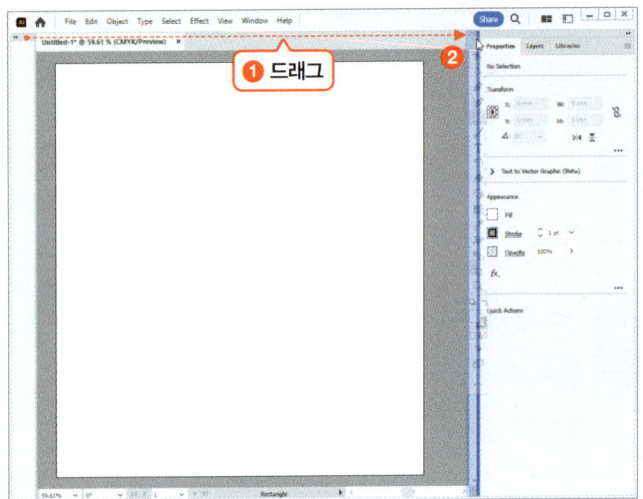

01 ❶ 도구바를 화면 오른쪽으로 드래그하면 파란색 선이 나타납니다. ❷ 그 자리로 도구바를 이동합니다.

02 ❶ 오른쪽 상단의 을 클릭하고 ❷ [New Workspace]를 선택합니다. ❸ [Name]에 **빨간고래**를 입력하고 ❹ [OK]를 클릭합니다.

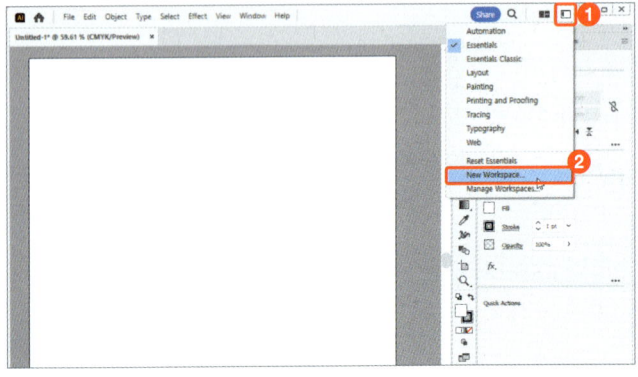
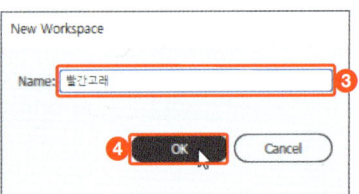

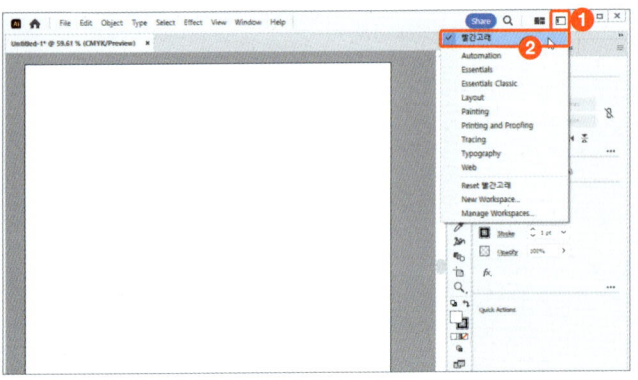

03 ❶ 오른쪽 상단의 을 클릭하면 ❷ [빨간고래] 메뉴가 생긴 것을 확인할 수 있습니다. 이제부터는 [빨간고래]를 선택하면 도구바가 오른쪽에 있는 작업 화면(**01** 단계에서 설정한 작업 화면)으로 변경됩니다.

04 등록한 작업 화면의 이름을 수정해보겠습니다. ❶ 오른쪽 상단의 🔲을 클릭하고 ❷ [Manage Workspaces] 메뉴를 선택합니다. ❸ [Manage Workspaces] 대화상자에서 [빨간고래]를 클릭합니다. ❹ **빨간작업실**을 입력하고 ❺ [OK]를 클릭합니다. '빨간고래'였던 이름이 '빨간작업실'로 수정됩니다.

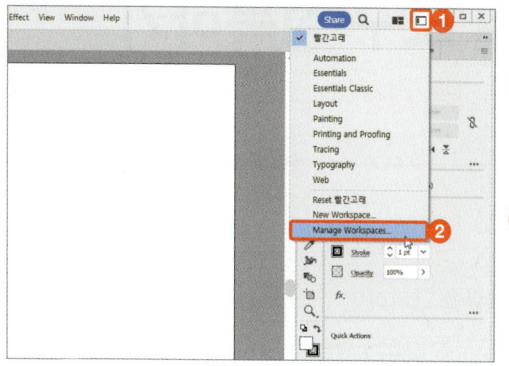
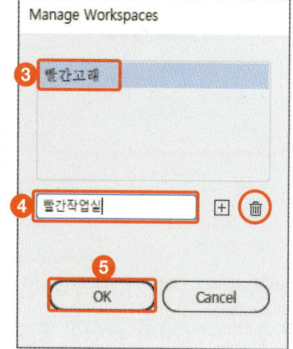

[빨간고래] 작업 화면을 삭제하려면 [빨간고래]를 클릭한 후 오른쪽에 있는 삭제🗑를 클릭합니다.

기능 꼼꼼 익히기 | Tab 을 이용해 손쉽게 패널 숨기기

Tab 을 누르면 화면 모드를 빠르게 바꿀 수 있습니다. 일반 화면 모드에서 Tab 을 누르면 양쪽의 패널이 숨겨져 작업 영역을 넓게 사용할 수 있습니다. 다시 Tab 을 누르면 일반 화면 모드로 되돌아옵니다.

Shift + Tab 을 누르면 오른쪽 패널은 사라지고 왼쪽 패널만 나타납니다. 다시 Tab 을 누르면 일반 화면 모드로 되돌아옵니다.

Ai LESSON 03

뚝딱뚝딱, 그림을 그릴 도구 정복하기

일러스트레이터 CC 2025의 다양한 도구 알아두기

일러스트레이터를 실행하면 왼쪽에 도구바가 있습니다. 그림을 그리려면 연필이나 지우개, 붓과 같은 도구가 필요하듯, 일러스트레이터에서는 그래픽 작업을 위한 도구들을 도구바에 모아두었습니다. 도구바의 기본 사용법과 다양한 종류의 도구를 살펴보고 나만의 도구바를 만들어 등록해보겠습니다.

간단 실습 | 도구바 다루기

도구를 선택하려면 도구바의 아이콘을 클릭합니다. 일러스트레이터를 설치한 후 처음 실행하면 화살표 모양의 선택 도구 ▶가 선택되어 있습니다.

도구바 최소/최대화하고 이동하기

❶ 도구바 상단의 ▶▶를 클릭하면 한 줄이 두 줄로 바뀌어 도구바를 좀 더 넓게 사용할 수 있습니다. 두 줄인 상태에서 ❷ ◀◀를 클릭하면 다시 한 줄로 되돌아옵니다. ❸ 펜 도구 위에 마우스 포인터를 올리면 도구 이름과 팁이 나타납니다. ❹ ▬▬▬를 드래그하면 도구바를 이동할 수 있습니다.

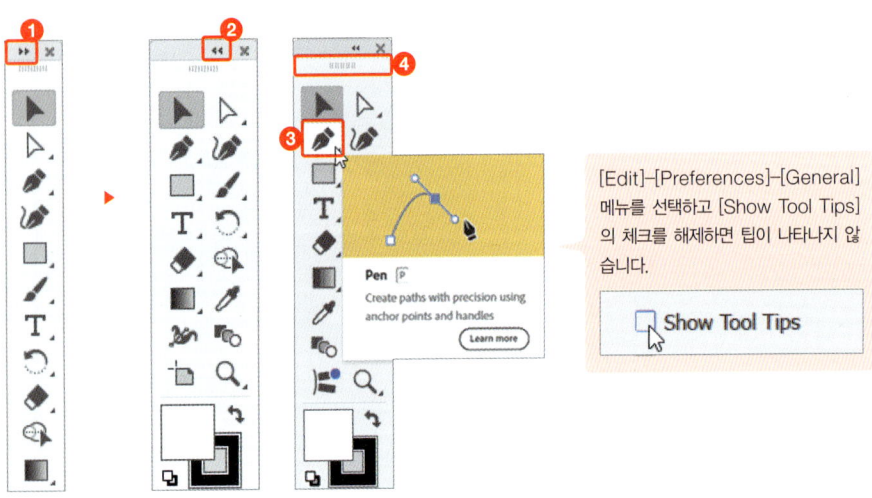

숨은 도구 선택하기

도구 아이콘 오른쪽 아래에 삼각형 이 표시되어 있으면 숨겨진 도구가 있다는 뜻입니다. ① 해당 도구를 길게 클릭하거나 마우스 오른쪽 버튼으로 클릭하면 숨은 도구들이 나타나며 ② 숨은 도구 메뉴의 분리 를 클릭하면 숨은 도구들이 패널처럼 분리됩니다. ③ 분리된 숨은 도구 패널은 닫기 를 클릭하여 다시 숨기거나 ④ 를 클릭해 세로 방향의 도구바로 변경할 수 있습니다. ⑤ 를 클릭하면 다시 가로 방향의 도구바로 변경됩니다.

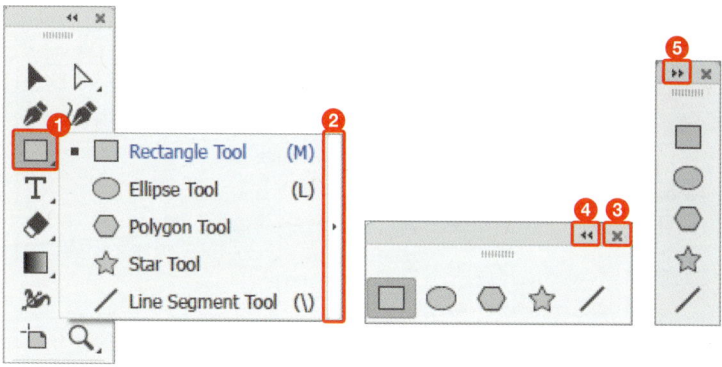

삼각형 이 표시되어 있는 도구를 Alt 를 누른 채 계속 클릭하면 숨은 도구가 차례대로 나타납니다.

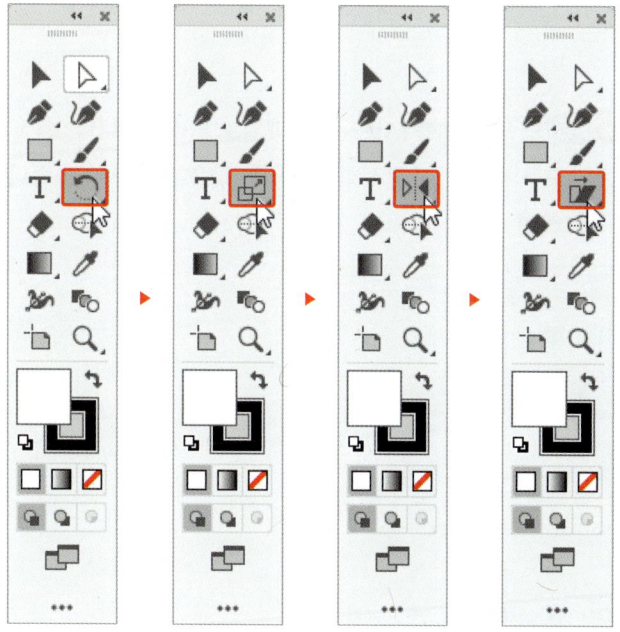

도구바에 도구 추가하고 삭제하기

일러스트레이터를 설치하고 처음 실행하면 기본(Basic) 도구바가 나타납니다. 일러스트레이터에는 31개의 도구가 있습니다. 이 도구를 다 쓰는 경우는 많지 않아서 자주 사용되는 필수 도구로만 구성된 것이 기본(Basic) 도구바입니다. 더 많은 도구를 꺼내보겠습니다.

❶ 도구바 하단의 더 보기 ⋯ 를 클릭합니다. 모든 도구가 나타납니다. 이미 도구바에 등록된 도구는 비활성화 상태이고, 등록되지 않은 도구만 활성화되어 있습니다. ❷ 자동 선택 도구 ✻ 를 도구바로 드래그합니다. ❸ 도구바에 자동 선택 도구 ✻ 가 추가됩니다.

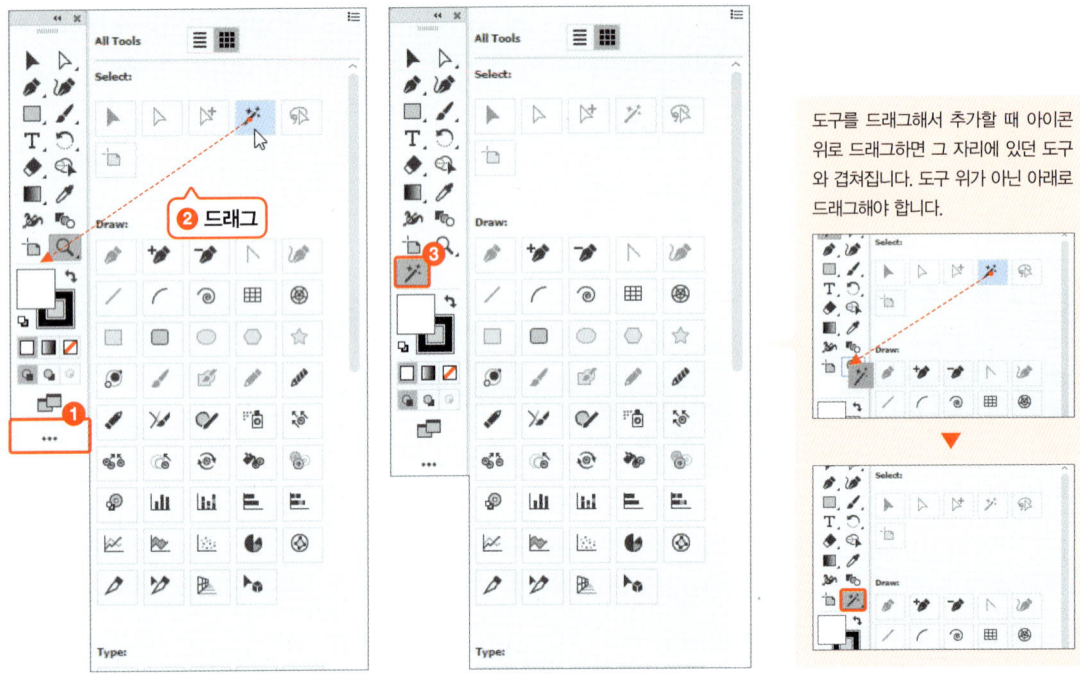

이번에는 도구바의 도구를 삭제해보겠습니다. ❹ 블렌드 도구 ▧ 를 [All Tools] 패널로 드래그합니다. ❺ 도구바에서는 삭제되고, 스크롤바를 내려보면 블렌드 도구 ▧ 가 다시 활성화되어 있는 것을 확인할 수 있습니다. 다시 추가하고 싶으면 언제든지 도구바로 드래그하면 됩니다.

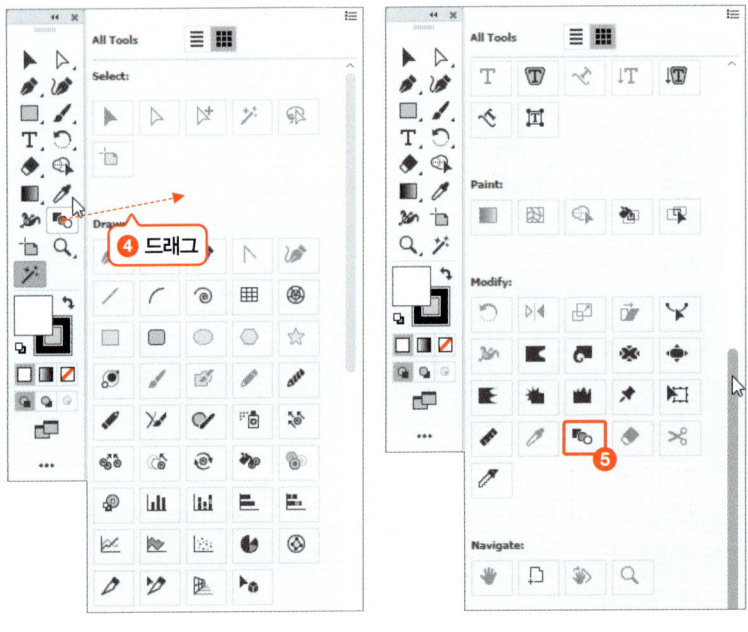

도구바 초기화하기

❶ 옵션을 클릭하고 ❷ [Reset]을 선택하면 도구바가 초기화됩니다.

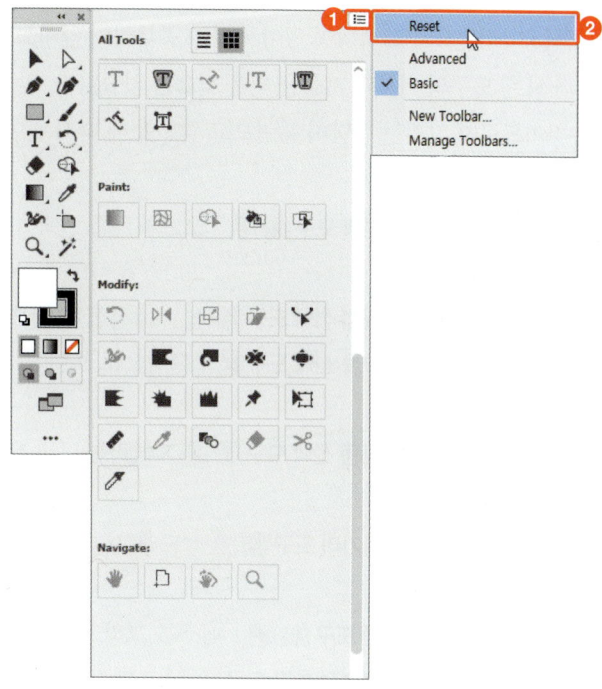

모든 도구 다 꺼내놓기 ★중요

❶ 옵션을 클릭하고 ❷ [Advanced]를 선택하면 도구바에 모든 도구가 다 나타납니다. ❸ [Basic]을 선택하면 기본 도구만 있는 도구바로 바뀝니다. 다양한 도구를 사용해야 하는 사용자라면 도구를 다 꺼내놓는 것을 추천합니다. 이 책에서는 고급(Advanced) 도구바를 기준으로 실습합니다.

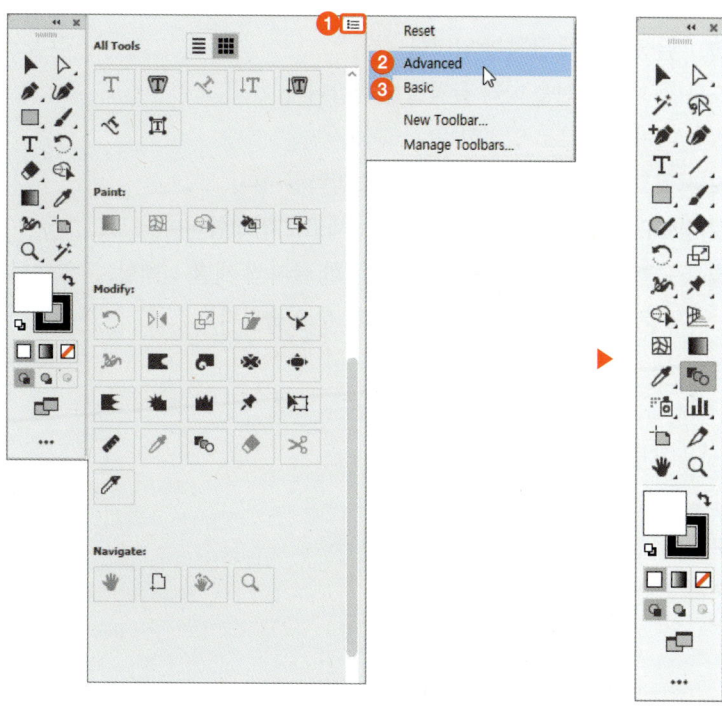

도구 이름과 기능 살펴보기

도구는 아이콘으로 표시되어 있어서 따로 공부하지 않아도 그 기능을 미리 짐작할 수 있습니다. 따라서 처음부터 모든 도구의 이름과 기능을 외울 필요는 없습니다. 앞으로 예제를 따라 하면서 하나씩 차근차근 익혀나갈 것이므로 여기서는 간단히 훑어보고 필요할 때 다시 찾아보도록 합니다.

① **선택 도구** V ▶ | 오브젝트를 선택하거나 옮깁니다.

② **직접 선택 도구** A ▷ | 고정점이나 패스의 부분을 선택합니다.
그룹 선택 도구 | 그룹으로 묶여 있는 패스를 개별적으로 선택합니다.

③ **자동 선택 도구** Y | 클릭한 곳과 유사한 속성을 가진 패스를 함께 선택합니다.

④ **올가미 도구** Q | 드래그한 영역 안의 모든 오브젝트를 선택합니다.

⑤ **펜 도구** P | 패스를 그리고 수정합니다. 패스를 만드는 기본 도구입니다.
고정점 추가 도구 + | 패스를 클릭해 고정점을 추가합니다.
고정점 삭제 도구 − | 고정점을 클릭해 고정점을 삭제합니다.
고정점 도구 Shift + C | 고정점 양쪽의 패스를 직선이나 곡선으로 바꿉니다.

⑥ **곡률 도구** Shift + ~ | 곡선을 쉽게 그릴 수 있는 곡선 전용 도구입니다.

⑦ **문자 도구** T | 글자를 입력합니다.
영역 문자 도구 | 글상자 안에 글자를 입력합니다.
패스 상의 문자 도구 | 패스 선을 따라 글자를 입력합니다.
세로 문자 도구 | 글자를 세로로 입력합니다.
세로 영역 문자 도구 | 글상자 안에 글자를 세로로 입력합니다.
패스 상의 세로 문자 도구 | 패스 선을 따라 글자를 세로로 입력합니다.
문자 손질 도구 Shift + T | 입력되어 있는 글자를 한 글자씩 개별 선택할 수 있습니다. 크기, 각도, 글꼴 등의 속성을 개별적으로 설정할 수 있습니다.

⑧ **선 도구** ₩ | 직선을 그립니다.
호 도구 | 곡선을 그립니다.
나선형 도구 | 나선을 그립니다.
사각형 격자 도구 | 표를 그립니다.
극좌표 격자 도구 | 원형으로 된 표를 그립니다.

⑨ **사각형 도구** M ▢ | 사각형을 그립니다.
　둥근 사각형 도구 ▢ | 모서리가 둥근 사각형을 그립니다.
　원형 도구 L ◯ | 원을 그립니다.
　다각형 도구 ⬡ | 변이 여러 개인 다각형을 그립니다.
　별모양 도구 ☆ | 별 모양을 그립니다.
　플레어 도구 | 반짝이는 광선을 그립니다.

⑩ **브러시 도구** B | 붓으로 그린 듯 다양한 느낌의 선을 그립니다.
　물방울 브러시 도구 Shift + B | 드래그하면 선이 아닌 면이 그려집니다.

⑪ **Shaper 도구** Shift + N | 드래그하는 대로 반듯한 직선과 도형을 그릴 수 있습니다.
　연필 도구 N | 자유롭게 드래그해 굵기가 일정한 패스 선을 그립니다.
　매끄럽게 도구 | 그려놓은 패스를 부드럽게 수정합니다.
　패스 지우개 도구 | 패스를 자유롭게 드래그해 지웁니다.
　연결 도구 | 끊어져 있는 두 개의 고정점을 드래그하면 선으로 이어집니다.

⑫ **지우개 도구** Shift + E | 패스를 선택하고 드래그하면 패스가 지워집니다.
　가위 도구 C | 가위로 자르듯 패스 선을 자릅니다.
　칼 도구 | 칼로 면을 나누듯 드래그해 오브젝트를 자릅니다.

⑬ **회전 도구** R | 오브젝트를 회전합니다.
　반사 도구 O | 오브젝트를 반전합니다.

⑭ **크기 조절 도구** S | 선택한 오브젝트의 크기를 조절합니다.
　기울이기 도구 | 선택한 오브젝트의 기울기를 조절합니다.
　모양 변경 도구 | 선택한 패스의 꼭짓점이나 선의 굴곡을 조절합니다.

⑮ **폭 도구** Shift + W | 선 굵기의 강약을 조절합니다.
　변형 도구 Shift + R | 오브젝트를 선택하고 원하는 방향으로 드래그하면 마치 손가락으로 잡아 늘인 듯 늘어집니다.
　돌리기 도구 | 오브젝트를 선택하고 길게 클릭하면 클릭한 만큼 휘감아집니다.
　오목 도구 | 오브젝트를 선택하고 클릭하면 클릭한 지점을 중심으로 오므라듭니다.
　볼록 도구 | 오브젝트를 선택하고 클릭하면 클릭한 지점을 중심으로 팽창합니다.
　조개 도구 | 오브젝트를 선택하고 클릭하면 클릭한 지점이 날카롭게 오므라듭니다.
　수정화 도구 | 오브젝트를 선택하고 클릭하면 클릭한 지점이 날카롭게 팽창합니다.
　주름 도구 | 오브젝트를 선택하고 클릭하면 클릭한 지점이 주글주글해집니다.

⑯ **자유 변형 도구 E** | 오브젝트의 형태를 자유롭게 변형할 수 있습니다. 패스를 선택하고 자유 변형 도구를 선택하면 다음 네 가지 도구가 별도의 패널로 나타납니다.

    제한 도구 | 가로와 세로의 비율을 유지하면서 변형할 수 있습니다.
    자유 변형 도구 | 크기와 각도를 자유롭게 변형할 수 있습니다.
    원근 왜곡 도구 | 상하좌우를 오므려서 원근감을 표현할 수 있습니다.
    원근감 변형 도구 | 한 부분을 자유롭게 일그러뜨릴 수 있습니다.

퍼펫 뒤틀기 도구 | 오브젝트의 한 부분을 클릭하면 핀이 추가되고 이 핀을 기준으로 비틀거나 왜곡할 수 있습니다.

⑰ **도형 구성 도구 Shift + M** | 겹쳐진 여러 오브젝트를 나누거나 합칩니다.
라이브 페인트 통 K | 선과 면에 원하는 색을 채웁니다.
라이브 페인트 선택 도구 Shift + L | 라이브 페인트 통으로 색을 채운 오브젝트를 선택할 수 있습니다.

⑱ **원근감 격자 도구 Shift + P** | 원근감 있는 가이드를 만들어 입체 오브젝트를 그립니다.
원근감 선택 도구 Shift + V | 원근감 격자 도구로 만든 입체 오브젝트를 선택합니다.

⑲ **망 도구 U** | 그물망 모양의 메시 선을 추가해 정교한 그레이디언트를 만듭니다.

⑳ **그레이디언트 도구 G** | 오브젝트에 그레이디언트를 적용합니다.

㉑ **치수 도구** | 오브젝트의 길이, 각도, 둥근 모서리의 반지름을 잴 수 있습니다.

㉒ **스포이트 도구 I** | 오브젝트를 선택하고 다른 오브젝트를 클릭하면 먼저 선택한 오브젝트의 속성이 나중에 선택한 오브젝트에 적용됩니다.
측정 도구 | 드래그한 곳의 좌표와 길이 정보를 확인합니다.

㉓ **블렌드 도구 W** | 두 개 이상의 패스 속성을 자연스럽게 연결하고 연결 단계를 자동으로 만듭니다.

㉔ **심벌 분무기 도구 Shift + S** | 심벌을 스프레이 뿌리듯 분사합니다.
  심벌 이동기 도구 | 심벌을 옮깁니다.   **심벌 모으기 도구** | 심벌을 모읍니다.
  심벌 크기 조절기 도구 | 심벌의 크기를 조절합니다.   **심벌 회전기 도구** | 심벌의 각도를 조절합니다.
  심벌 염색기 도구 | 심벌의 색상을 변경합니다.
  심벌 투명기 도구 | 심벌의 투명도를 조절합니다.
  심벌 스타일기 도구 | 심벌에 그래픽 스타일을 적용합니다.

㉕ **막대 그래프 도구 J** | 세로형 막대그래프를 만듭니다.
  누적 막대 그래프 도구 | 막대가 세로로 쌓인 형태의 막대그래프를 만듭니다.
  가로 막대 그래프 도구 | 가로형 막대그래프를 만듭니다.

가로 누적 막대 그래프 도구 | 막대가 가로로 쌓인 형태의 막대그래프를 만듭니다.

선 그래프 도구 | 꺾은선 그래프를 만듭니다.

영역 그래프 도구 | 영역을 면으로 처리한 그래프를 만듭니다.

산포 그래프 도구 | 분사형 그래프를 만듭니다.

파이 그래프 도구 | 파이 형태의 원그래프를 만듭니다.

레이더 그래프 도구 | 방사형 그래프를 만듭니다.

㉖ **아트보드 도구** `Shift` + `O` | 아트보드를 추가/삭제하거나 크기와 위치를 수정합니다.

㉗ **분할 도구** `Shift` + `K` | 이미지를 조각내어 웹용 HTML 문서를 만들 수 있습니다.
분할 영역 도구 | 조각난 이미지를 선택합니다.

㉘ **손 도구** `H` | 원하는 곳으로 이동할 수 있습니다. 어떤 도구가 선택된 상태라도 `SpaceBar` 를 누르고 있으면 누른 동안은 손 도구가 활성화됩니다.
회전 보기 도구 | 아트보드를 원하는 각도로 회전할 수 있습니다.
타일링 영역 도구 | 인쇄할 영역의 위치를 수정할 수 있습니다.

㉙ **경로상의 개체 도구** | 여러 개의 오브젝트를 패스 위에 부착할 수 있습니다.

㉚ **돋보기 도구** `Z` | 화면을 확대하거나 축소합니다. 클릭하면 확대되고 `Alt` 를 누른 채 클릭하면 축소됩니다. 더블클릭하면 작업 화면의 비율이 100%가 됩니다.

㉛ **초기값 칠과 선** `D` | 선택한 오브젝트의 속성을 초기화합니다. [칠]은 흰색, [획]은 검은색, 굵기는 1px로 초기화됩니다.

㉜ **칠과 선 교체** `Shift` + `X` | 선택한 오브젝트의 면 색과 선 색을 서로 맞바꿉니다.

㉝ **칠과 선** `X` | 오브젝트의 면 색과 선 색을 표시합니다.

㉞ `<`, `>`, `/` | 선택한 오브젝트의 면 또는 선을 단일 색, 그레이디언트, 투명으로 바꿉니다.

㉟ **그리기 모드** `Shift` + `D` | 그리기 모드를 선택합니다.

Draw Normal | 일반적인 그리기 모드입니다.

Draw Behind | 선택한 오브젝트 뒤쪽에 그려집니다.

Draw Inside | 선택한 오브젝트 안에만 그려집니다. 자동으로 클리핑 마스크 처리됩니다.

㊱ **화면 모드** F 🗔 | 화면 구성을 변경합니다.

Normal Screen Mode 🗔 | 기본 모드입니다.

Full Screen Mode with Menu Bar 🗔 | 화면을 꽉 채운 모드입니다.

Full Screen Mode | 메뉴와 패널을 모두 숨기고 아트보드만 표시합니다. F 또는 Esc 를 누르면 [Normal Screen Mode]로 되돌아옵니다.

Presentation Mode | 프레젠테이션 모드입니다. Shift + F 를 눌러도 됩니다.

간단 실습 나만의 도구바 만들어 활용하기

사용자마다 일러스트레이터를 사용하는 목적이 다르므로 모든 도구를 다 사용하지는 않습니다. 필자 또한 그림 작가이므로 드로잉에 관련된 도구만 꺼내놓고 사용합니다. 이번에는 사용자가 원하는 도구만 모아서 별도의 도구바로 만들고 저장해보겠습니다.

01 먼저 도구바 하단의 ❶ 더 보기 ···를 클릭하고 ❷ 옵션 ≡을 클릭합니다. ❸ [New Toolbar]를 선택합니다.

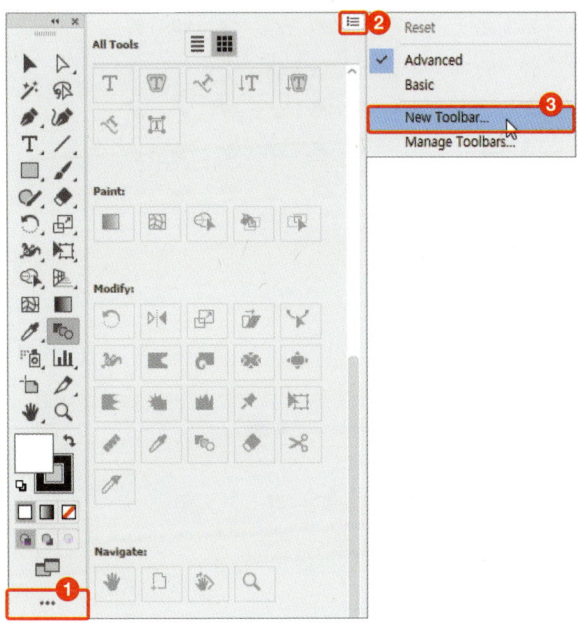

02 [New Toolbar] 대화상자가 나타나면 ❶ [Name]에 **나의 패널**을 입력하고 ❷ [OK]를 클릭합니다. 방금 만든 '나의 패널'이 작게 나타납니다.

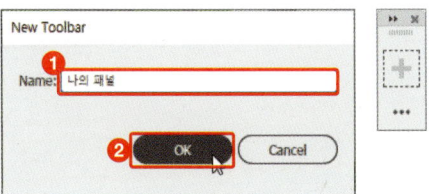

03 '나의 패널' 하단의 ❶ 더 보기 ┅ 를 클릭하고 ❷ 선택 도구 ▶ 를 '나의 패널'로 드래그합니다. ❸ 선택 도구 ▶ 가 추가됩니다. ❹ 같은 방법으로 다른 도구들도 추가합니다.

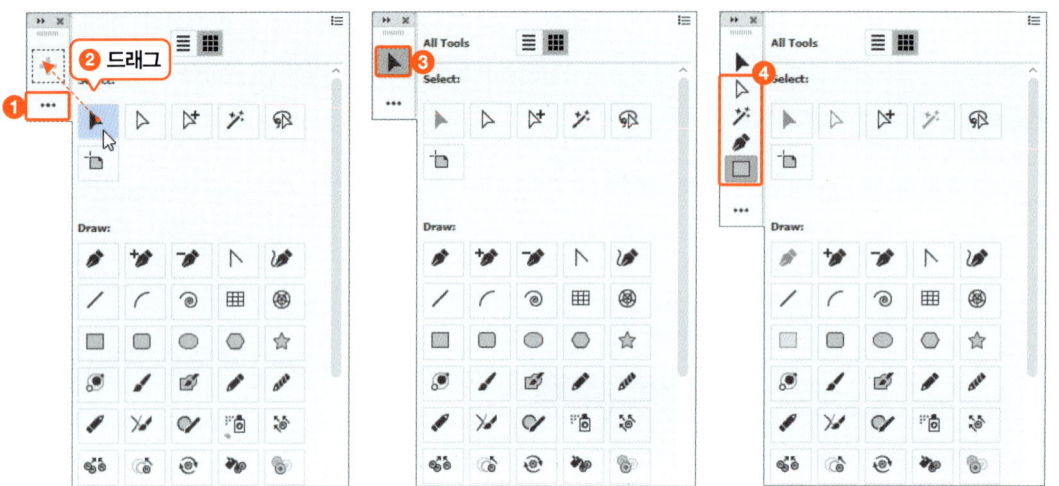

기능 꼼꼼 익히기   **도구바에 추가한 도구 삭제하기**

더 보기 ┅ 를 클릭해 [All Tools] 패널이 나타난 상태에서 삭제하고 싶은 도구를 도구바 바깥쪽으로 드래그합니다. 추가된 도구가 삭제됩니다.

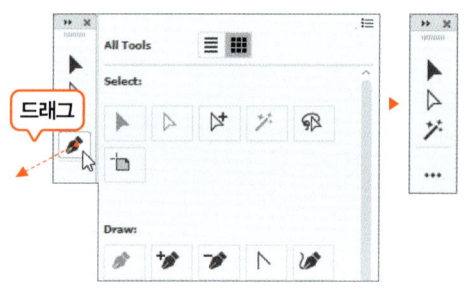

---

04 잘 등록되었는지 확인해보겠습니다. '나의 패널'의 닫기 ✖ 를 클릭해 닫습니다.

05 [Window]-[Toolbars]-[나의 패널] 메뉴를 선택합니다. '나의 패널'이 나타납니다.

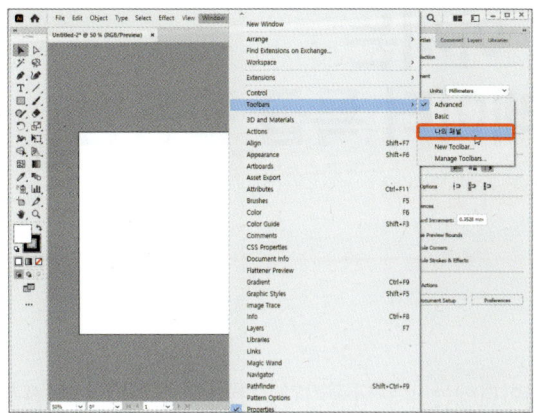 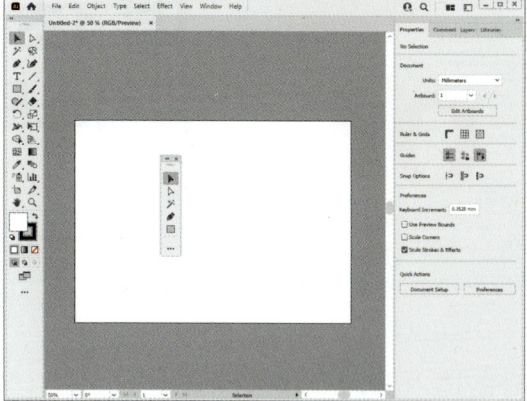

06 '나의 패널' 하단의 ❶ 더 보기 를 클릭하고 ❷ 옵션 을 클릭한 후 ❸ [Manage Toolbars]를 선택하면 [Manage Toolbar] 대화상자가 나타납니다. ❹ [나의 패널]을 선택하고 ❺ 원하는 이름을 다시 입력한 후 ❻ [OK]를 클릭하면 이름을 변경할 수 있습니다.

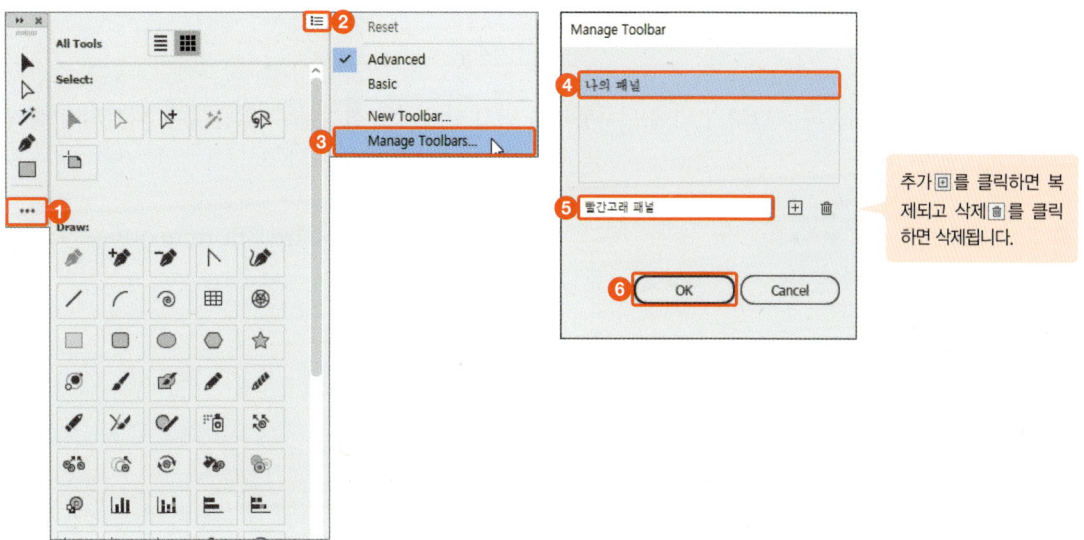

추가 를 클릭하면 복제되고 삭제 를 클릭하면 삭제됩니다.

LESSON 04

1분 1초를 아끼는 일러스트레이터 특급 활용법

일러스트레이터 단축키 설정하기

단축키를 사용하면 작업 시간이 줄어듭니다. 일러스트레이터에는 많은 단축키가 기본으로 설정되어 있습니다. 모두 외울 수는 없지만 중요한 기본 단축키를 외워두면 매우 유용합니다. 이번에는 나만의 단축키를 직접 설정해보겠습니다. 필수 단축키는 예제를 실습하면서 필요할 때마다 소개하겠습니다.

간단 실습 | 나만의 단축키 설정하기

일러스트레이터에서 제공하는 단축키 외에도 사용자가 직접 단축키를 설정할 수 있습니다. 나만의 단축키를 설정해보겠습니다.

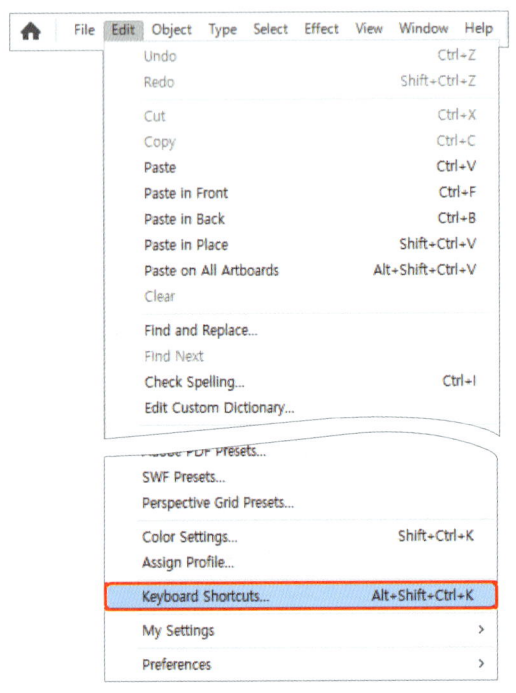

01 [Edit]-[Keyboard Shortcuts] 메뉴를 선택합니다.

02
❶ [Keyboard Shortcuts] 대화상자에서 그룹 선택 도구 를 클릭합니다. [Shortcut]에 아무것도 없는 것을 보니 단축키가 설정되어 있지 않습니다. ❷ [Shortcut] 항목을 클릭하고 Shift + Q 를 눌러 단축키로 등록합니다. ❸ [OK]를 클릭합니다. ❹ [Save Keyset File] 대화상자에서 [Name]에 **나의 단축키**를 입력하고 ❺ [OK]를 클릭합니다.

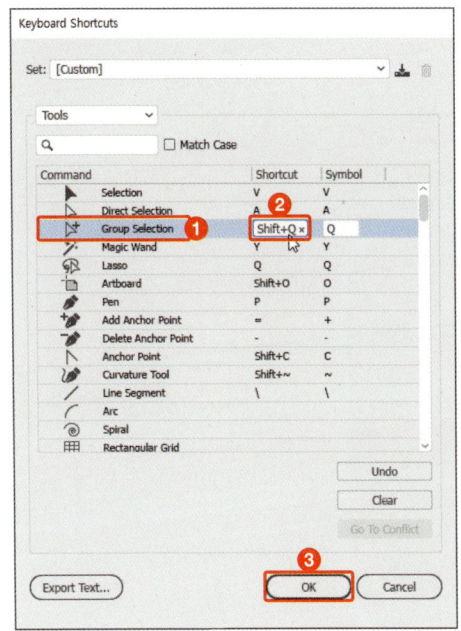

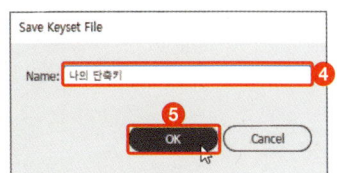

03
단축키가 제대로 설정됐는지 확인해보겠습니다. Shift + Q 를 누릅니다. 도구바에서 그룹 선택 도구 가 선택됩니다.

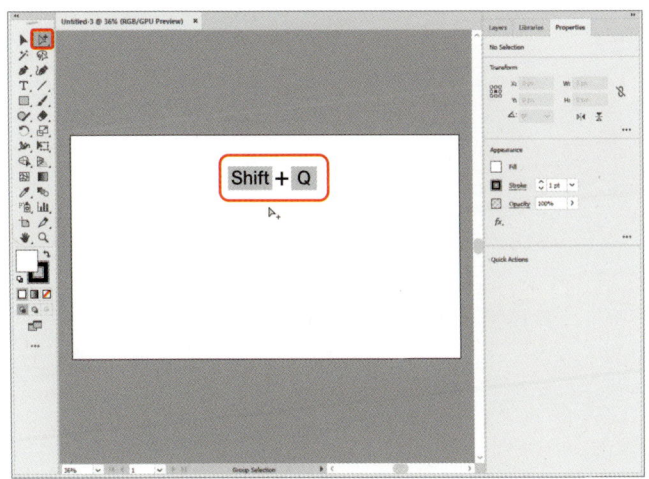

> 단축키가 적용되지 않는다면 영문 입력 상태인지 확인합니다. 한/영 을 눌러 단축키를 적용해봅니다.

> macOS 사용자는 Ctrl 을 command 로, Alt 를 option 으로 바꿔 사용하면 됩니다. 이름만 다를 뿐 적용되는 결과는 같습니다.

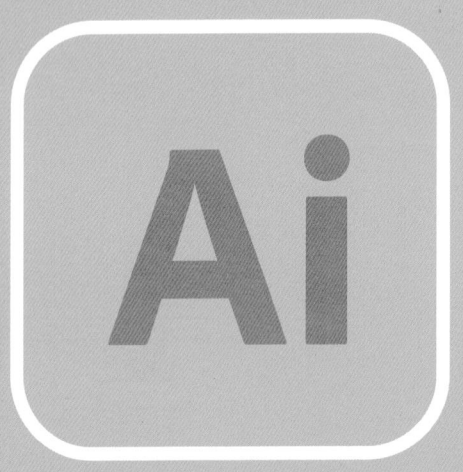

CHAPTER 02

일러스트레이터 맛보기

일러스트레이터의 기본 기능을 다뤄보겠습니다.
건물을 지을 때 기초 공사가 부실하면 제대로 된 건물을 세우지 못하듯이
이번 CHAPTER는 가장 기초이자 가장 중요한 CHAPTER입니다.
먼저 일러스트레이터를 다루기 위해 꼭 알아야 하는 필수 지식을 살펴봅니다.
간단한 선과 면을 그려보며 기초를 확실히 익히고
일러스트레이터의 작업 환경에도 적응해보겠습니다.

Ai LESSON 01 일러스트레이터, 이것만은 알고 넘어가자!

일러스트레이터 시작 전 필수 지식 이해하기

본격적인 예제 실습에 앞서 꼭 알아두어야 할 일러스트레이터 필수 지식에 대해 살펴보겠습니다. 컬러 모드, 비트맵과 벡터, 레이어의 개념을 제대로 이해하지 못하면 원활한 학습이 어려울 수 있습니다. 따라서 일러스트레이터와 그래픽 디자인을 처음 접하는 입문자라면 꼭 이해하고 넘어가도록 합니다.

RGB 모드와 CMYK 모드

일러스트레이터 작업을 시작할 때는 항상 컬러 모드를 선택해야 합니다. 컬러 모드는 RGB 모드와 CMYK 모드가 있습니다. RGB는 Red, Green, Blue를 의미하며 이 세 가지 색의 빛이 혼합되어 나타나는 원리입니다. 웹, 영상, 모바일, 애니메이션처럼 결과물이 화면으로 보이는 작업에 주로 사용됩니다. CMYK는 Cyan, Magenta, Yellow, Black을 의미하며 네 가지 색의 잉크가 혼합되어 출력되는 원리입니다. 주로 인쇄 작업에 사용됩니다.

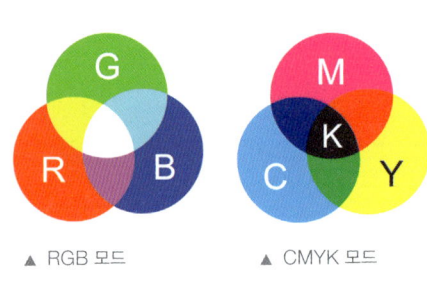

▲ RGB 모드   ▲ CMYK 모드

간단 실습 일러스트레이터에서 RGB, CMYK 모드 설정하기

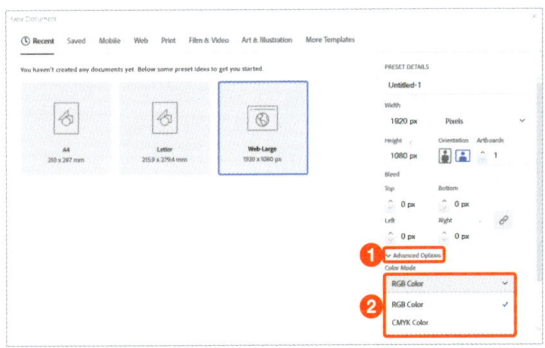

01 [File]-[New] 메뉴를 선택하면 아트보드를 생성하는 [New Document] 대화상자가 나타납니다. ❶ 오른쪽 하단에 있는 [Advanced Options]를 클릭하면 ❷ [Color Mode]에서 [RGB Color]와 [CMYK Color] 중 하나를 선택할 수 있습니다.

02 작업 중 컬러 모드를 변경해야 할 때도 있습니다. 이때는 [File]-[Document Color Mode] 메뉴를 선택한 후 원하는 모드를 선택해 수정하면 됩니다.

기능 꼼꼼 익히기 | 컬러 모드 변경 시 주의할 점

작업 도중에는 컬러 모드를 바꾸지 않는 것이 좋습니다. 작업 도중에 컬러 모드를 바꾸면 색상이 자동으로 변하기 때문입니다. 모니터에서 RGB 모드와 CMYK 모드는 큰 차이가 없습니다. 그래서 초보자는 종종 컬러 모드를 아무거나 선택하고 작업하는데 최종 결과물은 차이가 큽니다. CMYK 모드로 작업하다가 RGB 모드로 변경하면 채도가 높아져 형광빛을 띱니다. 반대로 RGB 모드로 작업하다가 CMYK 모드로 변경하면 채도가 낮아져 칙칙한 느낌이 듭니다. 그래서 작업 도중에 컬러 모드를 수정하면 작업물의 색상을 전부 다시 수정해야 하는 경우가 생기기도 합니다. 따라서 처음부터 작업물의 사용 목적을 먼저 생각한 후 컬러 모드를 알맞게 선택해야 합니다.

▲ 같은 색상을 컬러 모드만 변경한 경우(왼쪽은 RGB 모드, 오른쪽은 CMYK 모드)

비트맵과 벡터의 차이

비트맵과 벡터는 이미지가 만들어지는 방식입니다. 흔히 일러스트레이터를 벡터 전용 프로그램이라 하고 포토샵을 비트맵 전용 프로그램이라 합니다. 비트맵과 벡터의 개념을 비교하며 살펴보겠습니다.

	비트맵(Bitmap)	벡터(Vector)
개념	비트맵이란 픽셀이라는 작은 정사각형 점이 모여 만들어진 이미지입니다. 그래서 비트맵 이미지를 크게 확대하면 정사각형으로 된 점을 확인할 수 있습니다.	벡터란 수학 함수에 의해 만들어진 이미지입니다. 즉 벡터에서 선을 하나 그으면 그 선은 점과 점, 좌푯값을 잇는 수학적 공식에 의해 계산되어 그려집니다. 그래서 벡터 이미지는 아무리 확대해도 깨지지 않고 깔끔합니다.
특징	수많은 픽셀이 모여 색을 나타내므로 다양하고 자연스러운 색을 표현할 수 있습니다.	깨끗하고 선명한 선과 색을 표현할 수 있습니다.
확대	확대하면 이미지가 깨집니다.	확대해도 이미지가 깨지지 않고 깔끔합니다.
지원하는 파일	JPEG, GIF, BMP, PSD, EPS, PDF 등	AI, SVG, SWF, CDR 등
해당 프로그램	포토샵, 페인터, 그림판	일러스트레이터, 플래시, 코렐드로우
해상도	픽셀의 개수가 많고 적음에 따라 해상도가 결정됩니다. 보통 웹, 모바일, 영상은 72ppi, 인쇄는 300dpi입니다.	해상도의 개념이 없습니다.
용량	해상도와 크기가 클수록, 색상의 개수가 많을수록 용량이 커집니다.	고정점의 개수에 따라 용량이 달라집니다. 크기에는 영향을 받지 않습니다.
용도	사진이나 픽셀 수가 많은 이미지	CI, 캐릭터와 같이 명료한 색으로 된 이미지

레이어의 개념

레이어(Layer)란 '층'이라는 뜻으로, 일러스트레이터에서는 여러 겹의 층이 모여 하나의 이미지가 만들어집니다. 이번에는 레이어의 정의와 [Layers] 패널의 다양한 기능을 알아보겠습니다.

레이어란?

일러스트레이터에서 그림을 그리면 각 오브젝트가 자동으로 레이어 처리됩니다. 예를 들어 분홍색 사각형을 그린 다음 눈과 입을 그린다고 가정해봅시다. 그러면 분홍색 사각형은 맨 아래 레이어가 되고 그 위에 차례대로 눈 레이어, 입 레이어가 자동으로 생성됩니다.

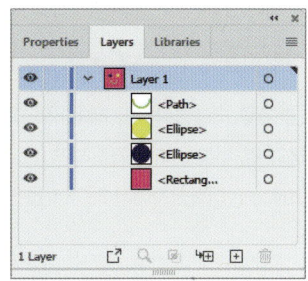

레이어의 장점

각 오브젝트가 레이어로 처리되면 수정이 편합니다. 예를 들어 지우개 도구로 노란색 눈을 지우면 노란색 눈 레이어만 삭제될 뿐, 아래에 있는 분홍색 사각형은 지워지지 않습니다. 만약 레이어가 분리되어 있지 않다면 노란색 눈을 지울 때 분홍색 사각형의 눈 부분도 같이 지워집니다. 레이어가 분리되면 각 레이어에 서로 영향을 주지 않으므로 보다 편하게 수정할 수 있습니다.

▲ 레이어가 분리된 경우
　노란색 눈을 지우면 눈만 지워집니다.

▲ 레이어가 분리되지 않은 경우
　노란색 눈을 지우면 분홍색 면도 같이 지워집니다.

기능 꼼꼼 익히기 — [Layers] 패널 알아보기

레이어는 [Layers] 패널에서 관리합니다. 보통 [Layers] 패널은 일러스트레이터 화면의 오른쪽에 있는 [Properties] 패널과 겹쳐 있습니다. [Layers] 탭을 클릭하면 [Layers] 패널이 앞쪽으로 나타납니다. [Layers] 패널이 보이지 않는다면 [Window]–[Layers] 메뉴를 선택하거나 F7 을 누릅니다.

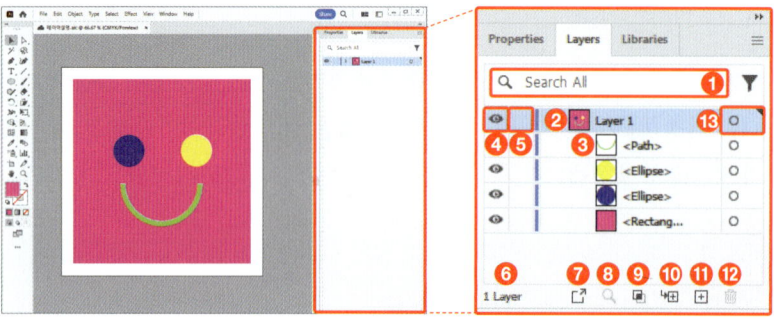

❶ **찾기** | 레이어 이름을 입력하면 원하는 레이어를 찾을 수 있습니다. ▼를 클릭하면 조건을 바꾸어서 찾을 수 있습니다.

❷ **상위 레이어** | 레이어를 표시합니다. 글자 부분을 더블클릭하면 레이어의 이름을 수정할 수 있습니다. 그림 부분이나 이름의 옆 부분을 더블클릭하면 [Layer Options] 대화상자가 나타납니다. [Layer Options] 대화상자에서 레이어 옵션을 수정할 수 있습니다.

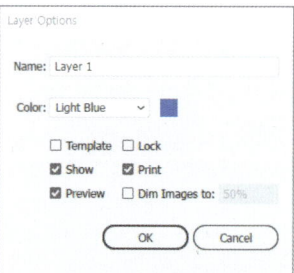

❸ **하위 레이어** | 그림을 그리면 자동으로 상위 레이어 아래에 하위 레이어가 생성됩니다. 마찬가지로 그림이나 이름의 옆 부분을 더블클릭하면 [Layer Options] 대화상자가 나타납니다.

❹ **레이어 숨기기** | 눈👁을 클릭하면 아이콘이 사라지면서 레이어가 보이지 않습니다. 다시 클릭하면 나타납니다.

❺ **레이어 잠그기** | 잠금 칸을 클릭하면 잠금🔒 아이콘이 나타나면서 레이어가 잠깁니다. 잠금🔒을 다시 클릭하면 잠겼던 레이어가 해제되면서 잠금🔒 아이콘이 사라집니다.

❻ **레이어 표시** | 선택한 레이어를 표시합니다.

❼ **레이어 내보내기** | 레이어를 선택하고 클릭하면 [Asset Export] 패널이 나타나고, 선택한 레이어의 오브젝트들이 [Asset Export] 패널에 등록됩니다. [Asset Export] 패널에서 다른 파일로 내보낼 수 있습니다.

❽ **레이어 이동하기** | ❷, ❸을 클릭해도 원하는 레이어로 이동할 수 있지만, 오브젝트를 선택하고 🔍를 클릭해도 선택한 오브젝트가 있는 레이어로 이동합니다.

❾ **마스크 만들기** | 오브젝트를 선택하고 마스크 만들기▣를 클릭하면 선택한 오브젝트를 마스크 영역으로 만들어줍니다.

❿ **하위 레이어 만들기** | 하위 레이어▣를 클릭하면 하위 레이어가 생성됩니다.

⓫ **새 레이어 만들기** | 새 레이어▣를 클릭하면 새 레이어가 생성됩니다.

⓬ **레이어 삭제하기** | 삭제하려는 레이어를 선택하고 삭제🗑를 클릭하거나 레이어를 아이콘 위로 드래그하면 선택한 레이어가 삭제됩니다.

⓭ **보이는 오브젝트 선택하기** | ○를 클릭하면 해당 레이어가 선택됩니다.

일러스트레이터 첫걸음 떼기

파일 열고, 닫고, 저장하기

그림을 그리려면 제일 먼저 종이를 꺼내 준비해야 합니다. 마찬가지로 일러스트레이터에서도 그림을 그리려면 아트보드를 준비해야 합니다. 이번에는 새 아트보드를 만든 후 파일을 열고, 닫고, 저장하고, 수정해보겠습니다.

간단 실습 | 새 아트보드 만들기

일러스트레이터에서는 두 가지 방법으로 새 아트보드를 만들 수 있습니다. [File]–[New] 메뉴를 선택하는 방법과 홈 화면의 [New file]을 클릭하는 방법입니다.

01 ❶ [File]–[New] 메뉴를 선택합니다. ❷ [New Document] 대화상자에서 [Print] 탭을 클릭하고 ❸ [A4]를 선택합니다. ❹ 대화상자 오른쪽에서 크기와 컬러 모드를 확인합니다. 인쇄용이므로 컬러 모드는 CMYK 모드로 설정되었습니다. ❺ [Create]를 클릭합니다.

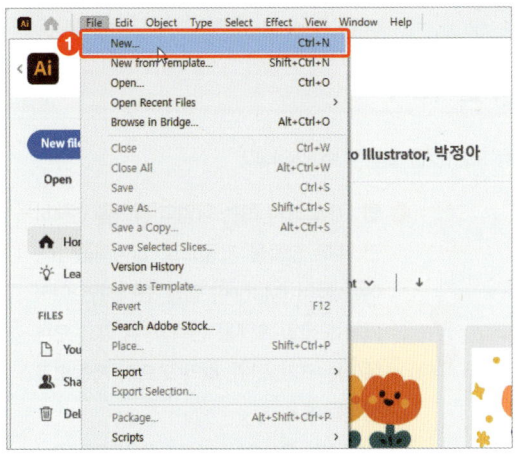
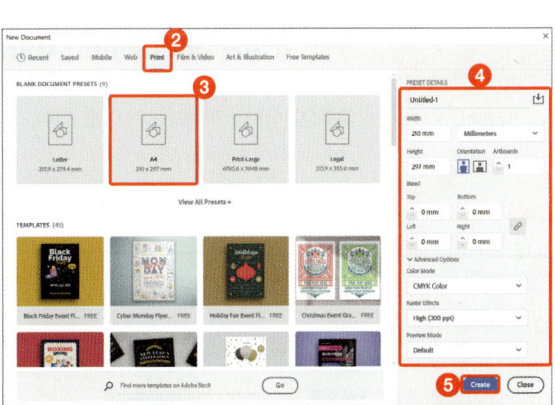

단축키 Ctrl + N 을 눌러 [New Document] 대화상자를 불러올 수 있습니다.

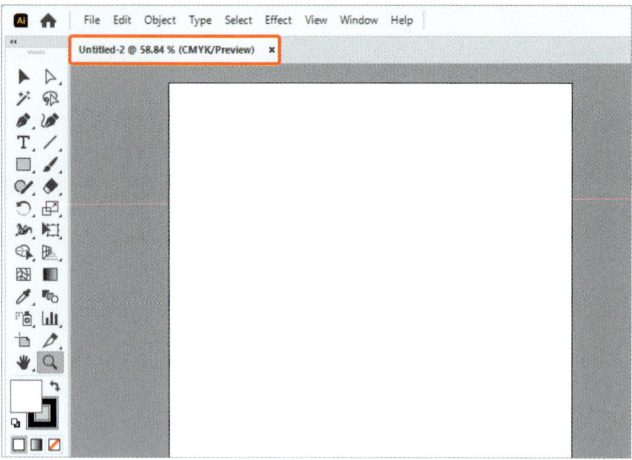

02 A4 크기의 아트보드가 만들어집니다. 파일 탭 부분을 확인해보면 파일 이름과 현재 비율, 컬러 모드를 확인할 수 있습니다.

03 이번에는 홈 화면에서 새 아트보드를 만들어보겠습니다. ❶ 을 클릭해 홈 화면으로 되돌아갑니다. ❷ [New file]을 클릭합니다. [New Document] 대화상자가 나타나면 앞에서 한 것과 같이 포맷과 크기를 설정하고 ❸ [Create]를 클릭합니다. 새 아트보드가 만들어집니다.

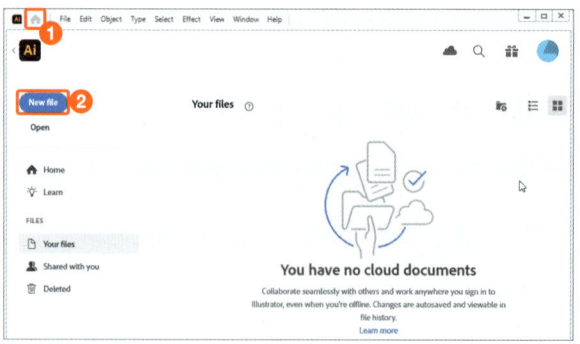 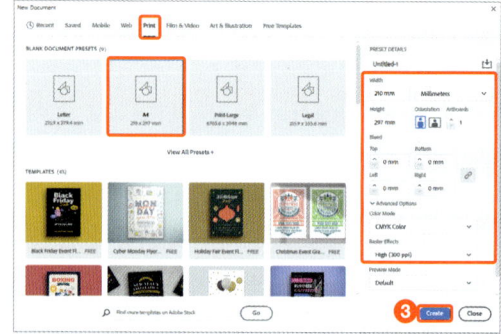

기능 꼼꼼 익히기 [New Document] 대화상자 살펴보기

[New Document] 대화상자에서는 아트보드의 이름, 형식, 크기 등 모든 것을 설정할 수 있습니다.

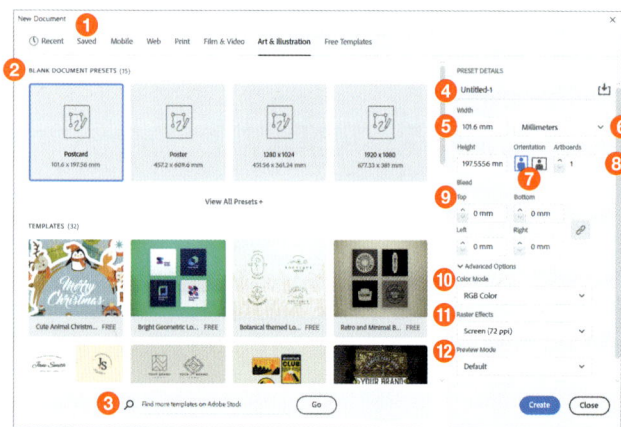

❶ **탭** | 만들고자 하는 작업의 형식을 선택하면 세부 항목을 자동으로 설정해줍니다. 예를 들어 [Mobile] 탭을 선택하면 여러 가지 모바일 포맷을 선택할 수 있고 오른쪽에는 크기, 단위, 컬러 모드가 자동으로 설정됩니다.

❷ **BLANK DOCUMENT PRESETS** | 규격화된 포맷을 선택할 수 있습니다.

❸ **TEMPLATES** | 원하는 디자인 템플릿을 검색해 찾을 수 있습니다.

❹ 파일의 이름을 입력할 수 있습니다. 입력하지 않으면 'Untitled-숫자'로 설정됩니다.
❺ 아트보드의 가로/세로 값을 입력할 수 있습니다.
❻ 단위를 선택할 수 있습니다.
❼ 아트보드를 세로 방향으로 할 것인지, 가로 방향으로 할 것인지 선택할 수 있습니다.
❽ 아트보드의 개수를 설정할 수 있습니다.
❾ 상하좌우의 여백을 설정합니다.
❿ **Advanced Options** | 컬러 모드, 래스터 효과를 적용했을 때의 해상도와 비트맵 방식으로 저장했을 때의 미리 보기를 설정할 수 있습니다.
⓫ **Raster Effects** | 일러스트레이터에서 래스터 효과를 적용했을 때의 해상도입니다.
⓬ **Preview Mode** | 일러스트레이터에서 작업한 아트워크를 픽셀로 보거나 오버프린트 적용이 되어있는지 볼 수 있는 기능입니다. [Default]로 설정하길 권장합니다.

기능 꼼꼼 익히기 홈 화면 사용하지 않기

일러스트레이터를 실행하면 처음에 홈 화면이 나타납니다. 새 파일을 열기 쉽게 도와주는 화면인데, 불편하다면 나타나지 않게 설정할 수 있습니다. [Edit]-[Preferences]-[General] 메뉴를 선택하고 [Preferences] 대화상자에서 [Show The Home Screen When No Documents Are Open]의 체크를 해제한 후 [OK]를 클릭합니다. 일러스트레이터를 닫고 다시 실행해보면 홈 화면이 나타나지 않습니다. macOS인 경우 [Illustrator CC]-[Preferences]-[General] 메뉴를 선택합니다.

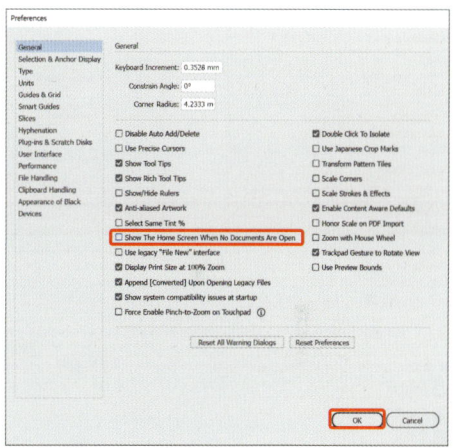

간단 실습 | 일러스트레이터 파일로 저장하기

앞서 만든 새 아트보드를 두 가지 방법으로 저장해보겠습니다.

내 컴퓨터에 저장하기

❶ [File]-[Save As] 메뉴를 선택합니다. ❷ 클라우드 안내 대화상자가 나타나면 [Save on your computer]를 클릭합니다. ❸ [Save As] 대화상자가 나타나면 [파일 이름]에 **고래**를 입력하고 ❹ [저장]을 클릭합니다. ❺ [Illustrator Options] 대화상자에서 [Version]을 확인하고 ❻ [OK]를 클릭합니다. 일러스트레이터 전용 파일인 .ai 형식으로 저장됩니다.

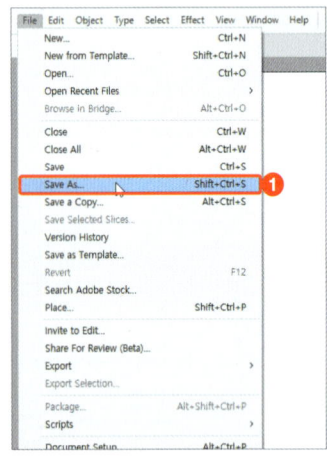
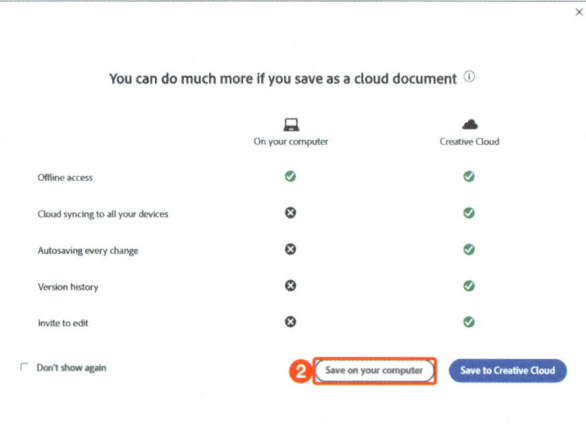
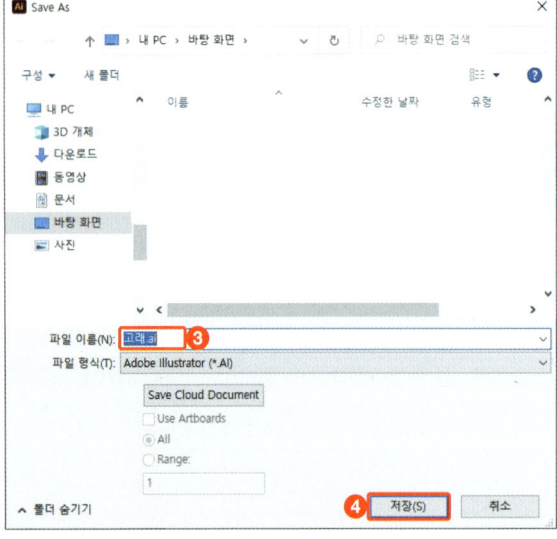
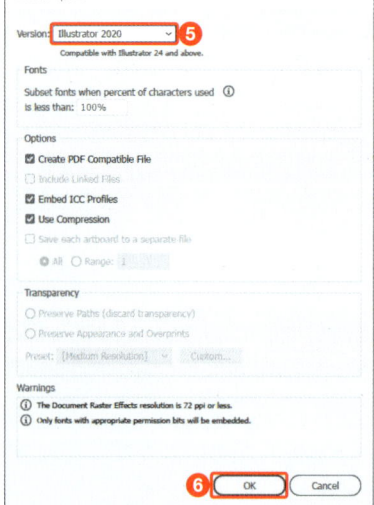

기능 꼼꼼 익히기   [Version]을 확인하는 이유

[Illustrator Options] 대화상자에서 [Version]을 확인하면 일러스트레이터 최신 버전이 기본으로 설정되어 있습니다. [Version]을 클릭하면 낮은 버전 목록이 나타납니다. 원하는 버전을 선택하여 저장할 수 있습니다. CC 버전 이상으로 저장하면 CC 버전보다 낮은 버전이 설치된 컴퓨터에서 해당 파일을 열었을 때 오류가 날 가능성이 높습니다. 실무에서는 아직도 CS 버전을 쓰는 곳도 있으니 저장 시 [Version]을 꼭 확인하는 것이 좋습니다.

어도비 클라우드에 저장하기

01 어도비 클라우드에 저장하려면 어도비 계정에 로그인되어 있어야 합니다. ❶ [File]-[Save As] 메뉴를 선택합니다. ❷ [Save As] 대화상자가 나타나면 [Save Cloud Document]를 클릭합니다. ❸ [Save As]에 **고래**를 입력하고 ❹ [Save]를 클릭합니다.

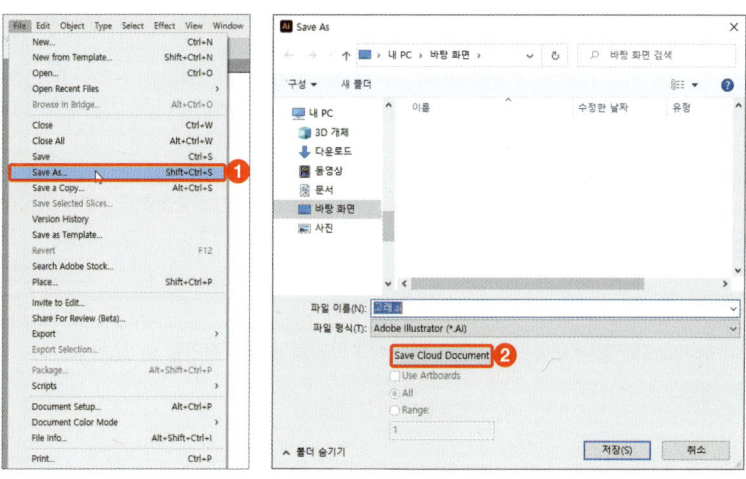

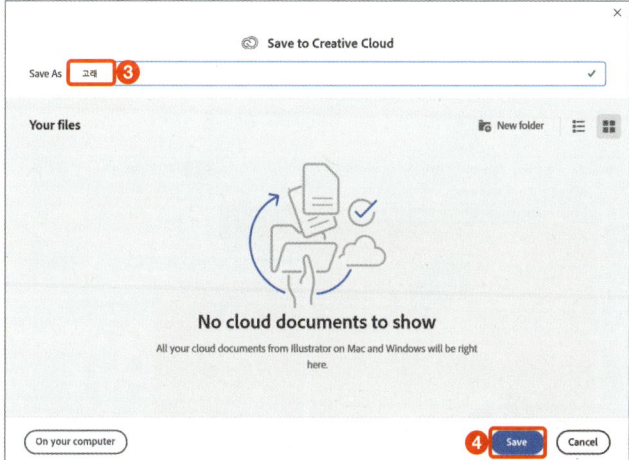

만약 클라우드 안내 대화상자가 나타나면 [Save to Creative Cloud]를 선택합니다.

02
저장하고 나면 파일 이름 앞에 ❶ 구름 모양이 표시되고 파일 형식이 aic로 변경됩니다. 클라우드에 잘 저장되었는지 확인해보겠습니다. ❷ 홈을 클릭해 홈 화면으로 이동합니다. 파일을 삭제하거나 이름을 변경하고 싶다면 ❸ [Your files]를 클릭하고 ❹ 더 보기를 클릭해서 수정합니다.

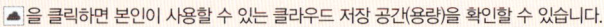
을 클릭하면 본인이 사용할 수 있는 클라우드 저장 공간(용량)을 확인할 수 있습니다.

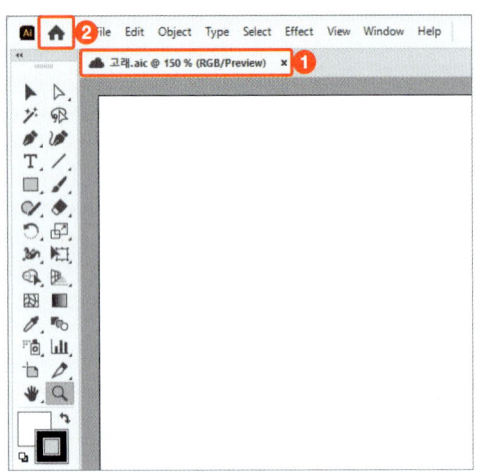
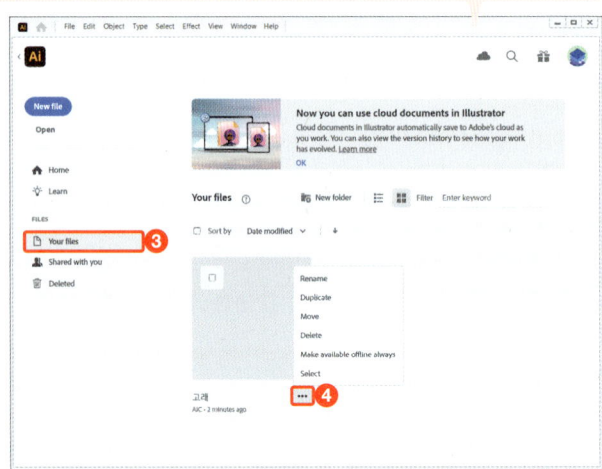

기능 꼼꼼 익히기 — 클라우드 문서의 장점 알아보기

❶ 언제 어디서나 작업 가능

일러스트레이터가 설치된 다른 컴퓨터나 아이패드와 같은 태블릿에서 언제 어디서나 파일을 불러와 작업할 수 있습니다. 또한 다른 사람과 파일 공유도 쉽게 할 수 있습니다.

❷ 자동 저장 기능

클라우드 문서는 작업 중에 자동으로 저장됩니다. 작업하다가 저장하지 않고 종료한 후 홈 화면으로 이동해보면 마지막 작업 상태로 자동 저장된 것을 확인할 수 있습니다. 자동 저장의 시간 간격은 기본적으로 5분입니다. 자동 저장의 시간 간격은 [Edit]–[Preferences]–[File Handling & Clipboard] 메뉴에서 수정할 수 있습니다.

❸ 버전 기록 추적 기능

[Window]–[Version History] 메뉴를 선택하면 [Version History] 패널이 나타납니다. 해당 파일의 작업 기록이 남아 있어서 수정하기 전의 상태로 되돌릴 수 있습니다. 또한 시간 위에 마우스 포인터를 올리면 버전 표시 아이콘이 나타나며, 클릭하면 해당 버전이 저장됩니다. 저장하지 않은 버전은 주기적으로 삭제되므로 중요한 버전이라면 을 클릭해 저장합니다.

간단 실습 | 파일 열고 닫기

준비 파일 일러스트레이터/Chapter 02/파일 열고 닫기.ai

예제 소스를 다운로드하는 방법은 이 책의 009쪽을 참고하세요.

이미 저장된 일러스트레이터 파일을 불러와 열고 닫아보겠습니다.

01 ❶ [File]-[Open] Ctrl + O 메뉴를 선택하거나 [Open]을 클릭합니다. ❷ [Open] 대화상자가 나타나면 **파일 열고 닫기.ai** 파일을 선택하고 ❸ [Open]을 클릭합니다.

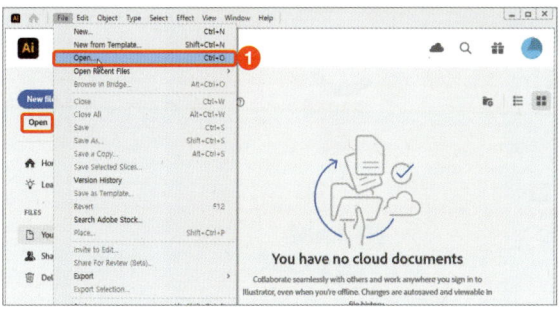 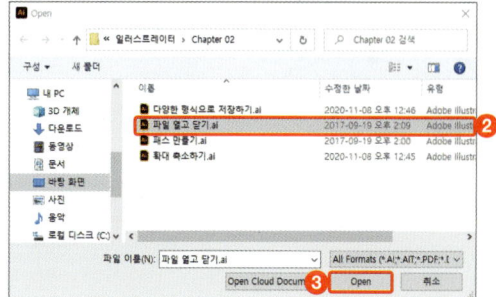

02 파일을 닫겠습니다. ❶ 파일 탭에 있는 닫기 ☒를 클릭하거나 ❷ [File]-[Close] 메뉴를 선택합니다. 열렸던 파일이 닫힙니다.

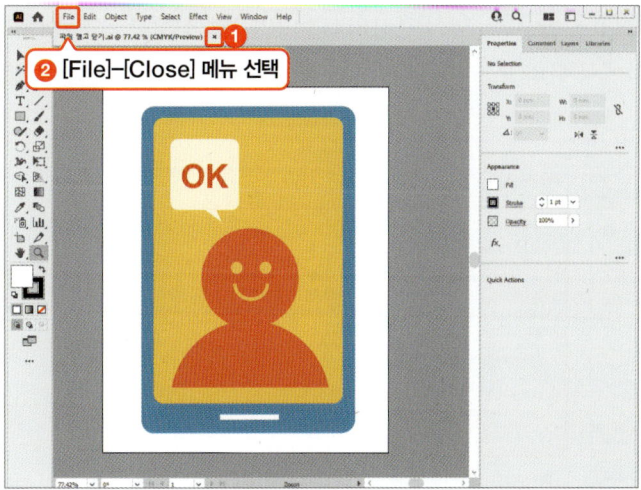

03 파일을 연 후 내용을 수정했다면 바꾼 내용을 저장할 것인지 묻는 대화상자가 나타납니다. ❶ [Yes]를 클릭하면 파일을 저장한 다음 닫고, ❷ [No]를 클릭하면 저장하지 않고 닫습니다. ❸ [Cancel]을 클릭하면 닫기 명령이 취소됩니다.

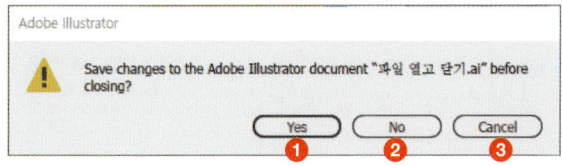

간단 실습 : 다양한 파일 형식으로 저장하기

준비 파일 일러스트레이터/Chapter 02/다양한 형식으로 저장하기.ai

❶ [File]-[Open] Ctrl + O 메뉴를 선택하고 [Open] 대화상자가 나타나면 **다양한 형식으로 저장하기.ai** 파일을 선택한 후 ❷ [Open]을 클릭하여 파일을 엽니다. 불러온 파일을 여러 가지 형식으로 저장해보겠습니다.

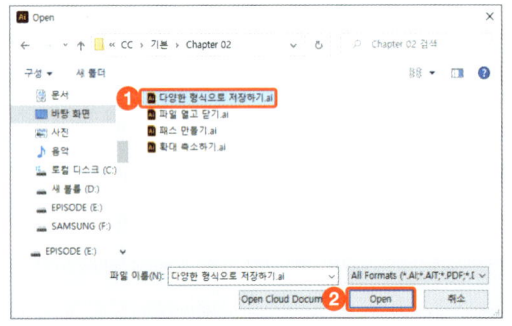
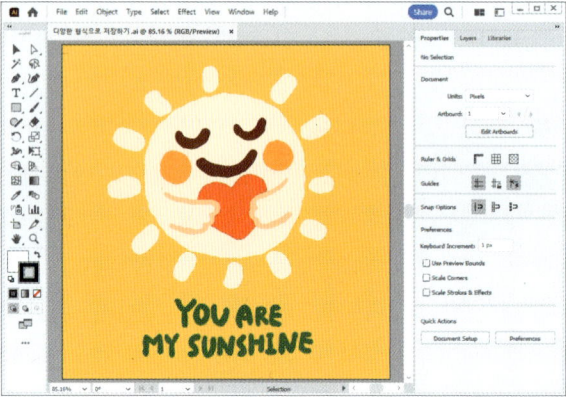

JPEG로 저장하기

[File]-[Export]-[Export As] 메뉴를 선택하여 [Export] 대화상자가 나타나면 ❶ [파일 이름]에 원하는 이름을 입력합니다. 여기서는 **썬샤인**을 입력했습니다. ❷ [파일 형식]은 [JPEG (*.JPG)]를 선택하고 [Export]를 클릭합니다. ❸ [JPEG Options] 대화상자에서 컬러 모드, 품질, 해상도를 선택하고 ❹ [OK]를 클릭합니다.

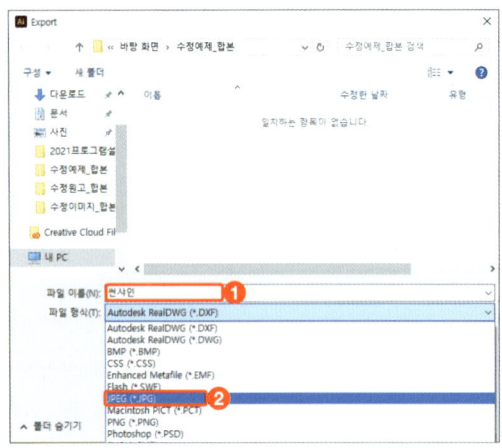
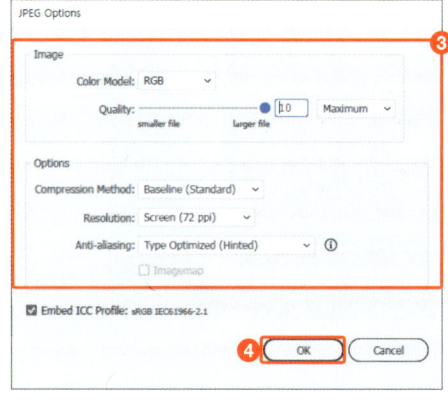

배경이 투명한 PNG 파일로 저장하기

먼저 배경을 투명하게 만들겠습니다. ❶ 선택 도구 ▶를 클릭합니다. ❷ 배경을 클릭하고 Delete 를 누릅니다. 배경이 삭제됩니다. [File]-[Export]-[Export As] 메뉴를 선택하여 [Export] 대화상자가 나타나면 ❸ [파일 이름]을 입력하고 ❹ [파일 형식]은 [PNG (*.PNG)]를 선택한 후 ❺ [Export]를 클릭합니다.

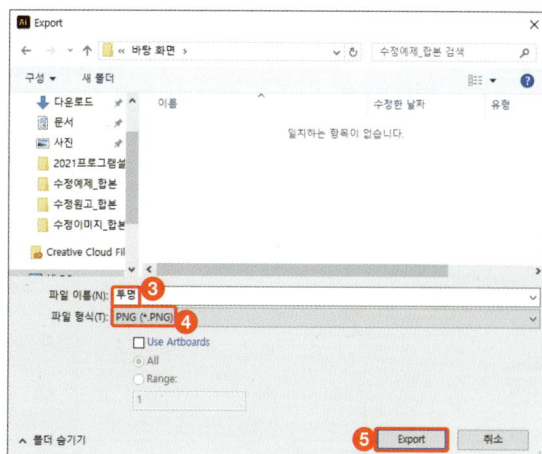

[Export] 대화상자 아래에 있는 [Use Artboards]에 체크하면 아트보드 크기대로 저장되고, 체크를 해제하면 오브젝트 크기대로 저장됩니다.

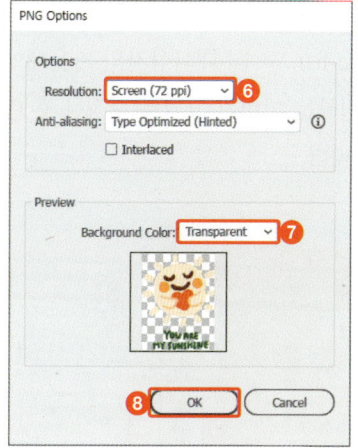

❻ [PNG Options] 대화상자가 나타나면 해상도를 선택하고 ❼ [Background Color]를 [Transparent]로 선택한 후 ❽ [OK]를 클릭합니다.

[Anti-aliasing]은 이미지 경계선의 매끄러운 정도를 선택하는 옵션입니다.
- None : 경계선이 딱딱한 계단식으로 처리됩니다. 주로 픽셀 아트, 얇은 선, 작은 글씨를 저장할 때 사용됩니다.
- Type Optimized (Hinted) : 경계선이 또렷하게 처리됩니다. 문자가 주를 이루는 이미지나 심플한 아트워크를 저장할 때 사용됩니다.
- Art Optimized (Supersampling) : 경계선이 부드럽게 처리됩니다. 투명 효과, 섬세한 그라데이션을 많이 사용한 아트워크에 사용됩니다.

※ 지금과 같은 이미지를 저장할 경우 Type Optimized (Hinted)와 Art Optimized (Supersampling)는 차이가 거의 없습니다. 그러나 투명 효과, 복잡한 그라데이션, 래스터 효과를 많이 사용하는 경우 Art Optimized (Supersampling)로 선택하길 권장합니다.

Interlaced는 인터넷에서 이미지의 로딩 방식을 선택하는 옵션입니다.
인터넷 속도가 느린 경우 이미지는 로딩이 100% 되기 전까지 공백으로 표시됩니다. 그러나 이 항목에 체크를 하고 저장하면 로딩이 100% 되기 전까지 저해상도 이미지로 미리 보여집니다.

PSD로 저장하기

[File]-[Export]-[Export As] 메뉴를 선택하여 [Export] 대화상자가 나타나면 ❶ [파일 이름]에 원하는 이름을 입력합니다. 여기서는 **썬샤인**을 입력했습니다. ❷ [파일 형식]은 [Photoshop (*.PSD)]를 선택하고 ❸ [Export]를 클릭합니다. ❹ [Photoshop Export Options] 대화상자에서 컬러 모드와 해상도를 선택하고 ❺ [OK]를 클릭합니다.

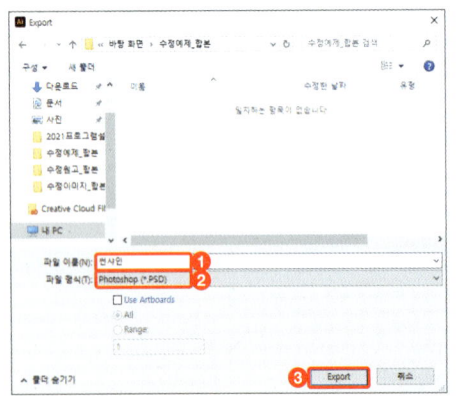
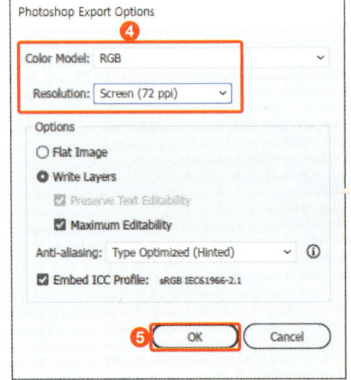

[Options]에서 [Flat Image]를 선택하면 레이어가 모두 합쳐진 상태로 저장되고 [Write Layers]를 선택하면 개별 레이어가 모두 유지된 채로 저장됩니다.

웹에서 볼 수 있는 파일로 저장하기

웹이나 스마트폰에서 볼 수 있는 파일 형식으로는 JPEG, GIF, PNG가 있습니다. 앞서 JPEG 파일을 저장해보았는데, [Save for Web] 대화상자를 이용하면 파일의 세부 속성을 좀 더 쉽게 설정할 수 있습니다. ❶ [File]-[Export]-[Save for Web (Legacy)] 메뉴를 선택합니다. [Save for Web] 대화상자의 가운데에는 저장될 이미지가 나타납니다. ❷ 파일 형식은 [GIF]를 선택하고 ❸ 원하는 이미지 크기로 수정한 후 ❹ [Save]를 클릭합니다. JPEG, PNG 파일도 같은 방식으로 저장할 수 있습니다.

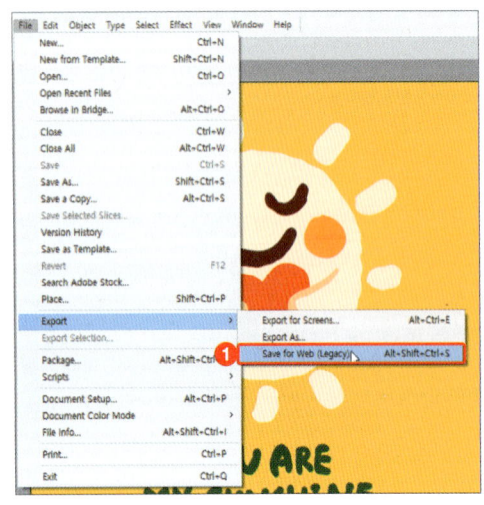
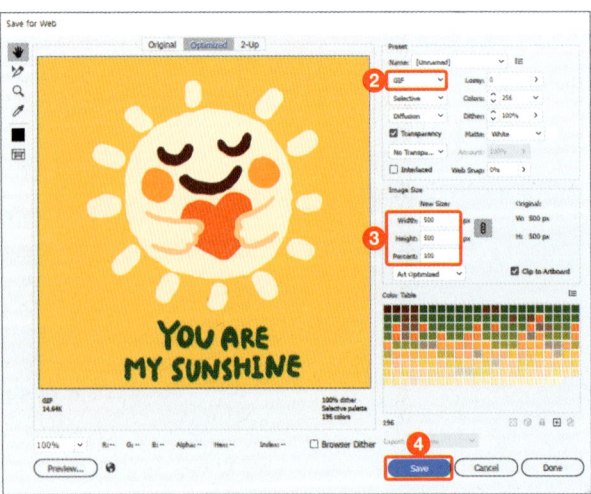

한번에 여러 가지 포맷으로 저장하기

❶ [File]-[Export]-[Export for Screens] 메뉴를 선택하고 ❷ [Export for Screens] 대화상자가 나타나면 [Artboards] 탭을 클릭합니다. ❸ [Export to]에서 저장할 위치를 설정하고 ❹ [+ Add Scale]을 클릭하여 포맷을 추가합니다. ❺ 적절한 크기를 설정하고 ❻ 파일 이름의 접미사를 입력합니다. ❼ 알맞은 파일 형식을 선택하고 ❽ [Export Artboard]를 클릭합니다.

 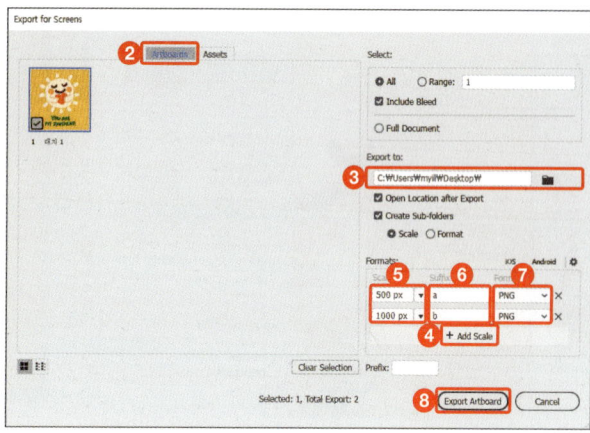

기능 꼼꼼 익히기 — [Export for Screens] 대화상자 살펴보기

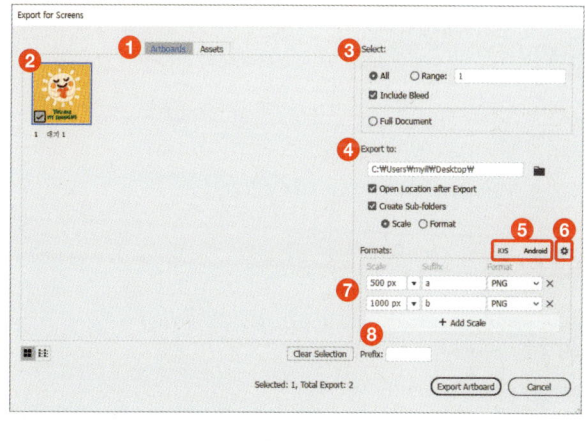

❶ **Artboards/Assets** | 저장할 대상이 아트보드 전체인지, 애셋(Asset)인지 선택합니다. [Assets] 패널을 이용하여 오브젝트를 애셋으로 등록해두면 아트보드 전체가 아닌 오브젝트만 저장할 수 있습니다.

❷ 저장할 대상을 이미지로 확인할 수 있습니다.

❸ **Select** | [All]은 아트보드 개수대로 파일을 저장합니다. [Range]는 특정 아트보드만 선택하여 저장할 수 있습니다. [Full Document]는 아트보드에 상관없이 한 파일에 있는 오브젝트를 한 파일로 저장합니다.

❹ **Export to** | 저장할 위치를 지정합니다.

❺ 저장할 운영체제를 선택할 수 있습니다.

❻ 저장할 파일 형식의 속성을 설정할 수 있습니다.

❼ Scale(이미지 크기), Suffix(파일 이름 맨 뒤에 붙는 접미사), Format(파일 형식)을 설정할 수 있고, [+ Add Scale]을 클릭하면 저장할 파일을 추가할 수 있습니다.

❽ **Prefix** | 파일 이름 맨 앞에 붙는 접두어입니다.

[Asset Export] 패널을 이용해 오브젝트의 한 부분만 저장하기

이미지의 한 부분을 애셋으로 등록해두면 관리하기가 쉽습니다. 오브젝트의 한 부분만 따로 저장해보겠습니다. ❶ [Window]-[Asset Export] 메뉴를 선택합니다. 화면에 [Asset Export] 패널이 나타납니다. ❷ 선택 도구 ▶를 클릭하고 ❸ 저장하고 싶은 오브젝트만 클릭하여 [Asset Export] 패널로 드래그합니다.

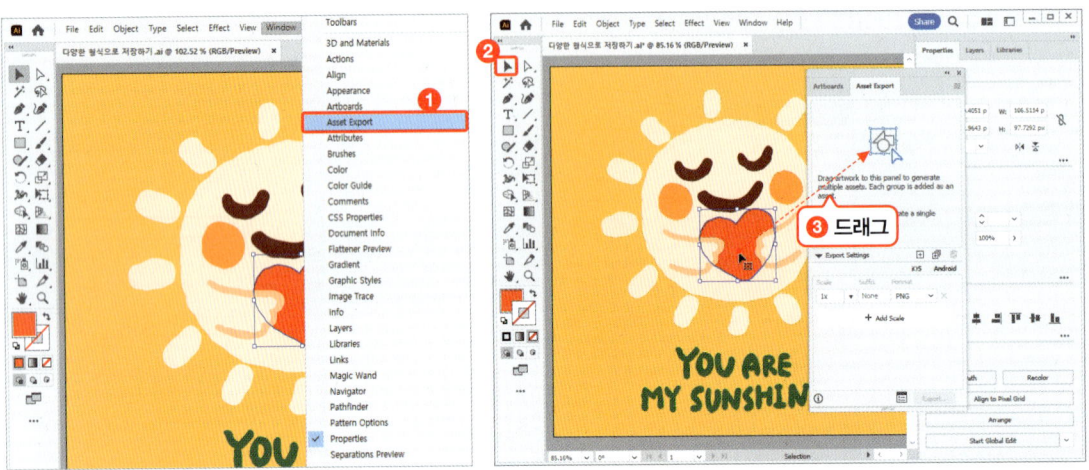

저장할 오브젝트를 선택하고 [File]-[Export Selection] 메뉴를 선택해도 선택한 오브젝트가 [Asset Export] 패널에 자동 등록되고 저장됩니다.

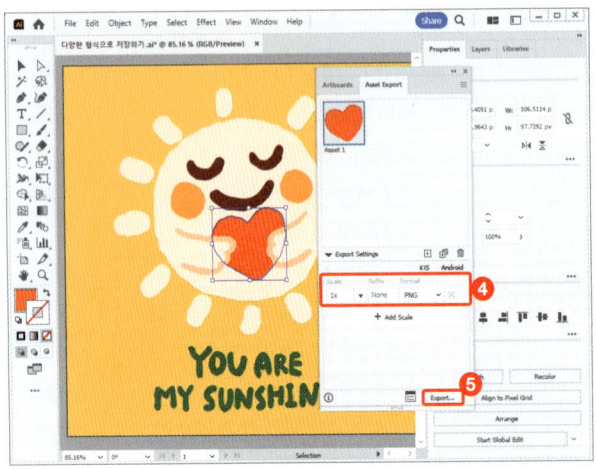

❹ 이미지 크기, 파일 이름의 접미사, 파일 형식을 선택하고 ❺ [Export]를 클릭합니다.

간단 실습 — 클라우드 문서 공유하기

일러스트레이터에서 작업을 하다가 작업 화면을 공유할 수 있습니다. 직접 파일을 전달하지 않아도 되고 댓글 달기 기능도 있어서 피드백을 빨리 확인할 수 있습니다. 공유 방식은 두 가지입니다.

초대 받은 사람에게만 공유하기

01 ❶ Share 를 클릭하고 ❷ [Only invited people can comment]를 선택합니다. ❸ [Invite people]을 클릭합니다. ❹ 초대 받을 사람의 어도비 계정을 입력하고 ❺ 클릭합니다. ❻ 메시지를 입력합니다. 메시지는 선택 사항이므로 건너뛰어도 됩니다. ❼ [Invite to view]를 클릭합니다. 초대가 완료되었습니다. ❽ 아래 링크를 복사하여 초대 받은 사람에게 직접 보내도 되지만 초대 받은 사람의 메일로도 이 링크가 자동 전송되었습니다.

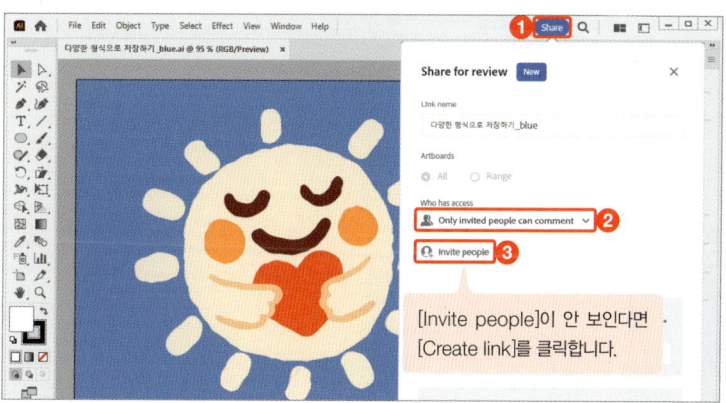
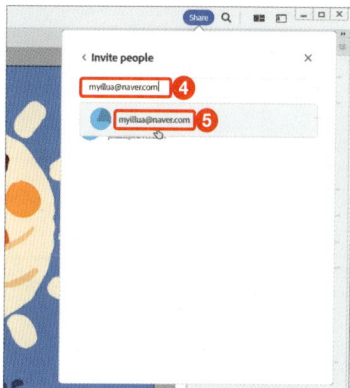
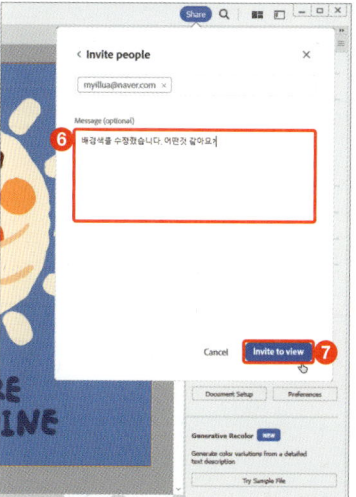
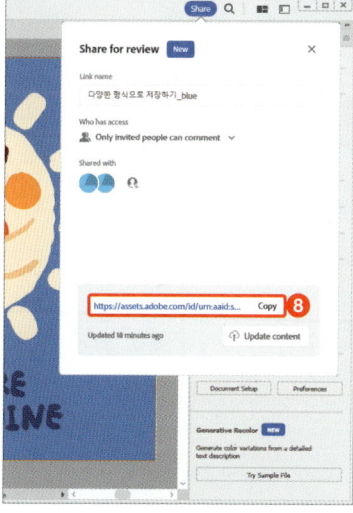

02 초대 받은 사람은 메일로 안내를 받습니다. ❶ 메일 안에 있는 [검토]를 클릭하면 ❷ 다음과 같은 웹페이지가 나타납니다. 자유롭게 코멘트를 입력할 수 있습니다. ❸ 핀을 클릭하고 이미지의 한 부분을 클릭하여 지목할 수도 있습니다. ❹ 초대한 사람은 일러스트레이터의 [Comments] 패널에서 초대 받은 사람의 코멘트를 확인할 수 있습니다.

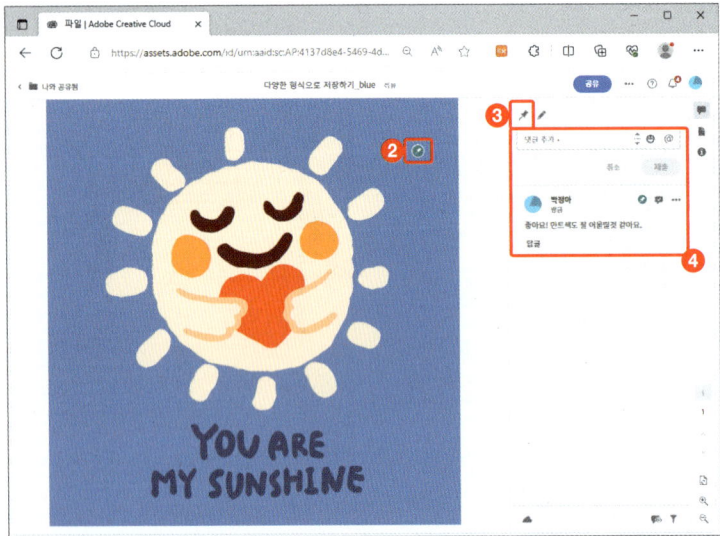

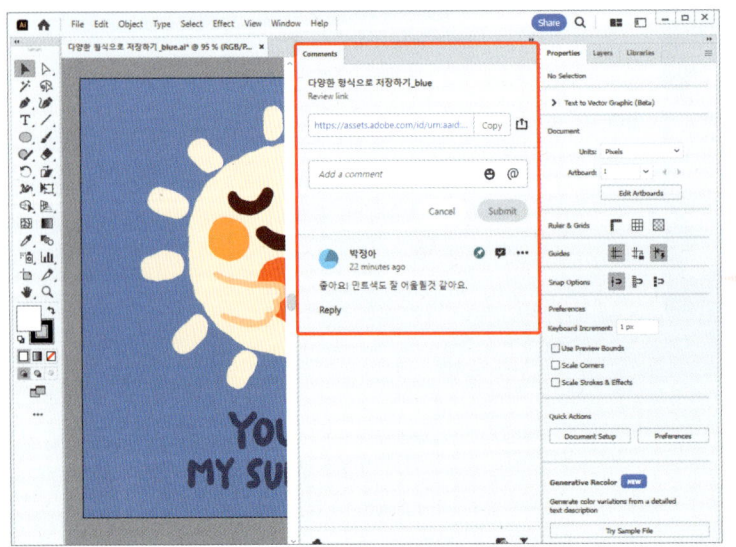

> [Comments] 패널이 보이지 않는다면 [Window]-[Comments] 메뉴를 클릭합니다.

모든 사람에게 공유하기

01 ① Share 를 클릭하고 ② [Anyone with the link can comment]를 선택합니다. ③ [Create link]를 클릭합니다. ④ [Copy]를 클릭합니다.

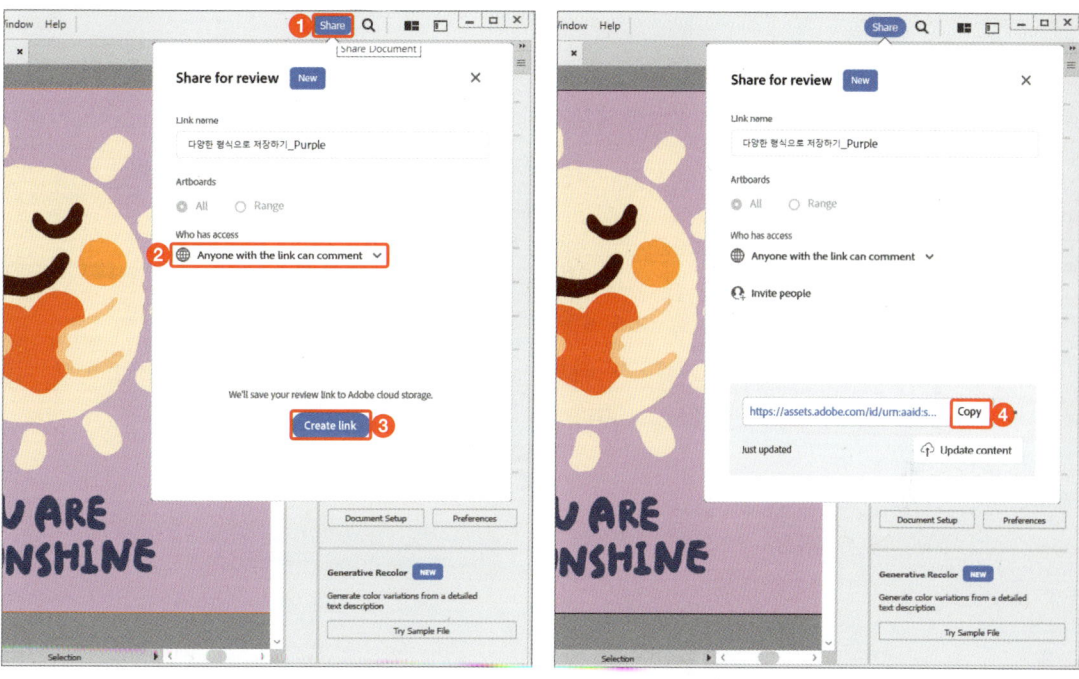

02 웹브라우저 검색 주소 창에 Ctrl + V 를 눌러 붙여 넣고 Enter 를 누릅니다. 이렇게 공유하면 어도비 계정이 없는 사람들도 작업물을 볼 수 있고 댓글도 달 수 있습니다.

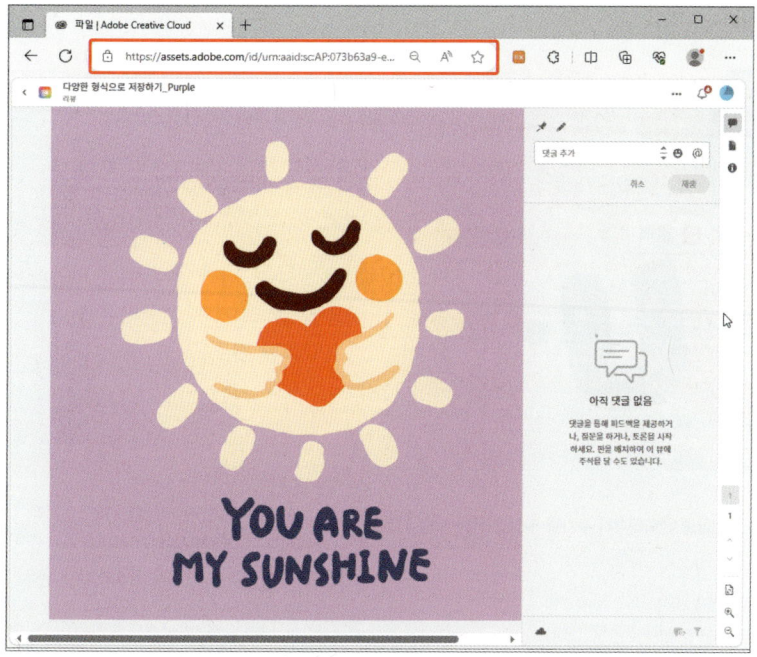

간단 실습 | 아트보드 확대, 축소하고 이동 및 회전하기

준비 파일 일러스트레이터/Chapter 02/확대 축소하기.ai

이번에는 아트보드의 크기를 확대, 축소해보고 위치를 이리저리 옮겨보겠습니다.

01 ① [File]-[Open] `Ctrl`+`O` 메뉴를 선택하고 [Open] 대화상자가 나타나면 ② **확대 축소하기.ai** 파일을 선택합니다. ③ [Open]을 클릭하면 작업할 예제가 아트보드에 나타납니다.

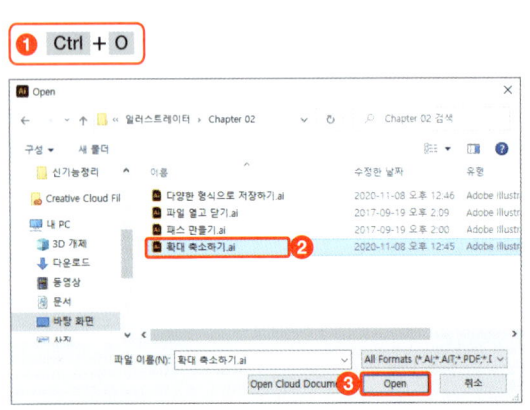 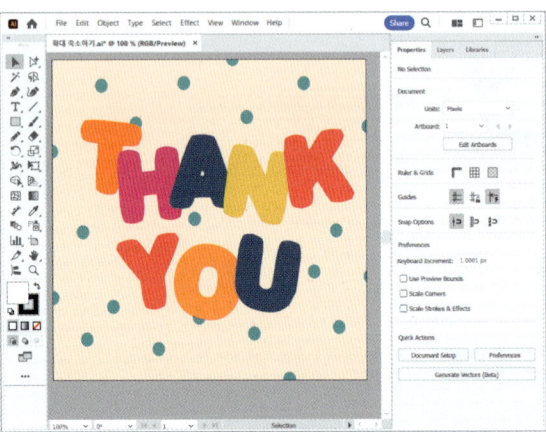

02 아트보드를 확대해보겠습니다. ① 도구바에서 돋보기 도구 를 클릭합니다. ② 아트보드 가운데 부분을 한 번 클릭하면 확대됩니다. ③ 하단의 화면 비율을 확인해보면 150%로 확대된 것을 확인할 수 있습니다. 아트보드 안쪽을 계속 클릭하면 클릭한 만큼 확대됩니다(단축키 `Ctrl`+`+`).

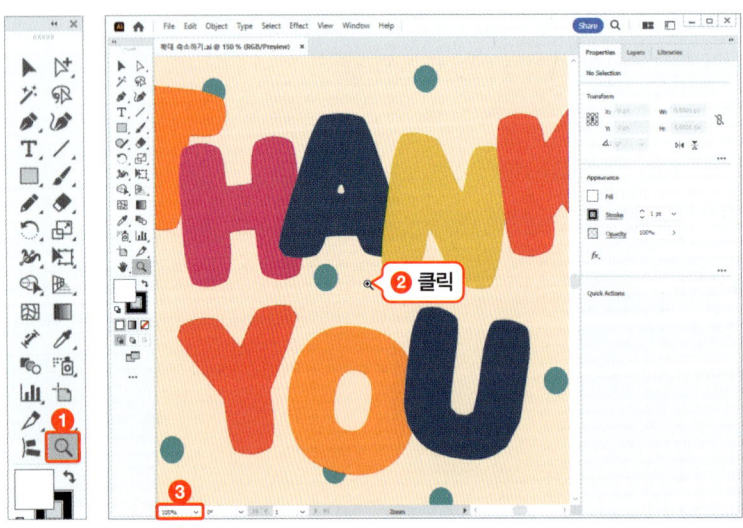

하단의 화면 비율을 클릭하면 화면 비율을 선택하거나 수치를 직접 입력해 비율을 조절할 수 있습니다.

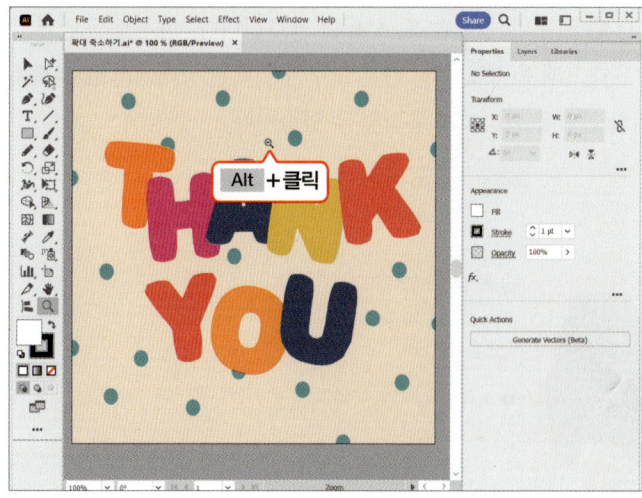

03 다시 축소해보겠습니다. Alt 를 누른 채 아트보드 안쪽을 클릭하면 마우스 포인터의 모양이 🔍으로 바뀌고 화면이 축소됩니다. Alt 를 누른 채 아트보드 안쪽을 계속 클릭하면 클릭한 만큼 축소됩니다(단축키 Ctrl + −).

04 아트보드의 한 부분만 확대해보겠습니다. ❶ 돋보기 도구 🔍가 선택된 상태에서 ❷ ⓐ 지점부터 ⓑ 지점까지 드래그합니다. ❸ 드래그한 부분이 화면 가득 확대되어 나타납니다.

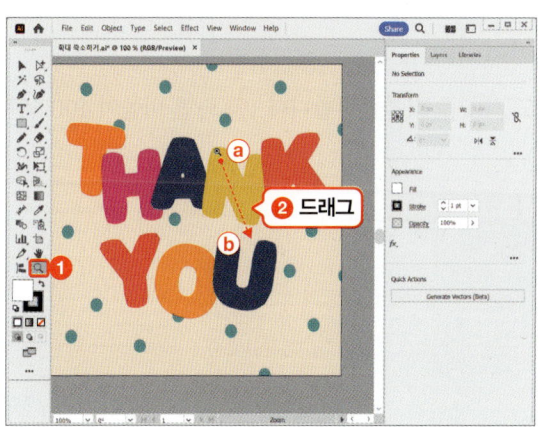
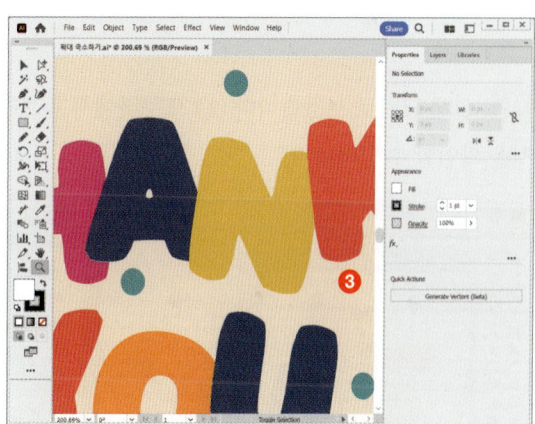

> **기능 꼼꼼 익히기** | **아트보드 확대/축소/이동 단축키**
>
> 아트보드를 확대하는 돋보기 도구 🔍와 아트보드를 움직일 수 있는 손 도구 ✋는 같이 쓰는 경우가 많습니다. 사용 빈도가 높은 도구이므로 반드시 단축키를 외우는 것이 좋습니다.
>
> - 화면 확대하기 | Ctrl + +
> - 화면 축소하기 | Ctrl + −
> - 화면 이동하기 | SpaceBar 를 누르고 있는 동안은 손 도구 ✋가 선택됩니다.
> - 아트보드를 창 크기에 맞게 보기 | Ctrl + 0
> - 여러 개의 아트보드 모두 보기 | Ctrl + Alt + 0
> - 실제 크기로 보기 | Ctrl + 1

05 아트보드를 이리저리 움직여보겠습니다. ❶ 도구바에서 손 도구 🖐를 클릭합니다. 마우스 포인터의 모양이 🖐으로 바뀝니다. ❷ 화면을 이리저리 드래그해 움직입니다. 다른 도구가 선택된 상태에서 SpaceBar 를 누른 채 드래그하여 움직여도 됩니다. 확대한 화면을 이리저리 움직일 수 있습니다.

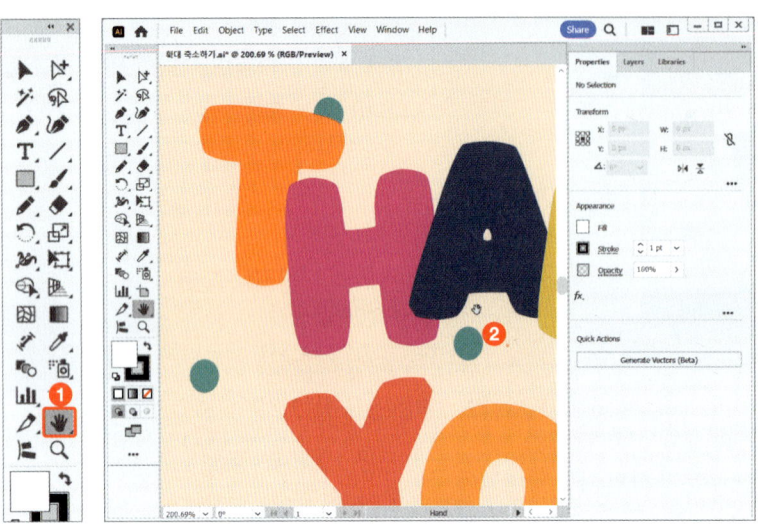

06 실제 크기로 보겠습니다. ❶ 도구바에서 돋보기 도구 🔍를 더블클릭합니다. ❷ 화면 비율이 100%인 것을 확인할 수 있습니다.

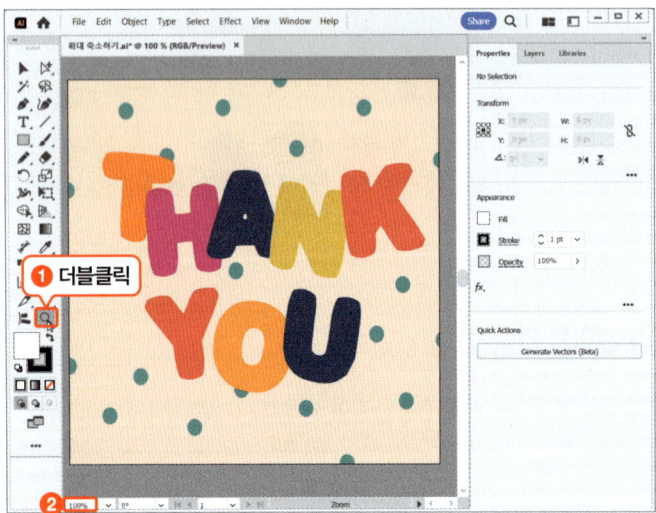

07 아트보드를 회전해보겠습니다. ❶ 도구바에서 손 도구 를 길게 클릭해 회전 보기 도구 를 클릭합니다. ❷ 아트보드를 시계 방향으로 드래그하면 아트보드를 회전할 수 있습니다. ❸ 작업 화면의 하단에서 수치를 직접 입력하거나 선택해 각도를 조절할 수도 있습니다. ❹ 도구바의 회전 보기 도구 를 더블클릭하면 회전하기 전으로 되돌아옵니다.

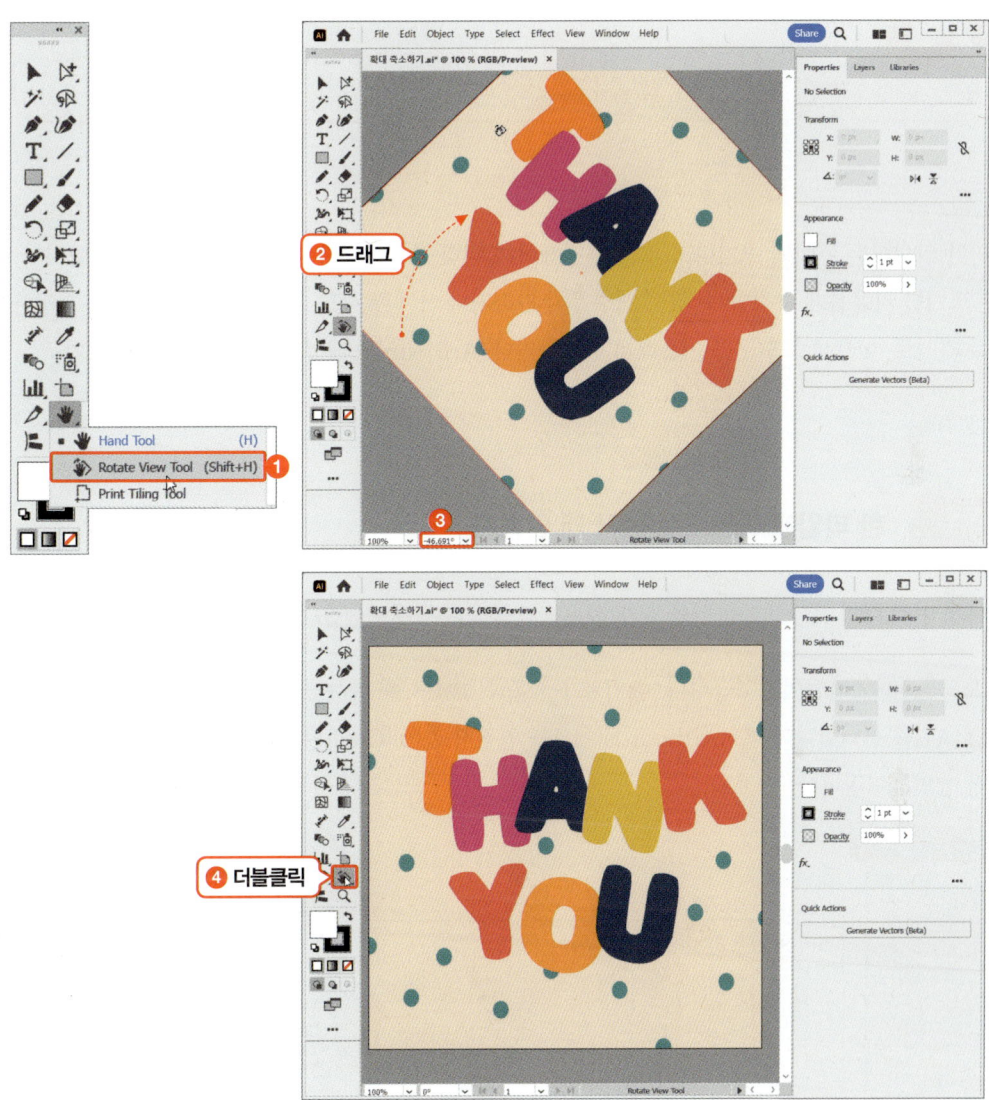

Ai LESSON 03

아트보드, 내 손안에 있소이다!
아트보드 자유자재로 다루기

그림을 그리기 위해서는 종이의 크기나 장수를 결정해야 합니다. 아트보드는 종이와 같은 역할을 합니다. 아트보드는 크기를 자유롭게 수정할 수 있고 개수를 추가하거나 삭제할 수도 있습니다. 아트보드를 수정하는 방법은 두 가지로, 아트보드 도구를 이용해서 수정하거나 [Artboards] 패널을 이용하여 수정합니다.

간단 실습 한 파일에 아트보드 여러 개 만들기

한 파일 안에서 여러 개의 아트보드를 만들고 개수나 크기 등을 수정해보겠습니다.

01 아트보드를 네 개 만들어보겠습니다. ❶ [File]-[New] Ctrl + N 메뉴를 선택합니다. ❷ [Print] 탭을 클릭하고 ❸ [A4]를 선택합니다. ❹ [Artboards]에 4를 입력하고 ❺ [Create]를 클릭하면 ❻ A4 크기의 아트보드가 네 개 만들어집니다.

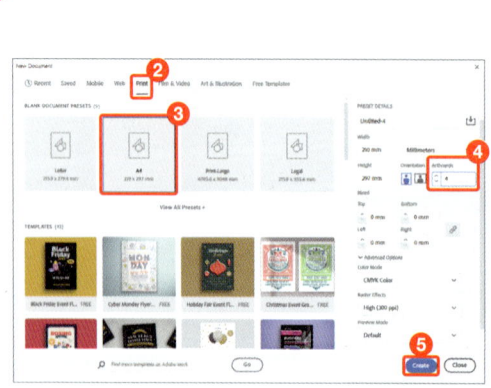

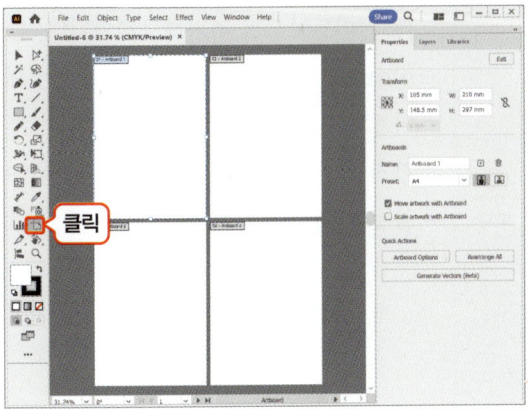

02 아트보드의 개수를 수정해보겠습니다. 먼저 도구바에서 아트보드 도구를 클릭합니다. 아트보드의 외곽이 어두워지며 아트보드 편집 모드로 들어갑니다.

> Ctrl + Alt + 0 을 누르면 모든 아트보드가 화면에 보이게 정렬됩니다.

03 아트보드를 삭제해보겠습니다. ❶ 첫 번째 아트보드가 선택된 상태에서 ❷ Delete 를 누릅니다. ❸ 아트보드가 삭제됩니다.

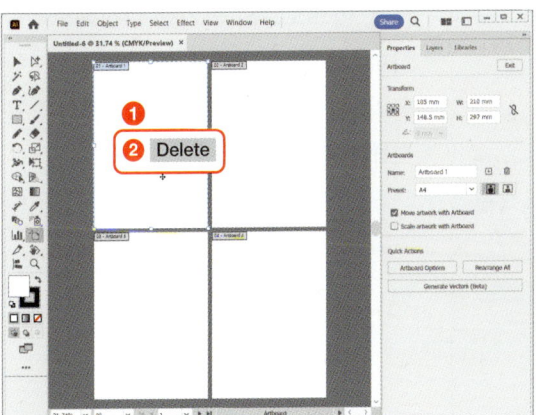 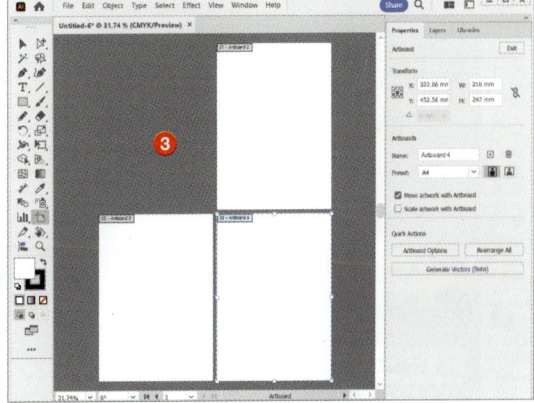

04 ❶ 두 번째 아트보드를 클릭하고 ❷ [Properties]-[Artboards] 패널에서 삭제를 클릭합니다. ❸ 아트보드가 삭제됩니다. 03 단계처럼 Delete 를 눌러도 결과는 같습니다.

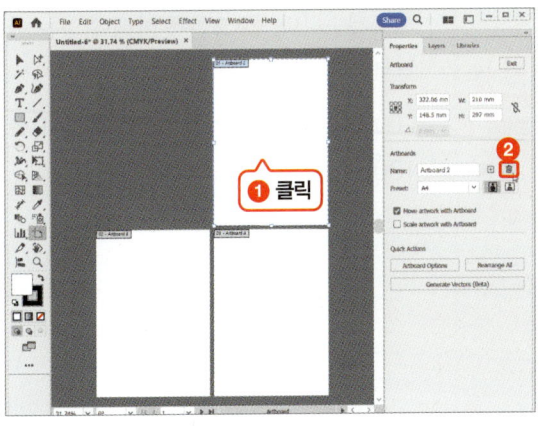 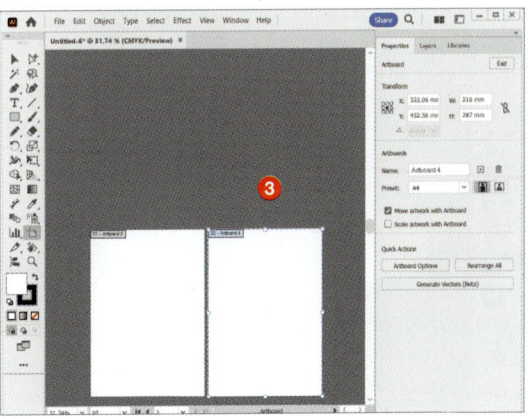

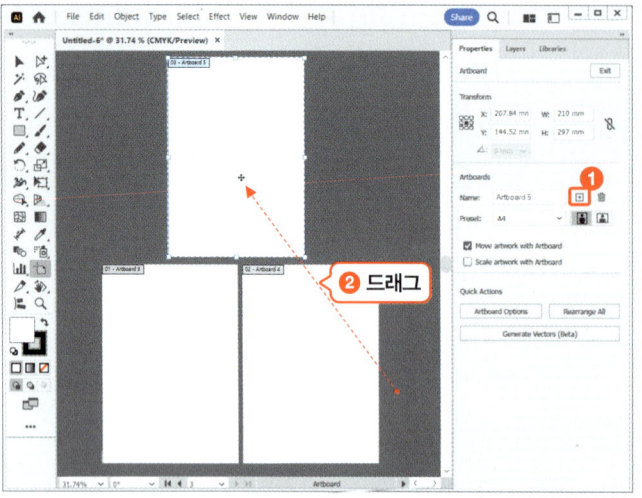

05 아트보드를 추가해보겠습니다. ❶ [Properties]-[Artboards] 패널에서 새 아트보드 ⊞를 클릭하면 아트보드가 추가됩니다. ❷ 원하는 위치로 드래그하여 옮깁니다.

> SpaceBar 를 누른 채 화면을 드래그하면 화면의 보이는 영역을 조절할 수 있습니다.

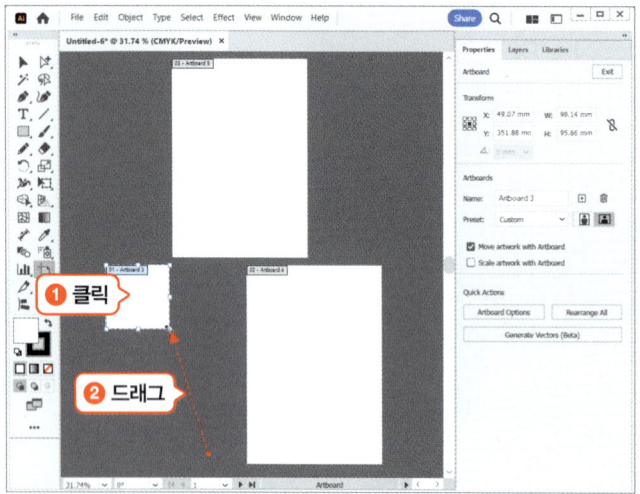

06 아트보트의 크기를 수정해보겠습니다. ❶ 왼쪽 아래에 있는 아트보드를 클릭하고 ❷ 모서리의 크기 조절점 ᓂ 을 드래그해 크기를 줄입니다.

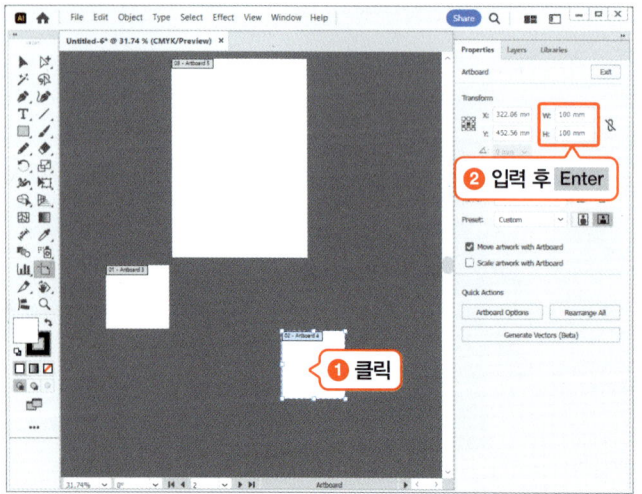

07 수치를 입력해 정확한 크기로 수정해보겠습니다. ❶ 오른쪽 아래에 있는 아트보드를 클릭합니다. ❷ [Properties]-[Transform] 패널에서 [W]와 [H]를 100mm로 수정하고 Enter 를 누릅니다.

08 아트보드의 위치를 옮겨보겠습니다. 작은 아트보드 두 개를 오른쪽으로 드래그해 옮깁니다.

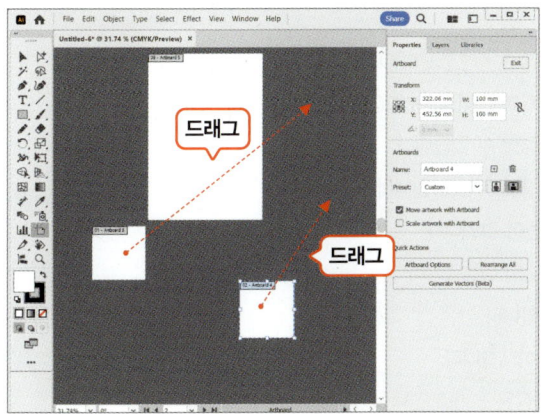 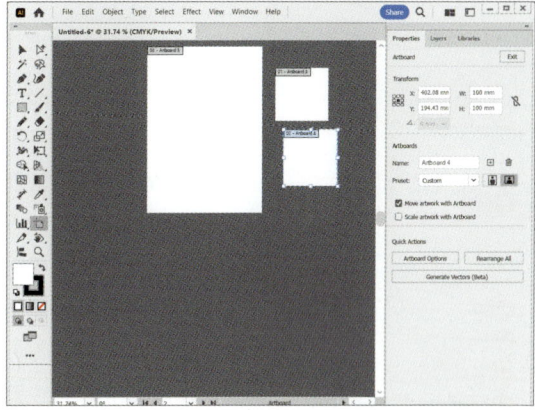

> **아트보드 옮기기** | [Properties]-[Transform] 패널에서 [X], [Y]에 정확한 수치를 입력하는 방법으로 옮겨도 됩니다. 또한, 드래그해서 옮길 때는 드래그하면서 Shift 를 누르면 수평/수직으로 이동됩니다. 이때 Shift 를 먼저 누른 채 드래그하면 안 됩니다. 먼저 드래그를 하고 Shift 를 눌러야 합니다.

09 아트보드를 보기 좋게 정렬해보겠습니다. ❶ 아트보드 외곽의 빈 곳을 클릭하여 선택을 해제합니다. ❷ 첫 번째 아트보드를 클릭하고 ❸ Shift 를 누른 채 두 번째 아트보드를 클릭하여 함께 선택합니다. ❹ 오른쪽 [Properties]-[Align] 패널에서 를 클릭합니다.

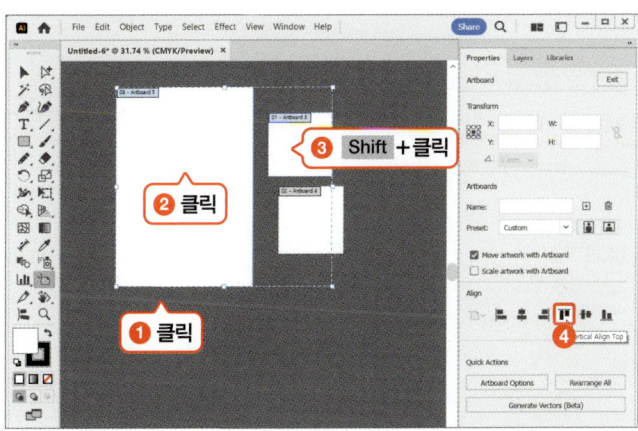

10 ❶ 아트보드 외곽의 빈 곳을 클릭하여 선택을 해제합니다. ❷ 두 번째 아트보드를 클릭하고 ❸ Shift 를 누른 채 세 번째 아트보드를 클릭하여 함께 선택합니다. ❹ [Properties]-[Align] 패널에서 를 클릭합니다.

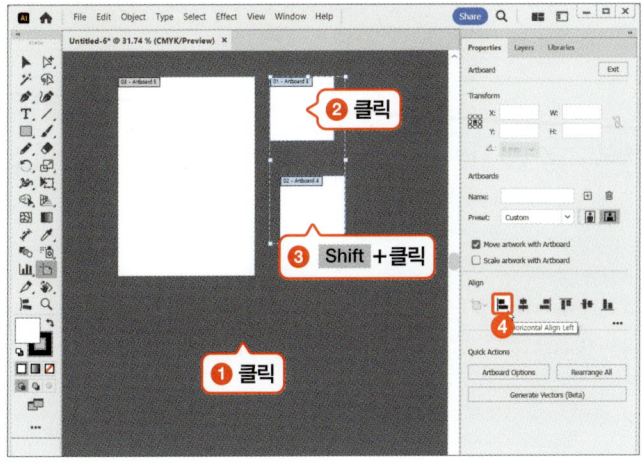

> [Properties]-[Align] 패널에서 오른쪽 하단의 더 보기 를 클릭하면 더 다양한 방식으로 아트보드를 정렬할 수 있습니다. [Align] 패널에 관한 내용은 402쪽을 참고하세요.

기능 꼼꼼 익히기 — 아트보드 관련 패널 알아보기

아트보드 편집 모드로 들어가면 [Properties] 패널이 아트보드를 컨트롤할 수 있는 패널로 바뀝니다.

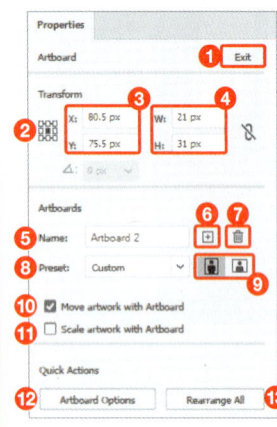

① **Exit** | 아트보드 편집 모드에서 나갈 수 있습니다.

② | 좌푯점의 위치를 수정할 수 있습니다.

③ **X, Y** | 아트보드의 가로, 세로 위칫값입니다.

④ **W, H** | 아트보드의 폭, 높이 값입니다.

⑤ **Name** | 선택된 아트보드의 이름입니다.

⑥ | 새 아트보드를 추가합니다.

⑦ | 선택한 아트보드를 삭제합니다.

⑧ **Preset** | 아트보드를 규정된 크기로 선택할 수 있습니다.

⑨ | 아트보드의 가로, 세로 방향을 설정합니다.

⑩ 체크된 상태로 아트보드를 옮기면 아트보드 안에 있는 오브젝트들이 함께 옮겨지고, 체크되지 않은 상태로 아트보드를 옮기면 아트보드만 이동됩니다.

⑪ **Scale artwork with Artboard** | 체크된 상태로 아트보드의 크기를 수정하면 아트보드 안에 있는 오브젝트들의 크기도 함께 수정됩니다.

⑫ [Artboard Options] 대화상자가 나타나며 세부 항목을 설정할 수 있습니다.

⑬ 아트보드가 여러 개일 때 아트보드의 배열 순서나 간격을 조절할 수 있습니다.

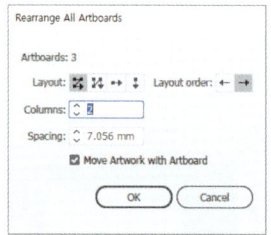

11 아트보드 편집 모드에서 나오겠습니다. `Esc`를 누르거나 [Properties] 패널에서 [Exit]를 클릭합니다. 외곽이 다시 밝아지며 아트보드 편집 모드가 종료됩니다.

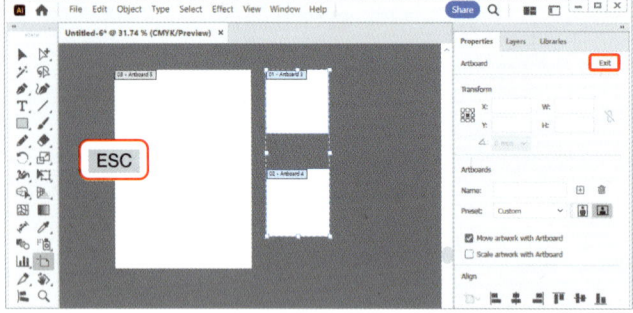

> 도구바에서 아무 도구나 클릭해도 아트보드 편집 모드에서 나올 수 있습니다.

12 [Artboards] 패널을 이용하여 수정해보겠습니다. [Window]–[Artboards] 메뉴를 선택하면 [Artboards] 패널이 나타납니다.

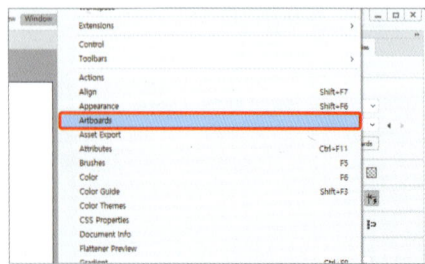

13 아트보드를 삭제해보겠습니다. ❶ [Artboards] 패널의 맨 위에 있는 아트보드를 선택합니다. ❷ 삭제 🗑를 클릭하여 삭제합니다.

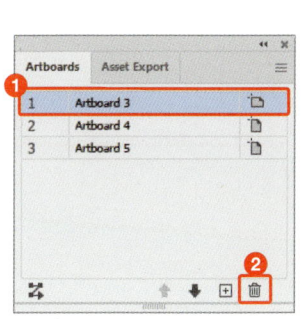
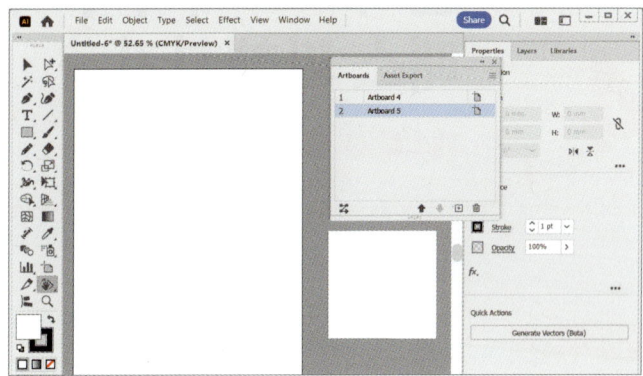

14 아트보드를 추가해보겠습니다. ❶ [Artboards] 패널에서 새 아트보드 ⊞를 클릭합니다. ❷ 아트보드가 새로 추가됩니다.

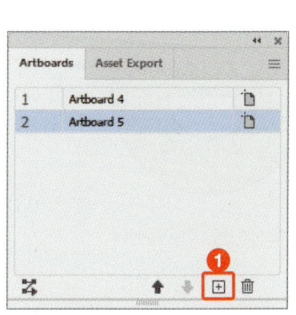
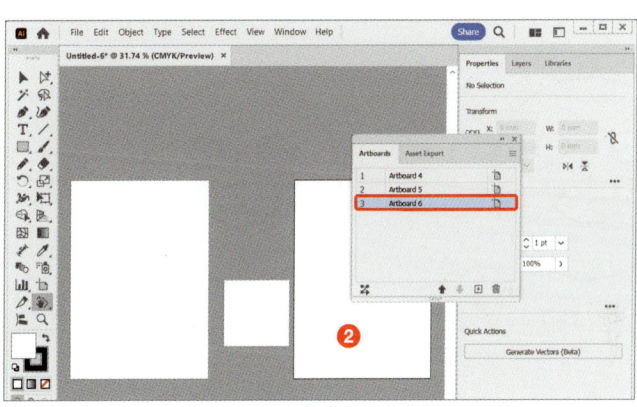

기능 꼼꼼 익히기 [Artboards] 패널 알아보기

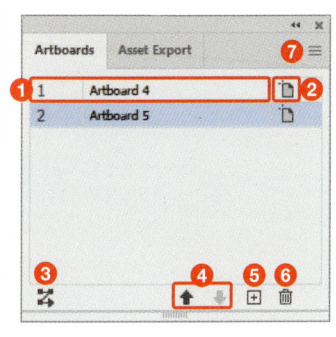

❶ 아트보드의 순서와 이름입니다. 클릭하면 해당 아트보드로 이동하고, 이름 부분을 더블클릭하면 아트보드의 이름을 수정할 수 있습니다.

❷ 🗐 | 아트보드 편집 모드로 들어갈 수 있습니다.

❸ 🔀 | 아트보드의 순서, 열과 행, 간격을 조정할 수 있습니다.

❹ ⬆⬇ | 아트보드의 순서를 옮길 수 있습니다.

❺ ⊞ | 아트보드를 추가할 수 있습니다.

❻ 🗑 | 아트보드를 삭제할 수 있습니다.

❼ ☰ | 클릭하면 아트보드를 추가, 삭제, 복제하는 등 다양한 추가 기능을 선택할 수 있습니다.

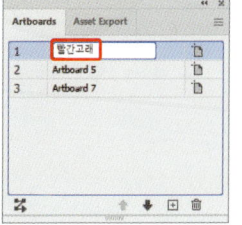

Ai LESSON 04
일러스트레이터 기초, 패스 파헤치기

패스로 선, 면 그리기

패스란 무엇인가요?

일러스트레이터 안에서 그린 모든 형태는 '패스(Path)'라고 부릅니다. 패스란 '길' 또는 '경로'라는 뜻으로 길은 시작점과 도착점 사이를 잇는 선입니다. 마찬가지로 패스란 시작점과 도착점이 있고 그 사이를 잇는 선을 말합니다. 그러므로 일러스트레이터에서 형태를 만들려면 점을 찍고 그 사이를 이어 패스를 만들어야 하며 이 패스를 따라 선과 면이 적용되는 방식으로 형태가 만들어집니다.

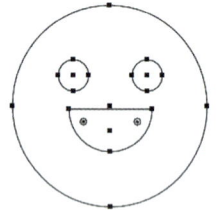
▲ 일러스트레이터의 패스만 있는 상태

▲ 패스에 선만 적용한 상태

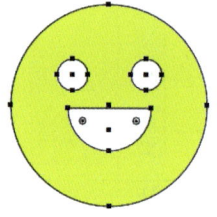
▲ 패스에 면만 적용한 상태

▲ 패스에 선과 면을 모두 적용한 상태

▲ 패스는 일러스트레이터 안에서만 보이며 JPEG, EPS, PDF 등 다른 파일 형식으로 저장하면 패스가 보이지 않습니다.

기능 꼼꼼 익히기 | 패스 관련 용어 익히기

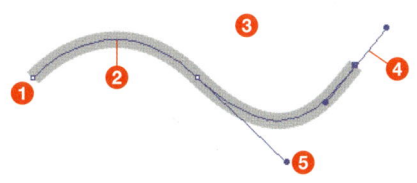

❶ **고정점(Anchor Point)** | 패스를 고정하는 기준이 되는 점
❷ **세그먼트(Segment)** | 두 개의 고정점을 연결한 선
❸ **패스(Path)** | 이어진 고정점과 세그먼트 전체
❹ **방향선(Direction Line)** | 세그먼트의 기울기와 곡선의 형태를 조절하는 선
❺ **방향점(Direction Point)** | 방향선 끝에서 방향선을 조절할 수 있는 점

간단 실습 | 직선 그리기

패스 그리기의 가장 기본인 직선을 그려보겠습니다.

01 ❶ [File]-[New] Ctrl + N 메뉴를 선택합니다. ❷ [Web] 탭을 클릭하고 ❸ [web, 1280 1024]를 선택힙니다. ❹ [Create]를 클릭합니다.

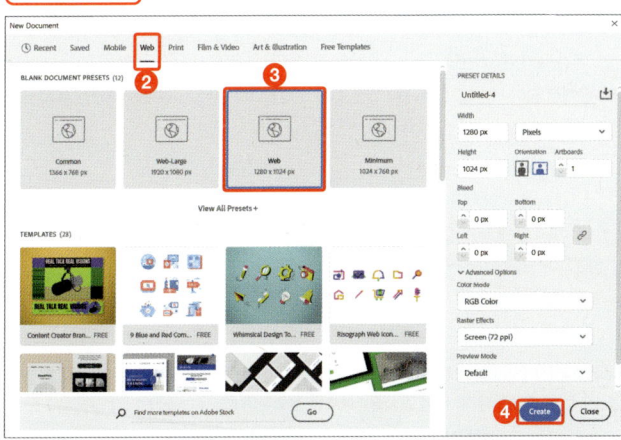

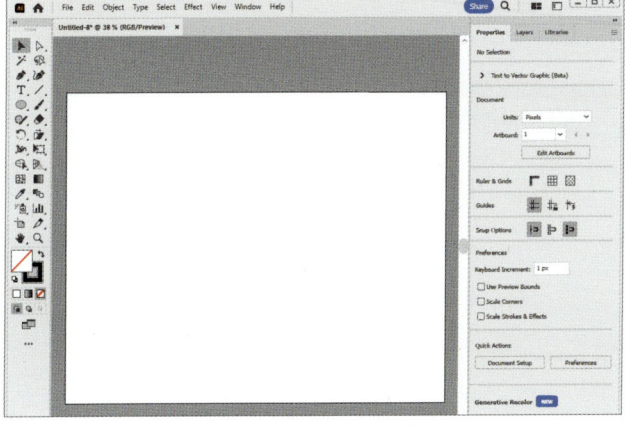

CHAPTER 02 일러스트레이터 맛보기 **337**

02 ❶ 도구바에서 펜 도구 를 클릭합니다. ❷ 초기값 칠과 선 을 클릭합니다. ❸ 그런 다음 [칠]을 클릭하고 ❹ 비활성화 를 클릭합니다. [획]만 활성화되었습니다. ❺ 아트보드의 빈 곳을 클릭하여 시작점을 만들고 ❻ 다른 곳을 클릭하여 직선을 만듭니다. ❼ 같은 방법으로 아트보드의 여기저기를 클릭하여 지그재그 선을 그립니다.

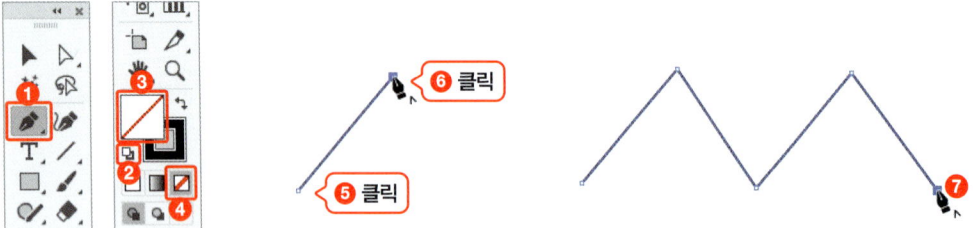

03 ❶ 도구바에서 선택 도구 를 클릭하고 ❷ 아트보드의 빈 곳을 클릭합니다. 지그재그 선이 선택 해제됩니다. 패스 선이 보이지 않으면 선택이 해제된 것이고 패스 선이 보이면 선택된 상태입니다.

지그재그 선을 선택 해제하지 않은 상태에서 **04** 단계로 넘어가면 **04** 단계에서 그릴 선과 이어집니다. 반드시 선택을 해제한 후 다음 과정을 진행합니다.

도구바의 모양이 다르게 보인다면 도구바가 기본(Basic)으로 설정되어 있는 것입니다. 일러스트레이터를 처음 설치하고 나서 도구바의 설정을 바꾸지 않았다면 도구바가 기본(Basic)으로 설정되어 있습니다. 293쪽을 참고하여 고급(Advanced)으로 바꾼 후에 실습을 진행하기 바랍니다. 이 책은 고급(Advanced) 도구바를 기준으로 설명합니다.

선택 도구 로 패스를 선택하면 ❶[Contextual Task Bar]가 나타납니다. 이 바에는 해당 오브젝트에 사용할 만한 기능이 모여있습니다. 그러나 본 예제에서는 필요 없으므로 숨겨두겠습니다. ❷[Window]-[Contextual Task Bar(상황별 작업 표시줄)] 메뉴를 클릭하여 체크를 해제합니다.

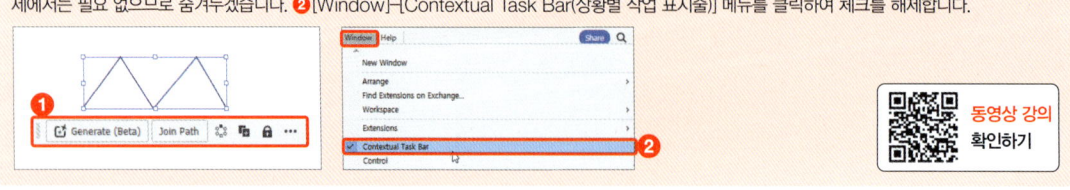

04 수평/수직선을 그려보겠습니다. ❶ 도구바에서 펜 도구 ✒를 클릭하고 ❷ 아트보드의 빈 곳을 클릭합니다. ❸ Shift 를 누른 채 오른쪽 지점을 클릭합니다. 수평선이 그려집니다. ❹ 마찬가지로 Shift 를 누른 채 위쪽 지점을 클릭합니다. 수직선이 그려집니다.

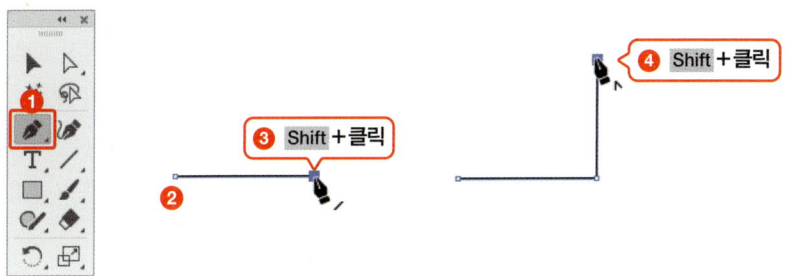

05 ❶ Shift 를 누른 채 45° 지점을 클릭합니다. 45°의 직선이 그려집니다. ❷ 같은 방법으로 Shift 를 누른 채 여기저기를 클릭하여 수평/수직/45°의 직선을 만듭니다.

06 선택을 해제하겠습니다. ❶ 도구바에서 선택 도구 ▶를 클릭하고 ❷ 아트보드의 빈 곳을 클릭합니다.

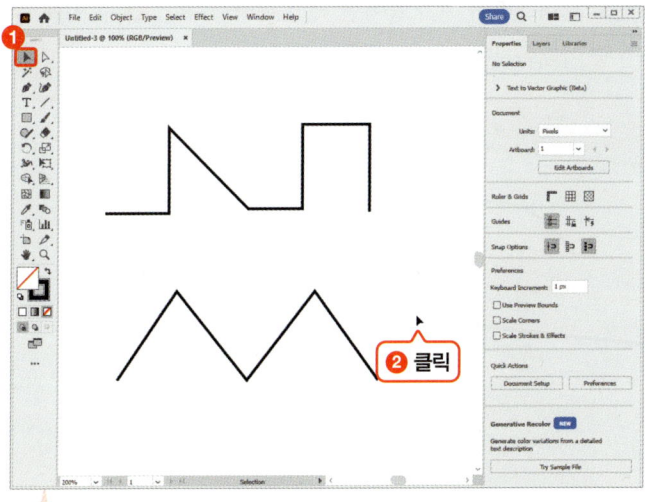

그린 선이 마음에 들지 않는다면 선택 도구 ▶로 선을 클릭하고 Delete 를 눌러 삭제한 후 다시 그립니다.

간단 실습 | 곡선 그리기

다양한 그림을 그리려면 직선만으로는 부족합니다. 이번에는 부드러운 곡선을 그려보겠습니다.

01 ① 도구바에서 펜 도구를 클릭하고 ② 아트보드의 빈 곳을 클릭합니다. ③ 오른쪽으로 떨어진 지점을 클릭한 채 아래로 드래그합니다. 드래그하는 대로 파란색 방향선이 나타나고 위가 볼록한 곡선이 만들어집니다. 마음에 드는 곡선이 나올 때까지 마우스 왼쪽 버튼에서 손가락을 떼지 않습니다. ④ 다시 다른 지점을 클릭한 채 위로 드래그하여 아래가 볼록한 곡선을 만듭니다. ⑤ Ctrl 을 누른 채 아트보드의 빈 곳을 클릭하여 선택을 해제합니다.

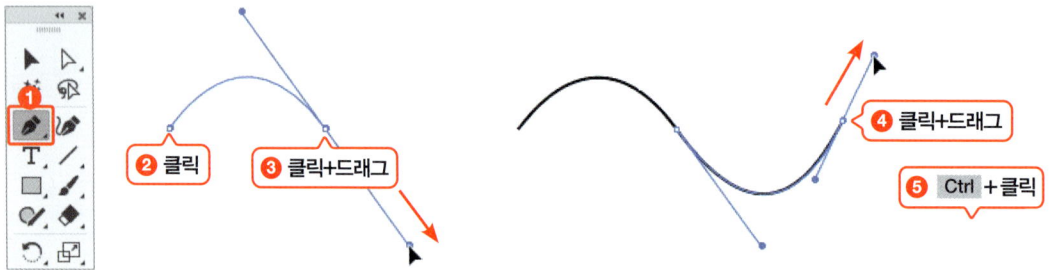

Ctrl 을 누르고 있는 동안은 마우스 포인터가 선택 도구로 바뀝니다. 따라서 Ctrl 을 누른 채 비어 있는 아트보드를 클릭하는 것은 '도구바에서 선택 도구를 클릭하고 아트보드의 빈 곳을 클릭'하는 동작보다 효율적입니다.

02 이번에는 반곡선을 그려보겠습니다. ① 펜 도구를 클릭하고 ② 아트보드의 빈 곳을 클릭합니다. ③ 다시 오른쪽으로 떨어진 지점을 클릭한 채 아래로 드래그하여 위가 볼록한 곡선을 만듭니다. ④ 두 번째 클릭했던 지점을 다시 클릭합니다. 파란색 방향선 중 아래쪽 방향선이 삭제되었습니다.

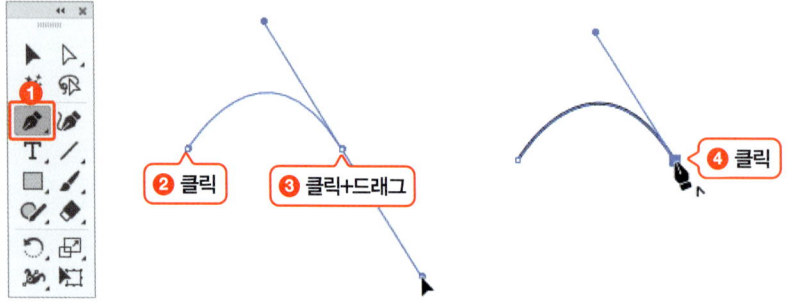

03 ❶ 오른쪽으로 떨어진 지점을 클릭한 채 아래로 드래그하여 위가 볼록한 곡선을 만듭니다. ❷ 앞서 클릭했던 지점을 다시 클릭합니다. 마찬가지로 파란색 방향선이 사라집니다. ❸ 같은 방법으로 반곡선을 더 그립니다.

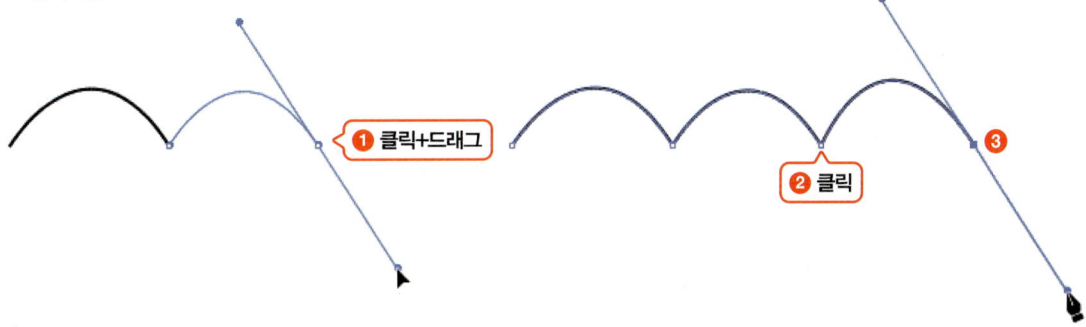

기능 꼼꼼 익히기 | 방향선은 왜 삭제할까?

곡선을 그릴 때 방향선이 두 개면 다음에 그리는 곡선이 자유롭게 그려지지 않습니다. 따라서 자연스러운 곡선을 그리기 위해서는 방향선을 삭제한 후 다음 패스를 그려야 합니다.

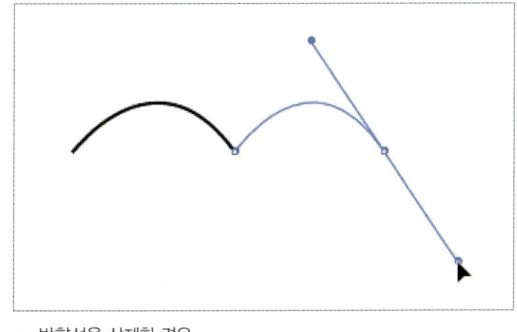

▲ 방향선을 삭제한 경우　　　　　　　　　▲ 방향선을 삭제하지 않은 경우

04 이번에는 곡률 도구를 이용해 곡선을 그려보겠습니다. ❶ 도구바에서 곡률 도구를 클릭하고 ❷ 아트보드의 빈 곳을 클릭합니다. ❸ 오른쪽 위로 떨어진 지점을 클릭한 다음 ❹ 마우스 버튼에서 손가락을 떼고 오른쪽 아래로 마우스 포인터를 옮깁니다. 패스 선이 실처럼 따라옵니다. ❺ 적당한 지점을 클릭하면 반곡선이 그려집니다. ❻ 마우스 버튼에서 손가락을 떼고 다시 오른쪽 위의 조금 떨어진 지점으로 마우스 포인터를 옮긴 다음 ❼ 클릭합니다. ❽ 같은 방법으로 오른쪽 아래 지점을 클릭하여 곡선을 만듭니다.

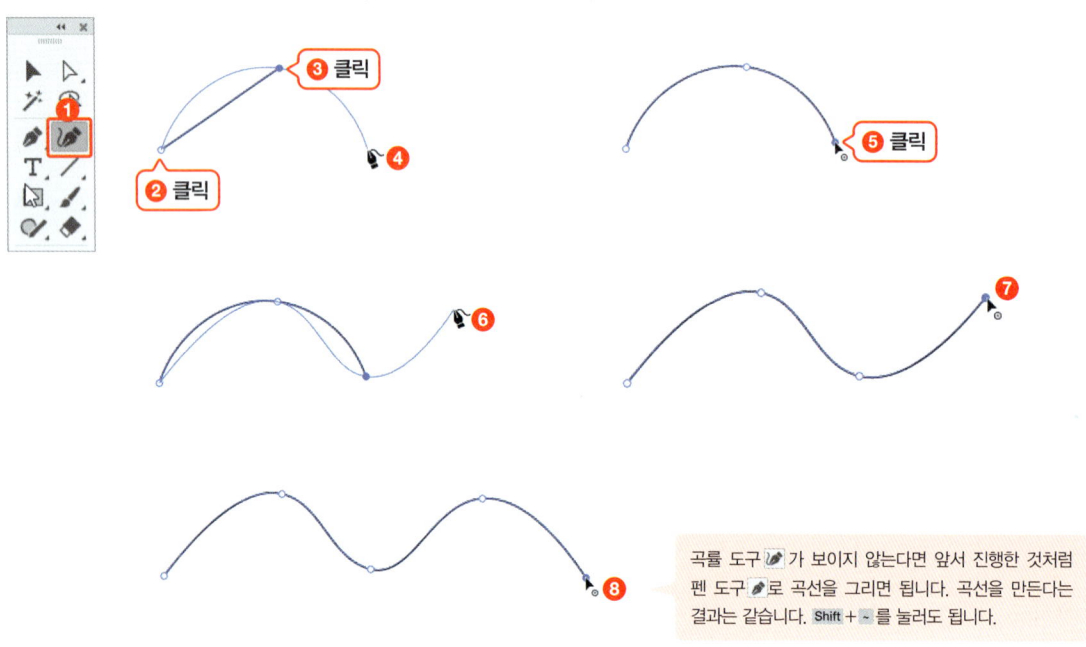

곡률 도구가 보이지 않는다면 앞서 진행한 것처럼 펜 도구로 곡선을 그리면 됩니다. 곡선을 만든다는 결과는 같습니다. Shift + ~ 를 눌러도 됩니다.

기능 꼼꼼 익히기 | 단축키로 실행 취소하기, [History] 패널을 활용해 뒤로 돌아가기

작업 중 실수가 생기면 Ctrl + Z 를 눌러 취소하면 됩니다. 여러 번 누르면 누른 만큼 이전 단계로 돌아갑니다. 반대로 Ctrl + Shift + Z 를 누르면 다시 복구됩니다. 또한 [History] 패널을 이용해도 편리하게 취소할 수 있습니다. ❶ [Window]-[History] 메뉴를 선택합니다. 아트보드에서 선을 만들면 [History] 패널에 단계가 계속 추가됩니다. ❷ 원하는 단계를 클릭하면 해당 단계로 바로 이동합니다.

기능 꼼꼼 익히기 [History] 패널 자세히 살펴보기

① 아트보드에서 작업을 하면 단계가 저장됩니다.
② 현재 단계를 기점으로 새 문서가 생성됩니다.
③ 현재 단계를 삭제합니다.
④ 앞 단계로 갑니다. ⑤ 전 단계로 갑니다.
⑥ 현재 단계를 삭제합니다. ③과 같은 기능입니다.
⑦ ①의 모든 단계가 삭제됩니다.
⑧ 현재 단계를 기점으로 새 문서가 생성됩니다. ②와 같은 기능입니다.
⑨ 클릭하면 [Preferences] 대화상자에서 ①의 단계 수(History Sates)를 수정할 수 있습니다. 기본적으로 100개가 저장되며 100개 이상이 되면 앞 단계부터 자동 삭제됩니다.

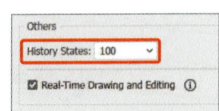

간단 실습   면 그리기

직선과 곡선을 그렸으니 이제는 색을 채울 수 있는 면을 그려보겠습니다.

01 ① 펜 도구 가 선택된 상태에서 아트보드의 빈 곳을 클릭한 후 ② 조금 떨어진 지점을 클릭합니다. ③ 직각이 되도록 아래쪽을 클릭합니다. ④ 처음 클릭했던 지점 위에 마우스 포인터를 올리면 마우스 포인터의 모양이 으로 바뀝니다. 이 상태에서 클릭합니다. 패스가 닫히면서 면이 됩니다.

02 곡선으로 된 둥근 면을 그려보겠습니다. ① 펜 도구 로 아트보드의 빈 곳을 클릭하고 ② 두 번째 지점을 클릭한 채 아래로 드래그하여 반곡선을 만듭니다. ③ 두 번째 클릭한 지점을 다시 클릭하여 방향선을 삭제합니다. ④ 세 번째 지점을 클릭한 채 오른쪽으로 드래그하여 곡선을 만듭니다.

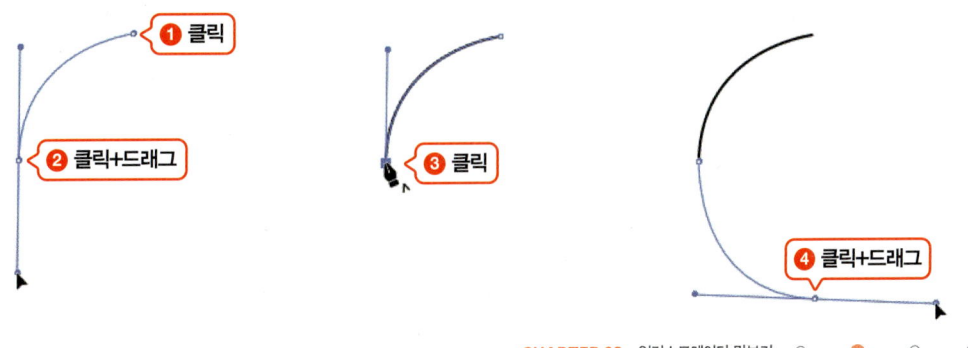

03 ❶ 다시 세 번째 지점을 클릭하여 방향선을 삭제합니다. ❷ 네 번째 지점을 클릭한 채 위로 드래그하여 곡선을 만듭니다. ❸ 다시 네 번째 지점을 클릭하여 방향선을 삭제하고 ❹ 처음 클릭했던 지점을 클릭한 채 왼쪽으로 드래그하여 면을 닫습니다.

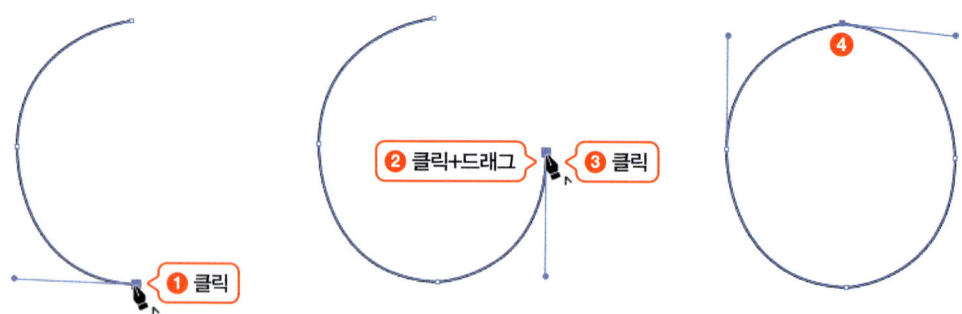

04 이번에는 곡률 도구 로 원을 그려보겠습니다. ❶ 곡률 도구 로 아트보드의 빈 곳을 클릭하고 ❷ 두 번째 지점을 클릭한 후 마우스 버튼에서 손가락을 뗍니다. ❸ 마우스 포인터를 오른쪽 아래로 옮기고 ❹ 클릭하여 반곡선을 그립니다. ❺ 다시 마우스 버튼에서 손가락을 뗀 상태로 왼쪽 하단 지점으로 마우스 포인터를 옮긴 후 ❻ 클릭합니다. ❼ 그런 다음 처음 클릭했던 지점 위로 마우스 포인터를 가져가면 마우스 포인터의 모양이 으로 바뀝니다. 그 지점을 클릭합니다.

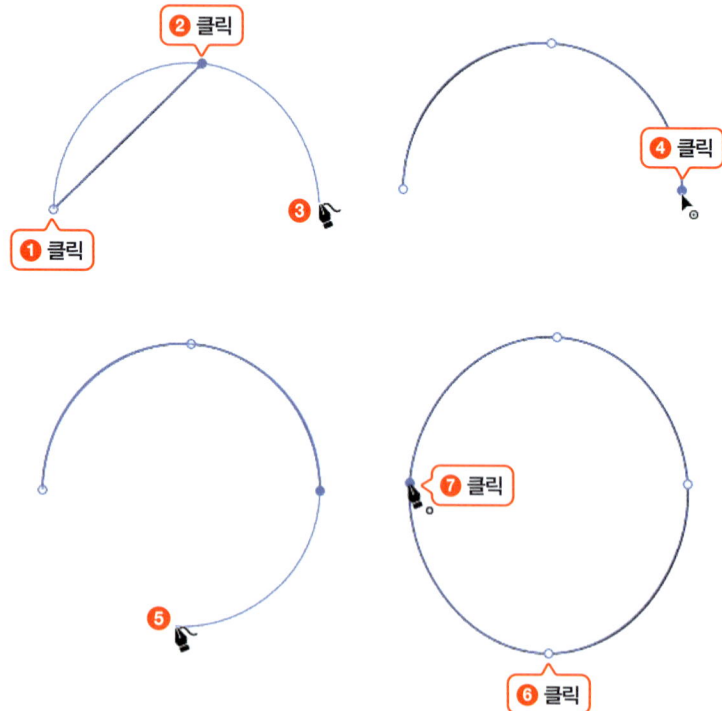

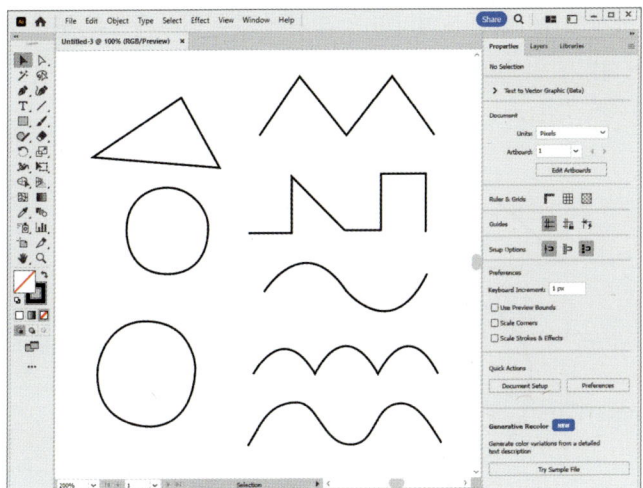

05 같은 방법으로 여러 가지 선과 면을 만들어봅니다.

간단 실습   오브젝트 선택하고 옮기기

패스를 이용해 선과 면을 그렸으면 패스 오브젝트를 자유롭게 옮겨 다양한 모양을 만들어보겠습니다.

01 앞에서 그린 패스 오브젝트를 옮겨보겠습니다. ❶ 도구바에서 선택 도구 ▶를 클릭한 후 ❷ 앞서 그린 지그재그 선을 클릭합니다. 오브젝트가 선택되면 패스 구조가 나타납니다. ❸ 지그재그 선을 아래로 드래그하여 옮깁니다. ❹ 아트보드의 빈 곳을 클릭하면 선택 해제됩니다.

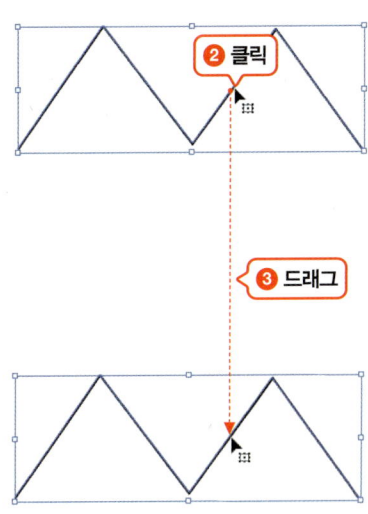

02 ❶ 선택 도구로 패스가 있는 부분을 크게 드래그하면 드래그한 영역 안에 있는 패스가 모두 선택됩니다. ❷ 01 단계와 같은 방법으로 선택된 오브젝트를 원하는 곳으로 드래그해 옮깁니다.

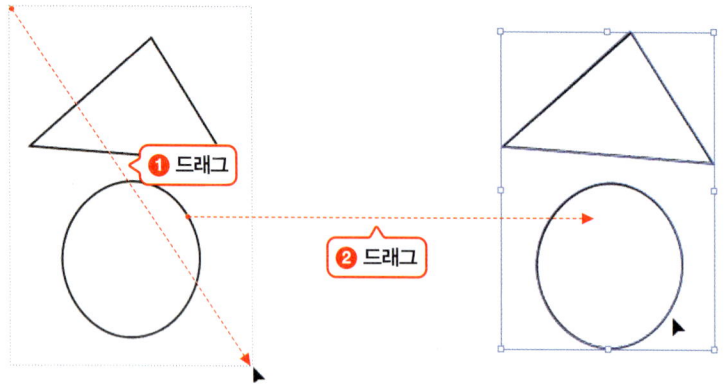

03 선택 도구를 이용하여 앞서 그린 오브젝트를 이리저리 드래그해 옮깁니다.

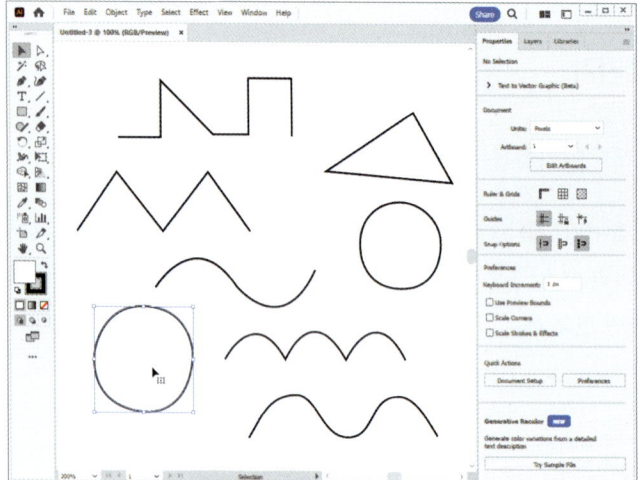

04 패스의 한 부분만 선택하여 옮겨보겠습니다. ❶ 직접 선택 도구를 클릭하고 ❷ 시작점 주변을 살짝 드래그하여 시작점만 선택합니다. ❸ 그런 다음 시작점을 왼쪽으로 드래그하여 시작점만 옮깁니다. 패스의 형태가 수정됩니다. ❹ 아트보드의 빈 곳을 클릭하여 선택을 해제합니다.

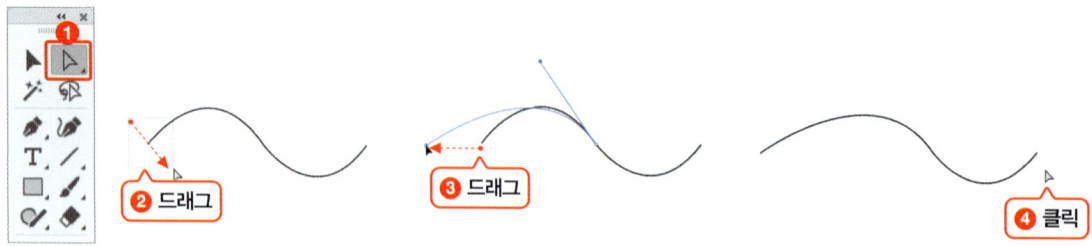

05 ❶ 직접 선택 도구로 패스의 중간 부분을 드래그합니다. 드래그한 부분의 고정점이 선택되면서 방향선이 나타납니다. ❷ 마음에 드는 물결 곡선이 나올 때까지 방향점을 드래그합니다. ❸ 아트보드의 빈 곳을 클릭하여 선택을 해제합니다.

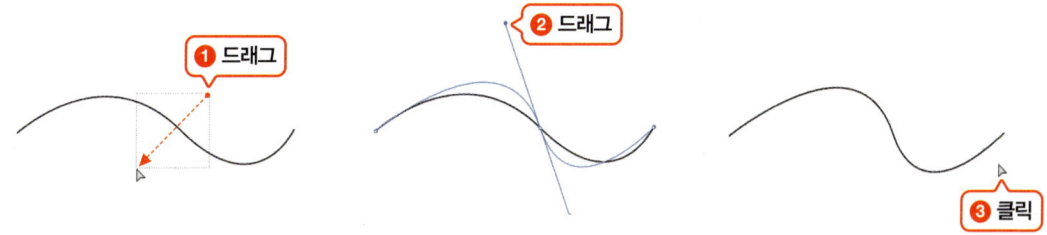

기능 꼼꼼 익히기 — 선택 도구와 직접 선택 도구의 차이점 알아보기

선택 도구는 패스 전체를 선택하는 도구입니다. 패스의 한 부분만 선택해도 연결된 패스 전체가 모두 선택됩니다.

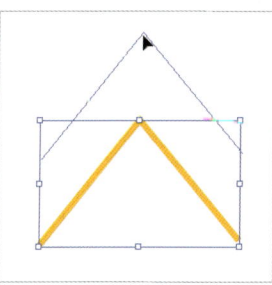 

▲ 꼭짓점만 선택하여 위로 드래그해도 패스 전체가 이동합니다.

직접 선택 도구는 패스의 한 부분을 선택하는 도구입니다. 패스의 한 지점만 선택하면 해당 부분만 선택됩니다.

▲ 꼭짓점만 선택하여 위로 드래그하면 꼭짓점만 이동합니다.

간단 실습 | 고정점 추가, 삭제하기

패스로 선과 면을 그린 뒤 형태를 수정하고 싶을 때가 있습니다. 이때는 고정점을 추가하거나 삭제하여 형태를 수정합니다.

01 고정점을 추가해 형태를 수정해보겠습니다. ① 도구바에서 선택 도구 ▶를 클릭한 후 ② 앞서 그린 삼각형을 선택합니다. ③ 펜 도구 ✒를 클릭한 후 ④ 마우스 포인터를 선 위에 가져가면 마우스 포인터의 모양이 ✒₊으로 바뀝니다. 그 지점을 클릭합니다. ⑤ 고정점이 추가됩니다.

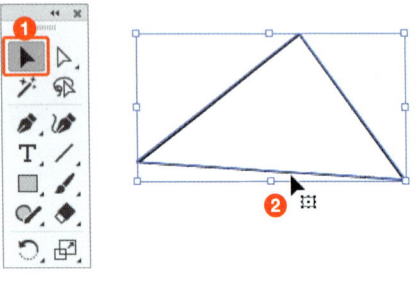

  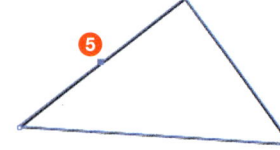

> **패스가 안 보여요** | 선택 도구 ▶를 이용해 오브젝트를 선택하면 패스 구조가 보여야 합니다. 혹시 오브젝트를 선택했는데 패스 구조가 보이지 않는다면 [View]-[Show Edges] 메뉴를 선택합니다.

02 ① 직접 선택 도구 ▷를 클릭합니다. ② 새로 추가한 고정점을 드래그하여 선택하고 ③ 고정점을 위로 드래그합니다. ④ 고정점이 이동되면서 형태가 수정됩니다.

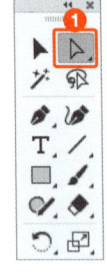 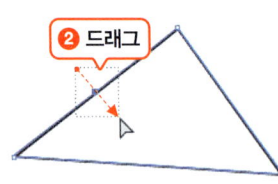 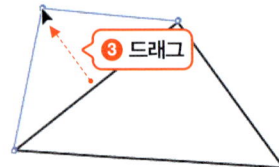 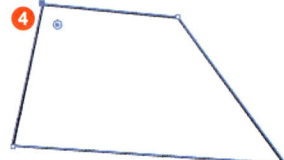

03 고정점을 삭제해보겠습니다. ❶ 선택 도구 로 패스 선을 클릭합니다. ❷ 펜 도구 를 클릭하고 ❸ 고정점 위에 마우스 포인터를 가져가면 마우스 포인터의 모양이 으로 바뀝니다. 그 지점을 클릭합니다. ❹ 고정점이 삭제되어 형태가 수정됩니다.

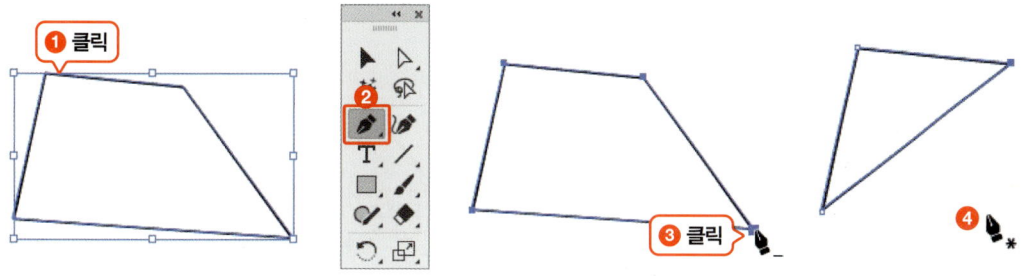

> 간단 실습   **직선을 곡선으로 만들기**

일러스트레이터에서 직선을 곡선으로 만드는 방법은 네 가지가 있습니다. 하나씩 따라 하며 각 기능을 익혀 보겠습니다.

[Convert] 패널 이용하기

01 ❶ 도구바에서 직접 선택 도구 를 클릭하고 ❷ 각진 모서리 부분을 드래그하여 선택합니다. ❸ 오른쪽에 있는 [Properties]-[Convert] 패널에서 선택한 고정점을 매끄럽게 변환 을 클릭합니다. 모서리가 둥글게 바뀝니다. ❹ 방향선을 조절하여 원하는 곡선을 만듭니다.

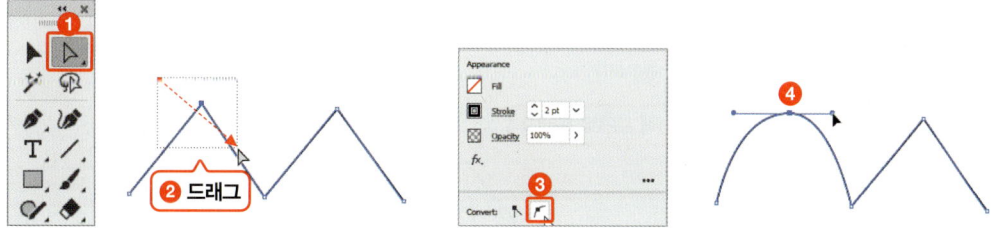

02 곡선을 다시 직선으로 바꿔보겠습니다. ❶ 직접 선택 도구 가 선택된 상태에서 둥근 모서리 부분을 드래그하여 선택합니다. ❷ [Properties]-[Convert] 패널에서 선택한 고정점을 모퉁이로 변환 을 클릭합니다. ❸ 곡선이었던 모서리가 각지게 바뀝니다.

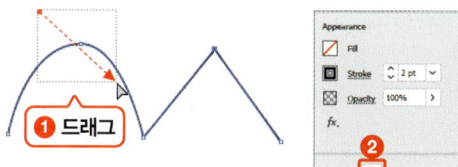
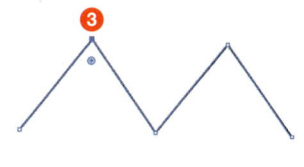

고정점 변환 도구 이용하기

❶ 선택 도구 ▶를 클릭하고 ❷ 지그재그 선을 클릭합니다. ❸ 그런 다음 펜 도구 ✒를 길게 클릭하여 고정점 도구 ⌐를 클릭합니다. ❹ 각진 꼭짓점을 드래그하여 직선을 둥글게 만듭니다.

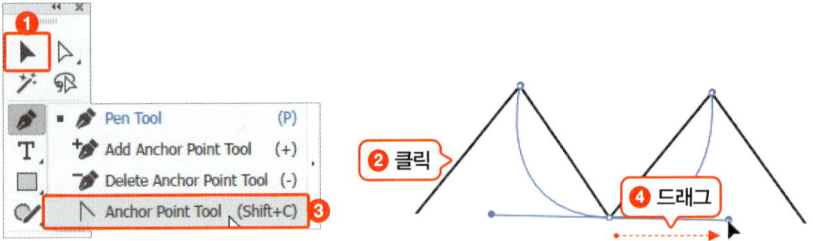

패스 선 재설정 이용하기

❶ 직접 선택 도구 ▷를 클릭하고 아트보드의 빈 곳을 클릭하여 선택을 해제합니다. ❷ 그런 다음 곡선에 마우스 포인터를 가져가면 마우스 포인터의 모양이 ▷로 바뀝니다. ❸ 이때 드래그해 원하는 곡선으로 만듭니다.

라이브 코너 위젯 이용하기

❶ 직접 선택 도구 ▷로 모서리 부분을 드래그합니다. ❷ 패스 고정점에 라이브 코너 위젯 ⊙이 나타납니다. 라이브 코너 위젯 ⊙ 위에 마우스 포인터를 가져가면 마우스 포인터의 모양이 ▷로 바뀝니다. 그 자리에서 살짝 아래로 드래그해 둥근 모서리를 만듭니다.

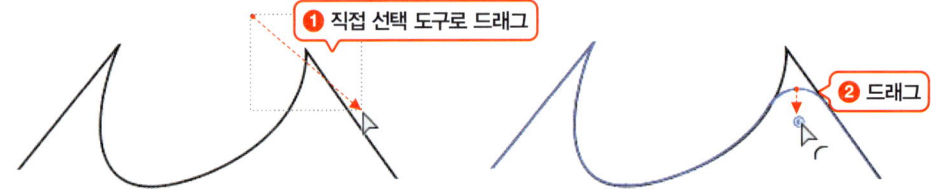

둥근 모서리 부분의 라이브 코너 위젯 ⊙을 위로 살짝 드래그하면 곡선이었던 모서리가 직각으로 수정됩니다.

간단 실습 패스의 굵기 수정하고 점선으로 만들기

패스를 그린 후 굵기나 색, 모양 등을 바꿀 수 있습니다. 여기에서는 패스의 굵기를 수정하고 모양도 바꿔보겠습니다.

01 ❶ 도구바에서 선택 도구 ▶를 클릭하고 ❷ 앞서 그린 패스를 모두 드래그하여 전체 선택합니다. ❸ 오른쪽 [Properties]-[Appearance] 패널에서 [Stroke]의 선 굵기(Weight)를 [5pt]로 선택합니다. 선택한 패스의 굵기가 5pt로 수정되며 두꺼워집니다.

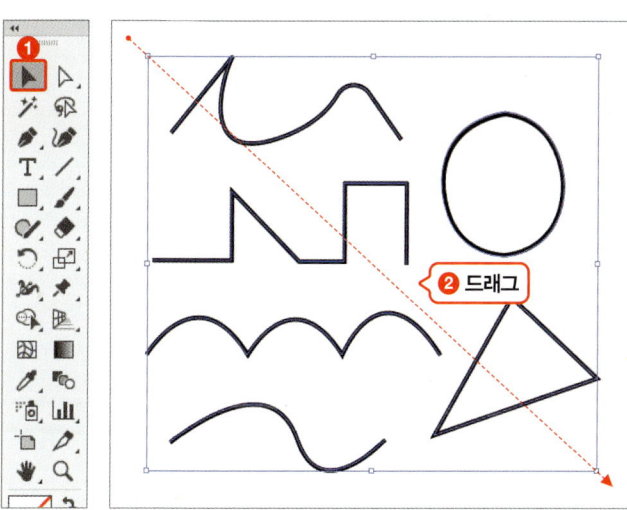
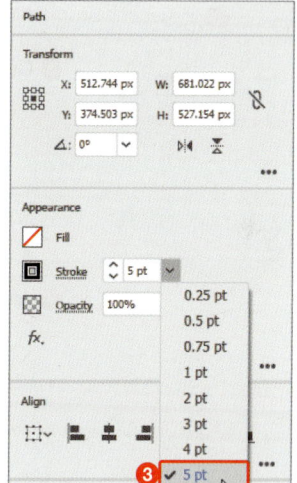

02 ❶ [Properties]-[Appearance] 패널에서 [Stroke]를 클릭해 [Stroke] 패널이 나타나면 ❷ [Dashed Line]에 체크합니다. 패스 선이 점선으로 바뀝니다. ❸ [dash]에 **20pt**를 입력하고 ❹ [gap]에 **10pt**를 입력합니다. 점선의 길이가 20pt이고 간격이 10pt인 점선이 반복됩니다.

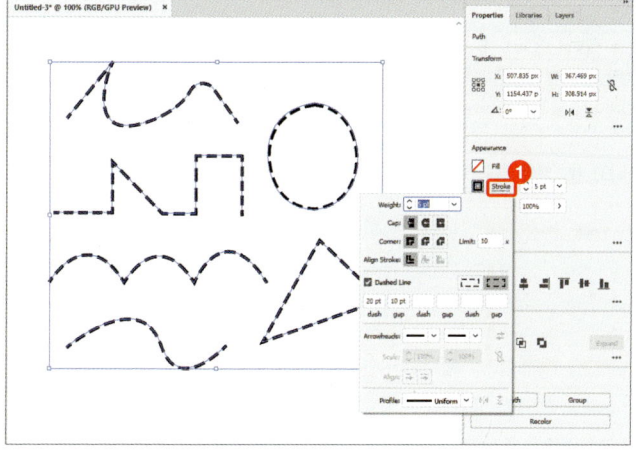
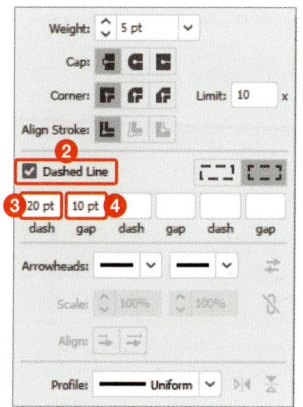

기능 꼼꼼 익히기 — [Stroke] 패널 알아보기

[Stroke] 패널은 선(획)에 관한 옵션을 설정할 수 있는 패널입니다. [Properties]-[Appearance] 패널의 [Stroke]를 클릭하면 [Stroke] 패널이 나타납니다. [Window]-[Stroke] 메뉴를 선택해도 나타납니다.

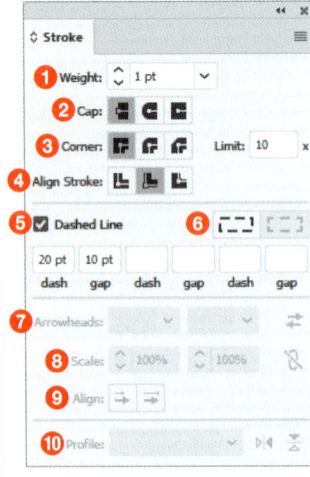

❶ **Weight** | 선의 굵기입니다. 화살표를 클릭하여 수치를 선택하거나 직접 입력하여 선의 굵기를 조절할 수 있습니다.

❷ **Cap** | 선의 끝 모양을 선택할 수 있습니다.

▲ 패스 안에서 각짐 　▲ 둥글리기 　▲ 패스 밖에서 각짐

❸ **Corner** | 모서리의 모양을 선택할 수 있습니다.

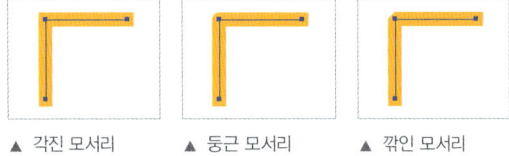

▲ 각진 모서리 　▲ 둥근 모서리 　▲ 깎인 모서리

❹ **Align Stroke** | 선을 패스의 중간, 안쪽, 바깥쪽으로 선택할 수 있습니다.

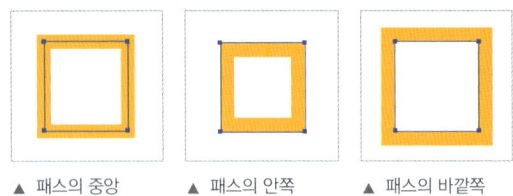

▲ 패스의 중앙 　▲ 패스의 안쪽 　▲ 패스의 바깥쪽

❺ **Dashed Line** | 점선을 만드는 기능입니다. [dash]는 점선의 길이, [gap]은 점선 사이의 간격을 말합니다.

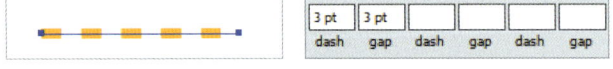

▲ [dash]에 3pt, [gap]에 3pt를 입력하면 점선 길이 3pt, 간격 3pt의 점선이 만들어집니다.

▲ [dash]에 3pt, [gap]에 6pt, [dash]에 9pt를 입력하면 점선의 길이와 간격이 3pt, 6pt, 9pt를 반복하는 점선이 만들어집니다.

❻ 　를 클릭하면 지정한 대로 점선 간격이 나타나고, 　를 클릭하면 점선이 모서리를 기준으로 나타납니다.

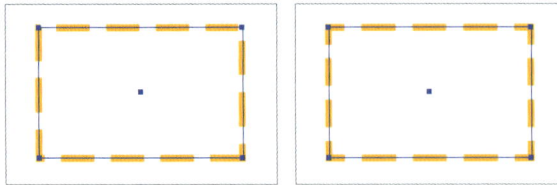

❼ **Arrowheads** | 선의 시작과 끝부분에 다양한 장식을 넣을 수 있습니다. ⇄를 클릭하면 양쪽 장식이 맞바뀝니다.

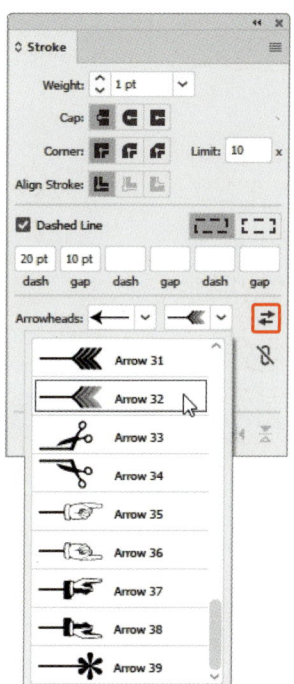

❽ **Scale** | 표시된 장식의 크기를 조절할 수 있습니다. 🔗를 클릭하면 시작과 끝부분 모양의 크기 비율이 고정됩니다.

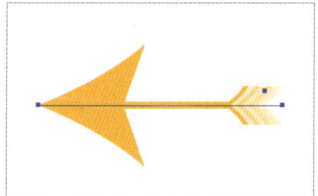
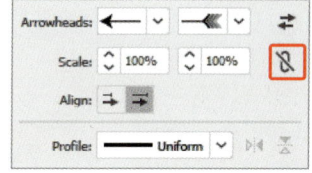

❾ **Align** | 장식을 패스 바깥쪽에 표시할지 안쪽에 표시할지 선택할 수 있습니다.

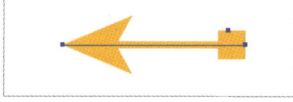

▲ 바깥쪽에 표시 ➡   ▲ 안쪽에 표시 ➡

❿ **Profile** | 선의 폭 모양을 선택할 수 있습니다. ◁▷를 클릭하면 좌우를 바꿀 수 있고 ▽를 클릭하면 상하를 바꿀 수 있습니다.

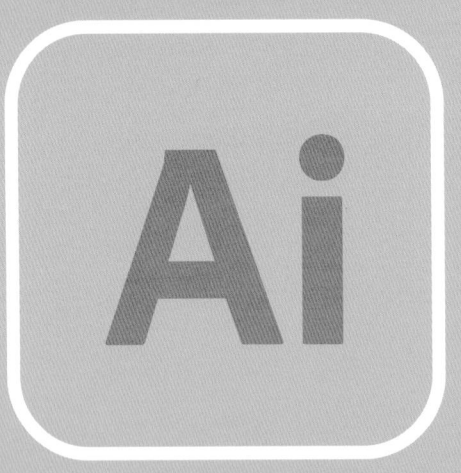

CHAPTER 03

이것만 알아도
디자인이 된다

종이에 그림을 그리기 위해서는 먼저 연필이나 붓과 같은 도구를
잘 준비해야 하고 사용법도 잘 알아야 합니다.
마찬가지로 일러스트레이터에서 어떠한 형태를 그려내려면
기본 드로잉 도구에 대한 이해가 있어야 합니다.
드로잉 도구로 귀여운 캐릭터와 아이콘을 그리고 수정해보며
일러스트레이터로 어떻게 형태가 만들어지는지 알아보겠습니다.
만든 패스를 편집하는 방법도 알아봅니다.
일러스트레이터의 가장 큰 장점은 그려놓은 것을
매우 쉽게 수정하여 재사용할 수 있다는 것입니다.
패스에 색을 적용하고, 자르고, 붙이면서
다양한 오브젝트를 만들어보겠습니다.

패스 선택하기

선택 도구의 기본 조작 방법 알아보기

일러스트레이터에서 작업을 하려면 제일 먼저 오브젝트를 선택해야 합니다. 선택 도구는 일러스트레이터에서 가장 많이 쓰이는 기본 도구입니다. 그럼 지금부터 오브젝트를 선택하는 도구에 대해 상세히 알아보겠습니다.

오브젝트를 선택하는 도구 알아보기

도구바의 맨 위쪽에는 오브젝트를 선택하는 도구 네 가지가 있습니다. 이 도구들은 일러스트레이터에서 가장 많이 쓰이는 도구이므로 제일 상단에 배치되어 있습니다. 지금부터 이 네 가지 도구의 기능과 차이점을 살펴보겠습니다.

> 도구바의 모양이 다르게 보인다면 도구바가 기본(Basic)으로 설정되어 있는 것입니다. 일러스트레이터를 처음 설치하고 나서 도구바의 설정을 바꾸지 않았다면 도구바가 기본(Basic)으로 설정되어 있습니다. 293쪽을 참고하여 고급(Advanced)으로 바꾼 후에 실습을 진행하기 바랍니다. 이 책은 고급(Advanced) 도구바를 기준으로 설명합니다.

① **선택 도구** ▶ | 오브젝트를 선택하거나 이동, 크기 수정, 회전, 복제할 수 있습니다.

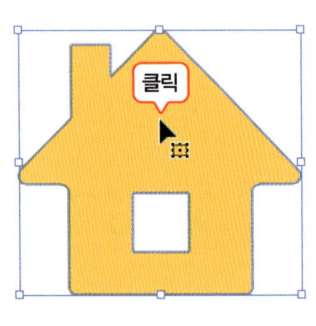

▲ 선택하기   ▲ 여러 오브젝트를 함께 선택하기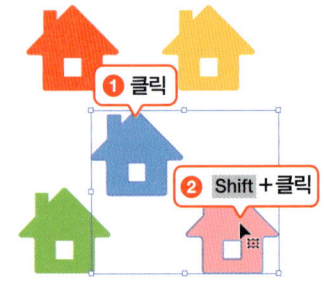

▲ 원하는 오브젝트만 선택하기

> 오브젝트가 선택되면 오브젝트의 외곽선이 보입니다. 선택을 해제하려면 아트보드의 빈 곳을 클릭합니다. 외곽선이 보이지 않는다면 상단의 [View]-[Show Edges] 메뉴를 선택합니다.

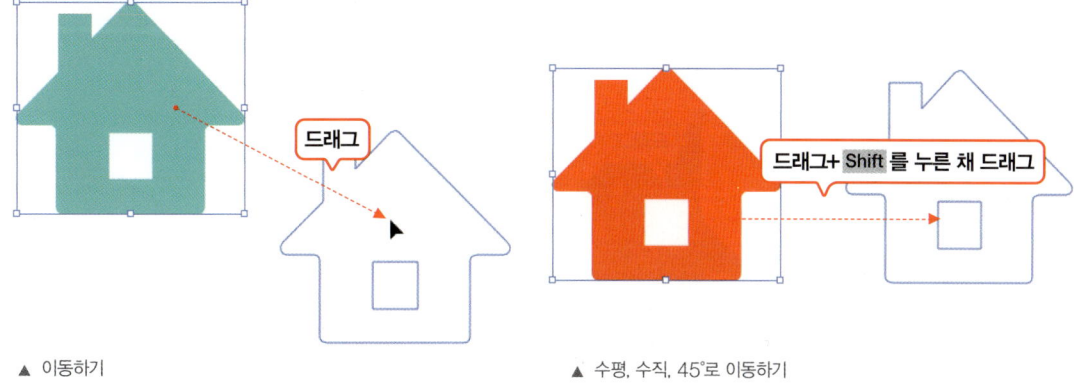

▲ 이동하기   ▲ 수평, 수직, 45°로 이동하기

Shift 를 먼저 누르면 오브젝트의 선택이 해제됩니다. 반드시 드래그를 먼저 시작하고 조금 이동됐을 때 Shift 를 눌러 마저 이동해야 합니다.

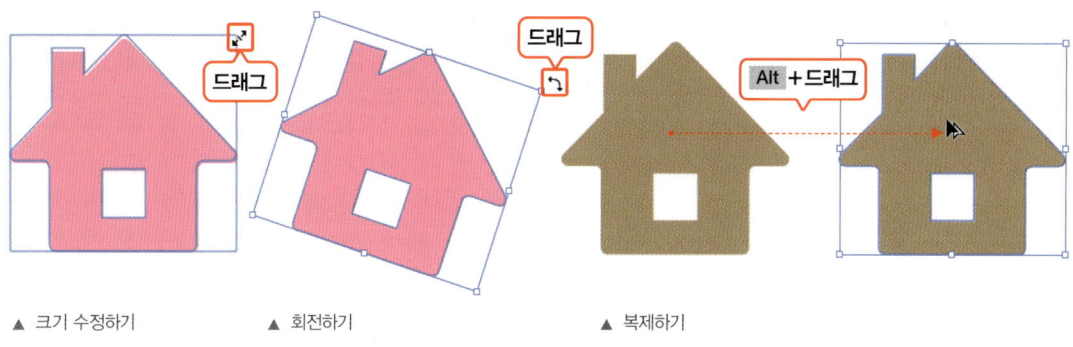

▲ 크기 수정하기   ▲ 회전하기   ▲ 복제하기

기능 꼼꼼 익히기 | Shift 를 누를 때는 주의하세요!

오브젝트를 이동할 때 Shift 를 누르면 수평, 수직, 45°로 이동할 수 있습니다. 이때 Shift 를 먼저 누른 채로 드래그하려고 하면 오브젝트의 선택이 해제됩니다. 반드시 드래그를 먼저 시작한 후 오브젝트가 조금 이동됐을 때 Shift 를 눌러야 합니다. 패스를 여러 개 선택할 때 먼저 Shift 를 누르고 선택하는 것을 생각해보면, 수평, 수직, 45°로 이동할 때는 Shift 를 나중에 눌러야 한다는 것을 좀 더 쉽게 이해할 수 있습니다.

기능 꼼꼼 익히기 | 상황별 작업 표시줄 없애기

선택 도구로 오브젝트를 클릭하면 [Contextual Task Bar]가 나타납니다. 해당 오브젝트에 사용할 만한 기능이 있는 막대입니다. 작업을 빠르게 도와줄 수도 있지만 사용자마다 자주 사용하는 기능은 다르기 때문에 불필요할 수도 있습니다. [Window]-[Contextual Task Bar(상황별 작업 표시줄)] 메뉴를 클릭하여 체크를 해제하면 바가 사라집니다.

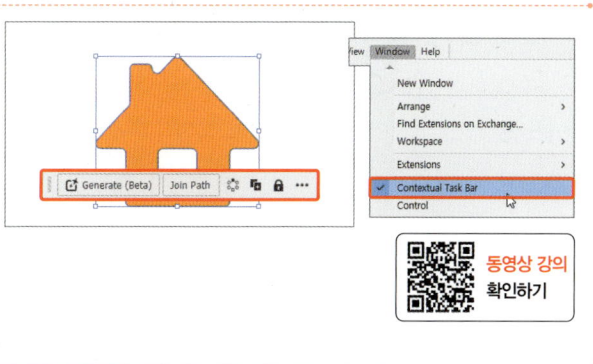

동영상 강의 확인하기

CHAPTER 03 이것만 알아도 디자인이 된다

② **직접 선택 도구** | 패스의 고정점을 선택하면 형태를 부분 수정할 수 있습니다. 곡선은 방향점이나 방향선을 드래그해 형태를 수정할 수 있습니다.

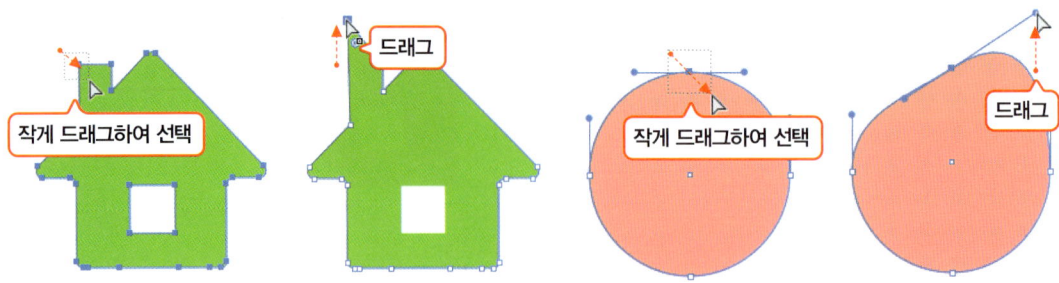

선택 도구로 오브젝트를 클릭하면 오브젝트 안에 연결된 패스 전체가 선택되는 반면, 직접 선택 도구로 오브젝트를 클릭하면 클릭한 지점의 고정점이나 방향선, 방향점, 세그먼트와 같이 세부적인 부분만 선택됩니다.

③ **자동 선택 도구** | 아트보드에 있는 패스 하나를 클릭하면 속성이 같은 패스들이 함께 선택됩니다.

④ **올가미 도구** | 선택하고 싶은 부분을 자유롭게 드래그하면 드래그한 영역 안의 패스들이 함께 선택됩니다.

한눈에 실습 선택 도구로 이동, 복제하기

예제 소스를 다운로드하는 방법은 이 책의 009쪽을 참고하세요. **준비 파일** 일러스트레이터/Chapter 03/선택하기1.ai
핵심 기능 선택 도구

01 홈 화면의 [Open]을 클릭하거나
[File]-[Open] Ctrl + O 메뉴 선택

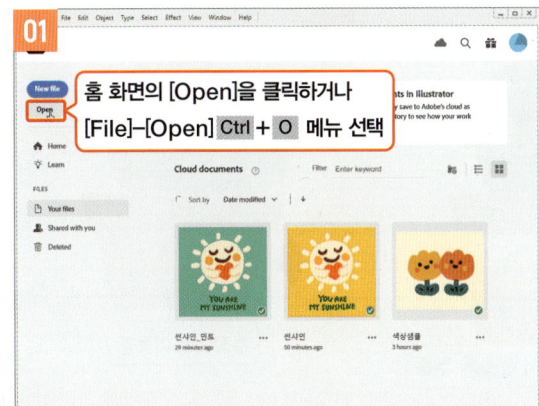

02

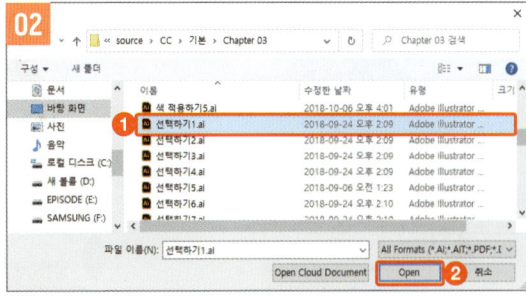

03 ① 파일 불러오기 완료
②
③ 클릭

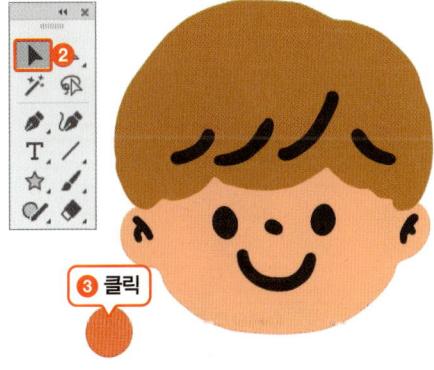

04 드래그

05 ① Alt +드래그
② 원이 복제됨

원을 드래그했는데 이동, 복제되지 않고 회전되거나 크기가 바뀐다면 Ctrl + + 를 여러 번 눌러 화면을 확대한 후 원의 가운데 지점을 정확히 선택하여 드래그합니다.

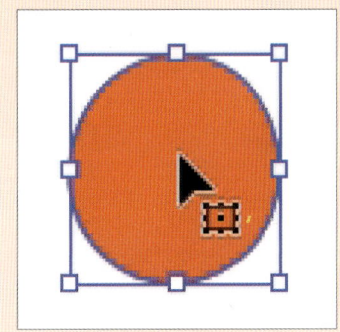

CHAPTER 03 이것만 알아도 디자인이 된다   359

한눈에 실습 선택 도구로 수평/수직 이동, 복제하기

준비 파일 일러스트레이터/Chapter 03/선택하기2.ai
핵심 기능 선택 도구

Shift 를 먼저 누른 채 드래그를 시작하는 것이 아니라, 드래그를 시작한 후 오브젝트가 조금 이동됐을 때 Shift 를 누릅니다.

Alt +드래그하여 오브젝트를 복제하고 오브젝트가 조금 이동했을 때 Shift 를 눌러 원하는 위치로 옮깁니다.

한눈에 실습   선택 도구로 여러 오브젝트를 함께 선택하기

준비 파일 일러스트레이터/Chapter 03/선택하기3.ai
핵심 기능 선택 도구

01

선택 도구 ▶로 드래그

02

한꺼번에 선택됨

03

① 아트보드의 빈 곳 클릭
② 선택이 해제됨

04

① 클릭   ② Shift + 클릭   ③ Shift + 클릭
④ 노란색 하트 세 개만 함께 선택됨

05

① Ctrl + A
② 전체 선택됨

06

① Shift + 클릭   ② Shift + 클릭   ③ Shift + 클릭
④ 꽃잎 세 개만 선택 해제됨

| 한눈에 실습 | **바운딩 박스로 크기 수정하기** |

준비 파일 일러스트레이터/Chapter 03/선택하기4.ai
핵심 기능 선택 도구, 바운딩 박스

01
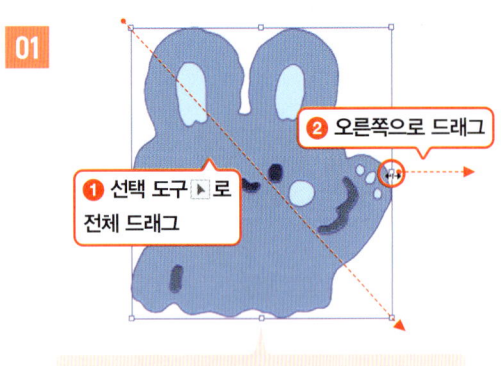
❶ 선택 도구 ▶로 전체 드래그
❷ 오른쪽으로 드래그

바운딩 박스가 보이지 않는다면 상단의 [View]-[Show Bounding Box] 메뉴를 선택합니다.

02

오른쪽으로 늘어남

03

위로 드래그

04

위쪽으로 늘어남

05

Shift + 드래그

06 가로와 세로의 비율이 유지된 채로 줄어듦

한눈에 실습 — 각도 수정하고 바운딩 박스 재정렬하기

준비 파일 일러스트레이터/Chapter 03/선택하기5.ai
핵심 기능 선택 도구, 바운딩 박스

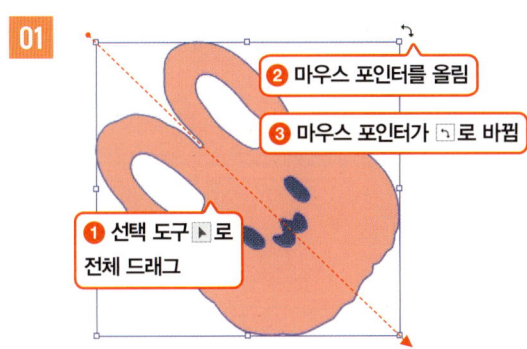

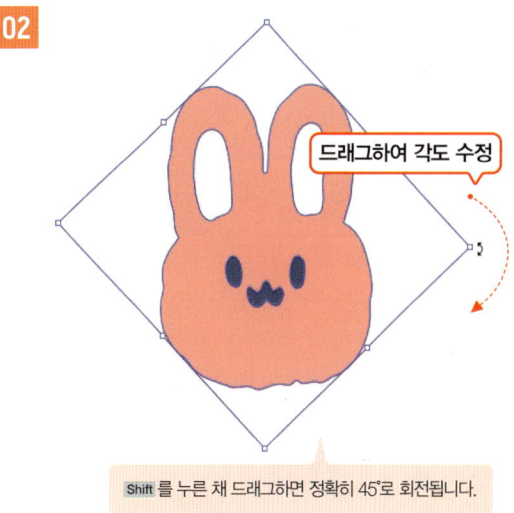

Shift 를 누른 채 드래그하면 정확히 45°로 회전됩니다.

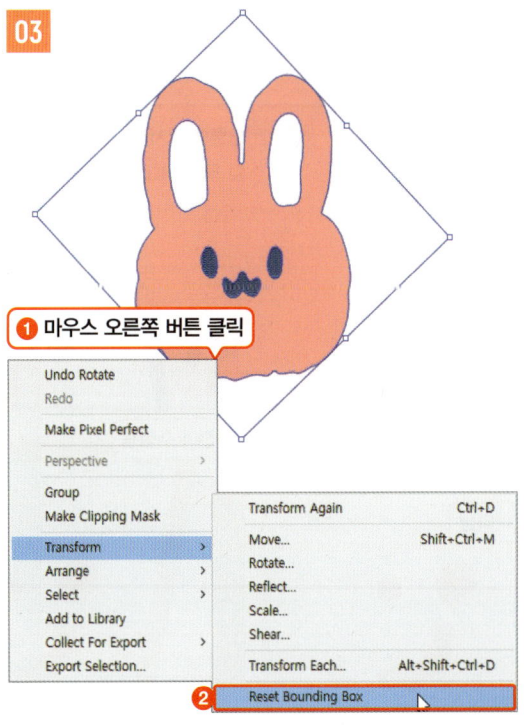

05 세로 길이가 줄어듦

CHAPTER 03 이것만 알아도 디자인이 된다

한눈에 실습 | 직접 선택 도구로 오브젝트의 일부만 선택, 수정하기

준비 파일 일러스트레이터/Chapter 03/선택하기6.ai
핵심 기능 직접 선택 도구

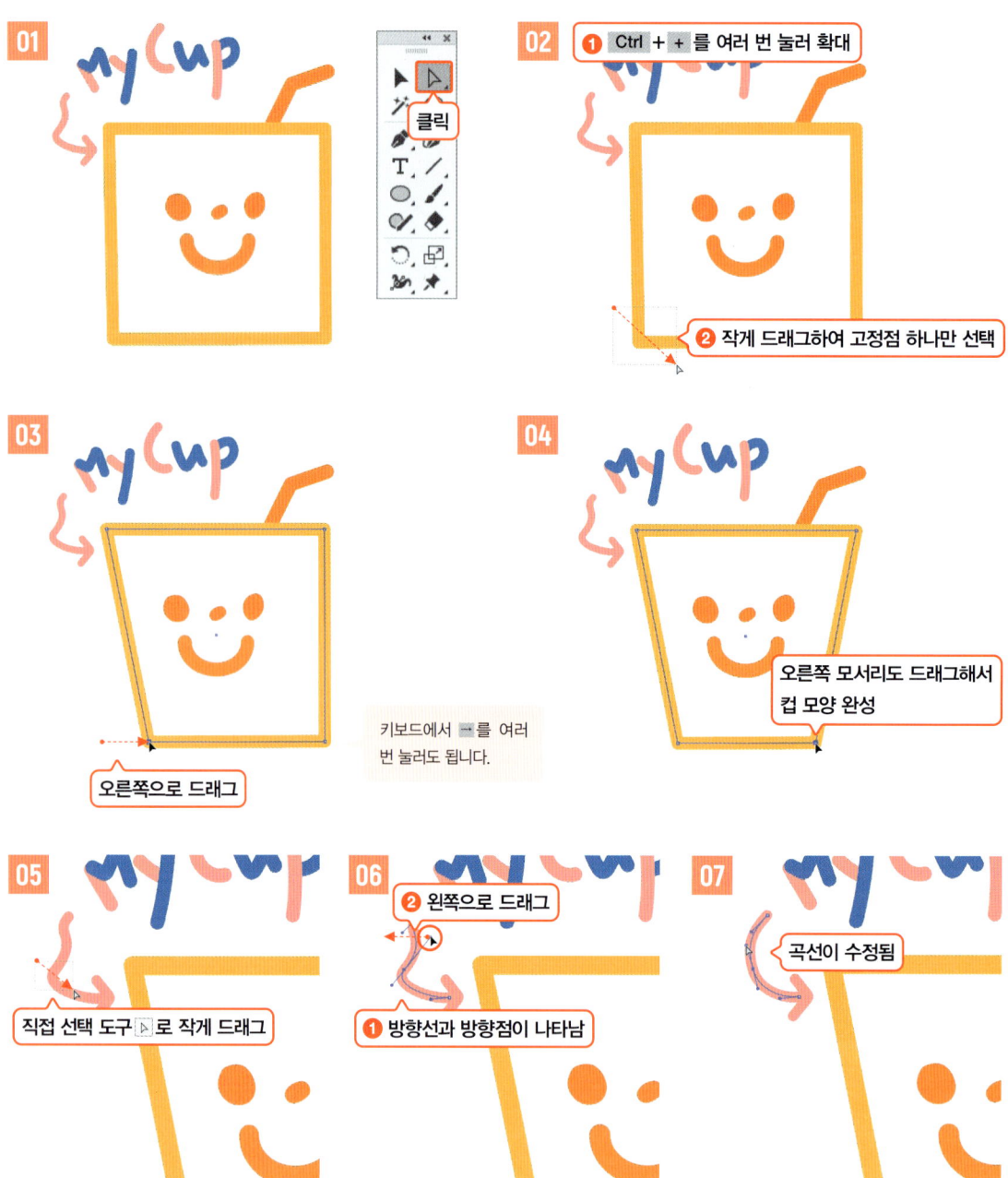

한눈에 실습 — 자동 선택 도구로 선택하기

준비 파일 일러스트레이터/Chapter 03/선택하기7.ai
핵심 기능 자동 선택 도구

자동 선택 도구가 보이지 않고, 도구바의 모양도 다르게 보인다면 도구바가 기본(Basic)으로 설정되어 있는 것입니다. 293쪽을 참고하여 도구바를 고급(Advanced)으로 바꾼 후에 실습을 진행하기 바랍니다.

한눈에 실습 — 올가미 도구로 선택하기

준비 파일 일러스트레이터/Chapter 03/선택하기8.ai
핵심 기능 올가미 도구

CHAPTER 03 이것만 알아도 디자인이 된다 365

Ai LESSON 02

선과 면으로 캐릭터 그리기
펜 도구로 패스를 자유자재로 다루기

형태를 만들려면 기본적으로 선과 면을 그릴 수 있어야 합니다. 337쪽에서 배운 선 그리기 기초는 매우 중요한 부분이니 꼭 알아두도록 합니다. 이번 실습에서는 앞서 배운 기초를 토대로 캐릭터를 그려보며 선 그리기를 확실하게 익혀보겠습니다.

펜 도구와 관련 도구 알아보기

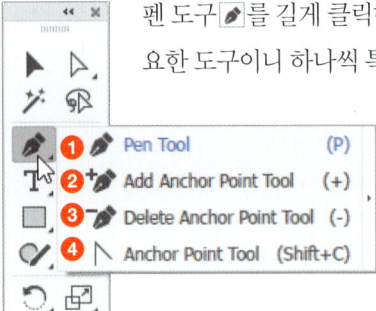

펜 도구 를 길게 클릭하면 숨은 도구들이 나타납니다. 패스를 그리는 기본 도구이고 매우 중요한 도구이니 하나씩 특징을 살펴보겠습니다.

> 도구바의 모양이 다르게 보인다면 도구바가 기본(Basic)으로 설정되어 있는 것입니다. 293쪽을 참고하여 고급(Advanced)으로 바꾼 후에 실습을 진행하기 바랍니다.

① **펜 도구** | 패스를 만드는 기본 도구입니다. 클릭하면 고정점이 생기고 그 사이를 이어 선이 생성됩니다.

② **고정점 추가 도구** | 고정점을 추가하는 도구입니다. 선을 선택하고 패스가 보이는 상태에서 선 위를 클릭하면 고정점이 추가됩니다. 고정점을 추가한 후 직접 선택 도구로 고정점을 드래그하면 고정점이 이동되면서 형태가 바뀝니다.

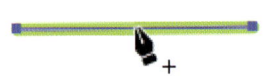  

③ **고정점 삭제 도구** | 고정점을 삭제하는 도구입니다. 선을 선택하고 패스가 보이는 상태에서 고정점을 클릭하면 고정점이 삭제됩니다.

> 펜 도구로 선 위를 클릭하면 고정점이 추가되고, 고정점을 클릭하면 고정점이 삭제됩니다. 348쪽에서 고정점을 추가/삭제한 것처럼 펜 도구로도 고정점을 추가/삭제할 수 있어서 고정점 추가 도구와 고정점 삭제 도구는 사용 빈도가 적습니다.

④ **고정점 변환 도구** | 직선의 고정점을 드래그하면 곡선으로 바뀝니다.

간단 실습 | 새 파일 만들고 스케치 파일 불러오기

예제 소스를 다운로드하는 방법은 이 책의 009쪽을 참고하세요. **준비 파일** 일러스트레이터/Chapter 03/스케치.jpg

펜 도구로 드로잉을 하려면 먼저 새 파일을 만들고 스케치를 불러와야 합니다.

01 새 파일을 만들어보겠습니다. ❶ 홈 화면에서 [New file]을 클릭하거나 [File]-[New]  메뉴를 선택합니다. [New Document] 대화상자가 나타나면 ❷ 단위를 [Pixels]로 설정한 후 ❸ 가로(Width)에 **500**, 세로(Height)에 **500**을 입력합니다. ❹ [Color Mode]에서 [RGB Color]를 선택하고 ❺ [Create]를 클릭합니다. ❻ RGB 모드의 아트보드가 만들어졌습니다.

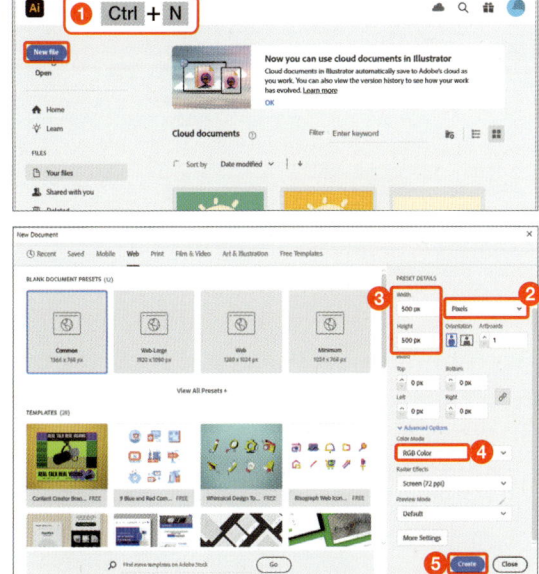
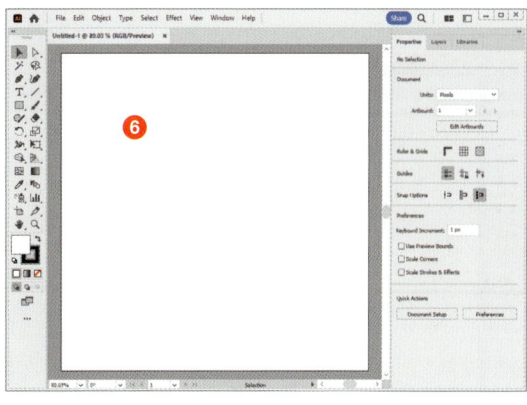

02
❶ [File]-[Place] 메뉴를 선택합니다. ❷ **스케치.jpg** 파일을 선택하고 ❸ [Link]의 체크를 해제한 후 ❹ [Place]를 클릭합니다. ❺ 아트보드 위를 클릭합니다. ❻ 불러온 스케치를 아트보드 중앙으로 옮깁니다.

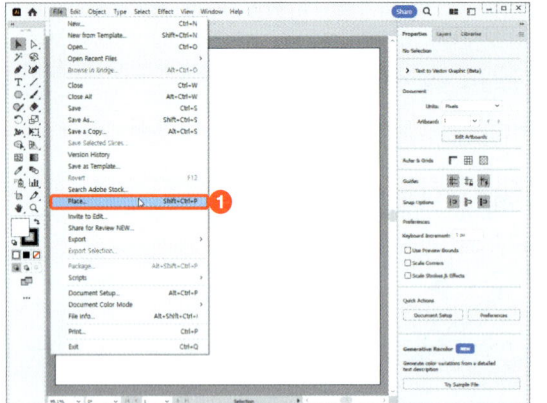
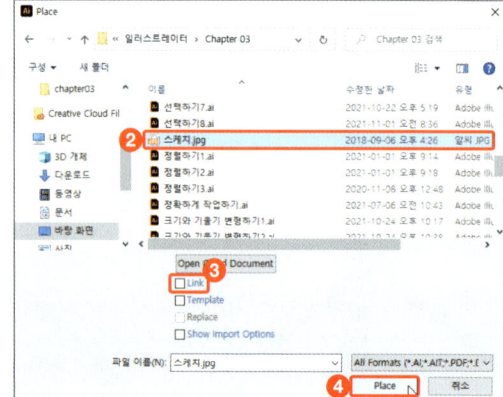

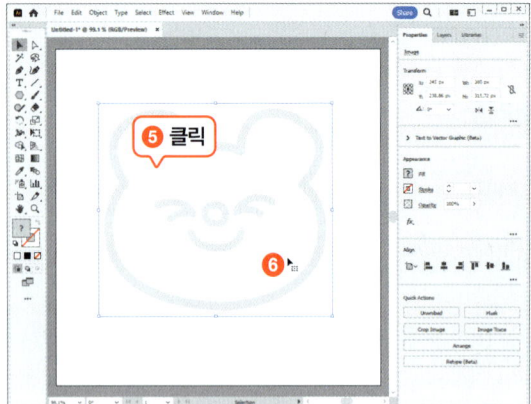

03
화면 오른쪽에 있는 [Layers] 탭을 클릭합니다. [Layers] 패널이 앞으로 나옵니다.

04 ❶ [Layers] 패널에서 레이어의 이름 부분인 [Layer 1]을 더블클릭합니다. ❷ **스케치**를 입력하고 ❸ Enter 를 누르면 ❹ 레이어의 이름이 변경됩니다.

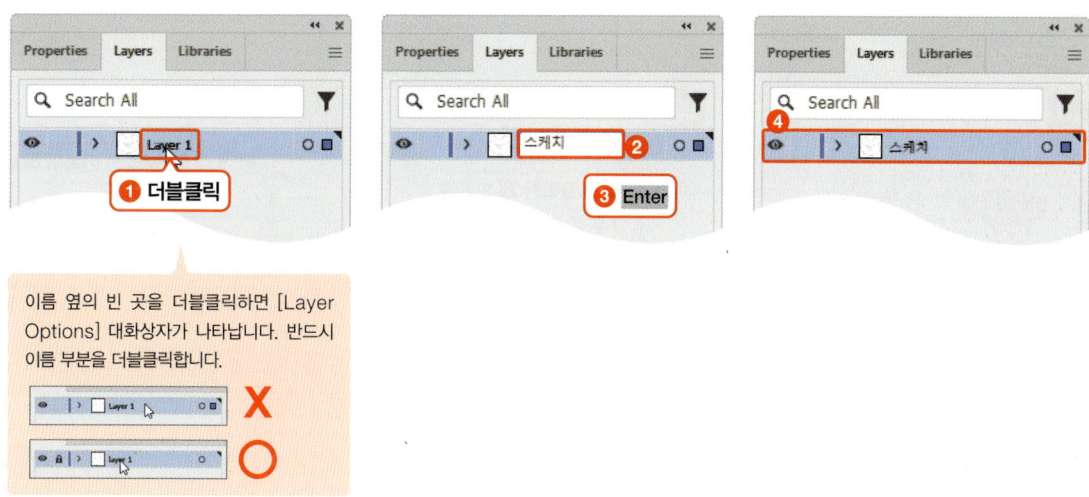

05 ❶ [스케치] 레이어의 잠금 칸을 클릭합니다. ❷ 잠금🔒 표시가 나타나면서 레이어가 움직이지 않도록 고정됩니다.

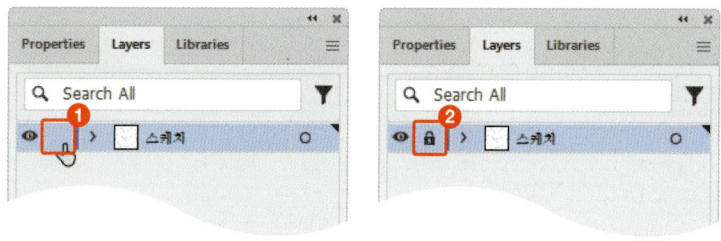

06 ❶ 새 레이어⊞를 클릭하여 새 레이어를 만들고 ❷ 이름은 **라인**으로 변경합니다.

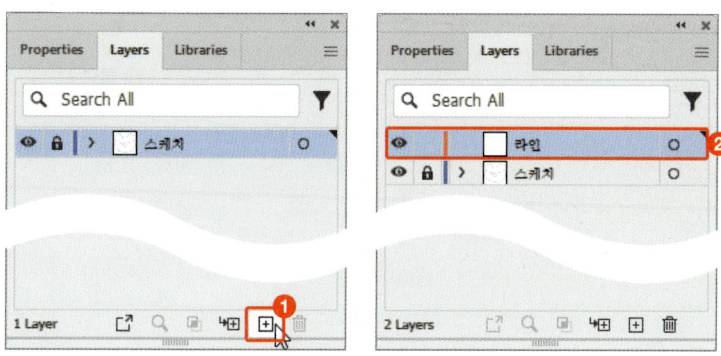

한눈에 실습 | 펜 도구로 선 그리기 ①

준비 파일 일러스트레이터/Chapter 03/패스 그리기1.ai
핵심 기능 펜 도구

01

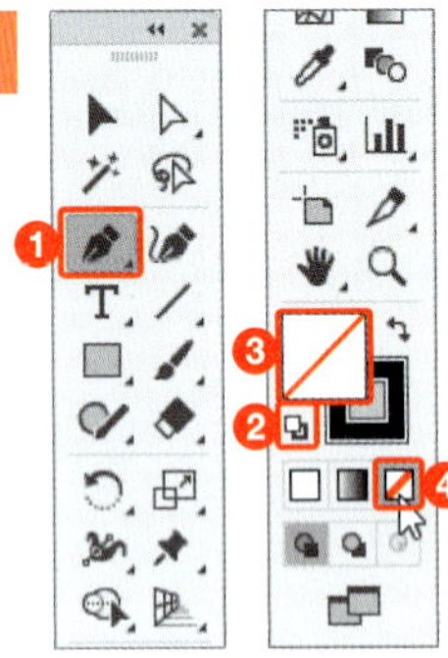

02 ❷ 클릭한 채 오른쪽 위로 드래그
❶ 클릭

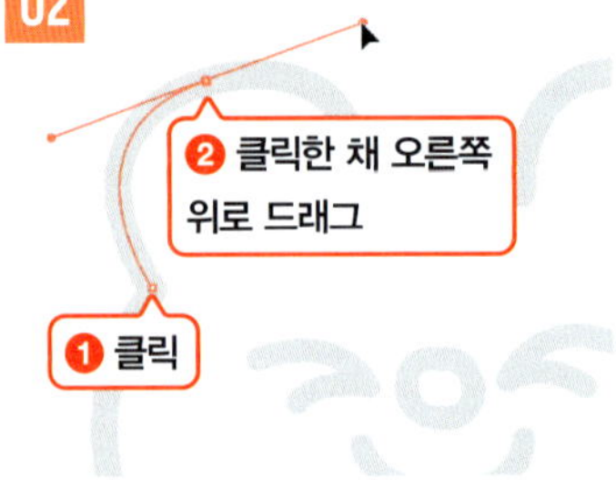

03 ❶ 클릭
❷ 방향선 한쪽이 삭제됨

04 클릭한 채 오른쪽 아래로 드래그

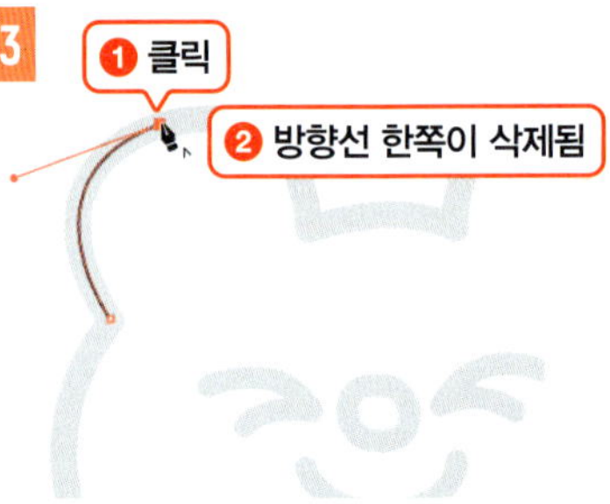

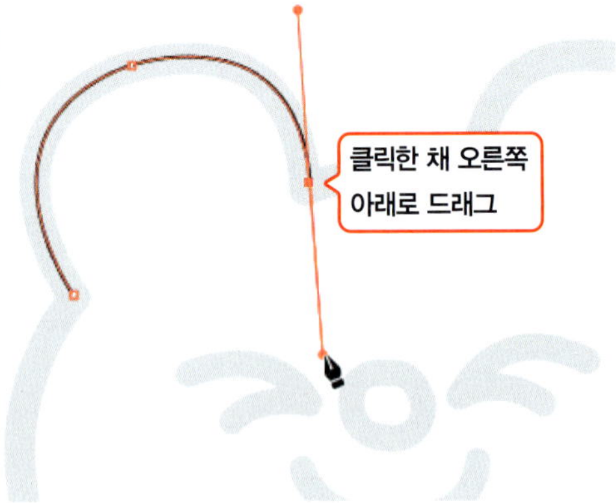

05 ❶ 클릭
❷ 방향선 한쪽이 삭제됨

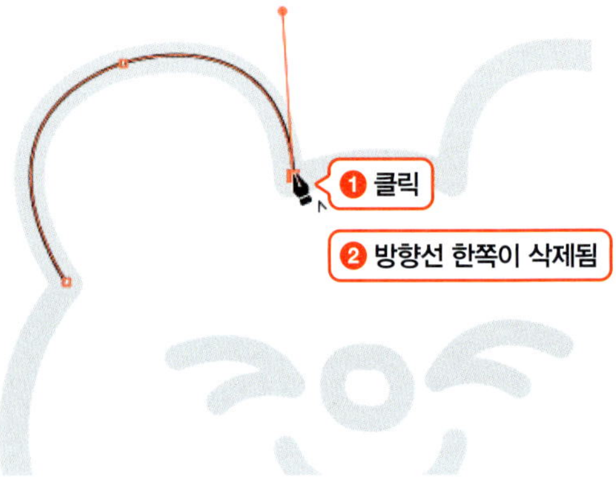

06 클릭한 채 오른쪽 아래로 살짝만 드래그

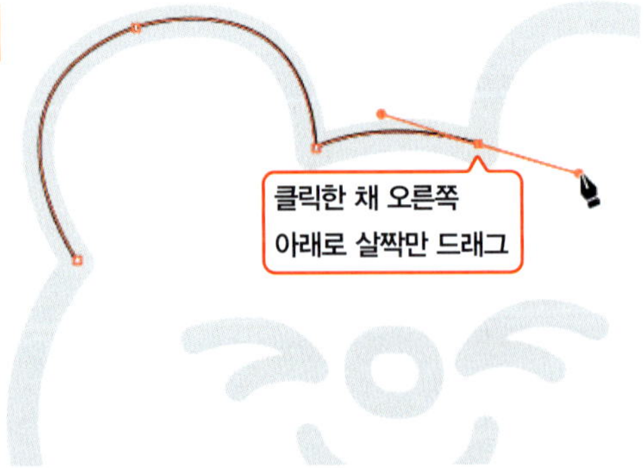

07 ❶ 클릭
❷ 방향선 한쪽이 삭제됨

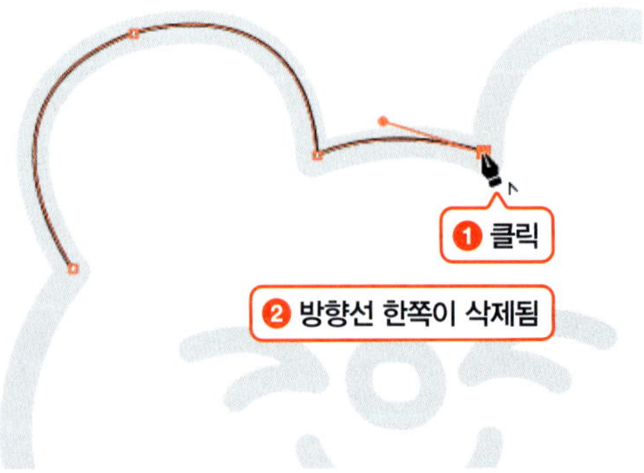

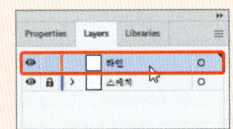

선이 그려지지 않는다면 [Layers] 패널에서 [라인] 레이어가 파랗게 선택되었는지 확인합니다. [스케치] 레이어가 선택되어 있으면 선이 그려지지 않습니다.

08 같은 방법으로 곰돌이 얼굴의 외곽선을 그림

09

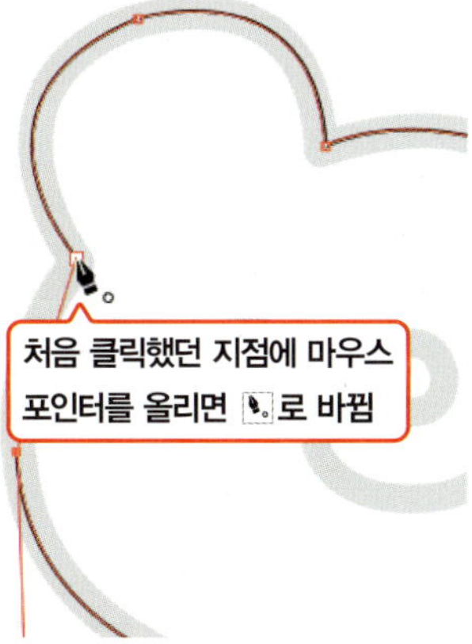

처음 클릭했던 지점에 마우스 포인터를 올리면 로 바뀜

10
❶ 클릭한 채 오른쪽 위로 살짝 드래그
❷ 패스가 닫힘

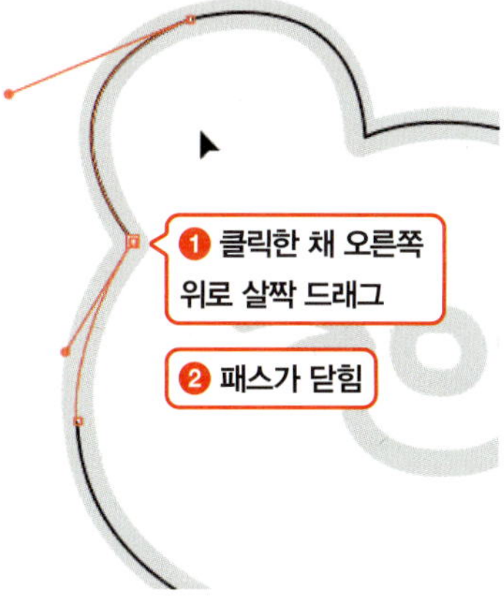

11
곰돌이 얼굴의 외곽선 완성

한눈에 실습 펜 도구로 선 그리기 ②

준비 파일 일러스트레이터/Chapter 03/패스 그리기1.ai
핵심 기능 펜 도구

펜 도구로 선 그리기 ①과 이어지는 실습입니다.

01
❶ 펜 도구 로 클릭
❷ 클릭한 채 아래로 살짝 드래그

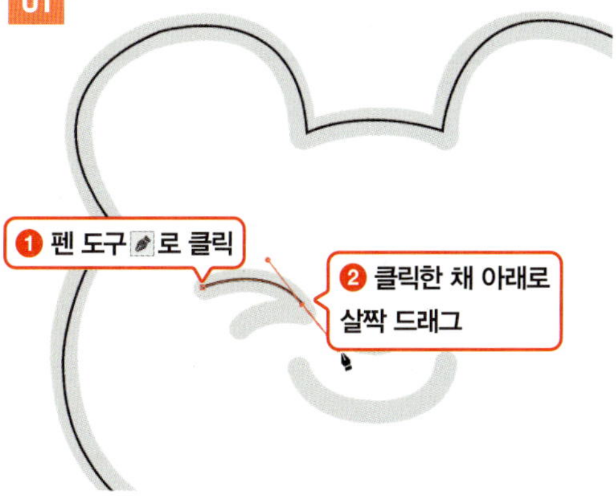

02
클릭

CHAPTER 03 이것만 알아도 디자인이 된다

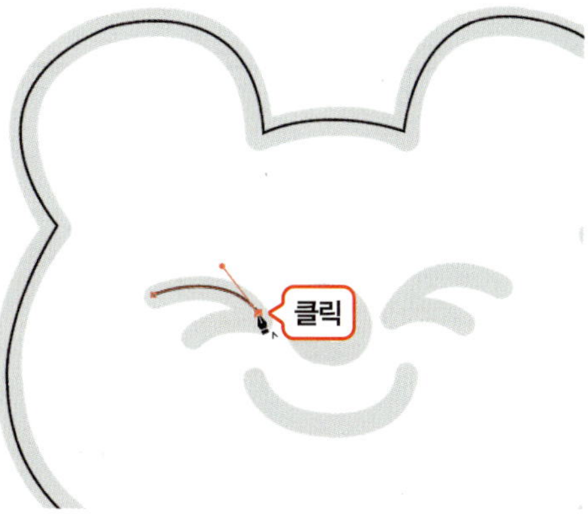

 선택을 해제하지 않고 선을 그리면 선이 이어집니다. 그러므로 꼭 선택 해제 과정을 거쳐야 합니다. Ctrl 을 누르고 있는 동안은 선택 도구 ▶가 됩니다. Ctrl 을 누른 채 빈 곳을 클릭하여 선택을 해제합니다.

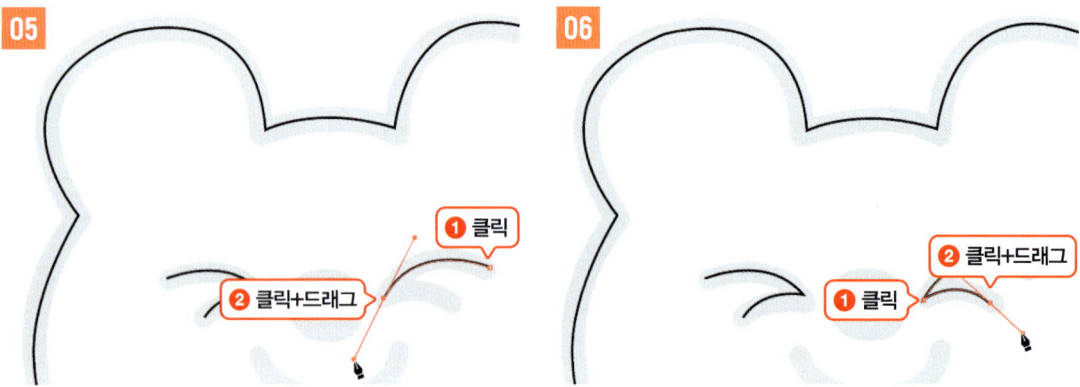

[View] 메뉴의 [Snap to Pixel]과 [Snap to Point]가 체크되어 있다면 클릭하여 체크를 해제합니다. 일러스트레이터는 우리 눈에 보이지는 않지만 격자로 되어 있어서 [Snap to Pixel]에 체크하면 격자에 맞춰서 선이 그려집니다. 도면이나 기하학 도형을 격자대로 맞춰서 그려야 하는 경우가 아니고, 지금처럼 자유롭게 드로잉해야 하는 경우라면 체크를 해제합니다. 체크를 해제하면 자유롭게 클릭하고 드래그할 수 있습니다. [View]-[Smart Guide]의 체크를 해제하면 펜 도구 ✏로 선을 그릴 때 마우스 포인터를 따라다니는 가이드가 나타나지 않습니다.

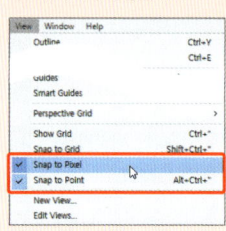

한눈에 실습 | 펜 도구로 선 그리기 ③

준비 파일 일러스트레이터/Chapter 03/패스 그리기1.ai
핵심 기능 펜 도구

펜 도구로 선 그리기 ①, ②와 이어지는 실습입니다.

01
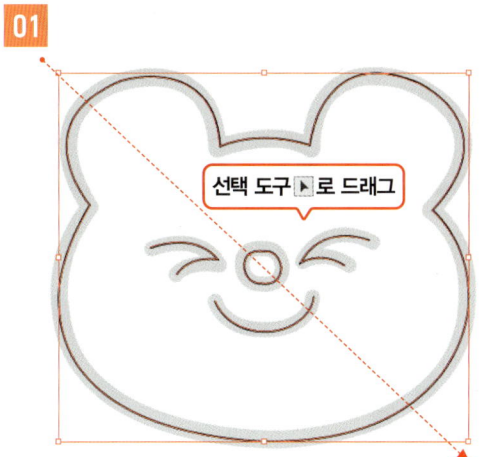
선택 도구 ▶로 드래그

02
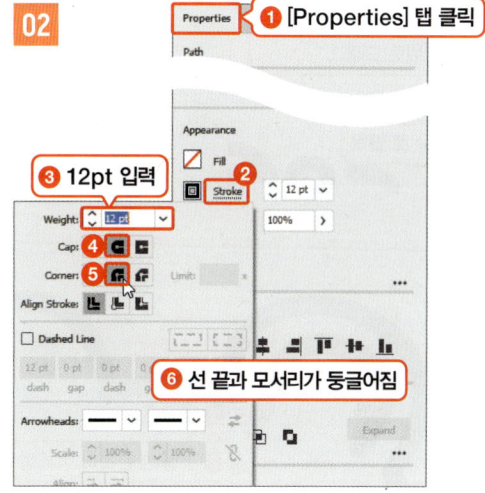
❶ [Properties] 탭 클릭
❸ 12pt 입력
❻ 선 끝과 모서리가 둥글어짐

03
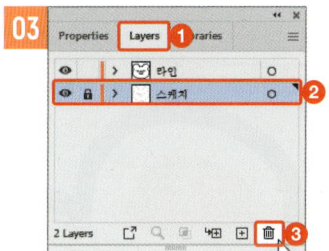

04

스케치가 삭제된 곰돌이 얼굴 완성

한눈에 실습 펜 도구로 면 그리기

준비 파일 일러스트레이터/Chapter 03/패스 그리기2.ai
핵심 기능 펜 도구

01

02

03

04

05

06

를 아래로 드래그하면 스펙트럼의 영역이 넓어집니다.

07

08

09

10

11

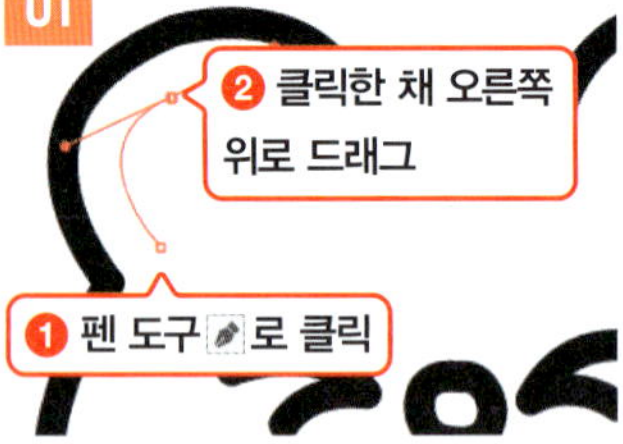

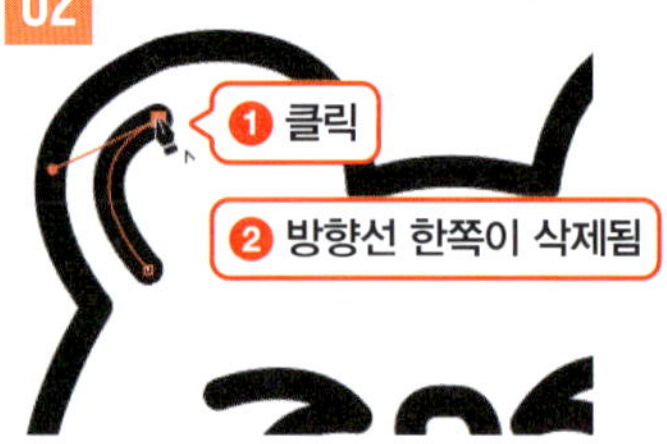

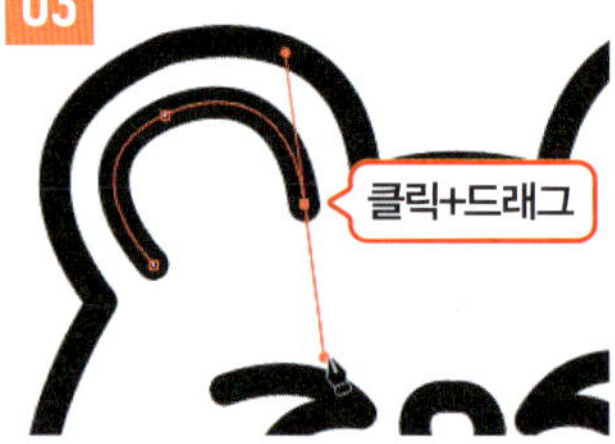

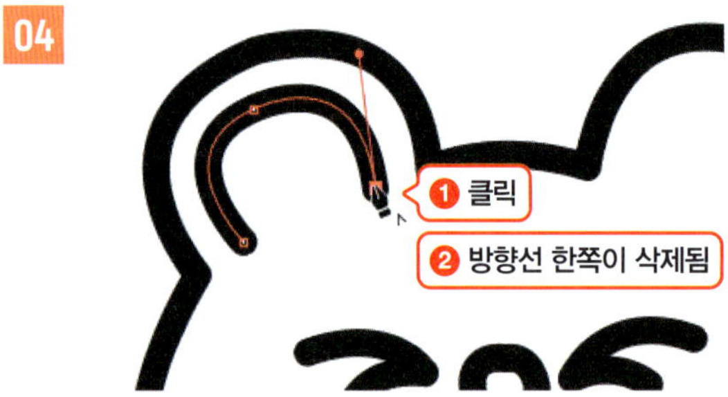

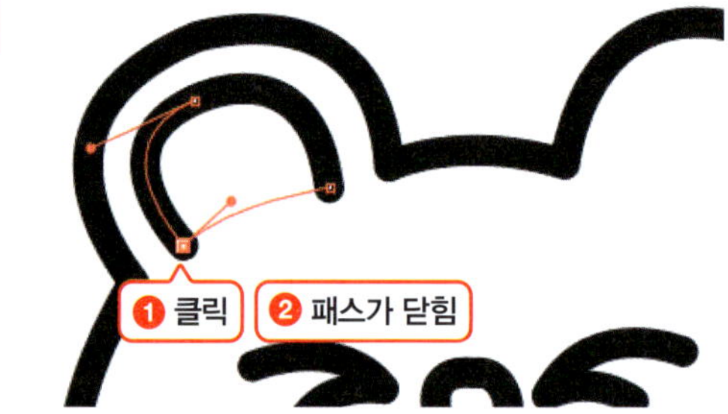

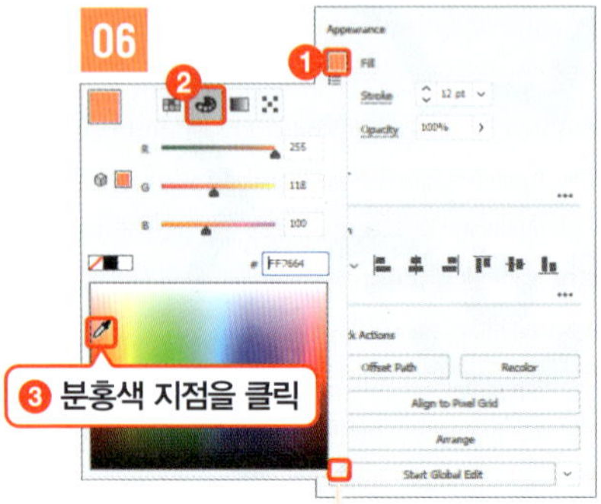

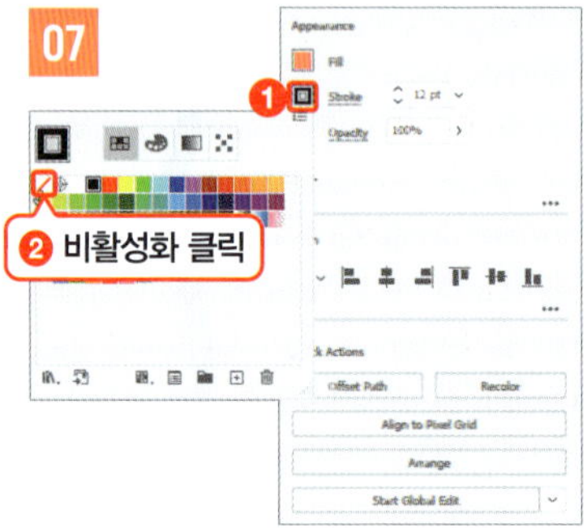

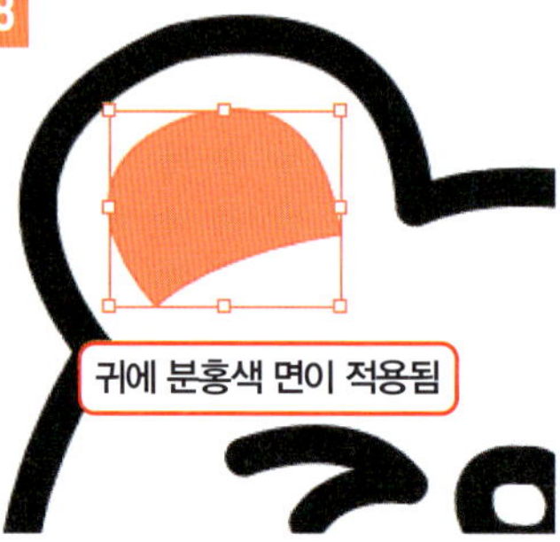

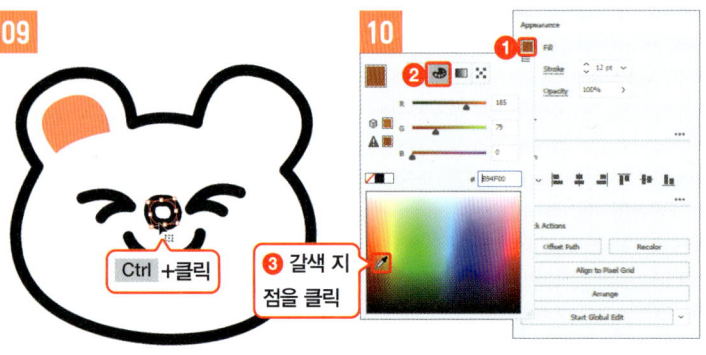

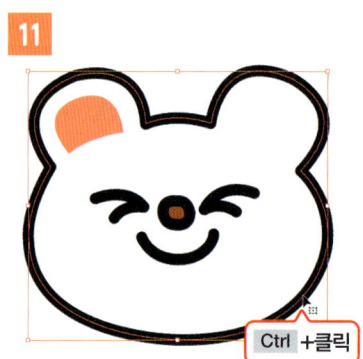

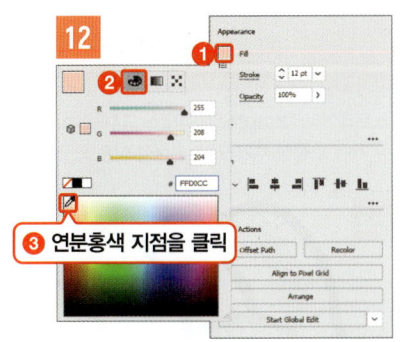

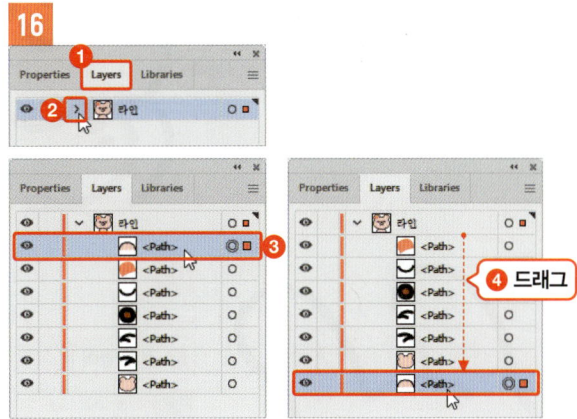

몸통 레이어가 얼굴 아래로 내려감

펜 도구로 왼쪽 귀와 같은 방법으로 오른쪽 귀를 그림

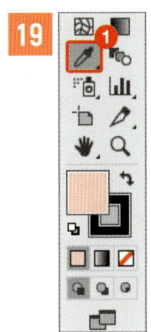

오른쪽 귀에 분홍색 면이 적용됨

한눈에 실습 | 고정점 추가, 삭제하기

준비 파일 일러스트레이터/Chapter 03/패스 그리기3.ai
핵심 기능 고정점 추가 도구, 고정점 삭제 도구

한눈에 실습 | 펜 도구로 선 다시 그리기

준비 파일 일러스트레이터/Chapter 03/패스 그리기4.ai
핵심 기능 펜 도구

선 도구와 관련 도구 알아보기

선 도구 ▱를 길게 클릭하고 있으면 다양한 선 도구들이 나타납니다. 이 도구들은 간단한 직선이나 곡선을 그릴 때 유용합니다.

① **선 도구** ▱ | 드래그하면 직선이 그려집니다. `Shift`를 누른 채 드래그하면 수직, 수평, 45°의 직선을 그릴 수 있습니다.

② **호 도구** ▱ | 드래그하면 반곡선이 그려집니다. `Shift`를 누른 채 드래그하면 정원의 1/4에 해당하는 반곡선이 그려집니다.

③ **나선형 도구** ◉ | 드래그하면 나선이 그려집니다.

④ **사각형 격자 도구** ▦ | 드래그하면 표가 그려집니다. `Shift`를 누른 채 드래그하면 가로와 세로의 비율이 같은 표를 그릴 수 있습니다.

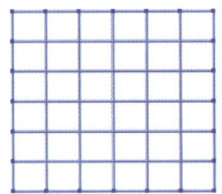

⑤ **극좌표 격자 도구** ◉ | 드래그하면 원형 표가 그려집니다. `Shift`를 누른 채 드래그하면 가로와 세로의 지름이 같은 원형 표를 그릴 수 있습니다.

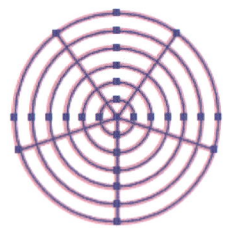

정확한 수치로 표 그리기

사각형 격자 도구 ▦ 또는 극좌표 격자 도구 ◉로 아트보드의 빈 곳을 클릭하면 [Tool Options] 대화상자가 나타납니다. 각 항목에 정확한 수치를 입력하여 표 또는 원형 표를 그릴 수 있습니다.

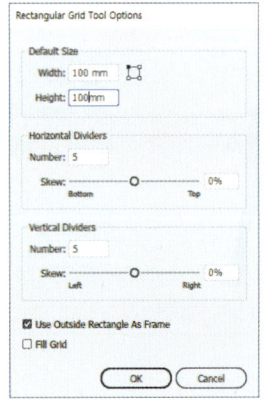 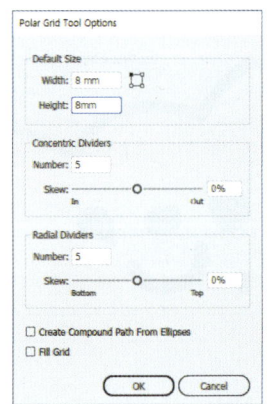

한눈에 실습 | 선 도구로 선 쉽게 그리기

준비 파일 일러스트레이터/Chapter 03/패스 그리기5.ai
핵심 기능 선 도구, 호 도구

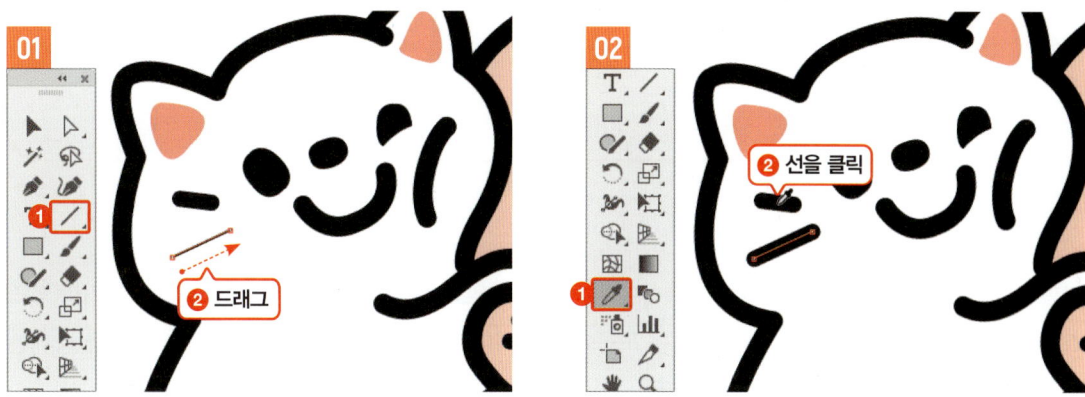

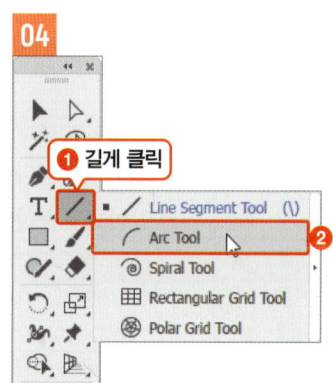

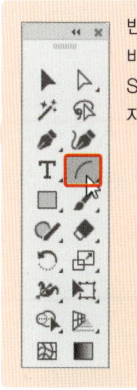

반곡선이 잘 그려지지 않는다면 도구 바의 호 도구를 더블클릭하여 [Arc Segment Tool Options] 대화상자의 [Slope]를 조정합니다.

CHAPTER 03 이것만 알아도 디자인이 된다 **379**

Ai LESSON 03

패스 지우기
지우개 도구, 가위 도구, 칼 도구로 패스 자르고 편집하기

연필로 글씨를 쓰거나 그림을 그리다가 틀리면 지우개로 지우고, 종이를 가위나 칼로 잘라내는 것처럼 일러스트레이터에도 패스를 지우거나 잘라내는 도구가 있습니다. 이번 실습에서는 패스를 지우거나 잘라내는 도구를 알아보고 패스를 수정해보겠습니다.

패스를 지우는 도구 알아보기

지우개 도구 ◆를 길게 클릭하고 있으면 패스를 지우거나 자르는 도구 세 가지가 나타납니다. 패스를 잘라낸다는 결과는 같아서 비슷해 보이지만 차이점이 있습니다. 그림 지금부터 하나씩 알아보겠습니다.

① Eraser Tool (Shift+E)
② Scissors Tool (C)
③ Knife

도구바의 모양이 다르게 보인다면 도구바가 기본(Basic)으로 설정되어 있는 것입니다. 293쪽을 참고하여 고급(Advanced)으로 바꾼 후에 실습을 진행하기 바랍니다.

① **지우개 도구** ◆ | 지우개 도구를 클릭하면 마우스 포인터가 ◎로 표시됩니다. 패스를 선택하고 지우개 도구를 클릭한 다음 지우개로 지우듯이 드래그하면 드래그한 부분이 지워집니다. 지우개 도구는 면과 선, 둘 다 지울 수 있습니다.

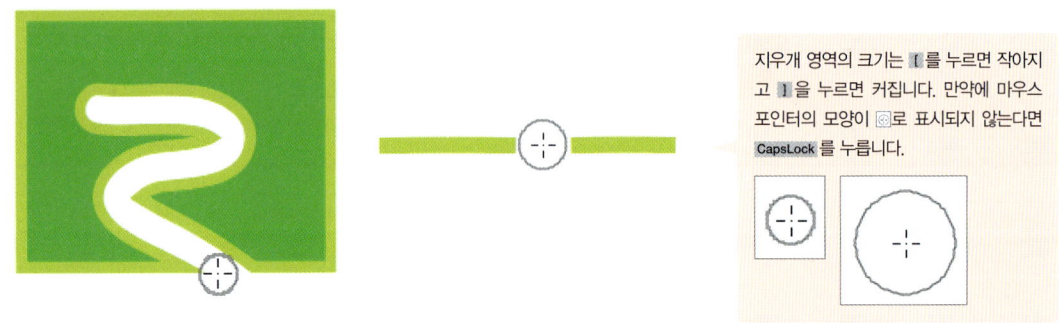

지우개 영역의 크기는 [를 누르면 작아지고]을 누르면 커집니다. 만약에 마우스 포인터의 모양이 ◎로 표시되지 않는다면 CapsLock 를 누릅니다.

기능 꼼꼼 익히기 | 지우개 도구와 가위 도구의 차이점 알아보기

단순한 패스를 지울 때는 지우개 도구가 유용하지만, 복잡한 패스라면 추천하지 않습니다. 다음과 같이 복잡한 패스 선의 모서리를 지우개 도구로 지우면 다른 모서리에 이상한 곡선이 추가되어 원하지 않는 형태로 변형됩니다. 지우개 도구는 단순한 패스일 때만 사용하고, 선을 수정하려면 가위 도구를 사용하는 편이 낫습니다.

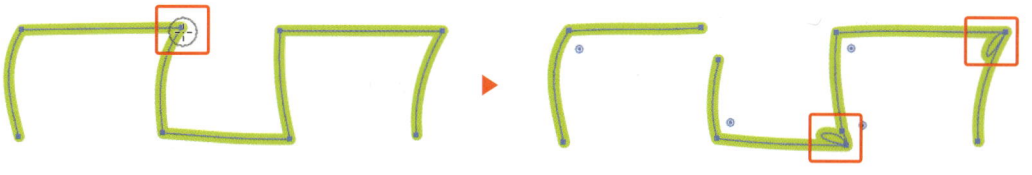

② **가위 도구** | 패스를 선택하고 가위로 실을 자르듯이 끊고 싶은 위치에서 클릭하면 패스 선이 끊어집니다. 선을 끊는 도구이며, 섬세하고 정확하게 선을 자를 때 사용합니다.

③ **칼 도구** | 패스를 선택하고 칼로 케이크를 자르듯이 드래그하면 드래그하는 대로 면이 잘립니다. 면을 자르는 도구이며, 선은 자를 수 없습니다.

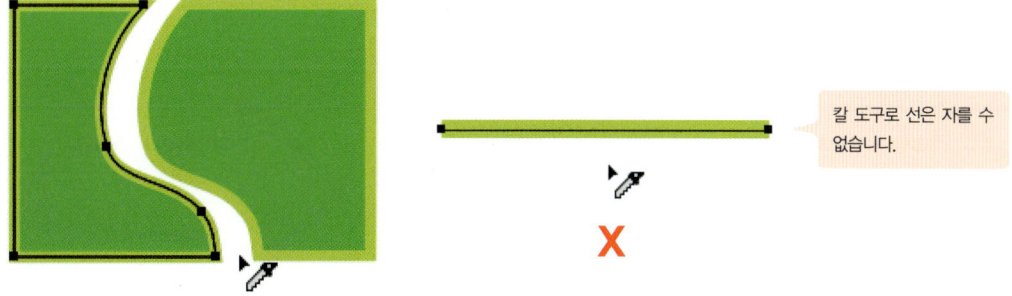

칼 도구로 선은 자를 수 없습니다.

패스를 지우고 잇는 [Anchors] 패널 알아보기

직접 선택 도구로 오브젝트의 일부를 드래그하여 고정점을 선택하면 화면 오른쪽에 [Properties]-[Anchors] 패널이 나타나고, 이 패널의 고정점 삭제를 클릭하면 고정점이 삭제됩니다.

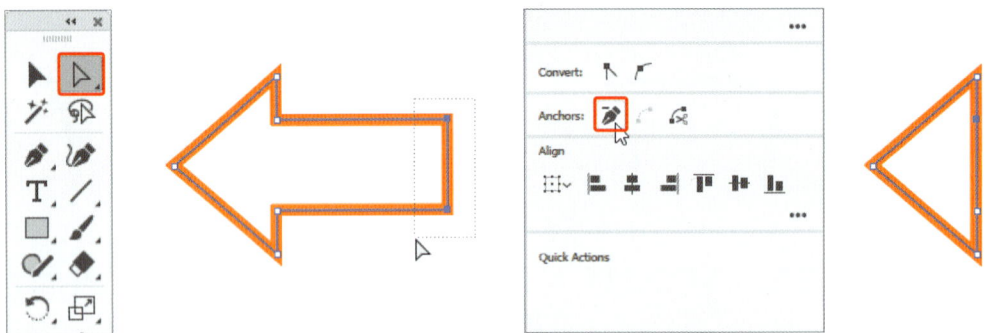

직접 선택 도구로 끊어져 있는 고정점 두 개를 함께 선택하고 을 클릭하면 고정점이 연결됩니다. [Object]-[Path]-[Join] Ctrl + J 메뉴를 선택하는 것과 같은 결과입니다.

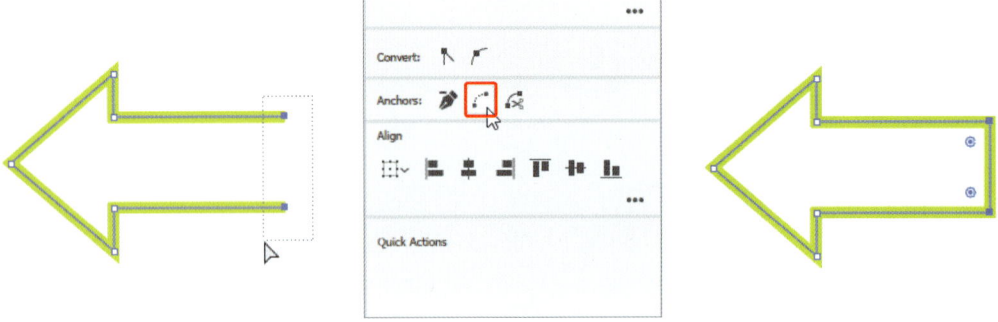

직접 선택 도구로 고정점을 선택하고 을 클릭하면 선택한 고정점을 기준으로 패스가 잘립니다.

한눈에 실습 지우개 도구로 패스 지우기

준비 파일 일러스트레이터/Chapter 03/패스 지우기1.ai
핵심 기능 지우개 도구

① 선택 도구 ▶로 클릭
② (지우개 도구)
③ 마우스 포인터가 ⊕로 바뀜

[를 누른 횟수만큼 크기가 줄어들고,] 를 누른 횟수만큼 크기가 커집니다. 도넛을 지울 만큼의 크기로 조절한 후에 실습을 진행합니다.

02 드래그

03 클릭

04 여러 군데 클릭

05 ① Ctrl +클릭 ② 드래그

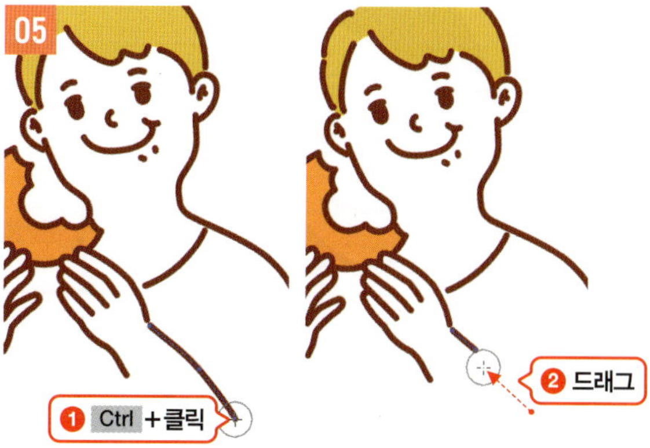

한눈에 실습 | 가위 도구로 패스 끊기

준비 파일 일러스트레이터/Chapter 03/패스 지우기2.ai
핵심 기능 가위 도구

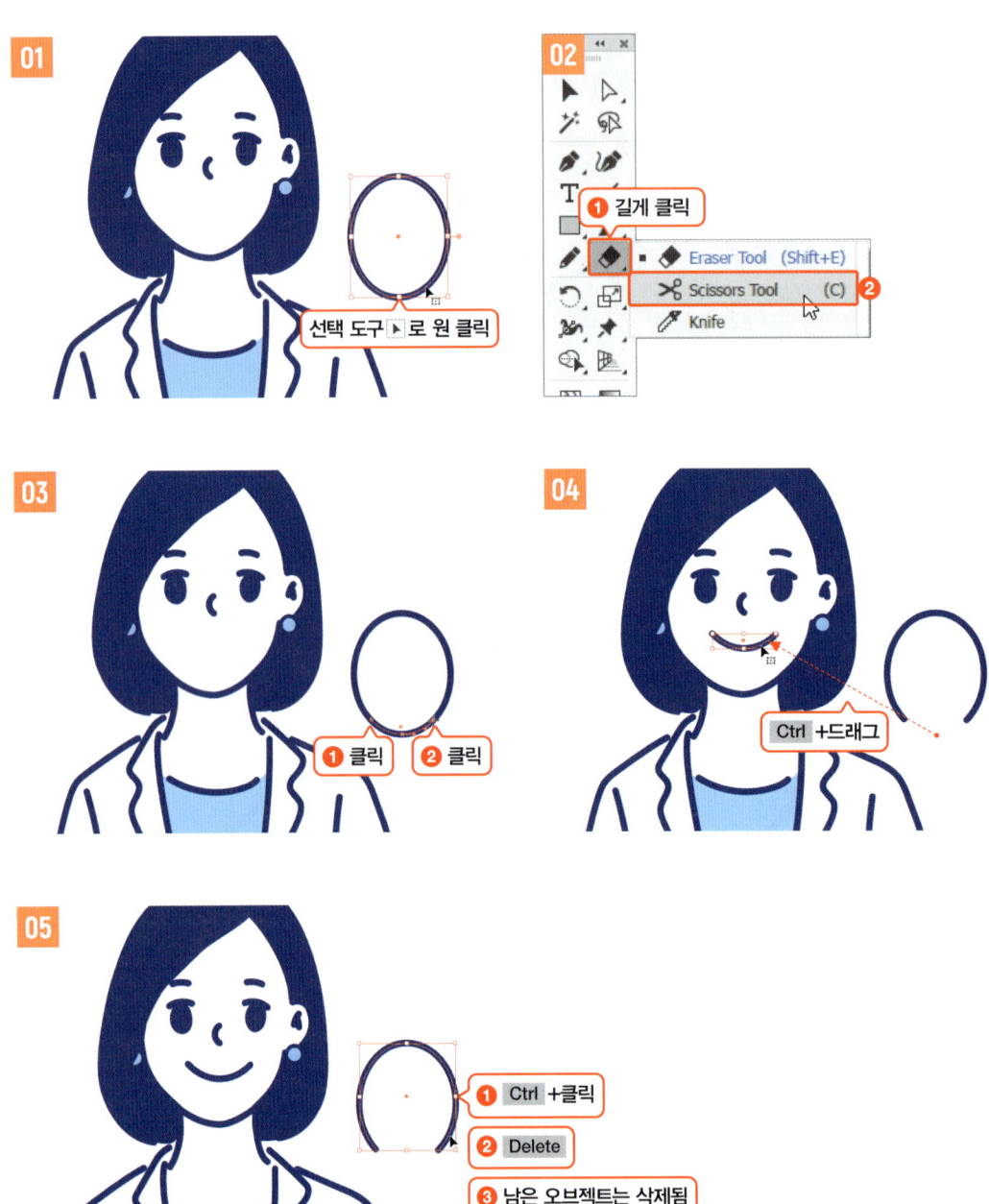

한눈에 실습   칼 도구로 패스 자르기

준비 파일 일러스트레이터/Chapter 03/패스 지우기3.ai
핵심 기능 칼 도구

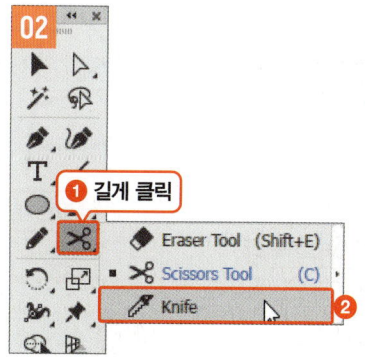
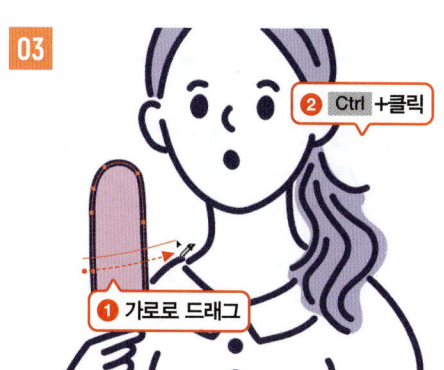

CHAPTER 03   이것만 알아도 디자인이 된다   **385**

한눈에 실습 [Anchors] 패널로 패스 끊고 잇기

준비 파일 일러스트레이터/Chapter 03/패스 지우기4.ai
핵심 기능 [Anchors] 패널

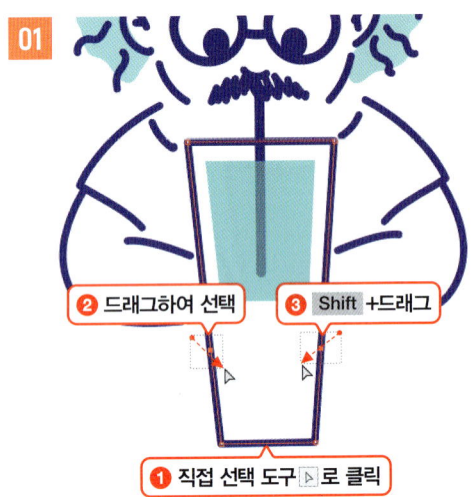
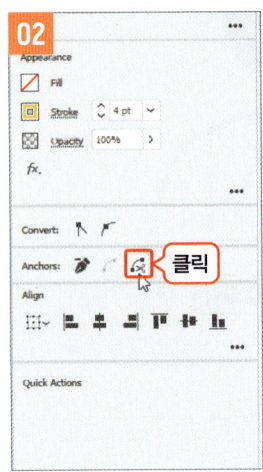

① 직접 선택 도구로 클릭
② 드래그하여 선택
③ Shift +드래그
클릭

① 클릭
② Delete
잘린 부분이 삭제됨
직접 선택 도구로 드래그

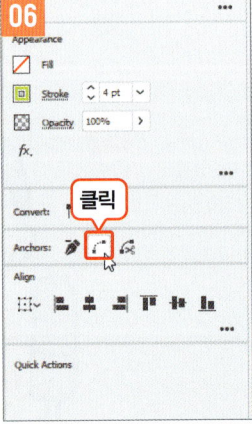

클릭
고정점이 연결됨

연결할 고정점 두 개를 선택하고 Ctrl + J 를 눌러도 연결됩니다. 많이 쓰는 단축키이므로 알아두면 유용합니다.

Ai LESSON 04

도형 그리기

도형 도구로 다양한 동물 캐릭터 얼굴 그리기

일러스트레이터는 도형을 쉽게 그릴 수 있는 도형 도구를 제공합니다. 기본 도형을 그리고 변형하여 다양한 형태를 만들 수 있기 때문에 빠르게 작업할 수 있습니다. 이번 실습에서는 도형 도구와 Shaper 도구를 이용하여 귀여운 동물 캐릭터를 그려보겠습니다.

도형을 그리는 도형 도구 알아보기

사각형 도구 를 길게 클릭하고 있으면 도형을 그릴 수 있는 도구들이 나타납니다. 원하는 도형 도구를 클릭하고 아트보드 위를 드래그하면 도형을 그릴 수 있습니다.

플레어 도구(Flare Tool)는 도형을 그리는 도구가 아닙니다. 플레어 도구를 클릭하고 오브젝트 위를 드래그하면 빛이 반짝이는 효과가 적용됩니다.

① **사각형 도구** ▫ | 드래그하여 사각형을 그릴 수 있습니다.

▲ 자유롭게 드래그   ▲ Shift +드래그

도형을 드래그하면 마우스 포인터를 따라 그려지는데, Alt 를 누른 채 드래그하면 중앙에서부터 그려집니다.

② **둥근 사각형 도구** ⬜ | 드래그하여 모서리가 둥근 사각형을 그릴 수 있습니다.

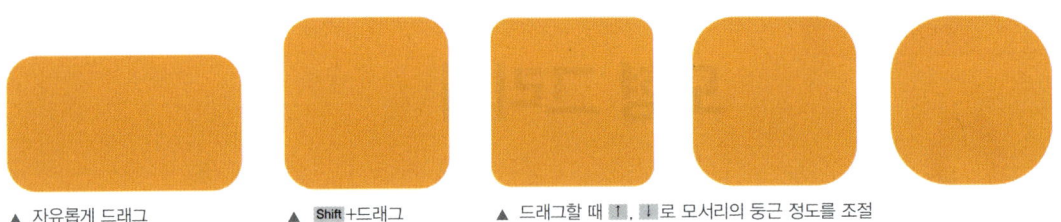

▲ 자유롭게 드래그   ▲ Shift+드래그   ▲ 드래그할 때 ↑, ↓로 모서리의 둥근 정도를 조절

사각형 도구 ⬜로 사각형을 그린 후 모서리 안쪽에 있는 라이브 코너 위젯 ⦿을 안쪽으로 드래그하면 모서리를 둥글게 수정할 수 있으므로 둥근 사각형 도구 ⬜는 활용도가 낮습니다.

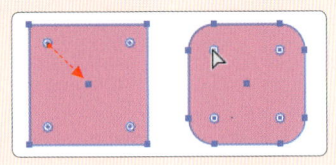

③ **원형 도구** ⬜ | 드래그하여 원을 그릴 수 있습니다.

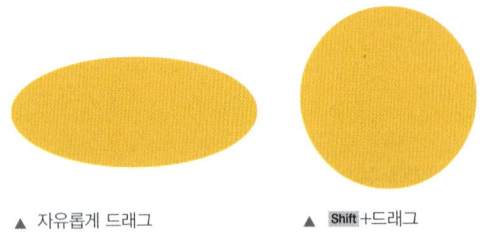

▲ 자유롭게 드래그   ▲ Shift+드래그

그려놓은 원을 선택 도구 ▶로 선택하면 외곽에 조절점 ⦿이 나타납니다. 조절점 ⦿을 드래그하면 부채꼴을 만들 수 있습니다.

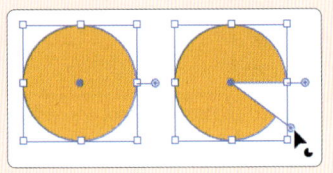

④ **다각형 도구** ⬜ | 드래그하여 변이 여러 개인 다각형을 그릴 수 있습니다.

▲ Shift+드래그   ▲ 드래그할 때 ↑를 누르면 변의 개수가 많아지고 ↓를 누르면 적어짐

그려놓은 다각형을 선택하면 외곽에 개수 조절점 ◇이 나타납니다. 개수 조절점 ◇을 위로 드래그하면 변의 개수가 줄고 아래로 드래그하면 변의 개수가 늡니다.

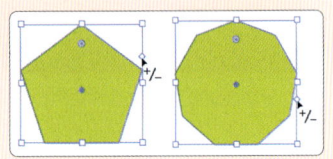

⑤ **별모양 도구** ☆ | 드래그하여 별모양 도형을 그릴 수 있습니다.

▲ Shift +드래그   ▲ 드래그할 때 ↑를 누르면 꼭짓점의 개수가 많아지고 ↓를 누르면 적어짐

정확한 수치로 도형 그리기

도구바에서 사각형 도구 등의 도형 도구를 클릭하고 아트보드의 빈 곳을 클릭하면 각 도형의 옵션 대화상자가 나타납니다. 정확한 수치를 입력하고 [OK]를 클릭하면 정확한 크기의 도형을 만들 수 있습니다.

사각형 도구, [Rectangle] 대화상자

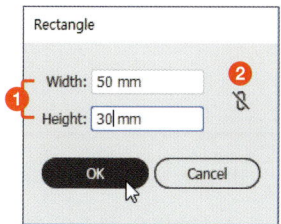

① **Width / Height** | 가로와 세로 값을 수치로 입력할 수 있습니다.
② 연결하면 가로와 세로의 비율이 유지됩니다.

둥근 사각형 도구, [Rounded Rectangle] 대화상자

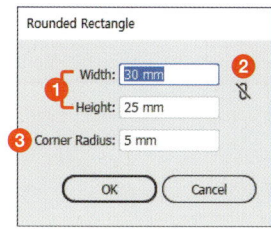

① **Width / Height** | 가로와 세로 값을 수치로 입력할 수 있습니다.
② 연결하면 가로와 세로의 비율이 유지됩니다.
③ **Corner Radius** | 모서리의 둥근 정도입니다.

원형 도구, [Ellipse] 대화상자

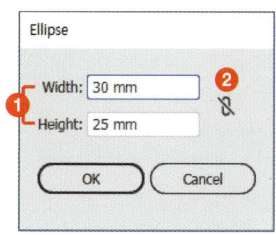

① **Width / Height** | 가로와 세로 지름 값을 수치로 입력할 수 있습니다.
② 연결하면 가로와 세로의 비율이 유지됩니다.

다각형 도구, [Polygon] 대화상자

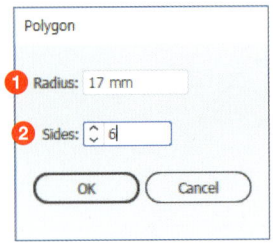
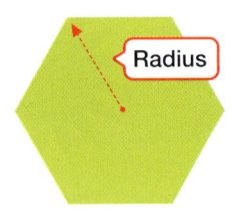

① **Radius** | 중심에서 바깥점까지의 거리입니다.
② **Sides** | 변(꼭짓점)의 개수입니다.

별모양 도구, [Star] 대화상자

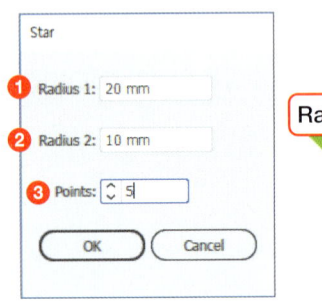
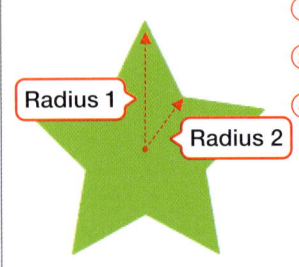

① **Radius 1** | 중심에서 바깥점까지의 거리입니다.
② **Radius 2** | 중심에서 안쪽점까지의 거리입니다.
③ **Points** | 꼭짓점의 개수입니다.

그려놓은 도형을 정확한 수치로 수정하기

[Properties]-[Transform] 패널에서 이미 그려놓은 도형의 크기나 각도를 정확하게 수정할 수 있습니다. [Transform] 패널은 패스의 크기, 위치, 각도, 기울기를 조절하는 패널입니다. 패널이 안 보인다면 상단의 [Window]-[Transform] 메뉴를 선택합니다.

선택한 오브젝트에 따라 항목이 다릅니다.

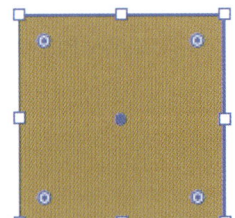

① 패스 중심점의 위치를 지정할 수 있습니다.
② X | 가로 위치를 지정할 수 있습니다.
③ Y | 세로 위치를 지정할 수 있습니다.
④ W | 가로 길이를 지정할 수 있습니다.
⑤ H | 세로 길이를 지정할 수 있습니다.
⑥ 링크 | 클릭하면 가로와 세로의 비율이 유지되면서 수정됩니다.
⑦ 각도 | 각도를 조절할 수 있습니다.
⑧ 기울기 | 기울기를 조절할 수 있습니다.
⑨ 가로와 세로의 길이를 지정할 수 있습니다. ④, ⑤와 같은 기능입니다.
⑩ 각도를 조절할 수 있습니다. ⑦과 같은 기능입니다.
⑪ 모서리의 둥근 정도를 지정할 수 있습니다.
⑫ 링크 | 클릭하면 모든 모서리의 비율이 유지되면서 수정됩니다.
⑬ 코너의 크기 | 체크한 상태로 크기를 수정하면 수정한 크기에 모서리의 둥근 정도도 함께 수정됩니다.
⑭ 선과 효과의 크기 | 체크한 상태로 크기를 수정하면 수정한 크기에 비례하여 선의 굵기나 효과도 함께 수정됩니다.

도형을 그리는 Shaper 도구 알아보기

Shaper 도구 로 아트보드 위에 대충 사각형을 드래그하면 반듯한 사각형이 만들어집니다. 같은 방법으로 원과 삼각형을 드래그해봅니다. 대충 드래그해도 비슷한 형태의 도형이 만들어집니다. Shaper 도구는 드래그하는 대로 도형이 만들어지므로 펜 마우스 사용자에게 편리한 도구입니다.

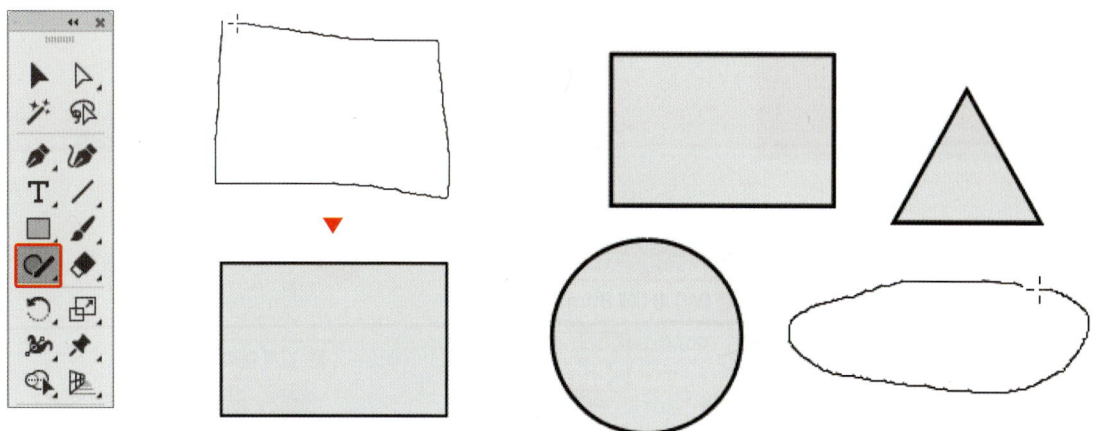

한눈에 실습 — 사각형, 원형 도구로 토끼 캐릭터 그리기

준비 파일 일러스트레이터/Chapter 03/도형 그리기1.ai
핵심 기능 사각형 도구, 원형 도구, 라이브 코너 위젯

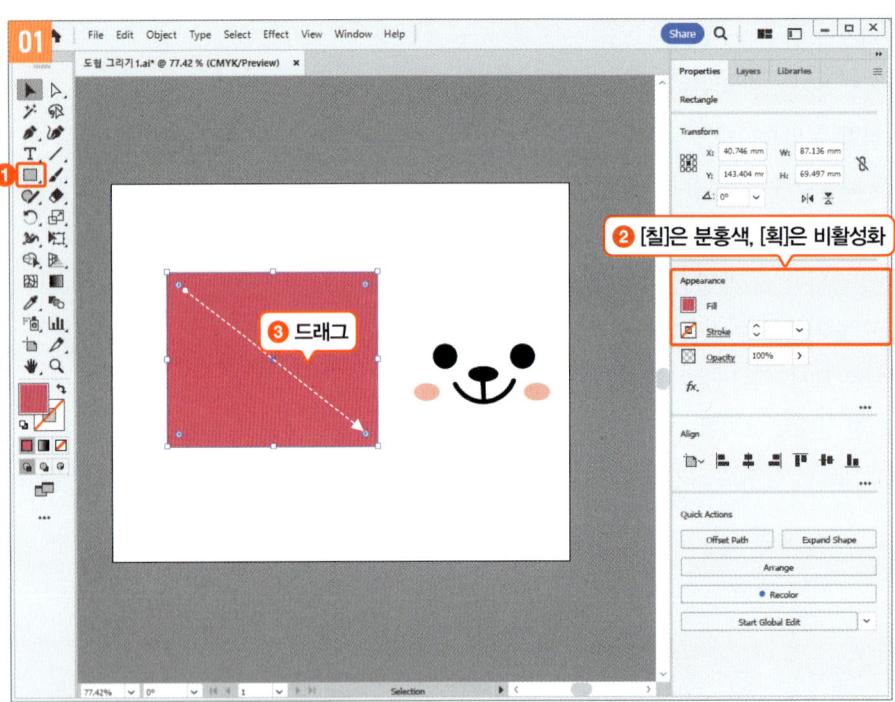

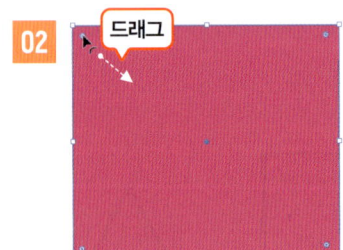

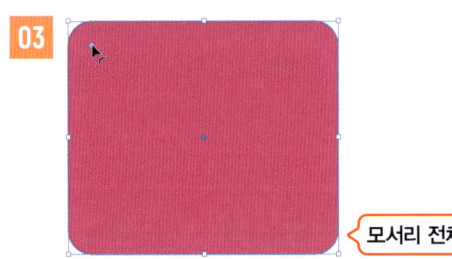

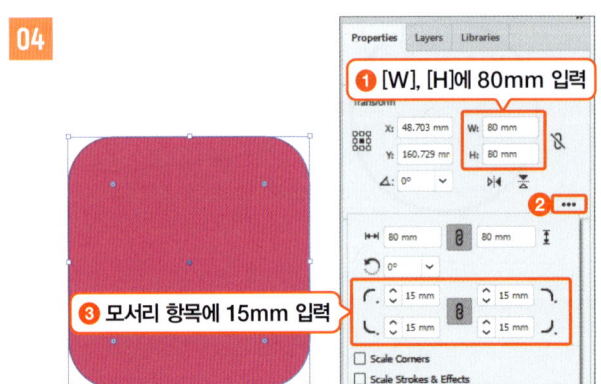

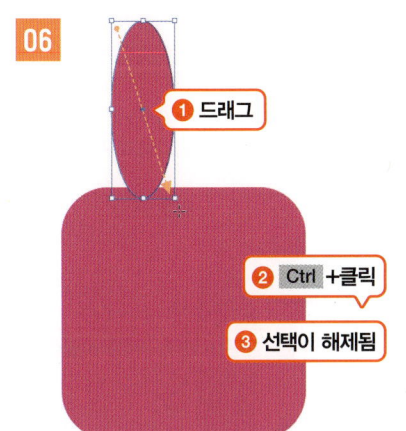

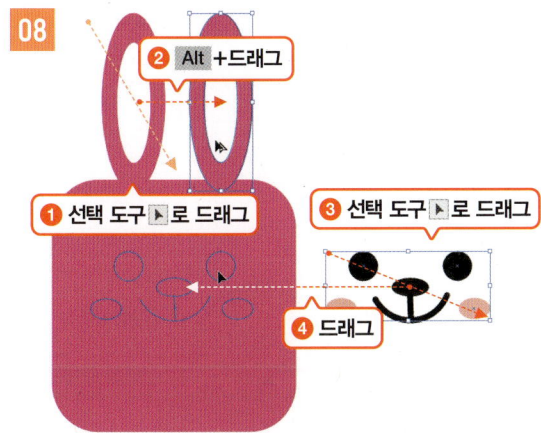
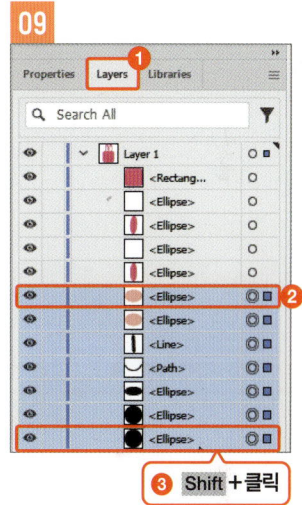
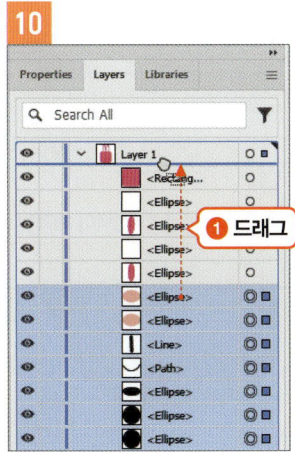
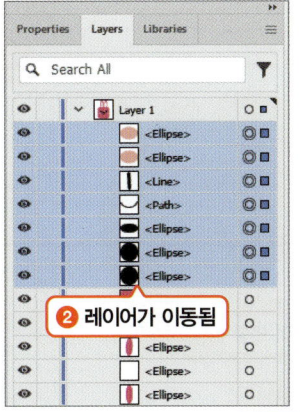

치수 확인하는 방법 | [Transform] 패널과 치수 도구로 치수를 확인해보겠습니다. QR 코드로 접속하여 영상으로 확인해봅니다.

CHAPTER 03 이것만 알아도 디자인이 된다

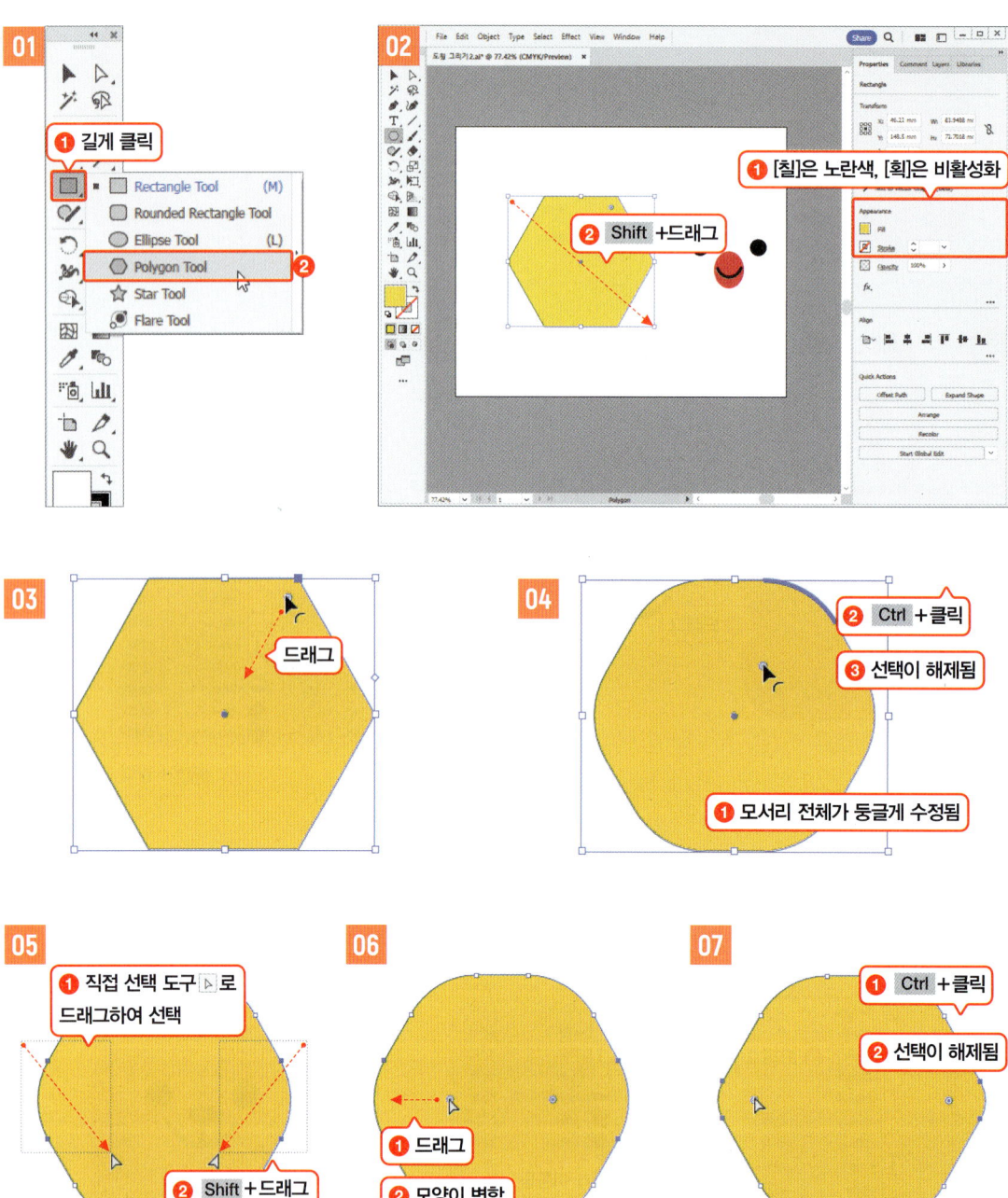

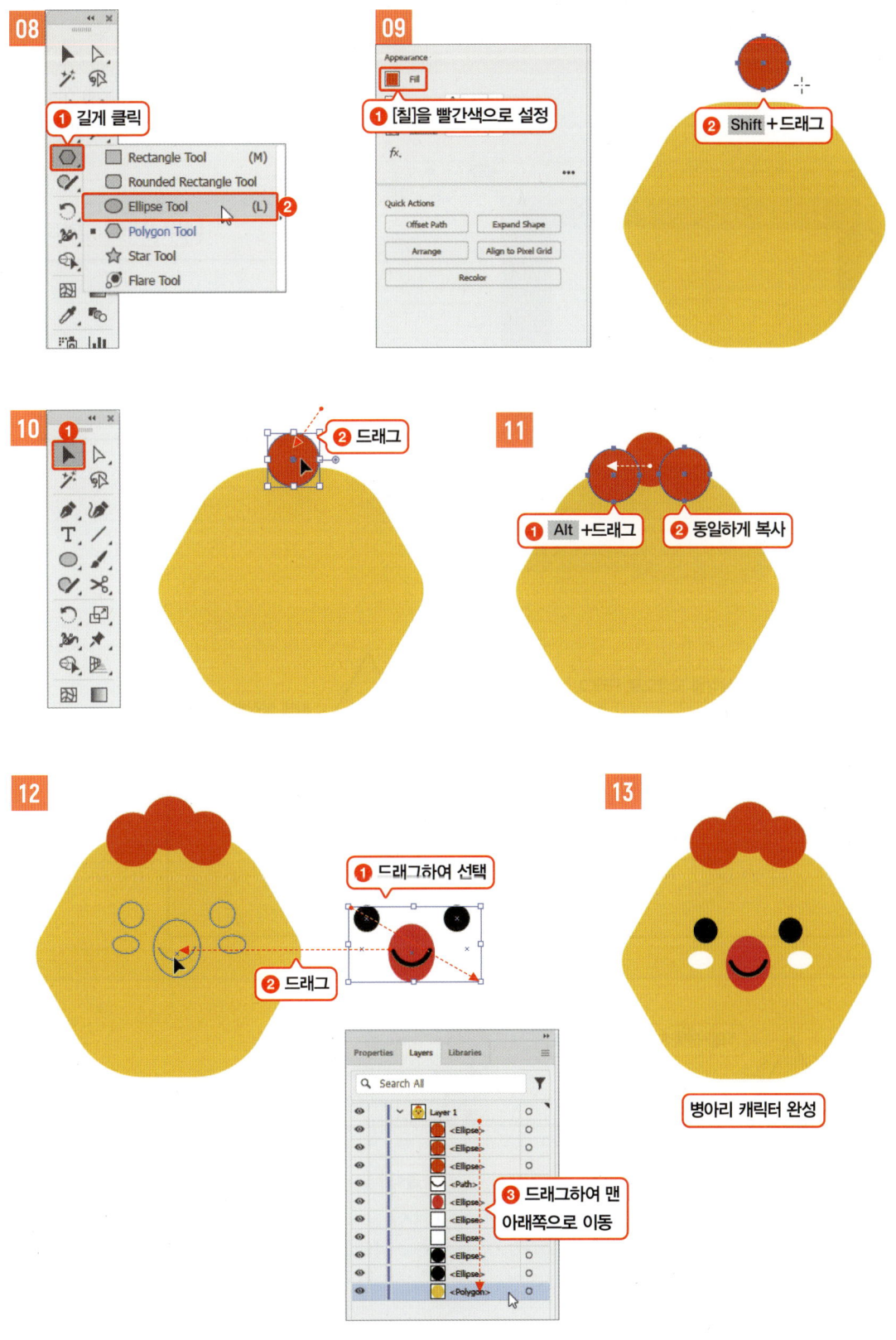

한눈에 실습 | Shaper 도구로 고양이 캐릭터 그리기

준비 파일 일러스트레이터/Chapter 03/도형 그리기3.ai
핵심 기능 Shaper 도구

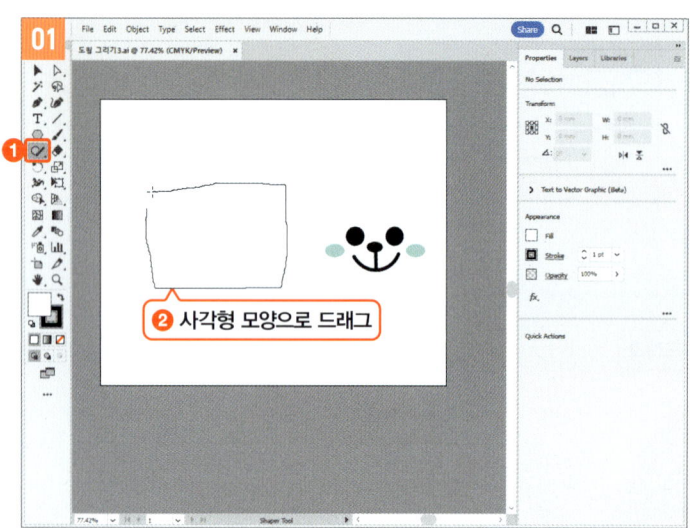

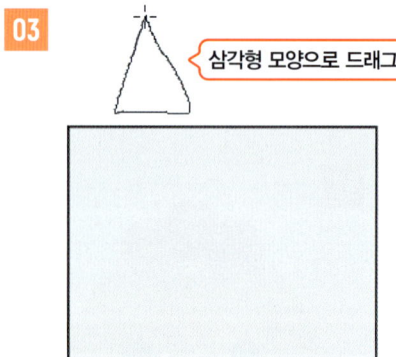

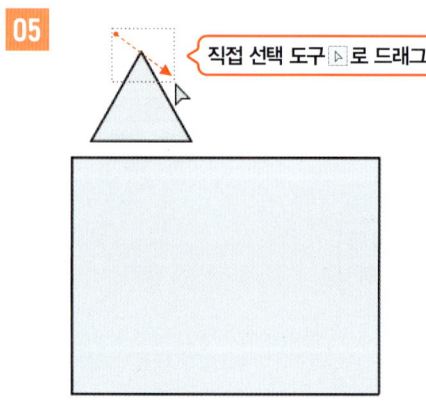

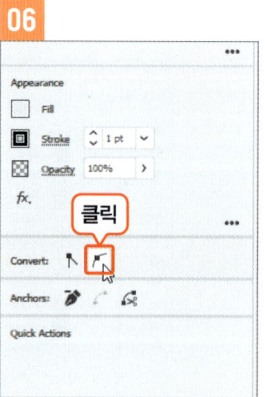

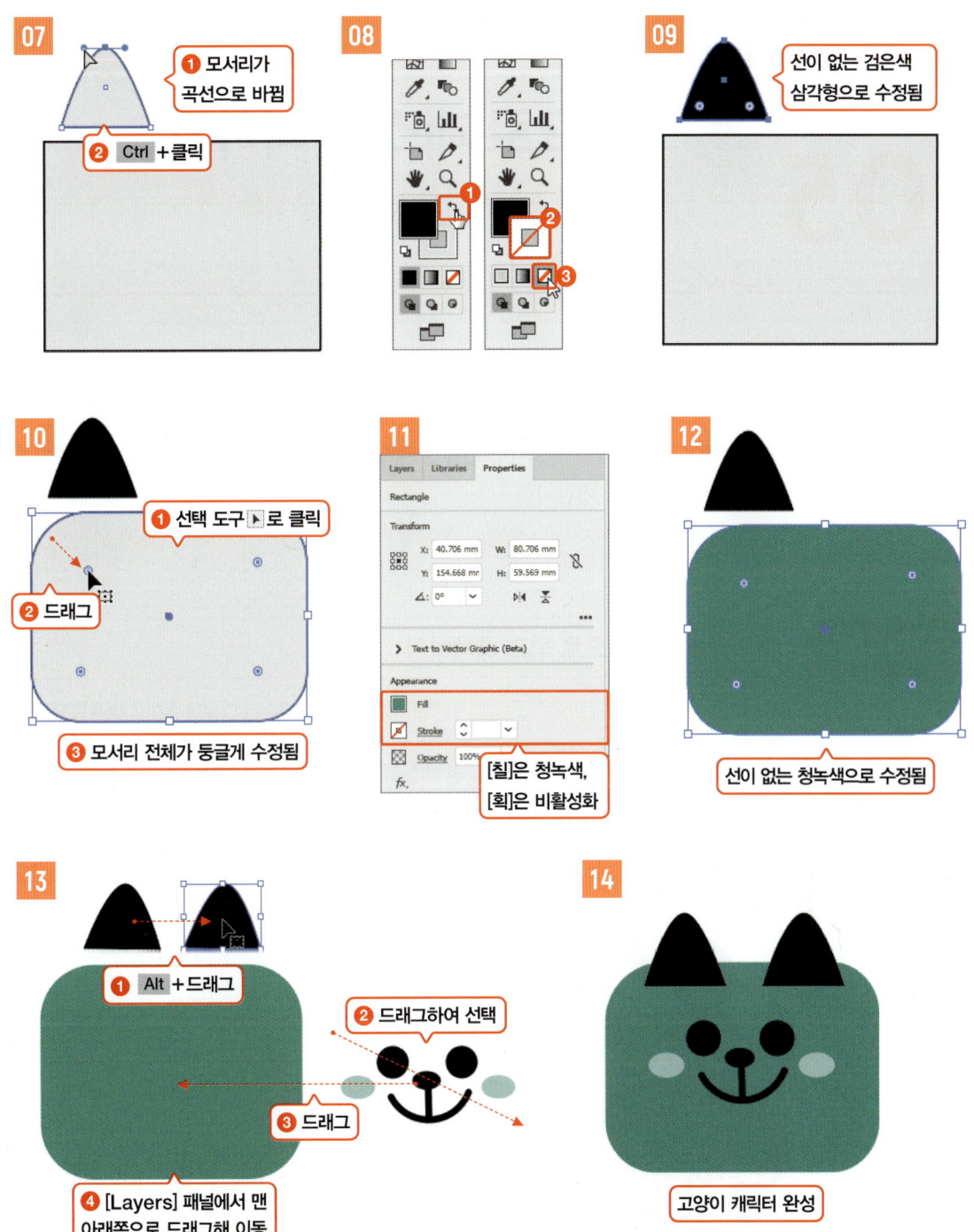

그룹으로 패스 관리하기

여러 패스를 하나로 묶어 효율적으로 편집하기

파일이 많아지면 폴더로 묶어 관리하듯이, 여러 개의 패스를 하나의 그룹으로 묶어서 관리하면 편리합니다. 여러 개의 패스를 그룹으로 묶어두면 한꺼번에 선택하고 옮길 수 있어서 작업 시간이 많이 단축됩니다. 그럼 지금부터 패스를 묶는 그룹에 대해 알아보겠습니다.

간단 실습 | 여러 패스를 그룹으로 묶고 해제하기

준비 파일 일러스트레이터/Chapter 03/그룹으로 묶기1.ai

01 ① 선택 도구 ▶를 클릭한 후 ② 여러 개의 패스를 전체 드래그하여 함께 선택합니다. ③ Ctrl + G 를 누르면 하나의 그룹으로 묶입니다. ④ [Layers] 패널을 보면 여러 개였던 레이어가 하나로 묶인 것을 확인할 수 있습니다.

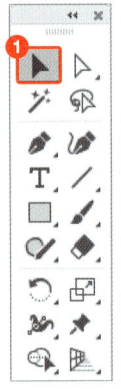

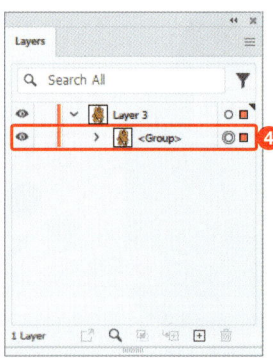

02

① 그룹으로 묶인 패스를 클릭하고 ② Ctrl + Shift + G 를 누르면 그룹이 다시 해제됩니다. ③ [Layers] 패널을 보면 그룹이 해제되어 레이어가 여러 개임을 확인할 수 있습니다.

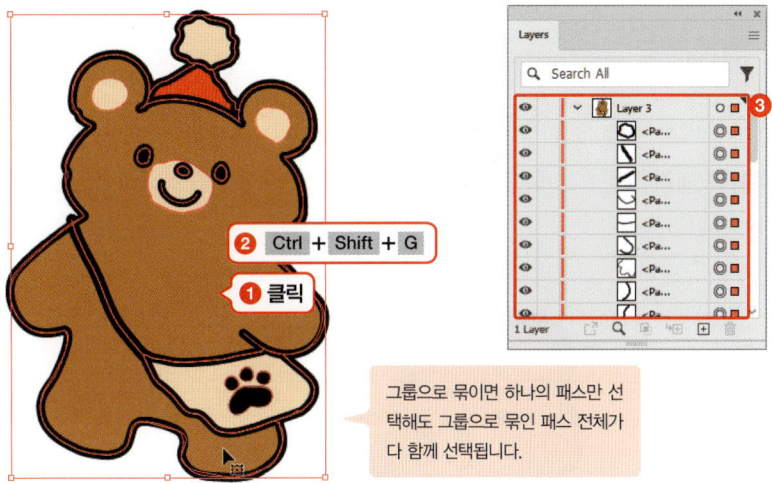

그룹으로 묶이면 하나의 패스만 선택해도 그룹으로 묶인 패스 전체가 다 함께 선택됩니다.

기능 꼼꼼 익히기 | 그룹 단축키 Ctrl + G 알아두기

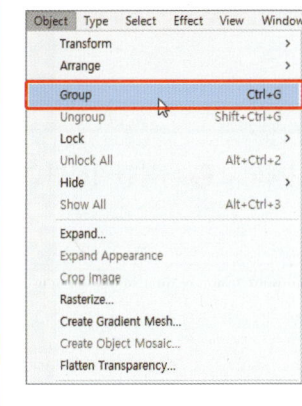

Ctrl + G 는 [Object]-[Group] 메뉴의 단축키입니다. 자주 사용하는 기능이므로 단축키를 알아두는 것이 좋습니다.

간단 실습 그룹 선택 도구 알아보기

준비 파일 일러스트레이터/Chapter 03/그룹으로 묶기1.ai

그룹 선택 도구는 그룹으로 묶인 오브젝트를 개별 선택할 수 있는 도구입니다.

01 ❶ 직접 선택 도구 ▷를 길게 클릭하여 ❷ 그룹 선택 도구 ▷를 클릭합니다. ❸ Ctrl + A 를 눌러 모든 오브젝트를 선택하고 ❹ Ctrl + G 를 눌러 그룹으로 묶습니다. ❺ 아트보드의 빈 곳을 클릭하여 오브젝트의 선택을 해제합니다.

02 ❶ 그룹으로 묶여 있는 오브젝트의 한 부분을 클릭하면 클릭한 부분만 선택되고 ❷ 더블클릭하면 그룹으로 된 전체가 선택됩니다.

한눈에 실습 | 그룹으로 묶어 옮기고 복사하기

준비 파일 일러스트레이터/Chapter 03/그룹으로 묶기2.ai
핵심 기능 그룹

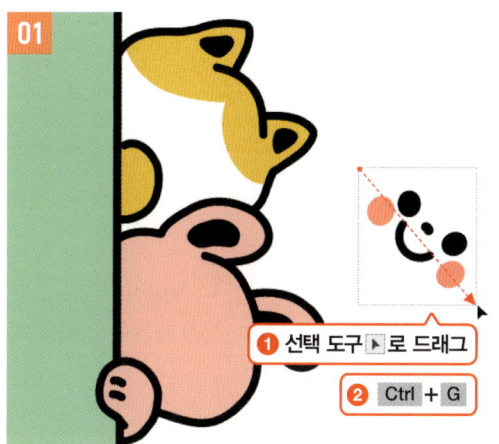

❶ 선택 도구로 드래그
❷ Ctrl + G

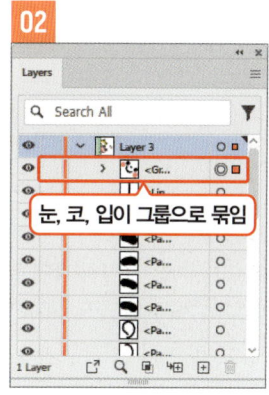

눈, 코, 입이 그룹으로 묶임

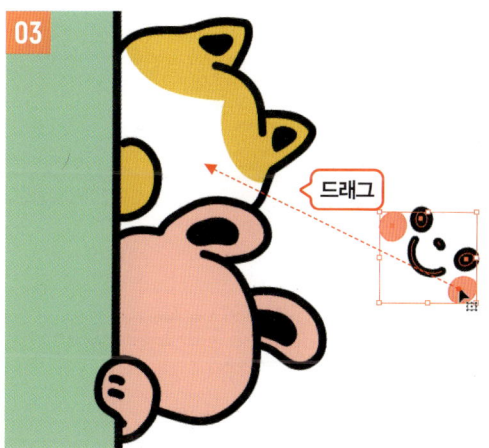

드래그

눈, 코, 입 전체가 이동됨

❶ Alt + 드래그
❷ 눈, 코, 입 전체가 복제됨

Ai LESSON 06

여러 개의 패스를 정렬하기

[Align] 패널로 패스를 정확하게 정렬하기

여러 개의 오브젝트를 수직, 수평 정렬하려면 눈짐작만으로는 어렵습니다. 이때 얼라인(Align, 정렬) 기능을 이용하면 쉽고 정확하게 오브젝트를 정렬할 수 있습니다. [Align] 패널을 이용하여 오브젝트를 정확하게 정렬해보겠습니다.

[Align] 패널에 대해 알아보기

오브젝트를 두 개 이상 함께 선택하면 [Properties] 패널에 [Align] 패널이 나타납니다. 더 보기를 클릭하면 더 많은 정렬 항목을 선택할 수 있습니다. [Align] 패널이 보이지 않는다면 [Window]-[Align] 메뉴를 선택합니다. [Align] 패널이 플로팅되어 나타납니다.

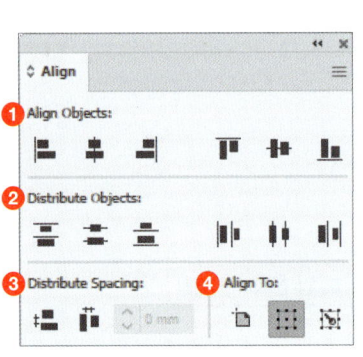
▲ 플로팅된 [Align] 패널

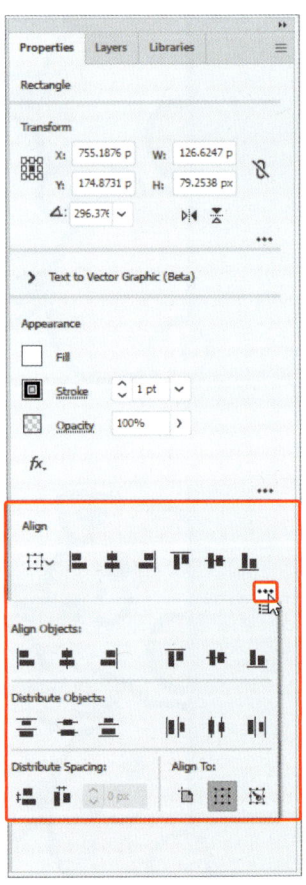
▲ [Properties]-[Align] 패널

① **Align Objects** | 오브젝트를 정렬하는 기본 방식입니다.

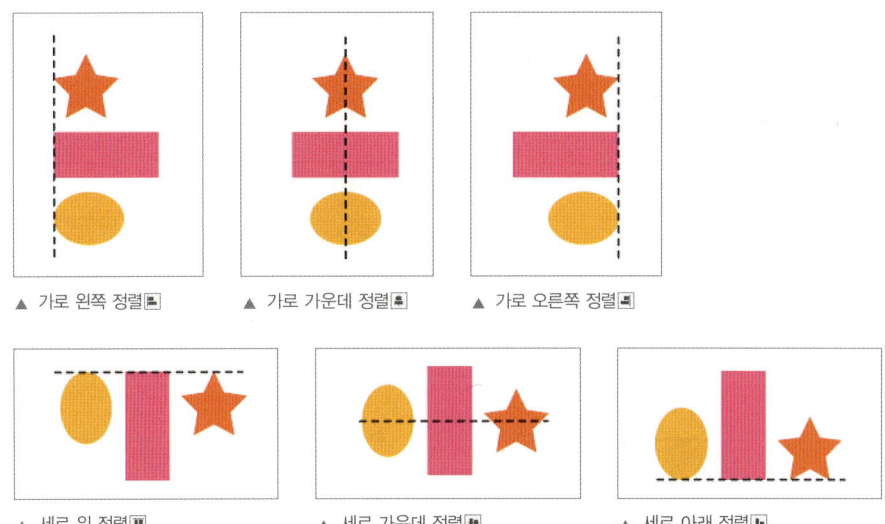

② **Distribute Objects** | 임의의 선을 기준으로 선 사이의 간격을 정렬하는 방식입니다.

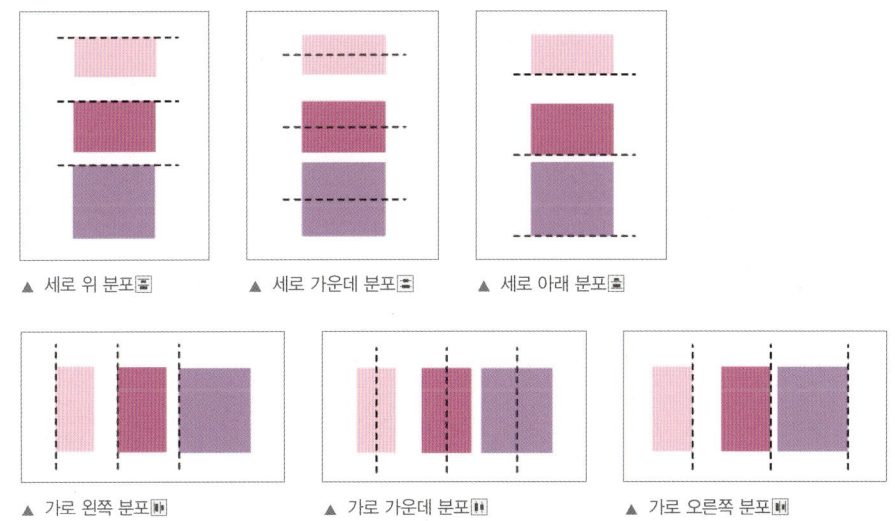

③ **Distribute Spacing** | 오브젝트 사이의 간격을 수치로 조절할 수 있습니다. [Distribute Spacing]이 보이지 않는다면 옵션 ▤을 클릭하고 [Show Options]를 선택합니다.

④ **Align To** | 정렬 기준을 선택할 수 있습니다.

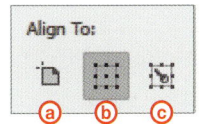

ⓐ **Align to Artboard** | 아트보드를 중심으로 정렬됩니다.

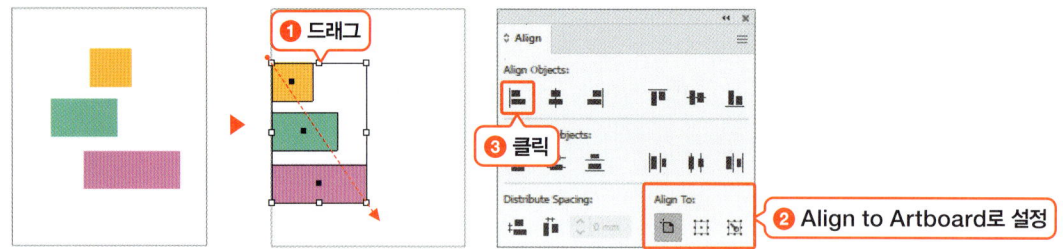

ⓑ **Align to Selection** | 선택한 오브젝트 사이의 평균 지점에서 정렬됩니다.

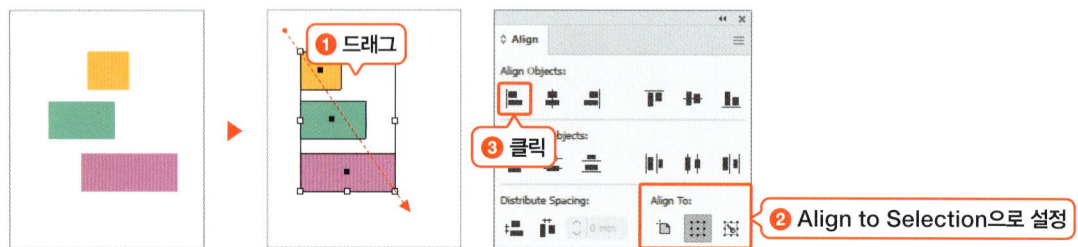

ⓒ **Align to Key Object** | 여러 개의 오브젝트를 모두 선택하고 기준으로 삼을 키 오브젝트를 클릭하면 키 오브젝트 기준으로 정렬됩니다.

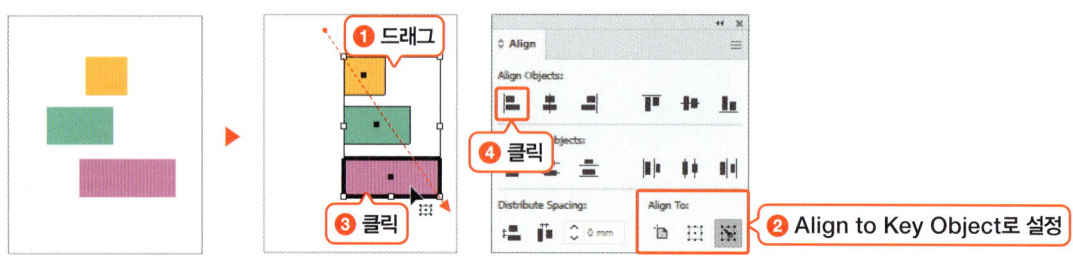

간단 실습 오브젝트의 간격 조절하기

01 ❶ 여러 개의 오브젝트를 드래그하여 모두 선택하고 ❷ 기준이 될 오브젝트를 클릭합니다. ❸ 그런 다음 [Distribute Spacing]에 **30mm**을 입력하고 ❹ 세로 간격 또는 가로 간격 을 클릭하면 입력한 수치만큼 세로 또는 가로로 오브젝트의 간격이 조절됩니다.

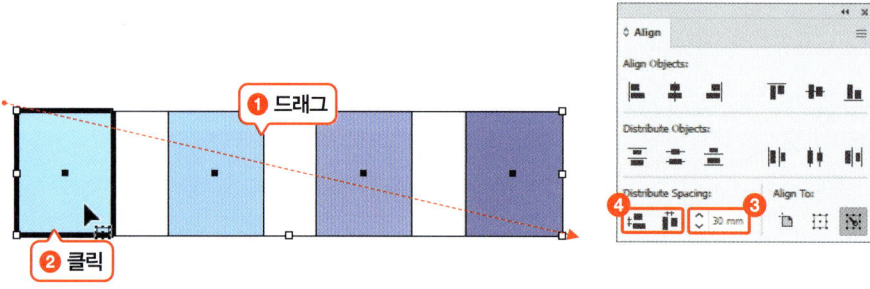

한눈에 실습 | 가로, 세로 정렬하기

준비 파일 일러스트레이터/Chapter 03/정렬하기1.ai
핵심 기능 Align

한눈에 실습 | 간격 동일하게 정렬하기

준비 파일 일러스트레이터/Chapter 03/정렬하기2.ai
핵심 기능 Align, Distribute Spacing

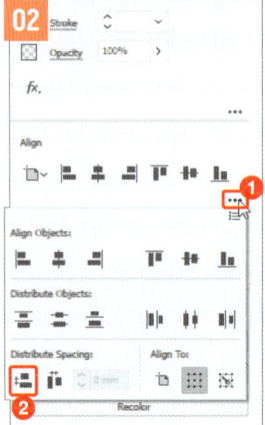

간격을 조절할 때 세로 가운데 분포를 클릭해야 할 것 같지만, 오브젝트의 크기가 달라서 세로 가운데 분포를 클릭하면 동일한 간격으로 정렬되지 않습니다.

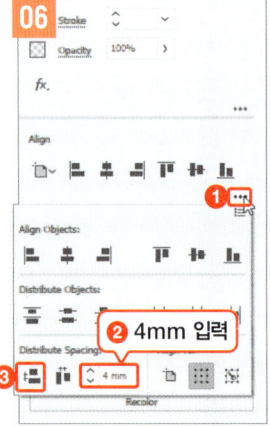

한눈에 실습 　아트보드를 기준으로 정렬하기

준비 파일 일러스트레이터/Chapter 03/정렬하기3.ai
핵심 기능 Align, Align To

 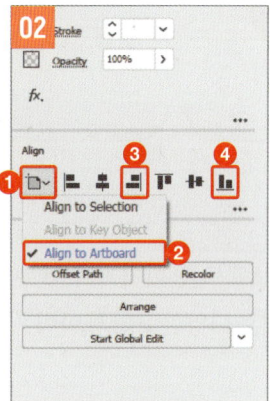

[Align] 패널의 Align To가 보이지 않는다면 더 보기를 클릭하고 Align To를 클릭합니다.

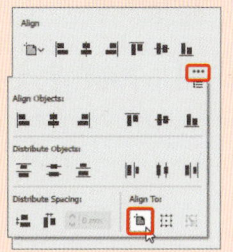

[Align] 패널의 세부 기능을 많이 사용한다면 [Window]-[Align] Shift + F7 메뉴를 선택해 [Align] 패널을 꺼내놓고 사용하기를 추천합니다. [Align] 패널의 세부 기능이 다 보이지 않는다면 옵션을 클릭하고 [Show Options]를 선택합니다.

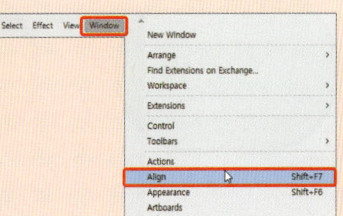 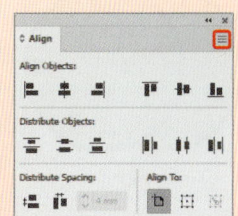

패스를 합치고 나누기

07

도형 구성 도구와 [Pathfinder] 패널로 아이콘 만들기

두 개 이상의 오브젝트를 합치거나 나누면 복잡한 형태를 쉽게 만들 수 있습니다. 도형 구성 도구와 [Pathfinder] 패널로 다양한 모양의 아이콘을 만들어보겠습니다.

도형 구성 도구 알아보기

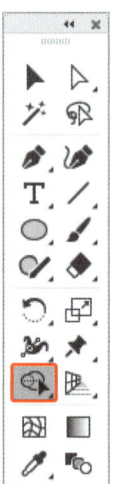

도형 구성 도구 는 두 개 이상의 오브젝트를 합치거나 나누는 도구입니다.

두 개의 오브젝트를 함께 선택하고 도형 구성 도구 로 드래그하면 합쳐집니다. 반대로 겹쳐진 부분을 클릭하면 오브젝트가 나닙니다.

▲ 오브젝트 합치기   ▲ 오브젝트 나누기

[Pathfinder] 패널 알아보기

오브젝트를 두 개 이상 함께 선택하면 작업 화면 오른쪽에 [Properties]-[Pathfinder] 패널이 나타납니다. 더 보기 ···를 클릭하면 더 많은 기능이 나타납니다.

▲ 오브젝트 합치기　　　　　　　　　　　　　▲ 오브젝트의 교차 영역 제외

[Window]-[Pathfinder] 메뉴를 선택하면 [Pathfinder] 패널이 플로팅되어 나타납니다. 두 개의 오브젝트를 겹쳐놓고 하나씩 클릭해보겠습니다.

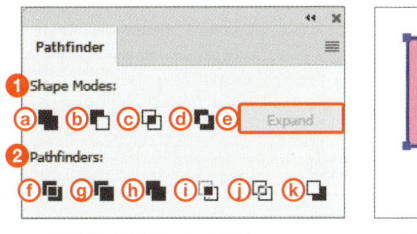

▲ 플로팅된 [Pathfinder] 패널　　　　▲ 원본

① **Shape Modes** | 여러 가지 방식으로 오브젝트를 합칩니다.

ⓐ **합치기** | 선택한 오브젝트를 하나로 합칩니다.

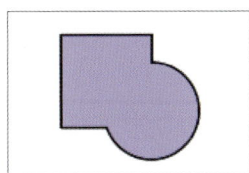

ⓑ **앞쪽 지우기** | 맨 앞에 있는 오브젝트 영역을 지웁니다.

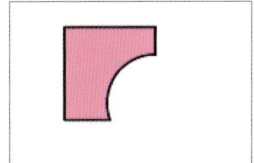

ⓒ **교차 영역** | 선택한 오브젝트 중 겹쳐진 부분만 남깁니다.

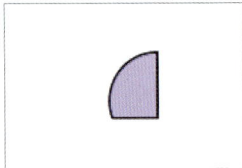

ⓓ **교차 영역 제외** | 선택한 오브젝트 중 겹쳐진 부분만 삭제됩니다.

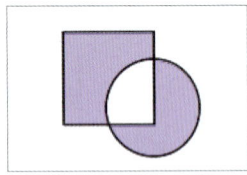

ⓔ **Expand** | Alt 를 누른 채 ⓐ, ⓑ, ⓒ, ⓓ를 클릭하면 효과가 바로 적용되지 않고 미리 보기가 됩니다. 미리 보기에서는 얼마든지 다른 것을 선택할 수 있습니다. 최종 선택한 다음 [Expand]를 클릭하면 효과가 적용됩니다.

② **Pathfinders** | 오브젝트에서 겹치는 패스를 이용하여 오브젝트를 나눕니다.

ⓕ **나누기** | 겹쳐지는 영역이 모두 나눠집니다.

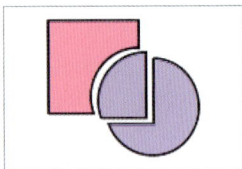

ⓖ **동색 오브젝트 분리** | 뒤에 있는 오브젝트의 겹쳐진 부분만 삭제됩니다.

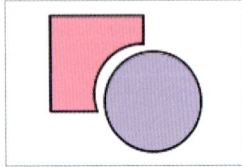

ⓗ **병합** | 오브젝트의 색이 같으면 합치고, 색이 다르면 나눠집니다.

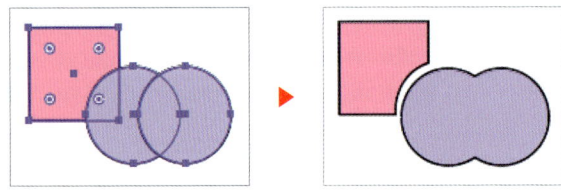

ⓘ **자르기** 겹쳐진 부분과 맨 앞쪽 오브젝트의 패스 선만 남깁니다.

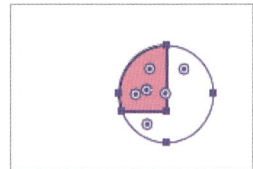

ⓙ **윤곽선** 오브젝트가 겹쳐진 상태를 패스 선으로 남깁니다.

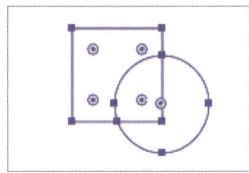

ⓚ **이면 오브젝트 제외** 뒤에 있는 오브젝트의 영역을 지우고, 맨 앞 오브젝트의 영역만 남깁니다.

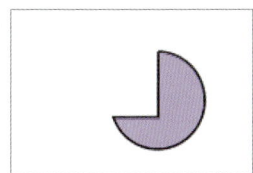

기능 꼼꼼 익히기 | **도형 구성 도구와 [Pathfinder] 패널의 차이점 알아보기**

도형 구성 도구로는 나누거나 합치는 것만 할 수 있는데, [Pathfinder] 패널로는 다양한 방법으로 나누거나 합칠 수 있습니다. 예를 들어 다음과 같이 여러 개의 패스를 합쳐야 할 경우 도형 구성 도구로 합치려면 여러 번 드래그해야 하지만 [Pathfinder] 패널에서는 합치기를 한 번만 클릭하면 됩니다. 간단한 편집은 도형 구성 도구로 하고, 복잡한 편집은 [Pathfinder] 패널을 이용하면 편리합니다.

원을 여러 개 겹쳐놓고 합쳐서 구름을 만들어보겠습니다. ❶ 도형 구성 도구로는 여러 번 드래그해야 합쳐집니다. ❷ [Pathfinder] 패널에서는 합치기를 한 번만 클릭하면 합쳐집니다.

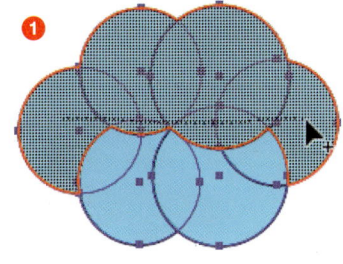

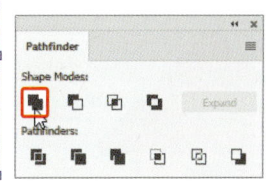

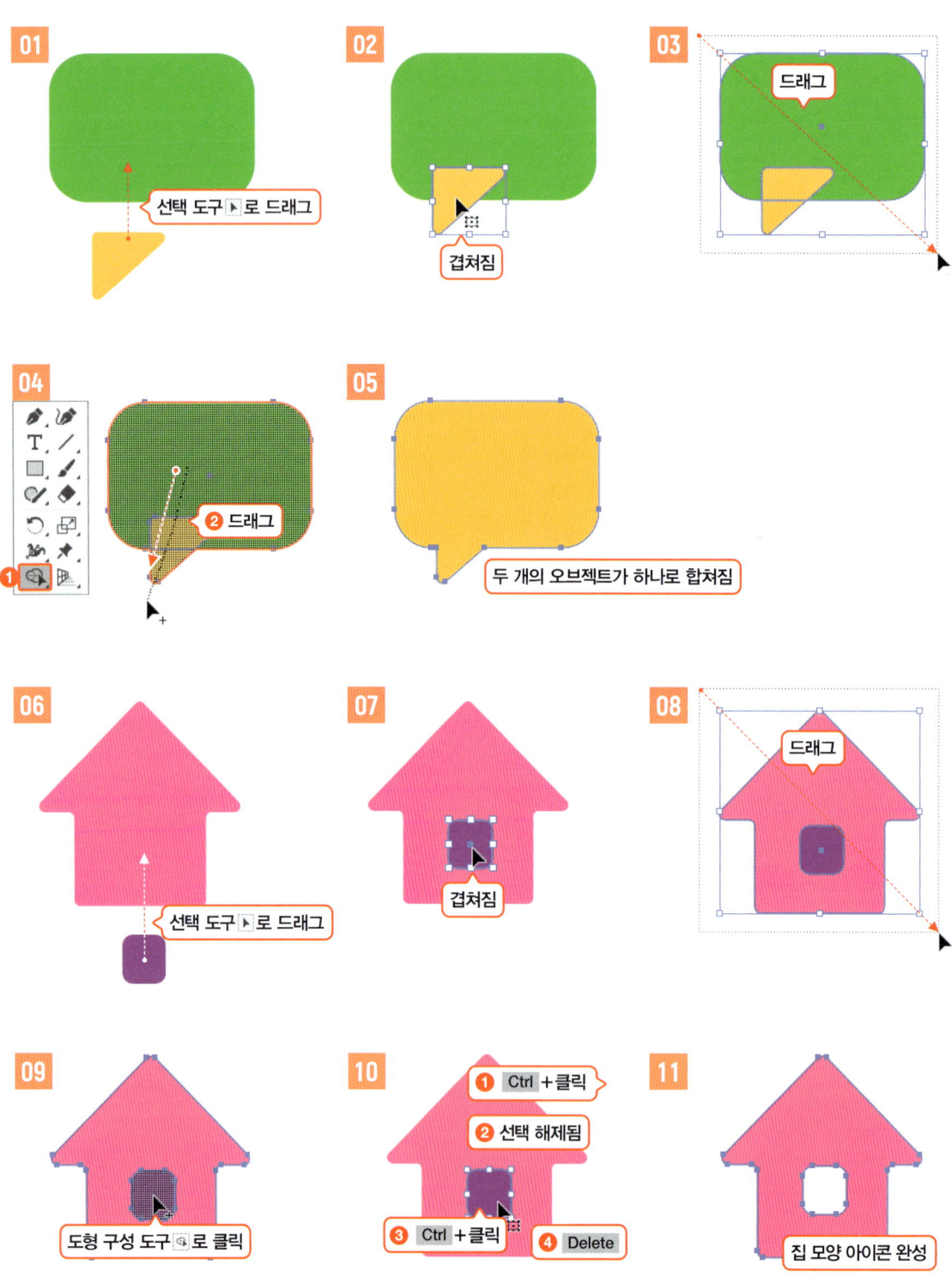

한눈에 실습 [Pathfinder] 패널로 패스 합치고 나누기

준비 파일 일러스트레이터/Chapter 03/합치고 나누기2.ai
핵심 기능 [Pathfinder] 패널

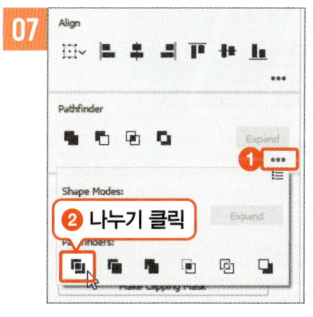

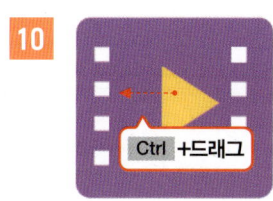

CHAPTER 03 이것만 알아도 디자인이 된다 **413**

한눈에 실습   선을 기준으로 면 나누기

준비 파일 일러스트레이터/Chapter 03/합치고 나누기3.ai
핵심 기능 [Pathfinder] 패널

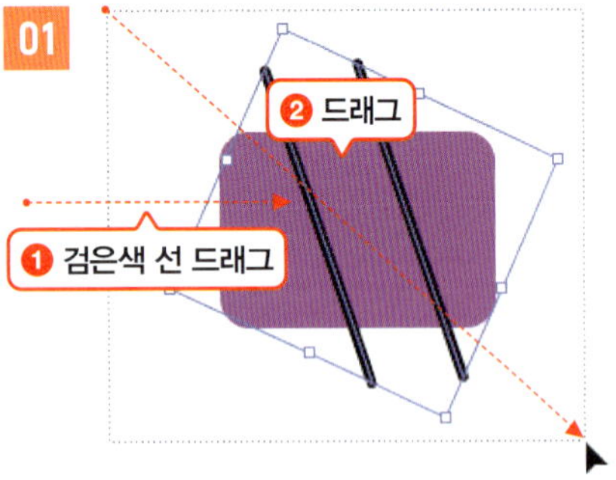

01 ❶ 검은색 선 드래그 ❷ 드래그
02 ❶ / ❷ 나누기 클릭
03 선은 사라지고 면만 나뉘어 남음

[Pathfinder] 패널로 선과 면을 나누면 선을 기준으로 면이 나뉩니다.

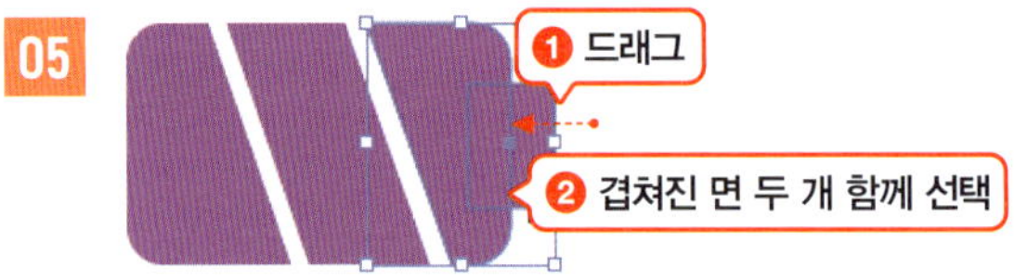

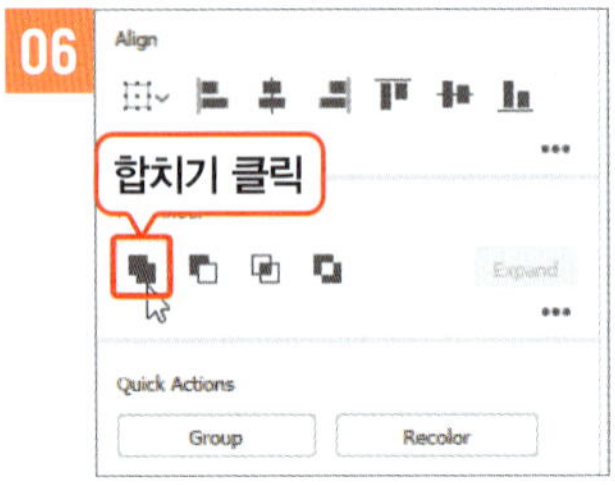

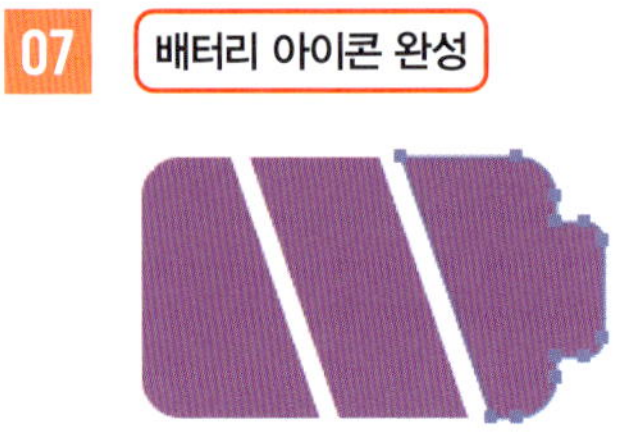

04 ❶ Ctrl + Shift + G ❷ 그룹이 해제됨 ❸ 선택 도구 ▶로 이동
05 ❶ 드래그 ❷ 겹쳐진 면 두 개 함께 선택
06 합치기 클릭
07 배터리 아이콘 완성

한눈에 실습   Outline Stroke로 선을 면으로 바꾸어 합치기

준비 파일 일러스트레이터/Chapter 03/합치고 나누기4.ai
핵심 기능 Outline Stroke

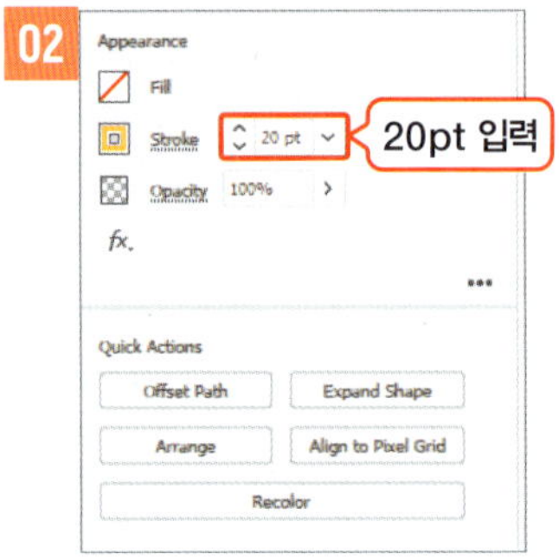

01 선택 도구 ▶로 클릭
02 20pt 입력

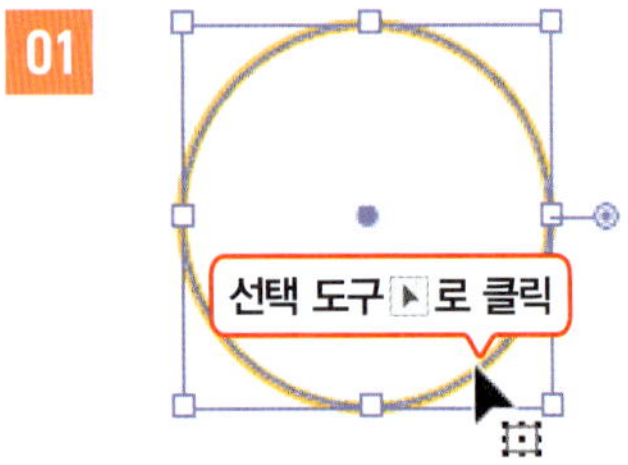

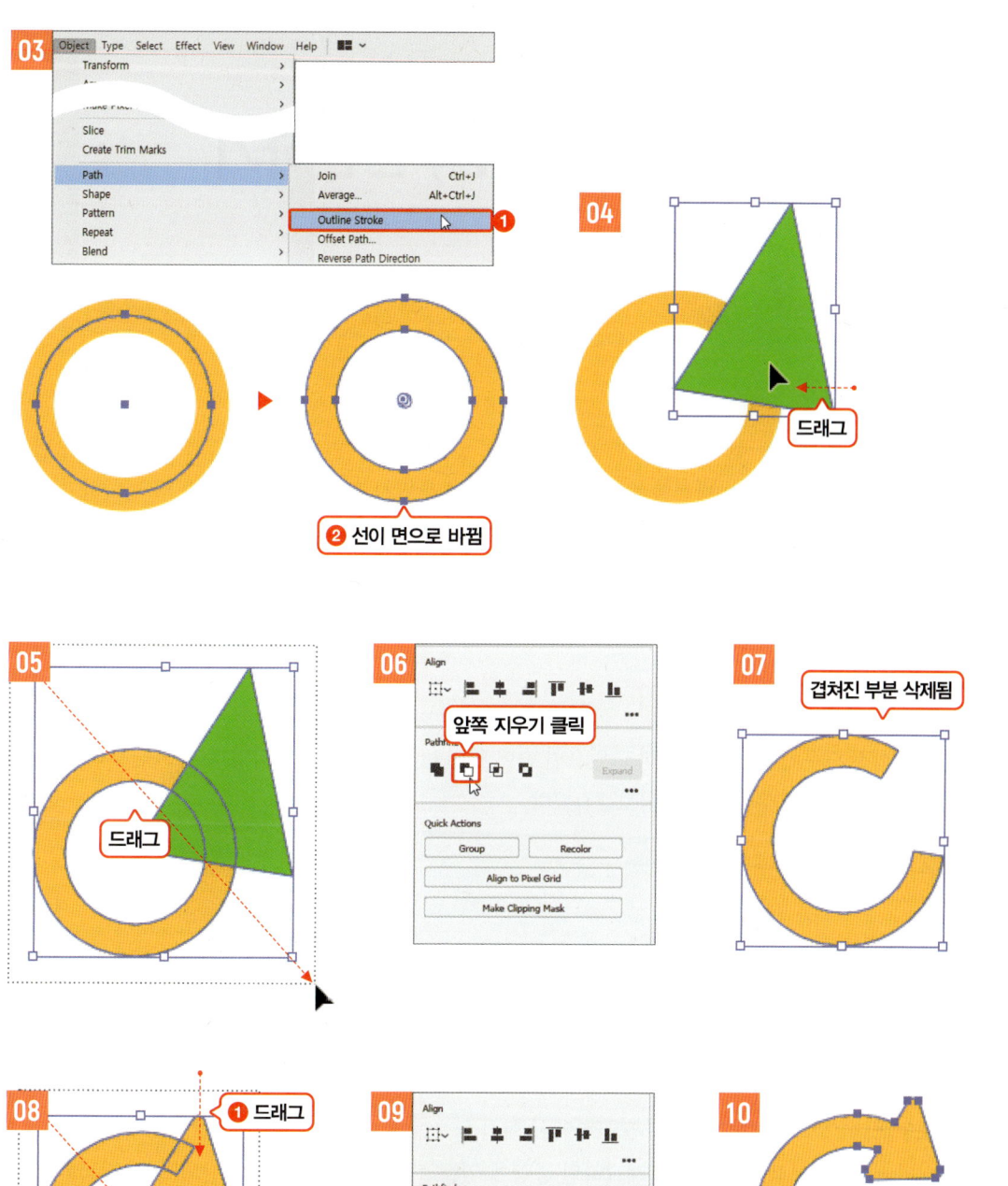

Ai LESSON 08

패스를 회전, 반전하기

회전 도구와 반사 도구로 활용도 높은 문양 만들기

일러스트레이터에서 패스를 선택하면 모양을 자유자재로 변형할 수 있는 바운딩 박스가 나타납니다. 바운딩 박스로도 패스를 회전하거나 반전할 수 있지만, 회전 도구와 반사 도구를 사용하면 좀 더 정확하고 다양한 방식으로 변형할 수 있습니다. 이번 실습에서는 회전 도구와 반사 도구로 활용도 높은 문양을 만들어보겠습니다.

회전 도구와 반사 도구 알아보기

회전 도구를 길게 클릭하고 있으면 숨어 있던 반사 도구가 나타납니다. 지금부터 회전 도구와 반사 도구에 대해 알아보겠습니다.

① **회전 도구** | 오브젝트를 선택하고 도구바에서 회전 도구를 클릭하면 오브젝트 중앙에 고정점이 나타납니다. 이때 오브젝트를 바로 드래그하면 중앙에 있는 고정점을 기준으로 회전되고, 고정점을 옮기고 드래그하면 옮긴 지점에 있는 고정점을 기준으로 회전됩니다.

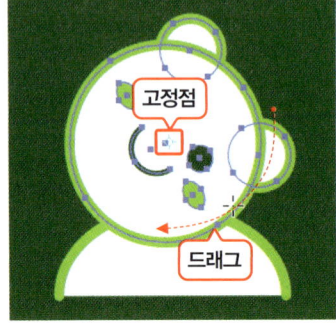
▲ 회전하기

▲ 고정점 옮겨서 회전하기

② **반사 도구** | 오브젝트를 선택하고 도구바에서 반사 도구를 클릭하면 오브젝트 중앙에 고정점이 나타납니다. 오브젝트를 바로 드래그하면 중앙에 있는 고정점을 기준으로 반전되고, 고정점을 옮기고 드래그하면 옮긴 지점에 있는 고정점을 기준으로 반전됩니다.

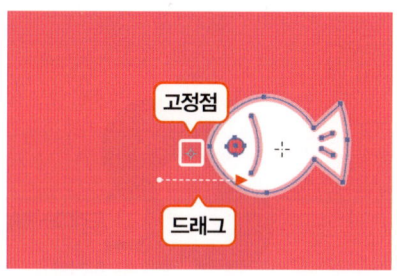
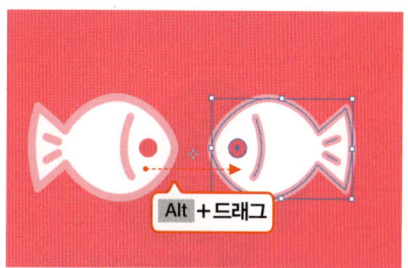

▲ 반전하기 　　　　▲ 복제하여 반전하기

회전 도구 또는 반사 도구로 드래그할 때 Shift 를 누른 채 드래그하면 45°씩 회전 또는 반전되고 Alt 를 누른 채 드래그하면 복제되면서 회전 또는 반전됩니다.

정확한 수치로 회전, 반전하기

오브젝트를 선택하고 도구바에서 회전 도구나 반사 도구를 더블클릭하면 정확한 수치로 회전 또는 반전할 수 있습니다.

회전 도구, [Rotate] 대화상자

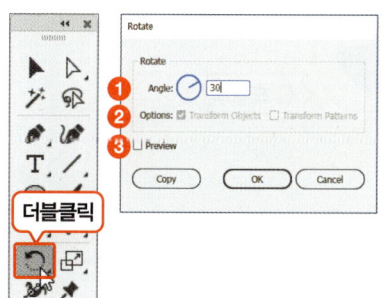

① **Angle** | 직접 선을 돌리거나 수치를 입력할 수 있습니다.
② **Options** | 패턴을 적용한 경우 패턴도 함께 회전할 수 있습니다.
③ **Preview** | 회전한 모습을 미리 확인할 수 있습니다.

반사 도구, [Reflect] 대화상자

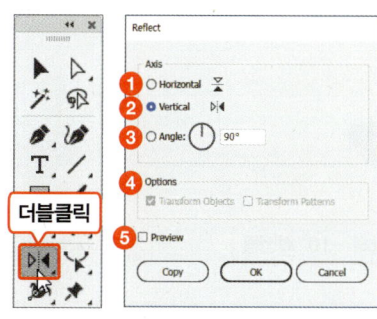

① **Horizontal** | 수평선을 기준으로 반전할 수 있습니다.
② **Vertical** | 수직선을 기준으로 반전할 수 있습니다.
③ **Angle** | 각도를 조절하여 반전할 수 있습니다. 회전 도구와 같은 결과가 나타납니다.
④ **Options** | 패턴을 적용한 경우 패턴도 함께 회전할 수 있습니다.
⑤ **Preview** | 반전한 모습을 미리 확인할 수 있습니다.

한눈에 실습 | 회전 도구로 꽃잎과 풀잎 수정하기

준비 파일 일러스트레이터/Chapter 03/회전 반전하기1.ai
핵심 기능 회전 도구

Shift 를 먼저 누른 채 드래그를 시작하는 것이 아니라, 드래그를 시작한 후 조금 이동됐을 때 Shift 를 누릅니다.

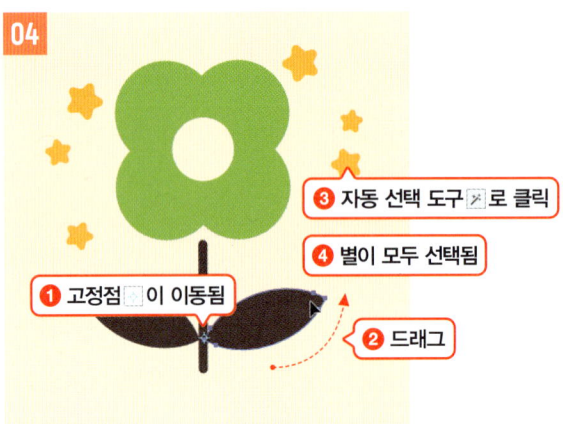

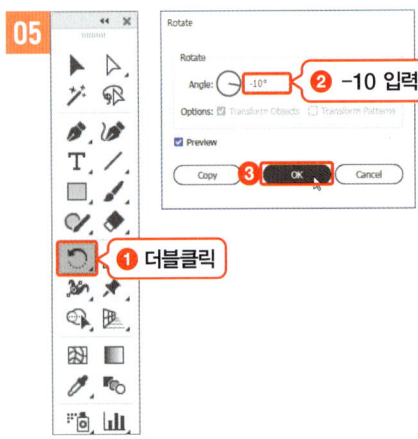

| 한눈에 실습 | 반사 도구로 하트 만들기 |

준비 파일 일러스트레이터/Chapter 03/회전 반전하기2.ai
핵심 기능 반사 도구

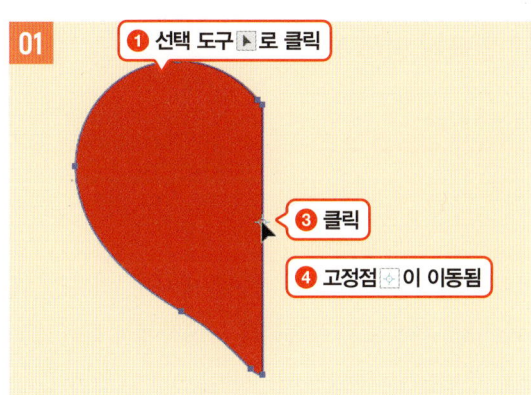
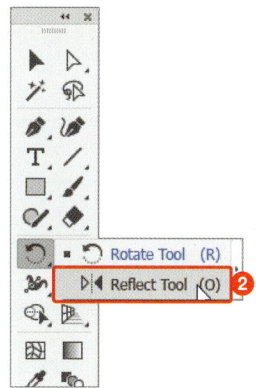

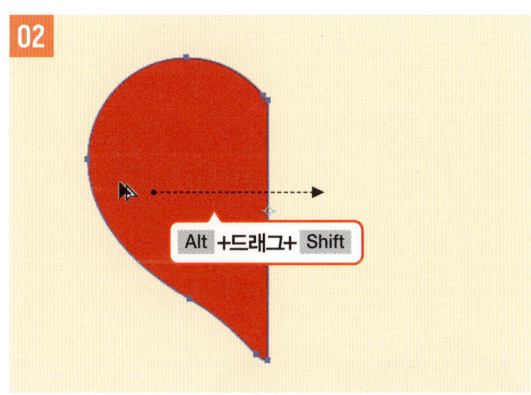
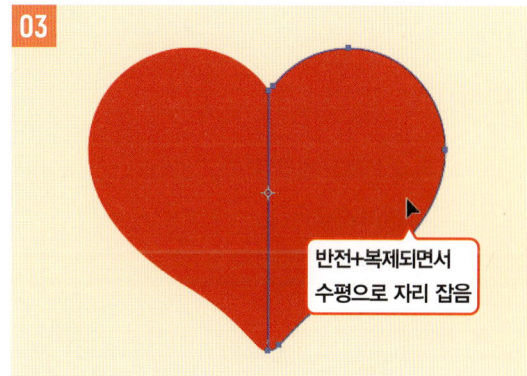

Ai LESSON 09

패스를 반복하여 그리기
반복 기능으로 대칭과 반복된 형태 표현하기

반복(Repeat) 기능은 오브젝트를 대칭 또는 연속해서 그리는 방식입니다. 반복 기능은 방사형, 격자형, 대칭형 이렇게 세 가지 유형을 활용해 다양한 형태를 만들 수 있고 수정 또한 쉽습니다. 418쪽에서 회전 도구와 반사 도구를 활용해 오브젝트를 대칭 또는 반복해 그리는 방법을 알아보았는데, 신기능인 반복 기능을 활용하면 좀 더 편리하게 작업할 수 있습니다.

반복 유형 알아보기

아트보드의 오브젝트를 클릭하고 [Object]-[Repeat] 메뉴를 선택합니다. 반복 기능은 세 가지 유형이 있는데 하나씩 살펴보겠습니다.

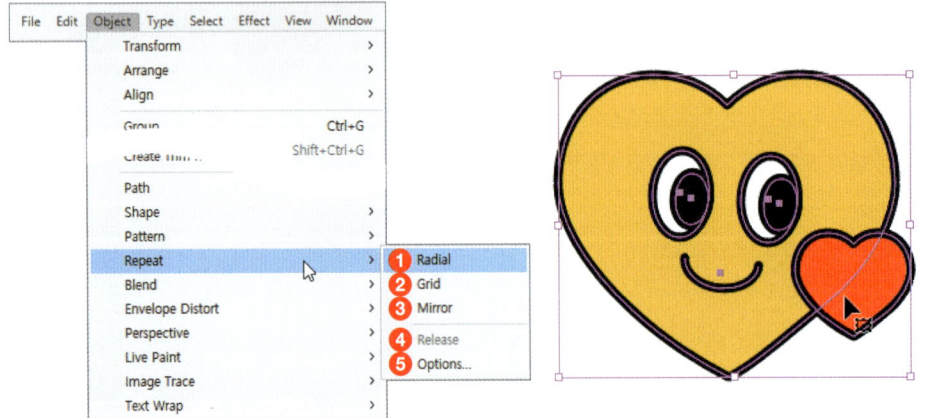

① **Radial** | 오브젝트를 방사형으로 반복해 그립니다. 기본적으로는 여덟 개를 반복해 그리며 반복 횟수와 지름 등을 수정할 수 있습니다.

② **Grid** | 오브젝트를 격자형으로 반복해 그립니다. 기본적으로는 네 개씩 두 줄로 배치되어 여덟 개가 그려지며 행, 열, 간격을 모두 수정할 수 있습니다.

③ **Mirror** | 오브젝트를 거울에 비춘 것처럼 대칭형으로 그립니다. 오브젝트 간격과 대칭축의 각도를 수정할 수 있습니다.

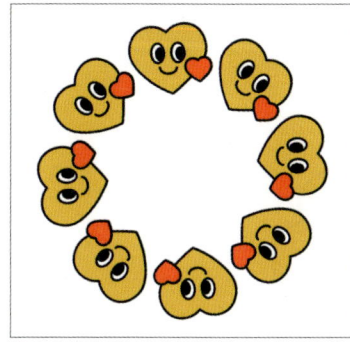
▲ Radial(방사형)

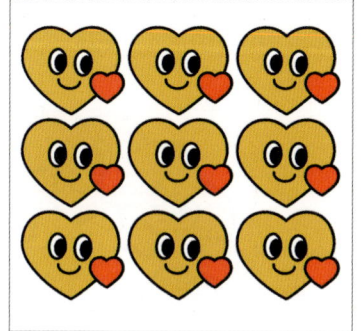
▲ Grid(격자)

▲ Mirror(뒤집기)

④ **Release** | 반복 기능을 취소합니다.

⑤ **Options** | 반복 기능의 옵션을 수정할 수 있는 [Repeat Options] 대화상자가 나타나며 [Properties]-[Repeat Options] 패널과 동일합니다.

[Repeat Options] 패널 살펴보기

[Properties]-[Repeat Options] 패널 또는 [Object]-[Repeat]-[Options] 메뉴를 선택하면 나타나는 [Repeat Options] 대화상자에서 반복 기능의 옵션을 수정할 수 있습니다. 또한 아트보드에서 오브젝트의 조절점을 활용해 직접 수정할 수도 있습니다.

방사형 옵션 알아보기

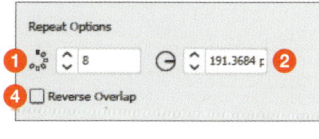

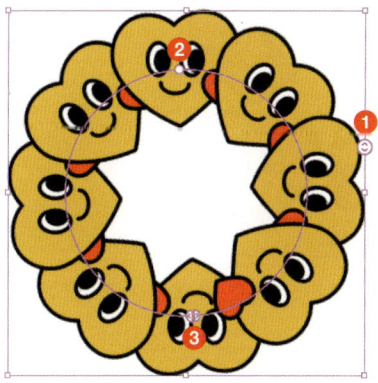

① **Number of instances** | 반복 횟수를 조절합니다.

② **Radius** | 방사형의 지름을 조절합니다.

③ 반복이 시작되는 지점과 끝나는 지점을 수정합니다.

④ **Reverse Overlap** | 체크하면 반복하려는 오브젝트의 레이어가 여러 개일 때 레이어의 순서를 변경합니다.

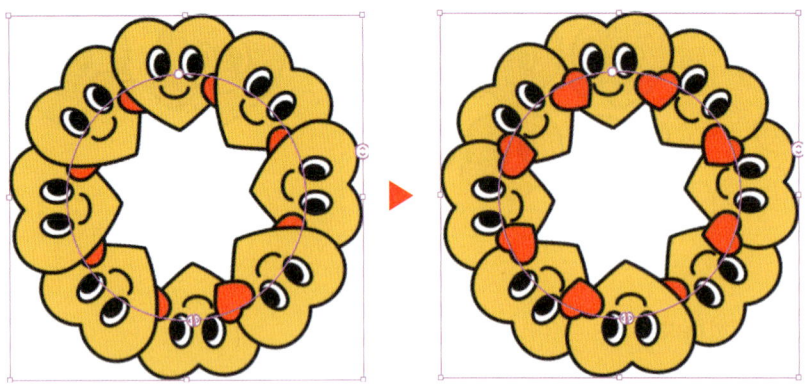

격자 옵션 알아보기

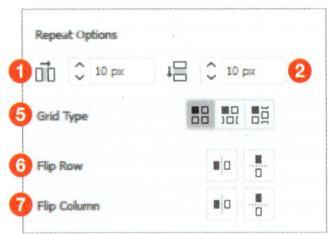

① **Horizontal spacing in grid** | 오브젝트 간의 가로 간격을 조정합니다.

② **Vertical spacing in grid** | 오브젝트 간의 세로 간격을 조정합니다.

③ 격자의 가로 영역을 조절합니다.

④ 격자의 세로 영역을 조절합니다.

⑤ **Grid Type** | 행과 열의 배열 유형을 선택합니다. 기본 반복, 행이 엇갈리면서 반복, 열이 엇갈리면서 반복되는 것 중 하나를 선택할 수 있습니다.

⑥ **Flip Row** | 행별로 가로 또는 세로로 반전할 수 있습니다.

⑦ **Flip Column** | 열별로 가로 또는 세로로 반전할 수 있습니다.

뒤집기 옵션 알아보기

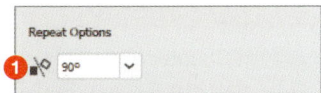

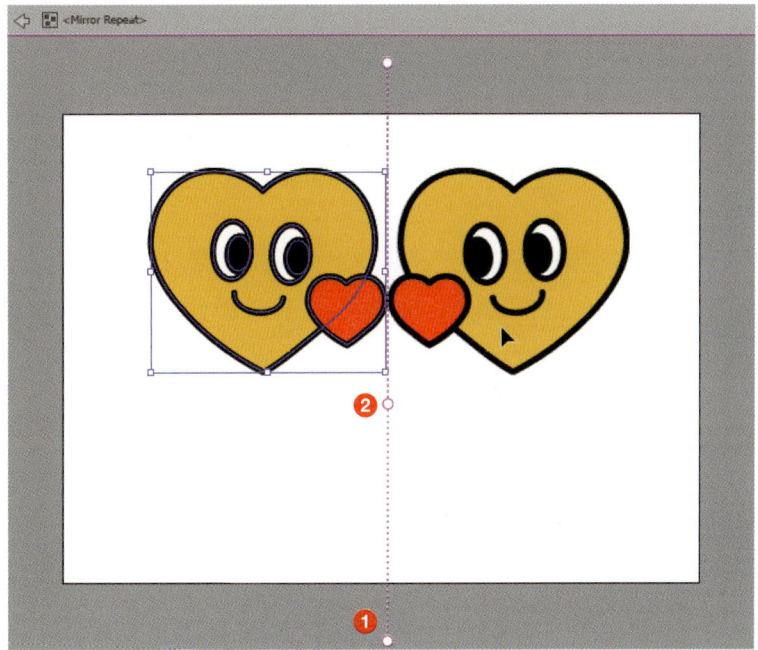

① 대칭축의 각도를 조절합니다.
② 오브젝트 간격을 조절합니다.

한눈에 실습 방사형 반복으로 시계 만들기

준비 파일 일러스트레이터/Chapter 03/반복하기1.ai
핵심 기능 Repeat, Radial

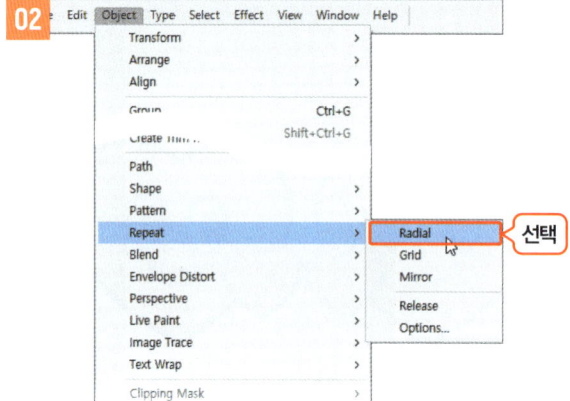

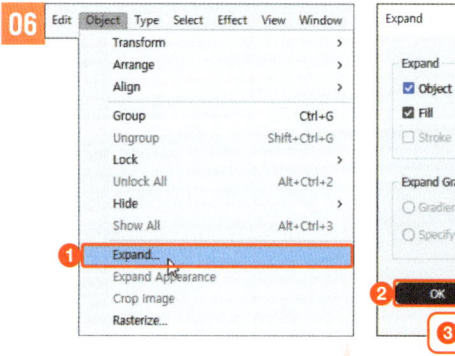

[Object]-[Expand] 메뉴를 선택하면 오브젝트가 완전한 패스로 처리됩니다. 패스로 처리하지 않으면 일러스트레이터 CC 2021 이하 버전에서 해당 파일을 열었을 때 오류가 발생할 수 있습니다.

한눈에 실습 | 뒤집기 반복으로 꽃병 만들기

준비 파일 일러스트레이터/Chapter 03/반복하기2.ai
핵심 기능 Repeat, Mirror

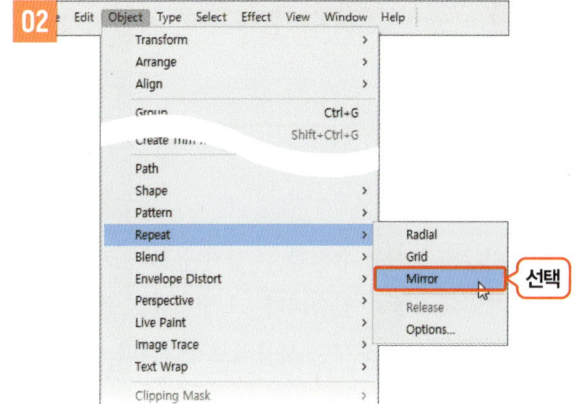
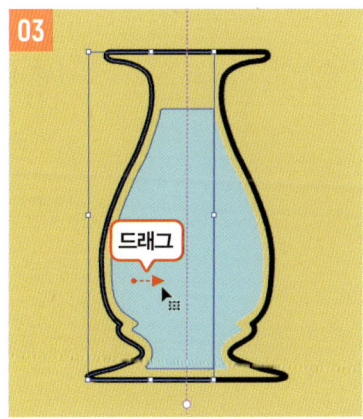
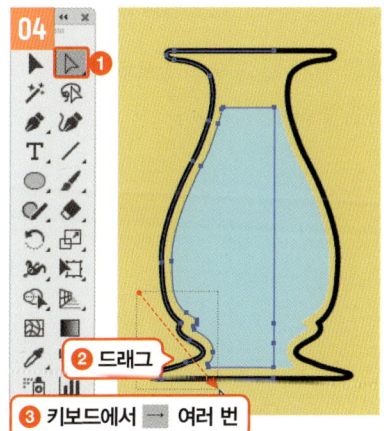
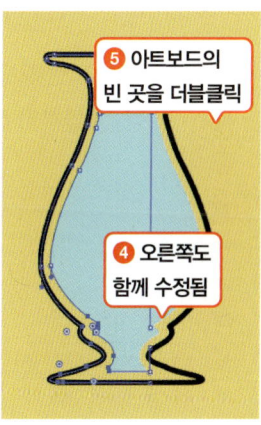

CHAPTER 03 이것만 알아도 디자인이 된다 **425**

Ai LESSON 10

패스의 크기, 기울기 수정하기
크기 조절 도구와 기울이기 도구로 패스의 형태 수정하기

바운딩 박스로도 얼마든지 크기를 수정할 수 있지만 크기 조절 도구를 사용하면 정확한 수치로 크기를 조절할 수 있고, 선의 굵기도 조절할 수 있습니다. 크기 조절 도구를 비롯하여 기울기를 조절하는 기울이기 도구, 선의 굴곡을 조절하는 모양 변경 도구를 사용해보겠습니다.

크기 조절 도구, 기울이기 도구, 모양 변경 도구에 대해 알아보기

크기 조절 도구 를 길게 클릭하고 있으면 패스의 형태를 수정할 수 있는 도구가 나타납니다. 지금부터 하나씩 알아보겠습니다.

① Scale Tool (S)
② Shear Tool
③ Reshape Tool

도구바의 모양이 다르게 보인다면 도구바가 기본(Basic)으로 설정되어 있는 것입니다. 293쪽을 참고하여 고급(Advanced)으로 바꾼 후에 실습을 진행하기 바랍니다.

① **크기 조절 도구** | 오브젝트의 크기를 조절하는 도구입니다. 크기 조절 도구로 오브젝트를 드래그하면 바운딩 박스처럼 자유롭게 크기를 조절할 수 있고, 크기 조절 도구를 더블클릭하면 나타나는 [Scale] 대화상자에서 정확한 수치로 크기를 조절할 수도 있습니다.

Shift 를 누른 채로 드래그하면 가로와 세로의 비율이 유지되면서 조절됩니다. 선택 도구로 크기를 조절할 때와 같습니다.

② **기울이기 도구** | 오브젝트의 기울기를 조절하는 도구입니다. 기울이기 도구로 오브젝트를 드래그하여 기울기를 조절할 수 있고, 기울이기 도구를 더블클릭하면 나타나는 [Shear] 대화상자에서 정확한 수치로 기울기를 조절할 수도 있습니다.

Shift 를 누른 채로 드래그하면 수평, 수직, 45°로 기울어집니다.

③ **모양 변경 도구** | 선을 수정하는 도구입니다. 직접 선택 도구로 오브젝트의 선을 선택한 다음 모양 변경 도구로 드래그하면 드래그하는 대로 직선이 곡선으로 바뀝니다.

정확한 수치로 패스의 형태 수정하기

도구바에서 크기 조절 도구나 기울이기 도구를 더블클릭하면 나타나는 대화상자에서 크기나 기울기를 정확한 수치로 수정할 수 있습니다. 크기 조절 도구를 더블클릭하면 나타나는 [Scale] 대화상자에서는 오브젝트의 크기뿐만 아니라 선의 굵기, 패턴의 크기, 모서리의 크기 등 세부적인 것도 함께 수정할 수 있습니다.

크기 조절 도구, [Scale] 대화상자

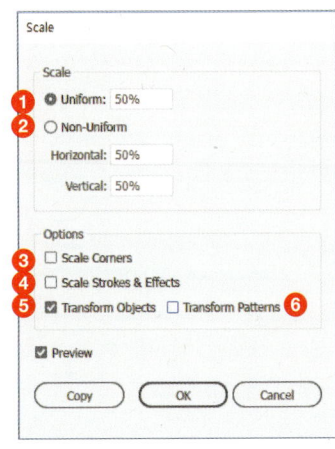

① **Uniform** | 오브젝트의 가로/세로 비율을 함께 조절합니다.
② **Non-Uniform** | 오브젝트의 가로/세로 비율을 다르게 조절합니다.
③ **Scale Corners** | 모서리의 크기를 조절합니다.
④ **Scale Strokes & Effects** | 선의 굵기와 적용된 효과를 함께 조절합니다.
⑤ **Transform Objects** | 오브젝트의 크기를 조절합니다. 기본적으로는 체크되어 있습니다.
⑥ **Transform Patterns** | 오브젝트에 적용된 패턴의 크기를 조절합니다.

기능 꼼꼼 익히기 — [Scale Strokes & Effects] 알아보기

[Scale] 대화상자에서 [Scale Strokes & Effects]에 체크하고 크기를 50% 줄였다면 오브젝트의 크기와 선의 굵기가 함께 반으로 줄어듭니다. 만약 [Scale Strokes & Effects]에 체크하지 않고 크기를 줄였다면 선의 굵기는 그대로 유지된 채 크기만 줄어듭니다.

▲ 체크함   ▲ 체크하지 않음

기울이기 도구, [Shear] 대화상자

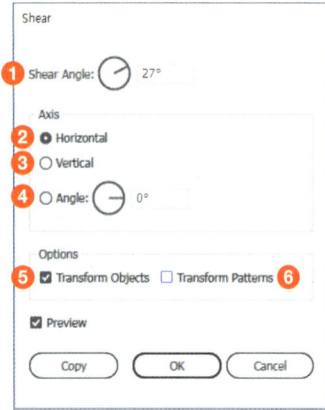

① **Shear Angle** ｜ 오브젝트의 기울기를 각도로 조절합니다.

② **Horizontal** ｜ 가로축을 기준으로 기울어집니다.

③ **Vertical** ｜ 세로축을 기준으로 기울어집니다.

④ **Angle** ｜ 축을 각도로 돌립니다.

⑤ **Transform Objects** ｜ 오브젝트의 기울기를 조절합니다. 기본적으로는 체크되어 있습니다.

⑥ **Transform Patterns** ｜ 오브젝트에 적용된 패턴의 기울기를 조절합니다.

한눈에 실습 | 크기 조절 도구로 정확하게 크기 수정하기

준비 파일 일러스트레이터/Chapter 03/크기와 기울기 변형하기1.ai
핵심 기능 크기 조절 도구

01

❶ 선택 도구 ▶로 드래그 ❷ 더블클릭

02

❶ 35% 입력 ❷ 체크 ❸ OK

03

오브젝트의 크기와 선의 굵기가 35%의 비율로 줄어듦

[Scale Strokes & Effects]에 체크하지 않고 크기를 조절하면 선의 굵기는 줄어들지 않습니다.

한눈에 실습 기울이기 도구로 정확하게 기울기 조절하기

준비 파일 일러스트레이터/Chapter 03/크기와 기울기 변형하기2.ai
핵심 기능 기울이기 도구

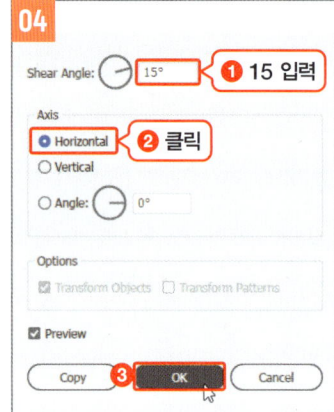

한눈에 실습 | 모양 변경 도구로 곡선 만들기

준비 파일 일러스트레이터/Chapter 03/크기와 기울기 변형하기3.ai
핵심 기능 모양 변경 도구

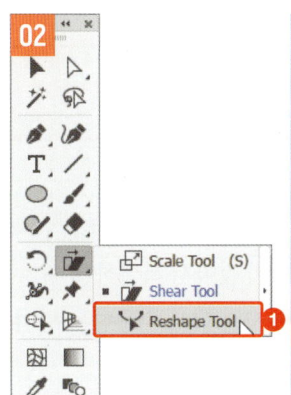

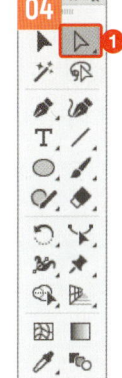

일러스트레이터에서 색을 적용하는 모든 방법

Ai LESSON 11

컬러 믹서 패널, 스와치 패널과
[Color Picker], [Recolor Artwork]로 색 적용하기

일러스트레이터에는 색을 적용하는 방법이 많아서 복잡하게 여겨질 수 있지만, 색이 적용된다는 결과는 같고 적용 방법도 비슷합니다. 이번 실습에서는 색을 적용하는 방법에 대해 하나씩 알아보고, 다양한 방법으로 오브젝트에 색을 적용해보겠습니다.

컬러 믹서 패널로 색 적용하기

색을 적용할 수 있는 방법 중 가장 기본은 컬러 믹서 패널입니다. 오브젝트를 선택하고 [Properties]-[Appearance] 패널의 [칠]이나 [획]을 클릭하면 컬러 믹서 패널이 나타납니다. 아래와 다르게 보인다면 🎨을 클릭하여 컬러 믹서 패널이 나타나게 합니다.

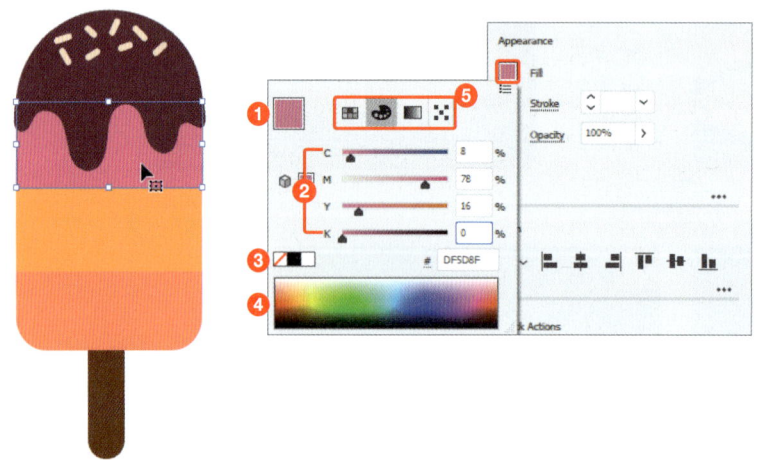

① **Color** | 현재 선택된 색을 나타냅니다.
② **슬라이더바 영역** | 슬라이더바를 움직이거나 숫자를 입력하여 색을 수정할 수 있습니다.
③ 비활성화/검은색/흰색으로 색을 설정할 수 있습니다.
④ **스펙트럼** | 모든 색이 다 나타나 있습니다. 원하는 지점을 클릭하면 색이 적용됩니다.
⑤ Swatches 🎨/Color Mixer 🎨/Gradient 🎨/Text to pattern 🎨 | 스와치 패널 또는 컬러 믹서 패널로 전환할 수 있고, 그레이디언트를 적용하거나 AI로 패턴을 적용할 수 있습니다.

옵션 ≡을 클릭하면 다양한 컬러 모드로 변경할 수 있으며, 변경된 컬러 모드에 따라 슬라이더바 영역이 다르게 나타납니다.

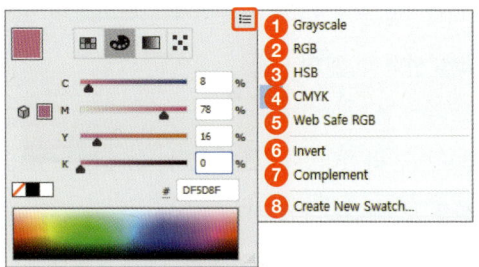

① **Grayscale** | 흑백 모드로, 흰색/회색/검은색만 선택할 수 있습니다. 여기서는 흰색과 검은색을 256단계로 나누어 표현합니다.

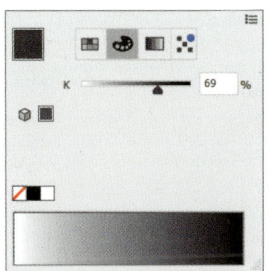

② **RGB** | 웹, 영상, 모바일, 멀티미디어 디바이스 작업을 위한 컬러 모드입니다. 빛의 3원색인 빨간색(Red), 초록색(Green), 파란색(Blue)을 사용하며, 색을 섞으면 섞을수록 밝아집니다.

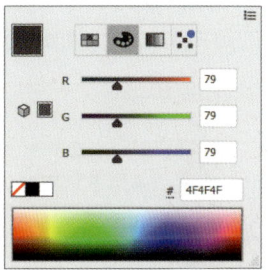

③ **HSB** | 색의 3요소인 색상(Hue), 채도(Saturation), 명도(Brightness)를 이용해 색을 만드는 모드로 채도와 명도를 수정하기가 편리합니다.

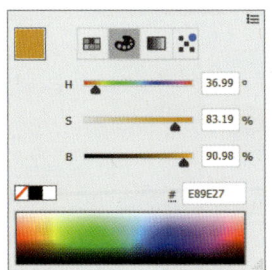

④ **CMYK** | 인쇄 작업을 위한 컬러 모드입니다. 각각 파란색(Cyan), 자주색(Magenta), 노란색(Yellow), 검은색(Black) 잉크를 뜻합니다. 색을 섞을수록 탁하고 어두워집니다.

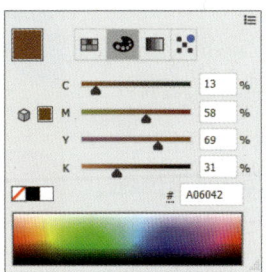

⑤ **Web Safe RGB** | 웹 안전 컬러 모드입니다. 웹에서 보이는 색은 모두 '코드'로 되어 있습니다. 빨간색이나 검은색과 같은 기본색은 잘 표현되지만 파스텔 톤과 같은 중간색은 모니터마다 다르게 보이기도 합니다. Web Safe RGB 모드는 이를 보완하여 안전하게 보일 수 있는 기본색을 선택할 수 있습니다.

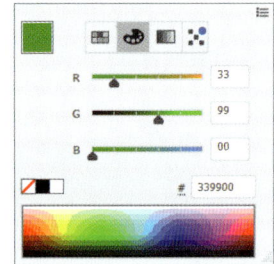

⑥ **Invert** | 슬라이더바의 값을 반대로 설정합니다. 클릭하면 보색으로 바뀝니다.
⑦ **Complement** | 슬라이더바의 비율을 반전시킵니다. 클릭하면 보색으로 바뀝니다.
⑧ **Create New Swatch** | 선택한 패스의 색을 스와치 패널에 별색으로 등록합니다.

기능 꼼꼼 익히기 | **컬러 믹서 패널 플로팅하여 사용하기**

[Window]-[Color] 메뉴를 선택하면 [Properties]-[Appearance] 패널에 숨어 있던 컬러 믹서 패널이 플로팅되어 나타납니다. 컬러 믹서 패널을 플로팅하면 숨어 있던 패널을 클릭하지 않아도 바로 보이므로 색을 적용할 때 편리합니다. 사용자의 모니터가 넓다면 컬러 믹서 패널을 플로팅하여 사용하는 것을 권장합니다. 플로팅된 컬러 믹서 패널에는 [칠]과 [획]의 속성이 함께 있으므로 색을 [칠]에 적용할 것인지 [획]에 적용할 것인지 선택해야 합니다.

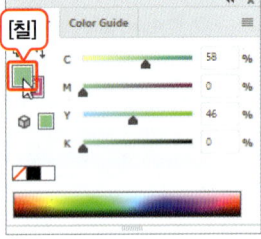
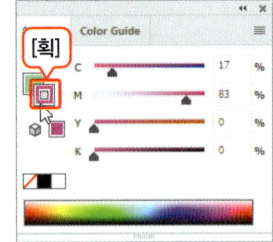

스와치 패널로 색 적용하기

자주 쓰는 물감을 팔레트에 짜놓듯이 스와치 패널은 자주 쓰는 색을 모아 둔 패널입니다. 오브젝트를 선택하고 [Properties]-[Appearance] 패널의 [칠]이나 [획]을 클릭한 다음 ▦을 클릭하면 나타납니다. 원하는 색을 클릭하면 오브젝트에 바로 적용됩니다.

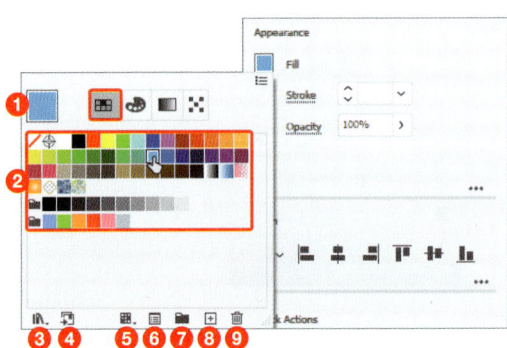

① **Color** | 현재 선택된 색을 나타냅니다.
② 색이 칩 형식으로 나타납니다. 색뿐만 아니라 그레이디언트와 패턴도 있습니다.
③ **견본 라이브러리 메뉴** | [Swatches Libraries]를 불러올 수 있습니다.
④ **현재 내 라이브러리에 선택한 색상 견본 및 색상 그룹 추가** | 선택한 색이 [Libraries] 패널에 추가됩니다.
⑤ **견본 종류 표시 메뉴** | 원하는 색만 꺼내거나 숨길 수 있습니다.
⑥ **견본 옵션** | 색을 선택하고 클릭하면 [Swatches Options] 대화상자에서 색을 수정할 수 있습니다.
⑦ **새 색상 그룹** | 색 그룹을 만들 수 있습니다.
⑧ **견본** | 색을 등록할 수 있습니다. [칠] 색을 스와치 패널로 드래그하여 넣어도 등록됩니다.
⑨ **견본 삭제** | 컬러 칩을 선택하고 삭제 🗑 를 클릭하면 삭제됩니다.

기능 꼼꼼 익히기 | 스와치 패널 플로팅하여 사용하기

[Window]–[Swatches] 메뉴를 선택하여 스와치(견본) 패널을 플로팅하면 색상 칩이 바로 보인다는 장점이 있습니다. 컬러 믹서 패널과 마찬가지로 사용자의 모니터가 넓다면 스와치 패널을 플로팅하여 사용하면 편리합니다. 플로팅한 스와치 패널에는 [칠]과 [획]의 속성이 함께 있으므로 색을 [칠]에 적용할 것인지, [획]에 적용할 것인지 선택해야 합니다. [칠]과 [획] 중에 선택된 것이 앞으로 나오게 됩니다.

스와치 패널로 패턴 적용하기

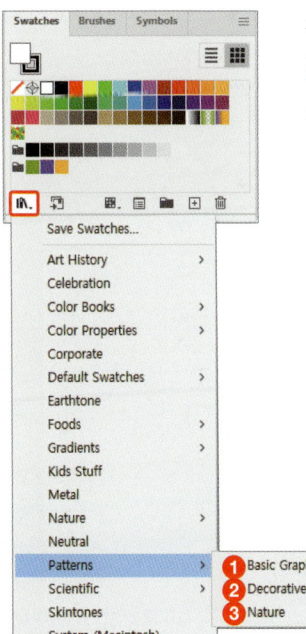

스와치(견본) 패널에서 🔖 를 클릭하고 [Patterns] 메뉴를 선택하면 다양한 [Patterns] 패널을 불러올 수 있습니다. 패스를 선택하고 [Patterns] 패널에서 원하는 패턴을 선택하면 패턴을 적용할 수 있습니다.

① **Basic Graphics** | 흑백으로 된 기본 패턴입니다. 도트, 라인, 텍스처로 구성되어 있습니다.

② **Decorative** | 장식 무늬가 들어간 패턴입니다.

③ **Nature** | 자연적인 소재로 만들어진 패턴입니다. 꽃과 동물 가죽 등으로 구성되어 있습니다.

[Color Picker] 알아보기

도구바 하단에 있는 [칠]이나 [획]을 더블클릭하면 [Color Picker] 대화상자가 나타납니다. [Color Picker] 대화상자는 원하는 색을 자유롭게 클릭하여 선택할 수 있습니다.

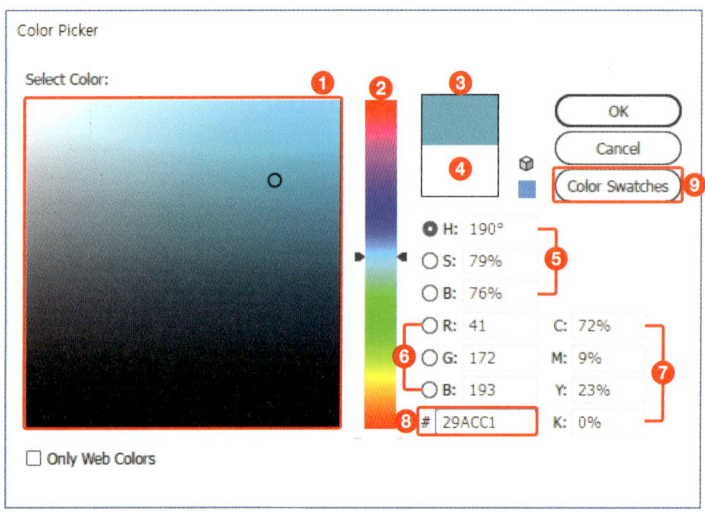

① **색상 선택 영역** | 색의 명도와 채도를 한눈에 볼 수 있습니다. 원하는 부분을 클릭하여 선택합니다.
② **스펙트럼** | 모든 색을 스펙트럼으로 볼 수 있습니다. 스펙트럼 옆의 화살표를 드래그하여 선택합니다.
③ 색상 선택 영역에서 선택한 색을 나타냅니다.
④ 선택한 패스의 원래 색을 나타냅니다.
⑤ HSB 수치를 입력할 수 있습니다.
⑥ RGB 수치를 입력할 수 있습니다.
⑦ CMYK 수치를 입력할 수 있습니다.
⑧ 컬러 코드를 직접 입력할 수 있습니다.
⑨ **Color Swatches** | 스와치 패널의 색을 선택할 수 있습니다.

[Recolor] 알아보기

오브젝트를 선택한 후 [Properties]-[Quick Actions] 패널의 [Recolor(다시 칠하기)]를 클릭하면 [Recolor] 패널이 나타납니다. 또는 [Edit]-[Edit Colors]-[Recolor Artwork] 메뉴를 선택해도 [Recolor] 패널이 나타납니다. [Recolor]는 색이 여러 개일 때 한꺼번에 수정할 수 있어 편리합니다.

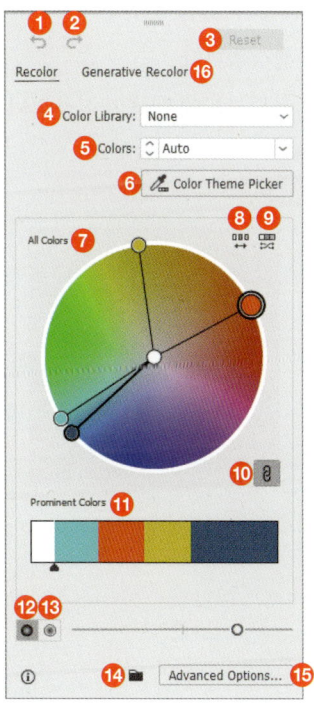

① 🔙 | 수정을 한 단계 전으로 되돌립니다.
② 🔜 | 되돌린 수정을 다시 한 단계 앞으로 되돌립니다.
③ **Reset** | 색을 수정하기 전의 처음 상태로 되돌립니다.
④ **Color Library** | [Swatches Libraries]에서 제공하는 색을 적용할 수 있습니다.

⑤ **Colors** | 색의 수를 제한할 수 있습니다.
⑥ **Color Theme Picker** | 선택한 오브젝트를 다른 오브젝트의 색으로 수정할 수 있습니다.
⑦ **All Colors** | 선택한 오브젝트의 색을 색상원으로 표시합니다.
⑧ | 색의 순서를 무작위로 수정할 수 있습니다.
⑨ | 채도와 명도를 무작위로 수정할 수 있습니다.
⑩ | 클릭하면 색상원 안에 있는 모든 색이 연결되어 함께 이동됩니다.
⑪ **Prominent Colors** | 선택한 오브젝트의 색을 색상바 형태로 표시합니다.
⑫ | 클릭하면 ⑦ 색상원에 명도와 색상이 표시됩니다.
⑬ | 클릭하면 ⑦ 색상원에 채도와 색상이 표시됩니다. 선택한 상태로 슬라이더바를 조절하면 채도가 수정됩니다.
⑭ | 현재 색상원에 표시된 색들을 [Color Groups]에 저장합니다.
⑮ **Advanced Options** | 클릭하면 더 많은 옵션으로 색을 수정할 수 있습니다.
⑯ **Generative Recolor** | 원하는 색상 테마를 텍스트로 입력하면 색상이 수정됩니다.
　ⓐ **Prompt** | 텍스트를 입력할 수 있습니다.
　ⓑ **User Guidelines** | 원하는 스타일의 배색을 입력할 수 있습니다.
　ⓒ **Colors** | 원하는 컬러로 제안받을 수 있습니다.
　ⓓ **Generate** | 클릭하면 샘플이 생성됩니다.
　ⓔ **Sample Prompts** | 클릭하면 아트보드에 배색이 적용됩니다.

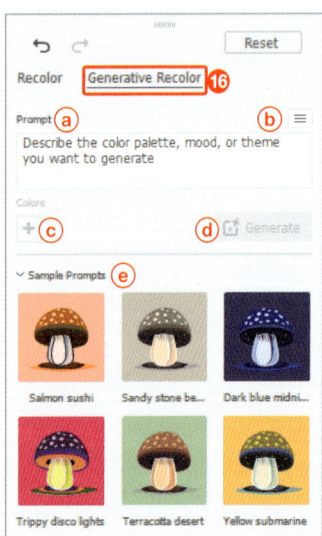

막대형 목록으로 표시하는 [Assign]

[Recolor Artwork] 패널의 [Advanced Options]를 클릭하면 다음과 같이 더 많은 옵션으로 색을 수정할 수 있는 [Recolor Artwork] 대화상자가 나타납니다. [Assign] 탭은 색을 막대형 목록으로 표시합니다. [Recolor Artwork] 대화상자를 열면 [Assign] 탭이 기본으로 보입니다.

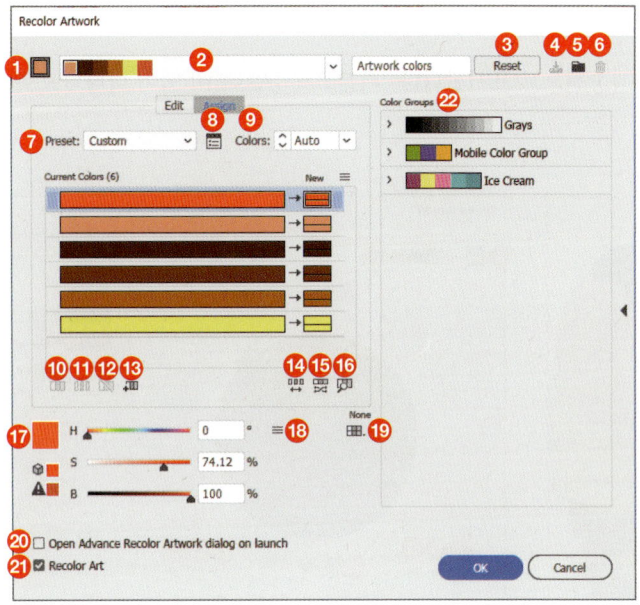

① 선택된 색 한 개를 나타냅니다.

② 선택된 모든 색을 나타냅니다. ⌄를 클릭하면 추천 배색을 선택할 수 있습니다.

③ **Reset** | 원래 배색으로 되돌립니다.

④ ▣ | 배색을 저장합니다.

⑤ ▣ | 배색을 [Color Groups]에 저장합니다.

⑥ ▣ | 배색을 삭제합니다.

⑦ **Preset** | 막대형 색 목록을 어떻게 볼 것인지 선택할 수 있습니다.

⑧ ▣ | [Recolor] 옵션이 나타납니다.

⑨ **Colors** | 색의 수를 정합니다.

⑩ ▣ | 목록에서 색을 두 개 이상 함께 선택하고 클릭하면 하나의 열로 합칩니다.

⑪ ▣ | 목록에서 합쳐진 색을 별도로 구분합니다.

⑫ ▣ | 한 개의 열에 여러 가지 배색이 있을 경우 색을 따로 구분합니다.

⑬ ▣ | 새로운 열을 만듭니다.

⑭ ▣ | 랜덤으로 색을 배치합니다.

⑮ ▣ | 랜덤으로 채도와 명도를 배치합니다.

⑯ ▣ | 색을 선택하고 클릭하면 선택한 색이 적용된 오브젝트만 보입니다.

⑰ 컬러 믹서 패널과 같은 방식으로 색을 수정할 수 있습니다.

⑱ ▣ | 컬러 모드를 선택할 수 있습니다.

⑲ ▣ | [Swatches Libraries]를 불러올 수 있습니다.

⑳ **Open Advance Recolor Artwork dialog on launch** | 체크한 후 [Properties]-[Quick Actions] 패널에서 [Recolor]를 클릭하면 [Recolor Artwork] 대화상자가 나타납니다.

㉑ **Recolor Art** | 체크하면 변경된 결과를 미리 확인할 수 있습니다.

㉒ **Color Groups** | 컬러 그룹을 저장하거나 편집합니다.

색상원으로 표시하는 [Edit]

[Edit] 탭은 색을 색상원으로 표시합니다. 기본으로 [Assign] 탭이 나타나므로 [Edit] 탭을 클릭하여 [Edit] 로 전환합니다.

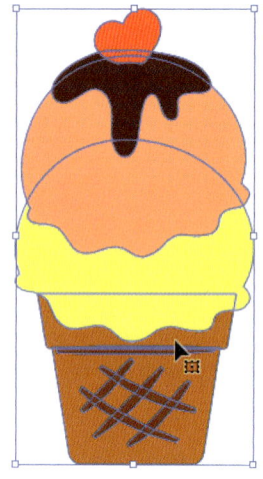
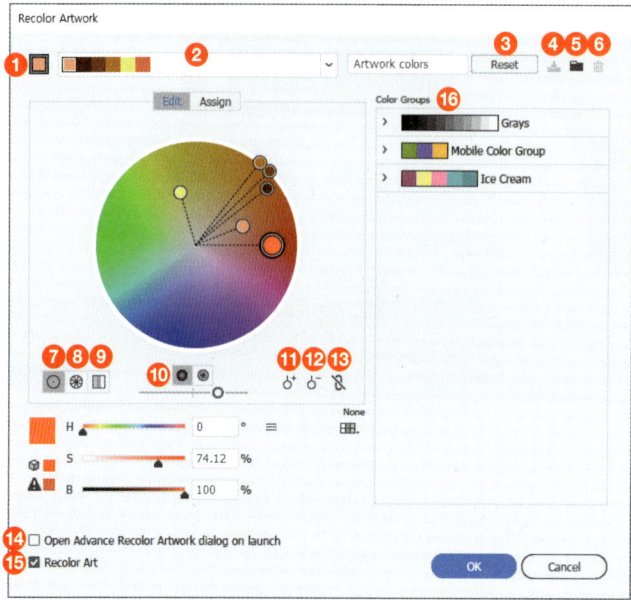

① 선택된 색 한 개를 나타냅니다.

② 선택된 모든 색을 나타냅니다. ▼를 클릭하면 추천 배색을 선택할 수 있습니다.

③ **Reset** | 원래 배색으로 되돌립니다.

④ 🔽 | 배색을 저장합니다.

⑤ 📁 | 배색을 [Color Groups]에 저장합니다.

⑥ 🗑 | 배색을 삭제합니다.

⑦ ⭕ | 색상원을 부드럽게 표시합니다.

⑧ ❇ | 색상원을 구역으로 나누어 표시합니다.

⑨ ▯ | 색상원을 막대바 형태로 나눠서 표시합니다.

⑩ | 명도를 조절합니다.

⑪ | 색을 추가합니다.

⑫ | 색을 삭제합니다.

⑬ | 클릭하면 색상원 안에 있는 모든 색이 연결되어 함께 수정됩니다.

⑭ **Open Advance Recolor Artwork dialog on launch** | 체크한 후 [Properties]-[Quick Actions] 패널에 서 [Recolor]를 클릭하면 [Recolor Artwork] 대화상자가 나타납니다.

⑮ **Recolor Art** | 체크하면 변경된 결과를 미리 확인할 수 있습니다.

⑯ **Color Groups** | 컬러 그룹을 저장하거나 편집합니다.

간단 실습 컬러 믹서 패널로 색 적용하기

준비 파일 일러스트레이터/Chapter 03/색 적용하기1.ai

01 ❶ 선택 도구▶로 회색 'a'를 클릭합니다. ❷ [Properties]-[Appearance] 패널에서 [칠]을 클릭한 후 ❸ 컬러 믹서 패널을 클릭합니다. ❹ 옵션을 클릭하고 ❺ [RGB]를 선택하여 RGB 모드로 변경한 후 ❻ R:255, G:140, B:30으로 설정합니다.

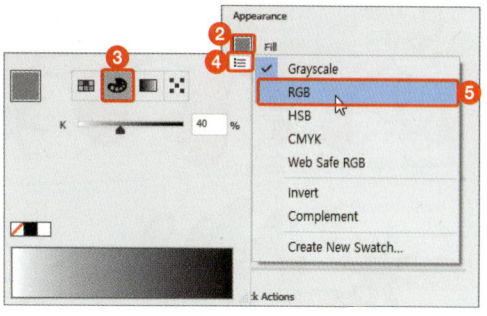

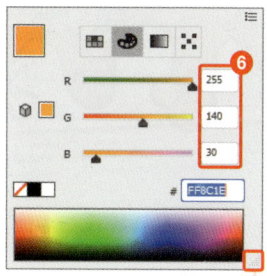

를 아래로 드래그하면 스펙트럼의 영역이 넓어집니다.

02

① 선택 도구로 'D'를 클릭합니다. ② [Properties]-[Appearance] 패널에서 [칠]을 클릭한 후 ③ 옵션을 클릭합니다. ④ [HSB]를 선택한 후 ⑤ [H]만 320으로 수정합니다.

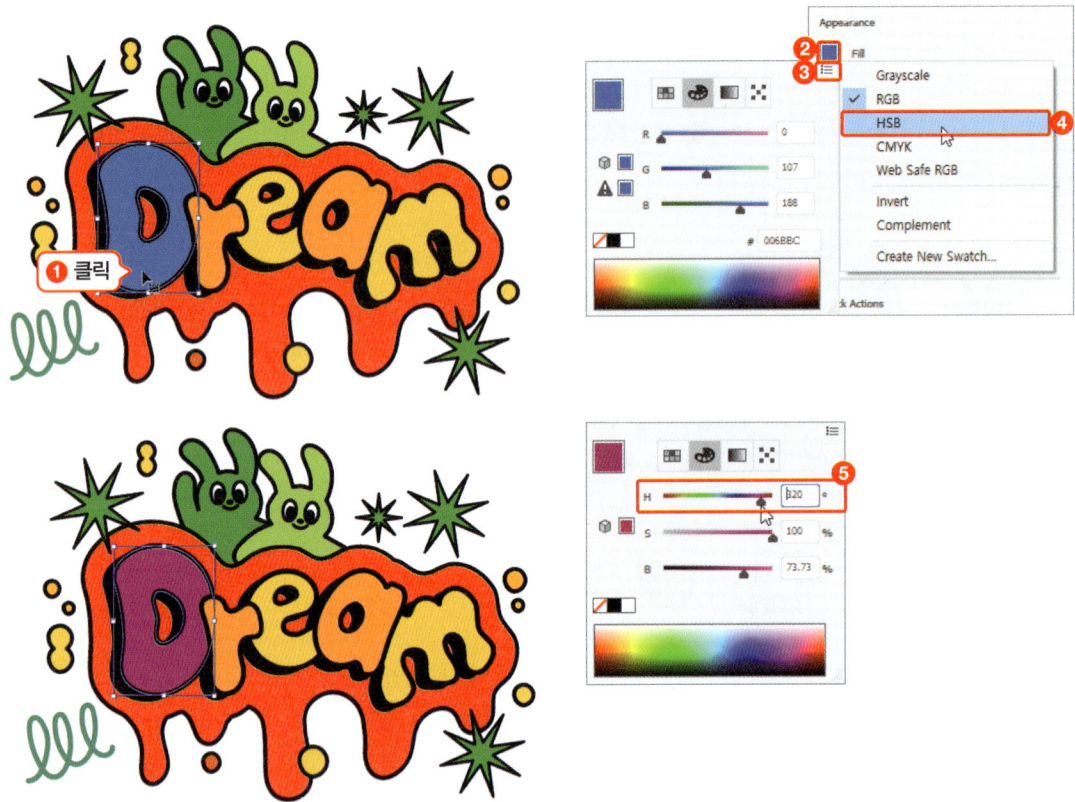

03

① 구불구불하게 꼬인 선을 클릭합니다. ② [Properties]-[Appearance] 패널에서 [획]을 클릭하고 ③ 컬러 믹서 패널에 있는 ④ 하단의 스펙트럼에서 마음에 드는 색을 클릭합니다.

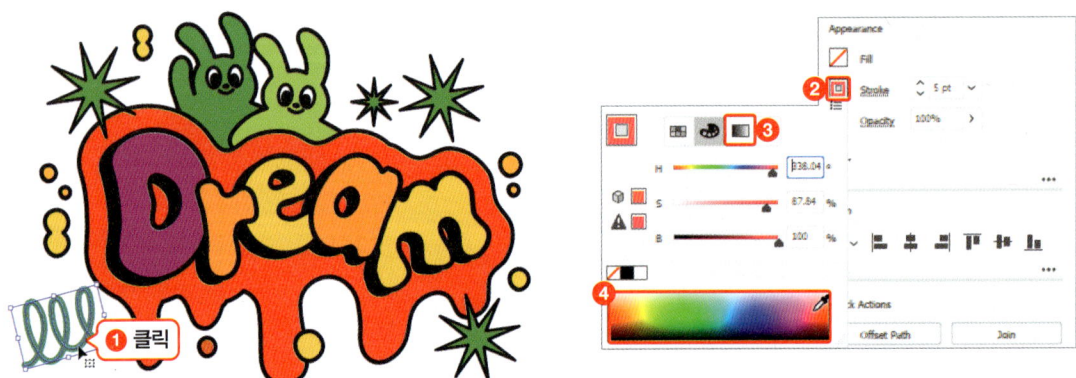

간단 실습 　스와치 패널로 색 적용하고 등록하기

준비 파일 일러스트레이터/Chapter 03/색 적용하기2.ai

01 ① 선택 도구로 노란색 사과를 클릭합니다. ② [Properties]-[Appearance] 패널의 [칠]을 클릭하고 ③ 스와치 패널을 클릭합니다. ④ 빨간색을 클릭하여 빨간색을 적용합니다.

02 ① 초록색 'C'를 클릭합니다. ② [Properties]-[Appearance] 패널의 [칠]을 클릭하고 ③ 스와치 패널 하단에 있는 을 클릭합니다. ④ [New Swatch] 대화상자에서 [Swatch Name]에 **그린**을 입력하고 ⑤ [Global]을 클릭해 체크를 해제한 후 ⑥ [OK]를 클릭합니다. 색이 스와치 패널에 등록됩니다.

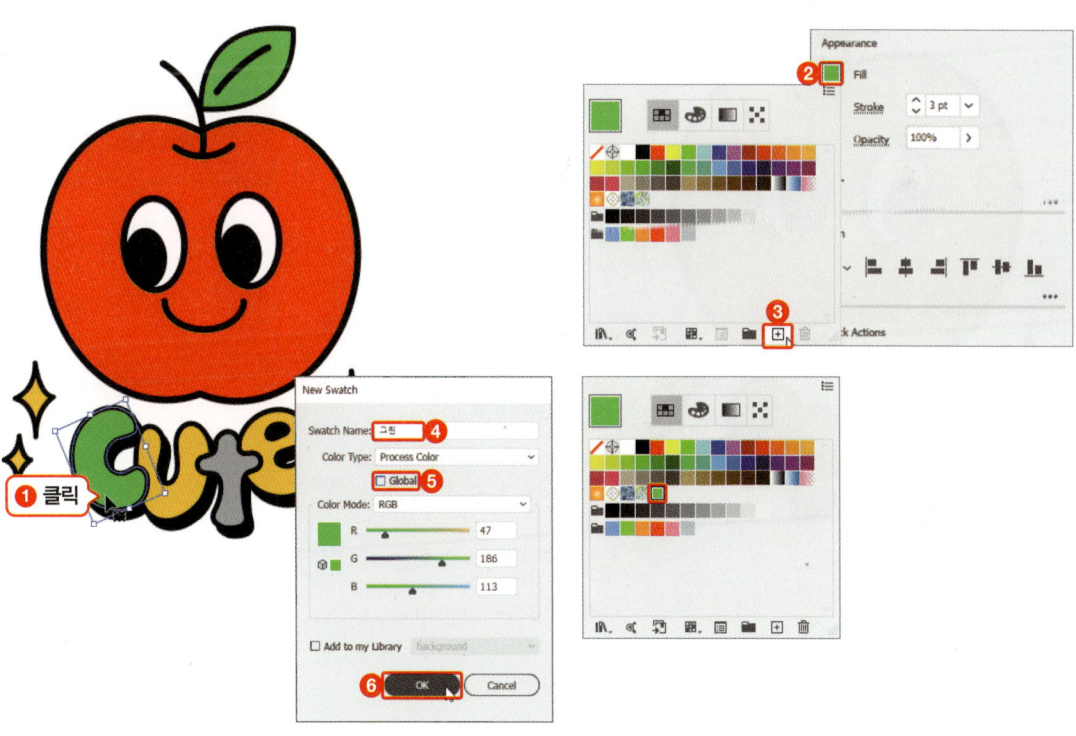

03 ① 회색 't'를 클릭하고 ② 스와치 패널에서 방금 전에 등록한 '그린'의 컬러 칩을 클릭합니다. 회색 글자에 초록색이 적용됩니다.

04 ① Ctrl + A 를 눌러 모든 오브젝트를 선택하고 ② [Properties]-[Appearance] 패널의 [칠]을 클릭해 스와치 패널 하단에 있는 ③ 📁 를 클릭합니다. ④ [New Color Group] 대화상자에서 [Name]에 **사과**를 입력하고 ⑤ [OK]를 클릭합니다. 선택한 모든 색이 스와치 패널에 그룹으로 등록됩니다.

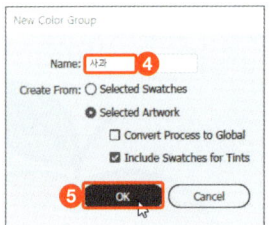

기능 꼼꼼 익히기 | 스와치 패널에 등록된 색 수정하기

스와치 패널의 컬러 칩을 더블클릭하면 [Swatch Options] 대화상자가 나타납니다. 여기서 색을 수정하고 [OK]를 클릭하면 색이 수정됩니다.

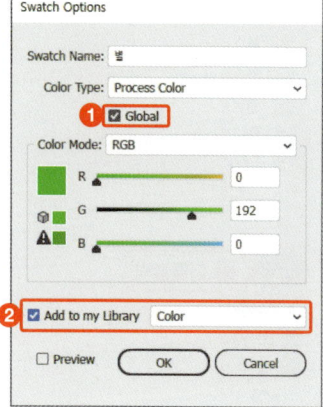

① [Global]에 체크하고 색을 등록한 경우

[Global]에 체크하고 색을 등록하면 컬러 칩에 흰색 삼각형▨이 생깁니다. [Global]에 체크하면 이 색을 사용한 패스들이 연결됩니다. 443쪽 02 단계에서 색을 처음 등록할 때 [Global]에 체크한 상태로 등록하고, 등록한 색을 [Swatch Options] 대화상자에서 수정하면 이 색을 사용한 아트보드 위의 모든 패스는 함께 수정됩니다.

② [Add to my Library]에 체크하고 색을 등록한 경우

[Add to my Library]에 체크하고 색을 등록하면 [Libraries] 패널에도 색이 함께 등록됩니다. [Swatch Options] 대화상자에서 색을 수정하면 [Libraries] 패널에 색이 재등록됩니다. 주의할 점은 도구바 하단에서 [칠] 색이 앞으로 나와야만 [칠] 색으로 등록됩니다. [획] 색이 앞으로 나온 상태로 색을 등록하면 [획] 색으로 등록되니 주의해야 합니다.

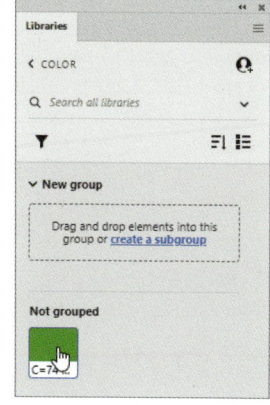

한눈에 실습 [Color Picker] 대화상자로 색 적용하기

준비 파일 일러스트레이터/Chapter 03/색 적용하기3.ai
핵심 기능 Color Picker

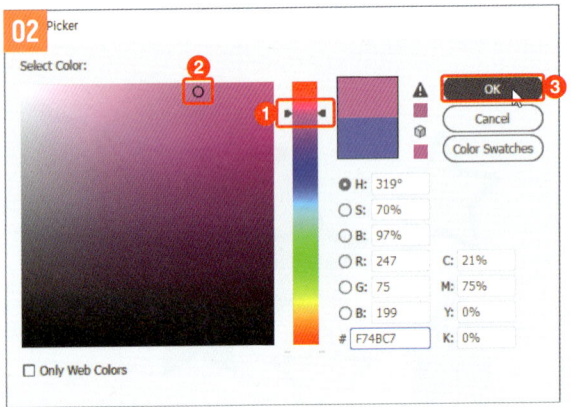

Grayscale 모드일 때는 [Color Picker] 대화상자에서 색을 수정할 수 없습니다. 다음과 같이 Grayscale 모드라면 [Color Picker] 대화상자에서 색을 수정해도 수정한 색이 적용되지 않습니다. 이때는 컬러 믹서 패널의 옵션에서 컬러 모드를 바꾼 후에 색을 수정하도록 합니다.

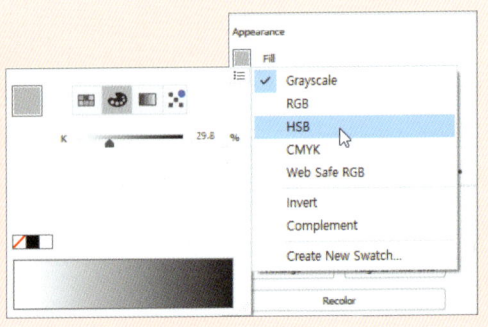

한눈에 실습 [Recolor]로 색 수정하기

준비 파일 일러스트레이터/Chapter 03/색 적용하기4.ai
핵심 기능 Recolor Artwork

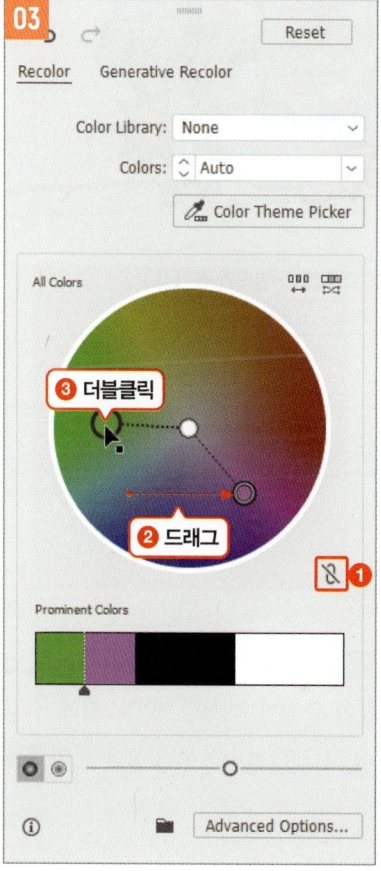

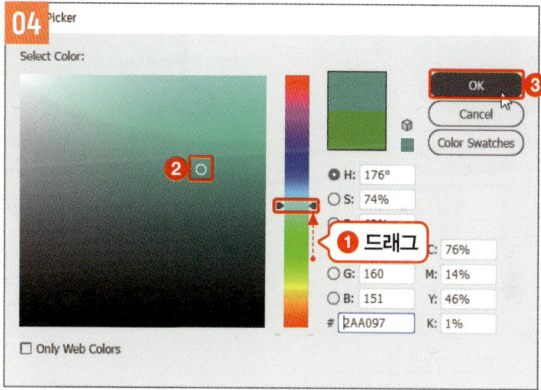

CHAPTER 03 이것만 알아도 디자인이 된다 **447**

AI를 이용하여 색상 변경하기 온라인 강좌

사용자가 원하는 색상 테마를 텍스트로 입력하면 자동으로 색상을 수정해줍니다. 인공지능 기반의 기능으로 사람이 수정한 것처럼 자연스럽게 수정이 됩니다. QR 코드로 접속하여 영상을 확인해봅니다.

기능 꼼꼼 익히기 [Color Theme Picker]로 색 수정하기

[Color Theme Picker]를 통해 손쉽게 색을 수정할 수 있습니다. ① Ctrl + O 를 눌러 **색 적용하기 예시.ai** 파일을 불러옵니다. ② 오브젝트를 드래그하여 전체 선택한 후 ③ [Recolor]를 클릭합니다. [Recolor Artwork] 패널이 나타나면 ④ [Color Theme Picker]를 클릭합니다. ⑤ 오른쪽에 있는 오브젝트를 클릭한 후 ⑥ [Prominent Colors]의 슬라이더바를 드래그해 색을 조정합니다.

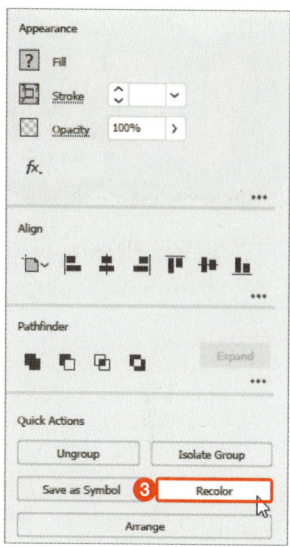

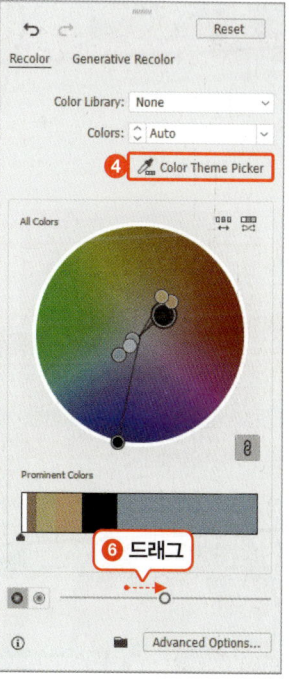

한눈에 실습 | 스와치 패널로 패턴 적용하기

준비 파일 일러스트레이터/Chapter 03/색 적용하기5.ai
핵심 기능 패턴

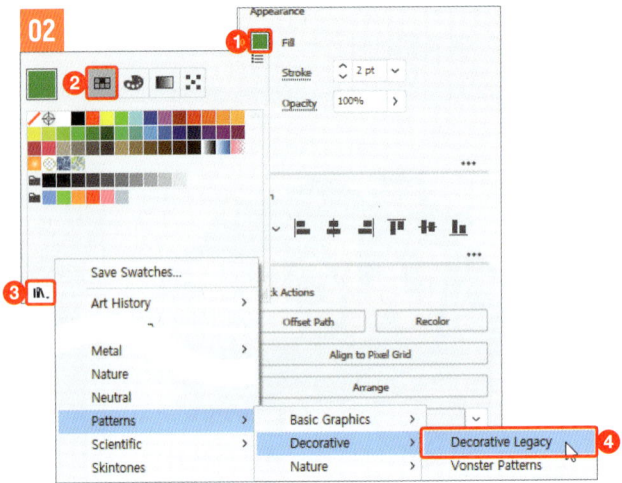

패턴이 적용됨
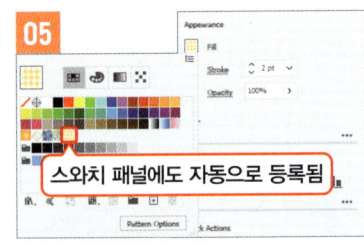

기능 꼼꼼 익히기 | 적용된 패턴 취소하기

패턴이 적용된 오브젝트의 면을 선택하고 스와치 패널이나 컬러 믹서 패널에서 원하는 색을 클릭하면 패턴이 취소되고 선택한 색이 적용됩니다.

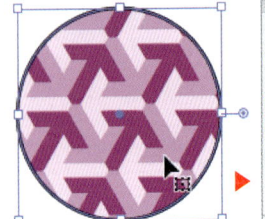
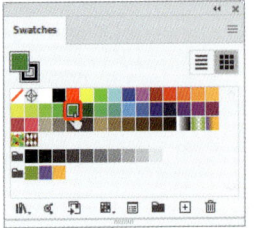
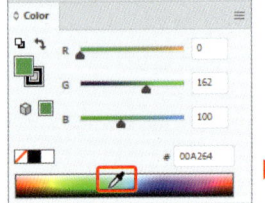
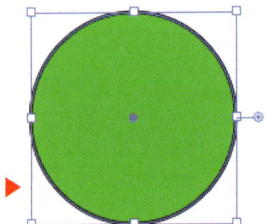

그레이디언트를 적용하여 화려한 색 만들기

[Gradient] 패널, 그레이디언트 도구로 여러 가지 색 섞기

그레이디언트(Gradient)란 한 색상에서 다른 색상으로 자연스럽게 변하는 것을 말합니다. 그레이디언트를 적용하면 입체적인 표현도 가능하고 화려한 느낌을 표현할 수 있습니다. 일러스트레이터에서 그레이디언트를 적용하려면 [Gradient] 패널과 그레이디언트 도구를 이용합니다. 지금부터 [Gradient] 패널과 그레이디언트 도구 사용법을 알아보겠습니다.

[Gradient] 패널 알아보기

[Gradient] 패널은 도구바에서 그레이디언트 도구■를 더블클릭하거나 도구바 하단의 그레이디언트 ■를 클릭하면 나타납니다. 또는 [Window]-[Gradient] Ctrl + F9 메뉴를 선택하거나, [Properties]-[Appearance] 패널에서 선택해도 됩니다. 오브젝트를 선택하고 [Type]을 선택하면 직선, 원형, 자유형 그레이디언트를 적용할 수 있습니다.

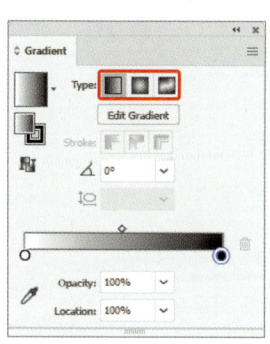

[Properties]-[Appearance] 패널에서 선택해도 됩니다.

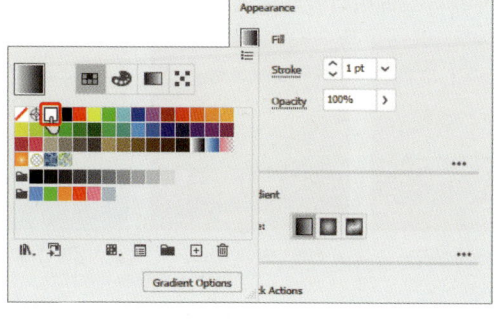

그레이디언트를 취소하려면 그레이디언트가 적용된 패스를 선택하고 도구바의 하단의 컬러■를 클릭하거나 스와치 패널에서 색상 칩을 클릭합니다.

[Gradient] 패널 조작하기

슬라이더바 바로 아래에 있는 색상 점을 드래그하면 위치가 이동됩니다. 색상 점을 더블클릭하면 컬러 믹서 패널이 나타나고 여기서 원하는 색을 선택하여 그레이디언트의 색을 바꿀 수 있습니다.

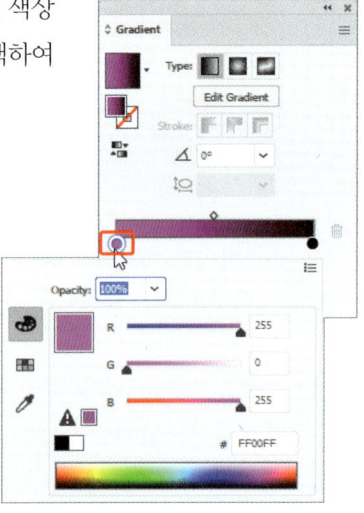

색상 점 사이를 클릭하거나 Alt 를 누른 채 색상 점을 드래그하면 색상 점이 추가됩니다. 이때 슬라이더바 위를 클릭하는 것이 아니라 슬라이더바 아래의 색상 점 사이를 클릭해야 추가됩니다.

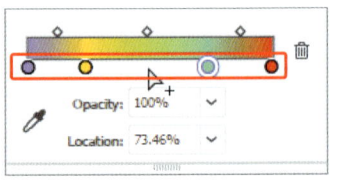

색상 점을 바깥쪽으로 드래그하거나 색상 점을 클릭하여 선택한 다음 삭제를 클릭하면 삭제됩니다.

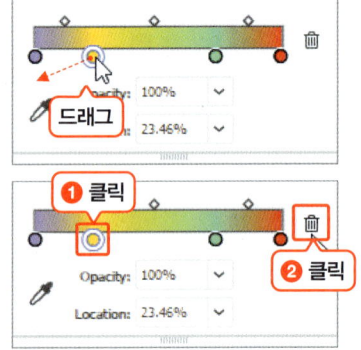

[Gradient] 패널 살펴보기

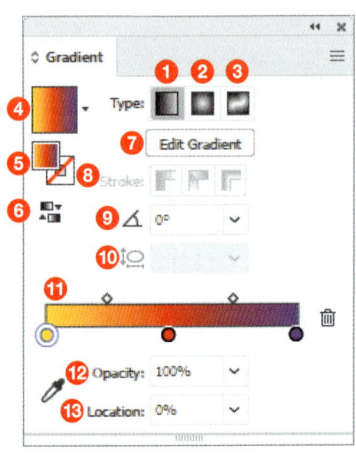

① **Linear** | 직선 그레이디언트가 적용됩니다.
② **Radial** | 원형 그레이디언트가 적용됩니다.
③ **Freeform** | 자유형 그레이디언트가 적용됩니다. 자유롭게 색상 점을 이용해서 그레이디언트를 적용할 수 있습니다.

▲ 직선 그레이디언트 　　▲ 원형 그레이디언트 　　▲ 자유형 그레이디언트

④ 그레이디언트의 종류를 선택할 수 있습니다.
⑤ 그레이디언트를 면에 적용할지 선에 적용할 것인지 선택할 수 있습니다.
⑥ 그레이디언트의 색상 점을 반전합니다.
⑦ **Edit Gradient** | 클릭하면 그레이디언트 도구가 선택됩니다.
⑧ **Stroke** | 선에 그레이디언트를 적용할 때 세 가지 모양으로 선택할 수 있습니다.
⑨ 그레이디언트의 각도를 조절할 수 있습니다.
⑩ 원형 그레이디언트일 때 그레이디언트의 가로 대비 세로 비율을 조절할 수 있습니다.
⑪ **슬라이더바** | 색상 점을 이용하여 그레이디언트의 위치, 색, 색의 개수를 조절할 수 있습니다.
⑫ **Opacity** | 색상 점의 투명도를 조절할 수 있습니다.
⑬ **Location** | 색상 점의 위치를 조절할 수 있습니다.

그레이디언트 도구 알아보기

그레이디언트가 적용된 패스를 선택한 상태에서 그레이디언트 도구를 클릭하면 패스 위에 슬라이더바가 나타납니다. 이 슬라이더바로 적용된 그레이디언트를 수정할 수 있습니다. [Gradient] 패널의 [Edit Gradient]를 클릭해도 그레이디언트 도구가 선택됩니다.

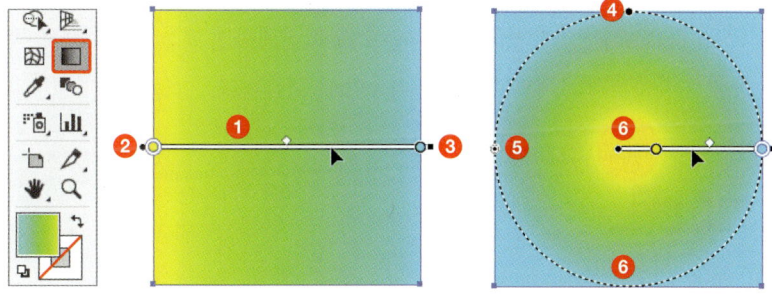

① [Gradient] 패널의 슬라이더바 사용법과 같습니다. 색상 점을 드래그하면 위치를 옮길 수 있으며, Alt 를 누른 채 이동하면 복제되고, 슬라이더바 바깥쪽으로 드래그하면 삭제됩니다. 또한, 슬라이더바 위에 있는 것을 드래그하면 그레이디언트의 정도를 조절할 수 있습니다.

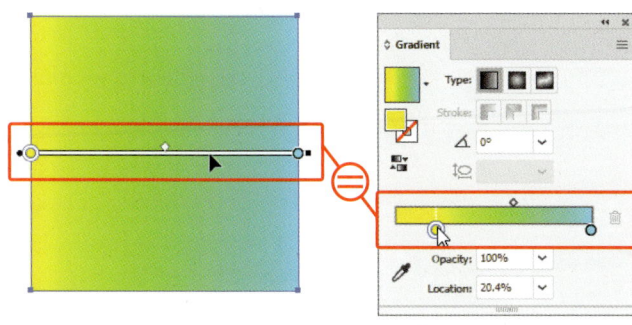

슬라이더바를 드래그하여 그레이디언트의 위치를 바꿀 수 있습니다.

② ▣을 드래그하면 그레이디언트의 위치를 바꿀 수 있습니다.
③ ▣을 드래그하면 그레이디언트의 크기를 조절할 수 있습니다.
④ ▣에 마우스 포인터를 올리면 마우스 포인터가 ▣로 변합니다. 이때 드래그하면 그레이디언트의 세로 길이를 조절할 수 있습니다.
⑤ ▣에 마우스 포인터를 올리면 마우스 포인터가 ▣로 변합니다. 이때 드래그하면 그레이디언트의 크기를 조절할 수 있습니다.
⑥ 원형 그레이디언트에서 외곽 점선에 마우스 포인터를 가져가면 마우스 포인터가 ▣로 변합니다. 이때 드래그하면 그레이디언트가 회전됩니다. 마찬가지로 슬라이더바의 ▣를 드래그하여 그레이디언트를 회전할 수도 있습니다.

자유형 그레이디언트 알아보기

패스를 선택하고 그레이디언트 패널에서 [Type]을 자유형 그레이디언트 ▣로 선택하면 패스에 자동으로 색상 점이 추가됩니다. 색상 점을 이용해서 자유롭게 그레이디언트를 적용할 수 있습니다.

 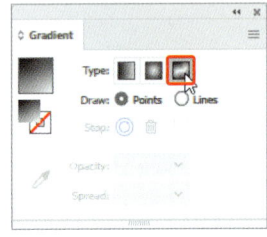

색 적용하기

색상 점을 더블클릭하면 컬러 믹서 패널이 나타납니다. 점마다 색을 적용할 수 있습니다.

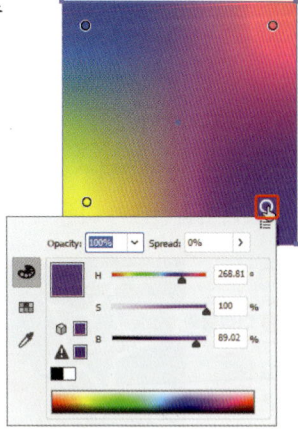

색상 점의 위치 수정하기

색상 점을 드래그하여 위치를 바꿀 수 있습니다.

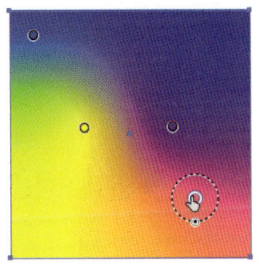

색상 점의 범위 조절하기

색상 점을 클릭하여 선택하면 점 주변에 점선으로 된 원이 생깁니다. ◉을 드래그하면 영역이 조절됩니다.

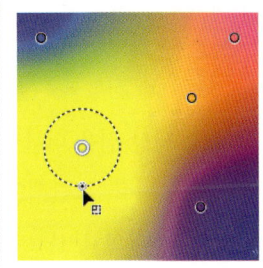

색상 점 추가, 삭제하기

비어 있는 면을 클릭하면 색상 점이 추가되고, 색상 점을 패스 바깥쪽으로 드래그하면 삭제됩니다. 또는 [Gradient] 패널에서 삭제 🗑를 클릭하여 삭제할 수도 있습니다.

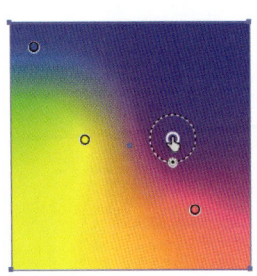
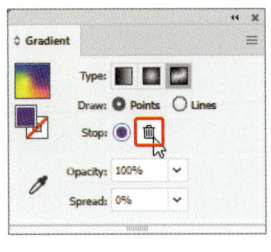

색상 선으로 변경하기

[Gradient] 패널에서 [Lines]를 클릭하고 패스 위를 클릭합니다. 패스 위를 선택하면 색상 점이 추가되고 다음 점을 클릭하면 선으로 연결됩니다.

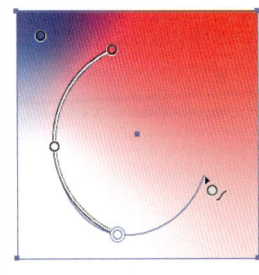
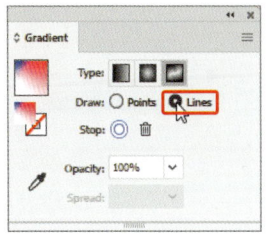

간단 실습 [Gradient] 패널로 직선 그레이디언트 적용하기

준비 파일 일러스트레이터/Chapter 03/그레이디언트 적용하기1.ai

01 ① 도구바에서 그레이디언트 도구를 더블클릭합니다. [Gradient] 패널이 나타납니다. ② 선택 도구로 흰색 면을 클릭합니다. ③ [Gradient] 패널에서 [Type]의 직선 그레이디언트를 클릭합니다. 직선 그레이디언트가 적용됩니다.

02 ① [Gradient] 패널에서 왼쪽 색상 점을 더블클릭합니다. ② 옵션을 클릭하여 [RGB]를 선택한 다음 ③ R:255, G:180, B:0으로 설정합니다. 노란색이 적용됩니다. ④ 같은 방법으로 오른쪽 색상 점을 더블클릭하고 ⑤ R:170, G:35, B:140으로 설정합니다. 보라색이 적용됩니다.

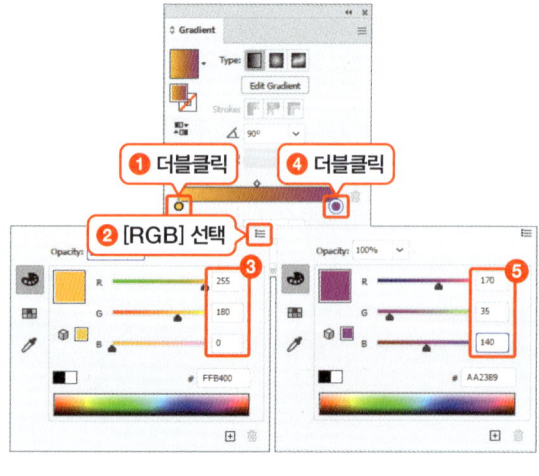

03 ❶ [Gradient] 패널에서 슬라이더바의 바로 아래 지점을 클릭합니다. 색상 점이 추가됩니다. ❷ 추가된 색상 점을 더블클릭하고 ❸ R:245, G:5, B:115로 설정합니다. ❹ 각도를 120°로 설정합니다. 그레이디언트가 수정됩니다.

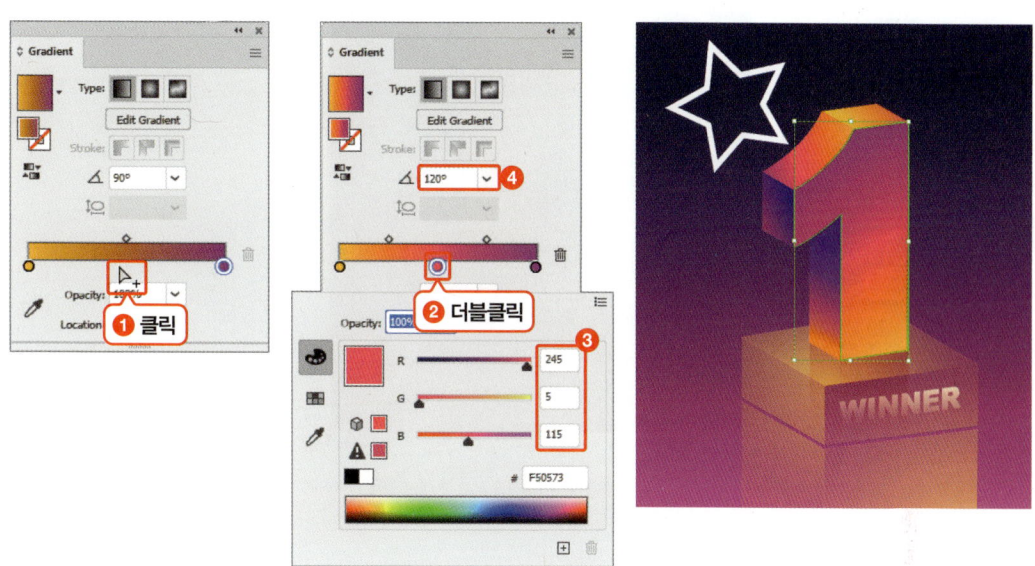

04 ❶ 선택 도구로 별을 클릭합니다. ❷ [Gradient] 패널에서 [획]을 클릭하여 [획]이 앞으로 나오게 합니다. ❸ 를 클릭하고 ❹ [White, Black]을 선택합니다.

05 ① 오른쪽의 검은색 색상 점을 더블클릭하고 ② 흰색을 클릭합니다. ③ [Opacity]는 0%로 설정합니다.

[Opacity]를 적용할 때는 반드시 어떤 색상 점에 적용할지 선택해야 합니다. 여기서는 오른쪽 색상 점을 클릭하여 선택한 후에 [Opacity]를 0%로 설정했으므로 오른쪽 색상 점에만 투명도가 적용되고, 왼쪽 색상 점에는 아무런 영향을 주지 않습니다.

간단 실습 [Gradient] 패널로 원형 그레이디언트 적용하기

준비 파일 일러스트레이터/Chapter 03/그레이디언트 적용하기2.ai

01 ① 선택 도구로 흰색 타원을 클릭합니다. ② [Gradient] 패널에서 [칠]을 클릭하여 [칠]이 앞으로 나오게 하고 ③ [Type]의 원형 그레이디언트를 클릭합니다. 원형 그레이디언트가 적용됩니다.

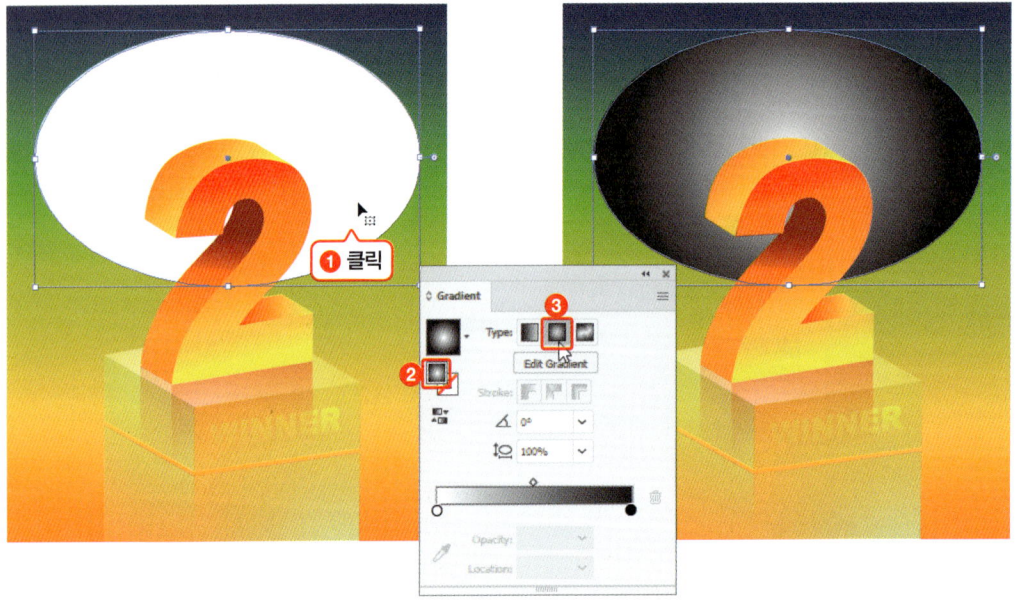

02 ① [Gradient] 패널에서 높이를 70%로 설정합니다. 원형 그레이디언트의 높이가 줄어듭니다. ② 오른쪽 색상 점을 더블클릭하고 ③ 스와치 패널을 클릭합니다. ④ 연두색을 선택하고 ⑤ [Opacity]는 0%로 설정합니다.

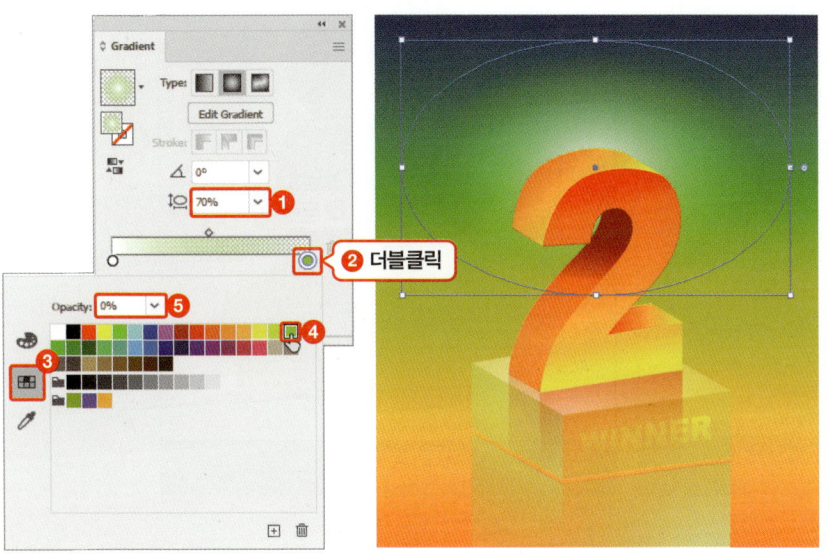

간단 실습 | 그레이디언트 도구로 그레이디언트 수정하기

준비 파일 일러스트레이터/Chapter 03/그레이디언트 적용하기3.ai

01 ① 선택 도구로 '3'을 클릭하고 ② 그레이디언트 도구를 클릭합니다. 그레이디언트바가 나타납니다. ③ ⓐ 지점에서 ⓑ 지점으로 크게 드래그합니다. 그레이디언트의 방향이 바뀝니다.

02 ① Ctrl 을 누른 채 타원을 클릭하여 선택합니다. 그레이디언트 도구 ■가 선택되어 있는 상태이므로 타원 위에 그레이디언트바가 나타납니다. ② ⦿를 아래로 드래그합니다. 세로 길이가 줄어듭니다.

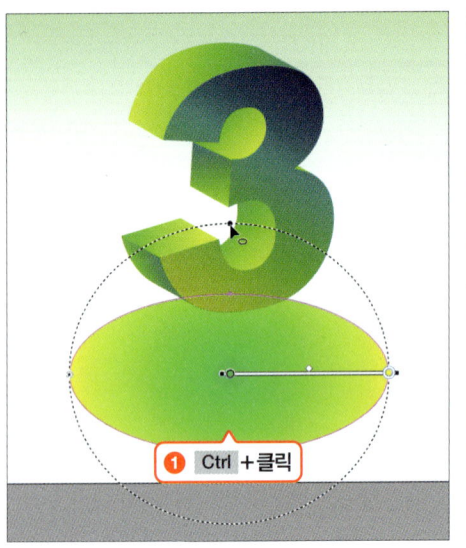

03 ⦿을 오른쪽으로 드래그합니다. 크기가 작아집니다.

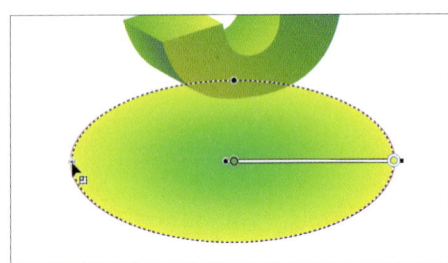
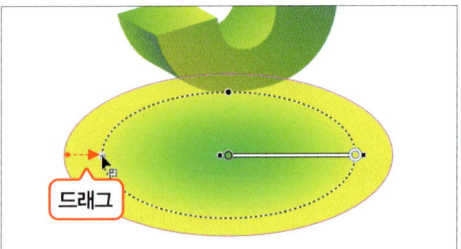

04 ① 오른쪽 색상 점을 더블클릭하고 ② [Opacity]를 0%로 설정합니다. ③ 그레이디언트바를 위로 드래그하여 옮깁니다.

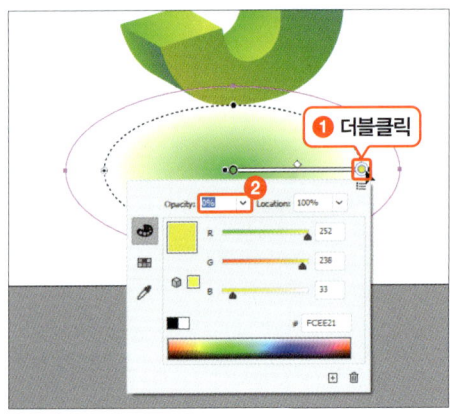
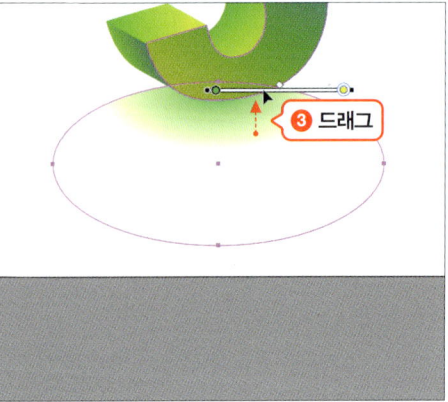

05 그레이디언트 적용이 완료되었습니다.

간단 실습   자유형 그레이디언트로 섬세한 그레이디언트 적용하기

준비 파일 일러스트레이터/Chapter 03/그레이디언트 적용하기4.ai

01 ① 선택 도구 ▶로 회색 사각형을 클릭합니다. ② 도구바에서 그레이디언트 도구 ■를 더블클릭하여 [Gradient] 패널을 불러옵니다. ③ [Gradient] 패널에서 [Type]의 자유형 그레이디언트 ■를 클릭합니다. 색상 점이 추가됩니다.

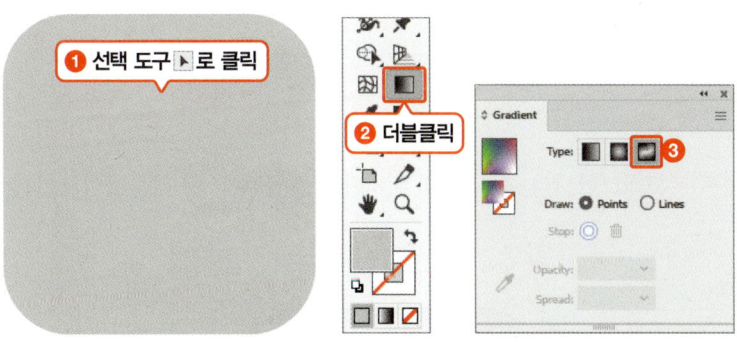

02 ① 왼쪽 위에 있는 색상 점을 더블클릭합니다. ② 스와치 패널 ■을 클릭하고 ③ 분홍색을 클릭합니다.

기본 색상은 랜덤하게 적용되며, 색상 점의 위치도 책과 약간 다를 수 있습니다.

03 같은 방법으로 ❶ 오른쪽 위에 있는 색상 점을 더블클릭하여 ❷ 보라색으로 바꿉니다.

04 왼쪽 아래 점을 사각형 밖으로 드래그하여 삭제합니다.

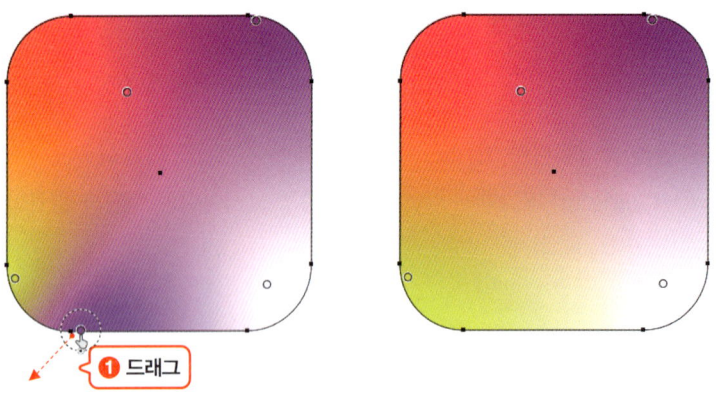

05 ❶ 왼쪽에 있는 색상 점을 안쪽으로 드래그합니다. 색상 점의 위치가 변경됩니다. ❷ 더블클릭하여 ❸ 밝은 노란색으로 설정합니다.

06 ❶ 중앙을 클릭하여 색상 점을 추가합니다. ❷ 추가된 색상 점을 더블클릭하고 ❸ 주황색으로 설정합니다.

07 아트보드 바깥쪽에 있는 말풍선 아이콘을 드래그하여 옮겨와 완성합니다.

Ai LESSON 13

패스를 격리하여 쉽게 수정하기

격리 모드를 이용하여 패스를 개별적으로 관리하기

일러스트레이터에서 작업하다 보면 패스와 레이어가 많이 생성되는데, 선택한 오브젝트를 주변에 영향받지 않고 수정할 수 있다면 작업이 훨씬 수월할 것입니다. 이번 실습에서는 패스와 레이어가 많을 때 격리 모드로 오브젝트를 편리하게 수정하는 방법을 알아보겠습니다.

격리 모드 알아보기

격리 모드(Isolation Mode)란 마치 다른 패스들은 없는 것처럼 원하는 패스만 작업할 수 있는 상태를 말합니다. 다음과 같이 주황색 배를 선택 도구▶로 더블클릭하면 격리 모드로 들어갑니다. 전체를 드래그해도 주황색 배만 선택되는데, 이 상태가 바로 다른 패스들과 격리된 상태입니다. 이처럼 패스가 여러 개 겹쳐져 있거나 복잡한 경우에 격리 모드를 사용하면 원하는 패스만 활성화되어 다른 패스의 방해 없이 수정할 수 있습니다.

격리 모드로 들어오면 아트보드 상단에 위상(Depth)이 표시됩니다. 지금은 [Layer 1]에 있는 패스로 들어왔다는 뜻입니다. 격리 모드에서 나오려면 선택 도구로 아트보드의 빈 곳을 더블클릭하거나 아트보드 상단에 있는 격리 모드 표시에서 가장 왼쪽에 있는 화살표를 여러 번 클릭하면 됩니다.

한눈에 실습 | 격리 모드에서 패스 수정하기

준비 파일 일러스트레이터/Chapter 03/격리 모드에서 수정하기.ai
핵심 기능 격리 모드

 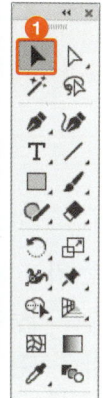 

 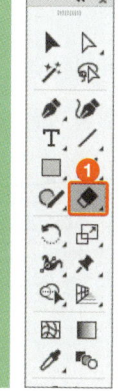 

격리 모드일 때 코코아 도넛 영역만 제외하고 어느 곳이라도 더블클릭하면 격리 모드에서 나올 수 있습니다.

Ai LESSON 14

정확한 작업을 도와주는 안내선

룰러, 가이드, 그리드를 설정하여 정확하게 작업하기

종이에 펜으로 반듯한 도형을 그리려면 눈금이 있는 자가 필요하고, 모눈종이가 있으면 더 편리할 것입니다. 일러스트레이터에서도 눈금자나 모눈종이와 같은 기능이 있습니다. 눈금자의 역할을 하는 룰러, 쉽게 그릴 수 있도록 안내해주는 가이드, 모눈종이의 역할을 하는 그리드에 대해 알아보겠습니다.

룰러 알아보기

[View]-[Rulers]-[Show Rulers] 메뉴를 선택하면 아트보드 왼쪽과 상단 외곽에 눈금자(룰러)가 나타납니다. 눈금자를 마우스 오른쪽 버튼으로 클릭하면 단위를 바꿀 수 있습니다.

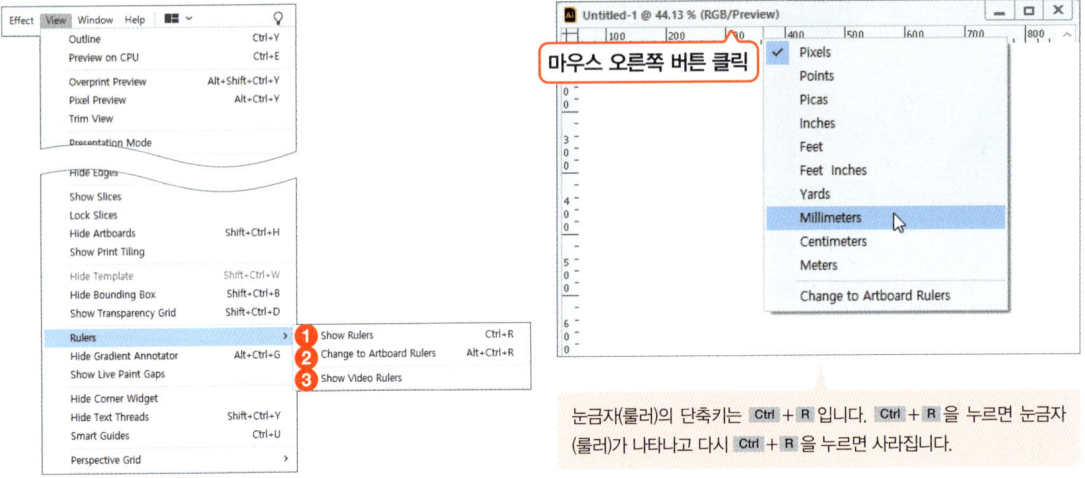

눈금자(룰러)의 단축키는 Ctrl + R 입니다. Ctrl + R 을 누르면 눈금자(룰러)가 나타나고 다시 Ctrl + R 을 누르면 사라집니다.

① **Show Rulers** | 아트보드 외곽에 눈금자를 표시합니다. 눈금자가 활성화되면 이 메뉴는 [Hide Rulers]로 바뀌며, [Hide Rulers] 메뉴를 선택하면 눈금자가 사라집니다.

② **Change to Artboard Rulers** | 아트보드가 여러 개일 때 아트보드마다 개별적으로 눈금자를 사용할 수 있게 합니다.

③ **Show Video Rulers** | 아트보드 외곽에 비디오 형식의 눈금자가 추가됩니다.

가이드 알아보기

가이드(Guide)란 형태를 정확하게 잡을 수 있도록 도움을 주는 안내선입니다. 가이드 선을 나타나게 하려면 먼저 눈금자(룰러)가 있어야 합니다. `Ctrl` + `R` 을 누르면 아트보드 외곽에 눈금자가 나타납니다. 눈금자를 아트보드 안쪽으로 드래그하면 가이드 선이 마우스 포인터를 따라 나타납니다.

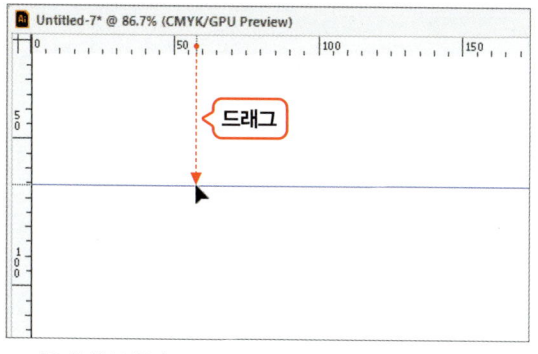
▲ 가로 안내선 만들기

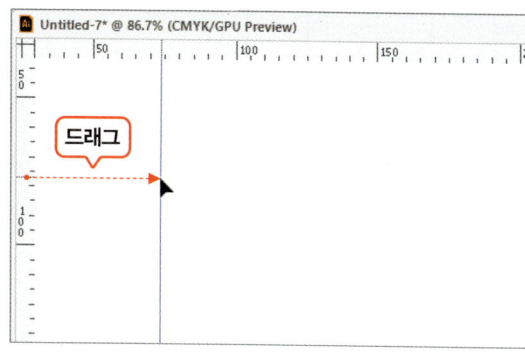
▲ 세로 안내선 만들기

가이드 선을 삭제하려면 선택 도구로 가이드 선을 드래그하여 선택하고 `Delete` 를 누르거나, [Layers] 패널에서 가이드 레이어를 선택하고 삭제를 클릭합니다.

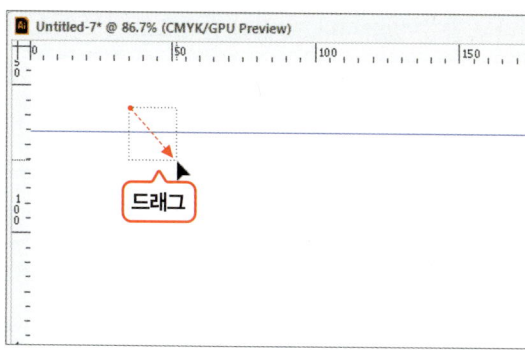

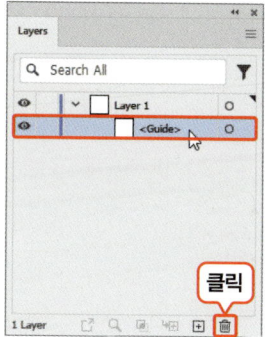

가이드 선은 선택 도구로 이동할 수 있으며, 이동할 수 없다면 [View]-[Guide]-[Lock Guides] 메뉴에 체크되어 있는 상태입니다. 클릭해서 체크를 해제하면 이동할 수 있습니다.

① **Hide Guides** | 가이드가 보이지 않도록 숨깁니다.

② **Lock Guides** | 가이드가 움직이지 않도록 고정합니다.

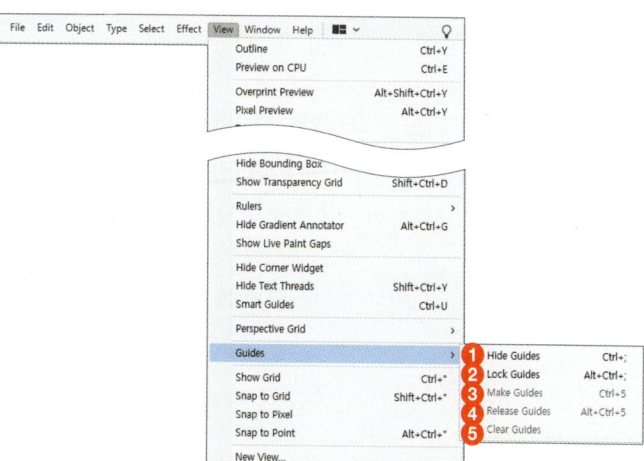

③ **Make Guides** | 선택한 오브젝트를 가이드로 만듭니다. 예를 들어 박스를 만들 때 지기구조를 그린 다음 [Make Guides] 메뉴를 선택하면 가이드로 바뀝니다.

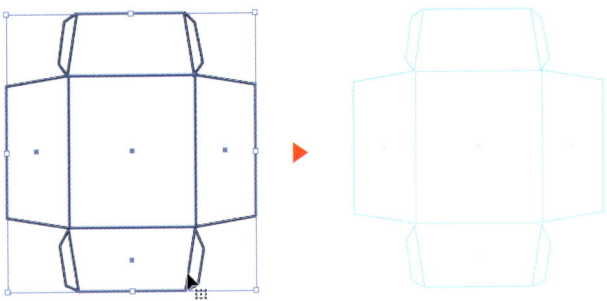

④ **Release Guides** | 가이드를 일반 패스로 만듭니다.
⑤ **Clear Guides** | 가이드를 삭제합니다.

가이드는 일러스트레이터에서만 보이며, 인쇄하거나 JPG(JPEG)로 저장하면 나타나지 않습니다.

그리드 알아보기

그리드(Grid)란 일러스트레이터에서만 보이는 모눈종이라고 할 수 있습니다. 일정한 간격으로 가로세로 선이 있어서 정확한 그림을 그릴 때 사용하면 좋습니다. [View]-[Show Grid] 메뉴를 선택하면 아트보드에 그리드가 나타납니다.

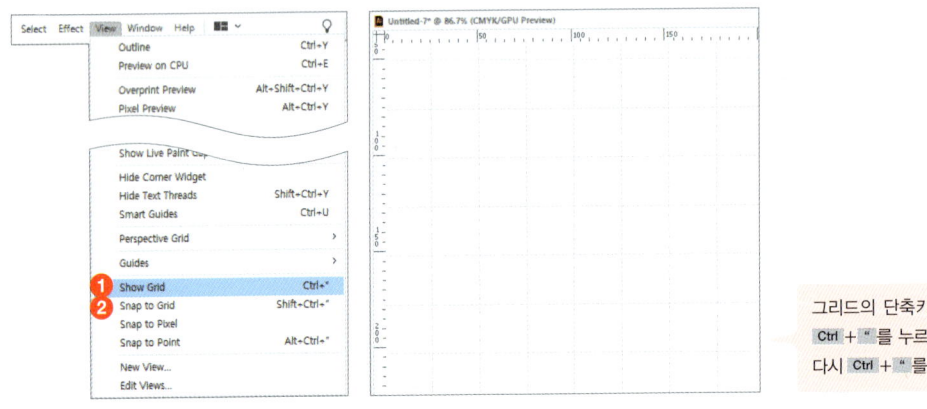

① **Show Grid** | 그리드를 표시합니다. 그리드가 활성화되면 이 메뉴는 [Hide Grid]로 바뀌며, [Hide Grid] 메뉴를 선택하면 그리드가 사라집니다.
② **Snap to Grid** | 체크하면 그리드에 맞춰서 패스가 생성되고, 그리드에 맞춰서 패스가 이동됩니다.

가이드와 마찬가지로 그리드는 일러스트레이터에서만 보이며, 인쇄하거나 JPG(JPEG)로 저장하면 나타나지 않습니다.

| 기능 꼼꼼 익히기 | **가이드와 그리드 세부 옵션 설정하기**

[Edit]–[Preferences]–[Guides & Grid] 메뉴를 선택하면 [Preferences] 대화상자가 나타납니다. 가이드와 그리드의 색이나 크기와 같은 세부 옵션을 설정할 수 있습니다. 알아두면 매우 유용한 옵션입니다.

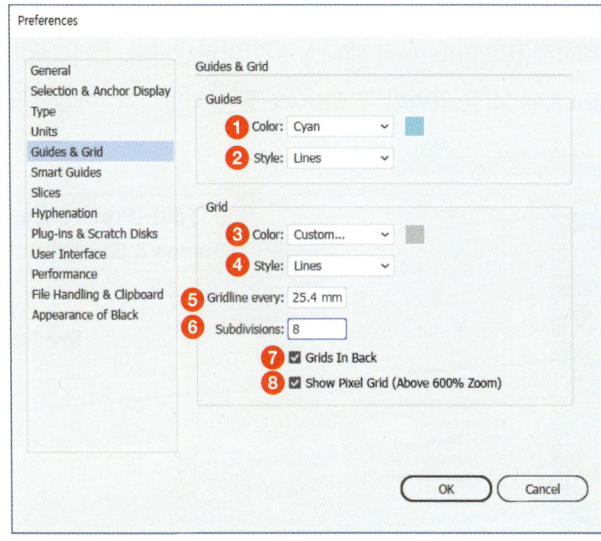

❶ **Color** | 가이드의 색을 선택할 수 있습니다.
❷ **Style** | 가이드의 스타일을 직선 또는 점선으로 선택할 수 있습니다.
❸ **Color** | 그리드의 선 색을 선택할 수 있습니다.
❹ **Style** | 그리드의 선 스타일을 직선 또는 점선으로 선택할 수 있습니다.
❺ **Gridline every** | 그리드 한 칸의 가로세로 크기입니다.
❻ **Subdivisions** | 그리드 한 칸을 분할하는 개수입니다.

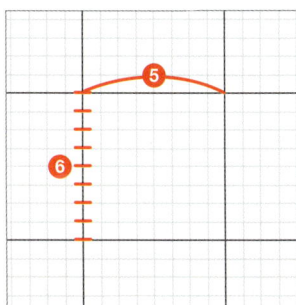

❼ **Grids In Back** | 패스를 그리면 그리드 위에 그려집니다.
❽ **Show Pixel Grid** | [View]–[Pixel Preview] 메뉴를 선택하면 일러스트레이터에서 그린 모든 패스가 포토샵처럼 벡터가 아닌 픽셀로 보입니다. 이때 [Show Pixel Grid]에 체크되어 있으면 픽셀 단위로 된 그리드가 나타납니다.

macOS 사용자라면 [Illustrator CC]–[Preferences]–[Guides & Grid] 메뉴를 선택합니다. macOS는 [Preferences] 메뉴가 [Illustrator CC] 메뉴 아래에 있습니다.

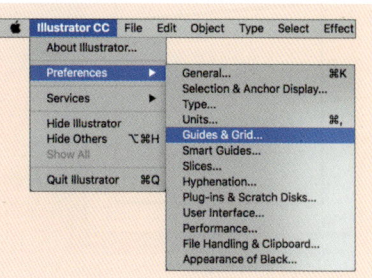

간단 실습 | 룰러, 가이드, 그리드 설정하여 정확하게 작업하기

준비 파일 일러스트레이터/Chapter 03/정확하게 작업하기.ai

01 ① [View]-[Show Grid] Ctrl + " 메뉴를 선택합니다. 아트보드에 그리드가 나타납니다. ② [Edit]-[Preferences]-[Guides & Grid] 메뉴를 선택하면 [Preferences] 대화상자가 나타납니다. ③ [Gridline every]에 **100mm**를 입력하고 ④ [Subdivisions]에 **10**을 입력한 후 ⑤ [OK]를 클릭합니다. 이제부터 그리드 한 칸의 크기는 10mm입니다.

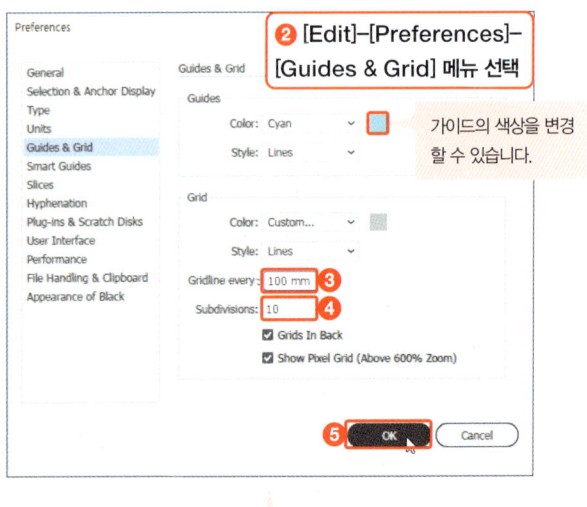

macOS 사용자라면 [Illustrator CC]-[Preferences]-[Guides & Grid] 메뉴를 선택합니다.

02 [View]-[Rulers]-[Show Rulers] Ctrl + R 메뉴를 선택합니다. 아트보드 외곽에 눈금자가 표시됩니다.

03
❶ 왼쪽 눈금자를 오른쪽으로 드래그하면 나타나는 가이드 선을 100mm 지점에 놓습니다. ❷ 같은 방법으로 왼쪽 눈금자를 오른쪽으로 드래그하여 350mm 지점에 놓습니다.

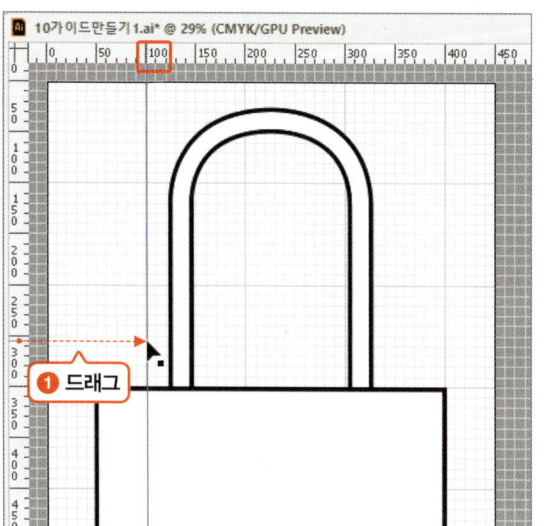 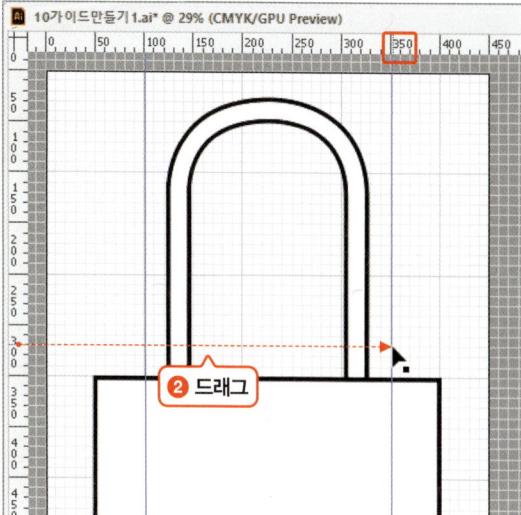

04
❶ 선택 도구로 에코백을 클릭하고 [View]-[Guide]-[Make Guides] 메뉴를 선택합니다. 에코백 도안이 가이드 선으로 바뀝니다. ❷ [View]-[Guide]-[Lock Guides] 메뉴를 선택합니다. 가이드 선이 고정됩니다. ❸ 선택 도구로 꽃 도안을 에코백 안쪽으로 드래그하고 ❹ 양쪽에 있는 가이드 선을 넘지 않도록 크기를 줄입니다. 도안이 에코백 양쪽으로 50mm를 넘지 않게 되었습니다.

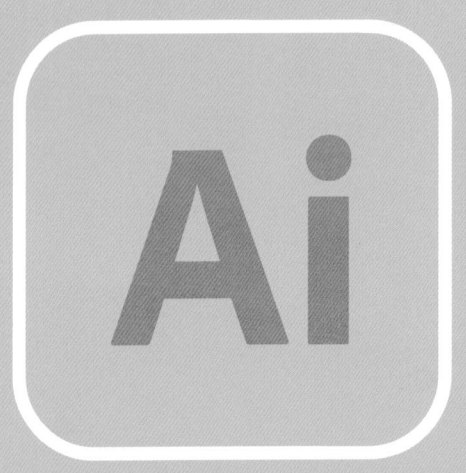

CHAPTER 04

중급 테크닉으로
실력 업그레이드하기

이번 CHAPTER에서는 실무에서 많이 사용하는

필수 그래픽 기능을 알아봅니다.

그래픽 작업을 멋지게 하려면

딱딱하고 단순한 형태를 업그레이드해야 합니다.

패스에 효과를 넣는 기능을 학습해보고

자연스러운 선을 드로잉할 수 있는 도구도 다뤄봅니다.

실무에서는 텍스트가 들어가는 그래픽 작업을

일러스트레이터로 많이 하므로

글자를 넣고 편집하는 기능도 함께 배워보겠습니다.

Ai LESSON 01

원하는 부분만 보이게 하기

클리핑 마스크로 불필요한 부분 숨기고 특정 부분만 나타내기

☑ **CC 모든 버전**
☐ CC 2025 버전

준비 파일 일러스트레이터/Chapter 04/마스크 적용하기.ai
완성 파일 일러스트레이터/Chapter 04/마스크 적용하기_완성.ai

AFTER

이 예제를 따라 하면

우리 얼굴의 일부분을 가리기 위해 쓰는 것을 마스크라 부릅니다. 일러스트레이터에서 사용하는 클리핑 마스크(Clipping Mask) 기능도 비슷한 의미입니다. 패스의 일부만 보이게 하고 나머지는 가리는 기능입니다. 이번 예제에서는 불필요한 부분은 가리고 필요한 부분만 보이게 하여 그림을 완성해보겠습니다.

- 일러스트레이터의 클리핑 마스크 기능을 익힐 수 있습니다.
- 오브젝트의 일정 부분만 보이게 하거나 숨길 수 있습니다.

BEFORE

클리핑 마스크 적용하기

01 ① `Ctrl` + `O` 를 눌러 **마스크 적용하기.ai** 파일을 불러옵니다. ② 선택 도구 ▶로 오른쪽 그림을 크게 드래그하여 전체 선택한 후 ③ 왼쪽으로 드래그하여 옮깁니다.

02 ① `Ctrl` + `A` 를 누릅니다. 빨간색 면도 함께 선택됩니다. ② 마우스 오른쪽 버튼을 클릭하고 ③ [Make Clipping Mask]를 선택합니다. 빨간색 면이 마스크 영역으로 지정되어 겹쳐 있는 부분의 패스들만 보이게 됩니다. 클리핑 마스크가 적용된 상태입니다.

03 [Layers] 패널에서 [프레임] 레이어의 ☐을 클릭해 👁이 나타나게 합니다. 텍스트와 프레임이 나타납니다.

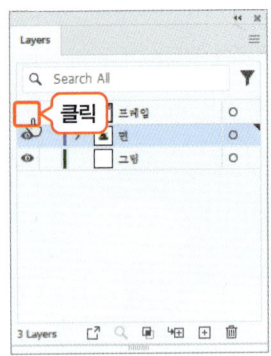
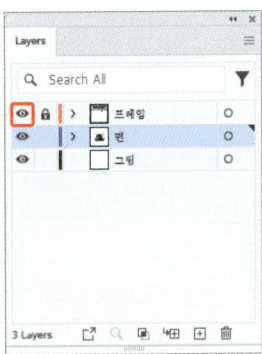

기능 꼼꼼 익히기 │ [Make Clipping Mask] 메뉴 알아보기

두 개 이상의 오브젝트를 함께 선택한 다음 마우스 오른쪽 버튼을 클릭하고 [Make Clipping Mask]를 선택하면 가장 위에 있는 오브젝트(여기에서는 빨간색 면)는 마스크 영역으로 지정되고 나머지 오브젝트는 마스크 영역 안에서만 보이게 됩니다. 실습한 것처럼 마우스 오른쪽 버튼을 클릭하고 [Make Clipping Mask]를 선택해도 되지만 [Object]-[Clipping Mask]-[Make] Ctrl + 7 메뉴를 선택해도 됩니다.

클리핑 마스크 기능을 해제하고 싶다면 마스크가 적용된 오브젝트를 선택하고 마우스 오른쪽 버튼을 클릭해 [Release Clipping Mask] 메뉴를 선택합니다. 혹은 [Object]-[Clipping Mask]-[Release] Ctrl + Alt + 7 메뉴를 선택해도 됩니다.

클리핑 마스크 수정하기

04 ① 선택 도구로 마스크가 적용된 오브젝트를 더블클릭해 격리 모드로 들어갑니다. ② [Layers] 패널에서 를 클릭해 하위 레이어가 나타나게 합니다. ③ 마스크 영역인 첫 번째 레이어의 잠금 칸을 클릭하여 움직이지 않게 합니다. ④ 전체를 드래그하고 ⑤ 원하는 위치에 오도록 드래그해 이동합니다.

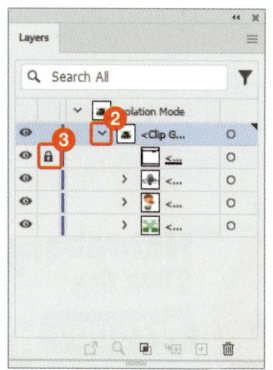

05 ① [Layers] 패널에서 마스크 영역 레이어의 잠금을 클릭하여 잠금을 해제합니다. ② 아트보드의 빈 곳을 더블클릭하여 격리 모드에서 나옵니다.

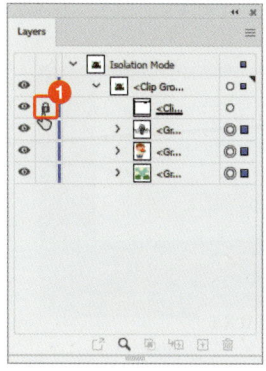

Ai LESSON 02

3D 입체 상자 그리기

원근감 격자 도구로 입체 일러스트 쉽게 그리기

☑ **CC 모든 버전**
☐ CC 2025 버전

준비 파일 일러스트레이터/Chapter 04/입체 일러스트 그리기.ai
완성 파일 일러스트레이터/Chapter 04/입체 일러스트 그리기_완성.ai

AFTER

이 예제를 따라 하면

종이와 같은 평면에 입체 일러스트를 그리기란 쉽지 않습니다. 일러스트레이터의 아트보드에 그리는 것도 마찬가지입니다. 그래서 일러스트레이터에서는 원근감이 느껴지는 입체 일러스트를 쉽게 그릴 수 있도록 원근감 격자 도구를 제공합니다. 원근감 격자 도구는 소실점을 사용하여 원근감이 있는 가이드 선을 만들고, 그 안에서 오브젝트를 만들면 자동으로 3D 입체 효과를 표현할 수 있습니다. 이번 실습에서는 입체 상자 일러스트를 그려보며 원근감 격자 도구 사용법을 익혀보겠습니다.

- **원근감**이 느껴지는 입체 일러스트를 그릴 수 있습니다.
- 다양한 각도에서 **3D 입체 효과**를 표현할 수 있습니다.

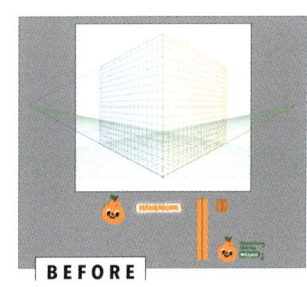

BEFORE

원근감 격자 도구를 이용하여 상자 그리기

01 ❶ Ctrl + O 를 눌러 **입체 일러스트 그리기.ai** 파일을 불러옵니다. ❷ 도구바에서 원근감 격자 도구를 클릭합니다. 아트보드 안에 2점 투시 격자가 나타납니다.

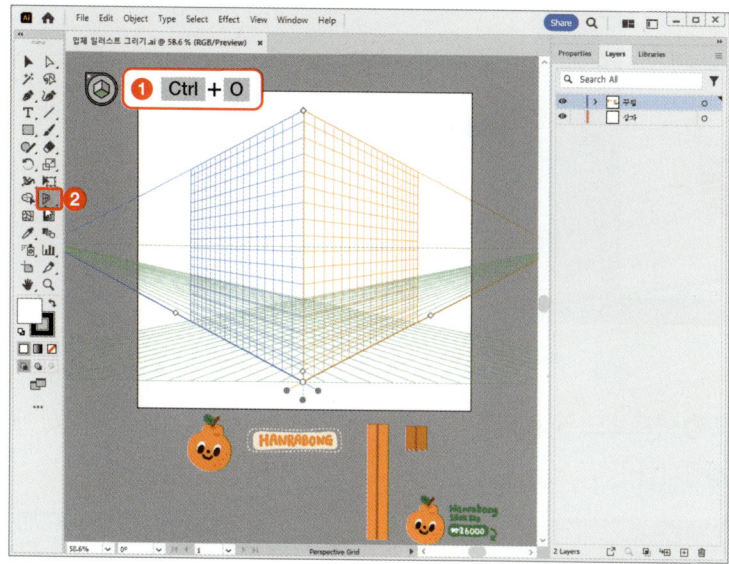

도구바의 모양이 다르게 보인다면 도구바가 기본(Basic)으로 설정되어 있는 것입니다. 293쪽을 참고하여 고급(Advanced)으로 바꾼 후에 실습을 진행하기 바랍니다.

02 상자를 그려보겠습니다. ❶ 도구바에서 사각형 도구를 클릭합니다. ❷ [Layers] 패널에서 [상자] 레이어를 클릭합니다. ❸ [Properties]-[Appearance] 패널에서 [칠]만 활성화하고 ❹ [칠] 색을 **#E89658**로 설정합니다. ❺ 위젯의 오른쪽 면을 클릭하고 ❻ 아트보드 위를 드래그합니다.

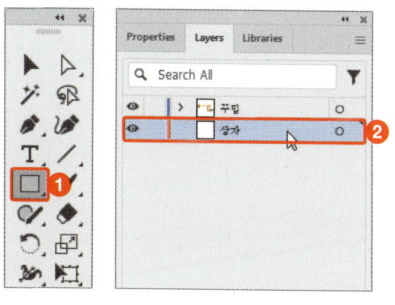

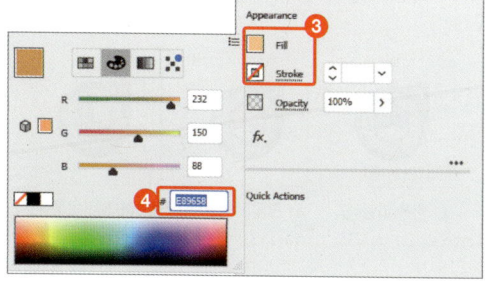

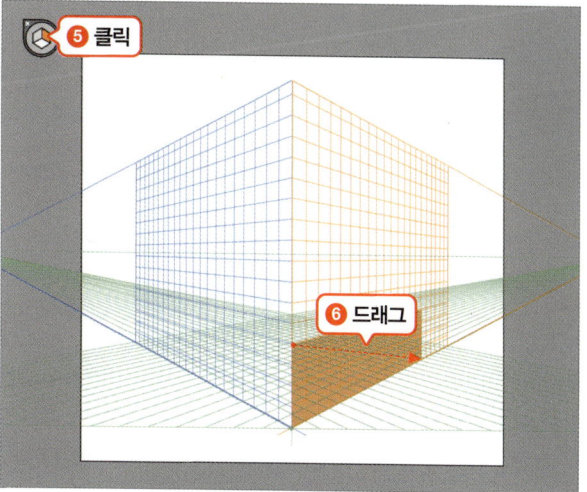

03 ① 위젯의 왼쪽 면을 클릭하고 ② 아트보드 위를 드래그합니다. ③ [Properties]-[Appearance] 패널에서 [칠] 색을 ④ **#FFAA63**으로 설정합니다.

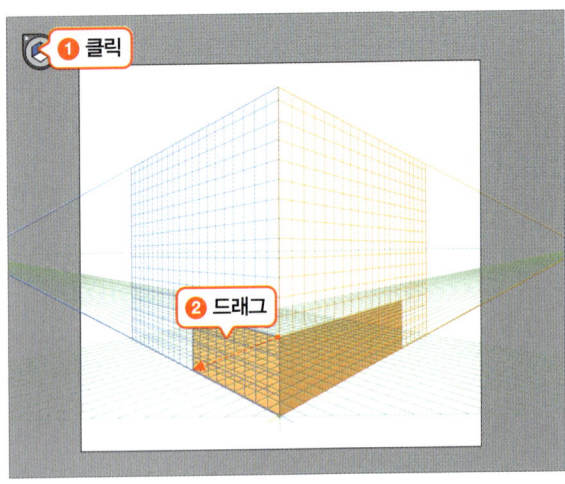
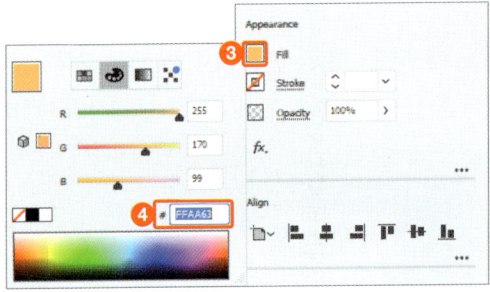

04 ① 위젯의 아래쪽 면을 클릭하고 ② 아트보드 위를 드래그합니다. ③ [Properties]-[Appearance] 패널에서 [칠] 색을 ④ **#FFBC85**로 설정합니다.

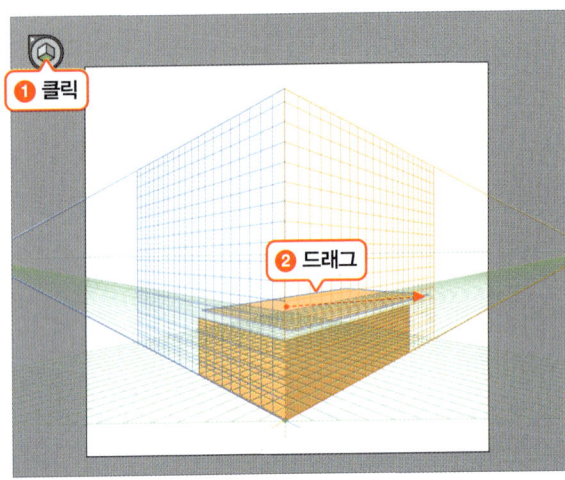
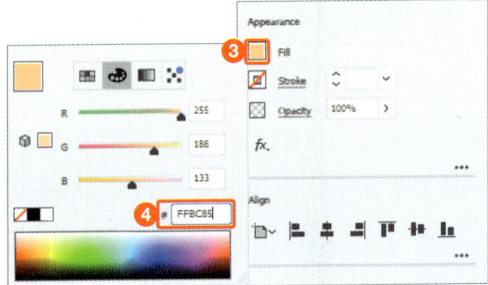

> **기능 꼼꼼 익히기** | **3D 원근감 위젯 알아보기**
>
> 현재 실습 중인 아트보드는 평면이 아니라 원근감이 있는 3D 상태입니다. 따라서 오브젝트를 그리려면 어느 방향에 오브젝트를 그릴지 선택해야 합니다. 위젯의 각 면을 클릭하여 세 방향 중 하나를 선택할 수 있으며, 선택된 면(방향)에는 색이 나타납니다.
>
>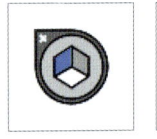
> ▲ 왼쪽(파란색) ▲ 오른쪽(주황색) ▲ 아래쪽(초록색)

05 상자를 수정해보겠습니다. [View]-[Perspective Grid]-[Snap to Grid] 메뉴를 선택하여 체크를 해제합니다.

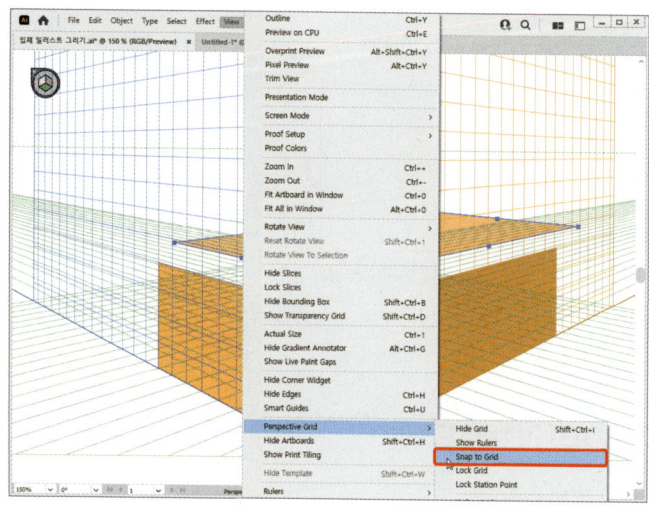

[Snap to Grid]가 활성화되어 있으면 드래그 시 격자에 물려서 이동되기 때문에 오브젝트의 위치를 정교하게 조절할 수 없습니다.

06 ❶ 원근감 격자 도구를 길게 클릭하여 ❷ 원근감 선택 도구를 클릭합니다. ❸ 가장 마지막에 만든 사각형 오브젝트를 적당한 위치로 드래그해 옮깁니다. ❹ 사각형 오브젝트 외곽의 바운딩 박스를 이용해 크기를 수정하여 상자 모양으로 만듭니다. 다른 사각형 오브젝트도 수정이 필요하다면 같은 방법으로 수정합니다.

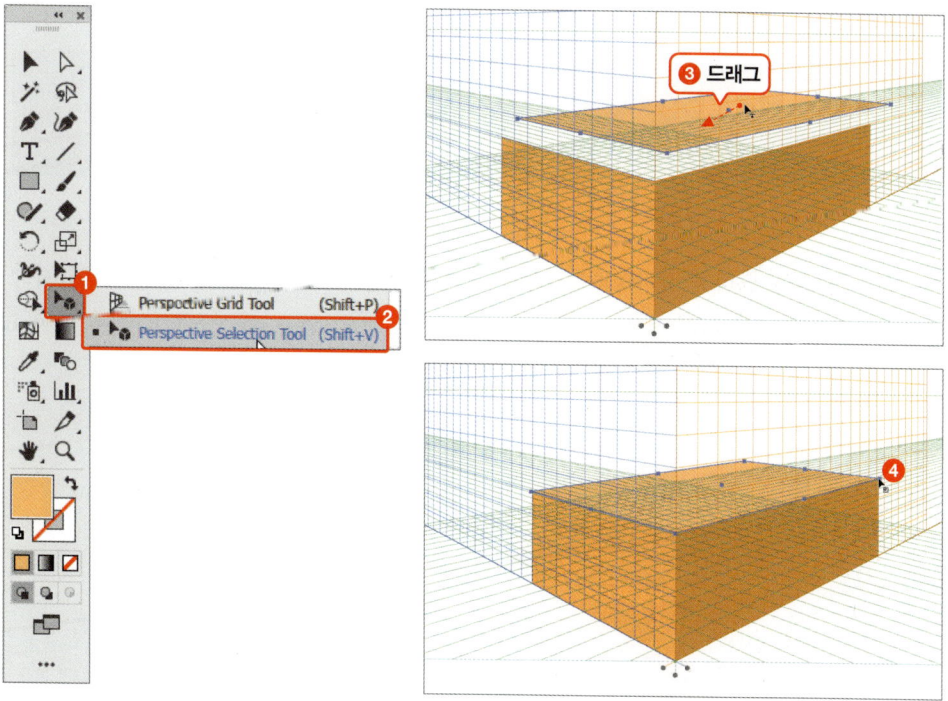

| 기능 꼼꼼 익히기 | 원근감 선택 도구 알아보기 |

원근감이 적용된 상태에서 선택 도구로 오브젝트의 크기를 줄이거나 위치를 옮기면 원근감이 적용되지 않습니다. 따라서 수정할 때는 반드시 원근감 전용 선택 도구인 원근감 선택 도구를 사용합니다.

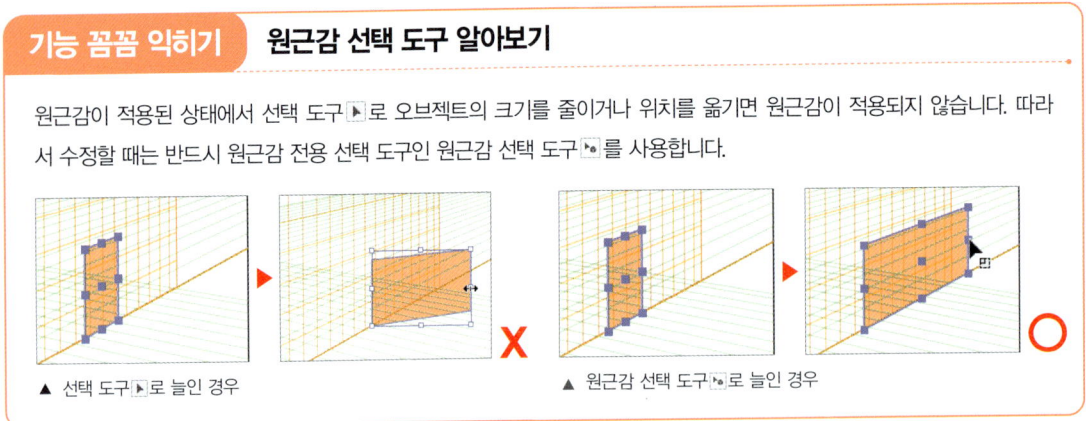

▲ 선택 도구로 늘인 경우　　　　　▲ 원근감 선택 도구로 늘인 경우

07 ❶ 위젯에서 오른쪽 면을 클릭합니다. ❷ 원근감 선택 도구로 한라봉 일러스트를 상자의 오른쪽 면으로 드래그합니다.

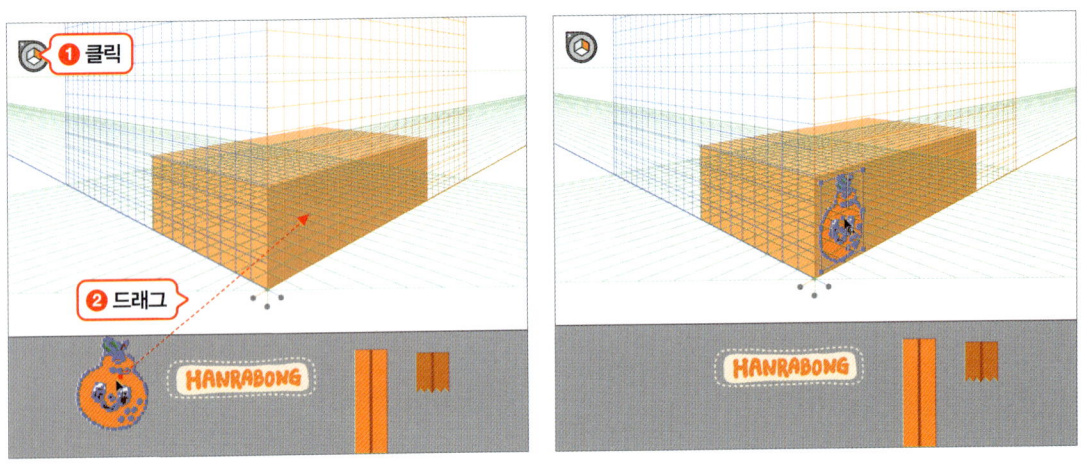

08 ❶ 원근감 선택 도구로 한라봉 일러스트를 클릭하고 ❷ Alt 를 누른 채 오른쪽으로 드래그합니다. 한라봉 일러스트가 복제되면서 원근감이 적용됩니다.

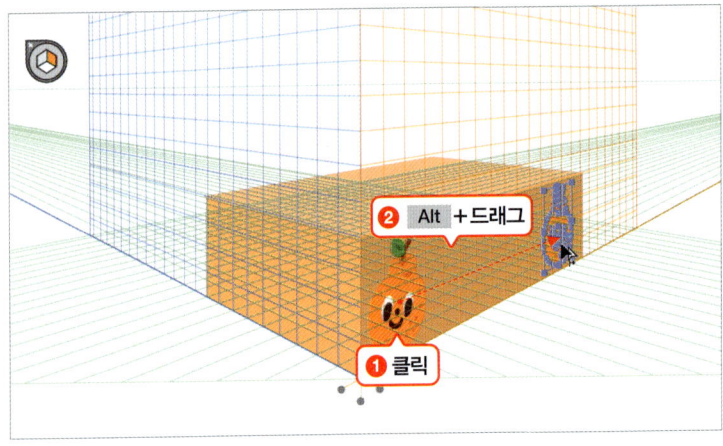

한라봉 일러스트가 보이지 않는다면 한라봉 레이어가 맨 아래쪽에 있기 때문입니다. [Layers] 패널에서 한라봉 레이어를 맨 위로 옮깁니다.

09 ❶ 원근감 선택 도구 로 한라봉 라벨 일러스트를 상자의 오른쪽 면으로 드래그합니다. ❷ 외곽의 바운딩 박스를 드래그하여 적절한 크기로 수정합니다.

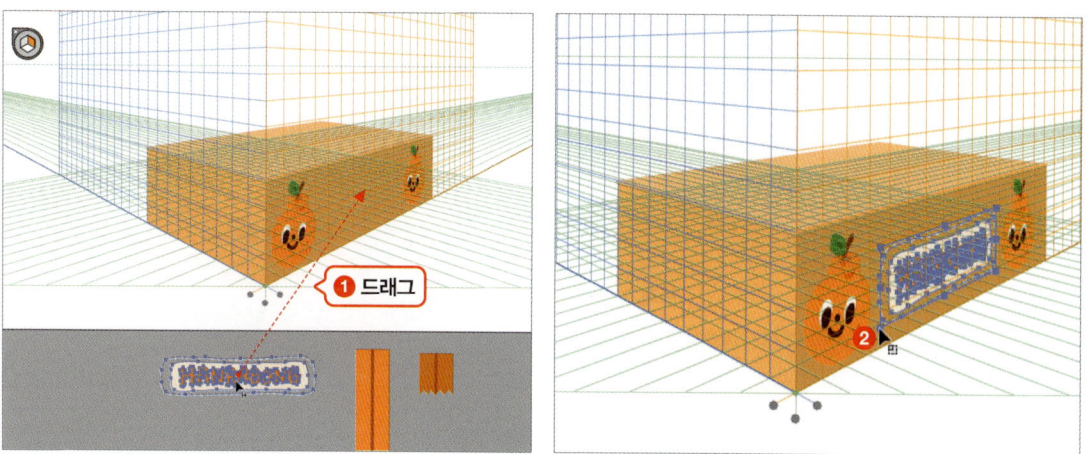

10 ❶ 위젯에서 아래쪽 면을 클릭합니다. ❷ 원근감 선택 도구 로 긴 테이프 모양 일러스트를 상자의 위쪽 면으로 드래그합니다. ❸ 외곽의 바운딩 박스를 드래그하여 적절한 크기와 방향으로 수정합니다.

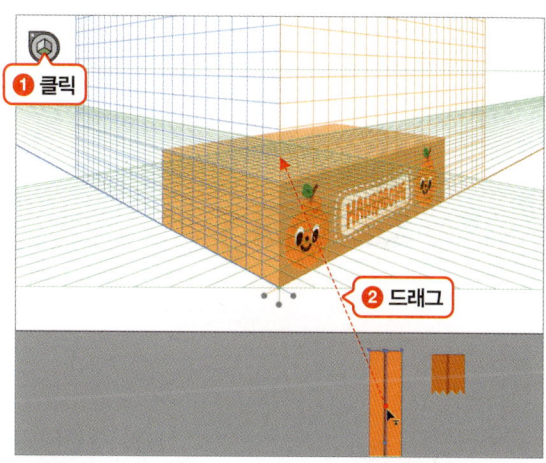

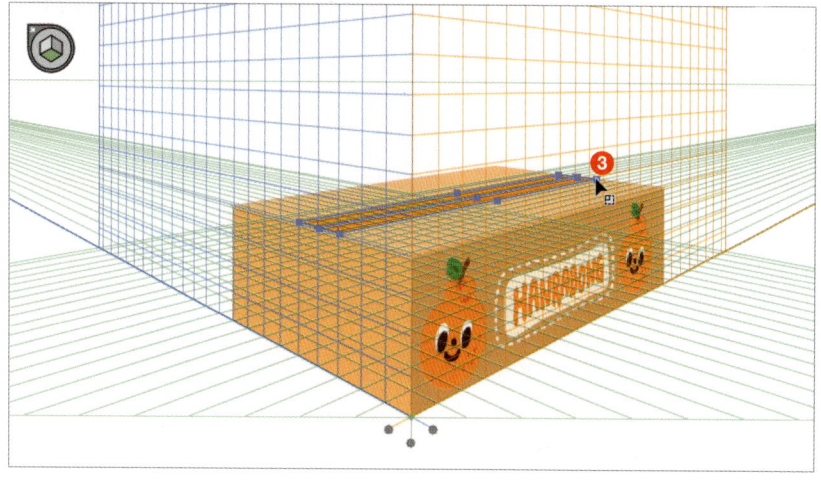

11 ❶ 위젯에서 왼쪽 면을 클릭합니다. ❷ 원근감 선택 도구로 짧은 테이프 모양 일러스트를 상자의 왼쪽 면으로 드래그합니다. ❸ 외곽의 바운딩 박스를 드래그하여 적절한 크기로 수정합니다.

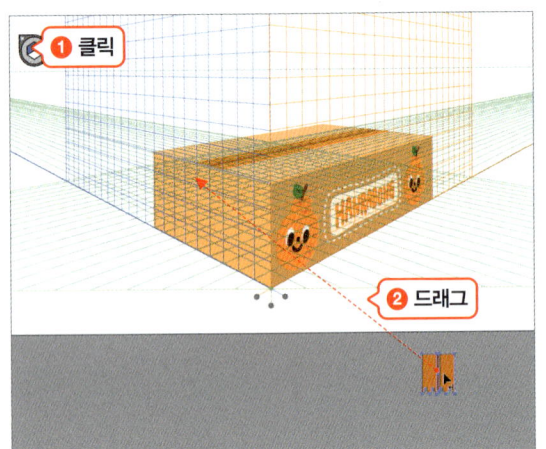
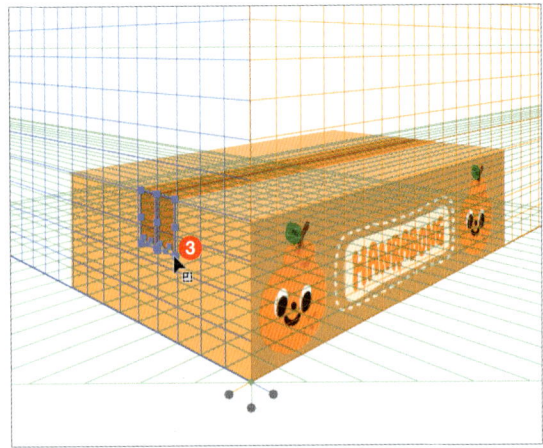

12 ❶ 위젯의 닫기를 클릭하거나 [View]-[Perspective Grid]-[Hide Grid] Ctrl + Shift + I 메뉴를 선택합니다. 2점 투시 격자가 사라집니다. ❷ 선택 도구로 아트보드 바깥쪽에 있는 가격표 일러스트를 옮겨 완성합니다.

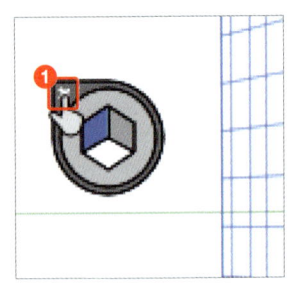

[3D and Materials] 패널을 활용하여 3D 오브젝트를 만들면 렌더링과 매핑이 가능하여 자연스러운 표현이 가능합니다.
QR 코드로 접속하여 실습 과정을 확인할 수 있습니다.

동영상 강의 확인하기

| 기능 꼼꼼 익히기 | 원근감 격자 도구 알아보기

소실점 조절하기

원근감 격자 도구 ▣를 클릭하면 아트보드에 원근감 있는 그리드가 나타납니다. 원근감 격자 끝에 있는 마름모나 원을 드래그하면 원근감 격자를 수정할 수 있습니다.

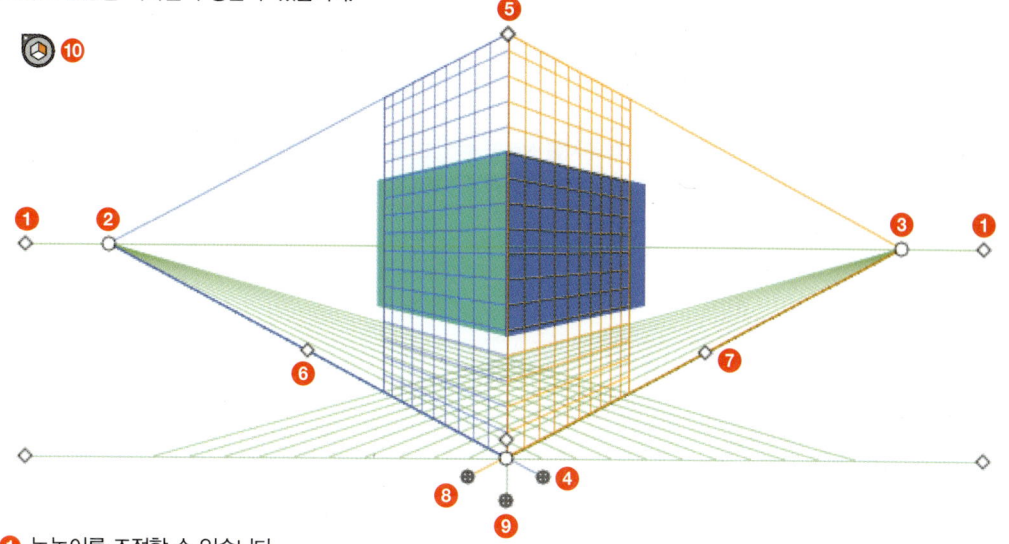

① 눈높이를 조절할 수 있습니다.
② 왼쪽 격자의 너비를 조절합니다.
③ 오른쪽 격자의 너비를 조절합니다.
④ 아래쪽 격자의 너비를 조절합니다.
⑤ 원근감 격자의 위쪽 영역을 늘입니다.
⑥ 원근감 격자의 왼쪽 영역을 늘입니다.
⑦ 원근감 격자의 오른쪽 영역을 늘입니다.
⑧ 원근감 격자의 위쪽, 왼쪽, 오른쪽 영역을 한꺼번에 조절합니다.
⑨ 원근감 격자의 아래쪽, 왼쪽, 오른쪽 영역의 각도를 각각 조절합니다.
⑩ 오브젝트를 그리려면 어느 방향에 오브젝트를 그릴지 선택해야 합니다. 위젯의 각 면을 클릭하여 세 방향 중 하나를 선택할 수 있으며, 선택된 면(방향)에는 색이 나타납니다.

원근감 격자의 메뉴 살펴보기

[View]–[Perspective Grid] 메뉴를 선택하면 원근감 격자에 관련된 모든 메뉴가 나타납니다.

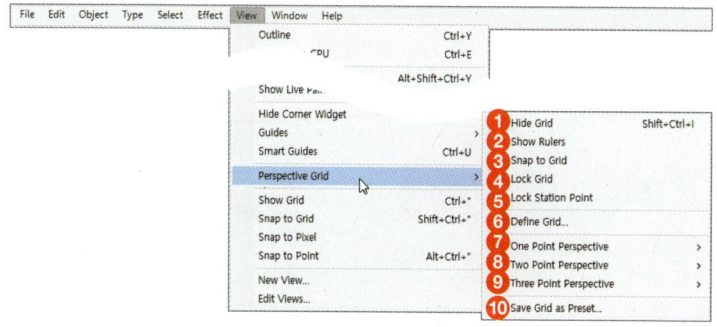

❶ **Hide Grid** | 원근감 격자를 보이지 않게 합니다.
❷ **Show Rulers** | 눈금자를 표시합니다.
❸ **Snap to Grid** | 패스를 옮기거나 그릴 때 스냅이 걸립니다.
❹ **Lock Grid** | 원근감 격자가 움직이지 못하게 고정합니다.
❺ **Lock Station Point** | 소실점 하나를 옮기면 그 안에 있는 오브젝트들이 같이 움직입니다.
❻ **Define Grid** | 원근감 격자의 옵션 대화상자를 열어 자세히 설정합니다.

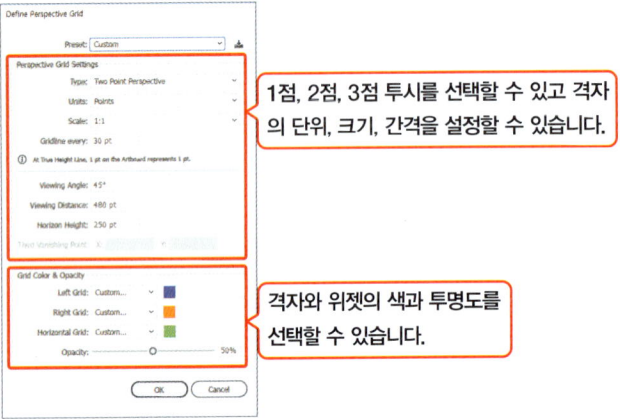

❼ **One Point Perspective** | 1점 투시 격자를 만듭니다.
❽ **Two Point Perspective** | 2점 투시 격자를 만듭니다.
❾ **Three Point Perspective** | 3점 투시 격자를 만듭니다.
❿ **Save Grid as Preset** | 설정한 격자를 저장합니다.

오브젝트가 있는 상태에서 원근감 격자 수정하기

[View]–[Perspective Grid]–[Lock Station Point] 메뉴를 선택하고 원근감 격자의 소실점을 움직이면 그 안에 있는 오브젝트들이 함께 움직입니다.

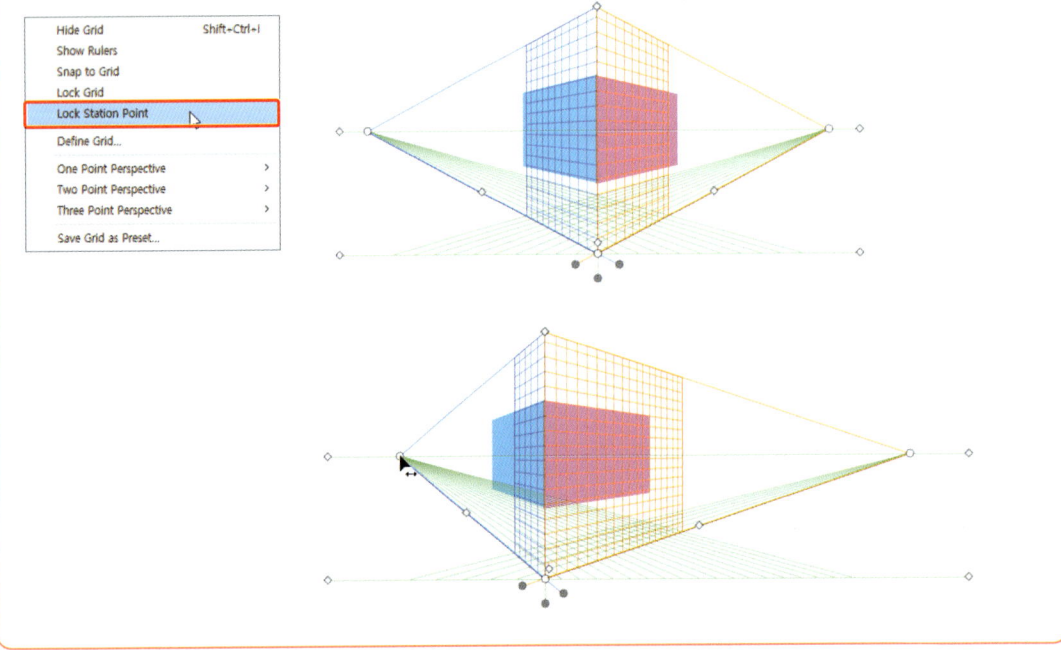

Ai LESSON 03

사진을 그림으로 바꾸기

Image Trace를 이용하여 비트맵 이미지를 벡터 이미지로 바꾸기

☑ CC 모든 버전
☐ CC 2025 버전

준비 파일 일러스트레이터/Chapter 04/벡터 이미지 만들기.ai, 야자나무.jpg
완성 파일 일러스트레이터/Chapter 04/벡터 이미지 만들기_완성.ai

AFTER

이 예제를 따라 하면

Image Trace(이미지 추적)는 JPG(JPEG)와 같은 비트맵 이미지를 벡터 이미지로 만들어주는 기능입니다. 비트맵 이미지를 벡터 이미지로 만드는 것은 사진을 그림으로 만드는 것과 같습니다. 이번 실습에서는 Image Trace 기능을 이용하여 야자나무가 있는 풍경 사진을 그림으로 만들어보겠습니다.

BEFORE

비트맵 이미지를 벡터 이미지로 바꾸기

01 ❶ Ctrl + O 를 눌러 **벡터 이미지 만들기.ai** 파일을 불러옵니다. ❷ [File]-[Place] 메뉴를 선택하고 **야자나무.jpg** 파일을 불러옵니다. ❸ 아트보드를 클릭하고 사진을 아트보드의 가운데로 옮깁니다.

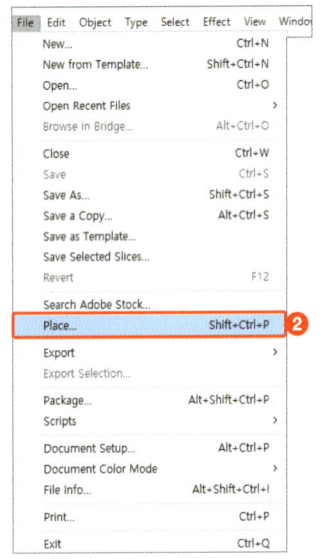

02 야자나무 사진이 선택된 상태에서 ❶ [Properties]-[Quick Actions] 패널에서 [Image Trace]를 클릭하고 ❷ [Default]를 선택합니다. 흑백 그림으로 바뀝니다. ❸ [Expand]를 클릭하면 ❹ 패스로 처리됩니다.

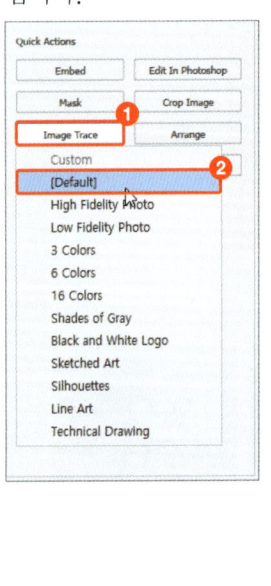
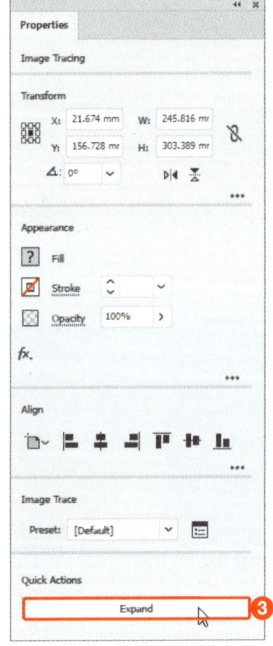

| 기능 꼼꼼 익히기 | 비트맵을 벡터로 만드는 [Image Trace] 기능 알아보기

Image Trace란 비트맵 이미지를 벡터 이미지로 바꿔주는 기능입니다. 일러스트레이터에서 비트맵 이미지를 선택하면 [Properties]–[Quick Actions] 패널에 [Image Trace] 버튼이 생깁니다. 클릭하면 메뉴가 나타나고, 원하는 메뉴를 선택하여 다양한 스타일로 벡터화할 수 있습니다.

Image Trace는 CS6 이하 버전에서는 Live Trace라고 했는데, CC 버전부터 Image Trace로 이름을 바꿨습니다.

▲ Default로 변환한 경우

▲ 3 Colors로 변환한 경우

▲ 10 Colors로 변환한 경우

❶ **Default** | 기본이 되는 모드로, 흑백 모드의 벡터로 표현됩니다.
❷ **High Fidelity Photo** | 고해상도의 벡터로 변환합니다.
❸ **Low Fidelity Photo** | 저해상도의 벡터로 변환합니다.
❹ **3 Colors** | 선택한 이미지에서 가장 많이 사용된 3가지 컬러로 변환합니다.
❺ **6 Colors** | 선택한 이미지에서 가장 많이 사용된 6가지 컬러로 변환합니다.
❻ **16 Colors** | 선택한 이미지에서 가장 많이 사용된 16가지 컬러로 변환합니다.
❼ **Shades of Gray** | 전체를 회색 모드로 바꾸고 벡터로 변환합니다.
❽ **Black and White Logo** | 흑백 모드의 벡터로 표현됩니다. ❶과 결과가 같습니다.
❾ **Sketched Art** | 스케치 형태로 변환됩니다.
❿ **Silhouettes** | 실루엣 형태로 변환됩니다.
⓫ **Line Art** | 명암을 선으로 표현합니다.
⓬ **Technical Drawing** | 명암 부분이 디테일하게 선으로 그린 듯한 형태로 변환됩니다.

기능 꼼꼼 익히기 [Image Trace] 패널의 세부 옵션 알아보기

벡터화된 이미지는 [Properties]–[Quick Actions] 패널의 [Expand]를 클릭하면 패스로 처리됩니다. 패스로 처리하기 전에 [Properties]–[Image Trace] 패널에서 [Preset]의 ▾을 클릭하면 다른 스타일로 바꿀 수 있고, 옵션을 클릭해 세부 옵션을 설정할 수도 있습니다. [Image Trace] 패널이 보이지 않는다면 [Window]–[Image Trace] 메뉴를 선택합니다.

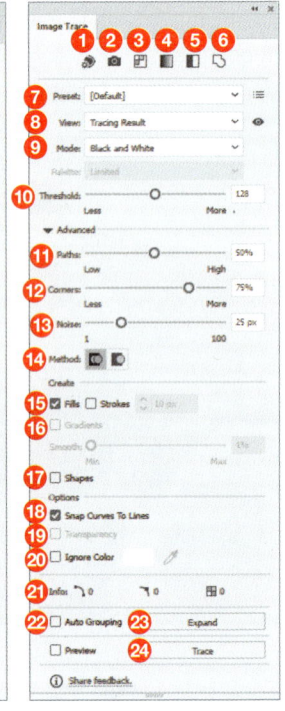

❶ 선택한 이미지에서 많이 사용된 색으로 벡터화합니다.
❷ 고해상도의 벡터로 변환합니다.
❸ 저해상도의 벡터로 변환합니다.
❹ 전체를 회색 모드로 바꾼 후에 벡터로 변환합니다.
❺ 흑백 모드의 벡터로 표현됩니다.
❻ 이미지의 외곽선만 표현됩니다.
❼ 다양한 스타일로 바꿀 수 있습니다.
❽ 이미지의 미리 보기 형식을 설정합니다. 기본 설정은 결과를 보여주는 것입니다. ⦿을 클릭하면 원본을 볼 수 있습니다.
❾ 컬러 모드를 선택할 수 있습니다.
❿ 변화의 한계치를 지정할 수 있습니다.
⓫ 변화될 이미지에서 생성될 패스의 양을 조절합니다. [High]로 갈수록 세밀하게 패스가 생성되고 [Low]로 갈수록 패스가 적어져 심플한 형태가 됩니다.
⓬ 변화될 이미지에서 생성될 모서리의 양을 조절합니다. [More]로 갈수록 섬세한 형태가 됩니다.
⓭ 노이즈를 조절합니다.
⓮ Image Trace 방식을 선택합니다.
⓯ 면 또는 선으로 변환됩니다.
⓰ 그라데이션을 적용하여 벡터화할 수 있습니다. 아래 슬라이드바로 그라데이션의 범위를 설정할 수 있습니다.
⓱ 원, 정사각형, 사각형이 있는 부분을 완벽하게 반듯한 도형으로 변형시켜줍니다.
⓲ 곡선을 직선으로 대체할지 말지를 선택할 수 있습니다.
⓳ 체크하면 이미지의 투명한 부분이 흰색으로 되지 않습니다.

⓴ 체크하면 기본적으로 흰색으로 된 패스가 삭제됩니다. 오른쪽 스포이드로 삭제할 색상을 선택할 수도 있습니다. 실습 중 02 단계에서 이 항목에 체크했다면 아래와 같이 배경 부분은 흰색이 아니라 투명하게 됩니다.

㉑ 벡터화되는 이미지의 면, 기준점, 색상의 개수를 의미합니다.
㉒ 비슷한 색끼리 그룹화합니다.
㉓ 벡터화한 이미지를 패스로 만듭니다.
㉔ 비트맵 이미지를 벡터화합니다.

03 ❶ Ctrl 을 누른 채 빈 곳을 클릭하여 선택을 해제한 후 ❷ 자동 선택 도구 를 클릭하고 ❸ 하얀색 면을 클릭합니다. ❹ Delete 를 누릅니다. 하얀색 면만 삭제됩니다.

04 ❶ 선택 도구 로 검은색 야자나무를 클릭하고 ❷ [Properties]-[Appearance] 패널에서 [칠]을 클릭합니다. ❸ 컬러 믹서 패널 을 클릭하고 ❹ 옵션 을 클릭하여 HSB 모드로 변경한 후 ❺ 원하는 색으로 설정합니다.

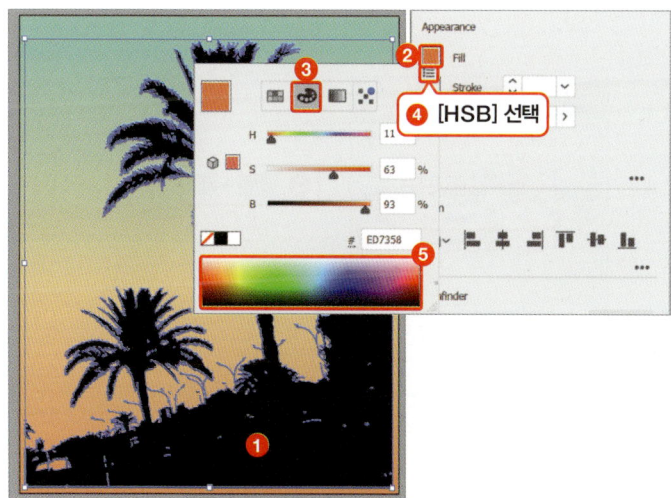

Arrange 단축키로 레이어 순서 바꾸기

05 선택 도구 ▶로 아트보드 왼쪽에 있는 텍스트를 드래그하여 아트보드 중앙으로 옮깁니다.

06 ❶ [Layers] 패널을 보면 ❷ [텍스트] 레이어가 야자나무 레이어 아래에 있습니다. 텍스트가 선택된 상태에서 ❸ Ctrl +] 을 누르면 [텍스트] 레이어가 위로 올라갑니다. 텍스트가 맨 위로 올라와 잘 읽힙니다. 이렇게 포스터가 완성되었습니다.

기능 꼼꼼 익히기 — 단축키로 레이어 순서 정하기

오브젝트를 클릭하고 [Object]–[Arrange] 메뉴를 선택하면 레이어 순서를 조절하는 메뉴가 나타납니다. 단축키를 더 많이 사용하므로 외워두고 활용하면 작업 시 매우 유용합니다.

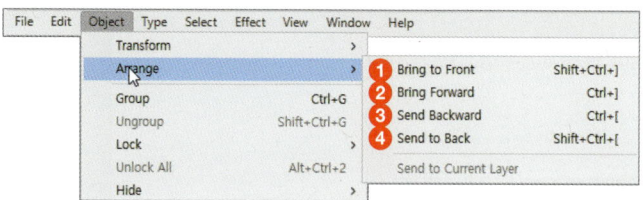

❶ **Bring to Front** `Ctrl` + `Shift` + `]` | 맨 위로 올리기
❷ **Bring Forward** `Ctrl` + `]` | 한층 올리기
❸ **Send Backward** `Ctrl` + `[` | 한층 내리기
❹ **Send to Back** `Ctrl` + `Shift` + `[` | 맨 아래로 내리기

기능 꼼꼼 익히기 — 복잡한 형태를 단순화하기

[Simplify] 메뉴로 단순화하기

❶ [Object]–[Path]–[Simplify] 메뉴를 클릭하면 ❷ [Simplify] 슬라이더바가 나타납니다. ❸ 왼쪽으로 이동할수록 형태가 점점 단순해지면서 고정점의 개수가 줄어듭니다. 고정점이 너무 많아서 복잡해 보이는 형태를 단순화할 때 매우 유용한 기능입니다.

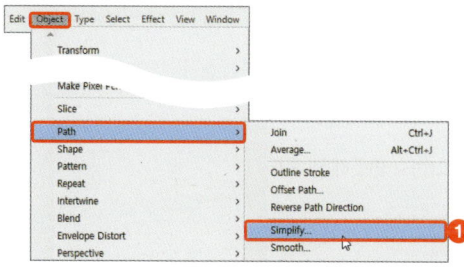
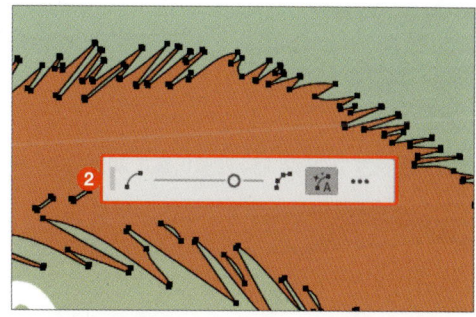
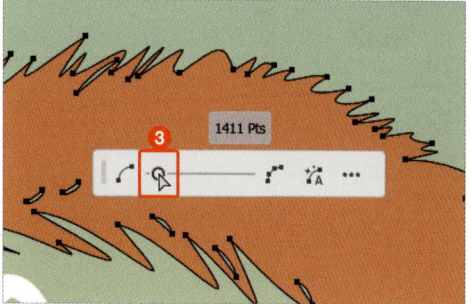

🔲 를 클릭하면 불필요하다고 판단되는 고정점이 자동으로 삭제됩니다.
🔲 를 클릭하면 단순화하는 정도를 더욱 디테일하게 설정할 수 있습니다.

[Smooth]와 [Simplify]의 차이점

[Object]–[Path]–[Smooth] 메뉴를 클릭하면 [Smooth] 슬라이더바가 나타납니다. [Smooth] 슬라이더바를 오른쪽으로 이동해도 형태가 단순해지기 때문에 Simplify와 비슷한 기능 같아 보이지만 다른 기능입니다. 차이점을 이해하고 필요한 경우 적절히 사용하도록 합니다.

원본 외곽의 찌글찌글한 선에는 30개의 고정점이 있습니다. 수정해보겠습니다.

[Simplify]를 적용하면 고정점의 개수가 줄어듭니다. 여기서는 고정점이 30개에서 13개로 줄었습니다. 형태가 왜곡되지 않을 때까지만 단순화할 수 있습니다.

[Smooth]를 적용하면 고정점의 개수가 줄어들고, 찌글거리는 선이 매끄럽고 반듯해집니다.

Ai LESSON 04

면이 겹쳐 보이는 효과 주기
[Transparency] 패널로 블렌딩하거나 투명도 조절하기

☑ CC 모든 버전
☐ CC 2025 버전

준비 파일 일러스트레이터/Chapter 04/혼합하기.ai
완성 파일 일러스트레이터/Chapter 04/혼합하기_완성.ai

AFTER

이 예제를 따라 하면

두 개 이상의 오브젝트를 겹쳐놓고 투명도를 적용하면 신비로운 효과를 줄 수 있습니다. [Transparency] 패널의 혼합 모드(Blending Mode)를 이용하면 투명도뿐만 아니라 여러 가지 방식으로 오브젝트를 합성할 수 있습니다. 이번 실습에서는 혼합 모드를 이용하여 과일이 겹쳐 보이도록 합성해보겠습니다.

- 혼합 모드를 이용하여 합성할 수 있습니다.
- 투명도를 조절할 수 있습니다.

BEFORE

CHAPTER 04 중급 테크닉으로 실력 업그레이드하기

혼합 모드로 합성하기

01 ❶ `Ctrl` + `O` 를 눌러 **혼합하기.ai** 파일을 불러온 후 ❷ [Window]-[Transparency] `Ctrl` + `Shift` + `F10` 메뉴를 선택하여 [Transparency] 패널을 불러옵니다.

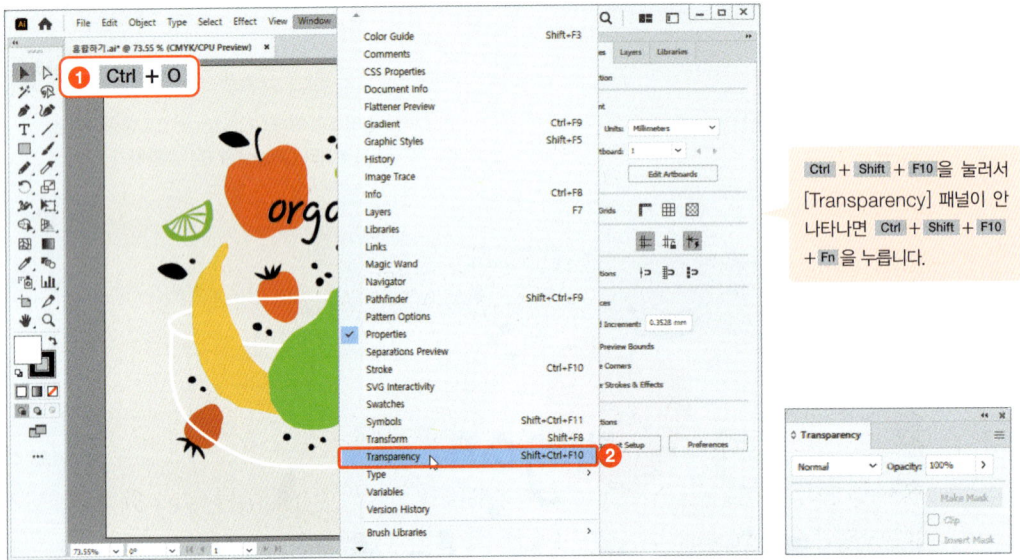

`Ctrl` + `Shift` + `F10` 을 눌러서 [Transparency] 패널이 안 나타나면 `Ctrl` + `Shift` + `F10` + `Fn` 을 누릅니다.

02 ❶ 선택 도구 ▶를 클릭한 후 ❷ 녹색 배를 클릭합니다. ❸ [Transparency] 패널에서 [Multiply]를 선택합니다. 겹쳐진 부분이 어둡게 섞입니다.

> 투명도 조절하여 면을 투명하게 만들기

03 ❶ 선택 도구 ▶로 흰색 선을 클릭합니다. ❷ [Transparency] 패널에서 [Opacity]를 **60%**로 설정합니다. 흰색 선이 투명해집니다.

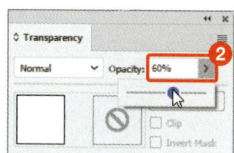

기능 꼼꼼 익히기 | [Transparency] 패널과 혼합 모드 알아보기

[Transparency] 패널을 자세히 살펴보겠습니다. 혼합 모드뿐만 아니라 마스크 등도 적용할 수 있습니다.

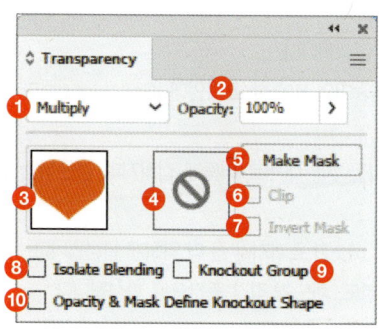

❶ 혼합 모드를 선택할 수 있습니다.
❷ **Opacity** | 투명도를 조절할 수 있습니다.
❸ 선택한 오브젝트의 형태를 보여줍니다.
❹ Opacity Mask를 적용할 수 있습니다.
❺ **Make Mask** | 마스크를 적용할 수 있습니다.
❻ **Clip** | Opacity Mask를 적용하면 활성화됩니다.

❼ **Invert Mask** | 마스크의 적용 범위를 반전합니다.
❽ **Isolate Blending** | 혼합 모드가 각각 적용된 그룹을 겹쳐놓으면 혼합 모드는 적용되지 않습니다.
❾ **Knockout Group** | 혼합 모드가 적용된 오브젝트를 그룹으로 묶으면 혼합 모드는 적용되지 않습니다.
❿ **Opacity & Mask Define Knockout Shape** | Knockout Group 효과를 Opacity와 Mask 기능에 의해 바뀌도록 합니다.

두 개의 오브젝트를 겹쳐놓은 후 상위 오브젝트(여기서는 하트)를 클릭해 선택하고 [Transparency] 패널의 혼합 모드 (Blending Mode)에서 옵션을 선택하면 다양한 방식으로 합성됩니다. 하나씩 살펴보겠습니다.

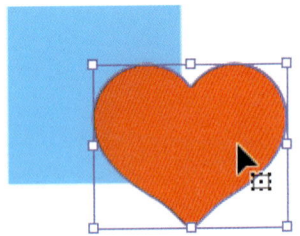

▲ 원본

▲ 혼합 모드를 적용했을 때

❶ **Normal** | 어떤 혼합도 적용하지 않은 기본 상태입니다.
❷ **Darken** | 어둡게 겹쳐집니다.
❸ **Multiply** | 겹쳐진 오브젝트의 색을 섞습니다.
❹ **Color Burn** | 겹쳐진 부분의 색, 채도를 강하게 합니다.
❺ **Lighten** | 겹쳐진 부분이 밝아집니다.
❻ **Screen** | 밝은색 부분이 더 밝아집니다.
❼ **Color Dodge** | [Color Burn]과 정반대입니다. 오브젝트의 색을 전반적으로 밝게 합니다.
❽ **Overlay** | [Multiply]와 [Screen]이 합쳐진 상태입니다. 밝은색은 더 밝게, 어두운색은 더 어둡게 겹쳐집니다.
❾ **Soft Light** | 위쪽에 겹쳐진 오브젝트의 명도가 50% 이상이면 밝게 합성되고, 50% 이하면 어둡게 합성됩니다.
❿ **Hard Light** | [Soft Light]와 거의 비슷한 효과인데 [Soft Light]보다 대비가 큽니다.
⓫ **Difference** | 보색으로 겹쳐집니다. 대체로 어둡게 겹쳐지며 검은색인 경우 변화가 없습니다.
⓬ **Exclusion** | [Difference]와 비슷한 효과지만 좀 더 약하게 합성됩니다.
⓭ **Hue** | 겹쳐진 부분의 색상, 명도, 채도가 각각 중간으로 합성됩니다.
⓮ **Saturation** | 겹쳐진 부분의 채도만 합성됩니다. 겹쳐진 부분의 채도가 같은 경우 아무런 변화가 없습니다.
⓯ **Color** | 겹쳐진 부분의 색만 합성됩니다. 겹쳐진 부분의 색이 같은 경우 아무런 변화가 없습니다.
⓰ **Luminosity** | [Color]의 반대입니다. 겹쳐진 부분의 채도와 명도만 합성됩니다.

Ai LESSON 05

자연스러운 선 드로잉하기

연필 도구로 드래그하여 낙서화 그리기

☑ **CC 모든 버전**
☐ CC 2025 버전

준비 파일 일러스트레이터/Chapter 04/연필 도구로 드로잉하기.ai
완성 파일 일러스트레이터/Chapter 04/연필 도구로 드로잉하기_완성.ai

AFTER

이 예제를 따라 하면

연필 도구를 사용하면 마우스로 드래그하는 대로 삐뚤빼뚤한 선이 그려져 자연스러운 느낌을 만들 수 있으므로 다양한 곳에 활용할 수 있습니다. 타블렛 펜 사용자라면 연필 도구를 사용하여 연필로 종이에 그림을 그리듯 패스를 그려낼 수 있어서 매우 유용합니다.

BEFORE

- 연필 도구로 선과 면을 그릴 수 있습니다.
- 선을 그리거나 지우며 자연스럽게 드로잉할 수 있습니다.
- 패스에 따라 선과 면에 색을 적용할 수 있습니다.

연필 도구로 선 그리고 수정하기

01 ① Ctrl + O 를 눌러 **연필 도구로 드로잉하기.ai** 파일을 불러옵니다. ② 스포이트 도구를 클릭하고 ③ 검은색 선을 클릭합니다. ④ 도구바 하단의 [칠]은 비활성화, [획]은 검은색으로 설정됩니다.

02 ① 도구바에서 Shaper 도구를 길게 클릭하여 ② 연필 도구를 클릭합니다. ③ 머리카락의 회색 스케치 선을 따라 드래그합니다. 선이 그려집니다.

책과 똑같이 드래그하지 않아도 됩니다. 비슷하게 드래그합니다.

03 그려놓은 선을 수정해보겠습니다. ❶ 직접 선택 도구 를 클릭하고 ❷ 고정점 하나만 드래그하여 선택합니다. ❸ 고정점을 원하는 위치로 드래그하여 옮깁니다. 고정점이 이동되면서 선의 모양이 수정됩니다.

04 ❶ 고정점 하나를 드래그하여 선택합니다. ❷ 방향선을 드래그하면서 조절하여 굴곡도 수정합니다.

05 ❶ 펜 도구 를 클릭합니다. ❷ 불필요한 고정점을 클릭합니다. 고정점이 삭제됩니다.

반대로 펜 도구 로 패스 선을 클릭하면 고정점이 추가됩니다.

06 ① 연필 도구 를 길게 클릭하여 ② 패스 지우개 도구 를 클릭합니다. ③ Ctrl 을 누른 채 왼쪽 어깨 선을 클릭합니다. ④ 어깨 선의 중간 지점을 드래그합니다. 드래그한 만큼 선이 지워집니다.

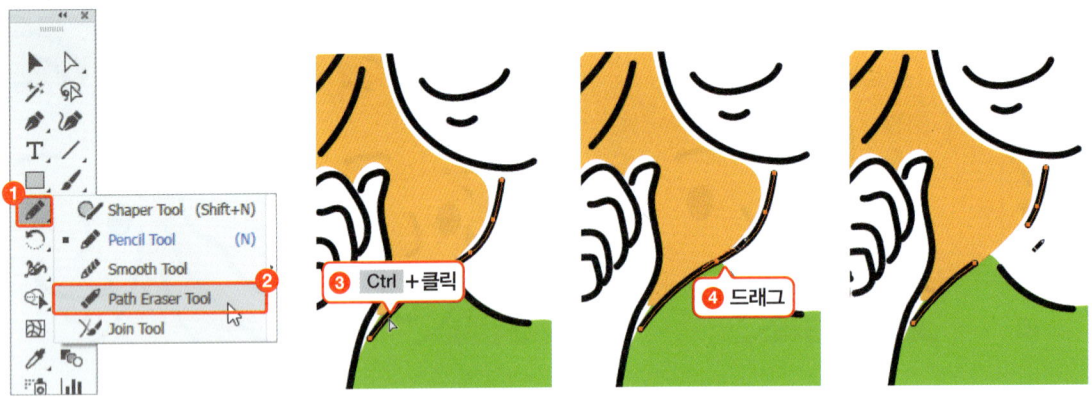

07 이번에는 끊어진 선을 이어보겠습니다. ① 다시 연필 도구 를 클릭합니다. ② Ctrl 을 누른 채 오른쪽 목 선을 클릭하고 ③ Ctrl + Shift 를 누른 채 어깨 선을 클릭해 함께 선택합니다. ④ ⓐ 고정점에서 ⓑ 고정점으로 드래그합니다. 선이 이어지지 않았다면 고정점 위를 정확히 드래그한 것이 아닙니다. 반드시 고정점 위를 드래그합니다.

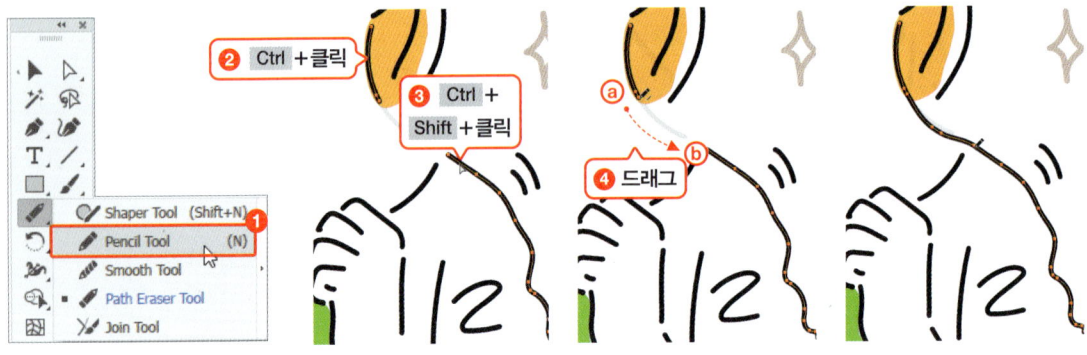

08 패스 선이 보이는 상태에서 연필 도구 로 선 위를 드래그합니다. 패스가 보이는 상태에서 패스 선 위를 연필 도구 로 드래그하면 선이 새로 생기는 것이 아니라 다시 그려집니다.

> 연필 도구는 일러스트레이터에서 프리 드로잉을 할 때 많이 사용합니다. 마우스가 아닌 타블렛 펜을 사용하면 더욱 쉽고 빠르게 드로잉을 할 수 있습니다.

09 이번에는 면을 그려보겠습니다. ❶ Ctrl 을 누른 채 빈 곳을 클릭하여 선택을 해제합니다. ❷ 연필 도구 로 오른쪽 어깨 면 부분을 드로잉합니다. 처음 드래그를 시작한 지점에 가까워지면 마우스 포인터의 모양이 에서 로 바뀝니다. ❸ 마우스 포인터의 모양이 로 바뀌었을 때 마우스 버튼에서 손을 뗍니다. 자동으로 닫힌 패스가 됩니다.

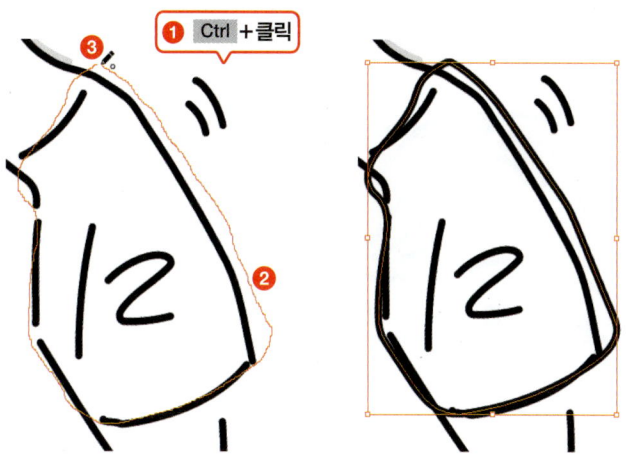

10 ❶ 스포이트 도구 를 클릭하고 ❷ 연두색 면을 클릭합니다. ❸ Ctrl + Shift + [를 눌러 해당 레이어를 맨 아래로 옮깁니다. ❹ Ctrl 을 누른 채 빈 곳을 클릭하여 선택을 해제합니다. 일러스트가 완성되었습니다.

연필 도구로 글씨 쓰기

11 연필 도구로 글씨를 써보겠습니다. ❶ 스포이트 도구 로 ❷ 검은색 선을 클릭합니다. ❸ 연필 도구 로 ❹ 첫 번째 획을 드래그하여 그립니다. ❺ 두 번째 획을 그린 후 ❻ Ctrl 을 누른 채 빈 곳을 클릭하여 선택을 해제합니다. ❼ 세 번째 획도 드래그하여 그립니다.

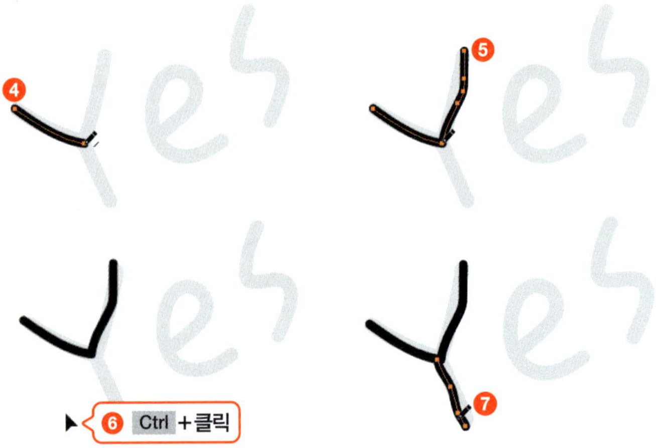

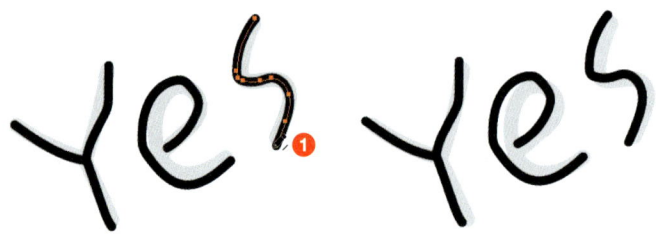

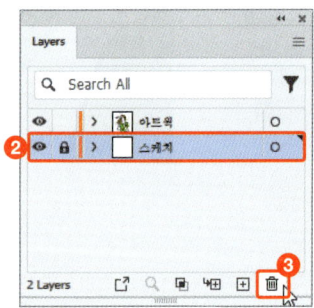

❻에서 선택을 해제하지 않고 바로 그리면 다음과 같이 선이 이어집니다.

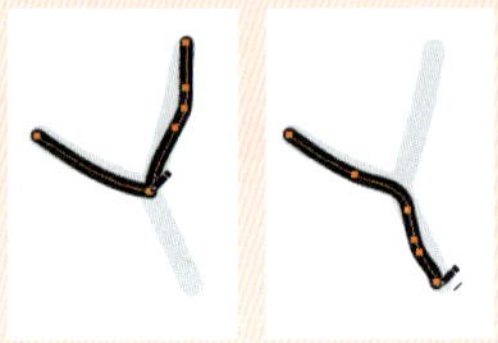

12 ❶ 나머지 'e'와 's'를 드래그하여 완성합니다. ❷ [Layers] 패널에서 [스케치] 레이어를 선택하고 ❸ 삭제 를 클릭해 삭제합니다. 스케치 선이 삭제되면서 일러스트가 완성되었습니다.

| 기능 꼼꼼 익히기 | 연필 도구 살펴보기

도구바에서 Shaper 도구를 길게 클릭하면 연필 도구와 관련된 도구들이 나타납니다. 지금부터 하나씩 살펴보겠습니다.

❶ **Shaper 도구** | 사각형을 대충 드래그하면 반듯한 사각형이 그려집니다. 같은 방법으로 원형과 삼각형도 그릴 수 있습니다.

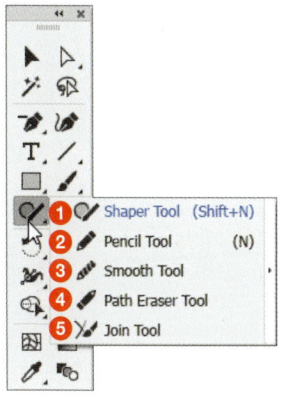

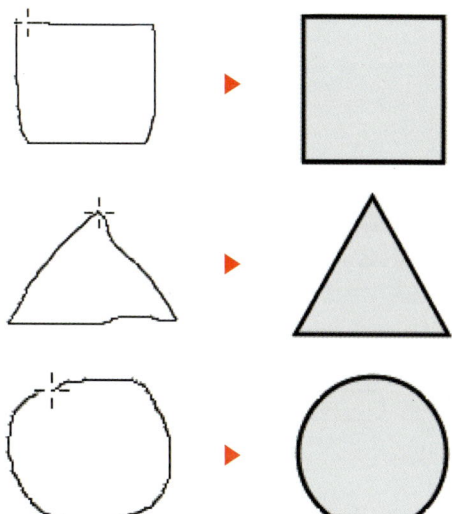

❷ **연필 도구** | 아트보드에 드래그하면 패스가 자동 생성되면서 선이 그려집니다.

❸ **매끄럽게 도구** | 각진 모서리를 드래그하면 부드러운 곡선으로 바꾸어줍니다.

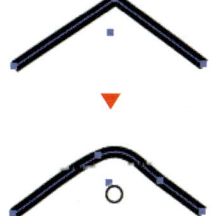

❹ **패스 지우개 도구** | 선을 드래그하면 삭제됩니다.

❺ **연결 도구** | 열린 패스의 뚫린 부분을 드래그하면 패스 선이 연결되어 닫힌 패스가 됩니다.

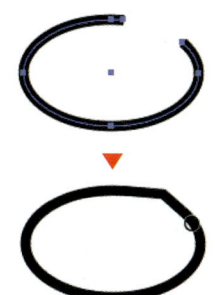

기능 꼼꼼 익히기 | 연필 도구로 드로잉하기

도구바에서 연필 도구를 더블클릭하면 [Pencil Tool Options] 대화상자가 나타납니다. 고정점을 추가하거나 면을 만드는 등 각 항목의 옵션을 지정할 수 있습니다. 연필 도구의 다양한 옵션에 대하여 알아보겠습니다.

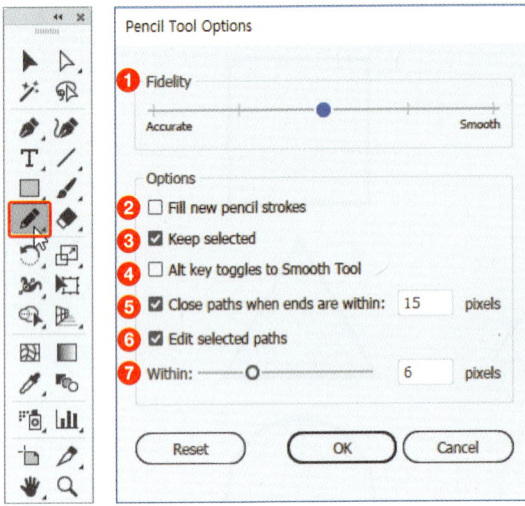

① **Fidelity** | 패스 고정점의 개수를 조절합니다. [Accurate]에 가까울수록 고정점이 많아지고 [Smooth]에 가까울수록 고정점이 적어집니다. 고정점이 적으면 파일의 용량이 줄어들고 조금 더 매끄러워 보입니다. 그러나 섬세한 작업을 할 때는 [Accurate]에 가깝게 설정하여 고정점을 촘촘히 한 후 작업하는 것이 좋습니다.

▲ [Accurate]에 가까우면 고정점의 개수가 많습니다.　　▲ [Smooth]에 가까우면 고정점의 개수가 적습니다.

② **Fill new pencil strokes** | 연필 도구로 드래그할 때 면을 만들 수 있습니다.

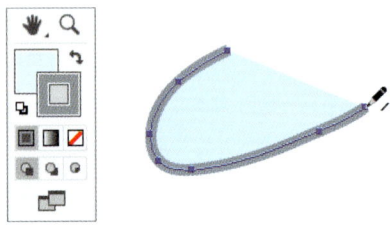 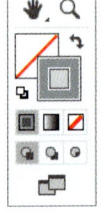

▲ 체크했을 때 면에 색이 있는 경우 연필 도구로 드래그하면 면이 같이 그려집니다.　　▲ 체크하지 않았을 때 면에 색이 있지만 연필 도구로 드래그하면 면은 그려지지 않고 선만 그려집니다. 도구바의 면 색도 없어집니다.

③ **Keep selected** | 연필 도구로 드로잉하면 패스가 선택된 상태가 됩니다.

④ **Alt key toggles to Smooth Tool** | 연필 도구가 선택된 상태에서 Alt 를 누르면 Alt 를 누르고 있는 동안은 매끄럽게 도구가 됩니다.

❺ **Close paths when ends are within** | 연필 도구로 드래그하여 면을 만드는 경우 처음 지점과 가까워지면 면이 자동으로 닫힙니다. 이때 얼마나 가까워지면 면이 닫히는지 그 간격을 정할 수 있습니다. 15pixels로 설정되어 있다면 처음 지점과 15pixels 정도 가까워지면 자동으로 닫힙니다.

❻ **Edit selected paths** | 패스 선이 선택된 상태에서 연필 도구로 그 위에 패스 선을 그으면 다시 그려집니다.

▲ 체크했을 때 선을 선택하고 그 위에 선을 그으면 선이 다시 그려집니다.

▲ 체크하지 않았을 때 선을 선택하고 그 위에 선을 그으면 선이 다시 그려지지 않고 새로 그려집니다.

❼ **Within** | 패스 선이 이어지는 정도를 수치로 나타냅니다.

▲ 수치가 2일 때 10pixels 정도 띄우고 드래그하면 이어지지 않습니다.

▲ 수치가 20일 때 10pixels 정도 띄우고 드래그해도 이어집니다.

> 이어지지 않는다면 [Pencil Tool Options] 대화상자에서 [Keep selected] 항목에 체크되어 있는지 확인합니다. 체크가 되어 있지 않으면 이어지지 않습니다.

기능 꼼꼼 익히기 　 찌글찌글한 선을 매끄럽게 수정하기(손 떨림 수정)

[Smooth]로 매끄럽게 수정하기

선을 선택하고 ❶ [Object]-[Path]-[Smooth] 메뉴를 클릭하면 [Smooth] 슬라이더바가 나타납니다. ❷ 슬라이더바를 오른쪽으로 옮기면 선이 매끄러워집니다. 　를 클릭하면 자동으로 매끄러운 정도가 적당하게 설정됩니다. 연필 도구로 드로잉을 하고 나면 손 떨림 때문에 선이 찌글찌글해지는 경우가 많습니다. 함께 사용하면 좋은 기능입니다.

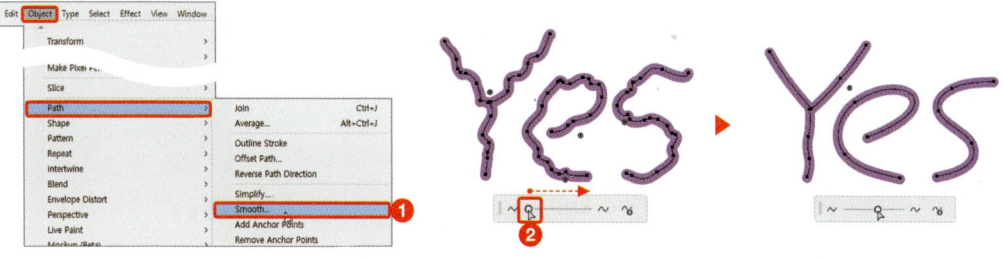

Ai LESSON 06

붓으로 그린 듯한 선 느낌 내기

브러시 도구로 드래그하여 수작업 느낌 내기

☑ **CC 모든 버전**
☐ CC 2025 버전

준비 파일 일러스트레이터/Chapter 04/브러시 도구로 드로잉하기.ai
완성 파일 일러스트레이터/Chapter 04/브러시 도구로 드로잉하기_완성.ai

AFTER

이 예제를 따라 하면

브러시 도구를 사용하면 마치 종이에 붓으로 그림을 그린 듯한 효과를 낼 수 있습니다. 브러시의 종류는 매우 다양합니다. 마른 붓 느낌, 수채화 느낌, 분필 느낌, 잉크가 튀는 느낌 등을 표현할 수 있어 활용도가 높습니다.

- 브러시 도구로 패스 선을 그릴 수 있습니다.
- 브러시 라이브러리의 활용법을 익힐 수 있습니다.
- 붓으로 직접 그린 듯한 수채화 느낌을 표현할 수 있습니다.

BEFORE

브러시 도구로 선 그리기

01 ❶ Ctrl + O 를 눌러 **브러시 도구로 드로잉하기.ai** 파일을 불러옵니다. ❷ 페인트브러시 도구를 클릭하고 ❸ [Properties]–[Appearance] 패널에서 [획] 색을 연두색으로 설정합니다. ❹ [Properties]–[Brush] 패널에서 목록을 클릭하고 ❺ [Charcoal – Feather] 브러시를 선택합니다.

02 회색 스케치 선을 따라서 잎을 드래그합니다. 목탄 느낌의 선이 그려집니다.

03 ❶ Ctrl 을 누른 채 연두색 선을 클릭하고 ❷ [Properties]–[Appearance] 패널에서 굵기를 **2pt**로 설정합니다. ❸ Ctrl 을 누른 채 빈 곳을 클릭하여 선택을 해제합니다.

 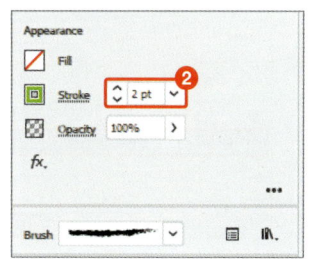

04 ❶ [Properties]-[Brush] 패널에서 브러시 라이브러리 메뉴 를 클릭하고 ❷ [Artistic]-[Artistic_Ink] 메뉴를 선택합니다. 물감이 번진 듯한 브러시가 있는 [Artistic_Ink] 패널이 나타납니다.

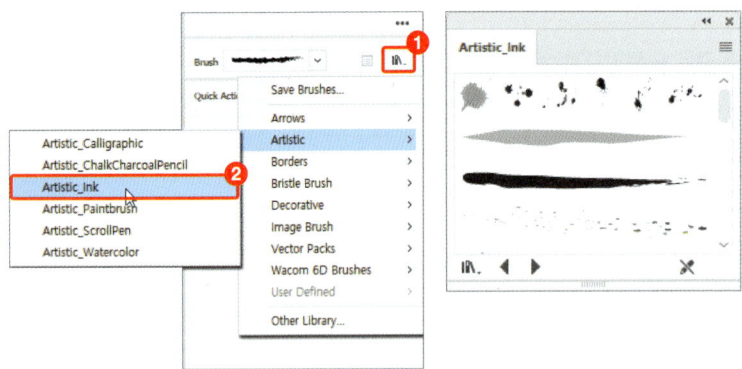

05 ❶ [Artistic_Ink] 패널에서 [Fountain Pen] 브러시를 선택합니다. ❷ 브러시 선택과 동시에 브러시 스타일이 바로 [Properties]-[Brush] 패널에 등록됩니다. ❸ [Properties]-[Appearance] 패널에서 [획] 색을 분홍색으로 바꾸고 ❹ 굵기를 **1pt**로 설정합니다. ❺ 회색 스케치 선을 따라서 꽃 모양을 드래그합니다. ❻ [Layers] 패널에서 [스케치] 레이어를 선택하고 ❼ 삭제 를 클릭하여 삭제합니다. 스케치 선이 삭제되었습니다.

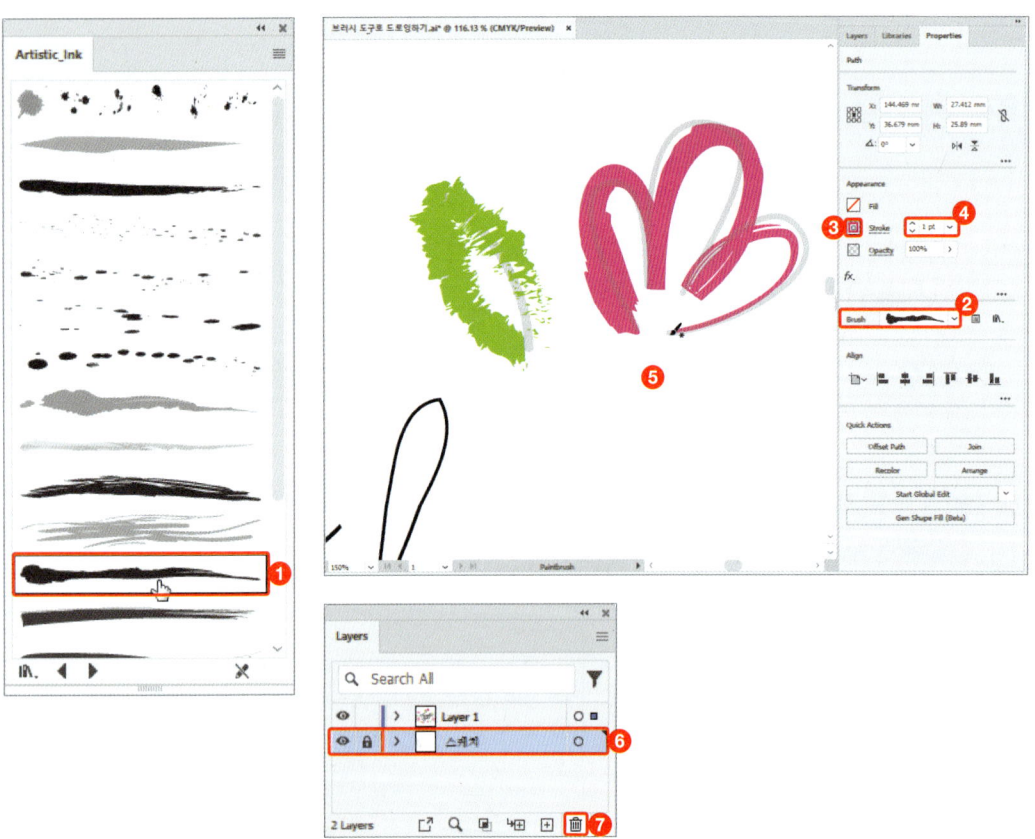

| 기능 꼼꼼 익히기 | **적용한 브러시 취소하기**

브러시가 적용된 패스를 선택하고 [Brushes] 패널에서 ⓧ를 클릭하면 일반 패스 선이 됩니다.

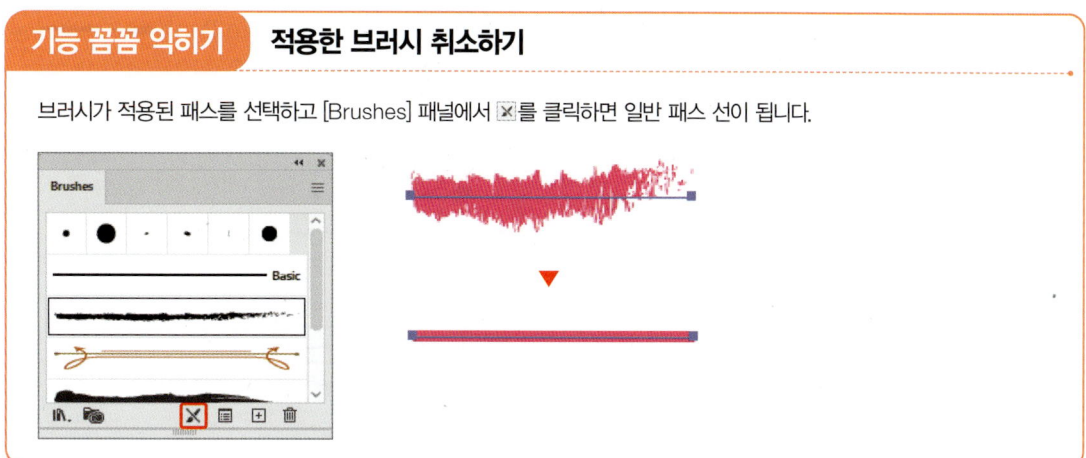

일반 패스에 브러시 적용하기

06 [Window]-[Brushes] F5 메뉴를 선택하여 [Brushes] 패널을 나타나게 합니다.

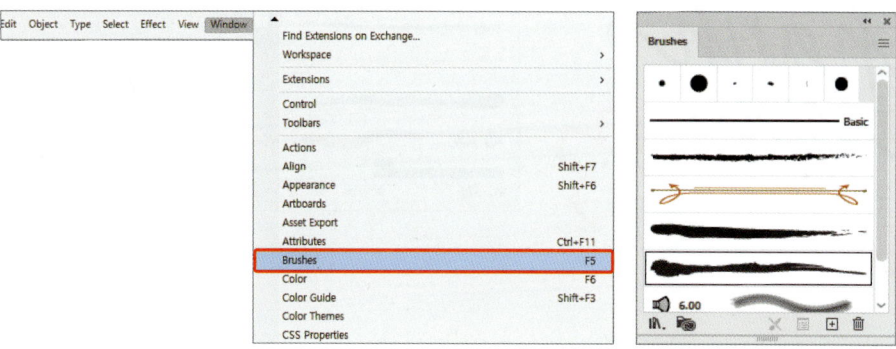

07 ❶ 선택 도구 ▶로 연두색 잎을 클릭하고 ❷ [Brushes] 패널에서 [Charcoal - Feather] 브러시를 선택합니다. ❸ [Properties]-[Appearance] 패널에서 굵기를 **2pt**로 설정합니다.

 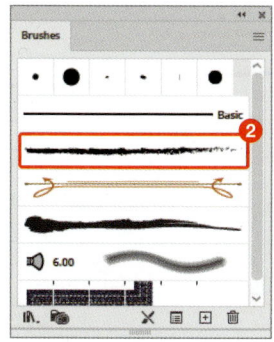 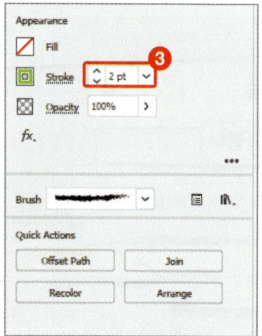

08 ① 선택 도구로 분홍색 꽃을 클릭합니다. ② [Brushes] 패널에서 [Fountain Pen] 브러시를 선택합니다.

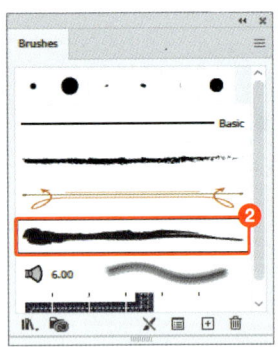

09 ① 선택 도구로 텍스트를 클릭하고 ② [Brushes] 패널에서 [5pt. Round] 브러시를 선택합니다.

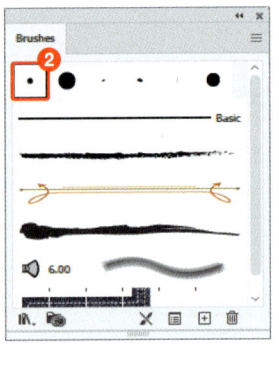

10 적용한 브러시를 수정해보겠습니다. ① [Brushes] 패널에서 [5pt. Round] 브러시를 더블클릭합니다. ② [Calligraphic Brush Options] 패널이 나타나면 [Preview]에 체크합니다. ③ [Brush Shape Editor]에서 원을 드래그하여 타원으로 만든 후 사선 방향으로 만듭니다. 브러시의 모양이 비스듬한 타원이 됩니다. ④ [Size]를 **11pt**로 수정하고 ⑤ [OK]를 클릭합니다.

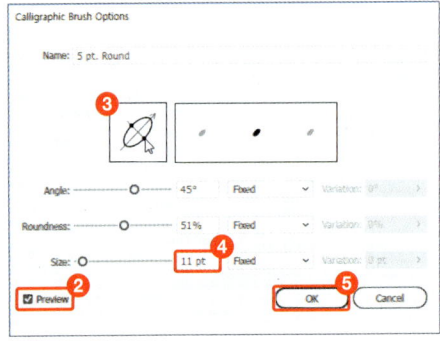

11 경고 대화상자가 나타나면 [Apply to Strokes]를 클릭합니다.

12 ❶ Ctrl + A 를 눌러 전체 선택합니다. ❷ [Object]-[Expand Appearance] 메뉴를 선택합니다. 브러시가 모두 패스로 처리됩니다.

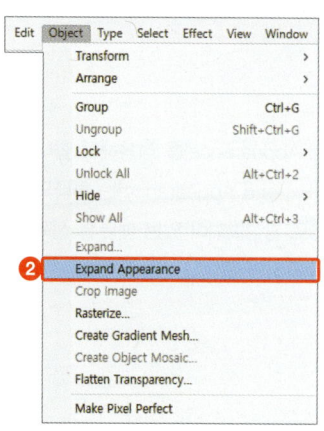  

기능 꼼꼼 익히기 　[Expand Appearance] 알아보기

[Expand Appearance]는 일러스트레이터에서 특정 효과를 주었을 때 보이는 그대로를 패스로 만들어주는 기능입니다. 즉 패스에 효과를 적용(여기서는 브러시 효과)한 후 패스에 [Expand Appearance] 기능을 적용하면 외곽선을 따라 패스가 생성됩니다.

 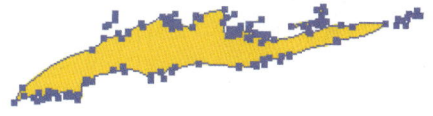

▲ 패스에 브러시 효과를 준 경우　　　　　　　▲ 브러시 효과를 준 패스를 [Expand Appearance]로 패스 처리한 경우

[Expand Appearance]를 적용하는 이유

❶ 효과가 적용된 파일을 다른 컴퓨터에서 열었을 때 일러스트레이터의 버전이 맞지 않거나 설정이 달라서 오류가 나는 경우를 대비하기 위해 [Expand Appearance]를 적용합니다. 각각의 오브젝트에 [Expand Appearance]를 적용하면 일러스트레이터의 버전이나 설정이 달라도 해당 오브젝트가 각각의 패스로 보여 오류가 나지 않습니다.

❷ 효과가 적용된 오브젝트는 수정할 수 없습니다. 그러나 [Expand Appearance]를 적용하여 각각의 패스로 처리하면 자유롭게 편집할 수 있습니다.

▲ 브러시 스타일을 적용한 오브젝트에 [Expand Appearance]를 적용하면 패스로 처리할 수 있습니다. 면과 선이 살아 있는 오브젝트가 되었으므로 칼 도구를 이용해 오브젝트를 자를 수도 있습니다.

[Expand]와 [Expand Appearance]의 차이점

일러스트레이터에서는 다양한 효과를 주고 패스로 처리하려면 [Expand] 또는 [Expand Appearance]를 적용해야 합니다. [Expand]는 하나의 패스에 선이나 면에 상관없이 한꺼번에 효과가 적용된 경우고, [Expand Appearance]는 하나의 패스에 선 따로, 면 따로 효과를 준 경우입니다. 둘 다 패스로 처리된다는 결과는 같으므로 활성화되어 있는 메뉴를 선택하면 됩니다. 브러시 효과는 패스의 선에만 적용되었으므로 [Expand Appearance]를 적용하면 됩니다.

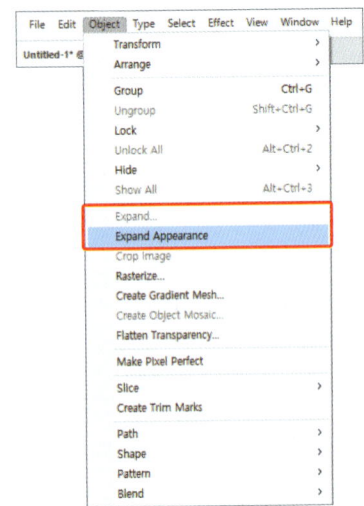

▲ 하나의 패스에 선과 면의 구분 없이 효과가 적용된 경우 [Expand]로 처리할 수 있습니다.

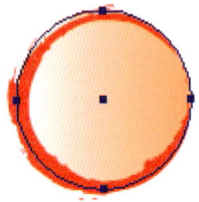

▲ 하나의 패스에 선과 면 따로 효과가 적용된 경우(하나의 패스에서 선에는 브러시 효과, 면에는 그레이디언트 효과를 준 경우) [Expand Appearance]로 처리할 수 있습니다.

기능 꼼꼼 익히기 [Brushes] 패널 살펴보기

[Brushes] 패널에는 다양한 브러시 스타일이 저장되어 있습니다. 브러시 도구 ✏로 선을 그리면 [Properties]–[Brush] 패널이 나타납니다. 또는 메뉴에서 [Window]–[Brushes] F5 메뉴를 선택하면 기본 [Brushes] 패널이 플로팅되어 나타납니다.

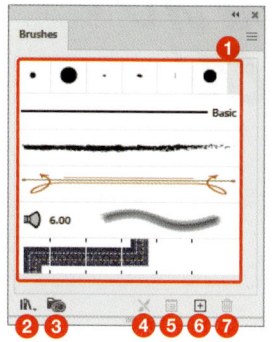

❶ 브러시의 종류를 선택할 수 있습니다.
❷ 브러시 라이브러리를 불러올 수 있습니다. [Window]–[Brushes Libraries] 메뉴를 선택해도 원하는 [Brushes Libraries] 패널을 불러올 수 있습니다.
❸ [Brushes Libraries] 패널에 등록된 브러시와 동기화됩니다.
❹ 브러시가 적용된 선을 선택하고 클릭하면 브러시가 취소됩니다.
❺ 브러시가 적용된 선을 선택하고 클릭하면 브러시의 옵션을 수정할 수 있습니다.
❻ 오브젝트를 선택하고 클릭하면 새 브러시를 등록할 수 있습니다.
❼ 브러시 영역의 브러시를 선택하고 클릭하거나, 브러시를 이 아이콘으로 드래그하면 삭제됩니다.

물방울 브러시 도구로 면 그리기

13 ❶ 도구바에서 물방울 브러시 도구 ✏를 클릭하고 ❷ [Properties]–[Appearance] 패널에서 [획] 색을 밝은 분홍색으로 설정합니다. [를 누르면 마우스 포인터를 따라다니는 원 ⊙이 작아지고] 를 누르면 반대로 원 ⊙이 커집니다. 브러시를 원하는 크기로 만든 다음 ❸ 꽃 모양을 따라 색칠하듯 드래그합니다.

   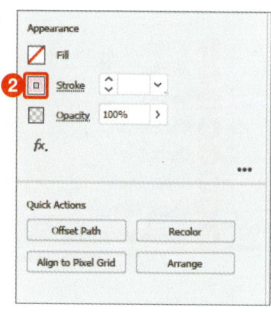

14 ❶ Ctrl 을 누른 채 꽃을 클릭합니다. 선이 아닌 면으로 되어 있는 것을 확인할 수 있습니다. ❷ Ctrl + Shift + [를 눌러 면을 레이어 맨 아래로 이동합니다.

15 같은 방법으로 다른 꽃들도 면을 만들어줍니다. 물방울 브러시 도구 로 꽃 주변을 클릭해서 원도 여러 개 만들어줍니다.

기능 꼼꼼 익히기 | 브러시 라이브러리 한눈에 살펴보기

[Brushes] 패널의 브러시 라이브러리 메뉴 를 클릭하거나 [Window]-[Brush Libraries] 메뉴를 선택하면 다양한 종류의 브러시를 선택할 수 있습니다. 다양한 스타일이 있으니 하나씩 살펴보겠습니다. 이 페이지는 기억해두었다가 브러시 효과를 선택할 때 꼭 참고하세요.

❶ **Arrows** | 화살표를 이용하여 인포그래픽(Infographic) 디자인에 적용할 수 있고, 디자인 소스로 장식 효과를 표현할 수 있습니다.

❷ **Artistic** | 예술적인 터치 효과를 표현하는 브러시입니다. 마치 종이에 붓으로 그림을 그리듯 자연스럽고 회화적인 효과를 낼 수 있어 수묵화, 수채화와 같이 손으로 그린 일러스트를 표현할 때 유용하게 활용할 수 있습니다.

❸ **Borders** | 프레임 효과를 표현하는 브러시로 멋있는 선을 장식할 수 있습니다. 다양한 모양의 프레임이 있어서 클릭 몇 번만으로도 효과를 손쉽게 연출할 수 있습니다.

❹ **Bristle Brush** | 강모 붓 효과입니다. 털이 뻣뻣한 붓 느낌을 표현하므로 더욱 자연스러운 느낌을 표현할 수 있습니다.

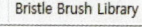

❺ **Decorative** | 장식 효과를 주는 브러시입니다. 디자인 소스를 이용하여 밋밋해 보이는 부분에 몇 번의 클릭으로 장식 효과를 줄 수 있습니다.

❻ **Image Brush** | 비트맵 이미지로 만들어진 브러시입니다. 일러스트레이터 안에서 사진을 합성한 느낌을 낼 수 있어 신선한 느낌을 표현할 수 있습니다.

❼ **Vector Packs** | [Bristle Brush]와 같이 붓 느낌을 주는 브러시입니다. [Artistic]보다 터치 효과의 퀄리티가 높다는 장점이 있지만, 많이 사용하면 컴퓨터 메모리에 부담을 준다는 단점이 있습니다. 캘리그래피의 느낌을 사실적으로 나타낼 수 있어 해당 작업에 많이 사용됩니다.

❽ **Wacom 6D Brushes** | 태블릿의 필압에 따라 브러시의 선 굵기가 조절되도록 설정된 브러시입니다. 태블릿을 사용해야만 이용할 수 있으며, 그렇지 않으면 해당 메뉴가 비활성화됩니다.

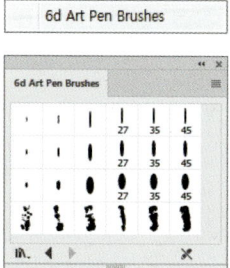

복잡한 패스 단순하게 만들기

16 ❶ 도구바에서 직접 선택 도구를 클릭합니다. ❷ 아트보드의 연두색 잎을 클릭합니다. ❸ [Object]-[Path]-[Simplify] 메뉴를 선택합니다.

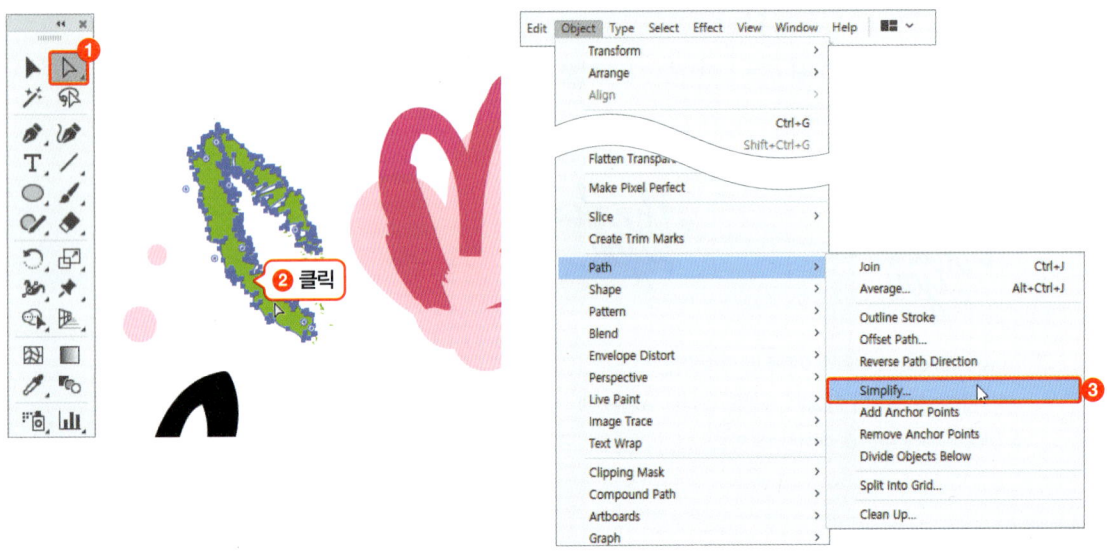

17 ❶ 슬라이더바의 ◯를 왼쪽으로 드래그하여 패스의 고정점 개수를 줄입니다. ❷ 아트보드의 빈 곳을 클릭하여 선택을 해제합니다. 패스가 단순해지고 슬라이더바가 사라집니다. 같은 방법으로 다른 패스의 고정점 개수도 줄여 복잡한 패스를 단순화합니다.

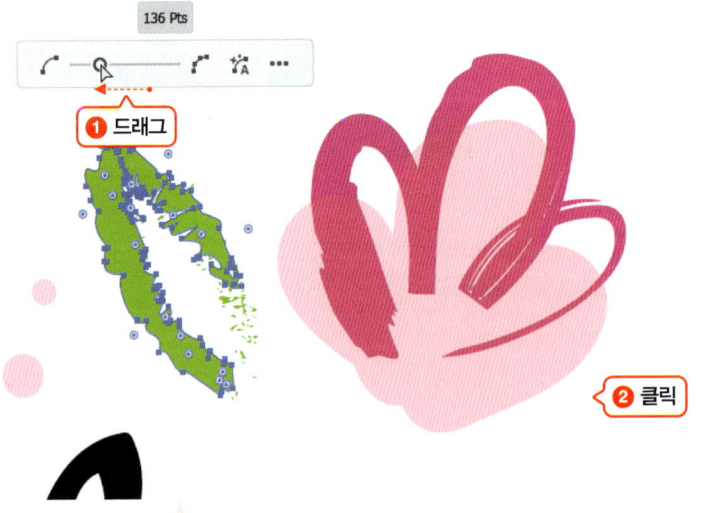

패스를 단순화하는 [Simplify] 메뉴의 다양한 옵션과 직관적인 인터페이스를 활용해 작업의 효율을 높일 수 있습니다.

| 기능 꼼꼼 익히기 | 패스를 단순화하는 [Simplify] 알아보기

패스의 고정점 개수가 많으면 파일의 용량이 커져 동작 속도가 느려질 수 있습니다. 패스를 단순화하는 [Simplify] 메뉴를 이용해 고정점 개수를 최대한 줄이는 것이 좋습니다. 패스를 클릭한 후 [Object]-[Path]-[Simplify] 메뉴를 선택하면 다음과 같은 슬라이더바가 나타납니다.

❶ 고정점 개수를 조절할 수 있습니다.
❷ 선택한 패스에 적합한 고정점 개수로 자동 조절해줍니다.
❸ [Simplify] 대화상자를 열어 더 많은 옵션을 확인할 수 있습니다.

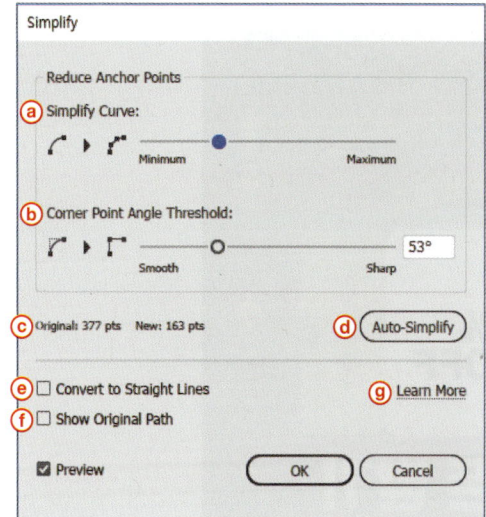

ⓐ 고정점의 개수를 조절할 수 있습니다.
ⓑ 고정점의 각도를 조절할 수 있습니다.
ⓒ 원본 패스의 고정점 개수와 수정된 패스의 고정점 개수입니다.
ⓓ 선택한 패스에 적합한 고정점 개수로 자동 조절합니다. ❷와 같은 기능입니다.
ⓔ 곡선을 직선으로 변경해 단순화합니다.
ⓕ 수정되기 전의 패스 원본을 확인할 수 있습니다.
ⓖ 어도비 웹사이트의 패스 편집 도움말 페이지로 이동합니다.

Ai LESSON 07

글자 입력하여 이벤트 페이지 만들기

다양한 방식으로 글자 입력하고 수정하기

☑ CC 모든 버전
☐ CC 2025 버전

준비 파일 일러스트레이터/Chapter 04/글자 입력하기.ai, 텍스트.txt
완성 파일 일러스트레이터/Chapter 04/글자 입력하기_완성.ai

이 예제를 따라 하면

문자 도구의 사용 방법을 알아보고, 가로쓰기, 세로쓰기, 흐르게 쓰기 등 다양한 기능으로 이벤트 페이지를 만들어보겠습니다.

- 글자를 입력할 수 있습니다.
- 가로쓰기, 세로쓰기, 흐르게 쓰기 등 다양하게 글자를 입력할 수 있습니다.
- 글자의 색, 크기 등을 수정할 수 있습니다.
- 패스를 따라 글자를 입력할 수 있습니다.
- 글상자를 만들어 글자를 입력할 수 있습니다.

글자 입력하기

01 ① `Ctrl` + `O` 를 눌러 **글자 입력하기.ai** 파일을 불러옵니다. ② 도구바에서 문자 도구 `T` 를 클릭합니다. ③ 하단의 적당한 위치를 클릭합니다. 기본 텍스트가 자동으로 입력됩니다. ④ 기본 텍스트를 무시하고 **플친만을 위한 추가 할인 이벤트**를 입력합니다.

02 ① 문자 도구 `T` 로 글자를 모두 드래그하고 ② [Properties]-[Appearance] 패널의 [칠]을 클릭하고 ③ 연두색을 선택합니다. ④ [Properties]-[Character] 패널의 글꼴 목록에서 마음에 드는 글꼴을 선택합니다. 여기서는 **레시피코리아 Medium**을 선택했습니다. ⑤ 크기는 **27pt**로 설정합니다.

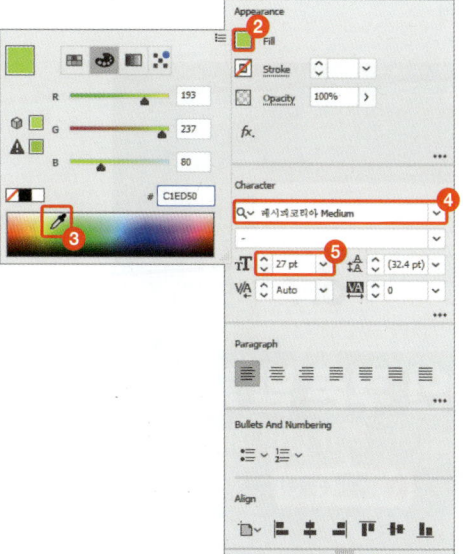

글자 크기와 색 수정하기

03 문자 도구 T로 ① '추가 할인'만 드래그합니다. ② [Properties]-[Character] 패널에서 크기를 **35pt**로 설정합니다. ③ [칠]을 클릭하고 노란색을 선택합니다. ④ Ctrl 을 누른 채 아트보드의 빈 곳을 클릭해 선택을 해제합니다.

선택 도구▶로 글자를 수정해도 됩니다. 선택 도구▶로 문장을 드래그하면 위치나 크기를 수정할 수 있습니다. 선택 도구▶로 더블클릭하면 커서가 깜빡거립니다. 이때 드래그하여 글 내용을 수정할 수 있습니다.

선택 도구로 더블클릭하면 부분 선택됨

04 ① Ctrl 을 누른 채 글자를 클릭합니다. ② [Properties]-[Align] 패널에서 ▼를 클릭하고 ③ [Align to Artboard]에 체크되어 있는지 확인합니다. ④ 가로 가운데 정렬 ▣을 클릭합니다. 글자가 정확히 중앙에 배치됩니다.

05 문자 도구 T가 선택된 상태에서 ① 아트보드를 클릭하고 10을 입력합니다. ② 도구바에서 선택 도구 ▶를 클릭하고 ③ Shift 를 누른 채 글상자의 모서리를 드래그하여 크기를 키웁니다. ④ 선택 도구 ▶로 드래그해 적당한 위치로 옮깁니다.

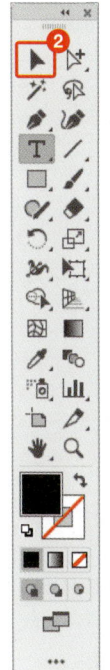

기능 꼼꼼 익히기 　[Character] 패널 살펴보기

[Character] 패널은 문자 도구 T로 입력한 글자의 글꼴, 색상, 크기 등을 수정할 때 사용합니다. 도구바에서 문자 도구 T를 클릭하면 [Properties] 패널에 [Character] 패널이 나타납니다. 또는 [Window]–[Type]–[Character] 메뉴를 선택하면 [Character] 패널이 플로팅되어 나타납니다.

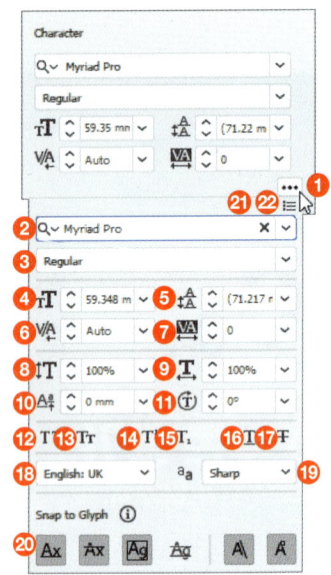

① **더 보기** ┈ | 클릭하면 더 많은 옵션을 선택할 수 있습니다.

② **글꼴 목록** | 클릭하면 글꼴 목록이 나타나고 글꼴을 선택할 수 있습니다. [Filters]를 활용하면 사용자가 원하는 글꼴을 쉽게 찾을 수 있도록 도와줍니다.

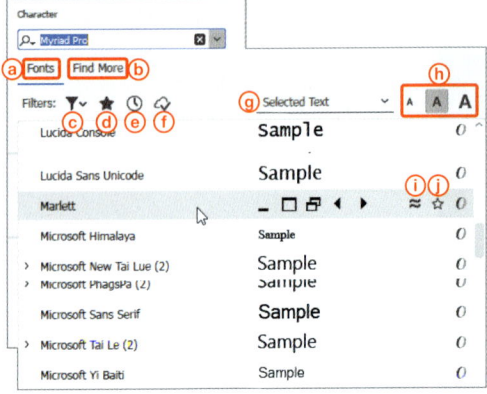

ⓐ 내 컴퓨터에 설치된 글꼴만 나타납니다.

ⓑ 어도비에서 제공하는 더 많은 글꼴이 나타납니다.

ⓒ 글꼴을 종류별로 정렬할 수 있습니다.

ⓓ 사용자가 즐겨찾기로 지정한 글꼴만 볼 수 있습니다.

ⓔ 최근에 추가한 글꼴이 나타납니다.

ⓕ 동기화된 어도비 폰트가 나타납니다.

ⓖ 글꼴의 모양을 샘플 텍스트로 미리 볼 수 있습니다.

ⓗ 글꼴 목록에 나타난 샘플 텍스트의 크기를 상, 중, 하로 조절할 수 있습니다.

ⓘ 클릭하면 비슷한 모양의 글꼴이 나타납니다.

ⓙ 클릭하면 즐겨찾기로 지정됩니다.

❸ **글자 스타일** | 스타일을 지원하는 글꼴의 경우 Normal, Italic, Bold를 선택할 수 있습니다.

❹ **크기** | 글자의 크기를 설정할 수 있습니다.

❺ **행간** | 행간을 설정할 수 있습니다.

❻ **부분 자간** | 글자 사이에 커서를 두고 수치를 설정하면 해당 위치의 자간을 좁히거나 넓힐 수 있습니다.

❼ **자간** | 글자의 자간을 설정할 수 있습니다.

❽ **세로 높이** | 글자의 높이를 설정할 수 있습니다.

❾ **가로 너비** | 글자의 너비를 설정할 수 있습니다.

❿ **기준선 옮기기** | 선택한 글자만 위치를 상하로 조절합니다.

⓫ **회전** | 글자를 회전합니다.

⓬ **대소문자 변환** | 대소문자를 변환합니다.

⓭ **작은 대소문자 변환** | 작은 대소문자로 변환합니다.

⓮ **위 첨자** | 위 첨자를 만듭니다.

⓯ **아래 첨자** | 아래 첨자를 만듭니다.

⓰ **밑줄 넣기** | 하단 선을 넣습니다.

⓱ **가운데 선 넣기** | 가운데 선을 넣습니다.

⓲ **언어 선택** | 언어를 선택합니다.

⓳ **외곽선 값** | 글꼴의 외곽선 형태의 옵션을 정합니다.

⓴ **Snap to Glyph** | [View]–[Snap to Glyph] 메뉴와 [View]–[Smart Guide] 메뉴가 모두 선택된 상태에서 오브젝트를 글자 주변으로 가까이 이동하면 글리프를 기준으로 안내선이 나타납니다. 이 안내선의 종류를 선택할 수 있습니다.

ⓐ 안내선이 글자의 아래쪽에 나타납니다.

ⓑ 소문자의 위쪽을 기준으로 안내선이 나타납니다.

ⓒ 글자의 사방으로 안내선이 나타납니다.

ⓓ 모든 안내선이 나타납니다.

ⓔ 글자를 회전시키면 회전한 상태에서 안내선이 나타납니다.

ⓕ 펜 도구를 클릭하고 마우스 포인터를 글자의 각진 부분으로 가져가면 그 자리에 고정점이 나타납니다.

㉑ **Touch Type Tool** | 옵션을 클릭하고 [Show Touch Type Tool]을 선택하면 [Character] 패널 상단에 [Touch Type Tool] 버튼이 나타납니다. 문장을 입력한 후 이 버튼을 클릭하고 글자를 클릭하면 클릭한 글자만 개별 선택하여 색상, 글꼴, 크기, 위치, 기울기 등을 수정할 수 있습니다.

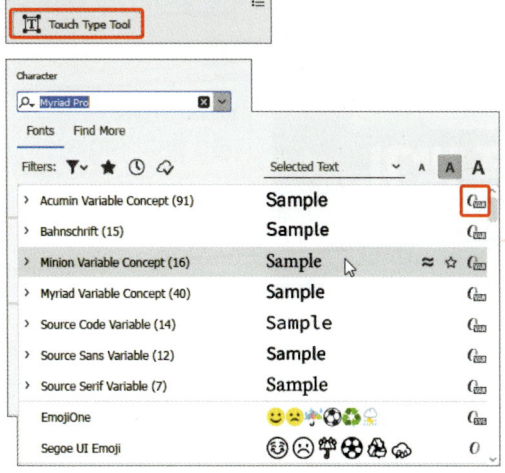

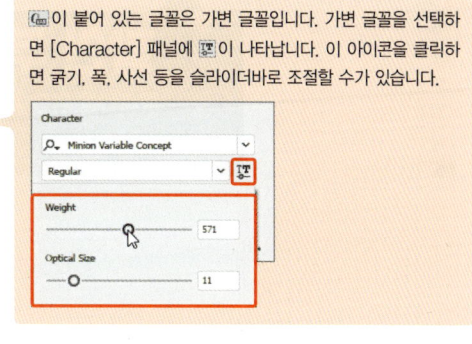

이 붙어 있는 글꼴은 가변 글꼴입니다. 가변 글꼴을 선택하면 [Character] 패널에 이 나타납니다. 이 아이콘을 클릭하면 굵기, 폭, 사선 등을 슬라이더바로 조절할 수가 있습니다.

㉒ **Show Font Height Options** | 옵션 을 클릭하고 [Show Font Height Options]를 선택하면 [Character] 패널에 글자의 높이 옵션이 나타납니다. 글자의 높이를 정하는 기준을 선택할 수 있습니다.

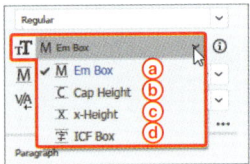

ⓐ 글상자의 높이를 기준으로 합니다.
ⓑ 대문자의 높이를 기준으로 합니다.
ⓒ 소문자의 높이를 기준으로 합니다.
ⓓ 아시아 언어의 글자 크기를 기준으로 합니다.

글자를 세로로 입력하기

06 ❶ 도구바에서 문자 도구 를 길게 클릭해 세로 문자 도구 를 클릭합니다. ❷ 오른쪽 상단을 클릭하고 **특별한 이벤트**를 입력합니다. 글자가 세로로 입력됩니다. ❸ 드래그하여 글자를 선택하고 ❹ 크기는 **16pt**, ❺ 자간은 **75**로 설정합니다. ❻ 스포이트 도구 를 클릭하고 ❼ 연두색 부분을 클릭합니다. 연두색이 적용됩니다. ❽ Ctrl 을 누른 채 빈 곳을 클릭하여 선택을 해제합니다.

패스에 흘러가는 글자 입력하기

07 ① 도구바에서 펜 도구를 클릭하고 ② 하단의 변환을 클릭해 [획]만 활성화합니다. ③ ⓐ 지점을 클릭하고 ④ ⓑ 지점을 클릭한 채 오른쪽 아래로 드래그하여 반곡선을 그립니다.

선의 색상은 어떠한 색이든 상관없습니다.

08 ① 도구바에서 세로 문자 도구를 길게 클릭해 패스 상의 문자 도구를 클릭합니다. ② 반곡선 위를 클릭합니다. ③ **행운의 퀴즈를 풀고**를 입력하고 Ctrl + A 를 눌러 선택합니다. ④ 스포이트 도구로 ⑤ 연두색 부분을 클릭합니다. ⑥ 크기를 **24pt**로 설정합니다. ⑦ 직접 선택 도구로 반곡선의 ⑧ 오른쪽 고정점을 클릭합니다. ⑨ 고정점을 오른쪽으로 옮기고 방향선을 조절하여 반곡선의 길이를 늘입니다.

패스 선보다 글이 더 길면 패스 선 끝에 ⊞ 표시가 나타나고 글자는 가려집니다. 이때는 패스 선을 늘이거나 글자의 크기를 줄여야 합니다.

09 ❶ 선택 도구를 클릭하고 ❷ 텍스트를 클릭합니다. ❸ 텍스트의 맨 왼쪽에 있는 가이드선 위에 마우스를 가져갑니다. 마우스 커서의 모양이 ▶으로 바뀌었을 때 좌우로 드래그하여 ❹ 텍스트가 패스 선 중앙에 위치하게끔 이동합니다.

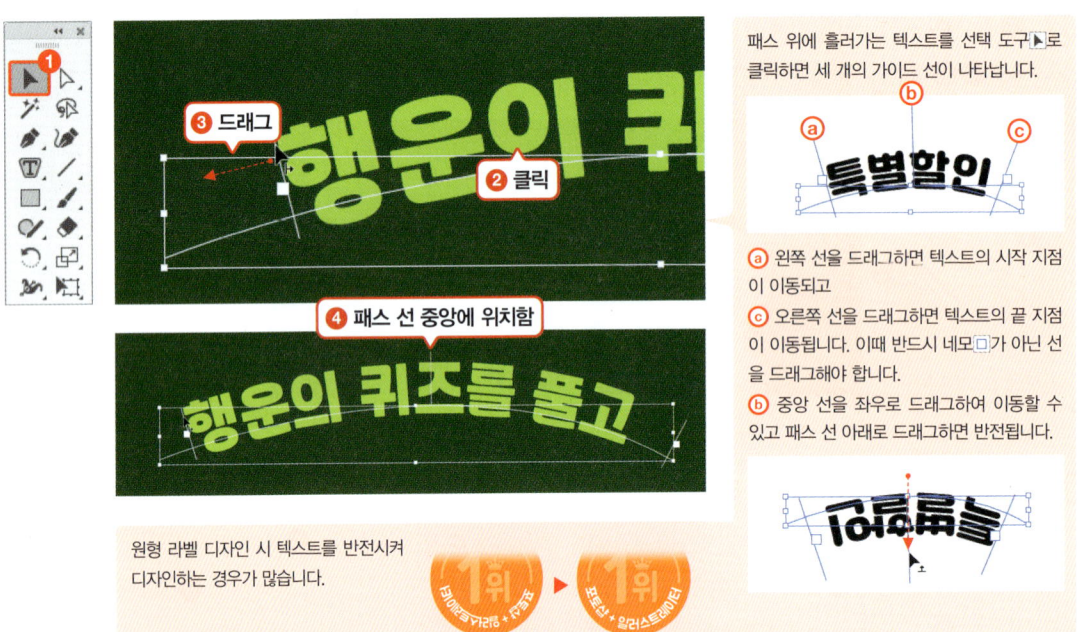

문자 손질 도구로 글자 수정하기

10 ❶ 도구바에서 문자 도구를 클릭합니다 ❷ 아트보드의 하단을 클릭해 **읽어주세요**를 입력하고 ❸ [Properties]-[Character] 패널에서 크기를 **18pt**로 설정합니다. ❹ [칠]을 흰색으로 설정합니다. ❺ [Paragraph] 패널의 왼쪽 정렬을 클릭합니다.

11 ❶ 도구바에서 문자 손질 도구를 클릭합니다. ❷ '읽'을 클릭하고 위로 살짝 드래그합니다. ❸ ○를 드래그하여 각도를 수정합니다.

12 ❶ 도구바에서 사각형 도구를 클릭하고 ❷ 드래그하여 긴 사각형을 만듭니다. 글상자로 만들 것이므로 색은 상관없습니다.

13 ❶ 일러스트레이터 프로그램을 잠시 닫아두고 **텍스트.txt** 파일을 엽니다. ❷ Ctrl + A 를 눌러서 메모장에 있는 글을 모두 선택하고 ❸ Ctrl + C 를 눌러서 복사합니다.

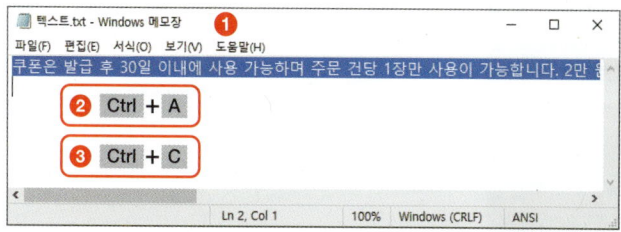

14 다시 일러스트레이터로 돌아와서 ❶ 영역 문자 도구를 클릭합니다. ❷ 사각형의 선 부분을 클릭하고 ❸ 바로 Ctrl + V 를 누릅니다. 사각형이 글상자로 바뀌고 메모장에서 복사한 텍스트가 입력됩니다.

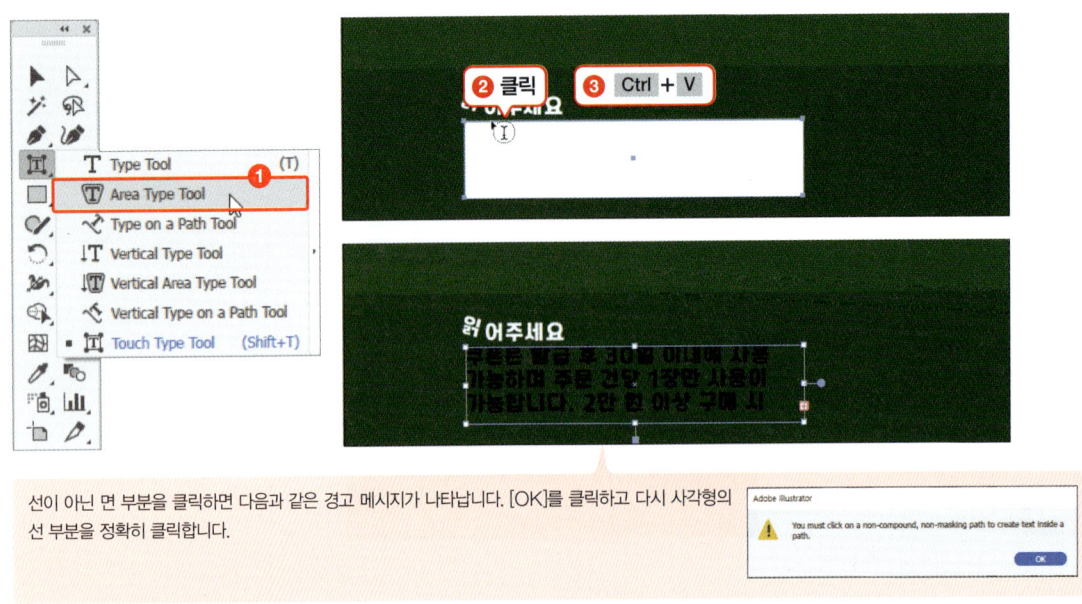

선이 아닌 면 부분을 클릭하면 다음과 같은 경고 메시지가 나타납니다. [OK]를 클릭하고 다시 사각형의 선 부분을 정확히 클릭합니다.

15 ❶ Ctrl + A 를 눌러서 글자를 전체 선택한 다음 ❷ [Properties]-[Character] 패널에서 **나눔고딕**을 선택하고 ❸ 크기는 **9pt**, ❹ 행간은 **14pt**, ❺ [칠]은 흰색으로 설정합니다.

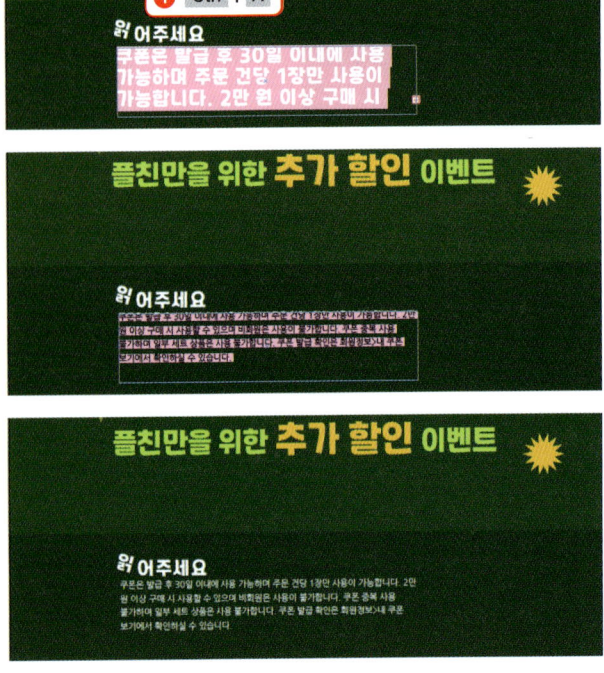
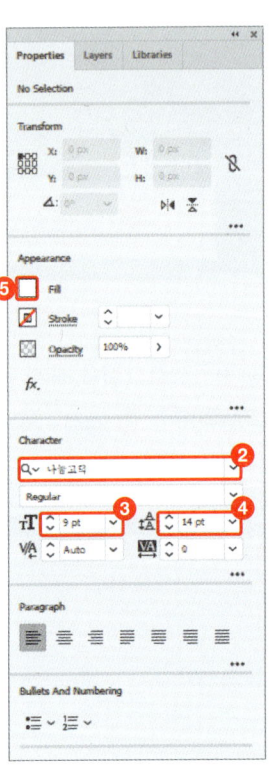

16 ❶ 선택 도구로 ❷ 글상자를 클릭합니다. ❸ 글상자의 바운딩 박스를 드래그하여 크기를 늘리거나 줄여 마음에 드는 크기로 수정합니다. 글상자의 크기를 조절하면 안에 있는 글자의 크기에는 영향을 주지 않고 글상자 크기만 수정됩니다.

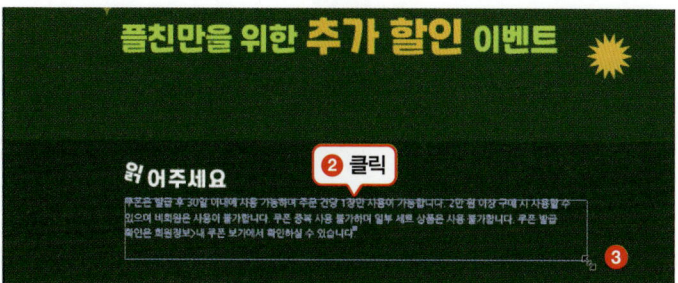

Create Outlines로 글자를 패스로 만들어 디자인하기

17 ❶ 선택 도구로 글자를 전체 선택합니다. 글자 이외의 레이어는 모두 잠겨 있으므로 글자만 선택됩니다. ❷ [Type]-[Create Outlines] Ctrl + Shift + O 메뉴를 선택합니다. 글자가 완전한 패스로 처리됩니다. ❸ 아트보드의 빈 곳을 클릭하여 선택을 해제합니다.

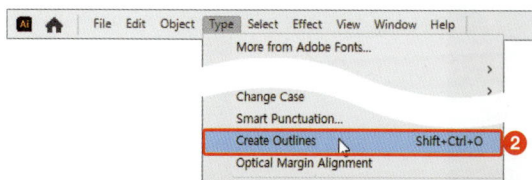

18 ❶ 직접 선택 도구 ▷로 ❷ '0' 안쪽 고정점을 클릭합니다. ❸ Delete 를 두 번 누릅니다. '0' 안쪽의 고정점이 모두 삭제됩니다.

19 ❶ 선택 도구 ▶로 ❷ 왼쪽의 노란색 별을 클릭하고 Ctrl + C , Ctrl + V 를 눌러 별을 복제합니다. ❸ 복제한 별을 '0' 위로 옮기고 ❹ 보기 좋게 크기를 조절합니다.

20 ❶ Shift 를 누른 채 '0'을 클릭하여 별과 숫자를 함께 선택합니다. ❷ [Properties]-[Pathfinder] 패널에서 교차 영역 제외 ▣를 클릭하고 ❸ [칠]을 검은색으로 설정해 완성합니다.

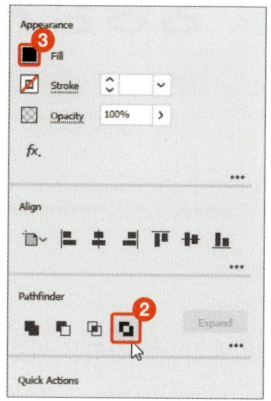

Create Outlines를 하는 이유 | Create Outlines는 글자를 패스로 만드는 기능입니다. 자신의 컴퓨터에서 작업한 파일을 다른 컴퓨터에서 열거나 인쇄소에 가져갔을 때 해당 글꼴이 없으면 오류가 납니다. Create Outlines로 처리해 패스화한 글자는 오류가 나지 않아 글꼴 모양 그대로 출력할 수 있습니다. 실무에서 사용하는 필수 기능이므로 꼭 외워두도록 합니다.

Ai LESSON 08

생성형 AI 기능으로 작업하기

어도비 생성형 AI를 이용하여
그림, 글자, 목업, 색상 생성하기

인공지능 기반의 기능을 활용해 다양한 작업을 해보겠습니다. 텍스트를 입력하면 그림이 생성되기도 하고 색상을 쉽게 적용할 수 있습니다. 마치 사람이 작업하는 것처럼 자연스러워서 실무에 사용할 수 있을 좋을 정도로 품질이 좋습니다.

간단 실습 텍스트로 그림 생성하기(Generate Vectors)

준비 파일 일러스트레이터/Chapter 04/텍스트로 그림 생성하기.ai
완성 파일 일러스트레이터/Chapter 04/텍스트로 그림 생성하기_완성.ai

텍스트를 입력하여 원하는 그래픽을 생성해보겠습니다.

01 ❶ 도구바에서 사각형 도구 ▫를 클릭하고 ❷ 아트보드 위를 드래그합니다. ❸ [Properties]-[Generate Vectors(Beta)]를 클릭합니다.

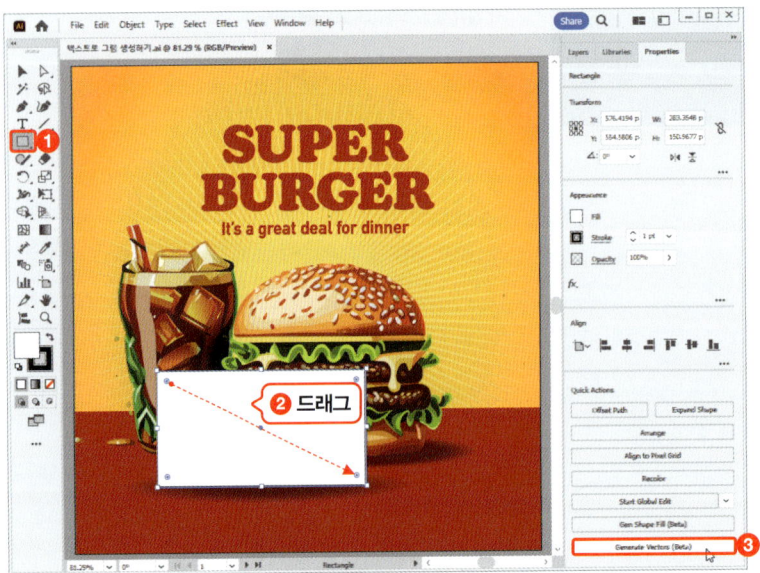

02 ❶ [Prompt]에 **기름진 감자튀김 조각, 쌓여있다**를 입력하고 ❷ [Subject]를 클릭합니다. ❸ [Styles Reference]를 클릭하고 ❹ [Replace asset]을 클릭합니다. 마우스 포인터가 스포이드로 바뀝니다. ❺ 햄버거를 클릭하고 ❻ [Generate]를 클릭합니다.

Generate AI 기능을 처음 사용한다면 메시지가 나타납니다. [Agree]를 클릭해 다음 단계로 넘어갑니다.

03 [Properties]-[Variations] 패널에서 마음에 드는 감자튀김을 선택합니다. 햄버거와 어울리는 감자튀김이 생성되었습니다.

마음에 드는 감자튀김이 없으면 [Generate]를 클릭합니다.

이미지를 저장하기 전에 생성된 이미지를 선택하고 [Object]-[Expand]를 클릭하여 안전한 패스로 만듭니다.

간단 실습 | 이미지로 된 글자 다시 쓰기(Retype)

준비 파일 일러스트레이터/Chapter 04/이미지로 된 글자를 다시 쓰기.ai

글자를 Create Outlines(윤곽선 만들기) 처리하면 글자가 아닌 일반 패스가 되어 수정할 수 없었습니다. 그래서 수정을 하려면 글자를 다시 입력해야만 했습니다. 하지만 이제는 패스화된 글자도 수정할 수 있고, 비트맵 이미지 안에 있는 텍스트도 수정할 수 있습니다.

01 ❶ 선택 도구 ▶로 ❷ 'KEEP'을 클릭합니다. ❸ [Properties]-[Retype(Beta)]를 클릭하고 ❹ [Edit Text]를 클릭합니다.

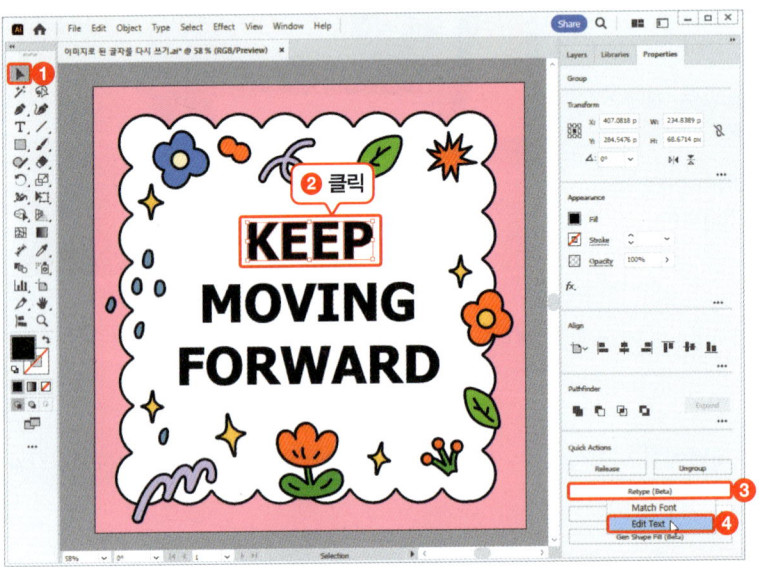

02 화면이 어두워지면서 편집 모드에 들어갑니다. ❶ [Retype(Beta)] 패널에서 가장 유사한 폰트를 클릭하고 ❷ [Apply]를 클릭합니다. 글자화가 되었습니다. ❸ [Exit]를 클릭하거나 아트보드의 빈 곳을 더블클릭하여 편집 모드에서 나갑니다.

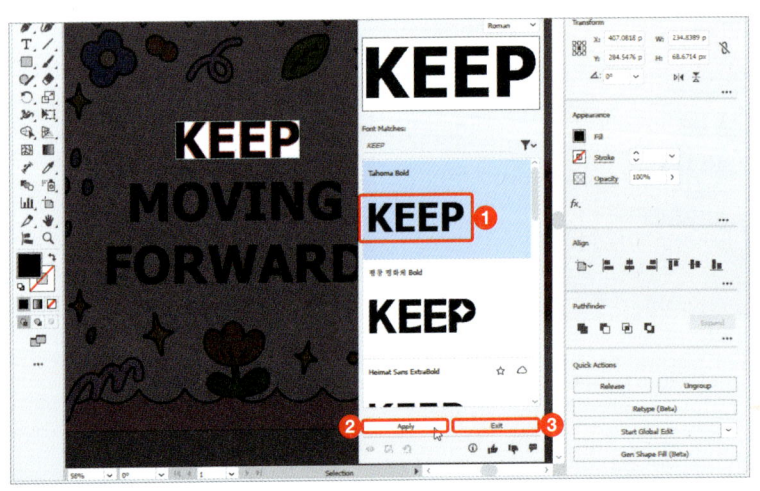

Retype은 베타 버전 기능으로 PC 환경에 따라 사용이 불가하거나 오류가 생길 수 있습니다. GPU(그래픽 처리 장치)에 영향을 받는 기능이므로 GPU 드라이버 업데이트를 하거나 QR 코드를 참고해주기 바랍니다. *GPU 최소 권장 사양 : 1GB VRAM (4GB)/OpenGL 버전 4.0 이상(Illustrator CC 2025 기준)

03 ① 문자 도구 T 로 ② 'KEEP'을 드래그한 후 JUST KEEP을 입력합니다. ③ Ctrl 을 누른 채 작업 화면 가운데로 옮겨 완성합니다.

Retype 기능을 사용하고 나면 기본적으로 글자에 그룹이 적용됩니다. Ctrl + Shift + G 를 눌러 해제합니다.

04 이번에는 비트맵 이미지에서 글자화해보겠습니다. 고양이 아트보드로 이동한 후 ① 선택 도구 ▶ 로 ② 사진을 클릭합니다. ③ [Properties]-[Retype(Beta)]를 클릭하고 ④ [Edit Text]를 클릭합니다.

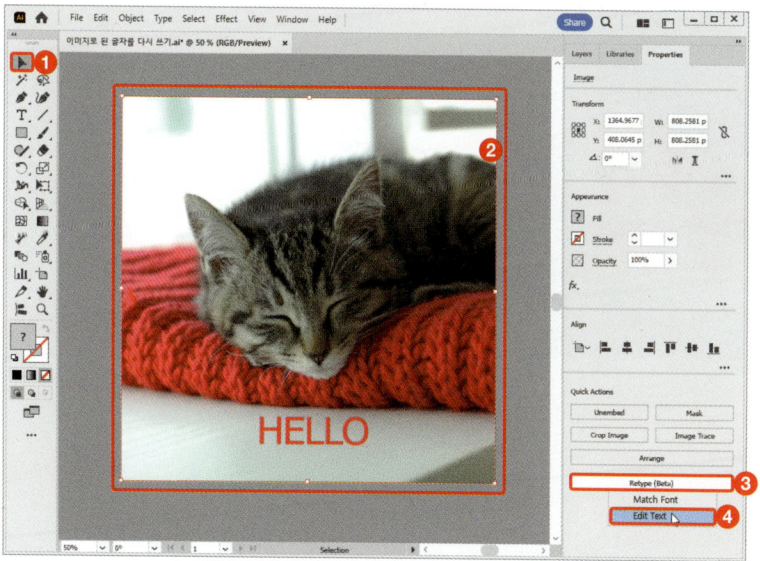

05 ❶ [Retype(Beta)] 패널에서 가장 유사한 폰트를 클릭하고 ❷ [Apply]를 클릭합니다. 글자화되었습니다. ❸ [Exit]를 클릭하거나 빈 곳을 더블클릭하여 편집 모드에서 나갑니다. ❹ HELLO가 사진에서 분리되어 글자화되었습니다.

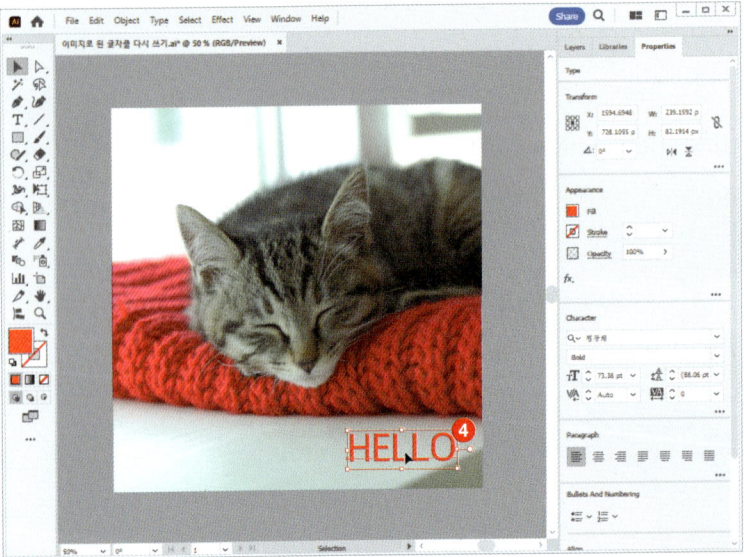

간단 실습 | 자연스러운 목업 만들기(Mockup)

준비 파일 일러스트레이터/Chapter 04/목업 적용하기.ai
완성 파일 일러스트레이터/Chapter 04/목업 적용하기_완성.ai

일러스트레이터에서 만든 그래픽을 제품 사진에 합성해야 할 때가 있습니다. Mockup 기능을 활용하면 매우 편리합니다.

01 ❶ 선택 도구 ▶로 ❷ 왼쪽의 라벨만 드래그합니다. ❸ Ctrl + G 를 눌러 그룹으로 만듭니다.

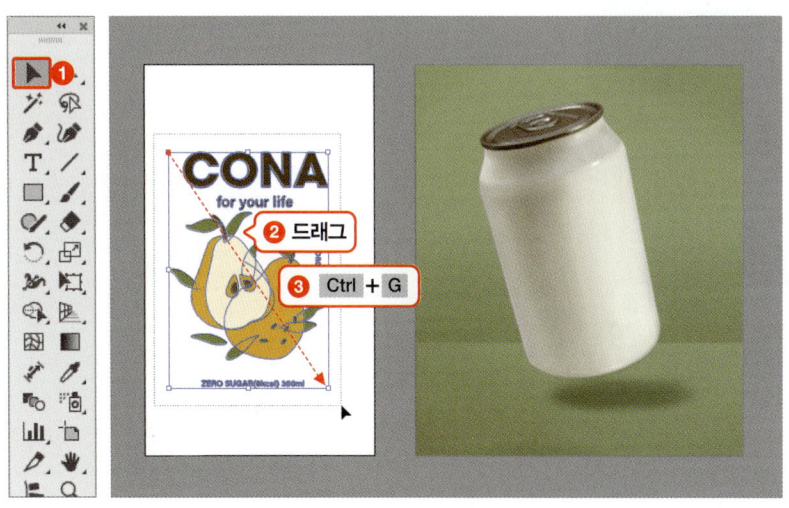

02 ❶ Shift 를 누른 채 음료수 사진을 클릭하여 라벨과 같이 선택합니다. ❷ [Object]-[Mockup]-[Create Mockup] 메뉴를 선택합니다.

03 ❶ 라벨의 가운데를 드래그하여 음료수 중앙으로 옮깁니다. ❷ 라벨 외곽의 흰색 조절점을 드래그하여 크기와 각도를 조절합니다. ❸ [Window]-[Transparency] 메뉴를 선택하고 [Multiply]를 선택합니다. 음료수와 라벨이 합성됩니다.

Mockup 기능을 적용하면 [Mockup] 패널이 화면에서 자동으로 나타납니다. 원하는 이미지를 더블클릭하면 목업이 적용된 작업물이 캔버스에 나타납니다.

기능 꼼꼼 익히기   **목업을 취소하고 수정하는 방법**

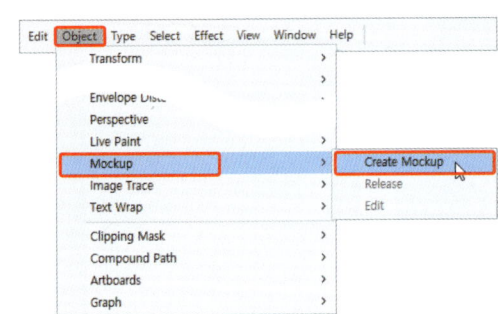

목업을 선택하고 [Object]-[Mockup] 메뉴를 선택하면 목업을 취소하고 편집하는 메뉴가 나타납니다.

- **Release** | 목업을 취소합니다. 라벨과 음료수 사진이 분리됩니다.
- **Edit** | 목업을 수정할 수 있습니다. 목업이 적용된 패스 외곽에 흰색 조절점이 다시 나타납니다.

| 간단 실습 | **벡터 그래픽으로 모양 채우기(Gen Shape Fill)** |

준비 파일 일러스트레이터/Chapter 04/벡터 그래픽으로 모양 채우기.ai
완성 파일 일러스트레이터/Chapter 04/벡터 그래픽으로 모양 채우기_완성.ai

윤곽선만 그려도 AI가 알아서 모양을 채워줍니다. 텍스트를 입력하여 다양하게 채워보겠습니다.

01 ❶ 선택 도구 ▶로 ❷ 윤곽선을 클릭합니다. ❸ [Properties]-[Gen Shape Fill(Beta)]을 클릭합니다.

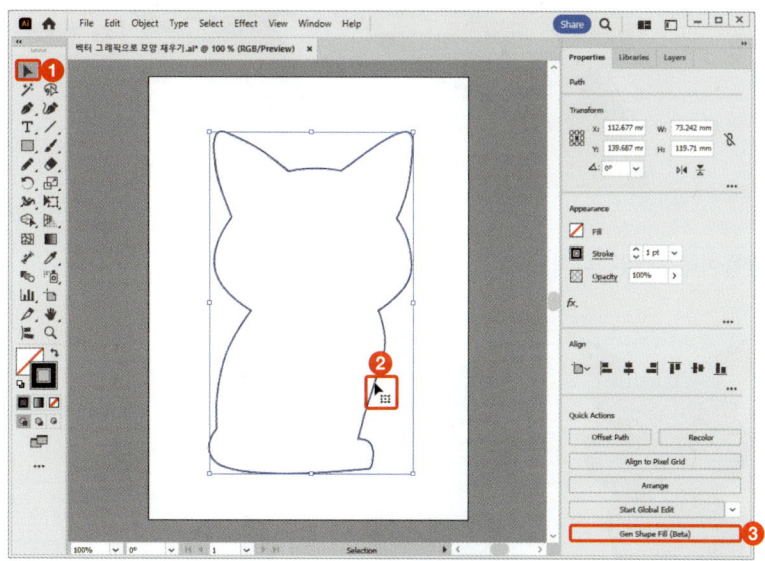

02 ❶ [Prompt]에 **귀여운 노란색 줄무늬 고양이**를 입력합니다. ❷ [Effects]를 클릭하고 ❸ [Comic Book]을 선택합니다. ❹ [Generate]를 클릭합니다.

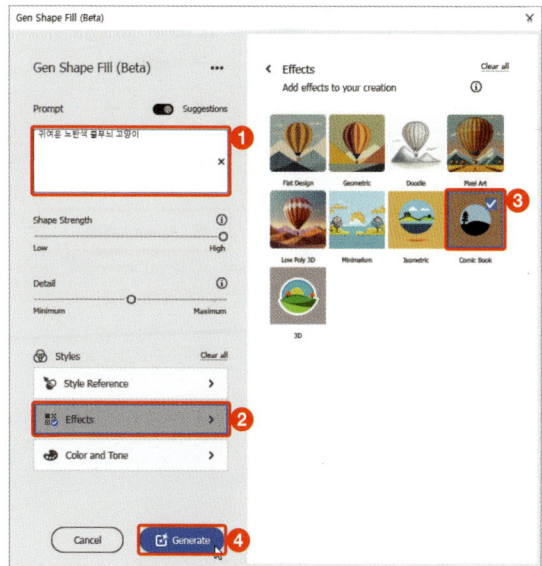

03 ❶ [Properties]-[Variations] 패널에서 마음에 드는 고양이를 선택합니다. ❷ 윤곽선만 클릭하고 ❸ Delete 를 눌러 삭제합니다. 완성입니다.

Generate를 클릭하면 더 많은 고양이가 생성됩니다.

같은 방법으로 다양한 고양이를 만들어볼 수 있습니다.

[Properties]-[Variations] 패널에서 그래픽 삭제하기 | 그래픽 위에 마우스 포인터를 올리면 더 보기 ⋯가 나타납니다. 더 보기⋯를 클릭하고 [Delete variation]을 클릭합니다. 삭제 여부를 묻는 알림에 [OK]를 클릭합니다.

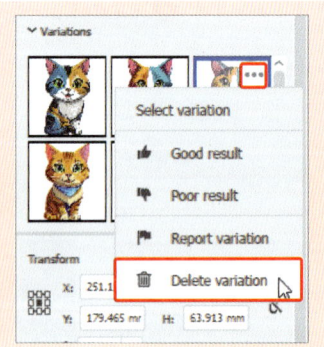

일러스트레이터 실속 단축키

파일 관련

`Ctrl` + `N` 새 파일 만들기	`Ctrl` + `Shift` + `N` 템플릿 불러오기
`Ctrl` + `O` 파일 불러오기	`Ctrl` + `Alt` + `O` 어도비 브릿지로 불러오기
`Ctrl` + `W` 파일 닫기	`Ctrl` + `Alt` + `W` 열린 파일 모두 닫기
`Ctrl` + `S` 파일 저장하기	`Ctrl` + `Shift` + `S` 다른 이름으로 저장하기
`Ctrl` + `Alt` + `S` 복사본으로 저장하기	`Ctrl` + `Shift` + `Alt` + `S` 웹용 파일로 저장하기
`F12` 마지막 저장한 곳으로 돌아가기	`Ctrl` + `P` 프린트하기
`Ctrl` + `Alt` + `P` 문서 설정하기	`Ctrl` + `Shift` + `Alt` + `I` 파일 정보 보기
`Ctrl` + `K` 환경 설정 불러오기	`Ctrl` + `Q` 일러스트레이터 종료하기

편집 관련

`Ctrl` + `Z` 명령 취소하기	`Ctrl` + `Shift` + `Z` 취소한 명령 복귀하기
`Ctrl` + `X` 오리기	`Ctrl` + `C` / `Ctrl` + `V` 복사하기/붙여넣기
`Ctrl` + `Shift` + `V` 제자리에 붙여넣기	`Ctrl` + `Shift` + `Alt` + `V` 모든 아트보드에 붙여넣기
`Ctrl` + `F` 앞에 붙여넣기	`Ctrl` + `B` 뒤에 붙여넣기
`Ctrl` + `A` 전체 선택하기	`Ctrl` + `Shift` + `A` 전체 선택 해제하기
`Ctrl` + `Alt` + `A` 선택되어 있는 아트보드의 오브젝트만 전체 선택하기	
`Ctrl` + `Shift` + `K` 색상 설정하기	`Ctrl` + `Shift` + `Alt` + `K` 단축키 만들기
`Ctrl` + `I` 맞춤법 검사하기	

문자 관련

`Ctrl` + `Shift` + `O` 글자 속성 없애고 아웃라인 만들기	
`Ctrl` + `Shift` + `R` 오른쪽 정렬	`Ctrl` + `Shift` + `L` 왼쪽 정렬
`Ctrl` + `Shift` + `C` 가운데 정렬	`Ctrl` + `Shift` + `〉` 글자 크기 키우기
`Ctrl` + `Shift` + `〈` 글자 크기 줄이기	

오브젝트 관련

- `Ctrl` + `D` 명령 반복하기
- `Ctrl` + `Shift` + `]` 제일 앞으로 가져오기
- `Ctrl` + `]` 한 단계 앞으로 가져오기
- `Ctrl` + `[` 한 단계 뒤로 보내기
- `Ctrl` + `Shift` + `[` 제일 뒤로 보내기
- `Ctrl` + `G` 그룹으로 묶기
- `Ctrl` + `Shift` + `G` 그룹 해제하기
- `Ctrl` + `2` 레이어 잠그기
- `Ctrl` + `Alt` + `2` 레이어의 잠금 모두 해제하기
- `Ctrl` + `3` 선택한 오브젝트 숨기기
- `Ctrl` + `Alt` + `3` 숨긴 오브젝트 나타나게 하기
- `Ctrl` + `Shift` + `Alt` + `3` 선택한 오브젝트만 남기고 모두 숨기기
- `Ctrl` + `J` 패스 닫기
- `Ctrl` + `7` 클리핑 마스크 만들기
- `Ctrl` + `Alt` + `7` 클리핑 마스크 해제하기
- `Ctrl` + `8` 컴파운드 패스 만들기
- `Ctrl` + `Shift` + `Alt` + `8` 컴파운드 패스 해제하기
- `Ctrl` + `Alt` + `B` 블렌드 만들기
- `Ctrl` + `Shift` + `Alt` + `B` 블렌드 삭제하기
- `Ctrl` + `Shift` + `X` 라이브 페인트 환경 만들기
- `Ctrl` + `Shift` + `E` 마지막 필터 적용하기
- `Ctrl` + `Shift` + `Alt` + `E` 마지막으로 적용한 필터의 옵션 대화상자 열기

보기 관련

- `Ctrl` + `+` / `Ctrl` + `-` 확대하기/축소하기
- `Ctrl` + `0` 창 크기에 맞게 보기
- `Ctrl` + `Alt` + `0` 여러 개의 아트보드 모두 보기
- `Ctrl` + `1` 실제 크기로 보기
- `SpaceBar` + 드래그 화면 옮기기
- `Ctrl` + `Y` 아웃라인 보기/숨기기
- `Ctrl` + `Alt` + `Y` 픽셀 프리뷰 보기
- `Ctrl` + `H` 패스 보기/숨기기
- `Ctrl` + `R` 눈금자 보기/숨기기
- `Ctrl` + `Shift` + `B` 바운딩 박스 보기/숨기기
- `Ctrl` + `Shift` + `D` 아트보드를 투명으로 보기/흰색으로 보기
- `Ctrl` + `;` 안내선 보이기/감추기
- `Ctrl` + `Alt` + `;` 안내선 잠그기/풀기
- `Ctrl` + `5` 선택한 패스로 안내선 만들기
- `Ctrl` + `Alt` + `5` 안내선 해제하기
- `Ctrl` + `"` 격자 보이기/가리기
- `Ctrl` + `Shift` + `"` 격자선에 정확하게 맞추기
- `Ctrl` + `Shift` + `I` 원근감 격자 보기/숨기기

※ macOS 사용자는 `Ctrl` 을 `command` 로, `Alt` 를 `option` 으로 바꿔서 사용하면 됩니다. 이름만 다를 뿐 기능은 같습니다.

찾아보기

포토샵 편

A ~ Z

Adaptive Wide Angle	264
Adjustments	216, 228
Artistic	267
Blur	269
Brightness/Contrast	231
Brush Stroke	267
Camera Raw	244
Camera Raw Filter	265
Canvas Size	078, 093
CMYK	064
Color	205
Color Balance	237
Color Burn	204
Color Dodge	203, 209
Color Picker	137
Color Range	107
Curves	233
Darken	204
Darker Color	204
Difference	205
Dissolve	204
Distort	117, 267
Divide	205
Exclusion	205
Export As	083
Exposure	235
Feather	098
Find distractions	182
Focus Area	108
Free Transform	114
Generative Background	185
Generative Expand	119
Gradient Map	243
Hard Light	204
Hard Mix	205
Hue	205
Hue/Saturation	236
Image Size	072, 090
Invert	242
Layers	200
Lens Correction	265
Levels	232
Lighten	204
Lighter Color	204
Linear Burn	204
Linear Dodge	204
Linear Light	205
Liquify	265
Luminosity	203
Modify	109
Multiply	203, 206
Navigator	177
Neural Filters	260
Neural 필터	259
New	071
New Document	086
Noise	269
Open	072
Other	271
Overlay	203, 208
Overlay Options	120
Paragraph	155
Paths	169
Perspective	117
Photo Filter	238
Pin Light	205
Pixelate	270
Place Embedded	077
Posterize	241
ppi/dpi	066
Properties	157
Rasterize Type	156
Refine Hair	103
Render	270
Replace Color	240
RGB	064
Saturation	205
Screen	203, 207
Selective Color	239
Shadows/Highlights	234
Sharpen	271
Sketch	267
Skew	117
Sky Replacement	252
Smart Portrait	261
Soft Light	203
Stylize	268
Subtract	205
Swatches	138
Texture	268
Threshold	242
Transform	075
Vanishing Point	265
Video	271
Vivid Light	204
Warp	117
Warp Text	158
Wires and cables	182

ㄱ ~ ㄴ

가변 글꼴	157
개체 선택 도구	049, 074, 100
그레이디언트 도구	051, 132
그리기	125
기본 화면	044
깨지지 않게 확대	092
내용 인식 도구	145

ㄷ ~ ㄹ

단락	154
닷지 도구	052, 142
더 보기 도구	054
도구바	047
도구바 설정	055
도움말	180
돋보기 도구	053, 074, 173
레이어	192
레이어 그룹	196
레이어 마스크	078, 213
레이어 복사	197
레이어 삭제	197

레이어 순서 바꾸기	197
레이어 숨기기	199
레이어 스타일	210
레이어 이름 바꾸기	196
레이어 합치기	199

ㅁ ~ ㅂ

문자 도구	052, 079, 150
문자 입력	151
문자를 이미지로	156
배경 생성	185
번 도구	142
벡터	053, 162
변형하기	114
복구 브러시 도구	143
복사, 붙여넣기	073
복제 도장 도구	050, 149
분할 도구	123
브러시 도구	050, 125
블러 도구	051, 139
블렌딩 모드	080, 202
비트맵	063

ㅅ

사진 보정	252
산만한 요소 제거	182
새 작업 문서 만들기	084
색 보정	229, 255
색의 3속성	067
생성형 채우기	148
샤픈 도구	140
선택 도구	048, 095
셰이프 도구	053, 079, 169
손바닥 도구	053, 082, 176
스마트 오브젝트	218
스마트 필터	258
스머지 도구	140
스팟 복구 브러시 도구	050, 076, 143
스펀지 도구	142
스포이트 도구	049, 081

ㅇ

알파 채널	224
연필 도구	125
올가미 도구	048, 076, 099
원근 자르기 도구	122
유사 항목 생성	184
이동 도구	048, 073
이동하기	111
이미지 보정	146
이미지 불러오기	086
이미지 왜곡	117
이미지 저장하기	089
이미지 크기 줄이기	090
이미지 확장	119
인물 사진 보정	247

ㅈ

자르기 도구	049, 082, 118
작업 내역 브러시 도구	051
작업 화면 설정	186
적목 현상 도구	145
전경색/배경색	054, 136
전체 화면 모드	179
조정 레이어	216, 228
조정 브러시	051
지우개 도구	051, 131

ㅊ ~ ㅋ

채널	220
캔버스 크기 조절	093
컬러 모드	223
퀵 마스크 모드	054, 105
크레딧	183
클리핑 마스크	214

ㅍ

파일 형식	066
패널	057
패널 조작	062
패스 선택 도구	053
패스를 따라 흐르는 곡선	160

패치 도구	144
패턴	136
페인트 도구	135
펜 도구	052, 163
포토샵 종료	094
표준 화면 모드	178
풍경 바꾸기	263
프레임 도구	049, 124
필터	258
필터 갤러리	264

ㅎ

해상도	065
홈 화면	043
화면 변경 모드	048
환경 설정	189
회전 보기 도구	178
회전하기	114
흑백 이미지	224, 230, 262

일러스트레이터 편

숫자

| 3D 원근감 위젯 | 480 |

A ~ Z

Add to my Library	445
Advanced	293
Align Objects	403
Align To	403
Align to Artboard	404
Align to Key Object	404
Align to Selection	404
Align 패널	402
Anchors 패널	382
Arrange	492
Artboards 패널	330
Asset Export 패널	322

Assign	438	Open	280	**ㄱ ~ ㄴ**			
Basic	291	Paragraph 패널	528	가로 누적 막대 그래프 도구	297		
Blending Mode	495	Path	337	가로 막대 그래프 도구	296		
Brightness	283	Pathfinder 패널	408	가위 도구	295, 380		
Brushes 패널	515	Patterns	435	가이드	466		
Character 패널	524	PNG	319	격리 모드	464		
CMYK	306, 433	Polygon	390	격자형	420		
Color Mode	306	Presentation Mode	298	견본 옵션	435		
Color Picker	436	PSD	320	경로상의 개체 도구	297		
Color Theme Picker	449	Radial	424	고정점	337		
Convert 패널	349	Recolor	437	고정점 도구	294		
Corner Radius	389	Recolor Artwork	437	곡률 도구	294, 342		
Distribute Objects	403	Rectangle	389	곡선 그리기	340		
Distribute Spacing	403	Reflect	417	교차 영역	410		
Document Color Mode	307	Repeat	420	그래프 도구	296		
Draw Behind	297	Repeat Options 패널	421	그래픽 스타일	296		
Draw Inside	297	RGB	306, 433	그레이디언트 도구	296, 453		
Draw Normal	297	Rotate	417	그룹	400		
Edit	281	Rounded Rectangle	389	그룹 선택 도구	294, 400		
Ellipse	389	Save As	314	그리드	468		
Essentials	287	Save Cloud Document	315	글리프	525		
Expand Appearance	513	Save for Web	320	기본 화면	281		
Export	318	Scale	427	기울이기 도구	295, 426		
Export for Screens	321	Scale Strokes & Effects	427	나누기	410		
Full Screen Mode	298	Shape Modes	409	나선형 도구	294		
Global	445	Shaper 도구	391, 396	누적 막대 그래프 도구	296		
Gradient 패널	451	Shared with you	280				
Grayscale	433	Shear	428	**ㄷ ~ ㄹ**			
Grid	420, 468	Show Font Height Options	526	다각형 도구	295, 388		
History	342	Simplify	493	단축키 설정	302		
HSB	433	Snap to Glyph	525	닫힌 패스	503		
Image Trace	487	Snap to Grid	468	도구바	282, 290		
JPEG	318	Snap to Pixel	372	도형 구성 도구	296, 408		
Keyboard Shortcuts	302	Snap to Point	372	돋보기 도구	297, 326		
Layer	309	Star	390	돌리기 도구	295		
Layers 패널	310	Stroke 패널	352	동색 오브젝트 분리	410		
Libraries 패널	435	Transform 패널	390	둥근 사각형 도구	295, 388		
Make Clipping Mask	476	Transparency 패널	497	라이브 코너 위젯	350		
Mirror	425	Use Artboards	319	라이브 페인트 선택 도구	296		
New Document	311	Version	314	라이브 페인트 통	296		
New file	280	Version History	316	레이더 그래프 도구	297		
Normal Screen Mode	298			레이어	309		
Object	281						

룰러	466

ㅁ ~ ㅂ

막대 그래프 도구	296
망 도구	296
매끄럽게 도구	295, 505
면 그리기	343
모양 변경 도구	295, 431
문자 도구	294, 520
문자 손질 도구	294, 528
바운딩 박스	362
반곡선	340
반복	420
반사 도구	295, 416
방사형	424
방향선	337
방향선 삭제	341
방향점	337
벡터	308
별모양 도구	295, 389
병합	410
분포	403
분할 도구	297
분할 영역 도구	297
브러시 도구	295, 508
브러시 라이브러리	516
블렌드 도구	296
비트맵	308

ㅅ

사각형 격자 도구	294, 378
사각형 도구	295, 387
산포 그래프 도구	297
새 색상 그룹	435
선 그래프 도구	297
선 도구	294, 378
선택 도구	294
선택한 고정점을 매끄럽게 변환	349
선택한 고정점을 모퉁이로 변환	349
세그먼트	337
세로 문자 도구	294
세로 영역 문자 도구	294

손 도구	297, 327
수정화 도구	295
수직선	339
수평선	339
스와치 패널	434
스포이트 도구	296
심벌	296

ㅇ

아트보드	311
아트보드 도구	297
아트보드 확대/축소	327
아트보드 회전	329
어도비 클라우드	315
어도비 폰트	524
연필 도구	295, 499
열린 패스	505
영역 그래프 도구	297
영역 문자 도구	394
오목 도구	295
오브젝트 간격	420
올가미 도구	294, 365
원근 왜곡 도구	296
원근감 격자 도구	296, 478
원형 그레이디언트	452
원형 도구	295
이면 오브젝트 제외	411

ㅈ

자동 선택 도구	294, 365
자동 저장	316
자르기	411
자유 변형 도구	296
자유형 그레이디언트	454, 461
작업 화면 설정	283
점선	351
정렬	402
제한 도구	296
조개 도구	295
주름 도구	295
지우개 도구	295
직선 그레이디언트	452

직선 그리기	337
직접 선택 도구	294, 347

ㅊ ~ ㅋ

초기값 칠과 선	297
치수 도구	296
칠과 선	297
칼 도구	295
컬러 모드	306
컬러 믹서 패널	432
크기 조절 도구	295, 429
클라우드 문서	316, 323
클리핑 마스크	474

ㅌ ~ ㅍ

타일링 영역 도구	297
템플릿	312
파이 그래프 도구	297
패널	284
패스	336
패스 상의 문자 도구	294, 527
패스 상의 세로 문자 도구	294
패스 선 재설정	350
패스 지우개 도구	295, 505
패턴	435, 450
패턴 취소	450
퍼펫 뒤틀기 도구	296
펜 도구	294, 366
폭 도구	295
프레젠테이션 모드	298
플레어 도구	295, 387

ㅎ

호 도구	294, 378
혼합 모드	495
홈 화면	280
회전 도구	295, 416
회전 보기 도구	297, 329